普通高校“十二五”规划教材
公共管理系列

# 公共组织行为学

叶先宝　编著

清華大學出版社
北　京

## 内容简介

本书突出行为研究中公共组织主体性，具有较完善的内在自洽逻辑结构，注重教学内容设计的系统性、实践性与互动性。在现代社会，公共组织行为直接影响甚至决定我们的生活质量与社会风险，系统地研究、理解和掌握公共组织行为规律，是充分实现公共组织目标的重要保证。

本书从公共组织中的个体、群体和组织系统三个层面分析组织行为的发生原因、行为特点、行动结构及其发展与变革，适用于行政管理、公共事业管理、政治学、社会学本科、研究生专业课教材用书。同时，本书还适合大学本科、研究生、MPA 学员阅读，也可供政府及非政府公共事务部门管理者阅读或培训使用。



**图书在版编目(CIP)数据**

公共组织行为学/叶先宝编著. —北京：清华大学出版社，2014(2025.7 重印)
(普通高校"十二五"规划教材. 公共管理系列)
ISBN 978-7-302-36650-8

Ⅰ. ①公… Ⅱ. ①叶… Ⅲ. ①组织行为学—高等学校—教材 Ⅳ. ①C936

中国版本图书馆 CIP 数据核字(2014)第 113103 号

**责任编辑**：彭 欣
**封面设计**：汉风唐韵
**责任校对**：宋玉莲
**责任印制**：丛怀宇

**出版发行**：清华大学出版社
**网 址**：https://www.tup.com.cn，https://www.wqxuetang.com
**地 址**：北京清华大学学研大厦 A 座 **邮 编**：100084
**社 总 机**：010-83470000 **邮 购**：010-62786544
**投稿与读者服务**：010-62776969，c-service@tup.tsinghua.edu.cn
**质量反馈**：010-62772015，zhiliang@tup.tsinghua.edu.cn
**课件下载**：https://www.tup.com.cn，010-62770175 转 4506
**印 装 者**：三河市龙大印装有限公司
**经 销**：全国新华书店
**开 本**：185mm×260mm **印 张**：26.75 **插 页**：1 **字 数**：618 千字
**版 次**：2014 年 11 月第 1 版 **印 次**：2025 年 7 月第 9 次印刷
**定 价**：68.00 元

产品编号：054912-03

# 前言

组织是我们每一个人的栖身之处，任何一个人最低限度也处于人类社会这样一个大的组织之中，组织成了我们工作与生活的环境。按照乌尔里希·贝克的风险社会理论，在工业社会以前的灾难，无论有多么惨烈，也只是来自"外部的"对人类命运的打击，归责于上帝、恶魔或自然；而工业社会的风险，则来自自然人、公司、政府机构和政治家的决策。而到现代社会，社会风险则将主要来自以政府机构为核心的公共组织行为的影响。可以说，组织政治弥漫于生活空间，它犹如催化剂，它可能是生活质量有序的保障，可能促进我们的生活质量，也可能延缓生活质量提高，甚至使我们的生活质量倒退。组织政治可以赋予我们行为更加丰富的意义，使我们的行为高尚，也可使我们的行为变得肮脏。我们无法逃避它，只有真实地面对它、认识它、理解它，以便策略性地发挥它可能具有的正能量。

在现代社会，对公共服务质量与数量诉求日益高涨，以政府机构为核心的公共组织在发挥着越来越重要作用的同时也面临越来越多的困境，许多问题不断呈现在我们面前：为什么一些公共组织行动结果远离了成立之初所设定的目标？管理公共组织的核心价值理念是什么？公共组织行为有无规律性可言？如何培育与评价公共组织核心竞争力？昔日成功的组织管理经验是否适用于当下或未来公共组织管理？公共组织与私人组织行动规则有何异同？公共组织管理中的"公共悖论"可以有效消除吗？为什么公共组织对于人们批评与不满的反应总是迟钝的？为什么经常被强烈批评的公共组织依然有巨大魅力吸引着许多仁人志士？如何解读推动公共组织演化与变革的因素？在公共空间不断拓展、公共领域更加复杂的今天，这些问题更加凸显地涌现在我们面前，令我们无法拒绝、无法不思考它们。

切斯特·巴纳德于1948年在《组织与管理》中曾指出我们"自由却又不自由，进行控制却又被控制，做出选择却又被选择，去引诱又难以抗拒诱惑，作为权威的源泉却又不能抵制权威，独立却又依从，培养个性然而又遭到不断解构，确定目标又被迫改变，为了制定政策却又发现无能为力，追求特立独行而又为芸芸众生所累，寻求领袖却又否认他们的领导，希望统治地球却被冥冥之无形所控制"。他的这种对于组织"既爱又恨"的理解可能更适合于公共组织。个人的能力局限性已经成为基本共识，但个人可以通过组织极大扩展个人能力，弥补个人能力局限性。公共组织可以为社会提供各种服务，也可能会对社会造成直接和间接的伤害，可能促进社会变迁，也可能阻碍社会变迁。公共组织目标的模糊性、公共服务的多元性、委托代理关系的复杂性、公共服务信息的不对称性、公共权力的隐蔽性和自由裁量权的广泛性等使得要恰当发挥公共组织的有效功能变得十分困难。如果要有条理地阐释这些问题，必然要求对公共组织进行系统、深入、细致的研究。

从20世纪70年代以来，全球范围公共管理领域改革运动实质是以公共权力为核心的公共组织行为变革，至今这场变革并没有停止，并不断催生着公共管理新理论，也吸引了不少学者开始更多研究公共组织行为，多版本的公共组织行为学教材出版体现了对公共组织行为研究的重要成果。美国学者罗伯特·B.登哈特、珍妮特·V.登哈特、玛丽亚·P.阿里斯蒂格塔的《公共组织与非营利性组织管理》，是一本关于公共组织在管理社会、服务公众的过程中如何管理好公共组织的出色范本。与此同时，国内对公共组织行为的研究也进入开创性发展阶段：任浩的《公共组织行为学》在阐释现代公共组织行为学理论基础上，将公共组织行为分为微观、中观和宏观三个分析模块，探讨个体行为、群体行为、组织系统行为间的相互关系；孙萍、张平的《公共组织行为学》着眼于公共组织的活动，从个体行为、群体行为和组织行为三个方面，系统地阐述了公共组织行为学的基本概念和理论；徐全忠的《政府组织行为学》以政府组织的特点为指导，沿用国内外组织行为学的研究架构与章节体系，对政府组织及其行为的特性进行分析；章文光的《公共组织行为学》遵循一般组织行为学教科书的编排顺序，在内容设置、案例分析与行为叙述上，从公共组织的个体认知、群体互动和组织规律的角度进行撰写；胡近的《公共组织行为学》注重教材的实用性，提供丰富的管理案例及经验，强调公共组织行为管理在个体、群体与组织方面的指导作用；徐仁辉的《公共组织行为》则对公共组织结构、文化、决策过程、政治与冲突以及公务员的个人与群体行为进行阐释；闫洪芹的《公共组织理论:结构、规则与行为》以公共组织结构与行为的关系为切入点，研究公共组织的整体性问题，对公共组织结构的特征进行概括，并对形成这些特征的根源进行分析。

公共组织行为学是一门多学科、多层次相互交叉的应用性新兴学科，涉及管理心理学、行为科学、社会学、政治学、公共管理学等多学科领域。公共管理改革实践的许多经验与理论研究的精华也亟待进行及时的归纳、整理，吸收到公共组织行为学教学实践中。目前公共组织行为学已有教材的使用对于促进该学科朝着基础性、前沿性、探索性与实践性方向发展有着重要的推进作用，但由于公共组织行为学的系统性研究起步较晚等多种因素，现有教材仍然较多地存在结构单一、内容同质、主题老化、前沿缺失等问题，特别是有些教材虽冠名"公共组织行为学"，但仍然是以组织行为学的思路来撰写，真正突出以公共组织为主体来撰写的仍然较少，尚不能较好地适应公共组织变革与发展的需要，尚不能较好适应公共管理学科与公共管理教育快速发展的新要求。本书写作过程中力求克服现有一些教材的不足，注重吸收公共管理实践经验与公共组织行为研究成果，并融入笔者多年来开展公共组织行为研究的系列成果。

公共组织行为学是一门研究公共组织中的个体、群体和整个组织行为的影响因素、行为演变及其运作规律和管理控制的科学。它以研究公共组织的构成、运行、发展与变革为主要内容，提供相关信息和观察视角以提高我们自己行动的能力，增强我们影响他人行为的能力，最终要解决的是如何提高公共组织的效能问题，以便有效地管理好国家及社会公共事务，维护、实现和发展好社会公共利益。

本书的设计理念是重视理论与实际相联系，以培养学生能力为中心开展教学活动，使学生在参与式课堂教学中培养和提高知识理解、知识综合应用和实践能力。写作围绕课程大纲知识点的要求，设计了课堂讨论、社会实践和调研案例分析(实战模拟)三种实践教学模式，将课堂学习与课外实践相结合、课堂讲授与自学相结合、教师讲解与学生独立思考相结合，使学生能够较好地掌握本书的基本理论知识和技能，并能够将所学知识应用到社会实践和科学研究过程中。

公共组织行为学课程的教学目的是使学生比较系统了解公共组织中个体、群体与组织三个层面行为的发生原因、行为特点、行动结构、行为结果，分析公共组织行为发生过程的主要环节与组织变革，掌握现代公共组织行为基本理论与基本过程，培养和提高学生分析现实问题的基本能力，为今后从事公共管理工作打下坚实的理论基础，并提高学生管理组织的技能。具体说包括五个层面的目的：一是帮助学生比较全面地理解影响公共组织行为的基本议题，帮助他们学习基于公共和非营利管理背景的人类行为；二是帮助学生理解从个体立场分析管理问题的价值，以及这些方面如何能增进在组织层面的行动和分析；三是提供案例、练习、模仿和评价工具，这些内容能帮助学生学习认知与经验；四是增加对核心行为原则的理解，这些原则是个人、人际间以及公共领导技能的基础；五是培养管理和领导技能的核心能力，也就是说在现实世界中的压力、复杂和不确定性的情况下有效且是负责任的能力。

本书的基本框架包括：内容结构、案例引导、正文、本章小结、关键术语、思考与练习、推荐读物。其中"内容结构"是为了方便读者对本章内容一目了然、宏观认识与总体把握；"案例引导"可增加本书的可读性与生动性，并有助于读者联系实际思考本章主题；"本章小结"、"关键术语"可有助于读者更加清晰具体学习内容和主要知识点；"思考与练习"是为读者考试复习和总结使用；"推荐读物"为帮助有兴趣的读者进一步阅读和加深对本章节的理解，有助于知识的延展性。

本书分为五部分共 22 章。第一部分为公共组织行为研究基础，包括第一章至三章，主要阐释公共组织的性质、类型与结构；公共组织行为管理的学科基础和思想基础；公共组织行为研究假设、方法与框架；并指出公共组织行为学的学习路径与学习价值。第二部分为公共组织个体行为研究，包括第四章至九章，主要包括认识、了解与管理自己；价值观、态度与工作满意度；组织承诺与公共组织承诺；知觉与自我效能感；动机、激励与公共服务动机理论；公共组织中的压力管理。第三部分为公共组织群体行为研究，包括第十章至十六章，主要阐释理解群体与群体行为；团队建设及其应用；公共组织中的决策；公共组织中的领导素质、结构与技能；公共权力与公共权力场的行动规则；公共信息、信息控制及其有效沟通；公共组织冲突的根源、发展与有效管理。第四部分为公共组织系统行为研究，包括第十七章至二十章，主要包括公共组织传统角色转变及其外部关系技能发展；公共组织文化、组织环境感知、组织环境的复杂性及其自适应性；公共组织效能及其评估；公共利益、组织公民行为及公共组织文化；第五部分为公共组织变革与发展，包括第二十一、二十二章，主要阐释公共组织创造力含义、特征及其培育；公共组织变革的经典模式及其关键性问题。全书内在逻辑结构合理，比较系统地阐释了公共组织行为的动机、发生、发展及可能结果。

在本书出版之际，我要感谢福州大学经济与管理学院历届行政管理专业和劳动与社会保障专业研究生。从 2006 年以来，我就一直承担公共管理类研究生课程公共组织行为学的教学任务，从承担这一教学任务以来，编写一本公共组织行为学教材一直是我的一个愿望，从讲义到本书初稿，历届的研究生都或多或少地给予我很好的帮助与建议。福州大学研究生院还给予教材立项资助，从某种程度上也促使我必须完成这项工作。

本书无疑是集体智慧的结晶。林加扬、蔡吴玮参加了本书部分章节的撰写；卢馨蕾、陈丽香、李碧缓、李碧萧、姜辽、吴彬娜、吴凤真、薛琳、池丽辉、王鹤云、郑锦鸿、刘晓霖、蒋麓、陈丽娟、朱楠、郑婉菁、周宇、郑轲骏、郑直、韩盼等参与了讨论，周宇、黄妍还帮助文稿校对。清华大学出版社的编辑严格把关、细心编校，保证了本书的面世。福州大学陈晓云教授对书中量表及其数据处理提出许多宝贵建议。对他们所付出的辛勤劳动，我深表敬意和感谢。同时，在本书的写作过程还参考了大量相关文献，在此，对所引用的作者们表示感谢！

虽然本书文稿有经过多次讨论与修改，但仍然深知没有充分吸收学界最新研究成果，也没有将一些公共管理实践中富有启发的优秀案例纳入教材中，定有不足与偏颇之处，敬请读者与专家予以指正。

编　者

# 目录

## 第一部分　公共组织行为研究基础

## 第三部分 公共组织群体行为研究

## 第四部分 公共组织系统行为研究

## 第五部分 公共组织变革与发展

# 第一部分

# 公共组织行为研究基础

# 第一章

# 认识公共组织——性质、类型与结构

【内容结构图】

- 认识公共组织——性质、类型与结构
  - 组织概述
    - 组织的概念
    - 组织的基本特征与构成要素
    - 组织的类型
    - 组织的结构
    - 组织的基本作用
  - 公共组织概述
    - 公共组织的含义
    - 公共组织的构成要素
    - 公共组织的基本属性与分类
    - 公共组织的结构
  - 公共组织与私营组织的比较
    - 所面临的外部环境差异
    - 与外部环境的互动方式及程度差异
    - 组织内部结构与程序

## 案例引导

### 公共组织应急管理模式

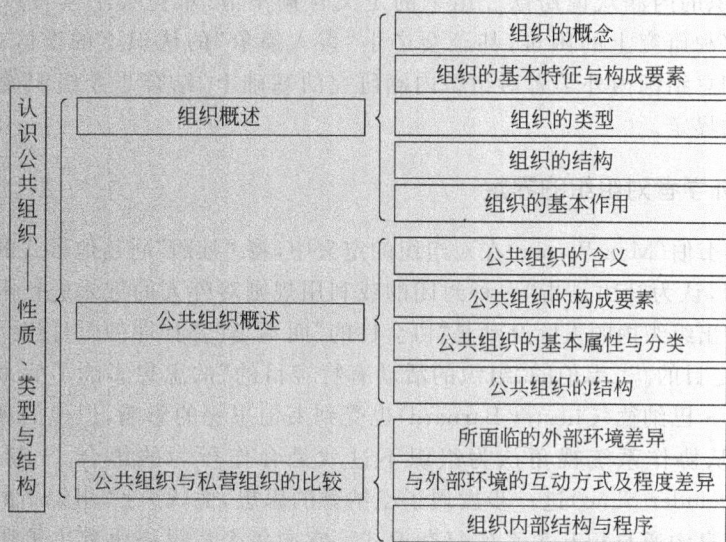

应对重大自然灾害的成功经验是健全应急组织体系，优化政府应急职能。依据国外的经验，应急组织体系的构建应坚持“分级负责、属地管理”的原则，形成“纵向一条线、横向一个面”的组织格局，形成应对突发公共事件的强有力的组织体系。由于历史原因，我国在计划经济体制条件下形成的分部门、分灾种的应急管理模式，至今还没有发生大的改变。这种单一的管理模式表面看起来各司其职、各负其责，但由于缺乏有机的集成，常常会出现推诿、扯皮等现象，特别是在应对重大事件等复杂局面时，因为缺乏必要的协同机制，必然会影响应急反应的速度和效率。可见，对组织及公共组织的认识与研究还是非常必要的。

（资料来源：http://www.zgxxb.com.cn/gjjj/201106070019.shtml）

# 第一节 组织概述

## 一、组织的概念

组织的存在是一个普遍的现象。作为个体，我们总是处于这样或那样的组织中，现实中"组织"这个词我们也经常使用。然而对于组织的存在这个古老而年轻的现象，我们并没有全面深入地了解它，至今各界专家学者在组织的定义上仍没有达成一致的认识。正如美国学者埃德加·沙因(Edgar H. Schein)认为要给组织下一个简单的定义，其困难程度简直令人大吃一惊。专家学者出于不同的研究视角，对组织的界定也各不相同，导致组织的内涵众说纷纭。组织的定义含糊不清，难免会给读者以及后续的研究者造成理解和研究上的困难，甚至会产生"盲人摸象"的认识上的误区。因此，本书试图在阐述和总结国内外学者对组织内涵研究的基础上，结合当今组织发展的特征给出组织内涵的界定。

### (一) 国外学者对组织的界定

马克斯·韦伯(Max Weber)在对组织的定义中，将"社团"同其他形式的社会组织形式进行了区分，认为社团是指"一种封闭的或利用规则对外人的进入进行限制的社会关系"。同时，指出组织内的人际互动是"协会性的"而不是"公社性的"，且组织的活动是连续性的、有特定目的。[①] 韦伯的"组织的活动有特定目的"的思想影响了后来许多组织研究者。切斯特·巴纳德(Chester Barnard)也受到韦伯思想的影响，但他的观点又不同于韦伯，巴纳德从协作系统视角认为组织不过就是合作行为的集合。[②] 赫伯特·西蒙(Herbert Alexander Simo)进一步发展了巴纳德的思想，他认为："组织指的是一个人类群体当中的信息沟通与相互关系的复杂模式。它向每个成员提供其决策所需的大量信息，许多决策前提、目标和态度；它还向每个成员提供一些稳定的、可以理解的预见，使他们能够料到其他成员将会做哪些事，其他人对自己的言行将会有什么反应。"[③]

系统理论学派的重要代表人物弗里蒙特·E. 卡斯特(Eremont E. Kast)和詹姆斯·E. 罗森茨韦克(James E. Rosenzweig)认为组织的内涵包括以下几个方面："①组织是有目标的，即怀有某种目的的人群；②心理系统，即群体中相互作用的人群；③技术系统，即运用知识和技能的人群；④有结构的活动整体，即在特定关系模式中一起工作的人群。"[④]理查德·H. 达夫特(Rocjard L. Daft)从开放系统视角把组织界定为"组织是这样一个社会实体，它具有明确的目标导向和精心设计的结构与意识协调的活动系统，同时又

---

① [美]理查德·H. 霍尔. 组织：结构、过程及结果(第8版)[M]. 张友星等译. 上海：上海财经大学出版社，2003：32-33.

② [美]巴纳德. 组织与管理[M]. 曾琳等译. 北京：中国人民大学出版社，2009：9.

③ [美]西蒙. 管理行为：管理组织决策过程的研究[M]. 杨砾译. 北京：北京经济学院出版社，1988：9.

④ [美]弗里蒙特·E. 卡斯特，詹姆斯·E. 罗森茨韦克. 组织与管理：系统方法与权变方法[M]. 北京：中国社会科学出版社，1988：8.

同外部环境保持密切的联系。”[①]组织心理学家埃德加·沙因(Edgar H. Schein)将组织定义为：“为了实现某种共同目的、明确的目标，通过劳动分工和职能划分，通过权力和职责层级，对若干人的活动有计划地协调。”[②]理查德·斯格特在《组织理论：理性、自然和开放系统》一书中分别从理性、自然和开放三个视角对组织进行界定：“第一，从理性系统视角，把组织界定为意图寻求具体目标并且结构形式程度较高的社会结构集合体；第二，从自然系统视角，把组织界定为是一个集合体，参与者寻求着多种利益，无论是不同的还是相同的；第三，从开放系统视角，把组织界定为与参与者之间不断变化的相互关系、相互依赖的活动体系，该体系植根于其运行的环境之中，既依赖于与环境之间的交换，同时又由环境建构。”[③]此外，国外学者在前人研究基础上对组织提出综合性定义的主要代表人物还有斯蒂芬·P.罗宾斯(Stephen P. Robbins)与理查德·H.霍尔(Richard H. Hall)。斯蒂芬·P.罗宾斯在综合其他人对组织概念界定的基础上把组织界定为“组织是人们为了实现一定目标而进行合理的组织和协调，并具有一个相对可识别的边界的社会实体。”[④]理查德·H.霍尔则将组织定义为：“组织是有相对明确的边界、规范的秩序(规则)、权威级层(等级)、沟通系统及成员协调系统(程序)的集合体；这一集合体具有一定的连续性，它存在于环境中，从事的活动往往与多个目标相关；活动对组织成员、组织本身及社会产生结果。”[⑤]

### (二) 国内学者对组织的界定

虽然国内对组织行为学的研究没有像西方发展得那样成熟并形成一门学科体系，但也慢慢开始重视对组织行为学领域的研究，当前已有很多学者对组织研究有着自己的观点。

现在国内已有很多学者对组织的研究有较为浓厚的兴趣。目前，国内为组织所下的定义主要有：郑海航认为“组织是由两人以上的群体组成的有机体，是一个围绕共同目标、内部成员形成一定的关系结构和共同规范的力量协调系统”。[⑥] 丙明杰认为“所谓组织，是指为了实现一定的共同目标而按照一定的规则、程序所构成的一种责权结构安排和人事安排，其目的在于确保以最高的效率使目标得以实现”。[⑦] 陈春花等人则认为要全面把握组织的含义，需要从静态和动态两方面来分别阐述：“动态的组织是指组织活动，即按照一定的目的、任务和形式，对做事的人进行编制并形成工作秩序；静态的组织是指组织系统，即通过组织活动而形成的功能相关的群体的集合，具有体现分工、协作以及相应权责关系的结构模式。”[⑧]章文光等认为“组织是在群体的基础上形成的，具有一致目标

---

① [美]理查德·L.达夫特. 组织理论与设计(第7版)[M]. 王凤彬等译. 北京：清华大学出版社，2003：25.

② [美]埃德加·沙茵. 沙因组织心理学[M]. 马红宇等译. 北京：中国人民大学出版社，2008：14.

③ [美]斯格特. 组织理论：理性、自然和开放系统. [M]. 黄洋等译. 北京：华夏出版社，2001：22-26.

④ 刘延平. 多维审视下的组织理论. [M]. 北京：清华大学出版社，2007：10.

⑤ [美]理查德·H.霍尔. 组织：结构、过程及结果(第8版)[M]. 张友星等译. 上海：上海财经大学出版社，2003：32.

⑥ 郑海航. 企业组织学导论[M]. 北京：中国劳动出版社，1990：69.

⑦ 丙明杰. 管理学：现代的观点[M]. 上海：上海人民出版社，1999：75.

⑧ 陈春花等. 组织行为学[M]. 北京：机械工业出版社，2009：219-220.

的，遵守共同规则的，相互协作完成一定任务的，有一定边界的社会单元”。①

### （三）组织的界定及其内涵

在国内外前人的研究基础上，我们认为组织包括两层含义：第一，组织是指在明确的组织目标、秩序、权威体系、沟通系统下组织成员相互协调与合作的集合体；第二，组织是指两个及以上成员为实现组织目标开展活动的一种行为集合体。

根据以上对组织两层含义的界定，可以从以下几个方面对组织加以理解：

**1. 组织是一个具有特定目标、特定功能的集合体**

当人们无法通过个人行动实现某个目标时，往往会通过成立或者加入组织以获得更大的力量来实现特定的目标。所以，社会中存在各种各样追求不同目标的组织，如学校、监狱、环保协会、自行车协会等，每个组织在实现目标过程的同时也承担着某种功能，对组织成员及社会产生一定的影响。一旦组织完成了其目标，如果没有其他的目标，组织便失去了存在的意义，就会解散，即使组织成员之间依然保持联系，但是这个时候组织成员的关系是一种私下的非正式的关系。所以说，特定的目标是一个组织的核心与灵魂。组织目标可以是单个目标，也可以是多个目标，甚至有可能是一个目标体系，可以将其分为总目标与子目标或者长期目标、中期目标及短期目标等。总之，目标是组织功能设置、体系设置、计划设置的核心要素，是组织开展活动的第一要素。

**2. 组织是由人按照一定的规则体系构建的集合体**

组织是由人构成的，但组织中的人不同于群体或生活中的单个人。组织的形成是以一定规则体系为准则，并对组织中个人行为进行引导和规范，组织的规则也只对组织成员具有约束作用。

**3. 组织是一个具有相互协调与合作的集合体**

组织内部不仅包括人、财、物，还包括组织成员之间的互动关系，组织成员之间的合作以及冲突都是这种互动关系的体现。在管理学家巴纳德看来，组织的本质在于组织是合作行为的集合体。从某种角度看，组织是由组织成员在组织目标指引下的协调与合作行为的集合体，也可以看成是组织成员为了实现组织目标而对自身观念、行为及关系处理之间差异性进行协调统一的过程。

最后，值得注意的是组织的边界问题。罗宾斯、霍尔等学者认为，组织具有相对的边界。在当代社会，随着全球化、信息化以及网络化的不断推进，外界环境的变化对组织产生了深刻的影响，组织的边界越来越模糊。比如许多网络虚拟组织，与传统的组织不同，从形式上看，这类组织并没有明确的组织边界。所以，组织的“相对的边界”指的是一个组织由于其目标、文化及价值观等方面形成了不同于其他组织的个性特征。

## 二、组织的基本特征与构成要素

### （一）组织的基本特征

从上述对组织的定义中可以看出，组织不仅是组织要素的集合体，而且还是组织行为

---

① 章文光. 公共组织行为学[M]. 北京：北京师范大学出版社，2009：4.

的集合体。组织通过自身特有的功能对社会产生影响，因而也必然会表现出自身的基本特征。从上述国内外对组织界定的介绍中，可以归纳出组织具有以下特征：

1. 组织具有实体性与结构性

组织是由两个或两个以上的人组成的，是组织成员的集合体。从组织成员视角看，组织具有很强的实体性。此外，组织成员并不是随意组合而成的，其必须是通过明确的秩序、等级体系、权威、规则等进行组合，形成具有职权关系的组织结构。

2. 组织具有目标性

韦伯提出"组织的活动有特定目的"，任何组织都存在既定的组织目标。所谓组织目标，即组织成员通过协调合作共同努力以求达成的状态。组织目标是组织产生、发展及存在的意义所在，是组织的一种客观属性。组织目标是组织的指示器与动力源，它贯穿组织的整个实践活动之中，对组织绩效的高低起着决定性的作用。因此，组织具有目标性，确定组织目标是组织活动中的第一要务。

3. 组织具有沟通与协作性

从巴纳德对组织的定义中，我们可以看出组织是一个沟通与协作性的集合体。组织之所以能实现一些个人无法完成的目标，在于组织成员可以通过既定分工形成沟通与协作专门从事某项职能工作。正如巴纳德认为任何组织的协调体系都包含三个要素：协作的意愿、共同的目标和信息联系。因此，组织的本质体现为一种沟通与协作的关系体系。

4. 传统的正式组织具有权威与等级秩序性

韦伯的"官僚制"理论中依据权威来源把组织分为神秘化组织、传统组织及合理化—合法化组织这三种。在传统组织形成权威的过程中，必然也伴随着等级秩序的建立。等级秩序就是通过有关的规定来形成组织中成员之间的一种明文规定的正式关系。组织在实践活动中为实现组织目标，对组织成员进行统一协调依靠的就是组织权威与等级秩序。只有组织权威与等级秩序得以确立之后，组织的规章制度才能得以发挥作用。

## （二）组织的构成要素

组织的构成要素是组织整体框架得以建立的基础，对组织构成要素的分析将有助于我们理解和把握组织内涵与基本特征。我们主要引用莱维特（Leavitt，1965）提出的组织模型的钻石结构图（如图 1-1 所示）进行介绍。①

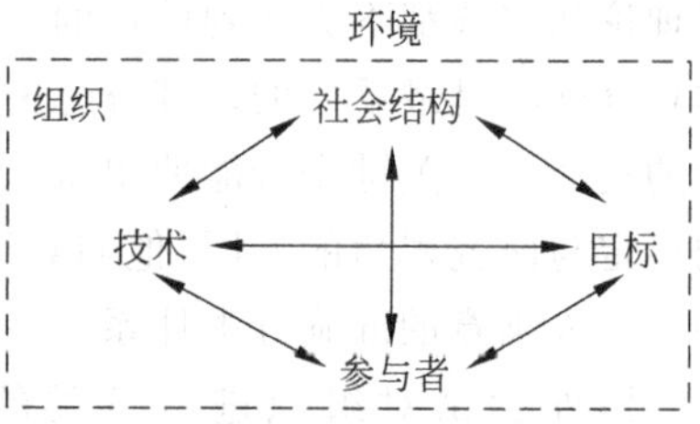

图 1-1　莱维特的钻石结构：组织模型

［资料来源：引自莱维特（Leavitt，1965），Figure 1，p. 1145］

第一，社会结构。社会结构是指组织参与者关系的模式化和规范化。理查德·斯格特认为任何人类群体的社会结构都可以分为规范结构与行为结构两类。对任何一个组织来讲，其社会结构的正式化程度是不一样的。一个组织的社会结构化程度主要取决于组织成员间的地位关系。例如，在正式组织

---

① ［美］理查德·斯格特. 组织理由：理性、自然和开放系统［M］. 黄洋等译. 北京：华夏出版社，2001：16.

中，组织成员的地位关系相对于非正式组织来得明确具体化。

第二，目标。组织的第一要务就是确定组织目标，因为目标是组织产生、生存及发展的意义所在。目标是组织不可或缺的一部分，对组织的生存与发展具有重要意义。目标是组织的灵魂所在，目标的形成在一定程度上是组织成员价值观达成共识的一部分，是组织开展实践活动的指示器与协调器。因此，目标是组织的最基本组成要素之一。

第三，参与者。从组织的基本特征来看，组织是由两个或两个以上的人组成的集合体，具有实体性与结构性的特征。但是，组织成员并不是没有规则、没有秩序地组织在一起，而是根据规章制度形成具有协作关系的结构体。他们为了共同的目标聚集在一起，参与到组织实践活动中并共同努力。组织之所以能发挥作用，在于其参与者通过共同努力、协调合作，为了实现组织目标聚集起来。因此，组织参与者是组织一切其他要素发挥作用的载体。

第四，技术。技术能突破组织外部环境的限制，对组织的变革与转型具有重要作用。不管是传统型还是创新型的组织，技术都会影响组织的效率与效益。它是组织存在和发展的物质基础，并有工具型和知识型之分。所有组织都拥有自身的技术，但不同组织在对技术的理解、程序化或有效化上是有差异的。因此，技术也是组织的必要组成要素之一。

总之，社会结构、目标、参与者与技术构成了组织的基本要素，缺一不可。这四类要素间的不同组合使得组织存在规模、类型等方面的差异，这也是现今组织多样性特征产生的原因。

## 三、组织的类型

前面已经介绍了组织的内涵及相关特征。对于广泛存在于社会中的组织来说，我们有必要了解组织的类型，因为组织的类型往往揭示了不同组织间的差异性，有助于我们对特定组织进行研究。研究组织类型首先要了解的是组织分类的标准。分类方法的倡导者(Warriner, 1979, 1980; McKelvey, 1978, 1982; Pinder and Moore, 1979; Carper and Snizek, 1980; Warriner, Hall, and McKelvey, 1981)认为："发展出优秀的组织分类学是推动组织分析理论进步的唯一途径。"认为："除非有一个令人满意的分类体系，否则，组织理论和实践都不会找到前进的方向。"[①]可见，在组织理论与实践研究过程中，组织类型的划分标准是最重要的。理查德·H.霍尔认为，任何分类的努力的精华都在于对关键变量的选择——关键变量能使得研究对象从其他现象中分离出来。基于不同研究者对组织的界定与研究视角的不同，他们对组织类型划分的依据也不同。因此，至今仍然难以找到一个令人满意的准确分类体系。

国外尝试对组织进行分类的研究者已不在少数，其中比较典型的有：帕森斯(Parson, 1960)根据组织的社会功能将组织分成四类：生产组织、政治组织、整合组织、模式维护型组织；彼得·M.布劳与W.理查德·斯科特根据组织与收益者的关系将组织分成四类：互利组织、商业组织、服务组织及公益组织；明茨伯格(Mintzberg, 1979)依据组

① [美]理查德·H.霍尔. 组织：结构、过程及结果(第8版)[M]. 张友星等译. 上海：上海财经大学出版社，2003：47.

织结构适应性将组织分成五类：简单结构组织、机械化的官僚制组织、专业化的官僚制组织、有多个分支的组织、临时性的组织；埃策尼按照组织对其内部成员的控制方式将组织分成三类：强制性组织、功利性组织、道德类组织；著名人际关系学家乔治·埃尔顿·W.梅奥根据组织结构的规范性将组织分为正式组织和非正式组织；理查德·斯格特按照组织与社会的关系将组织分成：理性系统的组织、自然系统的组织、开发系统的组织等；马克思则从组织在社会结构中所处的不同活动领域角度出发将组织分成经济组织、政治组织、文化组织、群众组织及宗教组织等。

在组织分类研究过程中，还有其他分类法。有些学者根据组织的形成方式将组织分为自组织和被组织，如 Knoke and Prensky(1984)；有些经济学家如 Weisbrod(1989)根据组织的经济目的将组织分为营利性组织与非营利性组织；还有学者根据组织追求目标的公共性程度将组织分为公共组织和非公共组织两类；也有根据权利配置方式将组织分为集权组织和分权组织；等等。

总之，解决组织分类法的问题至今还是困难重重，正如霍尔所言，"实证的方法将是对组织分类的最佳基础"，要想使自己在组织分类学领域中的努力变得有价值，需要建立在更多实证研究的基础上。

## 四、组织的结构

组织目标的实现以一定的组织结构为载体，组织结构是指组织内部的各构成要素以及它们之间相互作用的关系，也可以说，组织结构是由组织部件按照一定的规则和形式组合而成的。组织结构具有三个基本功能：①有利于组织输出并达到组织目标；②有利于使个人差异对组织的影响最小化；③是运用权力的场所，是做出决策的场所，是进行组织活动的场所。[①] 组织结构深受社会环境、组织规模、组织采用的技术、组织的战略选择以及制定等因素的影响。可以说，组织结构是在一定的内外部条件下形成的。对组织结构特征的认识可以从三个维度进行辨别：复杂性、正规化以及权力集中的程度。组织结构以一定的表现形式为我们所识别，这种形式的基本要素包括组织内部的部门划分、权责关系、控制及沟通方式。因此，在理解组织结构形式之前，我们须先了解这些基本要素。

第一，组织中的部门是指组织为了完成特定的目标将组织成员分配、编入由不同的主管人员管辖的特定领域，每个部门承担着特定的业务并履行特定的功能。

第二，管理层次和管理幅度。管理层次是指组织中从最高层管理者到最底层职工的职级的数量，表示的是组织权力的垂直分化，形成组织的纵向结构。管理幅度是指管理人员管理其直接下属的人数，是组织权力的水平分化，形成组织的横向结构。

第三，组织的控制及沟通方式。组织权力的垂直分化和水平分化引出了组织中的控制、沟通的问题，控制和沟通是组织运行机制的两个重要方面。组织控制是指以一定的制度、规范来引导和约束组织成员的行为；组织沟通则是指依靠组织信息系统实现组织纵向、组织横向的有效沟通，确保组织中不同部门、不同层级的成员相互协作以实现组织的

---

① [美]理查德·H.霍尔. 组织：结构、过程及结果(第8版)[M]. 张友星等译. 上海：上海财经大学出版社，2003：57.

目标。

组织结构的形式有很多,常见的有以下几种:直线型组织结构、职能型组织结构、直线职能型组织结构、事业部组织结构、矩阵型组织结构、团队型组织结构、网络型组织结构和学习型组织结构(具体在后面介绍公共组织结构时将详细阐述)。

## 五、组织的基本作用

组织在人们日常生活中所起的作用日益凸显,可以说今天的世界是由一个有无数个专业组织机构组成的社会。组织是社会的基本单位之一,是社会整体的细胞。组织对人类社会活动的影响日益深入,甚至影响社会的整体发展趋势。正如塞顿伯格在谈到组织对多种人类活动普遍深入的影响力时提出:"现代人已经学会了适应一个日益组织化的世界。这个越来越明确自觉的关系的发展趋势是意义深远、规模宏大的,它以其深度而非广度为标志。"[①]但并不是所有的组织作用都能促进人类社会的发展,组织的基本作用是有利有弊的。

### (一)组织的正面影响

组织,自从有集体活动以来就一直是人类社会关注的焦点。而任何集体行动,无论其形成是多么短暂,或多或少都会形成一些对个人或社会产生影响的组织。因此,不论是个人还是社会,组织对其都有巨大的促进作用。正如帕森斯(1960)所言:"组织的发展已成为高度分化社会中的主要机制,通过这个机制,人们才有可能'完成'任务,达到对个人而言无法企及的目标。"[②]

**1. 组织对个人的作用**

组织环境对塑造和发展个人的能力和习性具有巨大的影响力。组织就是人们工作的环境,个人的工作表现深受其环境的影响(Long and MeGinnis,1981;Aallison and Long,1990)。[③] 同时,组织可以确定个人在社会分层系统中的位置。20世纪80年代人们发现,组织是社会分层过程中关键的因素。组织事先确定各个职位所要求的教育状况、工作技能、工作经验的不同层次与强度,然后对组织成员与职位进行搭配造成组织成员的报酬与社会地位之间的差异性。所以,组织就是完成分层的过程(Baron,1984;Stolzenberg,1978;Baron and Bielby,1980;Kalleberg,1983;Pfeffer and Cohen,1984;Kalleberg and Van Buren,1996)。[④] 除此之外,组织和个体之间的关系还受其他因素影响而变得复杂。

**2. 组织对社会的影响**

组织对社区、社会日常运转及社会变革都会产生影响,在政府或公共政策的形成和执行过程中,组织是积极的参与者,这种参与体现在通过各种渠道参与政治活动。因为每个

① 刘延平. 多维审视下的组织理论[M]. 北京:清华大学出版社,2007:10.

② [美]理查德·斯格特. 组织理由:理性、自然和开放系统[M]. 黄洋等译. 北京:华夏出版社,2001:3-4.

③ [美]理查德·H. 霍尔. 组织:结构、过程及结果(第8版)[M]. 张友星等译. 上海:上海财经大学出版社,2003:10.

④ [美]理查德·H. 霍尔. 组织:结构、过程及结果(第8版)[M]. 张友星等译. 上海:上海财经大学出版社,2003:10.

组织都会有自己的利益诉求，它们会通过各种方式或渠道参与或影响各项政策的制定与出台。组织为组织成员或群体的利益服务，对利益的控制决定了组织的取向，会对社区及社会产生影响。各种各样的组织会为了自身利益对社区及社会产生影响力。当地权力结构反映组织间的相互竞争关系，因此，也反映各大组织作为行动者的利益（Perrucci and Pilisuk，1970；Galaskiewicz，1979）。从某种视角出发，组织与社会之间其实是一种相互的关系，社会也会对组织的日常运作产生影响。因此，组织对它们身处其中的社会产生的影响是巨大的，组织是社会变迁的积极参与者。

### （二）组织的负面影响

组织能对个人及社会产生正面影响，同时也会对个人和社会产生负面的影响。在现实生活中，我们经常可以从媒体与书本上了解到组织对个人及社会造成直接而实质的自然、社会及精神伤害。例如，战争、“左”倾或右倾错误、“文化大革命”、恐怖主义组织、金融危机、环境污染问题、人为事故或灾难等都是由一些组织引起的负面影响。正如，佩罗（Perrow，1984）首创“正常的意外”一词，对核电站、核武器系统、转基因生产、运输剧毒或易爆货物的船只、化工厂等实际造成的及潜在的灾难进行描述，他强调高度相关或整合、高度复杂的技术系统，引起大灾大难的潜力巨大，因为造成意外的将不是某个个人的操作失误，而是系统或组织出现的问题。虽然，佩罗对组织运用技术造成的影响论述不够充分，但他确实为我们指出了组织对个人或社会造成负面影响的潜在威胁。因此，组织对个人及社会也会产生负面的社会影响。正如 Scutherlangd（1949）、Clinard&Yeager（1980）所言，组织可以导致意外事件，也可能成为意外事件的受害者，它们还可能从事犯罪活动。

## 第二节　公共组织概述

### 一、公共组织的含义

无论在理论上还是实践上，组织的界定都存在着争议，公共组织的界定也不例外。关于公共组织含义的界定，归结起来主要有广义、中义及狭义之分。其中，广义的公共组织是指以公共利益为导向的组织机构，主要包括政府、公共工作机构乃至企业；中义的公共组织是指以维护、实现和发展社会公众利益为目标的组织，主要包括国家权力机关及依靠财政运行的公共机构；狭义的公共组织是指执行国家政务的政府组织。国内有不少学者试图在广义、中义及狭义公共组织基础上归纳出一个令人信服的概念。孙萍在《公共组织行为学》一书中认为，公共组织是以社会公共事务为管理对象，以全体社会成员为服务对象的；章文光在《公共组织行为学》一书中认为，公共组织以社会公共事务为管理对象，以全体社会成员为服务对象。公共组织以管理国家和社会公共事务，维护和实现公共利益为基本职责，通过行使公共权力来管理公共事务并承担相应的公共责任，花费公共财政，推行公共伦理，提供公共物品或公共服务，不以营利为目的。

本文认为公共组织是指那些依据法律建立并与国家财政相关的从事管理社会公共事

务，提供公共产品或公共服务，以创造和维护公共利益为目标的组织。

从上述对公共组织的界定中，可以得出其内涵主要有以下四点。

第一，公共组织行使的是公共权力。公共组织权力的形成是国家法律赋予的，是法定的权力。其主要形成途径有国家宪法、组织法及其他法律之外的直接赋予或间接赋予的权力。因此，公共权力也呈现出权威性、强制性、普遍性及排他性等特点。第二，公共组织的目的是实现并维护公共利益。无论是广义、中义及狭义的公共组织界定中，我们都可以看出公共组织实现并维护社会公众的公共利益。第三，公共组织的经费主要来源于国家财政。虽然，公共组织追求社会问题的解决与公共利益的实现，但是任何组织的运行都需要经费的支撑，公共组织也不例外，其活动的开展都需要一定的人力、物力和财力保障。因此，鉴于公共组织的性质，公共组织的经费大部分来源于国家财政。第四，公共组织提供的是公共物品或公共服务。所谓公共物品是指公共使用或消费的物品。公共物品是可以供社会成员共同享用的物品，严格意义上的公共物品具有非竞争性和非排他性。

## 二、公共组织的构成要素

公共组织是依据一定法律法规严格建立起来的正式组织，公共组织在构成要素的种类上与一般组织大体一致，但其要素的具体内涵却是不完全一样的。公共组织的构成要素主要包括目标、人员、权责体系、组织文化等，但可以概括为物质与精神两方面的因素。

### （一）物质要素

#### 1. 组织人员

组织人员是公共组织构成的一个最基本的物质要素。人员是一切组织的主体，组织目标的达成，都必须依靠组织成员来完成。组织人员作为公共组织的主体，且受国家和人民的委托行使公共权力。因此，组织成员自身素质的完善、组织人员组合情况都会对组织产生影响。公共组织更是如此，相对于其他组织，公共组织的特殊性使得其对成员的资格条件要求更严，在整体上要求形成合理的结构，实现在年龄、知识、能力、气质、性格等方面优势互补、相互配合。

#### 2. 组织经费

任何组织活动的开展都必须以经费的支撑为条件。组织经费的来源决定着公共组织活动能否得以正常开展，公共组织的日常运转需要资金保障，特别是人员编制、办公设备、工具及各种耗材的购置、日常工作的进行都离不开经费。因此，经费是公共组织开展活动的物质保障和经济基础，是公共组织必备的物质要素之一。

### （二）精神要素

#### 1. 组织目标

确定组织目标是组织成立的第一要务。组织目标是组织及组织成员共同努力的方向，是指组织及组织成员期望达到的某种状态。组织目标是组织的基本构成要素之一，是组织赖以成立、生存与发展的原因所在。此外，组织目标决定着组织行为的方式和组织发展的方向，关系到组织管理活动的效果。因此，公共组织目标是公共组织存在的基础，是公共组织最基本的构成要素之一。

2. 机构设置

组织其实就是由多种形态的结构和运作过程所交织而成的系统。组织确定机构设置是根据组织目标、职能范围在公共组织内部按单位进行分工的结果。组织机构是公共组织的实体,也是公共组织行使公共权力的载体。公共组织机构设置不仅仅是关于组织结构的设计,同时也是关于组织功能的设计。因此,公共组织的机构设置必须具有科学性、超前性、创新性及合理性,才能使公共组织真正成为公共活动的载体,否则,公共组织便会失去意义。

3. 职位设计

职位设计关系到组织成员职责和权力划分的标准,是在机构设置的基础上对组织目标、工作任务及权利职责从个人层面进一步细化到位。职位是公共组织运行最基本的要素之一,只有职位设计明确到位,才能使权力行使及目标实现成为可能。职位设计的科学性与合理性,是减少公共组织内部职责划分不清或混淆的有效途径。因此,职位设计是公共组织在机构设置完后相当重要的一个环节,是根据组织目标及机构设置对组织所要完成的工作任务、职责及其作用在组织成员方面的细化,它是确保公共组织功能正常发挥的保障。

4. 权责体系

职权是指被公共组织正式承认的权力,其来源于公共组织的认可,与职位有密切关系。因此,权责体系指公共组织中各个部门、层次、成员之间若干从属、并列等相互关系的确认与规范体系。它建立在权力和职责划分的基础上,是公共组织正常运转的保障。可见,权责体系也是公共组织构成的精神要素之一。

5. 组织文化

组织文化应当被看作组织的精神支柱,起着凝聚与激励组织成员的作用。组织文化是组织在长期的实践活动中形成并得到组织成员的普遍认可的价值观念、团体意识、行为规范及办事风格等方面的总和。组织文化的界定有广义与狭义之分,大家对组织文化界定比较认可的是美国组织心理学学者埃德加·沙因在《组织文化与领导》一书中的界定."群体在解决其外在适应性与内部整合的问题时,学得的一组基本假定,因为它们运作得很好,而被视为有效,因此传授给新成员,作为当遇到这些问题时,如何去知觉、思考及感觉的正确方法。"因此,组织文化是公共组织在解决生存和发展的问题中逐步沉淀而形成的,是构成公共组织不可缺少的要素之一。

6. 规章制度

规章制度是指以书面文件等形式对明确组织目标、职能任务、权责关系、活动方式等进行严格规范。组织是具有结构性、秩序性及权威性的集合体。从根本上讲,任何组织的机构设置、权责体系、机构设置及职位设计等方面的设计和公共组织的正常运转都要依据一定的组织规章制度开展。就公共组织而言,也必须有一套规章制度,以确保公共组织的正常运行和公共权力的正确行使。因此,规章制度也是公共组织的构成要素之一。

7. 技术和信息

技术是组织存在和发展的物质基础,技术有工具型和知识型之分。所有组织都拥有自身的技术，但组织在对技术的理解、程序化或有效化上是有差异的。对公共组织而言，技术不仅指组织活动过程中所采用的科学技术，也包括组织决策原则及方式等方面的“政治技术”；同时，信息也是公共组织不可或缺的因素之一，对组织决策及处理问题具有重要的影响。因此，技术和信息也是公共组织的必要构成要素之一。

## 三、公共组织的基本属性与分类

### （一）公共组织的基本属性

对于公共组织的基本属性，我国学者有着不同的看法。朱国云在《公共组织理论》一书中将公共组织的基本属性归纳为：合法性、权威性、整合性、层次性、社会性和发展性六个方面；黎民在《公共管理学》一书中将公共组织的基本属性归纳为：社会性、权威性、法制性、系统性、主动性五个方面；张建东和陆江兵在《公共组织学》一书中将公共组织的基本属性归纳为：社会性、法制性、服务性、公益性、职能性、适应性及独占性七个方面；孙萍在《公共组织行为学》一书中将公共组织基本属性归纳为：合理性、法制权威性、层次性、公益性四个方面；章文光在《公共组织行为学》一书中将公共组织基本属性归纳为：公共组织以管理社会公共事务，维护和实现公共利益为基本职责；公共组织不以营利为目的，公共组织通过行使公共权力管理公共事务；公共组织的活动必须依法进行并受到高度监督；公共组织的政治性倾向及其行为的强制性和权威性；公共组织的目标不易计量及其责任的多元化六个方面。

在以上各位学者对公共组织基本属性的归纳基础上，结合上面我们对公共组织的界定及构成要素介绍，可将公共组织的基本属性归纳为以下五点：第一，公共组织行使的是法定的公共权力，其权力来源于国家法律，可以是国家宪法、组织法及其他法律之外的直接或间接赋予。因此，公共权力也呈现出权威性、强制性、普遍性及排他性等特点。第二，公共组织的基本职责是管理社会公共事务，维护和实现公共利益。无论是广义、中义及狭义的公共组织界定，都可以看出公共组织的基本职责是管理社会公共事务，实现并维护社会公众的公共利益。第三，公共组织不以营利为目的而为社会公众提供公共物品或公共服务。公共组织在从事社会事务管理过程中，其主要价值取向就是实现与维护社会公共利益。公共组织生产和提供公共产品或公共服务的主要目的与动机与私营组织具有重要的经济区别，公共组织谋求社会公共利益的实现，而不是以营利为导向。第四，公共组织的经费来源于国家财政。虽然，公共组织追求社会问题的解决与公共利益的实现，但是任何组织的运行都需要经费的支撑，公共组织也不例外。再者，公共组织不以营利为目的，但又难以得到外界的人力、物力及财力支撑。因此，鉴于公共组织的基本任务及目的，其经费大部分来源于国家财政。第五，公共组织目标具有多元性。公共组织目标在于管理社会事务，实现并维护公共利益。而公共利益不是单个社会成员或者单个组织的特定利益，而是全体社会大众的共同利益。此外，公共组织在实现并维护公共利益的过程中还应遵循公平、公正、公开的原则。因此，公共组织目标的确立在价值上具有多元性的特征。

### （二）公共组织的类型

同组织的分类一样，公共组织类型的划分法也是十分复杂。根据不同的划分标准，可以把公共组织分为不同的类型。在对公共组织进行设计时，选择适合实际情况的划分标准对组织的结构、职位、权责体系等方面的划分具有非常重要的作用。同时，这也关系到公共组织整体功能的强弱问题。

到目前为止，公共组织的划分法主要有：根据所在领域的不同，可以将公共组织划分为政治性公共组织、经济性公共组织、军事性公共组织、文化性公共组织及社会性公共组织；根据管辖领域的不同，可以将公共组织划分为全国性公共组织和地方性公共组织；根据公共组织的结构特征，可以将公共组织划分为直线型公共组织、职能型公共组织、直线—职能型公共组织、矩阵型公共组织；根据权力配置的方式，可以将公共组织划分为集权型公共组织和分权型公共组织；根据管理社会任务情况的不同，可以将公共组织划分为综合性公共组织和专门性公共组织。

结合我国公共组织在管理国家事务过程中权责体系划分的实际情况，可以将我国的公共组织划分为以下五类：第一，中国共产党组织。中国共产党组织的特殊性质，与西方的政党组织有着本质的区别。在我国，中国共产党是执政党，处于领导地位，是全国各族人民根本利益的忠实代表，以全心全意为人民服务为宗旨。第二，人民政协组织。我国的人民政协组织是中国共产党领导下的、具有广泛代表性的统一战线组织，也是多党合作制的主要政治形式和组织形式。因此，人民政协组织是我国公共组织的重要组成部分。第三，国家权力机关组织。国家权力机关组织在国家和社会公共事务的管理中处于核心地位，是公共事务管理的主要承担者。国家机关组织行使的权力是国家公共权力，其负责处理社会公共事务。因此，国家权力机关组织也是我国公共组织的重要组成部分。第四，事业单位组织。事业单位组织是指国家为了社会利益的目的，由国家机关举办或者其他组织利用公共资源开展活动，但它又不具有国家机构的公共权力。我国社会事业单位组织还可以细分为七大类，包括农、林、水利、畜牧、气象事业组织；文教卫生事业组织；科学研究事业组织；勘察设计事业组织；社会福利事业组织；城市公用事业组织及交通事业组织。第五，非政府公共组织。非政府公共组织是指那些致力于公益事业的社会中介组织。非政府公共组织具有正规性、民间性、非营利性、自治性、志愿性及公益性等特点。目前，非政府公共组织种类繁多，其各自对社会问题及社会事务的解决具有重要的作用。因此，非政府公共组织也是我国公共组织的重要组成部分。

## 四、公共组织的结构

公共组织是提供公共产品或公共服务，并以创造和维护公共利益为目标的组织。公共组织具有组织的一般功能。与私人组织相比，公共组织具有公共性、社会性、法制性等特征，相应地要求公共组织结构具有稳定性、开放性、复杂性和规范性的特征。

公共组织是不断变化发展的，在不同的社会背景以及组织要素变化的情况下，公共组织具有不同的组织结构。常见的公共组织结构类型包括传统型的公共组织结构和新时期的公共组织结构。

## （一）传统型的公共组织结构

### 1. 直线型组织结构

直线型结构是指组织中的权力由高层单向流向基层，组织中的职位、职权、职责也是从高层到基层垂直分布的（见图1-2）。组织中的每个机构和人员沿着一条垂直线分属于不同的层级。这是一种最简单的组织结构形式，每个机构和人员都只有一个直接上司，他们之间是指挥和服从、命令和执行的关系。而同一层次之间的机构和成员是没有任何领导关系的，组织的命令是从上而下贯穿于整个组织。

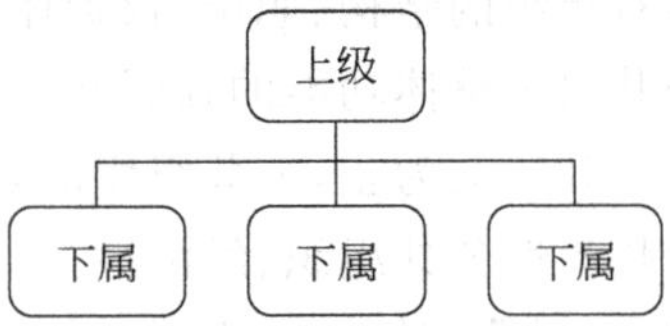

图1-2 直线型组织结构

直线型结构的优点是：结构简单，关系明确，职责清晰，有助于政令统一，便于控制和提高组织行动效率。但是，这种缺乏专业分工的组织结构随着组织的成长和规模的壮大将会被淘汰、放弃。而且，这种组织结构容易造成权力的过分集中；信息的直线传递缺乏同层次之间的交流，会影响组织的效率。所以，这种组织结构适合存在于那些规模小、活动内容简单的组织中。同时，值得注意的是，这种组织结构对组织领导的要求比较高，组织领导的言行对组织的影响程度高。

### 2. 职能型组织结构

职能型组织结构是在直线型组织结构的基础上，为各职能领导设置相应的职能机构和人员，以专业化分工的管理来代替直线型的全能管理，各个职能机构在自己的业务范围内向下级传达命令和指示，并直接指挥下属（见图1-3）。

职能型组织结构实行专业化分工，适应了现代组织生产技术比较复杂、管理工作细化的要求。同时，减轻了上级领导的工作负担，有利于提高组织的整体运作效率。但是这种结构形式要求下级机构及人员听命于多个上级，容易造成多重指挥和多重领导，影响政令统一指挥，会造成管理上的混乱，这种结构形式在现代社会中备受诟病。

### 3. 直线职能型组织结构

这种结构方式综合了直线型和职能型的优点，以直线型的组织结构为主线，在组织的最高领导下设置相应的职能部门（见图1-4）。一方面，保持了直线领导、统一指挥的优点；另一方面，职能部门分担了最高领导的工作，能发挥专业知识和才能。

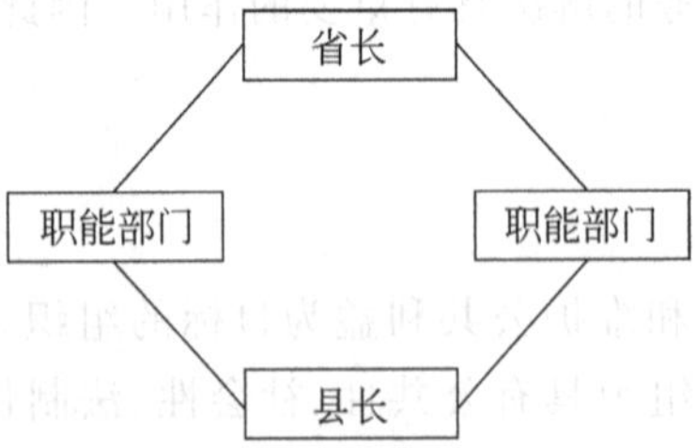

图1-3 职能型组织结构

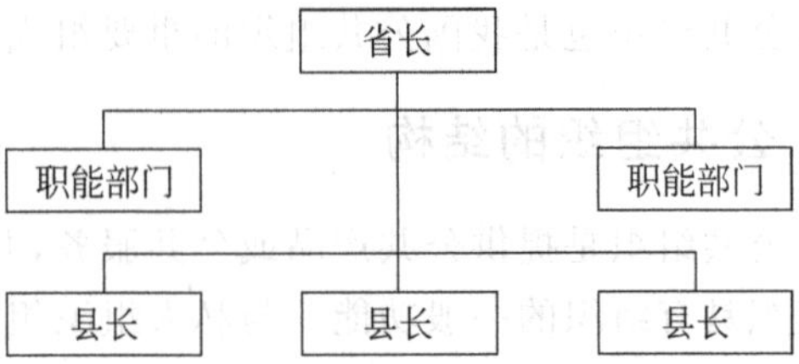

图1-4 直线职能型组织结构

这种结构形式比较容易出现职能部门越权或起不到应有的作用等问题，各个职能部门之间的协调性差，不利于组织中信息的传递。

4. 事业部组织结构

自20世纪20年代开始，西方资本主义经济快速发展，企业规模不断扩大，对企业组织结构有了更高的要求。美国企业管理专家斯隆提出了事业部组织结构，即将组织划分为若干事业部而组成的组织结构，每个事业部都有较大的权力，组织领导仅保留人事管理、财务控制、组织监督和控制等重要方面的权力。每个事业部由事业部部长负责，进行独立的业务活动，并设有自己的职能部门，是一种以“集中决策、分散管理”为特征的结构形式。尽管目前公共组织很少采用事业部组织结构，但是这种组织结构特征对于公共组织结构的变革具有借鉴和启示意义。如图1-5所示。

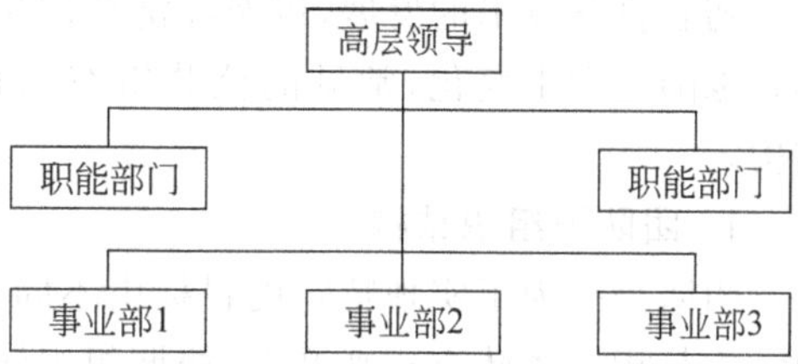

图1-5 事业部组织结构

事业部组织结构的优点是：首先，它减少了决策层的日常管理负担，有利于提高决策的效率，减少决策的事务。其次，事业部具有很大的自主性，可使组织内各个部门发挥专业优势，同时，提高了组织成员的创造性，有利于提高组织活动的效率。最后，组织是在适应环境过程中不断发展的，这种组织结构通过事业部的设置能够紧跟社会的需求，具有较强的适应性和灵活性。但是，事业部也存在缺点：机构设置重复，容易造成人员冗杂和资源的浪费。各个事业部独立经营，往往注重部门的利益，而忽视组织长远的利益，易造成本位主义，影响组织整体的协调发展。

5. 矩阵制组织结构

矩阵制组织结构又称规划目标结构组织，既保留了职能式组织的形式，又按照项目划分设立了横向管理系统。这便存在了两条权力线：①各职能部门的垂直权力线；②项目部门的纵向权力线。横向的权力线包括不同的职能部门；纵向项目系统则是指以产品、工程项目或者服务项目为对象组成的小组，每个小组都是为了完成特定时期的特定任务，小组成员也是从各个职能部门临时抽调过来的，具有临时性的特征。当项目完成后，这些专门小组便解散。而小组中的成员既受职能部门领导的管理，也受项目负责人的领导。其结构如图1-6所示。

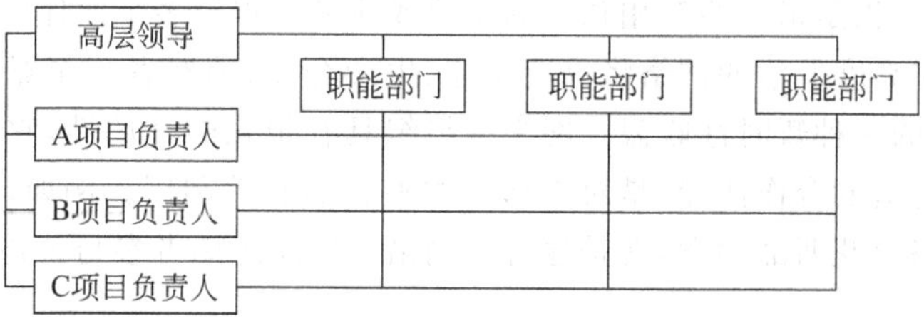

图1-6 矩阵制组织结构

矩阵制组织结构的优点是：实现集权与分权的结合，既利用了职能部门的专业优势，同时又促进了职能部门之间的联系和合作。而且，项目小组是根据特定的任务组成的，具有灵活性特征。在日益复杂及快速变化的社会环境下，矩阵式结构模式得到广泛运用，不论在政府部门、学校、企业单位，常见各种临时组成的为完成特定目标的项目小组。

其缺点是：由于小组成员同时受到部门领导和小组项目负责人的指挥，如果这两个领导的意见不符，就会使小组成员无所适从，多重领导使得权责不清。

### （二）公共组织结构的新类型

随着科学技术的发展，以及经济全球化、政治民主化的趋势不断加强，公共组织结构形式也随之发生变化，常见的公共组织结构新类型包括团队型组织结构和网络型组织结构。

#### 1. 团队型组织结构

团队是指为了实现特定的目标由不同专业背景的个体所组成的正式群体。团队型组织结构是指以团队方式来开展、协调组织活动的一种模式，它是目前比较流行的一种组织结构方式。团队型组织结构具有以下几个特征。

（1）每个团队成员扮演着独特而重要的角色。团队活动具有很强的目标性，团队的质量直接关系到组织目标是否能够实现。因此，团队的形成对其成员有一定的要求，团队应该是由不同专业背景和掌握不同技能的人组成，且他们的专业和技能具有相关性，以此才能有效地促进目标的实现。

（2）围绕工作流程设计，以顾客为中心。传统组织结构强调职能分工，并划分成不同的部门，实践证明，这种方式也存在弊端。团队组织结构的设计着眼点是组织的工作流程，以顾客为中心，强调组织的全局目标，有效避免组织中存在的部门主义。

（3）团队组织结构层次少，组织结构呈扁平化特征。一方面，团队组织中更强调成员之间的互动，而不是权力等级；另一方面，在信息技术的推动下，团队中形成信息资源共享系统，使得其管理层次较少，有利于降低组织活动成本、提高效率，是未来组织变革的新方向。

（4）团队型组织结构强调自我管理。团队型组织打破传统的职能边界，从组织工作流程出发将人员聚集在一起，是一种强调对顾客负责的结果导向的组织。在团队运行过程中，更加强调团队成员的自我管理和团队的自我管理，并没有太多的限制。比如，当前许多非政府组织就是采用团队型组织结构。

#### 2. 网络型组织结构

网络型组织结构是指一些互相独立的企业或业务过程等多个伙伴以信息技术和通信技术为基础，依靠高度发达的网络将供应企业、生产企业、消费者甚至竞争对手等独立的企业连接而组成的一种暂时性联盟。网络型组织具有很强的开放性，它可以在充分信息的条件下，选择合适的合作伙伴，是对外部资源整合的有效利用。例如，当前有许多非政府公益组织，如格桑花西部助学，就是通过在网络上组织志愿者参与公益事业而组成一个虚拟组织。

## 第三节　公共组织与私营组织的比较

公共组织与非公共组织在组织目标、运行方式、外部环境及管理方法方面都存在着原则性的区别。正如马丁(1989)认为我们像其他领域的研究者一样，相信公共组织是不同于私营组织的①;公私部门管理上的本质差异向来是管理学者着重讨论的焦点话题之一(Rainey, Backoff, & Levine, 1976; Allison, 1980; Downs, 1967; Rourke, 1984)②。然而,讨论公共组织与私营组织之间的异同到现在为止已不再是什么新鲜话题,但对进行比较分析公共组织、对我们更好地理解和界定公共组织却有重要的价值。Rainey 等人(1976)认为对公共组织与私营组织存在的异同点进行分析比较,对它们管理水平的提高具有重要作用③。尽管公私部门在管理功能上有相同之处,然而就外部环境、组织与外部环境之间的互动以及组织内部结构与程序而论,公共部门与私营部门两者之间存在着极大的差异(Gortner,Mahler,and Nicholson,1989;Allison,1980; Dunlop,1979;Neustadt,1979;Rainey,Backoff,Levine,1976)④。我们也将从这三个方面对公共组织和私营组织进行比较分析。

## 一、所面临的外部环境差异

公共组织与私营组织面对的外部环境虽然都包括经济因素、法律约束程度、政治影响程度三个方面,但它们的三个方面所指的含义是有区别的。

### (一) 经济诉求不同

确定组织目标是组织的第一要务。组织目标是组织赖以生存发展的基础。公共组织以管理社会事务,实现并维护公共利益为目标;而私营组织则是以经济利益最大化为组织的追求目标。私营部门重视成本控制,强调对最高效率与眼前利润的追求,以及在市场上的竞争优势与胜利。相比之下,公共组织的经费资源大多来自国家的财政,其目标不应仅仅是强调效率,更要注重利益分配的公平与公正。因此,公共组织与私营组织在经济因素方面的追求有着本质的区别。

### (二) 权力来源与法律约束程度不同

从公共组织权力的特性看,我们知道公共组织的权力来源于国家宪法、法律法规等方面的赋予,权力的影响范围广泛,影响对象以社会大众为主。相比之下,私营组织则是依据国家法律法规中的法律规定成立,其权力形成于组织内部的规章制度,权力的影响范围只是在组织内部而已,影响对象仅局限于组织成员。同样,二者受到的法律约束程度也是不一样的。私营组织受到法律约束程度较低,只要合乎一般的法律规范即可。然而,公共组织受到法律约束程度较大,公共组织领导者在决策自主性方面远远不及私营组织领导者。因此,法律约束程度的不同也是公共组织与私营组织所处外部环境的区别之处。

---

① 陈剑,冯蔚东. 虚拟企业构建与管理[M]. 北京:清华大学出版社,2003:14.

② 陈春希,张其禄,叶一璋. 执行力失败的制度分析——公私部门的本质差异与执行力上的意涵. 提升台湾执行力学术研讨会. 2003.

③ Hal G. Rainey, Robert W. Backoff, Charles H. Levine: Comparing Public and Private Organizations. Public Administration Review, 1976.

④ 陈春希,张其禄,叶一璋. 执行力失败的制度分析——公私部门的本质差异与执行力上的意涵. 提升台湾执行力学术研讨会. 2003.

### (三)政治因素影响程度不同

公共组织与私营组织在运行过程中受到政治因素的影响是不同的,这也是重要的外部环境因素区别之一。公共组织是依照宪法、法律及法规等章程设立的,天生就具有“政治性”。公共组织政策的制定是外在多元政治势力相互妥协的产物。公共组织与私营组织受政治影响力介入程度的不同,可以从以下几方面来看:第一,公共组织与私营组织相比,公共组织更具有广泛的程序和正式的分工,它的职责在于对纳税人负责;第二,从对公共组织与私营组织的目标相比看,可知公共组织的目标更注重的是政治方面的影响,而私营组织则是强调经济方面的影响。因此,受到政治因素的不同影响也是公共组织与私营组织所处外部环境的重要区别之处。

## 二、与外部环境的互动方式及程度差异

对于公共组织与私营组织差异性的比较分析,还可以从公共组织与私营组织与外部环境互动关系中的强制力、影响范围、公众监督、公众期望及与媒体关系等方面做进一步的探讨。

### (一)强制力不同

公共组织是在社会事务管理过程中行使公共权力,公共权力具有权威性、强制性、普遍性及排他性等特点,其面对的是社会大众。相比之下,私营组织行使的权力是内部自身形成的,其权力行使的范围与对象都具有很强的局限性,只能对其组织成员产生影响。因此,公共组织对社会公众参与应尽的义务与责任具有很强的强制力,这种强制力源于国家宪法、法律法规等方面的赋予;而私营组织对组织成员的强制力是很弱的,其主要源于组织规章制度的设计。

### (二)影响范围不同

由于公共组织与私营组织的目标不同,造成公共组织与私营组织的管理对象也不同。公共组织的管理对象是社会大众,而私营组织的管理对象仅仅局限于组织内的成员。虽然,有些私营组织也在参与社会问题的解决,为社会创造价值,如捐款、慈善、公益创业等。但其远远不如公共组织的社会影响程度高,公共组织政策的影响范围较私营组织更为宽泛,且较具象征意义。

### (三)受公众监督程度不同

由于公共组织与私营组织成立的目的、章程、行使的权力及组织支撑等方面的差异性,造成公众对它们关注的程度与焦点不同。公共组织是以管理社会事务,实现并维护公众利益为目的,以国家财政为经费来源,其必须为广大纳税人负责。相比之下,私营组织是具备国家法律规章的规定条件的私人组织,以营利为目的。虽然,私营组织也要履行自身的社会责任,但其远远不如公共组织。因此,公共组织与私营组织受到公众监督程度也是不一样的。

### （四）公众期望不同

公共组织目标的特殊性，主要在于公众期望的特殊性。公共组织提供的公共产品或公共服务面对的对象主要是社会广大公众，而私营组织提供的产品面对的对象主要是很狭隘的顾客。因为公共组织在国家财政支撑基础上实现的利益及利益分配情况关系到每一位社会公众自身的切身利益，而私营组织提供的产品是有偿的。公众对于公共组织怀有较高的期望，希望它们能够秉持诚实、公正、勇于负责、适时回应的原则来为民服务，创造全民福祉。而对于私营组织则是希望它们能够履行自身的社会责任，为公众提供安全可靠的产品。因此，民众对公共组织提供的公共产品或公共服务具有较高的期望。

### （五）与媒体关系不同

在当今媒体飞速发展的时代，任何组织要想生存与发展都要想方设法利用各种机会与媒体发生正面的关系。公共组织与媒体关系较私营组织来得密切，这是由公共组织各种构成因素的特殊性决定的。私营组织很少有与媒体免费互动的机会，而公共组织则大不相同。私营组织基于组织特殊需要或为应对特殊状况，必须在付出一定资金后才能利用媒体进行正面宣传。除此之外，媒体无法介入私营组织的内部运作中，因此，对于私营组织而言，媒体对其较少有实质性的影响。相比之下，公共组织则要与媒体保持比较密切频繁的往来与互动，需要媒体的协助适时回应公众的诉求。因此，与媒体关系的不同也是公共组织与私营组织的一个重要区别。

## 三、组织内部结构与程序

公共组织与私营组织还可以从组织内部结构与程序方面中的组织目标、权责体系、组织绩效、激励体制及组织成员等方面进行比较分析。

### （一）组织目标的不同

确定组织目标是组织成立以来的第一要务。公共组织不以营利为目的，为社会公众提供公共物品或服务，社会公众在纳税的基础上不必再支付其他成本即可享用，个人的消费行为不具有排他性。而私营组织则是以营利为主要目的，其提供的商品和服务，社会公众必须在支付一定费用的基础上才能享用，且消费行为具有排他性。同时，公共组织面对的是社会公众，它所确定的组织目标要具有多元化与多重性等特征。因为在目标设定的过程中，公共组织要考虑到各种利益群体对组织目标的影响，要注重组织目标的公平与公正。相比较而言，私营组织的组织目标便显得单一性与具体性。

### （二）权责体系特性的不同

对公共组织而言，权责体系是公共组织构成的精神要素之一。权责体系指公共组织中各个部门、层次、成员之间若干从属、并列等相互关系的确认与规范体系。它建立在权力和职责划分的基础上，是公共组织正常运转的保障。私营组织的权责体系虽然也是对各部门、层次、成员之间相互关系的确认，但其复杂性远远不及公共组织。再者，私营组织的权责体系划分情况往往比公共组织的权责体系划分来得清楚，不会像公共组织那样出现职权混淆、责任落实不到位等情况。

### （三）组织绩效侧重点不同

私营组织以营利为主要目标，其组织绩效的侧重点主要是经济方面的因素。而公共组织以非营利为主要目标，其组织绩效的侧重点不仅仅是经济方面的因素，其更注重政治方面的影响。对于公共组织而言，组织绩效考评难以像私营组织一样使用单一普遍适用的指标来衡量其产出，如获利率等，其评量标准应考虑组织的特殊功能或政策的特殊性而加以设计。事实上，公共组织的投入与产出关系远远不如私营组织来得直接相关。因此，公共组织与私营组织的组织绩效侧重点是不同的。

### （四）激励机制不同

公共组织由于受到法律的限制，其激励机制较为僵化。主要表现在：一是组织绩效侧重点难以具体化，金钱性质的激励手段对公共组织的作用比较小；二是公共组织的职位晋升空间与人员变动不如私营组织来得灵活，因此，激励机制则主要是通过精神方面起作用。相比较而言，私营组织则主要是以职位晋升和金钱等物质方面的激励为主。

### （五）组织成员的要求不同

私营组织对组织成员能力各方面的要求基本上是以专业性为主。而公共组织对组织成员的要求更强调的是组织成员德、智、体等各方面的综合能力。有些研究表明，公共组织成员的人格特质与需求之间往往有较大的差异，与私营组织成员相比，公共组织成员的工作满意度与组织承诺较为低落。因此，公共组织对组织成员的要求要从本组织的实际情况出发。

## 【本章小结】

组织的存在是一个古老而又年轻的社会现象，组织对人类社会的演进具有重要的作用，其影响触及个人及社会的方方面面。本章重点在于阐述清楚公共组织的性质、类型及结构等相关知识。同时，介绍了组织及公共组织相关理论知识的基础，并对公共组织与私营组织的异同性进行了比较分析。

## 【关键术语】

组织　组织结构　组织类型　公共组织　私营组织

## 【思考与练习】

1. 阐述组织的内涵。
2. 阐述组织的构成要素。

3. 阐述公共组织的含义。

4. 公共组织与私营组织的差异性主要体现在哪几个方面？

## 【推荐读物】

【1】[美]霍尔.组织：结构、过程及结果[M].张友星等译.上海：上海财经大学出版社，2003.
【2】[美]巴纳德.组织与管理[M].曾琳等译.北京：中国人民大学出版社，2009.
【3】[美]西蒙.管理行为：管理组织决策过程的研究[M].杨砾译.北京：北京经济学院出版社，1988.
【4】[美]理查德·L.达夫特.组织理论与设计[M].王凤彬等译.7版.北京：清华大学出版社，2003.
【5】[美]埃德加·沙因.沙因组织心理学[M].马红宇等译.北京：中国人民大学出版社，2008.

# 第二章

# 公共组织行为学的理论基础

【内容结构图】

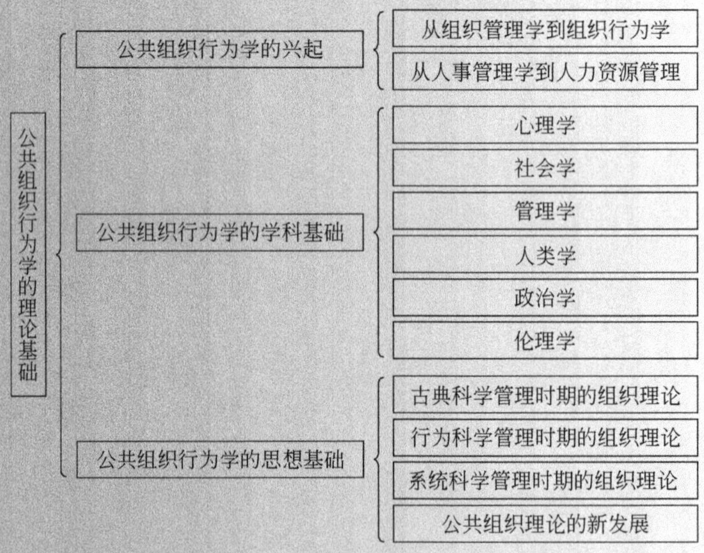


## 案例引导

### 早期的福特制

从1908年到1914年，经过试验和修正，福特的生产管理团队终于率先开发出了运动的传送带，由此历史性地改变了生产实践方式。尽管这一批量生产的跨越对于福特公司和千千万万从此能够买得起汽车的美国人是一个巨大的经济成功，但对于那些生产这些汽车的工人而言，却存在许多人性问题和社会问题。

随着工作过程的简化，工人日益痛恨流水线的单调乏味，1914年之前，福特公司的汽车生产创下了巨大的工人流失率——经常每年高达300%甚至400%，工人因为不能承受巨大的工作压力而最终离去。亨利·福特认识到这一问题后，做了一项声明：从现在起，为了激励员工，他将每天工作时间从9个小时减少到8个小时，并且把每天的基本工资2.5美元加倍到5美元。这是一次很大的提高，就像今天宣布明天就要把最低工资加倍一样。福特由此成为了享誉世界的人物，他的新方法也被命名为福特制(Fordism)。

但是，福特表面上的慷慨，实际上却伴随着对于资源——人力和物力——的高度控制。他雇用了几百名检查员来监督工人，不仅在工厂里，也在工厂外。在工厂里，管理是严密和限制性的，工人不允许离开他们所在流水线的位置，不允许互相说话。他们的工作就是全身心关注于手上的任务。很少有工人能够适应这一系统，他们便只用嘴角说话，就像口技演员一样，并且发明出一种著名的说话方式——"福特嘴唇语言"。福特关于控制的极端方式使他与管理者之间的冲突越来越大，管理者经常因为与福特意见不一致而被解雇。这样，许多有才能的人都离开了福特，加入了其竞争对手的公司。

在工作之外，福特甚至建立了他所谓的"社会部"机构，任务是检查他的工人是如何生活的，是如何支配他们的时间的。社会部的检查人员走访工人家庭，调查他们的习惯和问题。具有与福特标准相抵触行为（例如，经常酗酒或者总是负债）的员工，很可能被解雇掉。很明显，福特控制工人的努力使他和他的管理者，以一种在今天看来是难以接受的、不道德的行为方式工作。并且，从长远来看，这将损害组织继续繁荣的能力。

（资料来源：聂平平，尹利民．公共组织理论．武汉：武汉大学出版社，2009：75.）

## 第一节　公共组织行为学的兴起

### 一、从组织管理学到组织行为学

工业革命以来，组织大量产生并成为推动社会发展的重要角色。工业革命之初，人们对组织的关注集中在对组织的管理上，被称为"古典科学管理时期的组织管理"，其主要代表理论有：弗雷德里克·温斯洛·泰勒（Frederick Winslow Taylor）的科学管理理论、亨利·法约尔（Henry Fayol）的组织管理理论以及马克斯·韦伯（Max Weber）的行政组织理论。这时期的组织理论强调组织的职能、效率以及产出，对人的管理是基于"在经济活动过程中每个人追求自身利益的最大化"的经济人假设，强调对员工的控制。随着社会的发展，这种忽视人的需求，将人视为"机器人"的传统管理理论逐渐招致批评与挑战，美国管理学家乔治·埃尔顿·梅奥（George Elton Mayo）在进行了著名的霍桑实验的基础上强调重视组织中人员的需求、态度、动机以及群体中的人际关系；被誉为"现代管理理论之父"的切斯特·巴纳德（Chester Irving Barnard）提出："组织是有意识地协调两个人以上的人的活动或力量的一个体系，参加组织的每一个人都具有双重人格：一个组织人格和一个个人人格。"①他认为组织的生存与发展有三个关键：目标、人员的协作意愿以及信息的交流，在关注组织行为的同时开始注重组织中的个人行为。20世纪中期以来，随着第三次科学技术革命的兴起，一些主要代表技术如原子能技术、电子计算机技术、空间技术和生物工程的发明和运用对组织、组织行为以及组织中的人的行为产生了深刻而广泛的影响。组织思想和组织理论在不断发展过程中，与现代社会发展的背景及现实需求不断契合，产生了系统组织理论、权变组织理论等。系统组织理论是由以弗里蒙特·E.卡斯特（Fremont E. Kast）为代表的系统管理学派提出的，他们认为"组织是一个开放的系统，

---

① ［美］巴纳德．经理人员的职能［M］．北京：中国社会科学出版社，1997：60.

是在与环境的不断相互作用中获得发展，而组织作为一个系统是由五个子系统构成：目标与价值分系统、技术系统、社会心理系统、结构分系统以及管理分系统”。[①] 权变组织理论关注组织的外部环境，强调组织是在与外部环境的互动中不断发展，并根据组织所处的关系模式，将组织划分为稳定——机械式组织的模式和适用——有机组织的模式。

当前，组织行为学也逐渐运用到更多的领域，包括公共组织。公共组织的构成、运行与发展状况直接决定着公共管理效能的高低。为了提高公共组织管理社会公共事务的水平，提高管理效率，就必须研究公共组织的运行特征和规律。公共组织行为学就是把组织行为学所确定的一些基本原理、原则用于对公共组织的研究上，结合公共组织的特殊性来进一步阐释公共组织的演化、发展、构成和运行的规律。

### 二、从人事管理学到人力资源管理

工业革命背景下的组织的大量出现也催生了现代意义上的人事管理，人事管理的内容伴随着管理思想和组织理论的发展而不断更新。科学管理时期的人事管理主要是对员工进行监督、控制，以及处理岗位分析、员工的招聘、选拔、分配、工资发放、考核等事务性工作。行为科学管理时期在原来的基础上更加注重人际关系，这一时期出现的马斯洛的需求层次理论、麦格雷戈的 X 理论和 Y 理论以及赫茨伯格的双因素理论，都体现出该时期的人事管理更加关注员工的动机、需求以及行为。后来的系统组织理论以及权变组织理论也不断完善原来人事管理的模式。

“人力资源”由著名的管理学家彼得·德鲁克(Peter F. Drucker)在其《管理实践》中首次提出，人力资源管理也是在人事管理的基础上发展起来的。区别于传统人事管理中将人视为组织的成本的特点，人力资源管理将组织中的“人”视为资源和资产，人力资源成为企业竞争力的关键因素。因此，人力资源管理包含比人事管理更丰富的内容：人力资源规划、员工招聘与选拔、绩效考核、薪酬管理、员工激励、员工的培训和职业生涯规划、劳动关系管理等。随着公共部门的管理模式的与时俱进，特别是奥斯本的企业家政府理论在公共部门管理实践中的运用以及登哈特的新公共服务理论的出现及产生的影响，让公共组织更加注重内部的人力资源管理，公共组织也逐渐从传统的人事管理走向现代的人力资源管理。公共部门的人力资源管理问题成为当前的研究热点。

## 第二节 公共组织行为学的学科基础

公共组织行为学属于应用性行为科学，是在多学科的基础上建立和发展起来的。学习公共组织行为学必须了解与其相关学科的基础理论知识。对公共组织行为学有贡献的学科主要有心理学、社会学、管理学、人类学、政治学、伦理学等，这些学科的一个共同特点是关注人及人的行为，因而有助于公共组织中的个体行为研究。

---

① 任浩. 公共组织行为学[M]. 上海：同济大学出版社，2006：43-44.

## 一、心理学

心理学是研究人类心理现象规律的科学，因此它便成为组织行为学的重要基础。公共组织行为学中关于组织中个体行为研究需大量借用心理学的知识进行分析。心理学按照不同研究维度又可以划分为多个学科，如社会心理学、积极心理学、发展心理学、消费心理学等。社会心理学是对公共组织行为学影响最大的心理学学科基础，它是在社会学、心理学基础上形成的一门边缘性的交叉学科。社会心理学是研究个体和群体的社会心理现象的学科，对个体知觉、态度的测量、沟通、群体活动、群体沟通、群体决策等反面的深入研究，对公共组织行为科学的产生和发展具有重要作用。

## 二、社会学

社会学的研究对象主要是社会行为和社会关系。当前，社会学家对社会学的解释主要有三种观点：①社会学研究人类的互动行为；②社会学是对两个或两个以上人的互动构成的社会性行为模式的研究；③社会学是对各种社会制度的系统研究。与心理学所关心个体不同，社会学家主要研究由个体所组成的社会系统。它把社会作为一个整体，综合研究社会现象各方面的关系及其发展变化的规律性。公共组织中人的行为是离不开社会关系的，研究公共组织的行为学就要从其所处的整个社会关系着手，这样才能全面认识公共组织及其内部人员的行为规律。

社会学家对研究公共组织行为最大的贡献，在于对公共组织中团体行为的研究，尤其是正式的和复杂的组织中的团体行为。在研究公共组织行为领域内，社会学家所提供的有价值的知识贡献主要有团队动力、组织文化、组织结构和形态理论、科层组织、沟通、等级、地位、权利和冲突。

## 三、管理学

管理是组织为了达到个人无法实现的目标，通过各种职能活动，合理分配、协调相关资源的过程。管理学是研究组织整个运营、活动过程的规律的学科。在管理学研究的早期，学者们将组织作为管理的一个职能进行研究。到了 20 世纪 30 年代，随着组织的大量诞生，组织出现的各种问题日益受到关注，组织学就从管理学中分离出来，成为一门独立的学科，对组织的微观研究成为热点。但管理学中的原则与规律仍为组织学所用，公共组织理论研究就是组织学科的一个重要分支。因此，管理学和组织学都是公共组织行为学的基础学科。

## 四、人类学

人类学是研究人类的科学，它分为体质人类学、文化人类学和考古学。其中，文化人类学与公共组织行为研究的关系最为密切。文化人类学是借助研究社会文化来了解人类及其活动规律的一门学科，它的研究是为了对个人和周围环境之间的关系获得一种更为准确的解释。公共组织行为学的研究目的是为了更好地理解组织内部的各种行为，为此应首先了解更多的文化知识。不同国家和地区，乃至不同的组织形式都有其特定的文化用来解释其成员的行为。在公共组织内，管理者必须对组织的文化及职工间的文化差别有充分的认识，才能更深入更客观地理解他们的行为，才能更切合实际地制定并贯彻组织内的各项方针政策。

### 五、政治学

政治学主要研究政治环境中个体和群体的行为，进而促进人们对组织中各项行为的了解。政治学对公共组织行为学的影响主要是基于以下两点。

第一，公共组织是整个国家体系中最基础的组成部分，是国家机器的核心，以国家机器为研究主体的政治学必然要关注公共组织。

第二，公共组织在整个社会组织中是体现国家意志最多的组织形态，所以其存在和活动方式不能不受政治学所确立的价值观的指导和制约，如公共组织中所秉承的"维护和实现社会正义和公平"、"政务公开及民主参与管理"、"公共组织有义务接受社会公众的监督"等观念，都是政治学对公共组织行为提出的价值要求。

随着政治学的发展，人们对公共组织是个政治实体的认识在不断加深，公共组织行为学的研究中更多地引入了政治学的观点。政治学的研究领域，如冲突、组织内的政治和权力，对我们准确解释和预测公共组织中人的行为具有重要的作用。

### 六、伦理学

伦理学是哲学的一个分支学科，它以道德现象为研究对象，包括道德意识、道德活动以及道德规范现象。伦理学的道德观影响着公共组织及其个体的行为选择，对公共组织权力、公共组织监督内容研究具有启示意义。

## 第三节　公共组织行为学的思想基础

### 一、古典科学管理时期的组织理论

自工业革命爆发以来，社会生产、劳动分工、组织的管理方式都发生了极大的改变。到20世纪初，西方主要资本主义国家先后完成了工业革命，生产过程日益变得复杂，科学技术得到运用，使得大规模生产取代了小规模的手工生产。生产力的快速发展和生产关系的日益复杂，强烈地冲击着旧有的组织结构和管理方式，如何改善管理方式以适应当时的经济发展，成为这一时期资本主义国家关心的一个重要问题。同时，大规模的社会化生产让这一时期的管理方式的改革着眼于提高生产效率，因此，以泰勒为代表的古典科学管理理论便应运而生。古典科学管理理论包含着丰富的组织理论，最突出的是以法约尔的组织管理理论和韦伯的科层组织理论为代表。

#### （一）泰勒的科学管理思想中的组织理论

美国古典管理学家弗里德里克・温斯洛・泰勒(Frederick Winslow Taylor，1856—1915)的代表作《科学管理原理》使得管理成为一门可以进行科学研究的学科，在管理思想史上，他被誉为“科学管理之父”。泰勒基于实践生产研究创立了科学管理理论。在《科学管理原理》一书中，泰勒并没有专门研究讨论组织理论问题。但是他认为，组织的职能化对组织理论的发展起到一个深化的作用，主要体现在三个方面：①将计划职能和执行职能分开，实行专业分工，改变传统工人依据经验进行生产的方式，代之以科学的方法，即利用科学的方法找出标准，制定标准，然后依据标准进行劳动生产。而分离出来的计划职能由专门的计划部门来承担，其职能包括：制定操作方法和标准、拟定计划、发布指令并对标准在实际生产中的运用进行有效控制。②职能工长制，即将工人的具体操作过程进一步细化分工。泰勒设计了八种职能工长，四个在车间，四个在计划室，每个工长按照自己的职能范围向工人发布命令。在这一制度下，每个职能工长只承担某项职能，职责单一，培养快。此外，管理人员的职责明确具体，容易提高效率。但是，职能工长制也出现了多头领导的问题，往往会造成工人在执行方面的混乱局面。③例外原则，泰勒提出的组织中的例外原则是指组织中的上级尽可能地将全线委让给下级管理者，自己保留例外事项的决策权和控制权，这一点与职能化组织管理也是相呼应的。

泰勒的科学管理理论关注组织的生产效率问题，并赋予了管理以科学的含义，使得管理成为一门学科，其在管理学发展历程中的重要意义是不言而喻的。但是，从组织的角度说，泰勒关注的是对组织中的人的控制和管理，尚未对组织进行整体全面的研究，所以泰勒的科学管理理论是组织理论形成的一个发端。

### （二）法约尔的组织管理理论

法国古典管理学家法约尔(Henri Fayol)是一般管理理论的主要代表人物，他的思想主要集中在其1916年出版的《工业管理与一般管理》一书中。该书的管理思想和理论对于管理学科的发展起到很大的推动作用，他也因此被称为“管理理论之父”。法约尔将组织视为管理职能的一个要素加以研究，他认为企业的全部活动可以分为六种：①技术活动；②商业活动；③财务活动；④安全活动；⑤会计活动；⑥管理活动。而组织是管理活动中的一个要素，所以他对管理的定义是“实行计划、组织、指挥、协调和控制”。① 他还认为：“组织是一种事业，就是向这种事业提供一切有利于它发挥机能的材料、机械设备、资本、人员，同时这些东西可以分为物质组织和社会组织两个部分。”②

法约尔的组织理论包括三个方面：①组织的一般形态是由组织人员的数量所决定的。②“组织的内在因素即管理组织中的各中级阶层的管理人员都可以成为力量和观念的源泉……在管理人员中存在着能使最高权威者的行动力扩大的创造性。”③即组织的绩效是取决于组织的内部因素(管理人员的素质)，是对相同形式组织却取得不一样绩效的问题的回答。③法约尔在组织管理理论方面的主要贡献在于提出了参谋职能制。他认为，组织应该找一批有能力、有知识、有时间的人来承担领导人参谋的角色，他们不用去处理日常事务，对组织内各项事务也没有最终决定权，他们的主要任务是探索更好的工作方

① 任浩. 公共组织行为学[M]. 上海：同济大学出版社，2006：34.
② 朱国云. 公共组织理论[M]. 南京：南京大学出版社，2003：37.
③ 朱国云. 公共组织理论[M]. 南京：南京大学出版社，2003：38.

法，协助高层领导进行管理。这种参谋机构直接听命于总经理，但是不能向下级发布命令，强调统一指挥和统一领导。同时，法约尔也提出了组织管理工作中所需遵循的14条基本原则，分别为劳动分工、职权与职责、纪律、统一指挥、统一领导、个人利益服从整体利益、个人报酬、集中化、等级链、秩序、公正、保持人员稳定、首创精神、团结精神。

### （三）韦伯的行政组织理论

马克斯·韦伯(Max Weber 1864—1920)是德国著名的社会学家、政治学家和经济学家，他认为，权威和控制是社会组织的要素之一。韦伯依据权威类型提出了三种不同的组织形式，即神秘化组织、传统组织和合理化-合法化组织，其中以"合理化-合法化组织"(韦伯又称之为"官僚制")对现代组织理论的发展影响甚远。所谓官僚制是指"一种以分部—分层、集权—统一、指挥—服从等为特征的组织形态"①。韦伯认为这是一种效率最高的组织形式。官僚制组织具有以下7个特征：①合理的分工；②层级节制的权力体系；③依照规程办事的运作机制；④形式正规的决策文书；⑤组织管理的非人格化；⑥适应工作需要的专业培训机制；⑦合理合法的人事行政制度。官僚制理论强调以知识和技能进行管理，并为处于工业化高速发展阶段的资本主义国家提供了一种稳定、可靠、精细、严格的管理模式。

### （四）厄威克和古利克的组织理论

美国学者厄威克和古利克在其合编的《行政科学论文集》中发表了一篇题为《组织理论概述》的学术论文，提出组织管理的7项职能(POSDCoRB)：计划(planning)、组织(organizing)、人事(staffing)、指挥(directing)、协调(coordinating)、报告(reporting)和预算(budgeting)。厄威克概括了他认为可以适用于所有组织的八条原则：目标原则、分工原则、职责原则、等级系列原则、控制幅度原则、专业化原则、协调原则、明确性原则。他将组织看作管理的有效手段，是管理的一部分，提出了组织的形态：军队组织、职能组织、线性和参谋组织，并详细探讨了线性组织与参谋组织的关系。

古典组织理论的发展处于一种社会结构转型的时期，同时，第一次工业革命已经蔓延至主要的资本主义国家。所以在社会化大生产的背景下，古典组织理论将组织看作一个封闭性系统，强调组织的实效性(即科学管理)，将组织看作管理的一部分，是为管理服务的。古典组织理论将组织中的人视为仅有简单物质需求的生物，忽视了人的其他层次的需求。但是，它所倡导的分工原则、专业化原则、统一指挥原则、严格的规章制度等仍广泛运用于当代各类组织中。

## 二、行为科学管理时期的组织理论

泰勒、法约尔、韦伯等传统的组织理论代表人物将组织中的成员看作一种追求经济利益的纯理性的"机器"。它强调工业生产的规模化、效率和利润，实行计件工资制鼓励组织成员之间的竞争；强调组织层级、权威和控制，人际关系冷漠以及个人的"孤独感"，使得组

---

① 丁煌. 西方行政学理论概要[M]. 北京：中国人民大学出版社，2003：32.

织成员找不到群体的归宿感，心理需求得不到满足。随着工业革命的不断深入发展，传统的组织理论便受到以上描述的这种社会现实的挑战。同时，在这一时期，西方社会科学研究中兴起了一股行为主义热潮，组织理论的发展也明显受到这种思潮的影响。

### （一）梅奥的人际关系组织理论

#### 1. 组织中"人"的假设——社会人的观点

梅奥通过霍桑实验论证了组织中的人不仅有物质经济的需求，还有情感、心理需求。应把人看作社会人，即有情感、有自我价值追求、有创造性的人，管理研究的重点应该涵括人、人的行为、动机以及人与人、人与群体之间的关系。

#### 2. 非正式组织理论

梅奥引用了法国社会学家杜尔克姆对当时社会状况的描述："在法国那些技术工业发展最快的地方，发生了危险的社会分化，个人和社会合作的希望日见减少。"而霍桑实验告诉我们，工人们在共同劳动过程中必然会发生一些工作以外的联系，他们之间渐渐会彼此了解，并产生一定程度的感情，由此，组织中就出现了非正式组织，成为员工相互联系、合作的圈子。非正式组织是相对正式组织而言的，它是人们由于共同的爱好、观点、处境等进行工作以外的联系，相互了解，从而形成某种共识和圈子文化，并逐步发展成为一种相对稳定的组织形式。非正式组织通过影响工人工作的态度从而对组织的生产效率产生一定的影响。因此，在组织管理过程中，必须重视非正式组织所产生的影响，并加以引导和控制，以实现组织的目标。

### （二）利克特的支持关系组织理论

霍桑实验证明了人不仅仅只有物质需求，还有其他层次的需求。利克特基于"自我实现的人"的需要，提出组织中领导与员工应该形成一种相互支持的关系，即创造一种环境，让员工感受到组织和领导对自己的支持和重视，让员工认识到自己完成的任务对组织目标的实现是重要的，从而提高员工对组织的信任感和归属感。

### （三）巴纳德的组织理论

#### 1. 组织的地位和概念

巴纳德认为经营者的职能及其管理过程，是组织的一个专门职能，管理理论的核心就是组织理论。此外，他还认为管理理论应将组织行为，即组织中的人的行为作为分析对象，认为"现代管理学不是将非正式组织，而是把正式组织看作社会系统和社会行为的过程"。① 巴纳德把组织定义为有意识调整了的两个人或更多人的行为或各种力量的系统，组织是一个协作系统的核心部分（比如一个企业），包括组织系统、物质系统、人的系统和社会系统。一个组织系统必须具备三个要素：①共同的目的。组织由个人构成，个人目的与组织目的是不同的，一般来说，这两种目的并无直接联系，然而，组织的目的只有得到组织成员的理解并为各个成员所接受时才能激起协作行为。②做贡献的愿望。即协作意

---

① 朱国云：公共组织理论[M]. 南京：南京大学出版社，2003：56.

愿，它意味着自我控制，对自己个人行为控制权的放弃，其直接结果是个人努力的凝聚和结合。③信息交流。前两个因素只有通过信息交流才能连通起来，而且组织的结构、规模和范围几乎全由信息交流技术所决定。当然，组织中也存在着松散连接属性，在这种情况下，每一个局部体系的各个部分之间形成自己的关系，这些关系可以变化从而出现局部体系的一种新的状态，但这并不以显著的方式改变整个体系。

2. 组织权威理论

传统的组织权威理论家如法约尔认为权威就是发布命令和引导职工服从命令的能力。这种权威产生于领导单向管理的权力。巴纳德则认为，只有领导者的命令得到员工的认可和执行才能建立领导的权威，并且具体分析了领导具有权威性的条件："①使人们能够明确所传达的命令；②使人们认为这个命令是会被接受的；③使人们认为这个命令同他们的个人利益是一致的；④他们在精力上和体力上允许接受这个命令。"[①]

3. 组织平衡理论

组织作为一个协作系统，其生存和发展离不开组织成员的协作意愿，即为组织目标的实现作出贡献的意愿。巴纳德认为组织的生存发展关键在于使得组织成员获得一种贡献与满足的平衡。贡献是指有助于实现组织目的的个人活动，诱因是组织为满足个人的动机而提供的效用。他认为如果组织提供的诱因与成员的贡献达到平衡或者超过其贡献，那么就可以获得组织成员做贡献的意愿，否则组织就会衰弱或者消亡。巴纳德又将组织平衡分为对外平衡和对内平衡，对外平衡指组织与外部环境保持平衡，以提高组织效率的过程；对内平衡指有效地分配诱因，确保每个成员诱因与贡献平衡，从而保证成员协作积极性的过程。对外平衡与对内平衡是相辅相成、互相影响的。同时，他又将组织的诱因分为经济诱因（如工资、奖金等）和非经济诱因（如晋升、荣誉、头衔等因素），经济诱因和非经济诱因要结合员工的需求配合使用。

### （四）西蒙的组织决策理论

西蒙的组织理论上的贡献体现在组织决策理论上。他认为，任何一个组织，其实质是"一个人类群体当中的信息沟通与相互关系的复杂模式，传统管理理论之所以无效，恰恰在于他们忽视了决策是组织的统一概念"。[②] 与传统决策理论不同的是决策行为不仅仅是组织中最高领导层的行为，组织中的领导层、管理层、基础人员都存在决策行为。在如何决策问题上，西蒙提出区别于传统完全经济人的假设：有限理性人。他认为组织决策追求的是令人满意的决策而不是最优决策。"所谓令人满意的决策准则，是指在决策时决定一套标准，用来说明什么是令人满意的最低限度的备案，如果拟采用的备选方案满足或超过了所有这些标准，那么这个备选方案就是令人满意的。"[③]

## 三、系统科学管理时期的组织理论

从 20 世纪 60 年代到 80 年代，系统论、信息论、控制论等科学理论的应用和发展，为

---

① 丁煌. 西方行政学理论概要[M]. 北京：中国人民大学出版社，2003：115.

② 朱国云. 公共组织理论[M]. 南京：南京大学出版社，2003：56.

③ 丁煌. 西方行政学理论概要[M]. 北京：中国人民大学出版社，2003：132.

人们提供了一种综合、全面考虑问题的思维方式和卓有成效的科学研究工具，使人们融会各种知识和方法、注重学科的综合性。同时，用一种全新的视野从更广阔的空间对传统科学管理时期和行为科学管理时期的组织管理理论进行归纳和总结，进入到系统科学管理的组织理论阶段。

### （一）系统组织理论

系统组织论是在系统科学的广泛应用影响下出现的，它认为组织是一个开放的系统，并在与环境的不断相互作用中获得发展，因而只有在开放系统的模式下，才能很好地确定组织内外各种变量之间的关系。同时，它改变了以往从单向角度的视角去综合性研究各类组织的不同行为，因为实际上并不存在普遍适用于所有环境的组织原则和管理方法。组织系统认为，组织所存在的环境系统由五个系统构成，包括目标与价值系统、技术系统、社会心理系统、结构系统以及管理系统。这五个系统之间处于相互作用、相互影响的状态中。因此，应采取不断变化的观点，针对组织的任务类型、组织行为的特点、管理者的能力及威望的不同采取不同的管理方式。

### （二）权变组织理论

权变组织理论是在系统论的观点上发展起来的，它与系统论的宏观构架相同，但研究重心有所不同。权变组织理论强调组织内部各子系统之间以及组织与环境之间的联系。其主要观点有：权变理论强调组织的多变量性，即与每一个组织有关的条件的多变性与环境的特殊性；强调外部环境对组织结构设计的影响，它要求组织机构不仅要有稳定性，而且要对环境有适应性，对环境保持足够的敏感。此外，权变组织理论通过对组织分类，分析其影响因素，并对不同类型组织所适应的组织结构模式得出一些一般结论。

### （三）生态组织理论

生态组织理论是由组织的共同体与环境产生相互作用而形成的系统。与权变组织理论相比，生态组织理论所涉及的环境更为广泛，它常常要跨越传统的产业边界，而且它表述的是组织的生存与死亡问题。根据种群生态学观点，迅速变化着的环境决定种群中的哪些组织生存或失败。当周围环境发生变化时，大组织往往不能适应变化着的环境。因此，新的组织以其适当的方式和技术满足新的需要，经过变种、选择和保留的过程，一些组织将会生存下来并得到发展，另一些则会消亡。

## 四、公共组织理论的新发展

20世纪80年代以来，以数字化和网络化为特征的信息技术的飞速发展，使全球化经济增长方式发生了根本性的变化。国际关系中经济因素的地位不断上升，国际竞争日趋激烈。经济的发展和残酷的现实，迫使西方各国政府越来越重视从经济的角度来审视和构建政府，加强和改进政府的经济职能和运作方式，不断完善政府的组织形式，以适应环境的剧烈变化。

### （一）布坎南的公共选择和政府理论

布坎南被誉为“公共选择理论之父”，并且因对政治决策与公共经济学理论所做的突出贡献而获得了诺贝尔经济学奖。公共选择理论是用经济学的方法研究政治问题的一种新公共经济理论。它的基点在于“经济人”假说，即人在本性上都是以追求个人利益，使个人的满足程度极大化为基本动机，其活动受个人利益的驱动和导向，政府等公共组织也会受到人的利己主义本性的影响。

“政府失败论”是公共选择理论的核心。所谓“政府失败论”，指在市场经济条件下，政府的干预在很大程度上存在着局限性，政府的活动并不像理论上所说的那样有效。政府失败主要有两种表现形式：一种表现形式是公共决策失误，这是由领导人自利的本性及能力的局限决定的，他在选择或制定政策时，对公共利益的理解常常难以符合公众利益的要求，并且他所依据的是不充分的信息及个人效用的最大化；另一种表现形式是政府工作机构低效，工作低效的产生原因包括政府机构缺乏竞争机制、缺乏降低成本的激励机制、缺乏监督信息、政府机构自我膨胀以及寻租行为等。

### （二）奥斯本的企业家政府理论

企业家政府，就是用企业家在经营中所追求的讲效益、重质量、善待消费者和力求完美服务的精神以及企业中广泛运用的科学管理方法，改革政府机构中的公共管理部门，重塑政府。他认为传统官僚体制改革需要遵循以下十项原则：①起催化作用的政府；②社区拥有的政府；③竞争性的政府；④具有使命感的政府；⑤讲究效果的政府；⑥受顾客驱使的政府；⑦有事业心的政府；⑧有预见力的政府；⑨分权的政府；⑩以市场为导向的政府。

### （三）网络组织

所谓网络组织就是在特定事物的职能或工作上形成几个专门化的组织，并以其中一个组织为中心结合在一起从而形成一定网络的一种组织。当今社会已经进入网络化治理时代，政府的部分工作重心已经由传统的公共服务转变为如何构建以及管理公共服务的传递网络。电子政务不断兴起，公众参与范围也在不断扩大。网络组织具有开放、快捷、针对性服务的特征，是打造服务型政府的重要途径，也是适应信息时代里的网络技术迅速发展的需要。

### （四）虚拟组织

1990 年《哈佛商业评论》第 6 期发表了《公司核心能力》一文，文中建议公司将经营的重点放在不易被抄袭的核心能力上，由此引发了“虚拟组织”热。虚拟组织是一种暂时性的企业组织形式，它打破了传统组织的层次和界限。虚拟组织围绕企业核心能力，利用计算机信息技术、网络技术等与全球大小企业进行互补互利的合作，当合作目的达到后，合作关系也随之消失。如今，政府部门中的政府雇员制就是属于虚拟组织的一种，政府部门雇用专门的科学技术人才弥补政府官员的技术不足，一旦任务完成，政府雇员即予以解散。

### （五）学习型组织

学习型组织的构想最初由美国麻省理工学院佛睿斯特于 1965 年提出。1990 年彼得·圣吉教授出版《第五项修炼：学习型组织的艺术与实务》一书，引起了世界管理理论界的轰动。所谓学习型组织，是指通过培养弥漫于整个组织的学习气氛，来提高员工的创造性思维，不断适应变化着的环境的组织。彼得·圣吉认为，未来真正出色的组织将是能够设法使各阶层人民全心投入并有能力不断学习的组织，为达到这一目标，必须有五项修炼：自我超越、改善心智模式、建立共同愿景、团体学习、系统思考。学习型组织不仅强调组织成员的学习，同时强调群体学习、组织层面的学习和知识的共享，重视信息的分享和创新。建立学习型组织的关键在于塑造学习型的组织文化，进行持续的学习。

## 【本章小结】

本章通过对公共组织行为学追本溯源，详细介绍了其兴起过程及理论背景，为后面的研究奠定了基础。主要阐述了三方面的内容：①公共组织行为学学科兴起的背景以及发展的历程，将公共组织行为学的研究紧密结合社会发展进程，体现该研究的现实意义；②公共组织行为学的学科基础，建构该学科的发展体系并提供研究的分析框架；③公共组织行为学的理论基础，体现该研究的理论价值。公共组织行为学是一门新兴的应用性学科，它是公共管理体系中的重要组成部分，研究公共组织行为学不但是完善整个公共组织管理理论的需要，更是公共组织在实践中所提出的要求。

## 【关键术语】

人事管理　人力资源管理　古典组织理论　人际关系组织理论　非正式组织　组织权威论　组织决策论　系统组织理论　权变组织理论　公共选择　企业家政府　虚拟组织　网络组织　学习型组织

## 【思考与练习】

1. 阐述人事管理与人力资源管理的联系与区别。
2. 阐述古典科学管理时期的主要组织理论。
3. 阐述行为科学时期的主要组织理论。
4. 阐述系统科学时期的主要组织理论。
5. 阐述公共组织理论的新发展。

6. 阐述学习型组织理论对公共组织建设的意义。

## 【推荐读物】

【1】丁煌.西方行政学理论概要[M].北京：中国人民大学出版社，2003.
【2】朱国云.公共组织理论[M].南京：南京大学出版社，2003.
【3】[美]彼得·圣吉.第五项修炼：学习型组织的艺术与实践[M].北京：中信出版社，2009.

# 第三章

# 公共组织行为学的研究假设、方法与框架

【内容结构图】

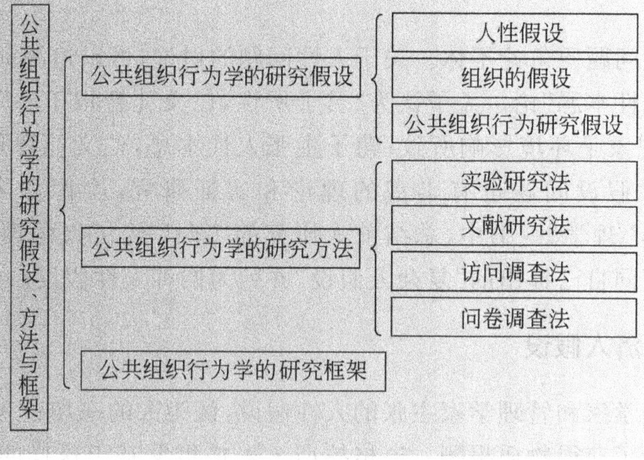


## 案例引导

### 欧莱雅：需要脚踏实地创业的"诗人和农民"

关怀、信任、扶持人才，尤其是年轻人才，是欧莱雅保持朝气与活力的制胜之道。大大超出市场平均水平的优厚薪资福利、灵活机动的晋升机制、全球内部员工股权认购、年终分红、利润共享的激励策略，吸引着各地人才带着热情与智慧投身欧莱雅。欧莱雅为每一位新进员工提供入职培训，详细介绍整个公司。细到各部分业务、各职能部门；大到公司的历史、企业文化，使公司新成员们能很快地熟悉公司的运作，适应公司环境，进入本职角色。对于新招募的经理，人力资源部门为其度身订造为期两周的入职定位培训。在这两周内他将与所在部门及其他相关部门的经理进行面谈，在很短的时间内建立起工作关系网络，使其顺利进入角色，加强与其他部门的合作。欧莱雅一向注重员工的职业发展。根据不同员工的潜质和公司对不同员工的期望，定期组织各类销售、市场、财务、谈判、演讲、沟通技巧等专业技能培训。通过这些培训项目，及时更新员工的知识，增强其综合竞争力。欧莱雅一贯坚持与名校合作。在中国，欧莱雅与领先的 MBA 学府——中欧国际工商学院合作，为具有发展潜力的员工提供在职 MBA 课程及各种课程，为年轻的中国经理定制长期职业发展计划，将他们塑造成欧莱雅未来的高级管理人才。欧莱雅还与著名的

咨询公司合作，为欧莱雅的年轻经理们量身定做如领导艺术、高效团队、时间管理的课程。

（资料来源：http：//www.jobinhe.net/news/yaowen/171198.html）

## 第一节 公共组织行为学的研究假设

研究基本上都有着自己的假设，有的假设是明确地以文字的方式写出来，而有的研究假设则是隐含着的。公共组织行为学的研究建立在我们对公共组织中的人以及组织本身的理论假设基础上，因此，下面对人性假设、组织假设和公共组织行为研究假设做简要介绍。

### 一、人性假设

自古以来人性问题便争论不休。关于人性问题的讨论，可以追溯到古代孟子的“人性本善”和荀子的“人性本恶”论。孟子认为“君子所性，仁义礼智根于心”，现实生活中之所以出现人“为恶”现象是环境影响所致；荀子主张人性本恶，仁义礼智是人们后天学习所得。西方关于人性假设问题也有丰富的理论和实证研究，埃德加·沙因（Edgar H. Schein）在其《组织心理学》一书中，总结前人研究的“理性-经济人假设”、“社会人假设”、“自我实现人假设”同自己提出的“复杂人假设”并列为四种人性假设。

#### （一）理性-经济人假设

它是古典经济学家和管理学家主张的人性假说，认为人的一切行为是为了追求私利，人们参加工作是为了获得物质报酬。道格拉斯·麦格雷戈基于这样的假设，从员工的行为和组织对员工的角度出发，提出了X理论，即：“①人生来就是懒惰的，必须有外部的激励；②需要有外部力量的控制，才能保证员工为组织的目标奋斗；③人们几乎没有自我控制、自我约束的能力；④所有的人大致被分为两类——符合上述假设的人以及能够进行自我激励、自我控制、较少被自己情感所左右的人。后一类人对其他人负有管理上的责任。”①

#### （二）社会人假设

著名的霍桑实验使人们开始关注人自身的需求以及组织中的非正式组织。社会人假设是基于人际管理理论提出来的，它主张人们不仅有物质利益的需求，还有情感、尊重、价值的需求。该假设的具体内容有：“①社交需要被认为行为的基本激励因素，人际关系是形成认同感的主要因素；②相对于管理激励和控制，员工更容易对同伴群体的社交因素作出反应；③员工对管理的反应达到了什么程度，取决于管理者对下属的归属、接纳、认同感需要满足的程度。”②

---

① 埃德加·沙因：沙因组织心理学[M]. 马宏宇，王斌译. 北京：中国人民大学出版社，2009：52-53.

② 埃德加·沙因. 沙因组织心理学[M]. 马宏宇，王斌译. 北京：中国人民大学出版社，2009：62-63.

### （三）自我实现人假设

自我实现人假设是以马斯洛的需求理论为基础的。马斯洛的需求层次理论包括：①生理需求；②安全需求；③社交需求；④尊重需求；⑤自我实现需求。自我实现人假设认为人们的行为是为了逐步满足其自身的层次需求，最终是为了实现最高层次的需求——自我实现的需要。

### （四）复杂人假设

在对前面三种主要的人性的假设的分析基础上，沙因认为数十年的研究所带来的最主要的影响就是使我们有关人性以及如何对人性进行管理的模型极大地复杂化。基于此，他提出了复杂人假设，即："①人类的需要是不同的、变化的，且对每个人的重要性程度也不同；②由于需要与动机之间的相互作用，并组合成复杂的动机模式、价值观以及目标；③人的动机模式和目标，都是由人的原始需要与组织经历复杂连续的交互作用的结果；④某个人可能在不同的组织中或者同一组织下不同的下属机构以及不同的时期、不同的任务中显示出不同的需要；⑤动机、要完成任务的性质、员工的能力和经历以及他的同事们所营造出来的组织氛围都会互相影响，从而产生一种特定的工作模式和情感；⑥没有一种唯一正确的管理策略在所有的时候对所有的员工都管用。"[①]与沙因同时期的美国管理心理学家约翰·摩尔斯和杰伊·洛希提出了"超Y理论"，复杂人假设和超Y理论共同构成了权变管理理论的基础。

马克思主义认为人的本质不是单个人所固有的抽象物，在其现实性上，它是一切社会关系的总和。也就是说，人的本性不是先天决定的，应该从社会关系、历史发展的角度来看待人的本性。[②]

### （五）现代人假设

德国学者米歇尔·鲍曼提出了"现代人"（home sapiens）即"有行为倾向的效用最大化者"。他们就是现代市场社会所需要的"道德人士"，或可以称之为道德或美德的供给者。只有当规范约束战略较结合个案情况以后果为导向的战略能够更好地实现有行为倾向之效用最大化者的主观效用时，他们才会服从规范约束。在不懈追求自己利益这方面，有行为倾向的效用最大化者原则上绝不比经济人逊色。有行为倾向的效用最大化者还可以调整自己的个人"性格"以使自己从中获得最大的益处。他们在一定条件下培养行为倾向（Disposition），使自己在行为中不仅追求个人利益，而且促进其他个体的福祉或群体的共同福祉，对他们来说可能是符合理性的。因此，有行为倾向的效用最大化者在行为中遵循"道德"和"美德"，他就可以放弃冲动、世界观、意识形态和信仰。[③]

以上的人的特性的理论研究有助于我们理解公共组织中的人的行为、行为的动机、原

---

① 埃德加·沙因. 沙因组织心理学[M]. 马宏宇，王斌译. 北京：中国人民大学出版社，2009：96-97.

② 马克思恩格斯选集[M]. 北京：人民出版社，1995：60.

③ [德]米歇尔·鲍曼. 道德的市场[M]. 北京：中国社会科学出版社，2003.

因以及行为结果。

## 二、组织的假设

组织在我们的社会中是无处不在，我们每个人也都栖身于不同的组织当中。那么，如何理解组织行为和个人之间的关系，或者说，组织是否是真实的、独立存在的，是我们研究公共组织行为必须明确的前提。“组织理论家西蒙反对将组织的概念具体化，反对将它作为互动的个人组成的系统之上的某种东西来进行研究；本森(Benson，1977)更强调个人的作用，认为组织的真实性就是组织行动者头脑中的社会构建。”[①]理查德·H.霍尔(Richard H. Hall)在其《组织：结构、过程及结果》中从哲学的唯实论角度出发分析组织作为行动者的特征，并从个人与组织的关系来论述组织的真实性，“承认组织的真实性、承认组织可以是行动者”。[②]当然，我们也认为组织是独立存在的，组织的行为不仅仅是由组织成员的行为构成的，组织作为一个行动者，它有自身的生命周期，具有自己的文化特征，组织的行为对组织个体的行为具有深刻的影响。这是研究公共组织行为学的一个关键假设。因此，在后面的研究框架中我们不仅研究组织中的个体行为，还将组织中的群体以及组织自身的行为作为研究对象。

## 三、公共组织行为研究假设

一般来说，行为研究基本上都有着自己的假设，有的假设是明确地以文字的方式写出来，而有的研究假设则是隐含着的。公共组织行为学是一门研究公共组织中的个体、群体和整个组织行为的影响因素、行为演变及其运作规律和管理控制的科学；它以研究公共组织的变革、发展、构成和运行作为主要内容，最终要解决的是如何提高公共组织的效能问题，以便有效地管理好国家及社会公共事务，维护、实现和发展好社会公共利益。它的研究也是建立在人们对人的本性和行为认识基础与相关概念之上，并用这些概念来解释人或组织做了些什么，为什么这样做，人们应采取什么表行动等。

美国学者安东尼·唐斯(Anthony Downs)的《官僚制内幕》[③]是分析官僚组织和官僚行为、透视官僚制内幕的经典力作。该书旨在建构一种有用的决策理论，该理论通过对官员动机、行为模式等方面的分析来帮助人们预测官僚组织的行为，从而提高决策质量。作者认为该理论也是一定的前提假设的基础上才是可行的，该理论的基本前提是官僚化的官员，如同社会的其他代理人一样，很大程度上被自我利益所驱动(不是唯一的)。具体来说，该理论建立在以下三个假设的基础上：一是官僚化官员(以及其他社会代理人)试图理性地实现他们的目标。换言之，在有限的能力和信息成本的条件下，他们尽可能以最有效的方式来行动，即所有代理人都是效用最大化者。二是官僚化官员一般都有一系列复杂的目标，包括权力、收入、声望、安全、个人舒适，对理念、机构或者国家的忠诚，卓越工作

---

① [美]理查德·H.霍尔.组织：结构、过程及结果(第8版).张友星等译[M].上海：上海财经大学出版社，2003：37.

② [美]理查德·H.霍尔.组织：结构、过程及结果(第8版).张友星等译[M].上海：上海财经大学出版社，2003：50.

③ [美]安东尼·唐斯.官僚制内幕[M].北京：中国人民大学出版社，2006.

的骄傲感，服务公众利益的渴望。三是每一个组织的社会职能都很强烈地影响着它的内部结构和行为，反之亦然。

我国学者余兴安等提出的公职人员的几个职业假定：一是公务员的职位为公共性职位；二是公务员的职业具有政治性；三是公务员的职业享有较多的社会荣誉；四是公务员的行为往往成为社会的标杆；五是公务员的工作较之其他组织中的工作更多地强调程序性、规范性，工作节奏相对平缓稳定；六是公务员工作的整体性强；七是对公务员言行约束相对严格；八是公务员具有较强的职业稳定性。[①]

美国学者登哈特等[②](R. B. Denhardt，J. V. Denhardt & M. P. Aristigueta)也在《公共与非营利组织行为管理》一书中提出了行为研究假设。公共组织行为既具有组织行为的一般性特征，也具有其特殊性，因此除了具有人类行为普遍性的假设之外，还具有"公共权力"所赋予的特定要求：第一，人类行为是有目的的。这意味着人们所做出的许多行为是有目的的，但并不是所有行为都是目的导向的，至少不是在自觉意识状态。某些行为可能是不自愿的，并且某些行为结果也是无意识的。但从组织行为的角度而言，自愿的、有直接目标导向的行为被认为对于实现组织绩效是关键的。组织行为学科认为可以通过其他人的行为和管理实践改变自愿行为和目标行为。第二，行为不是随机的，而是有原因的。研究组织行为学就是要探求人们行为的形成原因。通过研究人们的行为和交往的模式，我们就可能掌握影响其行为的方法。第三，通过学习，行为可以改变。如果人们改变了思想，往往也会改变行动。虽然人类学习过程并不能被直接观察到的——人们依据其经验与知识来改变自己的行动。此外，那些带来有利后果的行为，或者是那些增大可能性的行为会被重复。第四，除了为组织目标做贡献之外，人们还有自身的价值(尊重人们的尊严本身就是有重要的价值。虽然忽视或不尊重人们的方法在短期内可能取得结果，但它们却不能建立敬重、融入和热心公益的雇员或公民，并从长期而言，他们不可能是有效的途径)。第五，公共服务就是服务于他人，这是我们在公共服务部门探讨组织行为的指导思想。满足个人的需要与工作优势是无可非议的，但在公共服务中，他人的需要应在优先的地位。公职人员的动机与回报不是简单的关于酬金与安全保障。

## 第二节　公共组织行为学的研究方法

组织行为学的研究离不开科学方法的支撑，随着该学科的不断发展，其研究方法也日益丰富。朱国云从公共组织行为学科角度出发提出："组织科学在方法问题上可以分成两个层面：一个是方法论基础，即对社会存在与发展的根本观点；另一个是方法论层面。组织科学的方法主要是理性主义的与人本主义的，此外还发展出权变方法、系统方法、交叉科学方法等。"[③]任浩在也其《公共组织行为学》里介绍了三个研究方法：问卷调查、实地

---

① 余兴安等. 激励的理论与制度创新——中国公务员激励机制研究[M]. 北京：国家行政学院出版社，2005.

② R. B. Denhardt, J. V. Denhardt & M. P. Aristigueta. Managing Human Behavior in Public & Nonprofit Organizations. London: Sage Publications，2001.

③ 朱国云. 公共组织理论[M]. 南京：南京大学出版社，2003：13.

研究和内容分析。

本节从具体的公共组织行为研究方法出发介绍以下几种常见方法：实验研究法、文献研究法、访问调查法、问卷调查法。

## 一、实验研究法

实验研究法是指“基于一定实验假设，通过改变某些实验环境的时间活动来认识实验对象的因果联系、特殊本质及其发展规律的调查方法”。[①] 其一般程序是：以实验假设为起点设计实验方案，选择实验对象和实验环境，对实验对象前检测，通过实验激发改变实验对象所处的社会条件或环境，对实验对象后检测，通过对前检测和后检测的对比对实验结果作出评价。

如著名的霍桑试验。实验研究法通过比较分析不同情境下的实验对象的行为表现，有利于了解组织中个人行为的动机，并针对性地提出有效改善个人行为、提高工作绩效的方案。传统组织行为学家关心的是组织理论内部的逻辑一致性，实验研究方法颇为盛行。“但是后来的研究认为这种方法得出的结论并不适合现实的组织，并由此引发了组织行为学研究方法转向外部有用性的体系，比如案例比较法。”[②]

## 二、文献研究法

通过搜集各种文献，摘取有用信息，可以了解公共组织行为研究的理论发展状况及最新研究成果、法律法规对公共组织行为的规定。查找文献的途径可有以下三种：

第一，查看公开出版的图书、期刊、光盘等。可到图书馆或收藏这类文献的单位去借阅。

第二，从网络上查找。通过检索工具浏览相关数据库、网站、论坛查找所要信息或者通过文献传递方式获得。

第三，对于官方的各种法律、法规、政府文件、统计资料等，可到有关政府部门去借阅、复印，历史性的文献则可以到档案管理机构去借阅。

## 三、访问调查法

访谈法是指访问者通过口头交谈方式向被访问者了解相关情况的方法。访谈的过程包括接近访问者、提出问题、听取回答和记录、追询、访谈结束、再次访问。要成功地进行访问调查，首先要做好访问前的准备，包括做好访谈提纲、选好访谈对象、初步了解访谈对象等；然后，要与访谈对象建立良好的人际关系，说明访谈的目的，以消除不必要的疑虑。在访谈过程中，访问者要保持客观、中立的态度，同时，要重视访谈过程中被访谈者的非语言信息，比如衣着、打扮等外部形象、肢体语言。最后，做好访谈记录。

---

① 水延凯．社会调查教程[M]．北京：中国人民大学出版社，2007：256．

② 张钢．论组织行为学研究方法的转向．浙江大学学报（人文社会科学版），1995．

## 四、问卷调查法

问卷调查是指调查者用统一设计好的问卷向被调查者了解情况的一种方法。包括送发问卷、邮政问卷、电话问卷、访谈问卷等类型。问卷调查法的步骤是：设计调查问卷、选择调查对象、发放问卷、回收问卷、审查问卷。

### （一）问卷设计应遵循的原则

第一，客观性原则。问卷设计的问题必须符合客观实际情况。

第二，必要性问题设计不宜过多或者过少。问题的设计必须紧紧围绕问卷的主题。

第三，简明性原则。设计问题时不宜采用过于专业的术语，问题表述应尽量通俗易懂。

第四，自愿性原则。凡是被调查者不愿真实回答的问题，都不应该正面提出。

### （二）调查对象的选择

可采用抽样方法进行选择，根据调查的范围和总体规模，选择合适比例的调查对象。

### （三）发放问卷

可以通过送发问卷、电话问卷、网络问卷等方式进行。一般在发放时调查员要向被调查者先做一个简单的说明，包括回收的时间、填问卷的一些注意事项等。

### （四）回收问卷

送发问卷的回收率比较高。回收问卷时，应该向被调查者表示谢意。

### （五）审查问卷

应对回收的每一份问卷逐一审查，剔除无效问卷，以保证调查结果的科学性。

# 第三节　公共组织行为学的研究框架

公共组织行为研究具有明显的层次性：第一层次为组织中个人的行为研究；第二层是公共组织中群体行为的研究；第三层次则是公共组织行为系统研究。本书从这三个层次出发，采用理论研究和案例研究相结合的方式，分五个部分全面介绍公共组织行为的研究内容。

第一部分，公共组织行为研究基础。包括 3 章内容，通过概述公共组织的概念、类型、结构、理论基础以及研究假设和方法，为后面的研究奠定基础。

第二部分，公共组织个体行为研究。包括 6 章内容，通过概述公共组织中个体如何认识自己、个体价值观和工作满意度、公共部门组织承诺、个体自觉与自我效能感、公共服务动机理论以及公共组织中的压力管理，有效理解公共组织中个体行为表现的动机、原因及相关影响因素。

第三部分，公共组织群体行为研究。包括 7 章内容，通过区分群体与非正式群体，概述公共组织中工作团队与任务型组织、公共组织中的决策与领导，进而阐述公共权力与公共权力场、公共信息与有效沟通、公共组织冲突管理以及公共组织外部关系，全面介绍公共组织中群体行为发生机制。

第四部分，公共组织系统行为研究。包括 4 章内容，此部分主要详细阐述公共组织外部关系、公共组织文化、效能及公共利益，公共组织文化与环境，介绍公共组织环境的复杂性，探讨公共组织边界与组织间的关系；介绍公共组织效能与评估，介绍公共组织效能影响因素、效能矛盾分析模型；阐释了公共组织效能提高的途径；分析组织公民行为与公共利益的特性，并介绍新公共服务理论。

第五部分，公共组织变革与发展。包括 2 章内容。随着组织外部环境的变化以及组织自身发展的要求，公共组织以及组织中的个人也要调试自己的行为以适应不断发展的需要。该部分详细阐述公共组织创造力和公共组织变革，介绍公共组织发展的途径和方向。

具体框架结构如图 3-1 所示。

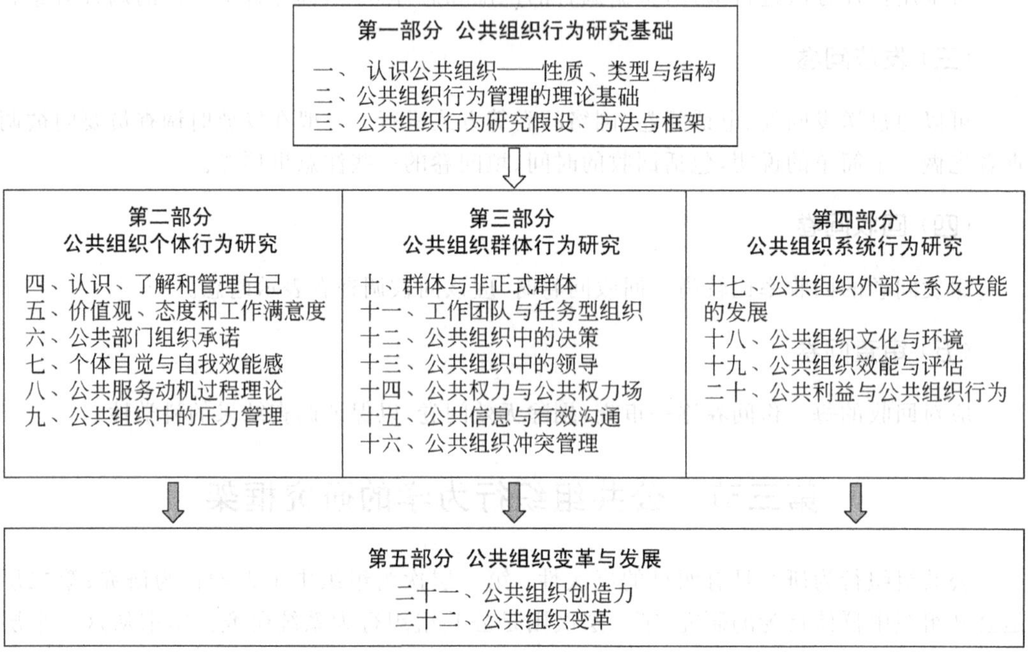
第一部分 公共组织行为研究基础
一、认识公共组织——性质、类型与结构
二、公共组织行为管理的理论基础
三、公共组织行为研究假设、方法与框架
第二部分
公共组织个体行为研究
四、认识、了解和管理自己
五、价值观、态度和工作满意度
六、公共部门组织承诺
七、个体自觉与自我效能感
八、公共服务动机过程理论
九、公共组织中的压力管理
第三部分
公共组织群体行为研究
十、群体与非正式群体
十一、工作团队与任务型组织
十二、公共组织中的决策
十三、公共组织中的领导
十四、公共权力与公共权力场
十五、公共信息与有效沟通
十六、公共组织冲突管理
第四部分
公共组织系统行为研究
十七、公共组织外部关系及技能的发展
十八、公共组织文化与环境
十九、公共组织效能与评估
二十、公共利益与公共组织行为
第五部分 公共组织变革与发展
二十一、公共组织创造力
二十二、公共组织变革

**图 3-1 本书的整体框架**

公共组织行为的研究基于一定的假设，包括组织中人的假设以及组织的假设。组织中的人的行为是有动机、有原因的，组织中的人在追求组织目标时，也关注自身的利益，同时，个人的行为通过学习是可以改变的。由于公共组织的公共性特征决定了公共组织以公共服务为价值取向，并以追求公共利益为目标。对组织的假设是承认组织具有独立性和真实性，是一个行动者，其对组织中的个人及组织的外界产生重要影响。公共组织行为学的研究必须基于科学的研究方法，常见的研究方法有实验研究法、文献研究法、访谈调查法、问卷调查法。公共组织行为管理研究框架包括五个部分：公共组织行为研究基础、公共组织个体行为研究、公共组织群体行为研究、公共组织系统行为研究、公共组织变革与发展。

## 【本章小结】

研究基本上都有着自己的假设，有的假设是以显性展现出来，有的则是以隐性形式表达。公共组织行为学的研究是建立在我们对公共组织中的人以及组织本身的理论假设基础上，其主要可以分为人性假设和组织假设两类。公共组织行为学的研究也离不开方法的支撑，本章主要介绍实验研究法、文献研究法、访问调查法、问卷调查法等几种常见方法。实现从组织个体行为、群体行为及系统行为三个层次研究公共组织。

## 【关键术语】

人性假设　组织假设　文献研究　访谈调查　问卷调查　实验研究

## 【思考与练习】

1. 关于组织中人的假设主要有哪些观点？
2. 如何理解组织假设？
3. 公共组织行为学的研究假设是什么？
4. 公共组织行为学研究方法有哪些？
5. 结合实际情况，阐述实验研究法在研究公共组织行为学中的运用。
6. 简述公共组织行为学研究的内容体系。

## 【推荐读物】

【1】李怀祖. 管理研究方法论[M]. 西安：西安交通大学出版社，2004.
【2】陈晓萍，徐淑英，樊景立. 组织与管理研究的实证研究[M]. 北京：北京大学出版社，2008.
【3】水延凯. 社会调查教程[M]. 北京：中国人民大学出版社，2007.
【4】[美]艾尔·巴比. 社会研究方法[M]. 邱泽奇译. 11版. 北京：华夏出版社，2009.

# 第二部分

## 公共组织个体行为研究

# 第四章

# 认识、评价与管理自己

【内容结构图】

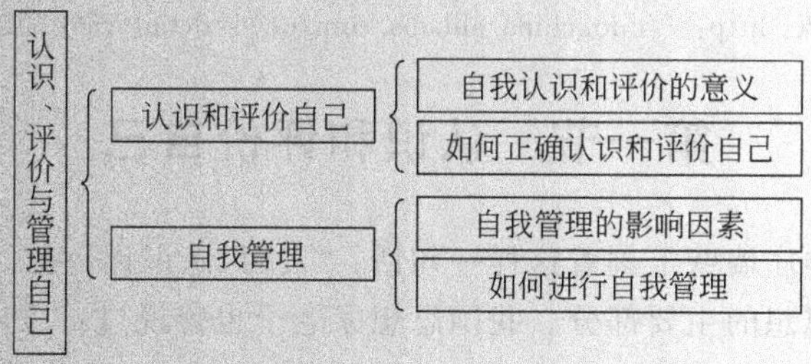


## 案例引导

### 一位管理博士工作经历的启迪

有位管理博士毕业分配到一家特大型国有企业，由于出自贫寒的农村家庭，因而时刻总在提醒自己要努力成才。就是带着这种朴素的感情，当别人围着领导转(打牌、吃饭、跳舞、钓鱼和玩股票)的时候，他却是除专心工作外，把自己封闭起来先后自学了法律、工业经济、数理统计、环境保护和领导科学等多门学科的知识。正是勇于成才的一种执着，使这位管理博士能在国内外权威杂志上公开发表论文 280 多篇，在完成岗位工作成果 200 多项(创造年增经济效益 1.5 个亿的突破)的基础上，还先后向有关单位提合理化建议近千项。然而，当下岗作为中华人民共和国国策的时候，这位优秀的管理博士却成了该企业强制性下岗的第一人。

在中国下岗意味着什么？意味着自己成才之路的中止，因为今后你要为生活而奔波，果然，这位管理博士下岗后根本无法找到能让自己满意的工作。因为中国的私营企业并不真的需要高素质人才，他们需要的是关系人才，而国有企业也不是任何企业都能够吸收一个管理博士的。至于外资企业，它需要的是 35 岁以下的人才。正是中国特定的社会环境，使这位管理博士的生存十分艰难困苦。他虽然先后向各级组织和政府求救 25 000 多次，但没有任何人或组织对他回复只言片语，更不说伸出正义之手，一位管理博士就这样彻底消亡在自己的成才路上。中国是一个有着几千年“官本位”文化的国家，连走路也要按等级先后排序，又怎么会容忍下属超过自己而出名呢？20 世纪有句很流行的口头语：“上联是：领导说你行，你就行，不行也行；下联是：领导说你不行，就不行，行也不行；

横批：不服不行。”中国是一个“唯上是从”的国家，上级永远比下属高明。所以在中国成才，必须自己先退一步，站在领导的身后，使自己的知识为领导带来光辉灿烂，这样自己的前途才会有点光明。如果你不把领导放在眼里，自己幻想执着的追求就能成才，那么你将连生存也困难了。

俄国作家萨尔柯夫说过，才能本身并无光泽，只有在运用中才能发出光彩。这种格言是支撑着每一位想成才的人不断成功的动力，但如何能保证自己的才能有应用的可能呢？这就是如何适应自己所处的成才环境。环境就是这么残酷无情：适应者生存，不适应者淘汰。你说，你连生存的条件都没有了，还能成才吗？是呀，在人力资源的环境中，我们所看到的太多的是寒心、窝心、闹心、烦心。但是不是每个人也要反思一下，中国几千年的文化，你能一下子改变吗？不能改变环境，那就先改变你自己吧。

（资料来源：http://info.china.alibaba.com/news/detail/v5003013-d5660070.html）

## 第一节　认识和评价自己

古希腊德尔菲神庙墙壁上刻着这样一句话：“人啊，认识你自己。”伟大的哲学家苏格拉底将其作为自己思想的主要部分。我国思想家老子也曾说过：“知人者智，自知者明。”我们也常说“正人先正己”。但正确地认识和评价自己是一件很困难的事情，个体总是在自己最熟悉和最陌生间徘徊。若想管理好他人，管理好一个组织，首先必须学习管理自己。埃瑞克·弗洛姆指出，一个人的自我评价与他人对其看法之间有密切的联系。认识自我和思考自己的行为是个体认识自己的潜能及构建个体人际关系网络的基本前提。

### 一、自我认识和评价的意义

自我认识和评价是个体自我概念建构的重要维度之一，对个体自我发展、自我完善、自我实现有着特殊的意义。卡尔·罗杰斯在他的临床案例中发现人们的自我接受是人类最基本的需求，比生理需求更重要。根据罗杰斯(1961)提出的理论，自我接受是人们心理健康、人格养成、认识和接受他人所必不可少的心理前提。[①] 组织层面的自我认识和评价的重要性也是非常突出的。拉里·培根和约翰·E.珀克认为“一个具有教育功能的组织能够激励员工不断地发掘自我的潜能。由于把特定的自我目标与组织的使命相联系，员工们就会在自己的工作中充满激情，而不是仅完成分内的事情”[②]。

自我认识和评价不仅具有自我功能，还具有特殊的社会功能，因为它在一定程度上会影响人与人之间的相互关系，也影响一个人对待他人的态度。如何增强认识自我的能力，用自身的价值观指导行动，准确地把握如何用我们的态度和行动去影响他人是非常重要的。如果我们能自如地运用自己的价值理念理性看待社会中的某些事件或现象，而不是

---

① [美]罗伯特·B.登哈特，珍妮特·B.登哈特，玛丽亚·V.阿里斯蒂格塔.公共组织行为学[M].赵丽江译.北京：中国人民大学出版社，2007：20.

② [美]罗伯特·B.登哈特，珍妮特·B.登哈特，玛丽亚·V.阿里斯蒂格塔.公共组织行为学[M].赵丽江译.北京：中国人民大学出版社，2007：19.

附和一些非理性或负面观点将事件或社会现象的负面性扩大化，那么社会整体的和谐性和凝聚力也将会随个体自我认识和评价而日趋增强。心理学研究表明，人会产生一种自我评价维护意识。人们在形成自我评价之后，就会关注别人如何评价自己。当别人的评价与自我认知呈现出较大差异性时，个体将会产生威胁感，进而会疏远甚至敌意那些与自我认知不一致的人，这种情况就是自我评价维护意识在个体心理认知机制中发挥作用。因此，自我认识和评价影响着个体与其他人的交往方式和人际关系。坦诚面对自我，尽管是可怕的，但这是我们成功的第一步。正确的自我评价的社会功能就在于它能帮助个体成为具备健康人生观和价值观的社会人。

## 二、如何正确认识和评价自己

如何正确认识和评价自我对个体来说始终是一个伴随终生的漫长过程。认识自我在个体的发展中尤其重要，个体人际交往能力和管理能力的提升很大程度上决定于他们认识了自己和自己价值的程度。登哈特和阿里斯蒂格塔(1996)建议：要集中培养多方面自我认知的、有用的思维方法，学习这方面的知识[①]。心理学和教育领域中对自我评价特殊自我功能的研究日益增多，大多认为可以从个人价值观、个人风格、人际关系取向、职业定向四个方面来正确认识和评价自己。自我功能从性质上可以分为两种：积极的和消极的。

### （一）个人价值观

价值观是个体属性中基本与稳定的信念系统，它是个体对客观事物和对自己行为取向的意义、效果和重要性的总体评价，是对什么是正确、好或有价值的标准和看法。价值观是引导或激励个体从事或采取某一态度与行为的核心信念或欲望，是推动并指引个体采取行动的原则与标准，其决定、调节、制约着个体倾向中低层次的需要、动机、愿望等。价值观代表了人们最基本的信念，每个个体都有一套由不同层次的价值观组成的价值体系。价值观主要可以从内容和强度两个方面来加以评价：内容方面，即确定哪种行为模式或生存的终极目标是重要的；强度方面，即确认某种内容具体有多重要。当个体依据自身价值观的重要性程度划分等级时，他们将会得到自身的价值体系。瑞第恩(1978)在《个人价值观测定表》中提出了六种不同的价值取向[②]：第一，理性型。该类型价值观喜好思考，志趣在于学习和掌握系统的知识，喜欢推理和思考，富有理性的分析能力。第二，权力型。该类型价值观支配欲强，志趣在于运用、涉足、操纵权力。第三，成就型。该类型价值观看重结果，任何实践、努力都与所获得的结果相联系。第四，人本型。该类型价值观注重关系，以积极的、人道主义的方式看待人与人的关系。第五，勤奋型。该类型价值观喜欢工作，视工作本身为目的。第六，金钱型。该类型价值观关心钱财，志趣在于对金钱的

---

① [美]罗伯特・B. 登哈特，珍妮特・B. 登哈特，玛丽亚・V. 阿里斯蒂格塔. 公共组织行为学[M]. 赵丽江译. 北京：中国人民大学出版社，2007：23.

② [美]罗伯特・B. 登哈特，珍妮特・B. 登哈特，玛丽亚・V. 阿里斯蒂格塔. 公共组织行为学[M]. 赵丽江译. 北京：中国人民大学出版社，2007：26.

控制和支配，所有的目的都是为了获得金钱。

密尔顿·罗克奇建立了包括终极价值和工具价值两套价值观的罗克奇价值观测量量表，每套包括18个项目。其中，终极价值是指人们所追求的终极状况，它是个人希望在有生之年达到或实现的目标；工具价值是指个人喜好的行为模式或实现终极价值的方法。表4-1列举了每套价值观的具体项目①。

**表4-1 罗克奇价值观观测量表中的终极价值和工具价值**

| 终极价值 | 工具价值 |
|---|---|
| 舒适的生活(富足的生活) | 雄心勃勃(努力工作、奋发向上) |
| 振奋的生活(刺激的、积极的生活) | 心胸开阔(开放) |
| 成就感(持续的贡献) | 能干(有能力、有效率) |
| 世界和平(没有冲突和战争) | 欢乐(放松、愉快) |
| 美丽的世界(艺术和自然的美) | 干净(卫生、整洁) |
| 平等(兄弟情谊、机会均等) | 勇敢(坚持自己的信仰) |
| 家庭安全(照顾自己所爱的人) | 宽容(谅解他人) |
| 自由(独立、自由选择) | 乐于助人(为他人的福利工作) |
| 幸福(满足) | 真诚(真挚、诚实) |
| 内心和平(没有内心冲突) | 富于想象(大胆、有创造性) |
| 成熟的爱(性和精神上的亲密) | 独立(自力更生、自给自足) |
| 国家的安全(免遭攻击) | 智慧(有知识的、善于思考的) |
| 快乐(快乐的、闲暇的生活) | 符合逻辑(理性的) |
| 救世(救世的、永恒的生活) | 博爱(温情的、温柔的) |
| 自尊(自重) | 顺从(有责任感、尊重的) |
| 社会承认(尊重、赞赏) | 有礼貌(有礼的、性情好) |
| 真挚的友谊(亲密关系) | 负责(可靠的) |
| 睿智(对生活有成熟的理解) | 自我控制(自律的、约束的) |

### （二）个人风格

个人风格与个体获取及处理信息的方式有关，它影响着个体看待世界的方式和行为取向。人们通常不会主动改变自己的认知风格，除非有意识地强迫自己去改变。风格本身并没有正确与错误的划分。心理学家荣格大致将个人风格划分为：外向与内向、直觉与理性、思考与感觉、知觉与判断。个人风格划分并没有唯一的标准，只是倾向性的不同而已。马尔斯-布瑞格斯的个人风格测定表广泛地用于进行自我管理，评估荣格式的个人风格；戴维·凯尔塞也通过他的网页提供了类似的分析工具。凯尔塞测定表首先是假设你是四种风格中的一种：艺术家型、管理者型、理性主义者型或理想主义者型，表4-2包括了各种类型的典型特征②。

---

① [美]斯蒂芬·罗宾斯，蒂莫西·贾奇. 组织行为学精要(第9版)[M]. 吴培冠等译. 北京：机械工业出版社，2008：38.

② [美]罗伯特·B. 登哈特，珍妮特·B. 登哈特，玛丽亚·V. 阿里斯蒂格塔. 公共组织行为学[M]. 赵丽江译. 北京：中国人民大学出版社，2007：27.

表 4-2 个人风格

| 艺术家型(SP) | 管理者类型(SJ) | 理性主义者类型(NT) | 理想主义者类型(NF) |
|---|---|---|---|
| 倾向于：<br>爱嬉戏<br>乐观<br>敏感<br>不落俗套<br>亲切<br>怀疑<br>激动<br>随遇而安 | 倾向于：<br>负责任<br>乐于助人<br>勤恳工作<br>合群<br>忠诚<br>坚定<br>传统<br>守法 | 倾向于：<br>自负<br>怀疑<br>分析<br>独立<br>意志坚定<br>富有逻辑性<br>性情平和<br>好奇 | 倾向于：<br>热情<br>浪漫<br>直觉<br>仁慈<br>激情<br>可靠<br>象征性<br>鼓动性 |

注：SP＝知觉、感觉者；SJ＝知觉、判断者；NT＝直觉、思考者；NF＝直觉、重感情者。

### （三）人际关系取向

人际关系是基于人们在生产或生活中所建立的一种社会关系，其会对个体产生心理影响。人际关系取向是指人们的行为及人与人之间的关系，而不仅仅是个人和心理上对他人的好。舒茨(1958)在经典的人际关系定向理论中提出，人们要获得有效的人际关系而避免令人不愉快的人际关系，有三方面的需求必须被满足：被接纳的需求、控制的需求及影响力的需求①。人际关系的好坏与个体或组织工作效率的高低有着密切关系，良好的人际关系是组织团结的基础，是组织凝聚力的一种载体表现。如何建构良好的人际关系，对组织和个人具有十分重要的作用。在组织中个体处理人际关系需要遵循的基本原则主要有：第一，求同存异的原则。相似性是导致个体吸引、建立良好人际关系的重要因素。求同存异就是将人际关系建立在双方的共同点的基础上。特别是个体态度和价值观方面的相似性，直接影响着人际关系的稳定与否。第二，以诚待人的原则。良好人际关系的形成，要求必须待人热情诚恳，真心实意地与别人交往。第三，尊重他人的原则。尊重是相互的，只有尊重别人，才能赢得别人的尊重。在与人交往时应端正自己的位置，耐心倾听对方的讲话，切忌以自我为中心，突出自己，夸夸其谈。

### （四）职业定向

沙因(1978)将职业定向界定为"个体对自我的能力、动机、价值的评估，用来指导、确定人的整个职业生涯的发展"。由于个体的身心条件、年龄阅历、教育状况、家庭影响、兴趣爱好等方面的不同，人们对各种职业有着不同的主观评价。在任何一个组织内都会存在不同目标、生活方式、能力和价值观的组织成员。根据沙因(Schein，1978)所说："有时候这些不同特性会被人们的头衔，或者被认为什么样的人做什么样的工作这种刻板要求所遮蔽。如果组织和社会政策从实际出发对待人们的需求，更加关注人们真正的不同特

① [美]罗伯特·B. 登哈特，珍妮特·B. 登哈特，玛丽亚·V. 阿里斯蒂格塔. 公共组织行为学[M]. 赵丽江译. 北京：中国人民大学出版社，2007：28-29.

质，那么人们就可以更好地开始自己的职业生涯。”①

认识我们自己的职业定向，有助于对我们的职业生涯进行成功的抉择。早点确立自己的职业定向，可以帮助我们通过工作来进行调整。沙因(1978)阐述了八种类型的职业定向(即“职业锚”)，这些职业定向反映了人们基本的需求、价值、能力和动机。根据沙因(1978)所说：“确定职业定向是将自己的看法综合在一起，如一个人的能力，希望自己能过上什么样的生活，一个人的价值观体系，一个人决心开始的成年生活方式，成年的职业选择等。”②表 4-3 就是八种类型的职业定向。

表 4-3 八种类型的职业定向

| 类　型 | 职业定向 |
|---|---|
| 技术能力型 | 寻求运用技术的机会，继续发展这些技能并达到较高的水平 |
| 管理能力型 | 希望到达一个组织的领导层，以便能够整合、协调他人 |
| 自由独立型 | 需要明确他们自己的工作，并按自己的方式来工作。灵活性是关键 |
| 安全稳定型 | 无论是对工作还是组织，所要求的就是安全和稳定 |
| 企业创业型 | 愿望就是以个人能力为基础，创建自己的企业和组织；为此甘愿冒风险 |
| 服务奉献型 | 受内心愿望的驱使，工作的价值就是为了帮助别人 |
| 纯粹挑战型 | 所从事的工作就是那种似乎不可能解决的、难度极大的工作 |
| 生活平衡型 | 要求的工作机会，就是工作与个人需求、家庭需求统一和平衡 |

# 第二节　自我管理

多数管理学著作都在阐述如何管理他人和组织，而对自我管理进行阐述的学者却是寥寥无几。德鲁克认为知识工作者不应仅仅是被动地接受管理，而是更需要加强自我管理。自我管理能够提升自身的管理能力，进而产生更高的“生产率”。在当今社会竞争日益激烈的环境中，优秀的企业都要求员工学会自我管理。自我管理并不是只有管理者才享有的专利，相反，而是每一位员工都应该掌握的能力。所谓自我管理，主要是指个体或群体计划、组织、协调、控制自身的活动，以更好地实现自己的期望目标，其范畴大致包括员工对企业的认同度、对组织文化的理解和认可、自律性、羞耻心、约束力及自我激励的能力等。自我管理能力随着年龄、知识、社会阅历、工作经验的提高，呈逐步提高的趋势。但因个体差异和环境的不同，个体间的自我管理能力也存在着较大差异性。

## 一、自我管理的影响因素

### (一) 个体影响因素

个体影响因素包括内控型和外控型、自我效能感、自尊、成就动机、自我监控五类。

① [美]罗伯特·B.登哈特，珍妮特·B.登哈特，玛丽亚·V.阿里斯蒂格塔．公共组织行为学[M]．赵丽江译．北京：中国人民大学出版社，2007：30.

② [美]罗伯特·B.登哈特，珍妮特·B.登哈特，玛丽亚·V.阿里斯蒂格塔．公共组织行为学[M]．赵丽江译．北京：中国人民大学出版社，2007：30.

1. 内控型和外控型

个体内部控制力和外部控制力的差异性，将会影响到其自我管理的主动性和内省性。因为内控型和外控型的个体在处理问题时，其归因方式往往会出现较大差异性。内部控制型个体在面对突发事件或紧急情况时，往往能够比较冷静且客观地分析造成问题的内部因素，而外部控制型的个体则往往会从外部因素进行归因。有学者研究表明，内部控制力型个体比外部控制力型个体更愿意且更适合进行自我管理。正如Mitchell(1990)指出，内部控制型个体认为发生于其身上的事情是受内部因素控制，个人可对其产生作用和影响，因此更愿意参与管理和进行自我管理，他们在模糊的工作环境中更适合扮演自我管理者的角色，行为绩效也比较好。反之，外部因素控制型的个体则认为发生于身上的事情是受超出控制范围的因素或者运气所决定的，倾向于被动领导和照指示按部就班完成工作。

2. 自我效能感

效能信念是一种特殊的生成能力，对个体的行为成果、绩效水平、动机水平、情感状态等具有重要的影响。Wood&Bandura(1989)和Bandura&Jourden(1991)认为自我怀疑很容易使技能得不到展示，以至于那些有天资的人不信其能力的情况下会发挥不出他们的才能[①]。效能信念在活动领域内的各种表现形式是不同的，具有差异性和多样性的特征。自我调节效能信念决定个体技能的运用、融合及发挥的程度，并对控制行为成就起重要的作用。自我效能感高的个体相信自身具有实现目标的能力，会比低自我效能感的个体付出更多努力，面对困难时抗挫折能力也较强。因此，自我效能感能够调节个体的自我管理水平。

3. 自尊

自尊与自我价值的判断相关，其来自基于个体能力或拥有在文化上带有积极或消极价值的自我评价。自尊与效能信念一样都是多维度的，其会影响自我管理中绩效反馈、行为偏差知觉和绩效纠偏等方面。当个体从个人能力中获得自尊时，他们会因实现价值标准不同而感到骄傲。Jackson(1972)和Rehm(1982)认为判断自己不能达到过高标准而遭受自我贬低的人在得到帮助而采用更为现实的成就标准后会变得较为自我接受和自我奖励[②]。拥有较强自尊的个体往往不会太看重别人的负面评价，具有良好的工作心态。而低自尊的个体希望能够得到他人肯定其自我价值，不希望自己的工作成果受到批评和否定，这使得他们难以察觉真实绩效水平与预定目标之间的差距。因此，自尊程度不同的个体也会影响其自我管理能力的强与弱。

4. 成就动机

美国哲学家厄尔·南丁格尔将成功定义为“成功就是实现有价值的理想”。怀特(White，1959，1960)在研究探索性行为的动机时，假定存在指向效果的动机，这种动机被定义为有效应对环境的内在需要[③]。成就动机水平影响个体自我管理行为的自觉性，高

---

① [美]A. 班杜拉. 自我效能：控制的实施[M]. 廖小春等译. 上海：华东师范大学出版社，2003：53.

② [美]A. 班杜拉. 自我效能：控制的实施[M]. 廖小春等译. 上海：华东师范大学出版社，2003：58.

③ [美]A. 班杜拉. 自我效能：控制的实施[M]. 廖小春等译. 上海：华东师范大学出版社，2003：19.

成就动机的个体在完成任务的过程中往往会产生一种内在驱动力的自我激励，进而会更好地完成工作。高成就动机的个体比低成就动机个体更倾向于设定具有挑战性任务和自身能力的提升；而低成就动机的个体则往往倾向于设定较有可能实现的目标，喜欢较为安稳的工作。在某种程度上，效能信念决定后果期待的行为表现等方面都会受到成就动机强弱的影响。因此，成就动机水平也影响着个体自我管理的能力。

5. 自我监控

自我管理非常强调个体的自律能力，如果一个人无法自律，那么他就无法在工作中做好自我管理工作。在一个强调自我管理的组织中，往往更强调对成员进行动员的重要性，创造一个更加美好的环境，让员工发展成为优秀的、快乐的"人"，而不是仅关注"组织"自身。自我管理包括认知和技能两个层次，个体自我监控能力的高低影响着其自我管理水平的高低。Snyder 和 Gangestad(1996)指出自我监控程度高低会影响自我管理。自我监控程度高的个体会按照组织的任务要求、角色要求等进行自觉性工作，对自身的行为表现进行自我观察，发现并纠正自身的行为偏差，因此更有可能成为良好的自我管理者。

### （二）人际影响因素

1. 与顾客的接触程度

在为顾客提供服务的时候，有些顾客可能向工作人员提出一些合理性要求，但工作人员无法按照标准化程序和方法来处理这些需要迅速做出反馈的需求时，传统领导方式将无法发挥作用。在这种紧急情况下，更好地解决问题的办法就是依靠工作人员的自我管理能力。依靠工作人员的自我管理能力，有助于提升顾客对组织的满意度。在面对顾客需求不断变化的环境中，更能够锻炼工作人员处理无法预测、不熟悉和不断变化事件中的自主能力。与顾客接触的程度往往强调工作人员如何通过工作发展自我，有助于促使工作人员主动思考"为什么工作"、"该怎么做"、"如何落实"等问题。

2. 成员间权力关系

权力主要指一个人影响他人行为的潜力，个人影响力主要来源于职位和个人自身。权力运作最常见的结果是服从与参与，如果组织成员基于道德因素的参与能得到发展，那么组织成员对组织的责任心就会提高。服从与参与是相互关联的现象，但成员被鼓励参与，则其自身管理能力也将会得以提升。Tsui(1994)指出组织成员间的权力关系影响自我管理构成维度中的自我绩效纠偏活动，这种权力关系取决于组织赋予的法定权力、是否处于工作流程的核心环节和专家权力等因素。如果成员处于下级地位，在绩效纠偏时会更多采取"服从"策略，即服从上级要求以减少绩效偏差；当成员处于上级地位时，则会更多采用"假装和解释"策略，对绩效偏差采取置之不理的态度，或降低绩效标准以使之更容易实现；而如果相互之间是同级关系，则将采取服从或不服从相结合的策略，其比重则取决于自身和同级之间权力关系的比较。

3. 人际信任

调查表明，有 90%的员工被解雇并不是因为其工作能力低，而是因为其工作态度不端正、行为不当及难以建立良好的人际关系。拥有良好人际关系的基础，就是你要为你的行为做出承诺，并遵守承诺，以赢得别人对你的信任。人际信任水平的高低在一定程度上反映出个体自身管理能力水平的高低。人际信任水平高的个体往往具有较强的自我管理能力,其能为自我承诺的事情进行负责,以赢取周围人的信任;而自我管理能力水平低的个体则往往会给人留下不守信用的感觉。Tsui(1994)认为同事的相互信任会影响自我管理构成维度中的绩效反馈活动。组织成员更愿意从信任度高的同事那里直接获取真实的绩效反馈信息,并且有信任感的同事也会给出诚实的绩效反馈,真实地指出所存在的不足,这将有利于组织成员改进绩效。

### (三)职位影响因素

#### 1. 工作流程和任务的不确定性

当个体的任务要求和角色扮演处于一种模糊不清和不确定状态时,个体想要如期地完成工作任务,往往需要发挥自己的主动性和自主决策的权利。萨兰西克和普费弗(1978)提出社会信息过程取向的概念,这个理论主要认为外在环境与个人过去的经验,才是影响组织中个人工作态度的最主要因素①。换句话,个体工作态度与需求的表达往往受到社会信息的影响。Mills (1983)指出当组织信息模糊,工作流程和任务不确定时,个体将处于一种角色的不确定的情境,个体有权利选择做什么以及如何去做。自我管理者应该知道"做什么"、"做到何种程度"、"为什么要这样做",这样才能更好地做好自我管理。因此,在工作流程和任务不确定情况下,更有可能激发个体在角色创造、自主决策、自律等方面的自主权利。

#### 2. 任务相互依赖性

自我管理的范畴涉及员工的认同感、自律感、自我约束力、主动性、能动性、自信心、对同事的尊敬和协作精神等。相互依赖性高的任务往往需要成员间、部门间、上下级间乃至组织间的不断交流、相互协作才能加以完成。Tsui(1994)则指出任务的相互依赖性会影响自我管理,当工作岗位之间依赖性强时,其工作需与其他岗位相互协作,同事的重要性将增加,自我管理构成维度中绩效信息收集、寻求绩效反馈等活动的收益都会增大,这将促进成员主动与上级、同级、下级等进行沟通,了解自身绩效偏差并不断改进,以进行适应性的自我管理活动。如果没有有效的沟通与协作,那么要想完成相互依赖性高的任务是相当困难的。

#### 3. 任务模糊性

任务模糊性往往使员工有更多进行自我管理的空间和时间,员工往往会根据利弊权衡去决定是否值得做。由于在某些时候,员工的工作任务并无具体目标,此时他若想从事某一事情将会主动去收集与该事件相关的信息,通过收集的信息思考从事这件事情的利弊,从而决定是否有必要去做这件事。如果员工觉得从事的事情对自身没有益处,则往往会出现踢皮球的现象。Tsui(1994)则指出工作任务结果和过程的模糊性会影响自我管理。他认为任何管理工作都具有不同程度的模糊性,任务模糊性会影响自我管理的收益和回报,进而影响员工是否采取自我管理行为。

---

① 徐仁辉,杨永年,张昕. 公共组织行为[M]. 北京:北京大学出版社,2006:106.

### （四）组织影响因素

1. 组织结构类型

组织结构的本质就是组织好员工的分工协作关系，其涉及员工职、责、权等方面。回顾组织结构对员工绩效、工作满意度之间的关系可知，无法概括出和总结出一种一致的关系，因为并非每个人都喜欢有机结构的自由和灵活性，有些人在机械结构中绩效和满意度最高。有研究指出，机械式和有机式两种组织结构类型会影响成员的自我管理。在机械式组织结构中，成员的职、责、权都有明确的规定，组织等级结构较为完善，成员间的依赖性较强，外部正式领导是控制下属行为的主要方式；而在有机式组织结构中，对工作的再定义来自于他人的交互作用和自我判断，做决策较少依赖职位以及垂直的沟通渠道，更多地依赖于个体专业知识，强调其对工作结果的内部控制。可见，组织结构类型中的各种因素影响着他们对行为控制的差异性，这种差异性也是造成成员自我管理主动性和积极性不同的主要因素。

2. 团队类型

自我管理型团队在现代社会中正在逐渐增多，自我管理型团队重在强调自我引导的功能。哈默和钱皮(Hammer and Champy，1993)对自我管理型团队的含义进行了更进一步的阐释，他们指出一个以过程为导向的团队不可避免地是一种自我引导的团队①。Uhl-Bien 等(1998)将自我管理分为个体自我管理和团队自我管理两个层面。自我引导型团队自己决定怎样及何时完成工作任务，这种管理运作模式要求其成员发挥自身的主动性和能动性，要求能够主动地配合团队的工作任务，这样有助于团队成员自我管理能力的提升。

3. 组织对平庸之辈的容忍度

平庸之辈是指那些尽全力之后低绩效仍无法提高和有能力做得更好但不愿积极工作的人。组织对平庸之辈的容忍度与自我管理存在着联系。如果组织对平庸之辈的容忍度低，将迫使低绩效者在不想离职的情况下更加主动地进行自我管理，不断提高自身能力和行为绩效等。反之，如果组织对平庸之辈的容忍度高，那么低绩效者将不会积极努力地提升自身能力，则他们将不会有危机感，也便不会产生自我管理的动机和行为。

## 二、如何进行自我管理

### （一）自我管理的步骤

自我管理包括认识和技能两个层面，进行有效自我管理必须循序以下几条原则：第一，自我管理即自律原则；第二，为自己设定具体目标；第三，把精力用在自己最擅长和最感兴趣的事情上；第四，为自己寻找合适的工作方法；第五，管理好时间；第六，学会管理压力。现代管理学之父彼得·德鲁克在 1999 年 5 月出版的《21 世纪的管理挑战》一书中，

① [美]罗伯特·B. 登哈特，珍妮特·B. 登哈特，玛丽亚·V. 阿里斯蒂格塔. 公共组织行为学[M]. 赵丽江译. 北京：中国人民大学出版社，2007：322-323.

提出了自我管理的步骤如下：第一，了解自身优势。包括：对自己进行优势与劣势分析，选择自身的优势资源完成任务，通过绩效反馈确定发现自己的短处，克服知识上的自大意识，提升自身的技能。第二，了解自身行为方式。包括：判断自己在沟通中属于倾诉者还是倾听者，清楚自身的学习和工作方式，了解自己是擅长与人共事者还是独来独往者。第三，了解自身价值观。个人与组织在价值观上并不要求完全相同，但是两者需保持一致并能相互共存。第四，了解自身归属。即个人必须了解自己的优势、行为方式和价值观，并清楚自身归属，这样才能紧紧抓住机遇。第五，了解自己应该贡献什么。即善于分析形势需要什么，最终需要实现何种工作结果以及如何成功地完成工作。第六，对关系负责。个人充分了解上级、同级和下级的优势、表达方式和价值观，以建立良好的人际关系。

### （二）时间管理

时间管理的实质是有效管理自身有限的时间。一个人是不是有效的管理者，最大的区别在于他们能否有效地利用时间。时间管理要求我们清楚地知道自身的目标和怎样实现目标，以及如何根据时间的重要性和紧迫性进行合理分配时间。德鲁克认为，有效的管理者并不是从对任务分析开始，而是从认识自己时间的运用开始。通过对时间的记录与分析，将无效的时间区别出来，设法减少不必要的工作，然后利用重新组合的零碎时间集中处理重要的工作。

有效的时间管理主要包括以下七个步骤：第一，明确自身的价值观。价值观对个体行为的取向具有重要的影响。个体进行时间管理首先必须明确自己的价值观，如果价值观不明确，个体就无法真正定位自己想追求什么，也将无法区分事情间的重要性和紧迫性，最终无法对有限的时间进行合理有效的分配。第二，设立明确的目标。时间管理的目的在于让个体在最短时间内实现更多个体想要实现的目标。需要注意的是，目标必须出于个体实际情况和内心的意愿。同时，目标还应具有具体性、可衡量性、时间性、协调性及互动性等特点。第三，对目标进行重要性排序。并非所有目标的重要性都是一样的，由于时间有限，因此，个体进行时间管理时必须确保优先实现最重要的目标。第四，学会列清单。把自己要做的每一件事情都写下来，这样做首先能让你随时都明确自己手头上的任务。特别是要列出实现目标所需进行的相关活动，不能轻信自己可以用脑子把每件事情都记住。第五，对每个目标所需进行的活动进行优先排序。在这个环节中，个体不仅要考虑到目标的重要性，也应考虑到目标的紧迫性。第六，按照优先顺序设计活动日程。在这个环节中，就是根据优先顺序排列的结果制订计划。此外，在制订计划的过程中也应该考虑活动的时效性。第七，安排特定时间对活动日程实施的情况进行监控与反思。在时间管理中，一定要设计一段监控与反思的时间，以便对计划执行过程中出现的偏差和错误进行调整或纠正。

### （三）自我激励

自我激励是指个体具有不需要外界奖励或惩罚作为激励手段，能为设定的目标进行自我努力的一种心理特征。德国斯普林格在其著作《激励的神话》中写道："强烈的自我激励是成功的先决条件。"激励作为一种人的内在心理活动或状态，我们无法对激励加以直接衡量，只能通过观察个体的行为及行为绩效加以推断个体受到的激励程度。自我激励是个体内生力量的一种体现，通过不断的自我激励，能促进个体目标的实现。因此，掌握一些基本的自我激励的技巧对自我管理十分重要。

在生活或工作中，我们常常可以看到有些人无论外部环境多么不好，他们都可以克服不良影响，坚定信念追求自己心中的目标。这些人能够成功的关键因素在于他们能够很好地进行自我激励。自我激励理论和技巧并不只是用来激励自我，也可以透过激励理论和技巧对员工或组织成员进行激励。自我激励的方法和技巧归结主要有[①]：为自己设定目标、热爱自己的工作、提高自我期望水平、寻找能够获得自我激励的工作、提高与目标相关的技能及对自己行为进行矫正的技巧(见图 4-1)。

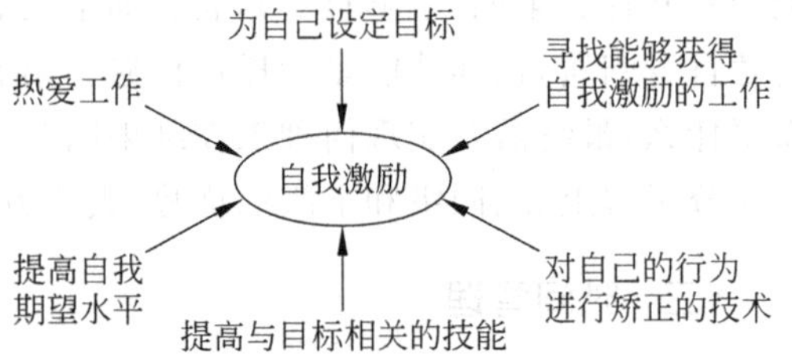


**图 4-1　自我激励技巧**

第一，为自己设立一个具有挑战性又切实可行的目标。个体要不断寻求具有挑战性目标来激励自己，避免自己陷入舒适区或避风港。同时，对于自己所设定的目标也应该强调合理性，只有合理的挑战性目标才能够真正起到激励的作用。第二，热爱自己的工作。如果你坚信大多数工作都是有价值的，而且努力工作会使人感到愉快，那么就不应该把工作仅仅视为获取薪酬的手段，而应将其视为你获取归属感、自我实现的重要载体。人开心的时候，体内就会发生奇妙的变化，从而获得阵阵新的动力和力量。这样人们就能从被动工作转变为主动、积极工作，最终会得到更大的激励和成就感。第三，提高自我期望水平。乐观、自信也是一种有效的自我激励方法。提升自我期望水平，会使个体精力充沛、信心十足。但也应注意，提升自我期望水平应切合实际，如果你的期望水平不能很好地激发你的想象力，那么有可能是因为你的期望水平过高。第四，寻找能够获得自我激励的工作。每种职业都有不同的能力要求，而我们自身的性格、兴趣、思维方式等也存在着差异性。只有当我们的兴趣与所从事的工作相吻合时，我们才能够得到更多的自我激励。这就要求个体在认清自身个体特征的情况下，尽可能寻找适合自己的工作。第五，提高与目标相关的技能。不断学习与实践，提升为了实现目标所需要具备的相关技能，这样个体才能够不断应对日趋激烈的挑战。机会总是留给有准备的人，只有不断提升与目标相关的技能，才能不断克服实现目标过程中的相关困难，从而减少挫折感。第六，对自己的行为进行矫正的技巧。大多数人通过别人对自己的印象和看法来看自己。获得别人对自己的反映很不错，尤其正面反馈。但是，仅凭别人的一面之词，把自己的个人形象建立在别人身上，就会面临严重束缚自己的危险。实现目标的道路绝不是坦途，它总是呈现出一条波浪线，有起也有落。不要从别人身上找寻自己，应该经常自省并塑造自我，有针对性地使用正强化或负强化措施来激励自己。

---

① 成刚. 自我管理七日修炼[M]. 上海：华东理工大学出版社，2008：186.

### （四）目标管理

管理专家彼得·德鲁克 1954 年在其名著《管理实践》中最先提出“目标管理"。德鲁克认为，并不是有了工作才有目标，恰恰相反，只有有了目标才能确定每个人的工作。任何的企业使命和任务，都必须转化为目标才能得以实现，如果一个领域没有目标，这个领域的工作必然被忽视。目标管理中的目标在某种程度是组织或个体对使命和任务期望程度绩效的一种微型缩影。洛克和他的同事于 1968 年通过大量的研究发现，行为表现随目标难度的增长而提高，并据此提出了目标设置理论。其基本观点是：人们选择的目标越高，不论达到目标的可能性如何，其行为表现越好。目标设置理论的结论曾引起不少学者的争议和研究，但该结论不管在个体、团体或组织层面上都已在班杜拉的自我效能感理论和社会认知理论情境中得以验证。随着研究的不断深入，洛克的目标设置理论逐步得到完善。洛克认为，“目标是人类行为的直接（尽管不是唯一的）调节者”。[①]

目标设置是目标管理能否取得良好效果的关键所在，也是难点所在。目标管理所强调的目标设置应该是组织成员参与制定并认可的，这些目标应具有具体性、时效性、可检验性和可衡量性的特点。目标管理并不是简单地等同于上级单方面确定后分派给下属的，而应是对其进行有效分解，转变成各个部门以及各个人的分目标。

由于各个组织活动的性质不同，目标管理的步骤和标准并不是唯一的，大致可以分为以下三步：第一，目标体系的确立。实行目标管理，必须有一套完整的目标体系作指导，由上而下地逐级确定具体化的目标。目标体系应与自身组织结构特征相吻合，以使每个部门和个人都有明确具体的目标，最终能达到目标责任的明确化。上下级目标之间通常是一种“目的—手段”的关系，从而在组织内部构成一种锁链式的目标体系实现法。第二，目标体系的落实。目标界定分化后，上级领导应学会如何授权以使下属更好地从事目标实现的相关工作，而自己则是对下级进行综合性、协调性的管理，切忌上级领导出现事必躬亲一把抓的领导方式。第三，监督和评估。对各级目标完成的情况，应定期进行监督检查其是否与预先确定的目标偏离很大，如果出现严重偏离情况，应及时加以调整，以便更好地实现组织的目标。在目标完成时，要对目标实现的情况和效益进行分析与评估，并根据评估结果进行奖励与惩罚，以使目标管理能够有得以继续发挥作用的平台，从而使目标管理顺利进入下一轮循环过程。

## 【本章小结】

正确地认识和评价自己是自我管理的前提基础，通过认识自己的个人价值观、个人风格、人际关系取向、职业定向来评价自己，从而进行自我管理。本章介绍了认识和管理自己在研究组织行为学中的重要意义，并且从个人价值观、个人风格、人际关系取向和人生轨迹控制四个方面论述如何正确评价自己。自我管理对工作态度、个体绩效和组织绩效均有影响，掌握自我管理的一些正确方法对提高个人和组织的绩效都具有显著的作用。

---

① 张爱卿. 当代组织行为学——理论与实践[M]. 北京：人民邮电出版社，2006：110.

这些自我管理的方法主要有职业定向、时间管理、自我激励和目标管理四种。

## 【关键术语】

自我认识　个人价值观　个人风格　人际关系取向　职业定向　自我管理　时间管理　自我激励　目标管理

## 【思考与练习】

1. 个体自我认识对人生事业的发展起到什么重要作用?
2. 个体价值观对个体人生道路选择发挥着怎样的导向作用?
3. 自我管理对个体具有什么影响?
4. 个体如何进行自我管理?

## 【推荐读物】


【1】陈艳.改变自己才能改变世界[M].北京:中国经济出版社.2008.

【2】思元.自我管理学[M].浙江:浙江大学出版社.2008.

【3】李政权.检修:管理者自我提升的必修课[M].北京:中国经济出版社.2007.

【4】Mary J. Lore. Managing Thought: Think Differently. Think Powerfully. Achieve New Levels of Success[M]. McGraw-Hill Contemporary, 2010.

【5】Ken Bianchard, Susan Fowler. Self Leadership and the One Minute Manager [M]. Willian Morrow&Company, 2005.

# 第五章

# 价值观、态度与工作满意度

【内容结构图】

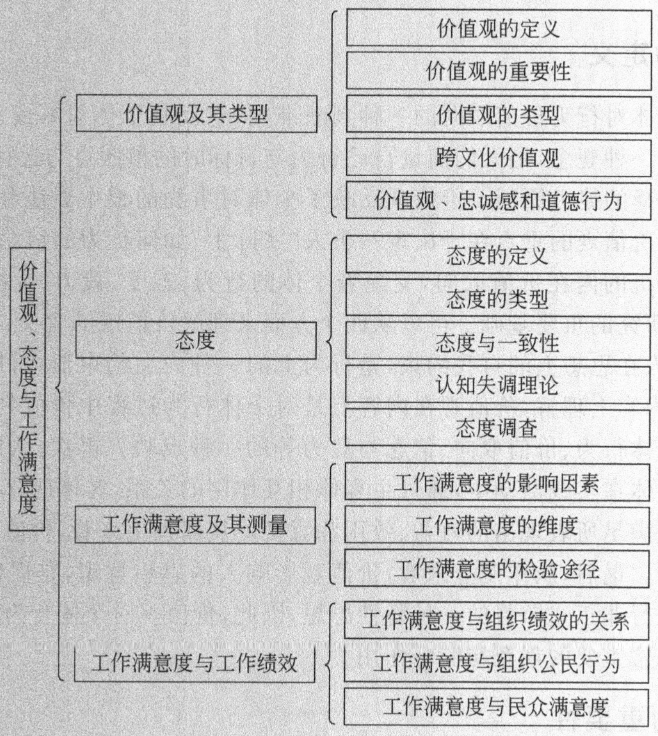


## 案例引导

### 中国航天之父——钱学森

2009 年 10 月 31 日，“中国航天之父”钱学森先生溘然长逝，给人们留下无限追思。当时报刊、杂志纷纷介绍钱老的事迹，因此把钱老的事迹介绍给学生，有助于他们更好地掌握知识，同时也有助于他们形成正确的价值观。具体做法如下：

材料一：在钱学森的一生当中，钱学森也有激动的时候：“第一次是在 1955 年，我拿着一本我刚出版的《工程控制论》交到老师冯·卡门手里。他感慨地说：你在学术上已经超过了我。你为中国人争了气。我激动极了。”

“第二次是建国10周年时,我被接纳为中国共产党党员,我激动得睡不着觉。”

“第三次心情激动,是我读了王任重同志为《史来贺传》写的序。在这个序里,他说中央组织部决定雷锋、焦裕禄、王进喜、史来贺和钱学森这五位作为解放50年来在群众中享有崇高威望的共产党员的优秀代表。我能跟他们并列,心情怎不激动?!”

三件事让钱学森激动,由此可以组合成钱学森的生命价值观:一是为事业;二是为党;三是为人民。

(资料来源:http://club.china.com/data/thread/1011/2719/60/02/0_1.html)

# 第一节 价值观及其类型

## 一、价值观的定义

价值观是个体对行为价值取向的一种判断准则,它反映个体对好或有价值的标准和看法。价值观是一种观念,是人们衡量自己行为与目标时的参照点与选择标准,可以将其视为个人行为选择的终极原因。价值观反映了个体对事物的根本看法和观点,是人对客观事物的理解。价值观的重点在于决定一个人"实际上"如何行为的信念和态度。① 价值观是个体行为动机的内在价值取向,支配着个体的行为、态度、毅力、抗挫折感等心理因素,是组织行为研究的重要基础。可以从四个方面来理解价值观的含义:首先,从形式上理解,价值观是人在思想上的自我约束,是行为上的一种内在约束形式,属于思想范畴的概念。其次,从内容上理解,价值观在内容上是对个体行为过程中价值判断的反映,是在一定程度上对个体行为、价值取向、信念与毅力等的一种反映。再次,从属性上理解价值观。价值是指主体在实践活动中,通过主客体相互作用的关系,客体的存在和属性对于主体需要的适应与满足所表现出的效益、效用和意义。从属性上来看,价值观属于个体行为的一种价值理念。最后,从作用上来看,价值观影响人的思想意识,是促使个体进行自我控制和对他人进行非正式监督的一种隐性思想,因此,价值观对个体行为以及人际关系交往也往往起到非常重要的规范与监督作用。

## 二、价值观的重要性

价值观对组织行为的研究很重要,因为它影响到个体对人对事的知觉与判断。价值观不仅影响个体的行为取向,还影响着群体和组织的行为取向。在同等条件下,价值观不同会导致不同个体对同一个事件或社会现象产生不同的评论和行为。价值观从总体上影响一个人的态度和行为,它不仅对个体行为具有定向和调节的功能,还对个体的认知和需求具有反映作用。同样,组织价值观对组织也具有重要的作用。在组织层面的作用主要有:第一,组织价值观是对组织和成员行为规范的内在约束。规章制度只是作为组织的外在约束机制,而价值观则是行为取向的内在机制,它对组织和成员行为的取向会形成一

① [美]乔伊斯·奥斯兰,大卫·库伯,欧文·鲁宾,马琳·特纳. 库伯 & 奥斯兰组织行为学(第8版)[M]. 王永丽等译. 北京:中国人民大学出版社,2011:97.

种内在自我控制机制。第二,价值观是实现组织目标的内生激励因素。价值观作为组织在发展过程中长期以来形成并沉淀出来的思想信念和行为准则,对组织及其成员在实现组织目标过程中的行为具有指引、激励的作用,使其能够自觉主动地接受和支持组织,以更好地实现组织目标。第三,价值观有利于组织凝聚力的提升。被组织成员所共同认可的价值取向,实质上就是组织成员认可组织、对组织忠诚的一种体现。它能够在组织活动中面对困难时对组织产生强大凝聚力共同应对危机的作用,在一定程度上有利于激发组织成员的组织公民行为,不断激发组织成员的积极性、主动性和创新性。

## 三、价值观的类型

价值观是个体关于人生追求取向以及行为取向的价值信念,与社会、经济、文化的发展有着密切联系。不同学者,对价值观的研究角度存在着差异性,因而对价值观类别的划分标准也存在着差异性。

### (一) 奥尔波特及其助手的划分

最早尝试对价值观进行分类的是美国心理学家奥尔波特和他的助手。他们在研究的基础上将价值观分为以下六种类型(见表 5-1):第一,以追求事物美感为最高价值的艺术型价值观,该类型的价值观强调事物外形与和谐匀称的价值。第二,以追求利益为人生最高价值的经济型价值观,该类型的价值观强调事物的有效和使用。第三,以追求权力和利用别人为最大价值的权力型价值观,该类型的价值观十分看重权力和影响力。第四,以追求帮助别人和人际协调为最高价值的社会型价值观,此种类型的价值观强调对社会其他人的热爱与尊重。第五,以追求超脱生活和满意体验为最高价值的宗教型价值观,此种类型的价值观关心对宇宙整体的理解和体验。第六,以追求知识真理和事物本质为人生最大价值的理论型价值观,该类型的价值观强调以批判和理性的方法去寻求真理和知识。

**表 5-1　奥尔波特及其助手的分类**

| 价值观类别 | 最高人生价值 |
|---|---|
| 艺术型 | 以追求事物美感为最高人生价值 |
| 经济型 | 以追求利益为人生最高人生价值 |
| 权力型 | 以追求权力和利用别人为最大人生价值 |
| 社会型 | 以追求帮助别人和人际协调为最高人生价值 |
| 宗教型 | 以追求超脱生活和满意体验为最高人生价值 |
| 理论型 | 以追求知识真理和事物本质为最大人生价值 |

### (二) 米尔顿·罗克奇的划分

罗克奇设计了罗克奇价值观调查问卷(RVS),它包括两种价值观类型,每一种类型有 18 项具体内容。第一种类型为终极价值观,指理想的终极状态。其包括舒适的生活、振奋的生活、成就感、世界和平、艺术和自然的美、平等、家庭安全、自由、幸福、内心和平、成熟的爱、国家安全、快乐、救世、自尊、社会承认、真挚友谊、睿智。它是个体希望通过一生去实现的目标。第二种称为工具价值观,这种价值观指的是个体采用偏爱的行为方式或实现终极价值观的手段,包括雄心勃勃、心胸开阔、能干、欢乐、干净、勇敢、宽容、乐于助人、真诚、富于想象、独立、智慧、理性的、博爱、顺从、有礼貌、负责、自我控制。

### (三) 格雷夫斯的划分

行为学家格雷夫斯在对企业组织成员大量研究的基础上,分析了组织成员的价值观和生活作风,并将各种各样的价值观按其表现形式分成以下七个等级:第一,反应型价值观。具备这个层次价值观的个体只对自己的基本生理需要做出反应,并没有意识到周围其他人的存在,也不会对其他事物进行判断。第二,家族式忠诚型价值观。该价值观层面的个体从家庭父母或上级那里学到类似于家族式忠诚的价值观。第三,自我中心型价值观。这个层面的个体较多表现为精力充沛,为了取得期望的报酬而努力工作,尊重并服从于上级的一切命令。第四,服从型价值观。这个层面的个体喜欢目标具体且明确的工作,为了达成工作任务而勤勤恳恳,其忠诚度相对较高。第五,权术型价值观。这个层面的个体追求高成就感,偏好玩弄权术,人际交往能力强,比较容易得到上级领导的认可,但有时也会为了达到自己的目的而搬弄是非。第六,社会中心型价值观。这个层面的个体重视集体的和谐,相信集体的力量,把与其他成员的良好人际关系看得很重,注重营造与人为善、和谐的人际关系。第七,存在主义型价值观。这一层面的个体不是很看重金钱和晋升,而是追求自由和富有创造性的工作,重视挑战性的任务和自身成长的机会。

### (四) 工作价值观与伦理价值观

在诸多价值观中,工作场所的两种价值观类型与组织行为研究有着密切的联系,即工作价值观和伦理价值观。工作价值观是个体期望从工作中得到什么以及采取何种手段的个人信念。工作价值观可以细分为内在和外在两种价值观。内在工作价值观指关注工作本身特点的价值观,如尊重、抱负、人生价值等。而外在工作价值观主要与工作结果有关,如薪资、社会地位、社会关系、带薪假期。当价值观中涉及道德问题时,我们有必要对伦理与非伦理价值观进行区分。伦理价值观是确定什么是正确的或错误的,或是能激励道德责任感的那些信念。伦理价值观是关于事情对与错的个人信念判断,其能帮助员工选择行动的正确途径并且引导他们的行为取向。伦理价值观可以分为实用主义价值观、道德权利价值观和公正价值观三种类型。其中,实用主义价值观认为,决策应该以能否为最大范围内的人带来最大限度的好处为判断依据;道德权利价值观认为,决策应该以能否保护相关人的基本权利为判断的依据;公正价值观则认为,对相关人的权责、利害的分配以一种公平、平等、不偏不倚的方式进行是最为重要的。相反,非伦理价值观认为人们只做自己喜欢、希望、认为对自己重要的事情。①

---

① [美]乔伊斯·奥斯兰,大卫·库伯,欧文·鲁宾,马琳·特纳.库伯 & 奥斯兰组织行为学(第8版)[M].王永丽等译.北京:中国人民大学出版社,2011:98.

## 四、跨文化价值观

不同国家和地区，由于文化背景、宗教信仰、社会制度、风俗习惯的不同，人们的价值观也必然不尽相同。不同文化下价值观存在差异性，而对这些差异性的理解与研究有助于我们对来自不同国家员工的行为进行解释和预测，从而更好地对其进行管理以达成预定目标。在组织中，管理者要有领导不同文化背景的成员共同合作的能力。价值观的文化差异性研究成果最引人注意之一是吉尔特·霍夫斯坦德的观点。他调查了 IBM 公司遍布 40 多个国家的 116 000 名员工，了解他们与工作有关的价值观。他发现来自不同国家文化背景的管理者和员工的价值观在以下五个维度上存在差异。第一，权力距离。即一个国家的人民对于机构和组织内权力分配不平等这一事实的接纳和认可程度。在不同国家，人们对于某一组织或机构内部的权力的接受程度存在差异，它的范围从相对平等(低权力距离)到极端不平等(高权力距离)依次排列。研究发现，中国和西非非常看重权力距离，美国和荷兰则不怎么看重权力距离。第二，个人主义和集体主义。其中，个人主义是指一个国家的人民喜欢以个体为单元进行活动的程度；集体主义是指一个国家的人民喜欢以集体为单元进行活动的程度。大部分亚洲国家提倡集体主义观念，重视集体文化和集体意识的培养，而欧美国家则看重以个人利益为首的民族文化。第三，自我实现。自我实现主要包括生活数量和生活质量两方面。生活数量是指人们对积极进取获得与拥有如金钱等物质追求的程度，生活质量是指人们对人与人之间的关系，并对他人幸福表现出敏感和关心的重视程度。俄罗斯和荷兰对自我实现感到无所谓，而德国、美国和中国香港都高度重视自我实现。第四，不确定性规避。不确定性规避是指一个国家的人民对结构化而不是非结构化情景的偏好程度。在那些不确定性规避高的国家，人们的焦虑水平更高，它表现为更明显的紧张、压力和侵略性。法国和俄罗斯非常重视不确定性规避，美国和中国香港则持无所谓的态度。第五，长期与短期取向。长期取向文化的人们更重视未来和价值观的持久性，总是想到未来，而短期取向的人们强调过去和现在，看重传统和社会义务。中国大陆和香港地区均重视长期取向文化，法国和美国则重视短期取向文化。

## 五、价值观、忠诚感和道德行为

商业伦理是否在下降？对这个问题尽管有不同的看法，但是很多人相信，20 世纪 70 年代之后，伦理标准开始逐渐被侵蚀。[①] Donaldson 和 Dunfee 认为："无人否认，文化差异在全球商业活动中比比皆是。综合社会契约理论意味着全球交易中需要道德自由空间。"[②]在很多场合中，多数学者往往将"伦理"等同于"道德"而使用，研究伦理学、行政伦理学以及组织行为学，都离不开对"伦理"和"道德"概念的考察。对组织是否忠诚也是组织成员个人道德行为表现的一个维度。组织成员的内在价值取向和外在价值取向与其组

---

① [美]斯蒂芬·罗宾斯，蒂莫西·贾奇. 组织行为学精要(第 9 版)[M]. 吴培冠等译. 北京：机械工业出版社，2008：40.

② [美]乔伊斯·S. 奥斯兰，马林·A. 特纳，戴维·A. 科尔布，欧文·M. 鲁宾. 组织行为学经典文献(第 8 版)[M]. 顾琴轩译. 北京：中国人民大学出版社，2010：102.

织忠诚感及行为取向之间存在紧密联系，并直接或间接地影响着组织成员的行为输出。被员工认可的组织文化与价值观更容易激发员工产生归属感，进而产生较高的忠诚感。如果组织文化和制度与组织成员工作的内外价值取向相违背，他们就不会对组织产生认同，工作积极性、归属感、忠诚感也会随之下降。这在一定程度上表明了组织成员不仅将工作看作生存的方式，而是将其视为工作内在价值与外在价值得以实现的载体。组织成员会通过评价组织文化、价值及目标等与自己价值观是否契合来决定工作的态度和行为。

## 第二节　态　　度

### 一、态度的定义

态度是人在社会生活中形成的关于物体、人物和事件相对稳定的心理反应倾向。哈格斯将态度定义为"个体对客体特性的喜爱或不喜爱的倾向性"。Mayers(1993)认为态度是一种相对稳定的对待特定的人、群体、观念、组织或事件的情感、信念和行为倾向。[①]态度反映了一个人对于某一对象的内心感受，具有相对稳定性，一旦形成后不容易改变。态度由三个部分组成：认知、情感、行为，它有助于我们理解态度的复杂性以及态度与行为间的潜在联系。[②] 其中，认知成分是指个体利用信念、观点和知识对某一对象的价值性陈述；情感成分是指个体对他人、事件、观点在情绪和感情影响下表现出来的成分；行为倾向是指个体对某一对象做出赞赏或反对的意向。态度的这三种成分是相互联系，相互作用的。不同个体的态度具有差异性，它影响着不同个体工作和学习的效率，影响着个体的社会知觉和人际关系。

### 二、态度的类型

态度因人而异，千奇百怪。但是我们只能将注意力集中于与工作相关的几种态度上：工作满意度、工作参与、组织承诺、态度一致性。

#### （一）工作满意度

工作满意度是员工对其工作或工作经历的一种态度反映，它是组织成员职业生活质量的一项重要心理指标。工作满意度是指个体对他所从事的工作的总体态度。[③] 工作满意度是一个组织管理状况的重要测度指标，与员工流失率、工作积极性和劳动生产率密切相关。自霍伯克在《工作满意度》(1935)中提出工作满意度的概念后，工作满意度大致有四类说法：一是总体定义，认为工作满意度是员工对于其工作与有关环境所保持的一种整体性的情感态度，其特征在于将工作满意度视为单一的概念，并不涉及工作满意度的各个构成要素和其形成原因与经过。二是期望差距类的定义，它指员工预期应得的与实际

---

① 胡近. 公共组织行为学[M]. 上海：上海交通大学出版社，2007：94.

② [美]斯蒂芬·P. 罗宾斯. 组织行为学(第10版)[M]. 孙健敏等译. 北京：中国人民大学出版社，2005：76.

③ [美]斯蒂芬·P. 罗宾斯. 组织行为学(第10版)[M]. 孙健敏等译. 北京：中国人民大学出版社，2005：78.

所获得的二者之间的差距，称为期望差距。若二者差距大，满意程度低；反之，则满意程度高(Locke，1969)。三是参考框架类的定义，工作满意度是员工根据自己的参考框架对工作的客观特性加以解释后所得到的结果，是员工对其工作的主观反应和情感，而且这种感知受到个人自我参考框架的影响。[①] 四是层面型定义[②]，即认为工作满意度是员工对其工作特定层面的情感反应。

### （二）工作参与

工作参与这个概念是最近才被补充到组织行为学研究领域中。尽管对于该术语的定义尚未达成一致意见，但其中一个被采纳的定义是：它测量一个人从心理上对其工作的认同程度以及认为他的绩效水平对自我价值的重要程度。[③] 工作参与测量的是个体在心理上对其工作的认同程度以及对自我价值的重要程度。工作参与对提升组织成员对组织的认同感和归属感具有很重要的作用，有利于组织效率的提升和组织目标的达成。工作参与度高的组织成员对他们所从事的工作有强烈的认同感，并且真的很热爱这份工作。

### （三）组织承诺

很多研究显示[例如 Porter(1975)，Fukami(1984)，Mathieut 等(1990)]，组织承诺是预测工作绩效和离职倾向的重要指标。组织承诺就是组织成员对组织的承诺。组织承诺这一概念最早是由美国社会学家 Becker(1960)提出的。随着组织行为学的不断发展，关于组织承诺的研究主要有两种基本观点：行为说和态度说。行为说主要关心个人是怎样认同某种特定行为，是哪些情景性的因素使行为难以改变，它们又是怎样影响与行为一致的态度的形成的。态度说主要关心个人是怎样培养出对组织价值观的坚定信念，又是怎样产生出为组织的利益而努力的意愿，以及如何培养个人形成想留在企业而不愿离开的意愿等。

基于不同的观点，不同学者对组织承诺的定义也就不同。Becker(1960)认为组织承诺是随着员工对组织投入的增加而使其不得不继续留在该组织的一种心理现象。Wiener 等(1977)认为组织承诺是由于个体社会化过程中，不断地被灌输和强调这样一种观念或规范的结果，这实际上是一种“内化的行为规范”。Mowday 等(1982)将组织承诺定义为个人对组织的一种态度或肯定性的内心倾向，它是个人对某一特定组织感情上的依附和参与该组织的相对程度。Meyer 和 Allen(1997)在总结以往的研究的基础上，提出组织承诺是员工个人认同组织与组织目标，并希望维持组织成员资格的程度，包括情感承诺、持续承诺与规范承诺。其中，情感承诺是个体对组织认同的程度；持续承诺是员工为了不失去已有的位置和多年投入所换来的福利待遇而不得不继续留在该组织内的一种承诺；规范承诺是由于受长期社会影响形成的社会责任而留在组织内的承诺。目前，Meyer

---

① 林秋宏. 人事人员集中办公政策与工作满足感之研究. 载于中国台湾世新大学，2004.

② 张平，崔永胜. 员工工作满意度影响因素的研究进展[J]. 经济师，2005.

③ [美]斯蒂芬·P. 罗宾斯. 组织行为学(第10版)[M]. 孙健敏等译. 北京：中国人民大学出版社，2005：78.

和 Allen(1997)提出的组织承诺的定义，得到了普遍认同，影响最大。

我国学者对组织承诺的研究始于20世纪90年代末期。余凯成(1996)认为组织承诺有五个内容层次，由低到高分别为：功利性承诺、参与性承诺、亲属性承诺、目标性承诺、精神性承诺。这五个层次的生存和发展不完全是连续渐进的过程，也不是从低层次向高层次的简单机械运动，而是既可能呈现跳跃性发展，也可能呈现几个内容层次的承诺共存于一个行为主体之中。凌文辁、张治灿、方俐洛(1997，2000，2001)[①]等人对我国职工进行研究，提出了我国职工组织承诺的五因素模型，发现我国职工除了具备 Meyer 和 Allen(1990)的感情承诺、规范承诺、经济承诺之外，还具备特有的理想承诺和机会承诺。

至于公共部门员工组织承诺，顾名思义，就是公共部门员工对组织的承诺。与企业组织一样，也可以从上述角度来定义。按目前得到最大认同的定义来说，公共部门组织承诺就是公共部门员工个人认同组织与组织目标，并希望维持组织成员资格的程度。具体来说就是公共部门员工对公共组织目标、信念、价值、文化的认同，愿意为所在组织付出心力，努力工作，并希望留在所在组织服务的意念。

## 三、态度与一致性

工作满意感也是工作态度的一个方面。工作态度包括认知成分和情感成分，其对事物、行为的评价或者受认知成分驱使，或者受情感成分驱使。当态度和行为一个受认知成分驱使，而另一个受情感成分驱使时，二者就会出现不相匹配，从而导致态度和行为的不一致；当两者受同一成分驱使时，二者的相关性就较高。[②] Brief 和 Roberson 的研究结果表明，工作中的认知成分与工作满意感的相关度比积极、消极情绪与工作满意感的相关度更大。还有研究表明，工作满意感与组织公民行为相关，如果认知成分在工作满意感中占主导地位，那么认知成分比情感成分对组织公民行为的影响力就会更大。总体研究表明，人们寻求态度之间以及态度和行为之间的一致性。[③] 这意味着个体在努力调和不同的态度，并使态度与行为保持一致，以使自己理性和言行相一致。当二者不一致时，个体就会调节自身态度与行为之间的差异性并重新回到一致性的平衡状态。

## 四、认知失调理论

20世纪50年代末，列昂·费斯廷格提出了认知失调理论。这个理论致力于对态度和行为之间的联系做出解释：不协调意味着不一致。费斯廷格认为，认知失调就是指一个人身上同时存在的不同认知之间的关系[④]。他认为，任何形式的不一致都会令人感到不舒服，为此他就必须消除因不一致而带来紧张的不适感。个体在心理上则倾向于采用

---

① 凌文辁，张治灿，方俐洛. 中国职工组织承诺研究[J]. 中国社会科学，2001.

② Smith C A, Organ D W, Near J P: Organizational Citizenship Behavior: Its Nature and Antecedents. Journal of Applied Psychology, 1983.

③ [美]斯蒂芬·P.罗宾斯. 组织行为学(第10版)[M]. 孙健敏等译. 北京：中国人民大学出版社，2005：71.

④ J.史蒂文·奥特，桑德拉·J.帕克斯，理查德·B.辛普森. 组织行为学经典文献[M]. 王蔷等译. 上海：上海财经大学出版社，2009：182.

两种方式进行自我调适：一种是对于新认知予以否认；另一种则是寻求更多新认知的信息，提升新认知的可信度，以获得心理平衡。费斯廷格指出，个体减少失调的愿望由下面三个因素决定：①造成失调的要素的重要程度；②个体相信自己受到这些要素控制的程度；③个体在失调状态下的受益程度。[①] 认知失调理论对组织的意义在于，它可以帮助组织成员预测自身在态度和行为差异性的倾向性。

## 五、态度调查

态度调查是指组织针对某一问题，设计调查问卷，根据调查结果分析组织成员对此问题的态度等一系列活动。组织成员态度调查(见表5-2)是组织诊断的工具之一，其主要目的在于，借由组织成员的反应与意见，发现组织现在及潜在的问题，进而改善问题，以提升组织成员的承诺度与敬业度。

表 5-2　组织成员态度调查

| 使用下面的评价标准回答每一个问题：5＝非常同意 4＝同意 3＝不确定 2＝不同意 1＝强烈反对 | | | | | |
|---|---|---|---|---|---|
| 问　　题 | 评　　分 | | | | |
| 1. 这个公司是非常好的工作场所 | 1 | 2 | 3 | 4 | 5 |
| 2. 如果我努力的话，我可以在这家公司里出类拔萃 | 1 | 2 | 3 | 4 | 5 |
| 3. 这家公司的薪水水平比其他公司有竞争力 | 1 | 2 | 3 | 4 | 5 |
| 4. 员工晋升的决策都很公平 | 1 | 2 | 3 | 4 | 5 |
| 5. 我了解公司提供的各种福利待遇 | 1 | 2 | 3 | 4 | 5 |
| 6. 我的工作能力能充分发挥我的能力 | 1 | 2 | 3 | 4 | 5 |
| 7. 我的工作具有挑战性，但负担不重 | 1 | 2 | 3 | 4 | 5 |
| 8. 我相信并信任我的上级 | 1 | 2 | 3 | 4 | 5 |
| 9. 我可以随时将我的想法告诉我的上级 | 1 | 2 | 3 | 4 | 5 |
| 10. 我知道我的上级对我的期望 | 1 | 2 | 3 | 4 | 5 |

(资料来源：[美]斯蒂芬·P.罗宾斯. 组织行为学(第10版)[M]. 孙健敏等译. 北京：中国人民大学出版社，2005年版，第82页)

定期使用态度调查能够为管理者提供有价值的反馈信息，从而了解组织成员对于他们工作环境的感受，提醒管理层注意潜在的问题，及早了解组织成员的意图，以便采取措施防患于未然。

# 第三节　工作满意度及其测量

工作满意度的测量在很大程度上依赖于对工作满意度维度的划分。所谓单维，就是将工作满意度看作一个整体水平，不做各个维度上的区分。所谓多维，就是将工作满意度区分为不同的方面，从而可以分别进行测量。但是工作满意度到底应该区分为哪些具体的方面，究竟可以分为几个维度，具体有哪些维度，目前并没有达成共识。一种比较常见

---

① [美]斯蒂芬·P.罗宾斯. 组织行为学(第10版)[M]. 孙健敏等译. 北京：中国人民大学出版社，2005：79.

的维度划分就是将工作满意度划分为内源性和外源性两个方面。Herzberg 在研究中也揭示内源性和外源性满意度的构成。[①] 戴维斯指出：就对组织管理的意义而言，多维工作满意度研究比单维工作满意度研究的意义更为重大。[②] 因而，工作满意度的研究也多集中于多维划分的工作满意度上。

影响工作满意度的因素有很多，迄今为止还没有哪个模型能将所有可能的影响因素完全纳入其中。而对于工作满意度的测量目前也没有达成一致，究竟工作满意度可以区分为哪些具体的方面，可以将其分为哪几个维度，每个维度具体又是什么，这些都需要做更深一步的探讨。

## 一、工作满意度的影响因素

影响工作满意度的因素很多，迄今为止还没有哪个模型能将所有可能的影响因素完全纳入其中，在对影响工作满意度的前因的研究中，很多学者将个人特征和工作特征这两个因素作为研究的重点，如 Fournet 认为影响工作满意度的因素可以分为个人特性因素（年龄、教育程度、智力、性别、职业水准）和工作特性因素（组织及管理、上司的监督、社会环境、沟通、工作安全、工作协调、工资）。[③] 而 Seashore & Taber 则探讨了工作满意度的前因和后果，认为影响工作满意度的前因可归纳为环境与个人特质两类，同时这两方面变量的交互作用将会影响个人、组织和社会等的工作满意度的后续反应。[④] 工作满意的前因、后果变量之间呈现出一种复杂的关系（见图 5-1）。

工作满意度前因和后果关系图中环境因素包括了：①政治、经济及文化环境；②职业性质；③组织内部环境；④工作与工作环境。个人属性因素包括了人口统计特征，如年龄、性别、教育程度、婚姻状况等；稳定的人格特质，如心理特质、价值观、需要等；能力，如智力、技能等；情境人格，如动机、偏好等；知觉、认知与期望等；暂时性人格特质，如愤怒、厌烦等。在个人属性因素中，人口统计学特征被认为是影响员工工作满意度的主要因素，因而受到广泛的关注。

## 二、工作满意度的维度

工作满意度的测量在很大程度上依赖于对工作满意度维度的划分。所谓单维，就是将工作满意度看作一个整体水平，不做各个维度上的区分。所谓多维，就是将工作满意度区分为不同的方面，从而可以分别进行测量。但是工作满意度到底应该区分为哪些具体的方面，究竟可以分为几个维度，具体又是些什么维度，目前并没有达成共识。一种比较常见的维度划分就是将工作满意度划分为内源性和外源性两个方面。Herzberg 在研究中也揭示内源性和外源性满意度的构成。[⑤] Locke 对工作满意度的维度作了很好的归纳

① 冯思宁. 企业员工工作满意度测量方法研究[D]. 载于华东理工大学，2004.

② 约翰·W. 纽斯特罗姆，基斯·戴维斯. 组织行为学[M]. 经济科学出版社，2000：230-232.

③ 古圣姿. 升迁公平认知对工作满意、组织承诺影响之研究——以台北市各区公所公务人员为例[D]. 中国台湾铭传大学公共管理与社区发展研究所，2004.

④ Seashore S E, Taber T D: Job Satisfaction and Their Correlates. American Behavioral Scientists, 1975.

⑤ 冯思宁. 企业员工工作满意度测量方法研究[D]. 华东理工大学，2004.

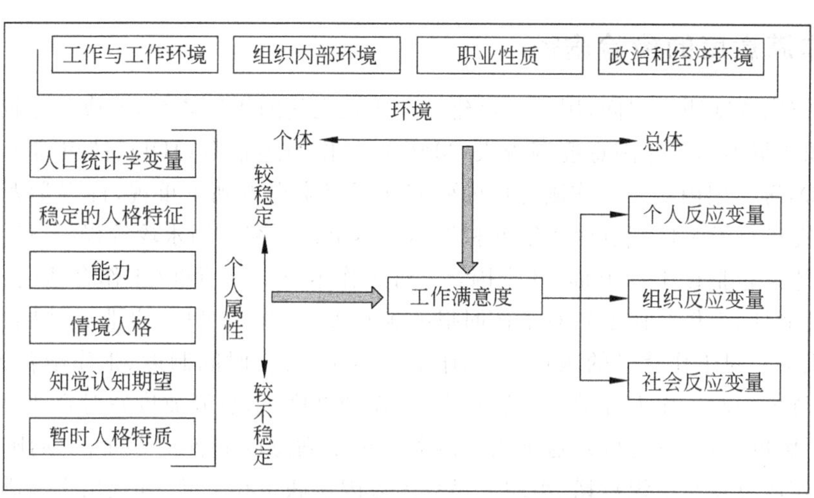


**图 5-1　Seashore&Taber 的工作满意度前因和后果关系图**

（资料来源：Seashore S E，Taber T D：Job Satisfaction and Their Correlates. American Behavioral Scientists，1975.）

和分类（见表 5-3）[①]。通常根据实际需要来选择是采用单一的总体维度还是把不同的维度分开测量。戴维斯指出：就对组织管理的意义而言，多维工作满意度研究比单维工作满意度研究的意义更为重大。因而，工作满意度的研究也多集中于多维划分的工作满意度上。

**表 5-3　工作满意度测量的主要维度**

| 类　别 | 维　度 | 说　明 |
|---|---|---|
| 一、事件或条件 | | |
| 1. 工作 | 工作本身 | 内在的兴趣、多样性、学习机会、挑战性、工作量、成功的机遇、对工作流程的控制等 |
| 2. 奖励 | 报酬<br>晋升<br>认可 | 数量、公平性、依据合理性等<br>机会、公平性、依据合理性等<br>表扬、批评、对所做工作的称赞 |
| 3. 工作背景 | 工作条件 | 时数、休息时间、设备、空间质量、温度、通风、公司位置、保险休假等 |
| 二、人物 | | |
| 1. 自己 | 自己 | 价值观、技能和能力等 |
| 2. 单位内的其他人 | 领导<br>同事 | 管理风格和影响、管理技能、行政技能等<br>权限、友好态度、合作互助、技术能力等 |
| 3. 单位外的其他人 | 顾客<br>家人<br>其他 | 技术能力、友好态度等<br>支持、对职务的理解、对时间的要求等<br>按职位而定，如学生、父母、选民等 |

① 顾琴轩主编：组织行为学[M]. 上海：上海人民出版社，2003：96.

## 三、工作满意度的检验途径

在工作满意度测量方面，国外已经建立了比较完整的指标体系，形成了比较权威的调查问卷，如明尼苏达工作满意度调查表(MSQ)、工作描述指数(JDI)、彼得需求满意度调查表(NSQ)等。国内对于工作满意度的研究在近年来也得到了重视，许多学者根据国外学者的研究进行了工作满意度的维度和指标的本土化研究。谢永珍等提出员工满意度的评价指标体系包括以下 5 方面 16 个因素：对工作本身的满意度(工作合适度、责任匹配度、工作挑战性、工作胜任度)；对工作回报的满意度(工作认可度、事业成就感、薪酬公平感、晋升机会)；对工作背景的满意度(工作空间质量、工作时间制度、工作配备齐全度、福利待遇满意度)；对工作人际关系的满意度(合作和谐度、信息开放度)；对企业整体的满意度(企业了解度、组织参与度)，这种划分涵盖了员工满意度的各个方面。[①] 而陈曦和谢晓非则将工作满意度与组织承诺、组织公民行为等因素联系在一起，并提出生活满意度对工作绩效同样存在影响，突破以往工作满意度研究的局限，将焦点扩展到传统因素(如公平报酬、支持性的工作环境、融洽的同事关系)以外的方面，不足之处在于未提出切实可行的测量方法。[②]

从维度角度来分，测量工作满意度也就相应地可分为两类：单一整体评估法和工作要素总和评估法。

### (一) 单一整体评估法

虽然工作满意度的内涵很广，但单一整体评估法作为一种包容性较广的测量方法仅要求被调查者回答对工作的总体感受，因此应用起来简单明了。该方法的典型代表是由坎曼等编制的整体工作满意度量表(见表 5-4)。[③④] 该量表属于密歇根组织评估调查问卷(OAQ)的一部分，通过三道题描述了员工对他或她的工作和组织的主观反映。不过，由于该方法仅针对总体感受提问，只能获得整体得分，因此虽然可以知道员工的总体满意度水平，但是无法知道产生不满意部分的原因，进而无法指导管理者采取具体激励措施改进工作。

**表 5-4　整体工作满意度量表**

| 说明：采用李克特 7 点量表作答，其中 1＝非常不同意，2＝不同意，3＝有点儿不同意，4＝不置可否，5＝有点儿同意，6＝同意，7＝非常同意 |
|---|
| 1. 总的来说，我对我的工作很满意<br>2. 大体来说，我不喜欢我的工作(R)<br>3. 大体来说，我喜欢在这儿工作<br>注：标有 R 的题目进行反向计分 |

① 谢永珍. 企业员工满意度指标体系的建立与评价模型[J]. 技术经济与管理研究，2001.

② 陈曦，谢晓非. 关注员工的满意感[J]. 中国人力资源开发，2003.

③ 卢嘉，时勘，杨继锋. 工作满意度的评价结构和方法[J]. 中国人力资源开发，2001.

④ Dail L. Fields. 工作评价——组织诊断与研究实用量表[M]. 北京：中国轻工业出版社，2004：1-42.

## （二）工作要素综合评估法

工作要素总和评分法采用多种要素测量员工工作满意度。为实现这一目的，确定影响工作满意度的主要维度成为关键。主要维度一旦被确定就可以根据维度编制调查问题（量表），进而利用该量表评价这些维度。调查量表的设计要求既针对各具体要素进行深入调查，同时还需要利用统计方法计算整体满意度水平，因此它的使用比单一整体评估法复杂。虽然工作要素总和评估法更为复杂但能获得更精确的评价结果，有利于组织根据调查结果所反映的具体问题制定相应的对策，以提高员工的满意度。[①] 这类评分法的常见调查工具有明尼苏达满意度问卷、工作描述指数、工作满意度调查、工作诊断调查表、彼得需求满意度调查表和盖洛普公司工作满意度测量问卷。[②]

**1. 明尼苏达满意度问卷**

明尼苏达满意度问卷（MSQ）由 100 道问题组成，用 20 个分量表对满意度进行测量（见表 5-5）[③]，分别包括能力使用、成就、活动、提升、权威、公司政策和实施、报酬、同事、创造性、独立性、道德价值、赏识、责任、稳定性、社会服务、社会地位、监督—人际关系、监督—技术、变化性和工作条件的满意度。每个分量表中可以抽出一道题组成对一般工作满意度测量时最常用的工具，被称为明尼苏达短式量表。这 20 道题中包括了 12 道能独立地衡量内在满意度（比如对工作提供的反映能力和获得赞扬机会的满意度）的题目和 8 道衡量外在满意度（比如收入、晋升机会和管理的满意度等）的题目。MSQ 的特点在于工作满意度的整体性与各个维度都能被完整地测量，但是缺点是 100 道题目需要被测者有足够的耐心和细心完成，过多的题目也容易产生测量误差。所以在实际测量中，多数采用 20 道题的短式量表。

**2. 工作描述指数**

工作描述指数由 Smith 等心理学家设计，是最流行的工作满意度测量量表之一。其包括五个维度：工作、升迁、报酬、管理者及同事。每一维度由 9 个或 18 个描述工作情况的题项组成，每一个题项都有具体分值，调查时被测者根据自身情况选择各题项的相应分值。将被测者所选的各个题项的分值求和，就可得到被测者对工作各个维度的满意度，而将五个维度的得分汇总就得到整体工作满意度。工作描述指数的特点是不需要被测者说出内心感受，只要就不同维度（题项数不一定相同）找出不同的描述词，将其选择即可，因此，教育程度较低的被测者也可以很容易地回答。

**3. 工作满意度调查**

该量表由 Spector 于 1985 年编制，通过 36 道题描述了工作的九个方面（每个方面 4 道题）。[④] 这九个方面包括报酬、晋升、管理者、利益、偶然奖励、操作程序、同事、工作本身和交际。其原本被用于评估人际服务、非营利组织以及社会机构中的工作满意度。

---

① 卢嘉，时勘，杨继锋．工作满意度的评价结构和方法[J]．中国人力资源开发，2001．

② 古圣姿．升迁公平认知对工作满意、组织承诺影响之研究——以台北市各区公所公务人员为例[D]．中国台湾铭传大学公共管理与社区发展研究所，2004．

③ Dail L Fields．工作评价——组织诊断与研究实用量表[M]．北京：中国轻工业出版社，2004：1-42．

④ Dail L Fields．工作评价——组织诊断与研究实用量表[M]．北京：中国轻工业出版社，2004：1-42．

表 5-5 明尼苏达满意度短式问卷(MSQ)

问您自己：我对自己工作的这些方面满意程度如何
非常满意：指我对工作中的这些方面非常满意
满意：我对工作中的某一方面满意
不确定：表示我不能决定满意还是不满意
不满意：表示我对工作中的某一方面不满意
非常不满意：指我对工作中的这些方面非常不满意

| 对你现在的工作感觉如何？ | 非常满意 | 满意 | 不确定 | 不满意 | 非常不满意 |
|---|---|---|---|---|---|
| 1. 能够一直保持忙碌的状态 | | | | | |
| 2. 独立工作的机会 | | | | | |
| 3. 时不时地能有做一些不同事情的机会 | | | | | |
| 4. 在团体中成为重要角色的机会 | | | | | |
| 5. 我的老板对待他/她的下属的方式 | | | | | |
| 6. 我的上司做决策的能力 | | | | | |
| 7. 能够做一些不违背我良心的事情 | | | | | |
| 8. 我的工作的稳定性 | | | | | |
| 9. 能够为其他人做些事情的机会 | | | | | |
| 10. 告诉他人该做些什么的机会 | | | | | |
| 11. 能够充分发挥我能力的机会 | | | | | |
| 12. 公司政策实施的方式 | | | | | |
| 13. 我的收入与我的工作量 | | | | | |
| 14. 职位晋升的机会 | | | | | |
| 15. 能自己作出判断的自由 | | | | | |
| 16. 自主决定如何完成工作的机会 | | | | | |
| 17. 工作条件 | | | | | |
| 18. 同事之间相处的方式 | | | | | |
| 19. 工作表现出色时，所获得的奖励 | | | | | |
| 20. 我能够从工作中获得的成就感 | | | | | |

**4. 工作诊断调查表**

由 Hackman & Oldham (1974)编制，测量了整体工作满意度和特定方面的工作满意度。[①] 其中，整体工作满意度包括三个维度：整体满意度(5 道题)、内部工作动机(6 道题)和成长满意度(4 道题)，它们常常被合称为对工作满意度的单一测量维度。此外，工作诊断调查表还可以用于测量工作稳定性、补偿、同事和上级等方面的满意度。

**5. 彼得需求满意度调查表**

彼得需求满意度调查表是根据满足的差别理论发展而来的，典型适用于管理人员。需求满意调查的提问集中在管理工作的具体问题和异议上。彼得需求满意度调查表每个项下有两个问题：一个是"应该是"；另一个是"现在是"。例如："你在当前的管理位置上

① Dail L Fields. 工作评价——组织诊断与研究实用量表[M]. 北京：中国轻工业出版社，2004：1-42.

个人成长和发展的机会如何？”“理想的状况应如何？”“而现在的实际状况又如何？”抽样中的每项得分是被测者对“应该如何”所选择的数值减去对“现在怎样”所选择的数值。如果所得的离差越大，表示被测者对工作中的这一方面越不满意。总的不满意度可用各项得分的全部加总来衡量，此外，还可将所计算出的满足程度与工作重要性分数相比较从而可知被测者对这方面工作满意的整体感受。

**6. 盖洛普公司工作满意度测量问卷**

该量表是针对前因中员工敬业度和工作环境的测量，盖洛普通过对 12 个不同行业、24 家公司的 2 500 多个经营部门进行了数据收集，然后在对它们的 105 000 名不同公司和文化的员工态度的分析中发现有 12 个关键问题（Q12）最能反映员工的保留、利润、效率和顾客满意度这四个硬指标（见表 5-6）。盖洛普公司的调查表明：如果对上述各项回答“非常同意”的员工越多，其所在部门和班组的业绩越优秀，而这样的部门和班组越多，企业的整体竞争力就越强。

**表 5-6　盖洛普公司工作满意度测量问卷中的 12 个问题**

| |
|---|
| 1. 我知道对我的工作要求 |
| 2. 我有做好我的工作所需要的材料和设备 |
| 3. 在工作中，我每天都有机会做我最擅长做的事 |
| 4. 在过去的七天里，我因工作出色而受到表扬 |
| 5. 我觉得我的主管和同事关心我的个人情况 |
| 6. 工作单位有人鼓励我的发展 |
| 7. 在工作中，我觉得我的意见受到重视 |
| 8. 公司的使命/目标使我觉得我的工作重要 |
| 9. 我的同事们致力于高质量的工作 |
| 10. 我在工作单位有一个最要好的朋友 |
| 11. 在过去的六个月内，工作单位有人和我谈及我的进步 |
| 12. 过去一年里，我在工作中有机会学习和成长 |

## 第四节　工作满意度与工作绩效

从 Seashore 和 Taber 工作满意度的前因和后果框架中可以看到，工作满意度对个人、组织和社会三个层面上产生相应的后续影响：①个人反应因素，如退却、攻击、知觉扭曲、疾病、工作绩效等；②组织反应因素，如生产力、质量、流动率、旷职、怠工等；③社会反应因素，如国民总生产额、疾病率、社会适应率、政治稳定性、工作质量等。而其中对个人和组织的影响又是研究关注的焦点。

### 一、工作满意度与组织绩效的关系

中外学者对工作满意度与工作绩效关系进行了大量的研究，较为主流的观点是工作满意度与组织承诺、缺勤率、离职率等存在某种关系。第一，工作满意度与组织承诺。工作满意度往往被视作前因变量，组织承诺则作为后果变量，而且认为工作满意度与组织承诺之间存在正相关性。如 Farrell & Rusbult 在一项实证研究中发现工作满意度与组织承诺呈显著正相关，而且工作满意度是组织承诺的前因变量。还有研究指出，在个人特质、环境与满意之间、工作满意度与组织承诺之间、组织承诺与离职行为之间，均有显著的因果关系存在。第二，工作满意度与缺勤率。大部分人都相信工作满意度低的员工更可能缺勤，进而认为工作满意度与缺勤率之间存在着因果关系，但是事实显示满意度高的员工其缺勤率却不一定低，而且也有研究表明工作满意度和缺勤之间只存在一个较弱的负相关关系[①]。其原因在于缺勤行为的发生很可能由其他因素引起，如个人的疾病、社交活动、家庭因素等，而工作满意度和缺勤之间的联系则没有那么紧密。需要指出的是，虽然受到很多中介变量的影响使得二者的相关性研究变得很复杂，但是仍然有研究结果准确说明了工作满意度与缺勤率之间的负相关关系。第三，工作满意度与离职率。大量研究证明，满意度与离职率间是成负相关关系的，Eby 和 Freeman 的元分析发现，工作满意度与离职行为有显著的负相关($r=0.14$，$p<0.01$)。也就是说，满意度较低的员工由于对工作缺乏兴趣或工作得不到认可，或与上司、同事不断发生冲突等，更容易辞职或产生离职意向。[②] 此外，工作意义与晋升方面的工作满意度能够很好地预测一个员工是否会离开组织。经济环境也对二者的关系有所影响，Carsten & Spector 发现，在经济萧条时期，二者之间的负相关不明显；而经济繁荣时期则很显著。[③]

## 二、工作满意度与组织公民行为

尽管工作满意度与组织绩效的关系至今仍未确定，但是研究表明，工作满意度与员工的组织公民行为有一定的关系。自 1983 年印第安纳大学的 Organ 及其同事提出组织公民行为(OCB)的概念以来，研究者们对组织公民行为的概念、维度、原因变量、结果变量等开展了广泛的研究。Organ 和 Bateman(1983)提出了“公民行为”——员工必须留在组织并参与其中；员工行为必须符合组织对特定角色的要求；员工必须主动自发完成超越工作要求之外的任务。Organ、Smith 及 Near(1983)在此理论基础上，将“公民行为”发展为“组织公民行为”。他们将组织公民行为界定为：未被正常的报酬体系所明确和直接规定的、员工的一种自觉的个体行为，由一系列非正式的合作行为所构成，这种行为有助于提高组织功能的有效性。[④] Organ(1988)在其出版的《组织公民行为：好战士现象》一书中首次明确提出了“组织公民行为(OCB)”的概念，是指自愿性的个体行为，这些行为并没有得到组织中正式的报酬系统直接或明确的回报，而这些行为从总体上提升了组织的有效运作。[⑤] Organ(1990)将组织公民行为定义为“在组织中，个人表现出超越角色以外的行为、自发的利他行为和助人行为，该行为不依赖于组织的奖励，总体来说有益于组织”[⑥]。Organ(1997)结合 1993 年 Borman 和 MotowidLo 提出的“周边绩效”概念对 OCB 又给予重新定义，认为 OCB 是一种“有助于保持和改善那些支持任务绩效完成的社会和

---

① 王怀明，冯文武. 员工工作满意度研究述评[J]. 商业研究，2003.

② 程卫凯. 基层党政干部核心自我评价与工作满意度关系研究[D]. 苏州大学，2005.

③ Carsten, Jeanne M, Spector, Paul E: Unemployment, job satisfaction, and employee turnover. Journal of Applied Psychology, 1987.

④ Bateman T S, Organ D W: Job Satisfaction and the Good Soldier: The Relationship between Affect and Employee Citizenship. Academy of Management Journal, 1983.

⑤ Organ D W: Organizational Citizenship Behavior: The Good Soldier Syndrome, MA: Lexington Books, 1988: 4.

⑥ Organ D W: The Motivational Basis of Organizational Citizenship Behavior. Research in Organizational Behavior, 1990.

心理背景"的行为，从关系绩效角度进一步丰富和发展了 OCB 的内涵。组织公民行为能提高组织绩效，关键在于它充当了组织运行的"润滑剂"，减少了组织各个"部件"运行时的相互摩擦，从而促进整个组织效率的提高。[①]

## 三、工作满意度与民众满意度

总体来说，研究认为，工作满意度对民众满意度有积极影响。这种关系可以从两个方面加以解释：第一，员工对工作内容、工作环境、工作绩效等感到满意时，往往会有更加积极的心态。在积极心态的促使下员工可以更加自然地展现友好和积极的情绪，进而对周围的人产生积极的情绪以达成良好人际关系的构建。第二，工作满意度与离职率呈负相关。大量研究证明，满意度与离职率间是成负相关关系的，Eby 和 Freeman 的元分析发现，工作满意度与离职行为有显著的负相关（$r=0.14$，$p<0.01$）[②]，感到满意的员工能够更好地准备民众服务的知识和技巧。由此可见，组织成员如果持有较高的工作满意度，对于提高民众满意度有正面作用。

## 【本 章 小 结】

价值观是人对事物的根本看法和观点，是人对客观事物的理解。组织文化是组织的核心，而组织价值观是组织文化的核心。价值观是组织行为规范的内在约束；价值观是实现组织目标的思想保证；价值观是增进组织凝聚力的重要法宝。不同国家和地区，由于文化背景、宗教信仰、社会制度、风俗习惯等因素的差异性，其个体的价值观也存在着差异。态度是个体差异的重要体现，它影响着个体工作和学习的效率，影响着人的社会知觉和人际关系。个体可以有许多态度，但是研究公共组织行为时侧重研究与工作有关的态度，这些态度包括员工对工作环境等方面的积极或消极的评价，主要包括工作满意度、工作参与和组织承诺等。

## 【关 键 术 语】

价值观　态度　工作满意度　工作参与　组织承诺　工作态度一致性　组织公民行为　民众满意度

## 【思考与练习】

1. 价值观类型有哪些比较具有代表性的划分法？
2. 跨文化价值在组织管理和个体发展中有什么影响？
3. 工作满意度有哪些前因和后果影响因素？

---

① Podsakoff P M，Ahearne M，Mackenzie S B：Organizational citizenship behavior and the quantity and quality of work group performance. Journal of Applied Psychology，1998.

② 程卫凯. 基层党政干部核心自我评价与工作满意度关系研究[D]. 苏州大学，2005.

4. 工作满意度有哪些测量工具和检验途径?

5. 如何阐述工作满意度与组织绩效、组织公民行为及民众满意度三者的关系?

## 【推 荐 读 物】

【1】[美]津巴多·利佩. 态度改变与社会影响[M]. 邓羽,肖莉,唐小艳等译. 北京:人民邮电出版社,2007.

【2】[美]道蒂·比林顿. 人生的关键是态度[M]. 廖晓华译. 海口:海南出版社,2002.

【3】施以诺. 态度决定了你的高度[M]. 成都:四川大学出版社,2006.

【4】[美]简·多莉丝. 态度与自尊[M]. 赵学凯译. 西安:西安交通大学出版社,2007.

【5】Keith Harrell. Attitude Is Everything[M]. HarperCollins,2005.

【6】永藏玺,化世伟,冉斌. 激励创造双赢,员工满意度管理8讲[M]. 北京:中国经济出版社,2007.

# 第六章

# 公共部门组织承诺

【内容结构图】

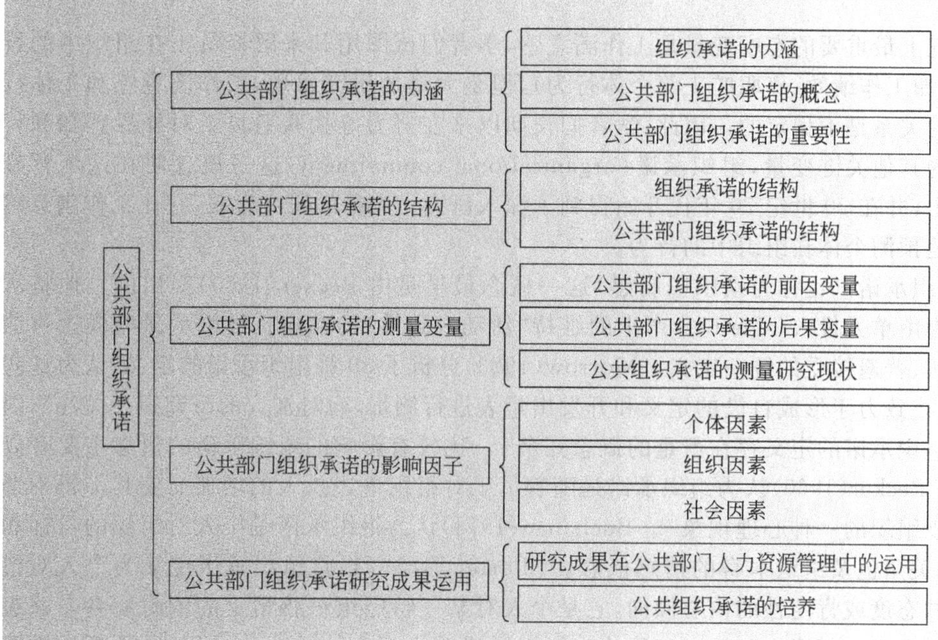


## 案例引导

### 制度的困惑

国新办发表的《中国的反腐败和廉政建设》已经指出，以中国宪法为依据，制定了一系列反腐倡廉法律法规；以中国共产党章程为依据，制定了一系列中国共产党党内制度规定，逐步形成了内容科学、程序严密、配套完备、有效管用的反腐败和廉政建设法律法规制度体系。但据中央纪委发言人公布的数据：2010 年全国纪检监察机关立案 139 621 件，结案 139 482 件，给予党纪政纪处分 146 517 人，涉罪被移送司法机关 5 373 人。2008 年受党纪政纪处分人数为 133 951 人、2009 年 1～11 月份人数为 115 071 人。每年都有逾 10 万的公务人员受到党纪政纪处分，其中有一批都是曾经担任过重要职位的领导干部。这些数字不能不说是触目惊心，发人深省。从公共服务激励的角度而言，所制定的法规制度体系明显存在激励失灵。"在某些部门和某些地区,公务员的流失现象也越来越严重,公务员的流失也导致公务员队伍的结构性失调。"有人甚至认为今天一些国家部委甚至成为了一些跨国公司、企业集团的"黄埔军校",一些大学生到政府部门工作一段时间后年富力强的中青干部,真正了解国家政策,了解政府运作规律后,却成为"猎头"对象,"身在曹营心在汉"的现象并不少见,完备的外在制度显得力不从心。

(资料来源:叶先宝.公共服务组织内生激励研究.北京:经济管理出版社,2011:47-48)

# 第一节 公共部门组织承诺的内涵

## 一、组织承诺的内涵

传统上最重要的态度变量是工作满意感,学者们试图用其来解释员工在组织中的行为表现(如工作绩效、离职旷工等个体行为),但是大量的研究发现,工作满意感和个体行为之间的关系是不稳定的。因此,学者们长期以来在努力寻找联系员工对外界感知和行为之间的其他关键变量,组织承诺(organizational commitment)这一概念便在这个背景下被提出,并在20世纪70年代开始得到了深入研究。大量的研究发现,它比工作满意感能更好地预测个体在组织中的行为。

"组织承诺"(也称为组织归属感)这一概念最早是由Becker(1960)提出的。他将承诺定义为由单方投入(side-bet)产生的维持"活动一致性"的倾向。组织承诺的概念目前没有公认、普遍接受的统一定义。Morrow(1983)分析了30种组织承诺的定义,认为这些研究"往往致力于形成自己的定义和开发出量表进行测量,而对别人的研究很少关注",因此认为组织承诺的定义存在严重的概念冗余①。比较有影响的组织承诺的概念主要有以下几种:Becker(1960)认为组织承诺是随着员工对组织单边投入的增加而使其不得不继续留在该组织的一种心理现象②。Buchanan(1974)认为组织承诺是个人对组织的目标和价值、相关角色及组织本身的情感依恋。③ Porter等(1974)将组织承诺定义为个人对组织的一种态度或肯定性的内心倾向,它是个人对某一特定组织感情上的依附和参与该组织的相对程度。④ Wiener等(1982)认为组织承诺是由于个体社会化过程中,不断地被灌输和强调这样一种观念或规范的结果,这实际上是一种"内化的行为规范"。⑤ Meyer & Allen(1997)在总结以往的研究的基础上,提出组织承诺是员工个人认同组织与组织目标,并希望维持组织成员资格的程度,包括情感承诺、持续承诺与规范承诺。其中,情感承诺是个体对组织认同的程度;持续承诺是员工为了不失去已有的位置和多年投入所换来的福利待遇而不得不继续留在该组织内的一种承诺;规范承诺是由于受长期社会影响形

---

① Morrow P C: Concept redundancy in organization research: The case of work commitment[J]. Academy of Management Review, 1983.

② Becker H S: Notes on the concept of commitment[J]. American Journal of Sociology, 1960.

③ Buchanan, Bruce: Government management, business executive and organizational commitment[J]. Public Administration Review, 1974.

④ Porter L. M. Steers, R. M. Mowday R. T: Organizational commitment, job satisfaction and turnover among psychiatric technicians. Journal of Applied Psychology, 1974.

⑤ Wiener Y: Commitment In organizations: a normative view[J]. The Academy of Management Review, 1982.

成的社会责任而留在组织内的承诺。[①] 虽然，研究者基于不同的背景与目的，对组织承诺的界定有着不同的理解(Dee ，Henkin and Singleton，2006)，但总体上都认同组织承诺是对组织的认可。目前，Meyer & Allen(1997)提出的组织承诺的定义得到了普遍认同，影响最大。

组织承诺包含三种基本成分：情感承诺(affective commitment)，指对组织目标和价值观的信仰、为组织付出更多努力的意愿和希望保持组织成员身份的愿望；持续承诺(continuance commitment)，即员工因考虑到跳槽的成本而不愿离职的态度与行为，这可能是因为离开组织的代价太高或暂无更佳的工作机会；规范承诺(normative commitment)，即员工觉得应该留在组织中的责任和义务，体验到规范承诺的员工感到应该留在组织中。余凯成(1996)认为组织承诺有五个内容层次，由低到高分别为：功利性承诺、参与性承诺、亲属性承诺、目标性承诺、精神性承诺。这五个层次的生存和发展不完全是连续渐进的过程，也不仅是从低层次向高层次的机械运动，而是既可能呈现跳跃性发展，也可能呈现几个内容层次的承诺共存于一个行为主体之中。[②] 凌文辁等(2001)认为中国员工组织承诺的结构模型中还包含了理想承诺与机会承诺因素，即重视个人成长与理想的实现，以及施展所长的机会、提供成长条件和晋升机会。[③]

## 二、公共部门组织承诺的概念

综观以上观点，不同学者对组织承诺的定义不同。至于公共部门员工组织承诺(public sector organizational commitment，PSOC)，顾名思义，就是公共部门员工对组织的承诺。按目前得到最大认同的定义来说，公共部门组织承诺就是公共部门员工个人认同组织与组织目标，并希望维持组织成员资格的程度。具体来说就是公共部门员工对公共组织目标、信念、价值、文化的认同，愿意为所在组织付出心力，努力工作，并希望留在所在组织服务的意念。[④]

## 三、公共部门组织承诺的重要性

公共部门作为提供公共产品和公共服务的组织体系，其发展与否关系着国计民生，历来是公众关注的焦点。长期以来，公共部门的效率低下问题一直没能解决。究其原因很大程度上是由公共部门人力资源管理不善造成的。随着公共部门人事改革的展开，要吸收怎样的人才、如何提高员工的积极性、提高组织效率显得尤为重要。

公共组织承诺是公共组织发展动力的重要部分，对它进行研究是公共组织自身发展的必然要求。在公共部门与私人部门之间的人才竞争日趋激烈、公共部门面临的情境更加复杂的背景下，如何提高 PSOC 水平，保持政府部门在竞争中占据优势地位，更好地发挥公共服务职能，是一个十分值得关注的重要问题。

---

① Meyer J P，Allen N. J. Commitment in the workplace：Theory，research，and application，Sage Publications，1997：10-12.

② 余凯成. 关于我国企业职工组织归属感研究[J]. 中国行为学会"学术通讯"，1996.

③ 凌文辁，张治灿，方俐洛. 中国员工组织承诺研究[J]. 中国社会科学，2001.

④ 沈娇彩，叶先宝. 公共部门员工组织承诺：结构、变量与展望[J]. 华东经济管理，2007.

公共组织承诺研究能直接地实践"以人为本"的管理理念。21世纪的管理是以人为中心的人本管理,如何处理好组织与员工的关系是管理的核心内容之一,而组织承诺就是探讨这种关系的重要课题。高组织承诺员工队伍是组织持续竞争优势的来源之一,提升员工组织承诺具有重要的战略和现实意义。

公共组织承诺研究有利于公共组织掌握员工的工作态度和离职、留职倾向,为组织正常运营奠定良好的基础。对组织管理者而言,有效管理员工队伍已成为员工关系管理中的主要内容,而组织承诺就是探讨这种关系的重要课题。组织承诺是一种驱动力,它能使员工表现出与一个或多个目标相关的一系列行动。组织承诺有别于以交换为基础的动机,也有别于与目标相关的态度,但是它会影响员工的行为,甚至在缺乏外部激励时也是如此。组织承诺对员工和组织而言,都存在积极的意义。对员工而言,组织承诺用于反映员工与组织的心理契约。① 富有组织承诺意识的员工更倾向于留任组织,在工作中投入更多的精力,为组织的目标奋斗(Somech and Bolger,2002)。员工承诺于工作、承诺于组织,代表了积极的关系,增加了生活的潜在意义(如提高自我价值认知)。对组织而言,承诺型员工能提高工作绩效,降低离职和缺勤率。很多研究显示[例如 Porter(1975),Fukami(1984),Mathieut 等(1990)],组织承诺是预测工作绩效和离职倾向的重要指标。同样地,对公共部门来说,可以通过研究公共部门组织承诺来解决公共部门工作绩效难以测量的问题。另外,通过对其组织承诺结构的研究分析,明确组织承诺的维度及影响因素,找到提高公共部门组织承诺的途径,有利于提高员工的敬业度、解决公共部门效率低下的问题。② Huselid 指出,一些研究人员已注意到承诺型人力资源管理系统与组织结果如员工留任、生产率、质量和企业财务绩效间的关系。由于这些人力资源管理系统具有高绩效、高承诺的特征,因此其假设是聚焦于承诺的人力资源管理整合系统能形成高水平的员工承诺以及组织绩效。人力资源管理策略与个体层面的组织承诺间的联系得到了 Tsui 等研究人员在 1997 年研究的支持。他们发现组织对员工的投入与员工高水平的情感承诺、高水平的公民行为、留任于组织的强烈意愿以及低缺勤率相关,但并没有调查组织承诺与组织结果的关系。

公共组织承诺研究成果能够为吸收更适合于在公共组织从事公共服务的优秀人才,并使其更好地为进行公共服务提供帮助。在竞争日趋激烈的今天,许多组织都在努力构建持续的竞争优势,而拥有一支高组织承诺的员工队伍是组织持续竞争优势的来源,因为它具有不可模仿性。如果我们能了解员工承诺于组织的过程并对该过程加以有效管理,这对核心员工和组织双方都将非常有利。

## 第二节 公共部门组织承诺的结构

### 一、组织承诺的结构

到目前为止,组织承诺结构研究的相关文献已经很多,研究大多集中于公共与私人部门的员工组织承诺的比较研究,例如,布坎南等(1974)的研究发现公共部门的管理者比私

① 张勉,张德.企业雇员离职意向的影响因素对一些新变量的量化研究[J].管理评论,2007.

② 沈娇彩,叶先宝.公共部门员工组织承诺:结构、变量与展望[J].华东经济管理,2007.

人部门的管理者具有更低的组织承诺，特别值得注意的是，与私人部门相比较，公共部门的管理者通常具有更少的工作卷入、更少的忠诚度，并且与组织的目标具有更少的一致性。其他学者如 Liou & Nyhan(1994)、Perry & Rainey(1988)、Zeffane(1994)、Lyons 等(2006)的研究得出了相似的结论。

关于组织承诺结构的研究，由于研究者对组织承诺的定义不同，所以其结构也必然不同。就目前来说，组织承诺结构的观点主要有以下几种(具体见表 6-1)。

**表 6-1　组织承诺的结构维度**

| 研究者 | 维度 | 承诺类型 |
|---|---|---|
| Porter 等(1979) | 单维 | 情感承诺 |
| Meyer & Allen(1984) | 二维 | 情感承诺、持续承诺 |
| Meyer & Allen(1990) | 三维 | 情感承诺、持续承诺、规范承诺 |
| 凌文铨等(2001) | 五维 | 情感承诺、持续承诺、规范承诺、理想承诺、机会承诺 |

Mowday, Porter and Steers(1982)将组织承诺分为态度承诺和行为承诺两个层面。态度承诺主要是考虑个体与组织的关系，考虑个体与组织的价值观和目标相吻合的一种心理状态；行为承诺则与员工进入特定组织的过程和处理问题的方式相关。

Allen and Meyer(1990,1996)认为组织承诺包含情感承诺(affective commitment, AC)、规范承诺(normative commitment, NC)和持续承诺(continuance commitment, CC)三个部分的内容。感情承诺是指员工由于对组织的认同、投入和感情依赖而留职；规范承诺基于对组织的责任感而考虑留职；继续承诺是指知觉到离开组织带来的成本而考虑继续留在组织中。

凌文铨、张治灿和方俐洛(2001)研制出一套"中国职工组织承诺问卷"，探讨中国职工组织承诺的心理结构，提出 5 种基本的组织承诺类型：感情承诺、规范承诺、理想承诺、经济承诺和机会承诺。感情承诺是指对单位认同、感情深厚，愿意为单位的生存与发展做出奉献，甚至不计较报酬，即使有任何诱惑都不会离职跳槽。理想承诺是指重视个人的成长，追求理想的实现，关注个人的专长在该单位能否提供各项工作条件和学习提高及晋升的机会，以利于实现理想。规范承诺是指对企业的态度和行为表现均以社会规范、职业道德为准则，对组织有责任感，对工作、对单位尽自己应尽的责任和义务。经济承诺是指因担心离开单位会蒙受经济损失，所以才留在该单位。机会承诺是指待在这个单位的根本原因是找不到其他更满意的单位，或因自己技术水平低，没有另找工作的机会。

O'reilly and Chatman(1986)认为组织承诺是一种联结员工与组织的心理纽带，表现为三种形式：顺从(compliance)、认同(identification)和内化(initialization)。顺从是为了获得一定报酬，而不是基于对组织目标和价值的共享，员工可能出于转换工作的代价较高而留在组织；认同就是接受组织对个体的影响；内化则是指个体能与组织的态度、信念、价值观及目标能够达成一致。如果不考虑方法论方面的问题，组织承诺到底由哪几个维度构成，主要取决于研究者从何种角度来看待它，以及对内涵的看法是宽还是窄。

## 二、公共部门组织承诺的结构

相比组织承诺结构的研究，对于公共部门自身的组织承诺的研究相对较少。由于公共部门目标、职能及成员动机不同于私人部门，公共部门员工组织承诺结构是否有别于私人部门员工的组织承诺还待研究。为了研究公共部门员工组织承诺的结构，国外一些研究公共管理的学者对公共部门员工组织承诺进行了实证研究。Liou & Nyhan (1994)对公共部门组织承诺的实证研究表明，公共部门组织承诺由情感与持续承诺组成。[①] Balfour & Wechsler(1996)利用方格分析(repertory grid technique)及认知图技术(cognitive mapping)建立了公共部门组织承诺的因果模型，得出公共部门组织承诺由情感承诺、认同承诺、交换承诺组成。[②] Caruana，Ramaseshan & Ewing(1997)对澳大利亚公共部门的研究表明，公共部门的组织承诺依然包括情感承诺、持续承诺和规则承诺三个部分。[③] Cho&Lee(2001)对韩国公共部门的研究发现，公共部门组织承诺分为"价值承诺"(愿意为组织效力，因成为组织的一员而骄傲)与"留任承诺"(愿意留在该组织)两个因素。[④]

虽然这些研究对于公共部门组织承诺的结构没有得出一致的结论，但是可以看出其结构是多维的而不是单维的。国外研究者普遍认可的公共部门组织承诺结构概括起来主要有两种：一种是二维结构，包括情感承诺与持续承诺；另一种是三维承诺，包括情感承诺、持续承诺与规范承诺。因此，可以将公共部门组织承诺(PSOC)理解为公共部门员工个人认同组织与组织目标，并希望维持组织成员资格的程度。具体来说就是公共部门员工对公共组织目标、信念、价值、文化的认同，愿意为所在组织付出心力，努力工作，并希望留在所在组织服务的意念，它具有多维结构。

由此可见，组织承诺是一种使个体牵制于一系列行动的驱动力，具有多维性，是一种思维定式的体验，并表现为不同的形态，包括采取一系列行动的意愿、成本知觉和责任。这些思维定式反映了承诺结构内相互区别的要素，并反映出员工的承诺状况。认识到承诺的多维性，这是一个重要的理论进展。从实践而言，识别出员工与组织间的契约关系包含工具性和情感性，这一点非常有效。开发不同类型的组织承诺应采取不同的管理策略。但到目前为止，测量每一种承诺的量表仍存在许多问题，如认同与内化维度在实践中很难加以区分。Price的研究报告提出，并非所有使用Meyer和Allen承诺量表的研究都能显示出清晰的聚合和判别效度。即使如此，识别出组织承诺的不同形式仍具有很高的价值，因为这会对每一个组织承诺类型的形成过程有更深入的了解。

---

① Liou K T, Nyhan R C: Dimensions of organizational commitment in the public sector: An empirical assessment[J]. Public Administration Quarterly, 1994.

② Danny L. Balfour, Barton Wechsler: Organizational Commitment: Antecedents and Outcomes in Public Organizations[J]. Public Productivity & Management Review, 1996.

③ Albert Caruana, B. Ramaseshan, Michael T. Ewing: Market orientation and organizational commitment in the Australian public sector[J]. International Journal of Public Sector Management, 1997.

④ Cho K H, Lee S H: Another look at public private distinction and organizational commitment: A cultural explanation[J]. Internal Journal of Organizational Analysis, 2001.

# 第三节　公共部门组织承诺的测量变量

## 一、公共部门组织承诺的前因变量

所谓“前因”，在组织行为学中，就是指组织中公民行为产生的原因。公共部门组织承诺的前因变量，即公共组织成员对其所在组织是否存在组织承诺以及承诺高低的影响因素。通过对组织承诺前因变量的研究，制定有针对性的政策，采取不同的措施，以便对这些因素加以控制，从而找到提高组织承诺的途径。通过对组织承诺的文献调查，我们将影响组织承诺的前因变量归纳为以下四类：个体特征、工作特征、组织特征及文化特征。个体特征包括年龄、工龄、性别、婚姻状况、受教育程度、工作经历、工作动机等；工作特征包括工作的挑战性、职位的明确程度、目标难度等；组织特征主要包括组织支持、组织可依赖性、公平性、管理层对新观点新思想的接纳程度、集体工作精神等；文化特征包括人性观、群体导向的价值观等。

与企业组织的组织承诺一样，公共部门组织承诺同样受上述因素的影响。Balfour & Wechsler(1996)建立并检验了一个因果模型，其研究表明有四个变量(参与、政治渗透、管理质量、提升的机会)与认同、交换、情感承诺均相关，而认同承诺还受公共服务、工作范围的影响，学习、工资满意度仅与交换承诺有关。另外，由于公共部门自身的特殊性，与企业组织相比，其受个体特征的影响更大。例如，Koch&Steers(1978)发现教育程度与组织承诺呈负相关。Liou & Nyhan(1994)发现工作年限和管理职位、非专业地位员工与情感承诺显著相关，与持续承诺相关性不大，专业地位的员工的持续承诺大于情感承诺。Crewson(1997)研究表明，非营利性组织成员把对社会有用、帮助他人看得非常重，非营利性组织成员比营利性组织成员具有更高的组织承诺水平。[①] 但是，Balfour & Wechsler(1996)的研究没有发现个体特征(如工作年限、教育、职位等)与组织承诺有直接影响，而是发现个体特征对组织承诺的后果变量(如留职、离职倾向)有直接影响。Cho K H，Lee S H(2001)未发现年龄、工龄及教育程度等个体特征变量与组织承诺存在相关性。

## 二、公共部门组织承诺的后果变量

所谓“后果”，在组织行为学中，就是指组织中公民行为给个体、组织带来的影响。通过对组织承诺后果变量的分析研究，可以发现组织承诺对人力资源管理具有重要意义。Mathieu 和 Zajac(1990)考察了 1967 年到 1987 年间发表的 124 篇关于组织承诺的实证论文，发现组织承诺的后果变量包括工作绩效、工作选择、寻职倾向、离职倾向、出勤、怠工和离职。对于公共部门来说，其最受关注的后果变量为工作绩效与离职倾向。[②]

关于组织承诺与工作绩效的关系，已有的研究倾向于表明组织承诺与工作绩效之间没有直接或一致的关系，也就是说，组织承诺与工作绩效之间可能存在中介变量或调节变

---

① 汪象华. 非营利性组织激励绩效测量：工作满意度与组织承诺研究述评[J]. 青海社会科学，2006 年.

② Mathieu，Zajac：A Review and Meta-Analysis of the Antecedents，Correlates，and Consequences of Organizational Commitment[J]. Psychology Bulletin，1990.

量在起作用，不同的中介变量，导致组织承诺对工作绩效影响的不同。例如，组织的薪酬福利制度有可能作为调节变量在持续承诺与绩效之间起作用。Stees 认为组织承诺与工作绩效之间没有直接的或一致的关系，几种承诺与工作绩效之间有微弱的相关。Rabdall 等人的研究指出，只有组织支持与工作绩效有关。Mathieu 和 Zajac 在研究中分别采用上级对下属业绩的主观评定和下属业绩的客观指标作为效标，结果发现，组织承诺与员工绩效之间存在弱相关，其与两者之间的平均相关分别为 0.135 和 0.054。Farh 等人所做的一项研究也发现，组织承诺与销售员的销售业绩之间的相关为 0.13，如果采用上级评价作为绩效指标，两者之间相关为 0.08。

与企业组织中组织承诺与工作绩效关系的不确定性不同，多数研究者认为公共部门组织承诺与工作绩效有显著的正相关关系。例如，Buchanan (1974)认为公共部门工作绩效低与公共部门组织承诺低有关。Naff & Crum(1999)认为公共服务动机对组织承诺具有积极影响，且与高绩效以及较低的流动倾向相关联。①

组织承诺对离职行为的预测效果已经被很多实证数据证实。员工退缩行为主要表现为离职、离职意向、缺勤等方面。Porter，Eeeker 等认为组织承诺与离职率呈现负相关：员工的组织承诺越高，离职率越低；组织承诺越低，离职率越高。Steers 在研究中发现，组织承诺能够增强员工留在组织的愿望和意愿，并且与员工的离职意向有着密切的关系。Meyer 和 Allen 的研究发现，组织承诺虽然影响许多工作表现变量，但对离职的影响最大。他们认为，组织承诺的具体成分不同，其对员工的行为影响也不同，情感承诺与离职、离职意向的相关性最为显著。Chen 的研究也证实了这一点，他发现，规范承诺在情感承诺与离职意向之间是一个调节变量。此外，组织承诺对员工的影响强度要视条件而定，例如，组织承诺与员工离职行为之间的关系受工作年限的影响：对年轻人而言，工作年限越短，关系越强；对年老的人而言，工作年限越长，关系越紧密。组织承诺与缺勤率、工作满意度等的关系也为人们所关注。Amold 认为，组织承诺的影响更多表现在工作满意度、期望、工作安全等因素上，离职只是最终的表现。Burton 等人认为缺勤应该是一种多维结构，组织承诺的不同维度对缺勤有着不同的影响，情感承诺和规范承诺在预测缺勤行为上比持续承诺更有效。Allen 发现，情感承诺与工作满意度之间存在正相关，而继续承诺与工作满意度之间则存在负相关。Lance，Wakefield 和 Muller 的研究则做出更具说服力的解释。他们认为，组织承诺与工作满意度之间的关系是表面上的，主要是因为两者有着多个共同的预测变量。Currivan 则运用比较理想的三阶段纵向数据，证实了工作满意度和组织承诺本质上没有显著的相关关系。②

与企业组织中组织承诺与离职倾向的显著负相关不同，公共部门组织承诺与离职倾向之间的关系并没有得到一致的结论。Balfour & Wechsler(1996)的研究表明，在公共部门中，组织承诺的后果变量为留职、离职倾向、额外角色行为。其中，情感、认同、交换承诺均对留任产生影响。而留任与工作年限一起对离职倾向产生影响。

---

① Naff K C&Crum J：Working for America：Does Public Service Motivation Make a Difference[J]. Review of Public Personnel Administration，1999.

② 张明珠：《组织承诺的影响因素及其结果变量[J]. 福建论坛（人文社会科学版）[J]. 2006.

## 三、公共组织承诺的测量研究现状

早期的组织承诺大多是一维说的范畴，一维说下编写的量表很多，使用范围最广的是Porter等人(1974)编写的OCQ量表。多维说中目前影响最大，受到普遍认同的是Meyer & Allen(1990)开发的情感承诺、持续承诺、规范承诺三维量表。另外，影响比较大的还有O'Reil & Chatman(1986)提出顺从、认同、内化的模型。O'reilly and Chatman(1986)认为组织承诺是一种联结员工与组织的心理纽带，表现为三种形式：顺从(compliance)、认同(identification)和内化(initialization)。顺从是为了获得一定报酬，而不是基于对组织目标和价值的共享，员工可能出于转换工作的代价较高而留在组织；认同就是接受组织对个体的影响；内化则是组织的态度、信念和价值观、目标与个体一致(张雪莲,2006)。

根据组织承诺的不同定义和分类，学者们提出了不同的测量方法。以下列举几种有代表性的组织承诺测量方法：

### (一) Porter and Mowday(1979)的组织承诺量表

Porter and Mowday(1979)依据组织承诺规范性的观点，提出了组织承诺量表(organizational commitment questionnaire ,OCQ)。该量表从三个方面测量员工的组织承诺：①对组织目标和价值观的认同和接受程度；②愿意为组织付出心力；③愿意保留组织成员身份。[①] OCQ由Porter等(1974)根据组织承诺规范性的观点发展出来，目的是测量受试者对所属组织的承诺程度，共有15个题目，其中有6个题目是反向题，用来测量成员对组织的忠诚、达成组织目标的意愿及对组织价值的接受程度。题目涵盖了态度及行为的意向，而且强调员工对组织道德上的投入。Cho & Lee(2001)就是使用Porter等(1974)的组织承诺问卷来测量公共与私有部门的组织承诺的差别的研究。

### (二) Meyer, Allen and Smith(1993)的组织承诺量表

Meyer, Allen and Smith(1993)在修正Meyer and Allen(1991)的组织承诺量表的基础上，提出了从感情承诺、规范承诺和继续承诺三个层面来测量组织承诺。该量表经国外学者多次使用，已经被证明其信度和效度比较稳定。[②] Caruana, Ramaseshan & Ewing(1997)使用该量表来测量澳大利亚公共部门的组织承诺，结果表明公共部门的组织承诺依然包括情感承诺、持续承诺和规则承诺三个部分。

### (三) 凌文辁、张治灿和方俐洛(2001)的组织承诺量表

目前，公共部门组织承诺的研究主要是在国外，国内对这方面的研究较少，只有少量的硕士论文有对教师、警察、护士等的组织承诺进行实证研究。因此，其测量主要是以Porter等(1974)、Meyer & Allen(1990)开发的量表来进行。我国学者对组织承诺量表

---

① 胡卫鹏，时勘. 组织承诺研究的进展和展望[J]. 心理科学进展，2004.

② 胡卫鹏，时勘. 组织承诺研究的进展和展望[J]. 心理科学进展，2004.

的应用主要是借鉴上述国外量表。凌文辁等人在对我国职工研究的基础上，提出了我国职工组织承诺的五因素模型，包括情感承诺、持续承诺、规范承诺、理想承诺和机会承诺。凌文辁、张治灿和方俐洛(2001)在访谈、项目收集、多次预测和科学检验的基础上，研制出一套“中国职工组织承诺问卷”，它包括五类基本的承诺类型：感情承诺、规范承诺、理想承诺、经济承诺和机会承诺，并采用再测信度和内部一致性信度两种方法检验问卷的信度。结果表明，问卷及各因子的再测信度在 0.7 以上，结果是理想的；同时，各因子的内部一致性信度也基本上在 0.7 以上，结果是合理的。

从已有的研究成果看，使用 Porter 等人的组织承诺量表在 20 世纪 90 年代以前比较流行，但是在使用中，研究者发现该问卷存在一些问题，主要表现在：①概念重叠，组织承诺量表本身就是作为预测离职倾向的工具，但是量表本身又包含了离职倾向的成分；②反向项目缺乏稳定性，有些研究发现反向项目不能很好地与其他项目聚合；③仅情感承诺不能反映出组织承诺的全貌。因此，20 世纪 90 年代中期以后，Meyer & Allen 开发的三维组织承诺量表在实证研究中得到了广泛的应用。但是，很多研究显示 Meyer & Allen 的三维承诺量表中情感承诺与规范承诺的相关性太高，不利于各维度的区分。

我国对公共部门员工组织承诺研究很少，测量主要是用凌文辁等人(2001)的五因素量表，研究结果表明该量表具有较好的信度及效度，能较好地反映在中国文化背景下的组织承诺构成，即上述组织的组织承诺包括情感承诺、持续承诺、规范承诺、理想承诺和机会承诺。

不同国家因国情、制度和文化的不同，其职工的组织承诺行为既有共性成分，也存在差异性或特殊性。所以，我们不能照搬西方的理论模式和方法来指导中国的管理实践，而要结合中国具体实际来进行具体分析。

## 第四节　公共部门组织承诺的影响因子

影响公共部门组织承诺的因素主要有个体因素、组织因素和社会因素三个方面。它们都不同程度地影响员工的组织承诺，但组织因素的影响更大。

### 一、个体因素

个人特征包括年龄、工龄、性别、婚姻状况、受教育程度、工作经历、工作动机等。凌文辁、张治灿和方俐洛对 3236 名员工施测“中国职工组织承诺问卷”，对其数据进行单因素方差分析、SNK 多重比较检验和交叉分析。研究表明：在感情承诺、规范承诺、经济承诺上，男女无显著性差异，而男性的高理想承诺百分比显著高于女性，女性的高机会承诺百分比则高于男性；在规范承诺、理想承诺、经济承诺上，不同年龄段之间没有显著性差别，但在感情承诺和机会承诺上是有差异的；工龄在感情承诺、经济承诺上均表现出显著的差异，而在理想承诺、规范承诺和机会承诺上差异不显著；学历在感情承诺、规范承诺和经济承诺上没有显著性差异，而在理想承诺和机会承诺上有显著性差异；职位在规范承诺和经济承诺上无显著差异，而在感情承诺、理想承诺和机会承诺上存在着显著性差异。①

## 二、组织因素

许多研究证明，组织内部因素对员工组织承诺有显著影响，并与员工的组织承诺同方向变化。它主要包括组织支持、组织公平、组织文化、团队管理、领导者的能力和风格、绩效评估、薪酬福利待遇、人际关系、培训制度、晋升政策、组织制度等。

Eisenberger 认为，成员感受到的来自组织的关心、支持与认同是形成组织承诺的极为关键的因素。Qgilvie、Ganertner 和 Nonen 的研究发现，绩效评估、晋升政策、薪资和福利等具体的人力资源管理实践与员工的情感承诺有显著相关。Arthur 和 Huselid 通过实证研究得出，员工的情感承诺会随着人力资源管理战略在员工身上的投资而增加；承诺型的人力资源管理实践会产生高水平的员工情感承诺。ChrisPerryer 和 CatherineJordan 的实证研究发现，领导支持会产生高水平的员工组织承诺。LynnMcFarlane 和 SandyJ. Wayne 提出，员工感知到来自组织的支持越大情感承诺越高。Masaotao 等人的研究发现，组织气氛、管理行为、组织经历等因素对组织承诺有很好的预测效果。对影响组织承诺的组织因素，国内学者也进行了一些研究，如张勉等人的研究发现，组织的分配公平性与情感承诺和规范承诺具有显著相关；其他学者的研究也发现，组织支持与组织承诺具有高相关。Vroom 的早期研究提出，员工对自己所从事的工作有较高的工作热情，就能够投入大量精力于工作中，组织承诺较高；反之，对工作缺乏激情，抱着得过且过的态度，组织承诺就较低。Mathieu 和 Zajac 通过元分析发现，除了组织特征变化和个人变化外，工作满意度、工作压力等是影响组织承诺的重要因素。Meyer 和 Allen 等人的研究发现，工作满意度、工作的挑战性、工作本身的特性、工作中的人际关系是影响感情承诺的主要因素。Sale 和 Hosck 通过因素分析提出，工作投入程度高的员工对他们所做的工作有强烈的认同感，具有较高的组织承诺。

## 三、社会因素

员工和组织所处的社会环境状况对员工的组织承诺水平也存在很大的影响。其影响因素主要表现在：本行业人才争夺激烈程度、风俗习惯、传统思想、社会文化、社会道德、失业率等。比如说在社会文化价值观、伦理观上的差异。贯穿西方伦理思想中的两个主要张力：一是道义论；一个是目的论。② 在西方组织承诺中显示出的持续承诺与规范承诺正是上述两种伦理思想的现实反映。而反映到中国员工的组织承诺中，出现的“同事感情”因子，应当说正是中国人重人际关系现状的确切反映。另外，中国员工中独特的“安逸承诺”也是与中国传统文化中的儒、道、释文化，尤其是道家文化具有密不可分的关系。

① 凌文辁，张治灿，方俐洛．影响组织承诺的因素探讨[J]．心理学报，2001．

② 龚群．当代西方道义论与功利主义研究[M]．北京：中国人民大学出版社，2002．

## 第五节 公共部门组织承诺研究成果运用

### 一、研究成果在公共部门人力资源管理中的运用

当前关于公共组织承诺的研究仅仅停留于此是远远不够的，还必须对影响不同承诺类型的个人因素和组织因素进行分析，从而制定有针对性的政策，采取不同的措施，以便对这些因素加以控制，使研究能为公共部门的人力资源管理服务，这样才具有现实的应用价值。研究发现，我国公共部门员工组织承诺总体上处于中上水平。由于公共组织目标、职能等的特殊性，在员工组织承诺中情感承诺最高，持续承诺最低，且这两维度共解释了组织承诺的 55.722%，说明组织承诺中持续承诺与情感承诺占支配地位。因此要提高员工的组织承诺尤其要重视员工的持续承诺与情感承诺。有研究结果表明，员工组织承诺在人口统计变量上存在差异。例如，年龄与持续承诺反相关，与情感承诺正相关，且在 46 岁以上的被试者身上表现更为突出。因此在采取激励措施时，对于年龄大的员工更合适用精神激励，如荣誉激励、地位激励等。不同学历的员工中，研究发现高学历的员工持续承诺低，理想承诺高，因此，要留住高学历的优秀人才，应该给其更多施展才华的空间，为其实现理想提供良好的环境支持。①

通过对组织承诺进行研究，我们发现可以从提高情感承诺、理想承诺、持续承诺、规范承诺四个维度提高公共部门员工的组织承诺水平，使其沿组织期望的方向和高度发展，提高组织效能。①在招聘选拔阶段，不仅要重视候选者的专业技能，还应该对候选者工作动机进行考察，从开始阶段就保证员工对组织的热爱和动机的正确性，增强员工的情感承诺。在选拔和提升时，应一视同仁，以绩效作为主要依据，通过建立科学的晋升程序，大力推行竞争上岗和职位任期制，克服亲疏远近之分，防止员工产生疏离感，使其在选拔中体验组织的关怀，增强员工对组织的信任感。②采用合理的薪酬和福利、岗位轮换制度，增强员工的持续承诺。研究发现，46 岁以下的员工比 46 岁以上的员工有更高的持续承诺。因此公共部门应制定合理的薪酬和福利，这样不仅能调动员工的士气，还能吸引到更多年轻、优秀的人才，给组织注入生机与活力。③重视柔性管理，克服传统官僚制的一些缺陷，增强公共部门员工的情感承诺。公共部门人力资源管理部门应该注重工作设计，将负荷过重的工作适当减轻负担，将过于枯燥的工作进行扩大化和丰富化，进行有效的授权，提高工作的自主性和独立性等。在尊重人的人格独立与个人尊严的前提下，在提高公共部门员工的向心力、凝聚力与归属感的基础上，所实行的分权化的管理，要求用“柔性”的方式去管理和开发人力资源。由于中国文化重视经验中的情感体验成分，从理论上说，员工高水平的情感承诺是公共部门培养员工组织承诺的着力点。有研究发现，公共部门员工的情感承诺高于其他承诺且情感承诺对工作绩效有显著的正相关。因此，对于处于全面转型的中国社会来说，管理者更应该注重对员工情感承诺的培养。④营造以人为本的组织文化，提高员工的规范承诺。公共组织的“公共利益性”决定了组织成员必须有服务于

---

① 叶先宝，沈娇彩，王金光. 公共部门组织承诺的实证研究——基于对 311 名公共部门员工的问卷调查分析[J]. 中国行政管理，2010.

民的观念。因此，通过营造良好的组织文化，大力培育公共组织的公共服务意识与奉献精神，使广大公共组织成员真正将本职工作视为人生乐趣，在工作过程中实现人生价值。通过有意识的引导，利用组织精神、组织价值观、组织理念、组织使命与宗旨的整合作用，就能够形成强势的组织文化，提高员工的规范承诺，从而吸引和留住人才。

此外，还可进一步利用组织承诺的研究成果来预测员工的工作绩效及其离职倾向。组织承诺中的情感承诺、理想承诺能有效预测工作绩效，规范承诺与离职倾向显著负相关。因此当调查发现组织承诺在这些维度上表现出较低水平时，说明组织正面临高度的人才流失危险，这就要求管理者需高度警觉和反省，并调整管理措施。让员工参与决策、提高工作安全感与工作内容的趣味性，以及提高员工自主权与责任感等，都可提高员工的组织承诺。有研究发现，组织承诺能够预测离职现象，甚至能预测离职意向。管理者对一个人工作绩效和晋升的评价与他的情感承诺水平呈正相关，但持续承诺则与工作绩效呈负相关。较高的情感承诺与规范承诺，带来更低缺勤率、更低的离职率和更高的绩效。

在组织层面的研究中，已有的研究证据也支持组织承诺在战略人力资源管理中具有重要性。例如，Becker 和 Huselid 的研究发现，"高承诺"的人力资源管理方式能显著地提升组织绩效。在 Meyer、Allen 及 Mowday 对组织承诺的经典评述中，都认为它可能是联结员工个体变量和组织绩效之间关键的一个中间变量。

## 二、公共部门组织承诺的培养

员工组织承诺的形成可通过制定群体工作规则或收益共享规则、开发员工满意的组织构架、正确表述组织使命等管理措施来实现。1999 年，Dessler 在总结以往相关研究成果的基础上，提出了培养组织承诺的五种途径：①遵循以人为本的价值取向；②正确表述组织使命；③确保组织公平；④创建系列共同体；⑤支持员工发展。由此可见，组织管理实践能培养组织承诺。目前越来越多的研究人员认为，人力资源实践能影响组织承诺，促使员工产生对组织的情感依附和认同感，相对于任务、角色和领导行为，员工的组织承诺更多地受人力资源实践的影响，人力资源管理应在诱发员工承诺方面发挥重要作用。

## 【本章小结】

本章介绍的是公共部门组织承诺，详细介绍了它的内涵、重要性以及结构。进而研究了公共部门组织承诺的测量变量，包括前因变量和后果变量。然后从个体特征、组织特征、文化特征等方面对公共部门组织承诺的影响因子做了详细的介绍。最后，还介绍了公共组织承诺的研究成果应用以及对如何培养公共组织承诺提出了建议。

## 【关键术语】

组织承诺　公共部门组织承诺　情感承诺　持续承诺　规范承诺

## 【思考与练习】

1. 试述公共部门组织承诺的重要性。
2. 谈谈公共部门组织承诺的结构构成。
3. 公共部门组织承诺有哪些影响因子?
4. 谈谈我国公共部门组织承诺的研究现状。
5. 公共部门组织承诺有哪些测量变量?
6. 如何培养公共部门组织承诺?

## 【推荐读物】

【1】[美]科尔基特,勒平,韦森.组织行为学:提高执行力和承诺的要素[M].吴晓巍译.大连:东北财经大学出版社,2010.
【2】张楚筠.公务员心理契约研究[M].上海:上海交通大学出版社,2011.
【3】雷巧玲.文化驱动力:基于企业文化的心理授权对知识型员工组织承诺影响的实证研究[M].北京:经济管理出版社,2008.
【4】[美]沙因.沙因组织心理学[M].马红宇等译.北京:中国人民大学出版社,2009.
【5】[美]卡尔维克.组织社会心理学:如何理解和鉴赏组织[M].贾柠瑞,高隽译.北京:中国人民大学出版社,2009.

# 第七章

# 个体知觉与自我效能感

【内容结构图】

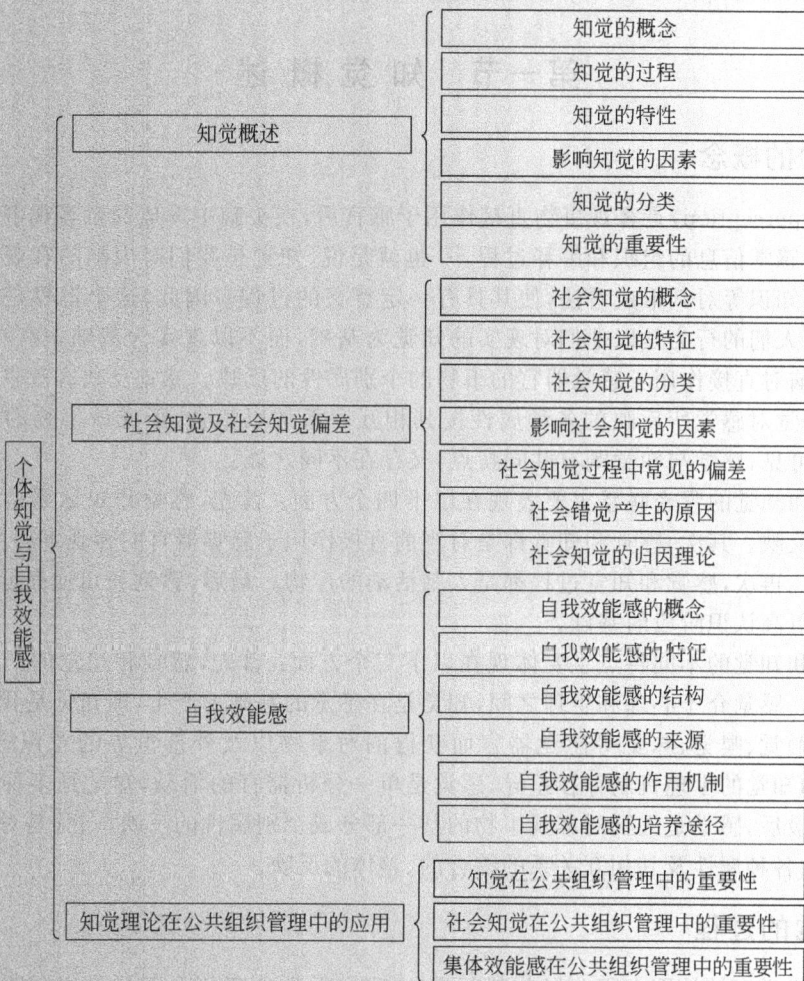

- 个体知觉与自我效能感
  - 知觉概述
    - 知觉的概念
    - 知觉的过程
    - 知觉的特性
    - 影响知觉的因素
    - 知觉的分类
    - 知觉的重要性
  - 社会知觉及社会知觉偏差
    - 社会知觉的概念
    - 社会知觉的特征
    - 社会知觉的分类
    - 影响社会知觉的因素
    - 社会知觉过程中常见的偏差
    - 社会错觉产生的原因
    - 社会知觉的归因理论
  - 自我效能感
    - 自我效能感的概念
    - 自我效能感的特征
    - 自我效能感的结构
    - 自我效能感的来源
    - 自我效能感的作用机制
    - 自我效能感的培养途径
  - 知觉理论在公共组织管理中的应用
    - 知觉在公共组织管理中的重要性
    - 社会知觉在公共组织管理中的重要性
    - 集体效能感在公共组织管理中的重要性

案例引导

**对美貌的刻板印象实验**

戴恩让大学生被试观察三个与他们年龄相近的人的照片：有魅力、中等魅力、缺乏魅力。要求被试在27项人格特质上逐个评价三个人(婚姻、事业)，结果发现人们对长相漂亮的人的评价要高于一般的人，人们往往认为漂亮的人婚姻幸福，职业较好，威望也高。与不漂亮的人相比，漂亮的个体更为自信、温暖、诚实、强壮、谦虚、友好、合群和有知识。问：为什么会产生这种对美貌的刻板印象呢？

(资料来源：http：//course. zjnu. cn/fz66/elearning/resource/news_view. asp? newsid=118)

# 第一节 知觉概述

## 一、知觉的概念

知觉(perception)是客观事物直接作用于感官后，在头脑中形成的对客观事物的整体反映，是对感觉信息的组织和解释过程。[①] 也就是说，知觉是我们对周围的客观事物利用自身经验、知识等对其形成看法，使其具有一定意义的过程。因此，这个世界是人们知觉到的世界，人们的行为是以他们对现实的知觉为基础，而不以现实为基础。在心理学中，感觉指人脑对直接作用于感觉器官的事物的个别属性的反映。感觉反映客观事物的个别属性，而知觉对感觉所反映的各种属性按其相互联系加以整合，形成该事物的完整性映象。由此可见，感觉与知觉既有共同特点，又存在不同之处。

感觉和知觉的紧密联系主要表现在以下四个方面：首先，感觉和知觉都是人脑对客观事物的反映。其次，感觉和知觉都是对当前直接作用于感觉器官的客观事物主观的、直接的反映。再次，感觉和知觉过程都是人脑活动的产物。最后，感觉和知觉都是认识的过程及其他更高认识阶段的基础。

感觉和知觉的不同特点主要体现在以下三个方面：首先，感觉和知觉的产生过程是有区别的。感觉介于心理和生理之间，知觉是在感觉的基础上产生，即知觉是我们通过视觉、听觉、触觉、嗅觉、味觉等感觉器官而获得的对事物以及外部世界的意识感知。[②] 其次，感觉和知觉的生理机制存在差异，感觉是单一分析器官的活动，知觉是多种分析器官的活动。最后，感觉是人脑对客观事物的某一部分或个别属性的反映，知觉是对客观事物各个部分、各种属性及其相互关系的综合的、整体的反映。

## 二、知觉的过程

希腊哲学家柏拉图在很久以前就写道：“我们看到的现实只不过是岩洞墙壁上反射出的影子。”换句话说，人们见到的现实世界是自身知觉过的现实世界。自20世纪70年

① 朱宝荣.应用心理学教程[M].北京：清华大学出版社，2004：57.

② 黄益民.知觉经验与知觉内容.哲学动态，2008.

代以来，心理学家们用信息加工的观点描述知觉过程，认为知觉是接受信息和评价、处理信息并赋予它们意义的过程。

劳德(R. Lord)提出了一个四阶段知觉模型[①]，如图 7-1 所示。这个模型把人的大脑当做一个信息处理系统，从信息加工的角度解释知觉发生的过程。

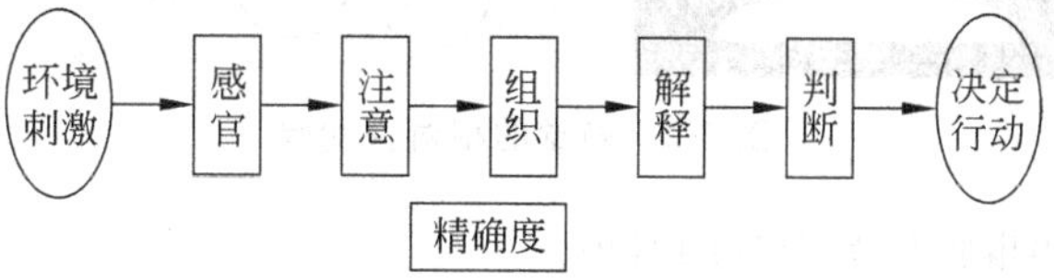


图 7-1　知觉过程模型

知觉从感觉环境的刺激开始，人们通过自己的视觉、听觉、味觉、嗅觉、触觉等感觉器官接受来自环境的刺激，对刺激的个别属性进行感知。在环境中的刺激影响个人的判断，环境刺激的信息包括四个不同阶段：注意、组织、解释和判断。第一个阶段是注意，这是知觉过程的起点。人的感官从环境中接受大量的信息。由于人加工信息的能力是有限的，只能对一部分进行加工，因而在注意阶段，感官对接触到的信息进行有选择性的加工。在第二阶段，人们对所选择的信息按照分化原则、闭合原则、归类原则以及连续原则等进行组合。在第三阶段，人会对这些经过组合的信息赋予一定的意义，并试图确定对这些经过组合的信息作出解释。到最后一个阶段，人以这些经过相应组合的信息为基础，来做出其个人行为的反应——是采取隐蔽的态度还是采取公开的行动。

## 三、知觉的特性

知觉是人脑对客观事物的整体反映，知觉过程是由多种感觉通道协同作用产生的，并对不同刺激物及其相互关系进行分析与综合。人的知觉活动具有一定的特性，包括知觉的相对性、选择性、整体性、恒常性、组织性、理解性。

### （一）知觉的相对性

知觉的相对性是指根据事物之间的相对关系进行反映。世界上的任何事物都是相互联系、相互作用的。由于知觉对象与背景相对关系或参照物不同，知觉也会产生相对变化，其主要表现有两种：一是图形与背景之间的关系就是典型的例子。如图 7-2 左图中，将白色部分视为形象，黑色为背景，该形象可解释为烛台或花瓶；相反，可解释为两个人脸侧面的投影像。二是周围环境的刺激物。如图 7-2 右图中，A、B 两圆半径完全相等，但由于周围环境不同，因而致使观察者在心理上形成 A 圆小于 B 圆的对比性知觉。

### （二）知觉的选择性

知觉的选择性是指在知觉加工中，有选择地组织加工其中的部分信息，而忽视其他信息的过程。由于客观事物的多种多样性与人认知的有限性，在同一个时刻，有许多客观事物同时作用于人的感官，但人不可能同时反映所有这些事物。因此，人们在观察世界时，

---

① 陈力华，邱羚. 组织行为学[M]. 北京：清华大学出版社，2005：68.

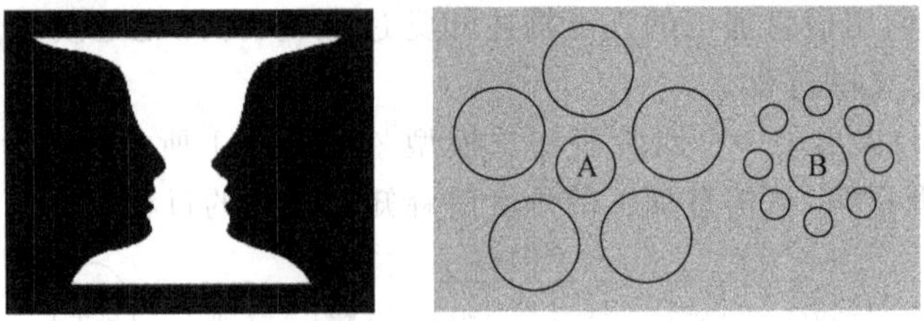


图 7-2 知觉的相对性测验

只能有选择地把一些事物作为知觉的对象。

知觉的选择性既受客观因素的影响，又受主观因素的影响。客观因素包括知觉对象的形状、声音的洪亮程度、颜色的鲜明程度、新奇性、活动程度等因素；主观因素包括个体的需要、动机、个性、经验等。例如，在生活中，由于观察者着眼点的不同而产生了不同的知觉经验。如图 7-3 中木雕艺术家艾契尔(M. C. Escher)的《黎明与黄昏》所示，假如读者先从图面的左侧看起，会觉得那是一群黑鸟离巢的黎明景象；假如先从图面的右侧看起，就会觉得那是一群白鸟归林的黄昏；假如从图面中间看起，就会获得既是黑鸟又是白鸟，也可能是忽而黑鸟忽而白鸟。

图 7-3 知觉的选择性测验

### （三）知觉的整体性

知觉的整体性是指人在知觉活动中，以知识经验为基础把知觉对象的个别属性或不同部分知觉为一个统一整体的过程。或者说，知觉的整体性是指人们把客观对象作为一个统一的整体来感知的一种知觉行为。知觉的整体性与知觉对象本身的特性及其各个部分间的构成关系有关，但并不等于感觉的简单相加。知觉整体性主要有两种构成方法：一是整体优选性——先整体后部分；二是整体组合性——先局部后整体。如图 7-4 三个图所示：左图由两个三角形重叠，而后又覆盖在三个黑色方块上所形成；中图是由白方块与黑十字重叠，再覆盖于四个黑色圆上所形成；右图是由白色圆形与黑十字重叠，再覆盖于一个双边方形上所构成。

### （四）知觉的恒常性

知觉的恒常性是指知觉条件发生变化时，人对客观事物及其属性的知觉映象仍保持

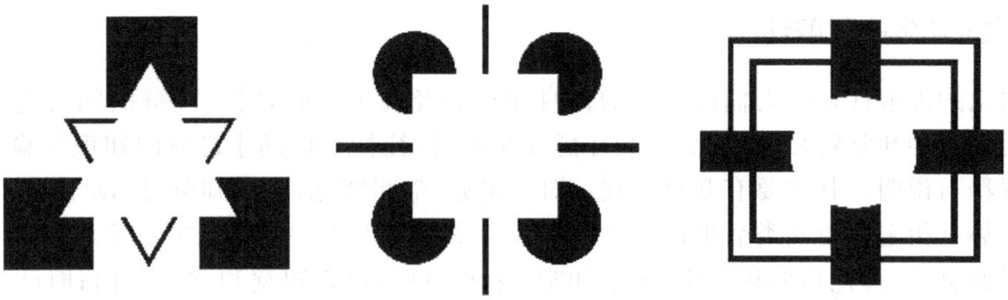

图 7-4　知觉的整体性测验

相对不变。我们周围的环境是复杂多变的，我们可以根据知觉所加工的不同属性，将知觉的恒常性分为大小、亮度和颜色、形状、方向等方面的恒常性。① 其中，大小知觉恒常性，是指同一物体距知觉者距离不同时，尽管在视网膜上的影像大小发生变化，但主观上知觉到的物体大小保持相对恒定；明度和颜色恒常性，是指当环境的光照条件发生变化时，人们对客观物体固有的明度和颜色的知觉倾向于保持不变的知觉特性；形状恒常性，是指人从不同的方位、不同的角度知觉客观物体时，尽管感觉反应不同，但直觉到的形状大小保持不变的知觉特性；方向恒常性，是指当知觉着自身或周围环境的方位发生变化，对事物的方位保持相对稳定的知觉特征。

### （五）知觉的组织性

将感觉到的信息转化为知觉的过程中，必须对这些信息经过主观性的选择处理，这种主观的选择性处理必须是有组织的、系统的、合乎逻辑的，而不是紊乱的。因此，在心理学中，将这种主观性的选择处理过程称为知觉组织。

心理学的格式塔理论(Gestalt Theory)认为，知觉组织法则主要有如下四种：相似法则、接近法则、闭合法则、连续法则②。其中，相似法则是指将知觉中的多种刺激物，按各刺激物之间在某方面特征(如大小、形状、颜色等)的相似程度，将其归于一类的心理倾向。图 7-5(a)中，圆点与斜叉各自相似被看作由斜叉组成的大方阵与由圆点组成的方阵。接近法则是指按刺激物间距离关系而组成有意义的或合乎逻辑的知觉经验的心理倾向。图 7-5(b)中，图 A 与 B 不容易找出可供分类组织的特征，但如仔细观察，两图中点与点之间的间隔距离不尽相等，图 A 可组成四个纵列，图 B 可组成四行。闭合法则是指观察者不能确定刺激物之间的关系，而凭借自身的经验，主动地为之补充(或减少)刺激物之间的关系，以便获得有意义的或合乎逻辑的知觉经验的心理倾向。图 7-5(c)中，把那些不规则的黑色碎片和那些只有部分连接的白色线条加以补充，就会觉得，那是一个白色立方体和一些黑色圆盘。连续法则是指以实物形象上的不连续使观察者产生心理上的连续知觉的心理倾向。图 7-5(d)中，一般人总是将它看作一条直线与一条曲线多次相交会而成，没有人会看作多个不连接的弧形与一横线构成。

---

① [美]吉布森. 知觉学习和发展的原理[M]. 杭州：浙江教育出版社，2003：16-17.

② [德]库尔特·考夫卡. 格式塔心理学原理[M]. 杭州：杭州教育出版社，1996：194-219.

### （六）知觉的理解性

知觉的理解性是指人们以过去的自身知识和经验为基础，对要理解的问题进行解释或说明的一种知觉特征。因此，人们在感知事物时，往往会借助于已有的知识经验对事物进行解释与说明。其主要有几种表现：知觉定势、空间知觉、时间知觉、运动知觉。其中，知觉定势是指定势对同类后继的知觉活动发生影响的现象；空间知觉是指人对物体的空间关系的反应，其包括形状知觉、大小知觉、深度知觉、距离知觉和方位定向；时间知觉是指对客观事物和时间的连续性、顺序性在人脑中的反映；运动知觉是指直接反映在人脑中，被人察觉的反映。如图 7-6 所示，我们看到的是一些黑色斑点，一下子分辨不出是什么，当有人说出这是一条“狗”，马上这些斑点便显示成一条“狗”的轮廓。

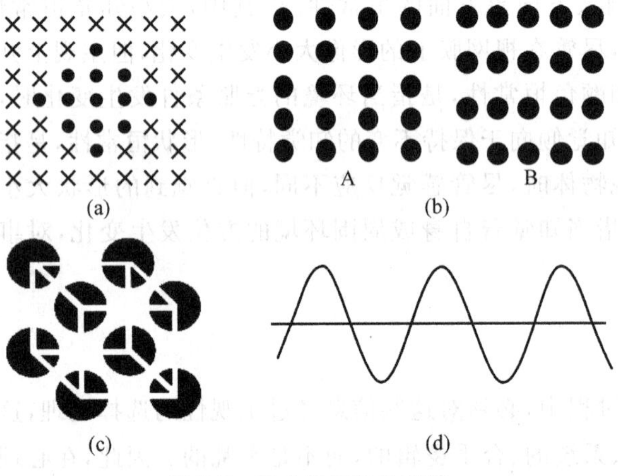


图 7-5　知觉的组织性测验

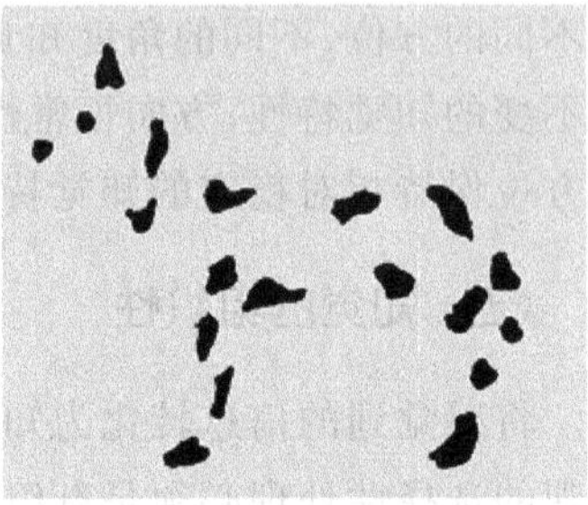

图 7-6　知觉的理解性测验

## 四、影响知觉的因素

为什么不同的个性看到相同的事物却产生不同的知觉？有很多因素会影响到知觉的形成甚至有时是对知觉的歪曲。这些因素可以归纳到知觉者、知觉对象以及知觉情境三个方面，如图 7-7 所示[①]。

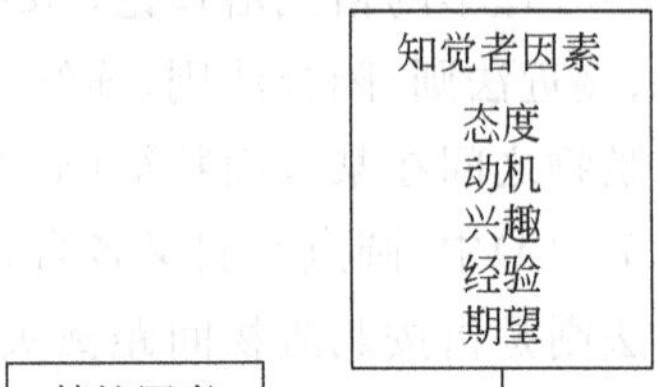


图 7-7　影响知觉的因素

### （一）知觉者因素

知觉者因素是指知觉者本身存在的那部分影响知觉的选择的因素。在知觉过程中，个体的某些主观因素的作用，会在不同方面和不同程度上影响着知觉的选择性，并表现在知觉的选择的过程中。其中，知觉者因素包括知觉者态度、价值观、动机、需要、兴趣、经验、期望、个性特点等。有不少实验表明，知觉结果受知觉者生理、需要、动机、过去经验等的影响。

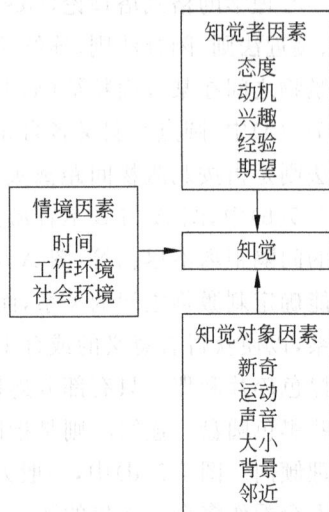

① [美]罗宾斯，贾奇. 组织行为学精要[M]. 北京：机械工业出版社，2008：47.

### （二）知觉对象因素

#### 1. 知觉对象的特征

知觉是对客观事物各个部分和属性的综合整体的反映。因此，当知觉对象本身具有一些明显的特征时，会被人们首先感觉到。知觉对象的特征包括运动、新奇、对比、声音、背景、邻近、大小和重复等。例如在街道上，理发店为了招徕顾客，在店门口放置色彩鲜艳的滚条桶及门面装修鲜明的颜色，在营业过程中还播放音乐，这样可以使人很容易地在街道中辨别出这个店铺是个理发店。

#### 2. 知觉对象与背景的差别

由于知觉对象与背景相对关系或参照系不同，知觉会发生相对变化。因此，知觉对象与背景的差别越大，人们越容易从知觉的背景中把知觉的对象区别出来；相反，区别对象与背景的难度就会加大。例如，酒店、宾馆等在屋顶装霓虹灯，在夜间开启，人们就可以很容易地辨别出来。

#### 3. 知觉对象的组合方式

知觉所反映的事物整体，不一定只是一个对象。在生活中，其经常是由若干事物组合在一起的结果。这种组合主要是按照以下的四种知觉组织法则：相似法则、接近法则、闭合法则、连续法则。

### （三）情景因素

情景因素包括时间、工作环境和社会环境。俗话说："路遥知马力，日久见人心。"然而，与知觉对象接触时间的长短也是一个重要的影响因素。在知觉影响因素中，除去知觉的主体、客体及时间因素之外，知觉者所处的工作及社会情境也具有重要作用。一个人所处的工作环境、社会环境，深刻影响着他对知觉对象的认识和评价。西格尔的研究表明，同一个男人，当他和一个美丽的女人坐在一起时，人们认为他是和气友好、富有自信心的；而当他坐在一个丑陋的女人旁边时，人们对他的知觉印象就大不相同了。因此，人们对知觉情境的理解能够转移到知觉对象的身上，影响着对知觉对象的认知。

## 五、知觉的分类

可以根据知觉的不同标准，将其分类为以下几类：第一，根据在知觉中起主导作用的分析器不同，可以把知觉分为视知觉、听知觉、触知觉、嗅知觉及视听知觉等。第二，根据知觉对象的空间、时间、运动等特性，可以将知觉分为空间知觉、时间知觉、运动知觉等，其中空间知觉包括深度知觉和方位知觉。① 第三，根据知觉对象的不同，可以把知觉分为对人的知觉与对物的知觉。其中，对人的知觉称为社会知觉，而对物的知觉称为物体知觉。第四，根据知觉过程有无意识，可以将知觉过程分为阈下知觉和阈上知觉。②

---

① 张贯一，任慧军. 组织行为学[M]. 武汉：武汉理工大学出版社，2006：46-47.

② 朱宝荣. 应用心理学教程[M]. 北京：清华大学出版社，2004：60.

## 六、知觉的重要性

### （一）对个人的影响

在生活中，对问题状态的知觉，影响决策的过程，特别是对理性决策、有限理性（满意）、决策模型隐含偏爱模型、直觉模型四种模型的影响。因此，在生活中知觉影响着我们个人是怎样进行决策的。[①]

由于我们对问题状态的认识过程会受到知觉因素的影响，因此，我们的决策也会有正确决策与错误决策之分。其中，决策的误区主要有三类：第一，可获得性直观推断；第二，代表性直观推断；第三，行为惯性。[②] 在生活中有很多证据表明，当个体认为要对自己的失败负责时，他会对这一失败活动增加投入。也就是说，他们会“继续把钱投入错误的事情”，以表明他们最初的决策并非错误，避免承认自己犯了错误。所以，知觉对个人的决策具有巨大的影响作用。

### （二）对组织的影响

Charles认为“今天的世界是一个由无数个专业组织机构组成的社会。事实上，我们已成为一个‘组织的社会’”[③]。组织中的人们常常进行相互判断。管理者必须评价下属的工作绩效；我们也要评价自己的同事在工作中付出了多大的努力；对一个加盟某部门的新来者来说，他会立刻受到该部门其他人员的评价。在很多情况下，这些判断为组织带来了很重要的结果。因此，在现实的组织生活中，常常可以看到知觉对组织的影响。我们主要从以下三个方面进行讲解。

#### 1. 招聘面试

成员招聘是招聘者和应聘者之间知觉互动的过程，在此过程中常常会因双方的知觉归因偏差而产生负面影响。在招聘面试的过程中，对于面试主考官来说，知觉的影响对其选聘正确人才有着关键的作用。一般来说，对于面试主考官，最初得出的印象会很快占据其招聘第一人选的统治地位，特别是在面试开始四五分钟之后，绝大多数面试考官的决策会严重影响着其是否能够做出正确的知觉判断。如果在面试小组中面试考官之间评价的一致性出现偏差时，这也是知觉产生影响了。因为面试中面试主考官对候选人信息的选择、判断等也是各不相同的。李晓玲认为员工招聘中的知觉归因偏差主要有：定型效应、晕轮效应、对比效益、投射效应、首因效应、选择性知觉、近因效应、偏松或偏紧倾向及基本归因错误。[④] 因此，知觉因素会影响到组织的人员招聘结构。

#### 2. 绩效评估系统

绩效评估是确立组织成员的工作任务、内容、要求以及绩效、标准，并以之为准绳对组

---

① [美]罗宾斯，贾奇. 组织行为学精要[M]. 北京：机械工业出版社，2008：51-56.

② [美]罗宾斯，贾奇. 组织行为学精要[M]. 北京：机械工业出版社，2008：54-55.

③ 刘延平. 多维审视下的组织理论[M]. 北京：清华大学出版社，北京交通出版社，2007：4.

④ 李晓玲. 员工招聘中的知觉归因偏差及规避策略[J]. 中国流通经济，2008.

织成员的工作状况和结果进行考察、测定和评价的过程。① 绩效评估有五个目的：第一，为组织的薪酬决策、人员调整决策提供依据；第二，帮助组织改善绩效，提升组织成员工作的积极性，促进组织成员努力工作；第三，促进组织成员发展；第四，提升组织成员对组织的忠诚程度；第五，推动组织战略的实施及目标实现。一个好的绩效评估系统确实有助于提高管理者的决策水平，改善组织成员的工作绩效和职业素质，提高组织的绩效水平和管理水平，促进组织战略的实施和目标的实现。但组织成员的绩效评估在很大程度上依赖于知觉过程。在现实中，即使有一套良好的绩效评估系统，往往却因为评估者造成的偏误，影响了绩效评估的公正性，从而严重削弱了绩效评估应起的作用。有实证研究表明，在国有企业中员工社会型工作价值观对绩效评估具有显著正向影响，组织政治知觉中的自利行为、薪酬与晋升维度对工作奉献具有显著负向影响。②

**3. 自我实现预言（或称皮革马利翁效应）**

自我实现预言是指一个人的预期导致了这个人沿着预期的方向行动。这一术语表明，人们的期望决定他们的行为这一事实。在组织中，领导者应当留意自我预言的影响，学习如何展示富有感染力的热情，培养一种学习导向意识，运用恰当的领导风格和在组织成员中建立自我功效来建立组织成员的自我实现预言，有利于组织成员行为的塑造。因为，自我实现预言对组织成员的行为及业绩具有重要的影响。③

# 第二节 社会知觉及社会知觉偏差

## 一、社会知觉的概念

“社会知觉”这一概念是由美国心理学家布鲁纳（J. S. Bruner）于 1947 年提出的。当时主要指知觉过程中受社会因素的制约，后来的社会心理学家把人对“社会客体”的知觉过程称为社会知觉。④ 因此，社会知觉是指在社会环境中对于有关个人或群体特征的知觉，或者说，是对以人、人际关系为知觉对象的知觉。其不仅包括对人的表情、语言、姿态等外部特征的知觉，还包括对人与人之间的关系、内在的动机、意图、观点、信念、个性特点等内在本质的推测和判断。

## 二、社会知觉的特征

### （一）社会知觉对象的独特性

对人知觉和对物知觉的最大不同是什么？答案是生命物与非生命物。换句话说，社会知觉的对象是对人的知觉，其通过一些特殊的介质进行对有意识的人、复杂的社会环境和人际关系进行知觉。例如，通过他人的言行、表情、态度等来认识、判断并确定对这个人

---

① 胡近，吕晓俊. 公共组织行为学[M]. 上海：上海交通大学出版社，2007：78.

② 秦晓蕾，杨东涛. 社会型工作价值观、关系绩效与组织政治知觉——国有企业员工团结、奉献与利益的博弈[J]. 中国软科学，2010.

③ 陈力华，邱羚. 组织行为学[M]. 北京：清华大学出版社，2005：78-79.

④ 秦永良. 组织行为学[M]. 北京：石油工业出版社，2001：55-56.

的印象或看法。但是，无论是知觉的主体，还是知觉的对象，都与社会脱不了干系。因此，社会知觉对象具有独特性。

### （二）主客期望会影响彼此的社会知觉

社会知觉的主客体都是有意识的社会人，他们都能够理解彼此间的行为对对方的利害关系，于是知觉者和被知觉者都可以有意识地操纵和利用彼此。因此，在一定范围内相互间的期望会影响彼此的社会知觉。换句话，就是当个体能够预测他人可能做出的行动时，他自己便可以预先计划自己的行动。所以，社会知觉主客体间的期望会影响彼此的社会知觉。

### （三）社会知觉信息加工过程的特殊性

在生活中，知觉要对信息进行加工，社会知觉也不例外。社会知觉也需要对知觉对象的各种信息进行加以组织和分类。但由于社会知觉对象本身的独特性，人们往往根据他人的外表和行为进行概括和判断；同时，在信息组织和分类的过程中，也较容易采用以点带面的策略。另外，人总是在不断地变化，人与人之间的差异很大。因此获得对人的知觉要比对物的知觉更为困难。所以，社会知觉信息加工的过程比知觉信息加工的过程更具有特殊性。

## 三、社会知觉的分类

社会知觉实质上就是对人的知觉，而在知觉人的过程中，可以从不同角度和侧面进行，所以就有不同的社会知觉类型，即对他人知觉、人际知觉、角色知觉、因果关系知觉、自我知觉。

### （一）对他人知觉

对他人知觉指在与他人交往中，通过外部器官获得有关他人的外部信息，并将这些信息进行组织、分析、理解，进而推测其需要、动机、观点、能力、性格等心理活动与心理特征，形成对他人完整印象的认识过程。利用对他人的知觉进而来判断他人的内在心理活动，因而对他人的知觉还有某些主观色彩。对他人知觉的最主要目的是形成对他人的完整的印象，从而能自如地与他人进行交往。对他人知觉依赖于多种因素，除了客观方面外，还包括主观及知觉情境方面。概括起来主要有以下三点：第一，知觉对象的外部特征——仪表、风度、言谈举止和各种外部表现；第二，知觉者的主观因素；第三，知觉环境因素。

### （二）人际知觉

人际知觉即是对人与人之间关系的知觉。具体地说，人际知觉是认识自己与他人的关系以及他人与他人的关系的认知过程。人际知觉主要是在人际交往中发生的，其以各种交际行为为知觉对象。人们通常是在人际知觉的基础上，决定于他人的交往行为以及与他人的情感联系。人们在人际交往中彼此发生频繁的人际知觉，使彼此在心理上相近和相似，于是产生友好的关系和情感。因此，形成正确的人际知觉是至关重要的。如果人际知觉发生了偏差,就会导致人际交往行为的偏差,并会给生活、工作和学习带来很多消极的不利影响。

### (三)角色知觉

角色知觉是指对某个人在社会生活中所扮演的角色的认知与判断,以及对有关角色行为的社会标准的认知。一个完整的角色知觉过程应该包括四个环节:角色期望、角色认知、角色行为和角色评价。角色知觉是角色实现的重要因素。每个人在社会中都充当某种角色,如学校中的学生角色、性别角色、职业角色、群体角色等,只有在正确地知觉这些角色的前提下,才能成功地扮演角色,才能对社会环境充分适应。一旦角色知觉发生偏差或发生认知错误,角色实现必然发生偏差,角色行为也就必定失败。

### (四)因果关系知觉

因果关系知觉是指在有关的一系列社会知觉中对其因果关系的知觉。这种知觉的形成,一方面取决于有足够的某种社会知觉;另一方面借助于思维的作用,分析出知觉间的因果关系。[①] 在生活中,如果一位孩子的学习表现经常得到家长的肯定,那是因为家长把孩子的学习表现当作"果",把孩子的努力学习当作"因"。这就是因果关系知觉。

### (五)自我知觉

自我知觉是一种重要的社会知觉。每一个人通过对自己的心理和行为状态的知觉,即通过自我知觉来发现和了解自己。俗话说,人贵有自知之明。人只有正确认识了自己,才能不断地进行自我调节和自我完善。正确认识自己对于与他人正常交往、协调人际关系、化解矛盾和冲突也具有十分重要的意义。所谓"自我知觉",是指以自己作为知觉对象,对自己的心理状态、自己与他人的关系、自己在社会或群体中的地位和作用的认知过程。自我知觉的结果是自我概念、自我意识的形成。其中,自我概念就是自己对自己的看法,包括对自己的观察、评价,对自己的身份和角色的意识,对自己应该怎样行为,别人对自己如何评价的观念等;自我意识是指对自己的存在、自己与他人和周围事物的关系以及自己的行为表现诸方面的意识。

自我知觉是自我认识的过程,从自我观察、自我体验和在他人对自己的态度评价中获取信息,进而进行分类、判断而或形成自我意识、自我概念。因此,自我概念或自我意识的内容主要包括三个方面:第一,对物质自我的知觉是指对自己的颜容、体态、健康、装饰打扮关注和追求;第二,对精神自我的知觉是指对自己的智力、个性、道德、思想政治水平的认识;第三对社会自我的知觉是指对自己在社会生活中的地位作用、自我的社会价值和相应的名誉的认知。[②]

---

① 赵莉琴,郭跃显,李英.组织行为学理论与案例[M].北京:中国铁道出版社,2005:28-29.

② 孔祥勇,邱忠平等.组织行为学概论[M].广州:广东高等教育出版社,1990:60-61.

## 四、影响社会知觉的因素

一般而言，影响对人的知觉的因素和影响知觉选择的因素是相同的，即外部和内部因素。由于社会知觉对象是人，所以，影响社会知觉的因素包括以下几个方面①。

### （一）知觉者的因素

知觉过程毕竟是一个主观认识活动，人的主观因素会影响对社会现象的认识。特别是在知觉过程中，由于知觉具有选择性的特点，而知觉的选择性受知觉者本人的知识、经验、兴趣、爱好、需要、动机、身份、地位等的影响，其中需要、动机的影响最显著。例如大学生与文盲对同一项政策的理解会产生不同的看法。同时，社会知觉还受个人的生理条件影响。因此，不同个体的知觉主观影响不同时，其产生的影响也是不一样的。

### （二）知觉对象的因素

因为知觉是客观事物各个部分和属性的综合整体的反映。因此，在知觉过程中，知觉对象对社会知觉的影响包括：第一，知觉对象的特征。当知觉对象本身具有一些明显的特征时，会被人们首先感觉到。知觉对象的特征包括运动、新奇、对比、声音、背景、邻近、大小和重复等。第二，知觉对象与背景的差别。由于知觉对象与背景相对关系或参照系不同，知觉会发生相对变化。第三，知觉所反映的事物整体，不一定只是一个对象。在生活中，其经常是由若干事物组合在一起的结果。知觉对象的组合主要有接近性原则、相似性原则、闭锁性原则、连续性原则。

### （三）情境因素

情景因素包括时间、工作环境和社会环境。一个人所处的工作环境、社会环境，深刻影响着他对知觉对象的认识和评价。俗语说："路遥知马力，日久见人心。"就是这一因素的最好例子。

## 五、社会知觉过程中常见的偏差

当个体对客观事物的认识，由于观察的角度不同或得到的信息不够全面而不充分时，就会使知觉产生错误的结果。这就是知觉的错觉现象。在知觉产生的过程中，产生的知觉偏差主要有以下几种。

### （一）第一印象效应

第一印象效应亦称起始效应、初次印象，是指个体在与陌生人初次交往过程中所形成的印象。其主要影响因素有性别、年龄、身材、发型、表情、目光、服饰、言谈、态度等。第一印象形成牢固而持久、鲜明，一旦形成，就不太容易改变。

---

① [美]黛布拉·L.纳尔逊，詹姆斯·坎贝尔·奎克.组织行为学：基础、现实与挑战(第3版)[M].北京：中信出版社，2004：90-93.

### （二）晕轮效应

晕轮效应亦称光环效应、以点概面效应、哈罗效应[①]，是指利用一种已知的突出的特殊情形作为评价一个人的其他方面特性的根据的一种倾向。晕轮效应在日常生活中很常见，比如我国古语中“一好百好”便蕴含着这样的含义。

### （三）近因效应

近因效应亦称优先效应，是指在交往过程中，最近或最后获得的信息对总印象产生了最大的影响。例如在感知熟人时，我们常常会对熟人的行为中出现某些新异表现，则近因效应就会发挥作用。

### （四）刻板印象

刻板印象亦称定型效应或成见，是指人们对某类人或物的固定印象或看法。俗话说“物以类聚，人以群分”，不同群体内的人们具有某些相似性、共同点，人们极易对此产生概括性、类化型的看法，形成定势看法。减少刻板印象的途径主要有多样化意识的培养、有意义的互动和决策责任。[②]

### （五）定势效应

定势效应是指定势对同类后继的知觉活动发生影响的现象。如在生活中，我们对一些熟悉事物的长期观察，会使我们产生一种比较固定的观点，当环境产生变化时，我们仍然会保持原有的观点，这时定势效应就会产生作用。

### （六）对比效应

对比效应是指评价一个人的特点时，常常受到与最近遇到的其他人在同一特点中进行比较的影响。[③] 如在研究生复试中，对于复试者来说，其成绩可能会受到他在复试中所处位置的影响。如果他前面的复试者表现很糟糕，可能会有利于对他的评估；如果排在他前面的是一个非常出色的复试者，则很有可能使他的复试成绩受到消极的影响。

### （七）投射效应

投射效应是指一种以己度人的知觉倾向，就是一个人把自己的特点和感觉强加于其他人。知觉主体的年龄、职业、社会背景、经历或社会地位与自己相似或相同时，就认为其也具有某些品质或特性。例如，一个脾气暴躁的人可能总是抱怨别人脾气坏。

### （八）本位观念

本位观念是指每个人都认为自己的部门对于组织比其他部门重要，只关注自己的职

---

① 组织行为学编写组. 新编组织行为学[M]. 北京：中央广播电视大学出版社，2006：49.

② [美]麦克沙恩，格里诺. 组织行为学(第3版)[M]. 北京：机械工业出版社，2007：60-62.

③ 孙卫敏. 组织行为学[M]. 济南：山东人民出版社，2002：63.

业而排除其他问题。例如，在组织中的成员会不自觉地认为其他组织或部门产生的思想和产品不如自己的好，所做的研究也不如自己的有用和有创造性。

### （九）认知防卫

认知防卫是指试图扭曲或忽略可能威胁情感的或是文化上不能接受的信息的倾向。个体一旦形成了观察世界的方法就可能很难改变。严重的认知防卫会给工作环境带来不良影响。例如，人们常常会按照习惯的方式进行办事，而忽视别人的正确建议。

### （十）过宽、过严和居中趋势效应

过宽效应是指在对他人进行评价时具有的一种特殊的宽大倾向，往往从积极的方面对他人进行评价；过严效应是指在对他人进行评价时标准过于严格，导致对他人的评价普遍偏低；居中效应是指在对他人进行评价时评价标准都集中于中间水平上，既没有很高的评价，也没有很低的评价。①

### （十一）期望效应

期望效应亦称皮革马利翁效应，是指人们的期望会决定他们的行为。知觉过程中的期望效应是对事件、物体和人的先前期望知觉的偏差程度。例如，在生活中，当你被分配到一个小组中，老师告诉你你的学习成绩对小组很重要并且都是优秀的学生，你对自我及小组的期望就会决定你及小组成员的行为。同时，期望效应的另一个表现是自我预言的实现。

### （十二）相似错误

知觉主体容易接受与自己相类似的对象，而对与自己有较大差异的对象抱有偏见。②相似的特点包括教育背景、兴趣、爱好、地位、个性等。在绩效评价和面试中，与主试官或者绩效评价人有相似特点的会受到更好的评价，而其他人则遭到贬低。

### （十三）后视偏差

后视偏差是指人们在对不确定性事件信息的判断时，倾向于认为其判断比实际上更为准确的现象。③ 其往往会造成对先前获得的信息有过高的估价，进而在决策上发生偏差。在生活中，人们大多是事后诸葛亮，事情发生后总觉得自己事先的判断很准确，而实际并非如此。例如之前对事情的评价并非很贴切，而当事情的真相大白之后，他就说："看，我以前就认为他是这样的人。"

---

① 孙卫敏. 组织行为学[M]. 济南：山东人民出版社，2002：63.

② 张贯一，任慧军. 组织行为学[M]. 武汉：武汉理工大学出版社，2006：53.

③ 程立茹，周煊. 组织行为学教程[M]. 北京：对外经济贸易大学出版社，2006：38.

## 六、社会错觉产生的原因

### （一）人对知觉对象获取的真实信息不全面

根据知觉信息获取过程的观点，人在一个时间只能关注一个知觉对象。人对知觉对象的真实信息获取不足或者不够准确，常常会出现知觉偏差。克服由于知觉信息不足造成的知觉偏差主要有以下几个途径[①]：第一，增加观察的频率；第二，保证所获信息对知觉对象真实状况的代表性；第三，有意识地特别关注不符合自己期望的知觉信息。

### （二）记忆系统客观条件的有限性

信息不准确或不具代表性的另一个原因在于人的记忆特点。由于人的记忆系统对最初和最近信息的印象深刻，而登记在漫长时间链条上中间位置的信息内容倾向变得模糊不清。因为，人的认知能力本来就是有限的，更何况是记忆系统。

### （三）个人获取知觉信息过于简单化

由于人的信息加工能力有限，个体使用内部结构或特定模式对信息加以组织就成为现实的选择。特别是个体对组织的"刻板印象"常常是导致知觉信息简化的根源所在。因而，提醒个体意识到自己的刻板印象，可以帮助克服信息过分简化。另外，如果个体在知觉过程中能够放弃刻板印象，也是克服知觉偏差的一个良好办法。研究表明，国际象棋专家与新手的摆棋谱差异就在于，专家大脑中有关这项领域中的刻板印象会更加具体、详细和准确。如果人们获得了对一个陌生社会群体的经验，那么，他们对组织中有关现象的理解就会更加趋于客观真实。

### （四）认知性启发对社会知觉的影响

认知启发，包括表征性启发和获得性启发。表征性启发是指人根据当前信息或事件与一般认为的典型信息或事件的相似程度进行判断。在生活中，认知启发常常会导致判断失误，以致社会认知出现偏差。克服表征性启发失误的方法是特别关注不一致的信息。获得性启发是人根据某种信息在记忆里提取出来的难易程度进行判断。也就是说，容易回忆起来的信息是更可能发生的。获得性启发可以帮助判断事物发生的频率，因为经常发生的事情容易回忆起来。但是，这种认知启发很容易产生偏差。[②]

## 七、社会知觉的归因理论

### （一）归因概念

我们观察他人行为时，总是试图解释"为什么"他以某种方式行动。这种将观察到的行为归咎于某种原因的过程，称为归因。归因过程是指决定某个行为或事件是否主要由

---

① 程立茹，周煊. 组织行为学教程[M]. 北京：对外经济贸易大学出版社，2006：38.

② 张贯一，任慧军. 组织行为学[M]. 武汉：武汉理工大学出版社，2006：55.

内部或外部因素导致的。因此,我们对个体的不同判断,取决于我们把特定行为归因于何种意义的解释。

### (二) 归因理论

有的学者也将归因理论称为认知理论,即通过改变个体的自我知觉、自我思想认识来达到改变个体行为的目的。总之,归因理论是认为观察个体行为时,我们试图分析行为是由内因还是外因引起的。归因理论很多,在这里主要介绍下面三种较有影响力的归因理论。

**1. 海德的归因理论**

海德(F. Heider)是最早研究归因型论的学者,他非常关心不同现象间的因果关系。他认为人类有两类需要,即对周围世界进行理解和控制的需要,并且认为通过分析可得知人们行动的原因,并可预言人们如何行动。这就是人们进行行动归因的内在原因。归因可以分成:内归因和外归因、稳定性归因和非稳定性归因。[①] 如果判断个人行为的根本原因来自外界力量,如个体周围的环境、与个体相互作用的其他人对个体行为的强制作用、外部奖赏或惩罚、运气、任务的难易等,称为情景归因或外部归因。如果判断个体行为的根本原因是个体本身的特点,如人格、品质、动机、情绪、心境、态度、能力、努力及其他一些个体所具备的特点,称为个人倾向归因或内部归因。

研究表明,人们总是作比较有倾向性的内归因或外归因。例如,一个员工工作绩效较差,如果对其同事的成绩出于嫉妒,较有可能作外归因;相反则会作内归因。而事实上,其工作成绩较差的原因可能是其能力不足(内部原因),也可能是工作条件太差(外部原因)造成的,只有弄清楚绩效差的具体原因后,才能采取具体措施,改善其绩效水平。

**2. 维纳的归因理论**

美国心理学家伯纳德·韦纳创立了《动机的情绪的归因理论》。韦纳(B. Weiner)的主要观点有两个:第一,人类行为的归因不单由饥、渴、性等驱力或需要所驱使,而且也由其认识(尤其是思维)所控制。第二,从产生不同结果(成败)的原因中确定几种可觉察的主要原因,分析原因的构成成分,并探讨它们与行为和情绪的关系。韦纳提出了归因的三个基本成分,即内在的与外在的、稳定与不稳定、可控制性与不可控制。据此韦纳创立了归因的三因素模式——部位、稳定性、控制性。用这三成分可构成8种不同原因成分的分类组合(见表7-1)。[②] 第三,学生成就结果的归因基本上有四种,即能力、努力程度、任务难度和机遇。

**表7-1 个体成功行为归因分析**

| 支配原因<br>稳定性 | 内在的 | 外在的 |
|---|---|---|
| 稳定 | 能力 | 工作难度 |
| 不稳定 | 努力 | 运气 |

韦纳根据海德的归因理论,研究了人们对成功与失败的归因倾向。韦纳认为,能力、

① 孙健敏,李原. 组织行为学[M]. 上海:复旦大学出版社,2005:159.

② 孙卫敏. 组织行为学[M]. 济南:山东人民出版社,2002:64.

努力、运气和任务难度是个体分析工作成败的主要因素。根据归因方式的不同，可以把人分为两类：追求成功的人和避免失败的人。

因此，在组织管理中，了解了组织成员的归因倾向，掌握了其归因规律，就可以进一步按一定的规律对其进行归因训练，使其形成正确的归因倾向，这有助于员工正确地总结工作中成功的经验和失败的教训，调动其工作积极性，提高工作效率。

3. 凯利的归因理论

凯利(H. H. Kellcy)认为，人们行为的原因十分复杂，仅凭一两次观察难以判断，必须在类似的情境中做多次观察。1973 年凯利提出，可以使用三种不同的解释来说明个体行为的原因：第一，归因于从事该行为的行动者；第二，归因于行动者的对手；第三，归因于行为产生的环境。凯利认为，要找出真正的行为原因主要从以下三个标准来进行，即一致性、一贯性和区别性。① 其中，一致性是把个体的行为与其他人相比较，看与周围其他人是否有相同的反应；一贯性指个体的行为在不同的时间是否前后一贯；区别性指个体在不同的情景下是否表现出不同的行为。凯利强调了三种信息的重要性，所以他的理论又称为三维理论。凯利的归因理论可用表 7-2② 加以说明：

表 7-2 凯利的三维归因

| 区别性 | 一致性 | 一贯性 | 归因 |
|---|---|---|---|
| 高 | 高 | 高 | 行为对象的特点 |
| 低 | 低 | 高 | 行为者本身的特点 |
| 高 | 低 | 低 | 行为情境 |

在本书中，我们以人事经理批评员工甲一事为例，我们既可归因于员工甲，如员工甲懒惰；也可归因于人事经理，如人事经理是个爱批评人的人；又可归因于环境，如环境使人事经理误解了员工甲。这三个原因都是可能的，问题在于如何找出一个真正的原因。其具体分析如下：第一，每个部门经理都批评员工甲，则经理们的行为是一致性高的；第二，人事经理是否总是批评员工甲，如果是，则一贯性高；第三，人事经理是否在一定情况下对员工甲如此，而对其他员工则不如此，如果是，则区别性高。

从表 7-2 中可以看出，如果一致性低、一贯性高、特异性低，则应归因于行动者。也就是说，其他经理都不批评员工，而人事经理总是批评员工，并且对其他员工也如此，那么此时应归因于人事经理。如果一致性高、一贯性高、特异性高，则应归因于行为对象的特点。如果每个经理都批评员工甲，人事经理总是批评员工甲，但不批评其他员工，此时应归因于员工甲。如果一致性低、一贯性低、特异性高，则应归因于环境。这种情况就是，其他经理都不批评员工甲，人事经理也不总是批评员工甲，而只是在一定情况下批评了员工甲，对其他员工未加批评，此时应归因于情境。

## （三）常见的归因偏差

在现实生活中，由于我们的认识能力的限制、动机、情感、生理状态等因素的影响，我

① H. H. Kelly：The process of causal attribution[J]. American Psychologist，1973.

② 任浩. 公共组织行为学[M]. 上海：同济大学出版社，2006：85.

们对知觉对象的信息不能全面一致地获取，从而出现知觉偏差的情况。同理，我们在归因的过程中也会受一些因素的影响而出现归因的不一致现象。归因偏差种类很多，其常见的主要有：第一，观察者与行为者的归因不一致性；第二，涉及个人利益导致的归因不一致；第三，忽视普遍性导致的归因不一致；第四，受情感因素的影响导致的归因不一致。[①]

总之，日常生活中出现的归因偏差是难以避免的，但又不是不可以克服的。最主要的克服方法就是要充分了解事件形成的原因，然后根据正确的归因态度来对自己和他人的行为进行正确的归因。

## 第三节 自我效能感

### 一、自我效能感的概念

"自我效能感"这一概念是班杜拉最早提出的，在20世纪80年代，自我效能感理论得到了丰富和发展。大量实证研究表明，一个人关于胜任的自我知觉和他实际上胜任行动的能力之间存在着密切的联系，自我效能感理论也得到了大量实证研究的支持。所谓"自我效能感"，是指个体对自己是否有能力完成某一行为所进行的推测与判断。[②] 换句话说，自我效能感指个体能成功地执行特定情境要求的行为的信念。这种理论认为自我效能感影响着个体的行为，即便人的行为没有对自己产生强化，但由于人对行为结果所能带来的功效产生期望，可能会主动性地进行那一活动。

### 二、自我效能感的特征

自我效能感的特征主要有以下几个方面。

#### （一）自我效能感表现形式的多样性

班杜拉的自我效能理论承认人与人的能力不同，因此，他把自我效能信念系统视为与不同功能作用领域相联系的一组有区别的自我信念，而不是笼统的特质。[③] 而且自我效能感在活动领域内的各种表现系统是不同的。比如，不同演员对声音、情感、剧本等方面有着不同的效能知觉，并把这些效能融入自身表演中。同时，自我效能感不仅与行为控制有关，还与思维过程、动机以及情感和生理状态的自我调节有关。因此，在不同的领域里，自我效能感的表现形式是不同的、多样的。

#### （二）自我效能感内生能力的生成性

自我效能感在人类能力的生成系统中是一个很重要的因素。自我效能感能通过自我

① 孙卫敏.组织行为学[M].济南：山东人民出版社，2002：66-67.

② [美]A.班杜拉.思想和行动的社会基础——社会认知论[M].林颖等译.上海：华东师范大学出版社，2001：552.

③ [美]A.班杜拉.自我效能：控制的实施[M].廖小春等译.上海：华东师范大学出版社，2003：52.

指向思维激发认知、动机和情感过程，这些进程支配着从认知能力到熟练活动的转化。[①] 换句话说，自我效能感不在于个体拥有多少技能，而是与个体相信在各种不同情况下能做什么有关。因此，自我效能感在个体完成任务中起着很大的作用，而无论个体的技能如何。例如，有相同技能的应届毕业生在同一场招聘会中，可能表现得很差，也可能表现得一般或优秀，这就取决于其自我效能感的高低。

### （三）自我效能感结构维度的多维性

自我效能感在不同领域中或在不同的情境条件下可能不同。因为它是一个多方面的现象，在一个领域的高效能感不一定伴随着另一领域的高自我效能感。自我效能感在具有重要行为含义的几个维度上各不相同。[②] 首先，自我效能感在难度等级水平上是不同的；其次，自我效能感在普遍性上也有差异，包括活动相似性程度、能力表现的形式、情境的特征和行为指向的人的特征；最后，自我效能感在强度上也是不同的。如微弱与强大的自我效能感在克服困难和障碍时会起到不同机理的作用。因此，自我效能感具有多维性。

### （四）自我效能感功能的预测性

Lindsley&Brass 发现效能感与绩效二者存在着一种向上或向下的螺旋关系。[③] 效能信念是探索行为、绩效及创造力的一个重要元素。[④] 自我效能感并不是对未来行动没有任何的预测作用。其实，自我效能感会影响思维过程、动机水平和持续性以及情感状态，所有这些都对所实现的各种行为起重要作用[⑤]，是人们对其行为积极性与消极性产生的预言者。例如，具有弹性的效能感可以通过许多方式加强相关领域中的社会认知功能。自我效能感高的人可以促进其完成有挑战性的目标，相反，自我效能感低的人则会促使其放弃。因此，自我效能感是行为的积极产生者和消极预言者，对行为具有预测性。

## 三、自我效能感的结构

自我效能感的结构一般来说有两种观点：单维性和多维性。现在大多趋向于认为自我效能感具有多维性。班杜拉认为，自我效能感有三个维度：数量、强度和普遍性。[⑥]

所谓自我效能感的数量，是指在行为等级中，提高难度或认为自己能够做的数量。因为自我效能感高低与难度等级之间的关系对任务完成会有影响。任务的维度可按照新颖性、努力程度、精确性、生产性、威胁程度或所需的自我调节而分成等级。例如，一个想戒毒的人可能认为，在没有外在条件下，自己能坚持不吸。然而他却失败了，原因在于其没

---

① ［美］A. 班杜拉. 自我效能：控制的实施[M]. 廖小春等译. 上海：华东师范大学出版社，2003：53.

② ［美］A. 班杜拉. 自我效能：控制的实施[M]. 廖小春等译. 上海：华东师范大学出版社，2003：60.

③ Lindsley D H, Brass D J: Effiacacy-performance spirals: Amultilevel perspective [J]. Academy of Management Review, 1995.

④ Hsiu-Hua Cheng, Heng-Li Yang: Student team projects in information systems development: Measuring collective creative efficacy[J]. Australasian Journal of Educational Technology, 2011.

⑤ ［美］A. 班杜拉. 自我效能：控制的实施[M]. 廖小春等译. 上海：华东师范大学出版社，2003：55.

⑥ ［美］A. 班杜拉. 自我效能：控制的实施[M]. 廖小春等译. 上海：华东师范大学出版社，2003：60-70.

有认识到自我效能感的高低。

自我效能感的强度是指个人确信自己能够执行一种行为的绝对值。自我效能感在强度上各有差别，对困难和障碍的克服也是不同的。例如，两个吸毒者可能都认为自己能戒毒，但是两人的自我效能感不同。自我效能感的强度高低能影响到面对挫折、痛苦时的坚持性。

自我效能感的普遍性是指成功或失败影响自我效能感的程度，或者自我效能感的变化是否可扩展到类似的行为和背景。自我效能感在普遍性上的几个维度表现出差异。例如，戒毒者应该考虑到场所的相似性程度、能力表现的形式、情境的特征和行为指向的人的特征。

总之，自我效能感结构包括它的数量、强度和普遍性。自我效能感测量表的结构随某一功能领域中能力形成和能力分等的不同而不同。

## 四、自我效能感的来源

个人效能的信念，是自我认识的一个重要组成部分。班杜拉提出，建构自我效能感有五个主要的信息来源：动作性掌握经验、替代性经验、言语说服、生理和情感状态、效能信息的整合。[①] 虽然，自我效能感有不同来源，但其可以通过这些效能信息来源中的一个或多个发挥作用。

### （一）动作性掌握经验

动作性掌握经验是指通过自己切身体会来掌握经验并建立自我效能感的过程。动作性掌握经验是最具有影响力的效能信息，因为亲身获得的成就是以真实的熟练经验为基础的，所以它是最具有影响力的效能信息来源（Bandura，Adams&Beyer，1977；Biran&Wilson，1981；Feltz，Landers&Raeder，1979）。自我效能感的健康或消极观念影响自我效能感的发挥，因此可以说，动作掌握性经验是测量自我效能感的重要指标。

### （二）替代经验

替代经验是指以榜样成就为中介，通过观察、学习、示范、模仿榜样的行为，来获得做某事情的经验。动作性经验并不是人们能力信息的唯一来源，替代经验也是另一个来源。看到或者想象其他与自己相似的人的成功，可以使观察者提高效能的自我知觉（Bandura，Adams，Hardy&Howell，1980；Kazdin，1979）。所以示范是促进个人效能感的另一个有效手段，特别是观察类似的人在任务完成情况中自我效能感的高或低。例如，当观察到那些与自己的能力相似的人的成功操作能够提高观察者的自我效能感，而看到与自己能力相似的示范者的失败会降低观察者的自我效能感。由此可见，替代经验的影响取决于这样的一些因素，如观察者对自己和榜样之间类似性的知觉、榜样的数量和种类、榜样的力量、观察者和榜样面对问题的类似性、特殊的相似性、行为的相似性等。

---

① [美]A.班杜拉.自我效能：控制的实施[M].缪小春等译.上海：华东师范大学出版社，2003：113-162.

### （三）言语说服

言语说服是比动作经验和替代经验的强度要弱一些的信息来源。口头说服作为自我效能感的一个来源，它的力量受一些因素的影响，如说服者的技能、知识丰富程度、可信度和吸引力等。单是言语说服在建立持续增长的自我效能感上可能作用有限。实验研究表明，口头说服是改变自我效能感的中等有效方法。例如，学生常常从教师和父母那里接受说服信息，如“你能做”。同时，应该注意积极的反馈能够提高自我效能感，但它的作用是暂时的，以后的努力也可能证明是无效的。因为，如若提高对个人能力的不现实的信念，则只会招致失败，降低说服者的权威性，并进一步削弱接受者对其能力的信念。换句话，言语说服可能让一个人尝试某一活动，但是必须带来实际的成功，才能真正提高自我效能感。

### （四）生理和情感状态

由生理唤醒传出的信息同样通过评价过程影响自我效能感。生理和情感状态表现在生理的各个方面，如血压、心跳、血液中的神经递质，包括对生理源的评价、激活程度、环境等，都会影响自我效能感。因为人们在判断自身能力时，在一定程度上依赖生理和情绪状态所传达的身体信息。例如，在现实生活中，人们往往会把厌恶的生理唤起和差的行为表现（如不胜任和失败）联系在一起。因此，生理和情感状态也是自我效能感的信息来源。

### （五）效能信息的整合

从以上五个来源获得信息的途径各自独特的诊断因素所具有的效能解释中可知，无论它通过动作性掌握经验、替代性经验、言语说服或生理和情感状态的途径传输，本身都不具有启迪作用，只有通过认知整合才变得具有指导意义。所以，人们不仅要处理由特定方式所传递的与自我效能感相关的不同信息结构，而且还需权衡和整合多样的效能信息。根据人们对不同信息的理解，来加工信息的认知技能的发展而提高自我效能感。因此，效能信息的整合程度会影响自我效能感的高低。

## 五、自我效能感的作用机制

班杜拉等人的研究指出，自我效能感影响人们活动的选择、努力程度、坚持性、归因方式和情绪反应等，从而影响任务的完成。与怀疑自己自我效能感的人相比，对于完成一项任务来说，自我效能感强的人更有可能取得成功。①

### （一）自我效能感影响人的行为取向与任务难度的选择

自我效能感是指个体对自己是否有能力完成某一行为所进行的推测与判断。因此，人们做或不做，往往受制于个体对自我效能感判断的准确与否。例如，自我效能感低的人

① ［美］A. 班杜拉. 自我效能：控制的实施［M］. 廖小春等译. 上海：华东师范大学出版社，2003：555-563.

往往不会对他们选定的任务很投入，他们很难激励自己，遇到障碍就松懈斗志或很快放弃。相反，自我效能感高的人，完成任务的可能性越大。因此，自我效能感会影响到人的行为取向与任务难度的选择。

### （二）自我效能感影响人行为的努力程度与坚持性

自我效能感强的人具有很强的能力信念，他们为自己设定挑战性目标，并对此负有强烈的责任。他们会全力以赴，在失败或挫折面前提高其努力程度。他们会把失败归因为努力不够，这支持着他们向成功的方向不断前进，坚持不懈，努力完成任务。相反，自我效能感低的人，面对困难时会怀疑自己的能力及缺乏自信，在困难面前常常会退缩，造成自我放弃、自我失败。因此，自我效能感影响人行为的努力程度与坚持性。

### （三）自我效能感影响人的生理和情感状态

生理和情感状态主要是通过对唤醒源的评价、激活的水平、环境、唤醒与过去经验进行加工影响自我效能感。自我效能感低的人，面对困难时会使自身产生压抑、抑郁的情绪反应，过多地考虑失败的消极影响。相反，自我效能感高的人，在完成任务过程中，会有一个积极的心理和情感状态，能够充分认识和估价面对任务的性质和所遇到的困难等，对信息进行加工整合，寻求积极的解决办法。

### （四）自我效能感影响人的归因

自我效能感也会影响人们的归因行为。自我效能感高低不同的个体对任务成败的归因是不一致的。例如，对英语自我效能感高的学生与英语自我效能感低的学生对英语考试失败的归因是不一致的。

总之，自我效能感会以不同的方式影响我们的行为与动机、对行为的控制与调节以及对成功或失败的归因等。弹性的效能感通过许多方式加强相关领域中的社会认知功能。自我效能感的高低会影响到我们对任务是采取积极的行动或消极的行动，进而影响到任务的成功与失败的后果。

## 六、自我效能感的培养途径

### （一）增加对成功的体验

增加与我们生活中对成功的体验，能使个体的自我效能感得到提高。因为动作性掌握经验是学习者获得亲身经验的主要途径，对效能感的影响是最大的。这一培养途径的影响因素主要有任务的困难程度、任务完成情况等。不断成功会使人建立起稳定的自我效能感，在过程中有成功体验，更能在后来不断深入探究。①

### （二）增加替代性经验

示范是一种替代性经验，父母的言传身教、朋友的行为举止都提供着示范作用。所谓

① ［美］A. 班杜拉. 自我效能：控制的实施［M］. 廖小春等译. 上海：华东师范大学出版社，2003：563-564.

"榜样的力量是无穷的"。这是学习者通过观察示范者的行为而获得的间接经验,它对自我效能感的形成也具有重要影响。

但各种示范对自我效能感的影响是不同的,影响自我效能感的因素主要有:与自己的相似程度、对自己能力不确定性的程度、示范的丰富性和多样性、榜样的启示程度①。

### (三)言语说服

当我们面对困难,或对需要完成的目标以及如何开展工作感觉"模糊"时,就需要别人的肯定来给我们一定程度的"确信"。这就是言语说服在自我效能感建构中发挥作用的表现。但并非所有的肯定都能提高自我效能感,也并非所有的否定都能降低自我效能感。自我引导与解释,是用来改变人们自我效能感的一种方法,但其形成的自我效能感持久性不强。相关研究结果表明,言语说服如果缺乏体验基础,其对自我效能感的影响是脆弱的。所以,我们在利用言语说服的途径来培养自我效能感时必须建立在体验基础上。②

### (四)培养和调节生理状态

生理唤起状态表现在生理的各个方面,包括对唤醒源的评价、激活的水平、引发唤醒的环境、唤醒如何影响个人表现的过去经验。由生理唤醒传出的信息同样通过评价过程影响自我效能感。培养和调节良好的情绪和生理状态对个体的思维、知识结构、态度、积极性等方面具有重要的影响,进而影响自我效能感在任务完成过程中的发挥。因此,培养和调节好情绪和生理状态对自我效能感的提高具有重要的影响。③

# 第四节 知觉理论在公共组织管理中的应用

## 一、知觉在公共组织管理中的重要性

以政府机构为核心的公共组织在社会管理过程中扮演着重要角色。Easton 认为公共组织以不同的方式影响着公共政策的制定和执行,因而也影响"价值的权威性分配"④。现代社会,公共组织所关注社会问题的范围和复杂性都已得到极大的拓展,远远超出公共组织所能预见的程度。在充满不确定性的社会风险中,如何正确利用知觉理论成果更好地化解公共组织管理中的社会问题和社会风险等危机具有重要的意义。

---

① [美]A. 班杜拉. 自我效能:控制的实施[M]. 廖小春等译. 上海:华东师范大学出版社,2003:564-565.

② [美]A. 班杜拉. 自我效能:控制的实施[M]. 廖小春等译. 上海:华东师范大学出版社,2003:565.

③ [美]A. 班杜拉. 自我效能:控制的实施[M]. 廖小春等译. 上海:华东师范大学出版社,2003:565-577.

④ [美]罗伯特·B. 登哈特. 公共组织理论(第3版)[M]. 扶松茂,丁力译. 北京:中国人民大学出版社,2003:14.

### （一）掌握知觉知识是公共组织实现有效管理的基础

#### 1. 熟悉知觉知识可以提高公共组织管理的科学性

在生活中，很多因素会影响到我们知觉的形成甚至会造成对知觉的歪曲。这些因素可以归纳为知觉者、知觉目标以及知觉发生的情境三个方面。同样，知觉在公共组织管理中也会发生改变并影响公共组织管理的科学性。因为在知觉过程中，公共组织管理者的某些主观因素，如态度、价值观、动机、需要、兴趣、经验、期望、个性特点等，以及组织的情景因素，包括时间、工作环境和社会环境等，在不同方面和不同程度上影响着知觉的正确与否。如果公共组织管理者不能很好地掌握知觉产生的过程、影响因素等方面的知识，那就很可能会根据错误的知觉对其管理产生影响。可见，熟悉知觉知识对提高公共组织管理科学性的重要性。

#### 2. 掌握知觉偏差的知识可以提高公共组织管理的用人科学性

组织中的人们常常进行相互判断。管理者不仅须选聘人员并安排其合理的职位，还必须科学评价其工作绩效。[①] 同时，对一个加盟某组织的新来者来说，他会立刻受到该组织其他人员的评价。在很多情况下，这些知觉判断为组织带来了很重要的结果。例如，在公务员面试中，对于面试主考官来说，知觉的影响对其选聘正确人才有着关键的作用。一般来说，主考官的第一印象会很快占据其招聘第一人选的主导地位，特别是在面试开始四五分钟之后，绝大多数面试考官的决策严重影响着其是否能够做出正确的知觉判断。如果在面试小组中面试考官之间评价的一致性出现偏差时，这也是知觉影响产生了。因此，知觉因素会影响到组织的人员招聘结构。所以，掌握知觉偏差的知识可以提高公共组织管理的用人科学性。

### （二）掌握知觉知识可以提高公共组织决策的科学性

决策自古有之。长期以来，决策主要是依靠人的经验，属于经验决策的范畴。随着科学技术的迅速发展、社会活动范围的扩大，以及大企业、大工程的出现，国际关系日益复杂，这种形势下，经验决策逐渐被科学决策所取代。在组织运行中，对问题状态的知觉会影响决策的过程，特别是对理性决策、有限理性（满意）、决策模型隐含偏爱模型、直觉模型四种模型的影响。

我们对问题状态的认识过程，会受到知觉因素的影响。因此，我们的决策也会有正确决策与错误决策之分。而对于一个组织来说，如果决策是正确的、科学的，那么这个组织将会得到进一步的发展。相反，如果决策出现错误，那可能将是灭顶之灾。因此，组织决策的正确与否影响着组织的发展前景，而知觉又对组织的决策起着重要的影响。所以，掌握知觉知识可以提高公共组织决策科学性的程度。

## 二、社会知觉在公共组织管理中的重要性

社会知觉这一主题，需要广泛和深入的研究。虽然多数公共组织是官僚化的机构，实

---

① 丁力国，周伟韬．组织行为学[M]．．成都：西南交通大学出版社，2006：80-81.

质上公共组织每次社会事件处理结果的背后都是一连串复杂行为的产物。Paul 和 Howard(1998)分别以任务相互依存的 59 个团队的 247 名大学生和 101 个团队的 383 名大学生为样本开展两项研究,发现社会知觉变量对团队目标设定过程有着重要影响;社会知觉变量通过团队目标设定过程影响团队绩效;团队的凝聚力、知觉惰性、集体效能感、目标难度及目标承诺都显著影响团队绩效。[①] 社会知觉理论意识的培养将会大大服务于公共组织管理。

### (一) 对他人知觉对公共组织中管理层领导艺术的影响

对他人知觉指在与他人交往中,通过外部器官获得有关他人的外部信息,并将这些信息进行组织、分析、理解,进面推测其需要、动机、观点、能力、性格等心理活动与心理特征,形成对他人完整印象的认识过程。在公共组织中,领导层应利用对他人的知觉进而来判断下属成员及同事的内在心理活动,这样就能充分了解到人的各种个性心理特征,从而采取灵活多变的领导方法,以便更好地展现自身的领导艺术,减少管理过程中的障碍及成员之间的冲突。同时,可以从人性化管理的角度更好地关心组织成员,满足组织成员的需要,培养和形成组织成员的归属感和整体感,在组织中营造良好的人际氛围,促进组织的发展。

### (二) 掌握人际知觉有利于建立公共组织中良好的人际关系

人际知觉即是对人与人之间关系的知觉。从组织角度来看,人际知觉是认识自己与他人的关系以及同事之间的关系的过程。组织成员通常是在人际知觉的基础上,决定同事之间的交往行为以及情感联系。人们在人际交往中彼此发生频繁的人际知觉,使彼此在心理上相近和相似,于是产生友好的关系和情感。因此,形成正确的人际知觉是至关重要的。如果人际知觉发生了偏差,就会导致人际交往行为的偏差,并会给自身在组织生活中带来很多消极的不利影响。如果组织成员能够重视与同事们之间的交往,并与同事建立友好的人际关系,那么他们就能建立良好的人际关系,从而为自己营造一个良好的人际关系并认识到其在职业生涯中发挥的重要意义。

### (三) 掌握角色知觉有利于公共组织中组织成员责任感的培养及组织成员人生价值的科学评价

角色知觉是指对某个人在社会生活中所扮演的角色的认知与判断,以及对有关角色行为的社会标准的认知。一个完整的角色知觉过程应该包括四个环节:角色期望、角色认知、角色行为和角色评价。如果管理者善于进行角色知觉,掌握各种角色的行为有度,形成相应的意识,那么他们就会发现,人们都具有一定的角色意识,即责任心。这种责任心自觉地表现在相应的行为中。同时,如何科学评价每一位组织成员的岗位价值及充分调动组织成员的积极性也是要建立在领导对其的角色知觉基础上。因此,只有在正确地

---

① Paul W. Mulvey, Howard J. Klein: The Impact of Perceived Loafing and Collective Efficacy on Group Goal Processes and Group Performance[J]. Organization Behavior and Human Decision Processes, 1998.

知觉这些角色的前提下，才能成功地扮演角色，才能对组织环境充分适应。一旦角色知觉发生偏差或发生认知错误，角色实现必然发生偏差，角色行为必定失败。总之，管理者应当熟悉角色知觉的知识并综合地运用于日常的各种管理方式来取得积极的效果。

### （四）掌握因果关系知觉有利于公共组织中绩效评估的科学性

因果关系知觉的形成，一方面取决于有足够的某种社会知觉；另一方面借助于思维的作用，分析出知觉间的因果关系。在组织中，如果一位成员的工作表现经常得到上级的肯定，那是因为上级把该成员的行为表现与努力工作当作绩效评估的因果关系，这就是因果关系知觉。组织的绩效评估是确立组织成员的工作任务、内容、要求以及绩效、标准，并以之为准绳对组织成员的工作状况和结果进行考察、测定和评价的过程。一个基于因果关系知觉的绩效评估系统可以提高管理者的决策水平，改善组织成员的工作绩效和职业素质，提高组织的绩效水平和管理水平，促进组织战略的实施和目标的实现。因为，组织成员的绩效评估在很大程度上依赖于知觉过程。在现实中，即使有一套良好的绩效评估系统，往往却因为评估者受知觉因素的影响造成偏误，影响了绩效评估的公正性，从而严重削弱了绩效评估应起的作用。

### （五）掌握自我知觉有利于公共组织成员更好地规划其职业生涯

自我知觉是一种重要的社会知觉。每一个人通过对自己的心理和行为状态的知觉，即通过自我知觉来发现和了解自己。俗话说，人贵有自知之明。人只有正确认识了自己，才能不断地进行自我调节和自我完善，正确认识自己对于与他人正常交往、协调人际关系、化解矛盾和冲突也具有十分重要的意义。如果组织成员善于在各种社会知觉中进行自我知觉，从他人的行为，特别是他人对待自己的态度中发现和了解自己，就会形成某种“自我实现”的需要（意识）。而一个开明的组织将鼓励员工追求自我实现，其目的在于与组织的使命对接，员工对他们的工作将变得充满激情，也就没有什么可以制约其完成任务。[①] 因此，熟悉自我知觉的组织成员对与自身职业相联系的行为与活动选择时对态度、价值观、愿望等因素都会有一个比较了解的过程，有利于组织成员更好地规划其职业生涯。

## 三、集体效能感在公共组织管理中的重要性

公共组织需要解决的社会问题和化解的社会风险，多数并非是单一化和简单化的结构性问题，有些问题的解决可能需要组织乃至社会的整体性持续努力才能显著改变。公共组织在有些领域无力对公众的冷漠和不作为做出有效的努力。公共组织解决社会问题和化解社会风险所需要的整体性力量，部分依赖于公共组织集体效能感。虽然多数公共组织是官僚化的机构，但实质上公共组织每次社会事件处理结果的背后都是一连串复杂行为的产物。社会呼唤公共组织效能感在集体目标承诺的作用，而不是对公共组织无能

---

① Robert B. Denhardt, Janet Vinzant Denhardt, Maria P. Aristigueta: Mamaging Human Behavior In Public&Nonprofit Organizations, California: Sage Publications, 2001: 19.

感的说教。班杜拉认为社会和经济生活之间相互依赖的不断加深进一步需要开拓探究的重点，不仅要研究个体影响的实施，同时，要研究旨在影响事件发展进程的集体行为。班杜拉将集体效能感界定为“群体对它具有组织和使行为达到一定成就水平所需的行动过程的联合能力之共同信念”[①]。它对公共组织管理具有以下几个作用。

### （一）集体效能感可以预测公共组织的成员行为

集体效能信念可预测群体的行为表现水平(Bandura，1993；Hodges&Carron，1992；Little&Madigan，1995)[②]。Chen&Bliese(2002)对用随机系数模型从86个作战部队中收集2585名士兵的数据进行分析，从不同领导水平研究自我和集体效能的预测作用，其中，较高组织层次的领导风格是集体效能感最有力的预测因素[③]。Goddard，Hoy&Hoy(2004)通过分析现有研究成果发现：教师集体效能感与学生成绩呈显著正相关；教师集体效能感具有预测作用；教师集体效能感与教师个人效能感的相互影响有助于解释集体效能感对组织目标实现的影响。[④] 人们对其所在集体的能力所持信念越强，其成绩就越好。不论群体效能感是自然发展起来的还是通过实验形成的，都是如此。例如，Sampson等指出，社区的集体效能感越强，该区域的暴力事件发生的可能性就小。

### （二）集体效能感可以激发组织成员的积极性及努力程度

普鲁西亚和基尼基(Prussia&Kinicki，1996)的研究进一步支持把社会认知理论扩展到集体水平。[⑤] 他们用实验方法考察了集体效能知觉如何与其他社会认知决定因素——如群体目标和情感评价反应——在决定群体效能中发挥作用。例如，大量的研究已经表明：集体效能越高，群体在活动中的动机和抱负水平就越强，在困难和挫折面前坚持得就越持久，在压力面前的弹性和持久性就越大，群体的行为成就水平也越高。[⑥] Rocio，Juan&Bandura (2002)通过对个人效能感与集体效能感的影响因素与关系进行研究，发现人们在拥有集体效能感的情况下，集体行动发挥的作用比个人行动来得强；集体效能感是强烈自我效能感的一部分，尤其是信念对社会变革的促进作用方面；集体效能信念显著影响着团体的绩效。[⑦]

---

① [美]A. 班杜拉. 自我效能：控制的实施[M]. 廖小春等译. 上海：华东师范大学出版社，2003：683.

② [美]A. 班杜拉. 自我效能：控制的实施[M]. 廖小春等译. 上海：华东师范大学出版社，2003：687-688.

③ Gilad Chen，Paul D. Bliese：The Role of Different Levels of Leadership in Predicting Self-and Collective Efficacy：Evidence for Discontinuity[J]. Journal of Applied Psychology，2002.

④ Roger D. Goddard，Wayne K. Hoy，Anita Woolfolk Hoy：Collective Efficacy Beliefs：Theoretical Developments，Empirical Evidence，and Future Directions[J]. Educational Researcher，2004.

⑤ [美]A. 班杜拉. 自我效能：控制的实施[M]. 廖小春等译. 上海：华东师范大学出版社，2003：689.

⑥ [美]A. 班杜拉. 思想和行动的社会基础——社会认知论[M]. 林颖等译. 上海：华东师范大学出版社，2001：639-640.

⑦ Rocío Fernández-Ballesteros，Juan Díze-Nicolás，Albert Bandura：Determinants and Structural Relation of Personal Efficacy to Collective Efficacy[J]. Applied Psychology：An International Review，2002.

### （三）集体效能感可以影响公共组织目标的设定

集体效能感与自我效能一样，群体共享的集体效能信念影响着他们对集体行动目标的定位、对集体资源的利用、在集体行动中的努力程度以及面对困难时的坚持性和脆弱性、共有的观念、压力水平和群体的成就。① 因此，集体效能感可以影响公共组织目标的设定。

### （四）集体效能感对公共组织具有调节作用

集体效能除了对集体的行为表现具有直接的影响外，它还对其他许多重要的群体和个体变量具有调节作用，从而又间接地影响集体的行为成就水平。② 集体效能作为集体能动性的关键成分，它对集体心理与行为有调节作用，对组织成员的效能信念能够起到相互影响的作用。Carroll&Reese(2002)通过以布莱克斯堡电子村为基点进行的社区集体效能感研究发现，集体效能感属多维结构，它对于可以更直接表明社区互动和参与的指标——行为和态度而言，是一种有效的和有选择性的调解措施。③ 组织成员的集体效能和共同的目标责任中组织凝聚力产生的作用影响着组织的成就水平。因此，集体效能感对公共组织具有调节作用。

## 【本章小结】

感觉与知觉既有共同特点，又存在不同之处，但知觉比感觉更高级。知觉的过程包括四个阶段：注意、组织、解释和判断。人的知觉活动具有一定的特性，包括知觉的相对性、选择性、整体性、恒常性、组织性、理解性。影响知觉的因素可以归纳为知觉者、知觉对象以及知觉情境。接着介绍了知觉对个人决策的影响，特别是对理性决策、有限理性（满意）、决策模型隐含偏爱模型、直觉模型四种模型的影响。然后介绍社会知觉的特征、类型及社会知觉偏差的类型。进而分析社会错觉产生的原因。社会知觉的归因理论主要有海德的归因理论、维纳的归因理论、凯利的归因理论。而后介绍自我效能感的概念、性质、结构、来源、作用机制、培养途径。最后分析了知觉和效能感在公共组织管理中的重要性。

## 【关键术语】

知觉　社会知觉　自我知觉　第一印象效应　晕轮效应　近因效应　刻板印象　定势效应　对比效应　投射效应　本位观念　认知防卫　过宽、过严和居中趋势效应　期望效应　相似错误　后视偏差　归因　自我效能感　集体效能感

① ［美］A. 班杜拉. 自我效能：控制的实施［M］. 廖小春等译. 上海：华东师范大学出版社，2003：683-687.

② ［美］A. 班杜拉. 自我效能：控制的实施［M］. 廖小春等译. 上海：华东师范大学出版社，2003：673-682.

③ John M. Carroll, Debbie Denise Reese: Community Collective Efficacy: Structure and Consequences of Perceived Capacities in the Blacksburg Electronic Village[J]. Proceedings of the 36th Hawaii International Conference on System Sciences, 2002.

## 【思考与练习】

1. 结合现实生活,举例说明影响知觉的因素。
2. 简述知觉偏差产生的原因及克服途径。
3. 谈谈对社会知觉的内容的看法。
4. 谈谈对自我效能感的概念、性质、结构、来源、作用机制、培养途径的理解。
5. 结合实际情况,谈谈知觉对个人和组织的影响。
6. 结合公共组织相关知识,分析知觉和效能感在公共组织管理中的重要性。

## 【推荐读物】

【1】Robert B. Denhardt,Janet Vinzant Denhardt. Maria P. Aristigueta: Mamaging Human Behavior In Public&Nonprofit Organizations[M]. California: Sage Publications,2001.
【2】[美]吉布森.知觉学习和发展的原理[M].杭州:浙江教育出版社,2003.
【3】[德]库尔特·考夫卡.格式塔心理学原理[M].杭州:杭州教育出版社,1996.
【4】[美]罗宾斯,贾奇.组织行为学精要[M].北京:机械工业出版社,2008.
【5】[美]黛布拉·L.纳尔逊,詹姆斯·坎贝尔·奎克.组织行为学:基础、现实与挑战[M].3版.北京:中信出版社,2004.
【6】[美]麦克沙恩,格里诺.组织行为学[M].3版.北京:机械工业出版社,2007.
【7】任浩.公共组织行为学[M].上海:同济大学出版社,2006.
【8】[美]A.班杜拉.思想和行动的社会基础——社会认知论[M].上海:华东师范大学出版社,2001.
【9】[美]A.班杜拉.自我效能:控制的实施[M].上海:华东师范大学出版社,2003.

# 第八章

# 公共服务动机过程理论

【内容结构图】

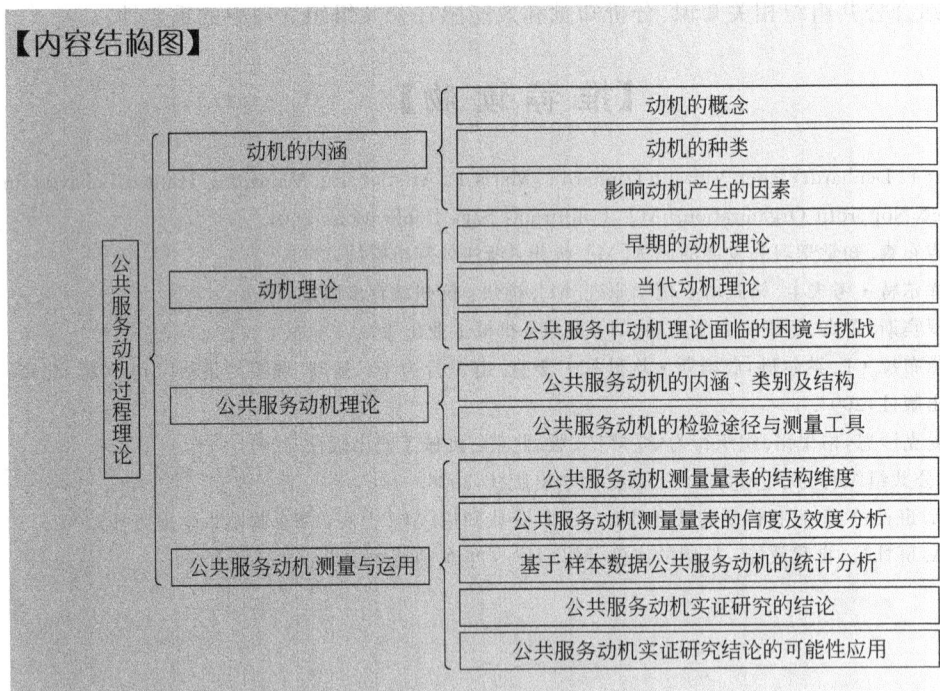

- 公共服务动机过程理论
  - 动机的内涵
    - 动机的概念
    - 动机的种类
    - 影响动机产生的因素
  - 动机理论
    - 早期的动机理论
    - 当代动机理论
    - 公共服务中动机理论面临的困境与挑战
  - 公共服务动机理论
    - 公共服务动机的内涵、类别及结构
    - 公共服务动机的检验途径与测量工具
  - 公共服务动机测量与运用
    - 公共服务动机测量量表的结构维度
    - 公共服务动机测量量表的信度及效度分析
    - 基于样本数据公共服务动机的统计分析
    - 公共服务动机实证研究的结论
    - 公共服务动机实证研究结论的可能性应用

## 案例引导

### 古希腊神话故事

这是一则古希腊神话故事。塞浦路斯的国王皮格马利翁是一位有名的雕塑家。他精心地用象牙雕塑了一位美丽可爱的少女。他深深爱上了这个“少女”，并给他取名叫盖拉蒂。他还给盖拉蒂穿上美丽的长袍，并且拥抱它、亲吻它，他真诚地期望自己的爱能被“少女”接受。但它依然是一尊雕像。皮格马利翁感到很绝望，他不愿意再受这种单相思的煎熬，于是，他就带着丰盛的祭品来到阿弗洛狄忒的神殿向她求助，他祈求女神能赐给他一位如盖拉蒂一样优雅、美丽的妻子。他的真诚期望感动了阿佛洛狄忒女神，女神决定帮他。

皮格马利翁回到家后，径直走到雕像旁，凝视着它。这时，雕像发生了变化，它的脸颊慢慢地呈现出血色，它的眼睛开始释放光芒，它的嘴唇缓缓张开，露出了甜蜜的微笑。盖拉蒂向皮格马利翁走来，她用充满爱意的眼光看着他，浑身散发出温柔的气息。不久，盖拉蒂开始说话了。皮格马利翁惊呆了，一句话也说不出来。

皮格马利翁的雕塑成了他的妻子，皮格马利翁称他的妻子为伽拉忒亚。

人们从皮格马利翁的故事中总结出了“皮格马利翁效应”：期望和赞美能产生奇迹。但是对这一效应作出经典证明并使它广泛运用的是美国心理学家罗森塔尔和他的助手们，因此“皮格马利翁效应”又称“罗森塔尔效应”。

（资料来源：http://baike.baidu.com/ 百度百科）

# 第一节 动机的内涵

## 一、动机的概念

动机一词源于拉丁文 Movere，原意是“推动或引向行动”。工作动机是一个难以定义的概念。Perry 和 Porter(1997)动机研究文献主要集中在对工业和商业组织中员工研究的结果，却很少研究公共组织中相应主题。① 动机本身不是行为，但个体行为取向却总是受某种动机的指引，动机理论的研究和应用成为组织管理中备受关注的焦点，成功激发个体的内在动机不仅有助于提高效率和更好地开发人力资源，而且也是实现个体和组织目标的重要内生力量。尽管普遍性动机是指个体为了实现目标而付出的努力，但各学者对动机的定义有所差异(见表 8-1)。动机的界定视角归结起来有内在视角、外在视角及中介视角三种。② 在动机的定义中有三个因素：强度、方向和坚持性。强度指的是个体试图实现目标而付出多大的努力；方向是指有利于个体实现目标努力的方向；坚持性是指个体坚持实现目标维持的时间。

**表 8-1 不同学者对动机的定义**

| 作者及时间 | 内 容 |
|---|---|
| Jones(1955)③ | 行为是怎样开始的、被加强的、被持续的、被指引的、被停止的，以及当所有这些进行时，生物体会出现什么主观反应 |
| Atkinson(1964)③ | 对行动方向、强度和持久性的共同(直接)的影响 |
| Vroom(1964)③ | 一个控制人类或低级有机体在备选的自愿活动形式中作出选择的过程 |
| Campbell&Prichard (1976)③ | 在工作态度、工作技巧和任务理解的影响作用保持恒定，以及操作环境条件不变的情况下，动机与一系列解释个体的方向、幅度、持久性的变量和自变量有关 |
| J. Houston(1985)③ | 动机是启动和指导行为的因素，以及决定行为的强度和持久性的东西 |
| 林传鼎、张厚粲 (1986)③ | 动机是一种由需要推动的，为达到一定目标的行为动力，它起着激起、调节、维持和停止行动的作用 |

① Perry J L：Antecedents of Public Service Motivation[J]. Journal of Public Administration Research and Theory，1997.

② 张爱卿. 当代组织行为学——理论与实践[M]. 北京：人民邮电出版社，2006：98.

③ 章文光. 公共组织行为学[M]. 北京：北京师范大学出版社，2009：69.

续表

| 作者及时间 | 内　　容 |
|---|---|
| Mitchell(1997)① | 将动机界定为一种过程,体现了个体为实现目标而付出的努力程度、方向和坚持性 |
| 任浩(2006)② | 动机是引发、推动和维持个体行为朝向某一目标或者以某一特定的方式进行的内在动力 |

## 二、动机的种类

不同类型的动机对个体行动能否成功有着不同的影响。根据不同的划分标准可以将动机划分为以下几种。

第一,以动机的性质为标准将其分为生理性动机和社会性动机。生理性动机又称原始性动机,起源于个体内部生理需求的变化。生理性动机推动个体去活动,以寻求某种生物性需要的满足。由于人是社会实体,人的生物需要以及满足这种需要的手段,都要受到人类社会生活的影响。因此人的生理性动机必然打上社会生活的烙印。社会性动机又称为衍生性动机,起源于心理和社会因素,它以人类的社会文化需要为基础。社会性动机是因人而异的,包括信仰、社会交往、权力、成就、认识等精神方面的动机。

第二,以动机的内外性为标准将其分为内在性动机和外在性动机。内在性动机是指由个体内在需要引起的动机,是个体内生性力量的一种假设。内在性动机主要是因为兴趣或爱好而希望得到奖励或报酬,无须外力推动而产生了动因。外在性动机强调由外在因素的刺激或激励而产生的动机,它是个体受到活动外界因素的刺激而诱发的动机。

第三,以动机能否被意识到为划分标准将其分为意识性动机和潜意识性动机。其中,意识性动机是指个体能察觉到的动机。它在于强调个体对任务的类型、内容及预定目标的完成的明确性。而潜意识性动机是指个体未能意识到而产生的模糊性动机。

第四,以动机的作用为划分标准将其分为主导性动机和辅助性动机。一种行为常常是多种动机综合作用的结果,这些不同的动机对行为的作用程度是不同的。主导性动机是个体动机中最强烈和最稳定的动机,在各种动机中处于主导和支配地位。主导动机是指在个体行为中起主导和支配作用,最强烈、最稳定的动机。而辅助性动机往往与一个人的习惯和兴致相联系,它能够对主导动机起到补充的作用。

第五,以动机的社会价值为划分标准将其分为高尚性动机和低级性动机。这种划分法主要是以个体动机的社会价值取向为指导。其中,高尚动机是指符合社会发展要求和道德规范,能为他人或社会做出贡献的动机;低级动机是指违背社会发展要求和道德规范,不利于社会发展的动机。③

第六,以动机维持时间的长短性将其分为短暂性动机和长久性动机。只是一时冲动而产生的动机,称为短暂性动机。而长久性动机则是根源于个体对目标的深刻认识,这种

① [美]斯蒂芬·P.罗宾斯.组织行为学(第10版)[M].孙健敏等译.北京:中国人民大学出版社,2005:171.
② 任浩.公共组织行为学[M].上海:同济大学出版社,2006:94.
③ 任浩.公共组织行为学[M].上海:同济大学出版社,2006:94.

动机一旦形成，则具有较强稳定性，不易被改变或放弃。

### 三、影响动机产生的因素

生活中人不是孤立存在的，而是生活在特定环境之中，包括气候、水土、阳光、空气等自然环境和社会制度、劳动条件、经济地位、文化条件等社会环境。外界环境对人的影响是客观存在的。因此，动机的触发条件有内部条件和外部条件两类，这两个条件缺一不可。只有内在和外在激励同时存在，才会产生个体的行为动机。利益和需求是个体行为动机产生的一个基本前提。人们也许会用任何一种可能的方式来实现其愿望，而不管是否会损害他人的愿望。在原则上，有三种途径能使人们为他人利益而努力：第一种，他们处于爱、团结或者其他各种利他主义中，会努力有益于他人；第二种，当他们受到胁迫，胁迫者以对他们使用暴力（命令）相迫；第三种，他们按其自己的自由意志行动，但出于明智的自利动机，因为他们预期能够获得充分的回报。[①] 动机是个体行为取向而产生的推动力，在这个动力的驱使下，他们试图努力去实现某种目标来满足某种需求或期望。

需要是需求在个体内心中的反映，是人们对某种目标的渴求和欲望。需要具有对象性、动力性、无限性、发展性和历史性的特点。其中，对象性是指动机的产生对象；动力性是指个体从事各种活动的原动力；无限性是指需求的持久性；历史性是个体需求的产生与发展会受到当时的社会历史条件制约。同时，动机的另一个影响因素是激励。激励是个体内在主动性产生的关键所在，其能够真正激发出个体的内在动机去实现自己的期望目标。人们的行为是由激励的因素所决定的。而影响激励的因素有三个，即方向、强度和持续期。因此，动机产生的基本模型大致包括需要或期望的产生并变成行为或行动的推动力，个体努力去实现自己的预期目标，最后通过成就来对先前的需要或期望进行反馈（见图 8-1）[②]。

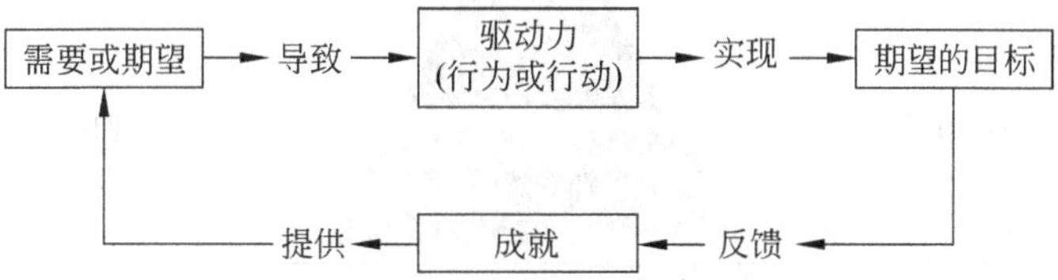


图 8-1　基本动机模型简易图

## 第二节　动 机 理 论

### 一、早期的动机理论

#### （一）需要层次理论

需要层次理论也称为马斯洛需要层次理论，由美国社会心理学家亚伯拉罕·马斯洛提出。马斯洛于 1954 年完成了他的著作《动机与人格》。人类的天性往往被低估，人类的

① ［德］柯武刚，史漫飞．制度经济学——社会秩序与公共政策［M］．韩朝华译．北京：商务印书馆，2003：95-96．

② ［英］劳里·J．穆林．管理与组织行为（第 7 版）［M］．李丽等译．北京：经济管理出版社，2011：480．

潜能并未被充分挖掘出来。马斯洛(1943)认为这个模型的一个基本前提是：人类是不断有需求的动物[①]。马斯洛需要层次理论包括以下五个不同层次：生理的需要、安全的需要、归属与爱的需要、尊重的需要、自我实现的需要。这五个层次又可以分为缺失性需要和成长性需要两大类。其中，缺失性需要是指因缺少而产生的需求或欲望，其包括生理需要、安全需要、归属和爱的需要及尊重的需要四个层次；而成长性需要并不是因缺少而引发，而是个体为了实现自我或超越自我而产生一种自我实现的需要，其又被称为超越性需要。

需要层次理论并不复杂，各种不同层次的需要可以加以归类排列。马斯洛认为，可以根据各层次之间的相互联系与区别将其进行“优先”排列(见图 8-2)。第一，生理需要。生理需要是维持人类所必需的身体需要，它是最基本的。该阶段个体主要的行为动机就是满足自身生理方面的各种需要。但现代社会中，很多个体的生理需求都只是暂时性的。当生理需求得到满足后，便会产生更“高级”的需要。第二，安全需要。该需要是指个体保证身心免受伤害，在生理需要得到满足后，就会产生安全需要。第三，归属和爱的需要。该阶段的需求包括感情、人际交往等。第四，尊重需要。尊重需要分为内部尊重和外部尊重，例如自尊心、成就感、认同感等需要。第五，自我实现需要。自我实现需要包括个人成长、个人潜能发挥、个人理想抱负等实现的需要，这是个体需要中最高层次的需求。马斯洛认为，没有得到满足的需要和得到满足的需要都会促进人们向着新的需要水平发展。当然，在实际中几乎没有证据表明需要的结构像马斯洛提出的维度那样组织起来。[②]

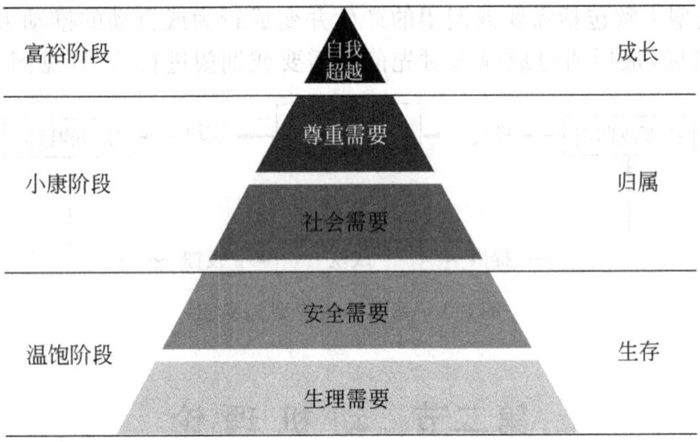


**图 8-2 马斯洛需求层次图**

### (二) 双因素理论

双因素理论也称为“保健-激励理论”，是美国心理学家弗兰德里克·赫茨伯格于20世纪50年代后期提出。赫茨伯格在对匹兹堡地区11个工商业机构200多位工程师

---

① [美]罗伯特·B.登哈特，珍妮特·B.登哈特，玛丽亚·V.阿里斯蒂格塔.公共组织行为学[M].赵丽江译.北京：中国人民大学出版社，2007：171.

② [美]斯蒂芬·P.罗宾斯.组织行为学(第10版)[M].孙健敏等译.北京：中国人民大学出版社，2005：173.

和会计师进行研究后发现，不满因素大都同他们的工作环境有关，而满意因素则一般都与工作本身有关（见图 8-3）。其中，保健因素是指与人们工作不满情绪有关的因素，其包括行政政策、工作环境及行政环境等。他认为保健因素的改善，只能消除员工的不满，并不能使员工变得满意，更不能激发员工的工作积极性，提高工作效率。但如果保健因素不能得到满足，往往会使员工产生不满情绪、消极怠工等负面行为。激励因素是指能使员工感到满意相关的因素，其包括以人为本、薪酬水平、晋升渠道及工作内容等。这类因素的改善能够激励员工的积极性和工作热情，提高生产效率。但如果处理不好，也有可能引起员工的不满。他相信，个人与其工作的关系是一种基本关系，而个人对工作的态度在很大程度上决定着工作任务的成功与否。①

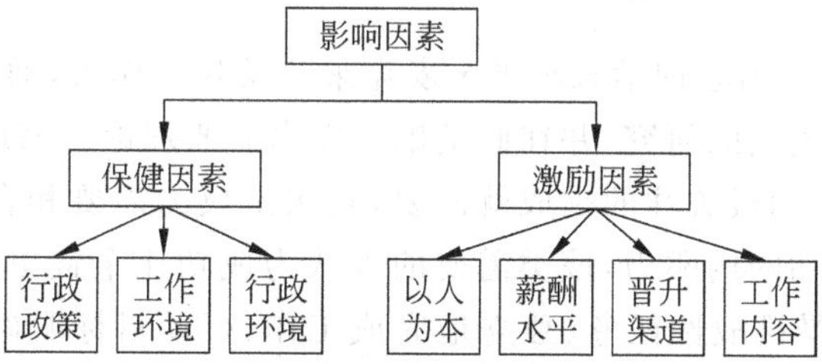


**图 8-3　双因素分析图**

### （三）X 理论和 Y 理论

X 理论和 Y 理论主要讨论关于人性的问题，是由美国管理心理学家道格拉斯·麦克格雷总结提出的。他将人性看作两种完全不同的假设：一种基本上是消极的，称为 X 理论；另一种基本上是积极的，称为 Y 理论（见表 8-2）。管理者关于人性的观点是建立在一些假设基础上，管理者倾向于根据这些假设来构建激励下属的管理方式。

**表 8-2　X 理论和 Y 理论的人性假设**

| X 理论 | Y 理论 |
|---|---|
| • 员工天性好逸恶劳，只要有可能，就会躲避工作<br>• 以自我为中心，漠视组织要求<br>• 只要员工有可能就会逃避责任，安于现状，缺乏创造力<br>• 不喜欢工作，需要对他们采取强制措施或惩罚办法，迫使他们实现组织目标 | • 员工并非好逸恶劳，而是自觉勤奋，喜欢工作<br>• 员工有很强的自我控制能力，在工作中执行完成任务的承诺<br>• 一般而言，每个人不仅能够承担责任，而且还主动寻求承担责任<br>• 绝大部分人都具备做出正确决策的能力 |

## 二、当代动机理论

### （一）ERG 理论

耶鲁大学的克莱顿·奥尔德弗重新修订了马斯洛的需要层次理论，使之与实证研究

① ［美］斯蒂芬·P. 罗宾斯. 组织行为学（第 10 版）［M］. 孙健敏等译. 北京：中国人民大学出版社，2005：175.

更加一致，被命名为ERG理论。奥尔德弗认为存在三类核心需要，即存在需求、关系需求和成长需求。其中，存在需求关注的是那些与满足个体基本的物质生存相关的需求，对应的是马斯洛的生理需要和安全需要两个层次；关系需求则是关注那些维持个体重要人际交往关系的需求；成长需求即对于个人发展的内在需求，包括马斯洛尊重需要层次的内在需求和自我实现两个层次。ERG理论与马斯洛的需要层次理论最大的不同点在于，其不像需要层次理论那样有一个严格的层级递进假设。尤其是ERG理论还包括了一个挫折——倒退维度。ERG理论还表明：多种需要可以同时并存，如果高层次需要受到抑制而未能得到满足，那么满足低层次需要的愿望会更强烈。[①]

### （二）麦克莱兰的需要理论

20世纪50年代，美国心理学家戴维·麦克莱兰及其合作者，通过心理投射的方法对人的成就动机进行了大量的研究，并在此基础上提出需要理论。该理论主要关注成就、权力和归属三种需要，人们最关注的是成就需要，其次是权力需要和合群需要。其中，成就需要是指个体追求成功的内驱力，该类需要的人认为成功比金钱更重要。这种人往往具有以下几个特征：接受挑战性任务、独立地完成工作、行动目标明确、富有冒险精神及责任感等。权力需要是指希望影响和操纵别人的欲望。这种类型的人往往具有一定程度的权力欲，喜欢追求社会地位，重视自身对别人产生影响的程度，希望得到尊重和支持。合群需要是指对相互交往、相互支持及相互尊重而建立起来的良好人际关系的欲望。这种人往往因将自己视为某一群体的一员而感到满足，追求认同感、归属感及人际关系。麦克莱兰认为，认识和了解组织中组织成员的需要类别，对于管理者更好地激励、培养和提拔组织成员具有重要意义。

### （三）目标设置理论

在20世纪60年代，洛克实验证明那些承担困难工作的人比承担简单或相对简单工作的人表现得更为出色。许多行为的产生都是有目的的或是目标明确的导向指引。正如洛克(1978)指出的那样，目标的设定事实上是被某一种激励理论清楚或含蓄地认可。目标设置理论认为目标之所以能激励人们，必须满足两个必要条件，即个体能察觉到目标的存在并知道如何去实现目标；个体必须真心接受并认可该目标。目标设置过程中还应该考虑挑战性、难度及清晰度三个因素。Tubbs(1986)在对87个学生进行关于将目标设置作为一种激励方法的访谈中，学生们根据自己的经验，都强烈地感受到，苦难而具体的目标要比没有挑战性的、泛泛的目标更具有激励作用。伊登(Eden，1988)也认为目标设置理论和期望理论是一致的，都是提高激励水平的方法。[②] 恰当的目标设置有利于个体提高行为的期望值和自我效能感。

---

① [美]斯蒂芬·P.罗宾斯.组织行为学(第10版)[M].孙健敏等译.北京：中国人民大学出版社，2005：177.

② [美]罗伯特·B.登哈特，珍妮特·B.登哈特，玛丽亚·V.阿里斯蒂格塔.公共组织行为学[M].赵丽江译.北京：中国人民大学出版社，2007：176.

### （四）强化理论

强化概念最早由巴甫洛夫提出，他认为强化伴随于条件刺激物之后的无条件刺激的出现，是一种行为前的、自然的、被动的、特定的过程。巴甫洛夫等将实验对象由刺激引起的反应称为"应答性反应"。而斯金纳的操作条件反射则认为强化是一种人为操作而产生行为重复的惩罚过程。其将实验对象由有机体自主发出的行为称为"操作性反应"。强化理论是美国的心理学家和行为科学家斯金纳、赫西、布兰查德等人提出的一种理论，也被称为修正理论或行为矫正理论。斯金纳所关注的是操控行为是如何控制人们的行为以产生人们预期的结果，他提出了四种操控行为的方法。前两种操控行为方法与强化有关。强化是指某项行为的结果会增加或降低行为重复性的可能。第三种操控行为方法是惩罚。惩罚是为了降低一种行为被重复的可能性。最后一种操控行为方法是消除。消除法是指消除先前认为有价值的结果。这些研究表明，有积极效果的行为被重复的可能性更高，而负面效果行为则被重复的概率更低。Luthans 和 Kreitner(1985)正面的强化方法的应用已被证明在各种各样的组织运行中是有效的。[①] 因此，斯金纳的强化理论是比较完整的理论，在实际管理中仍然有效。

### （五）公平理论

公平理论又称为社会比较理论，由美国心理学家约翰·斯塔希·亚当斯于 1965 年提出。公平理论主要是以社会交换为基础，它是研究个体的动机和知觉之间关系的另一种激励理论。该理论认为人们在为实现组织目标努力之前，会根据他们对自己和参照对象的主观感觉而产生不同的激励程度。不管在工作中还是生活中，人们对公平或公正的知觉都是在社会化过程中与周围人的比较中形成的。公平理论认为，个体的工作积极性不仅与个人实际报酬多少有关，而且与人们对报酬分配的公平程度紧密相关。个体总会自觉或不自觉地将自己的劳动成果及报酬与周围的个体进行比较，进而产生公平或公正与否的主观判断。如果个体认为自己得到报酬超出自己付出的劳动则会感到惭愧；相反认为自己所得报酬过少则会感到不满。管理者通过改变下属的行为或想法，可以在很大程度上降低这种激励过程中的紧张状态。亚当斯认为有六种方法可以缓和紧张状态而达到公平[②]：第一，改变自己的投入；第二，改变自己的贡献；第三，改变自己关于努力工作或贡献的看法；第四，离开；第五，影响他人的努力或贡献；第六，改变参照对象。虽然公平理论最初是用来理解员工对报酬的反应，但它可以有更加广泛的应用。Mowday(1993)研究证明公平理论是有广泛的应用价值的。

---

① [美]罗伯特·B.登哈特，珍妮特·B.登哈特，玛丽亚·V.阿里斯蒂格塔.公共组织行为学[M].赵丽江译.北京：中国人民大学出版社，2007：178.

② [美]罗伯特·B.登哈特，珍妮特·B.登哈特，玛丽亚·V.阿里斯蒂格塔.公共组织行为学[M].赵丽江译.北京：中国人民大学出版社，2007：177.

## 三、公共服务中动机理论面临的困境与挑战

### （一）公共服务中动机理论面临的困境

动机理论对于行为的解释从来就不完全一致，对传统动机理论质疑也没有停止过。Perry 和 Porter(1982)质疑传统动机理论的有效性和可用性的。[①] Shamir(1991)提出了传统动机理论研究中存在的五种不足[②]：一是动机理论的个人偏好问题。个人被理解为能理性地判断效用最大化，但 Shamir 认为理性选择模型不能解释亲社会行为。第二，动机理论过分倾向于“显著情境”。大多数动机研究假定“个人动机中的目标清晰、具体，奖赏与绩效一致”，而 Shamir 认为那种以清晰目标、丰富报酬和奖赏与绩效一致为特点的“显著情境”在公共组织中是不可能普遍存在的。第三，传统动机理论不能详细说明它所应用的行为，在“一般与特殊、当前与长远、分散与连续”的行为分类之间没有差异。第四，享乐主义理论中内部动机的概念也存在疑点。现实中极可能存在的情况是完成一项任务可能没有任何奖赏，甚至没有快乐，只是因为它对人们有意义而被要求去做。传统动机理论没有更多注意这类现象。第五，Shamir 认为当前的工作动机理论将价值和道德义务排除在外，“令人心悦”既很少承认道德责任，也很少承认价值因素。

在公共部门中比在私人部门中，更可能发生 Shamir 所质疑的情况，人们期望公共部门寻求和创造公共利益，却经常是以私人部门的规则来指导和评价公共部门。更重要的是以清晰目标、丰富报酬和明确的奖赏—绩效为特点的“显著情境”在公共部门不是普遍存在的。[③] Frederickson 和 Hart(1985)提出公共服务存在着富有仁慈心的爱国精神的道德维度，公务员必须维护政体价值，包括保证让每一个公民有权力实现他们的基本价值。[④] 因此对当前主要基于企业组织研究而发展起来的动机理论在公共部门缺乏理论有效性和实践操作性的指责并不无道理。事实上，不断增加的经验研究表明公共部门与工作人员工作中的价值与需求和私人部门的工作人员是不同的。自 20 世纪 60 年代，就有研究者发现公共部门职员更重视公共服务中的更高价值，他们的行为导向不同于私人部门雇员，私人部门雇员看重金钱报酬的成分更大。[⑤] Rainey(1983)的研究也表明，公共部门的职员与私人部门的职员具有不同的报酬取向：公共部门的职员更多注重利他和理想目标，如帮助他人或做些对社会有益的事，而更少关注金钱报酬。[⑥] 张康之(2002)就明确提出“‘经济人’假设不适用于公共领域”，并从哲理上分析了公共服务领域“公共人”特性

---

① Perry J L&Porter L W：Factors Affecting the Context for Motivation in Public Organization[J]. Academy of Management Review，1982.

② Shamir B：Meaning，Self and Motivation in Organizations[J]. Organization Studies，1991.

③ Perry J L&Porter L W：Factors Affecting the Context for Motivation in Public Organization[J]. Academy of Management Review，1982.

④ [美]弗雷德里克森.公共行政的精神[M].北京：中国人民大学出版社，2003：10.

⑤ Crewson P E：Public-service Motivation：Building Empirical Evidence of Incidence and Effect[J]. Journal of Public Administration Research & Theory，1997.

⑥ Rainey H G：Public Agencies and Private Firms：Incentive Structures，Goals and Individual Roles[J]. Administration and Society，1983.

及建构。[1]

公共部门服务队伍具有别于私人部门的特殊性，公共服务人员与私营部门的员工存在着不同的激励结构。传统动机理论对公共服务行为解释的无力感日益增强，其在公共服务领域中对行为激励的影响力正在遭受学者们的质疑。可见，传统动力理论无法正确阐释公共部门服务动力的相关问题，特别是面对如何建构公共服务部门激励机制的问题。

### （二）公共服务中动机理论面临的挑战

个人为了自己的利益而行动是人类行为的一个基本前提。人们也许会用任何一种可能的方式来实现其愿望，而不管是否会损害他人的愿望。在原则上，有三种途径能使人们为他人利益而努力：第一种，他们处于爱、团结或者其他各种利他主义中，会努力有益于他人。第二种，当他们受到胁迫，胁迫者以对他们使用暴力（命令）相迫。第三种，他们按自己的自由意志行动，但出于明智的自利动机，因为他们预期能够获得充分的回报。那样，他们为别人做的事会产生对自己有利的效应。目前，动机研究的文献主要集中在对工业和商业组织员工的研究。

动机本身不是行为，但人的行为总是从一定的动机出发，动机理论的研究和应用处于现代组织管理的核心地位，成功地激发人们的动机不仅有助于提高效率、开发人力资源，而且也是实现个人潜能和组织目标的重要途径。公共管理领域亦是如此，如何成功地激发人们（包括公务员和在非正式政府组织内的公共服务人员）为实现公共目标而积极且又理智地工作被认为是公共管理中的三大问题之一。

随着时间的推移，从生产力和能力来看，公共部门的治理是无效能和低效率的。针对这种困境的挑战，公共部门开始采取大量引进传统动机理论的管理工具以激发公职人员的公共服务动机，提升自身的绩效和生产力。然而，公共部门的这些尝试并没有使自身走出困境，相反，其合法性和权威性遭到质疑的声音仍然在不断地增强。传统动机理论对于公共服务行为的解释、指导及引导的无力感，不能有效地满足公众对公共服务行为回应力提升的需求。

因此，公共服务动机研究的出发点在于打破传统行政理论的官僚自利性主张，承认公共价值对于官僚行为动机的影响，揭示个人行为动机的利他一面。如何全面客观地看待当代公共服务的动机，如何重新设计公共部门的行为激励结构仍然是一项严峻的挑战。

## 第三节 公共服务动机理论

公共服务动机概念最初为美国学者使用，欧洲学者在相似主题的研究中往往采用“公共服务伦理”、“公共服务精神”等概念。随着公共服务动机研究的不断发展，该概念在欧洲学者的研究中也渐渐流行起来。

---

① 张康之. 寻找公共行政的伦理视角[M]. 北京：中国人民大学出版社，2002：8.

## 一、公共服务动机的内涵、类别及结构

### （一）公共服务动机的内涵

Behn(1995)认为工作动机一直是组织行为研究中的重要兴奋点，并也将仍然是心理学最经常讨论的主题。[①] 但 Wright(2001)认为它却一直是且将仍然是从事公共领域研究的学者相当大程度忽视的领域[②]。Behn(1995)建议建立以公共部门为研究对象的动机理论。公共组织面对着许多要求他们以更少成本提供更多产出的压力，但公共部门工作人员却经常被描述成懒惰、自我服务和误导的，并且“很奇怪的是公共领域的学者忽视对公共部门中工作动机的研究”[③]。因此，对于阐述、维护或改进公共组织效率和效果来说，更好地理解其工作动机就显得尤为重要。公共服务动机作为一种新的动机理论，其将注意力主要集中于公共部门，其目的在于为了更好地解释和指导公共部门职员行为并促进更加有效的激励管理。

Rainey(1982)被认为是第一个开始研究公共服务动机的学者，他通过直接询问公共部门和私人部门的管理者关于参与公共服务的个人偏好来进行实证研究。[④] 其研究结果是公共部门管理者的公共服务动机统计分值高于私人部门管理者，也就是说公共部门管理者具有更显著的公共服务动机。Rainey 也指出公共服务动机是一个宽泛、多视角的概念，不局限于公共部门，而从个体角度，也许每个个体都有不同于他人的公共服务动机观念。

公共服务动机理论被认为是第一次试图将公共服务动机与亲社会行为联系起来。目前，对于公共服务动机还没有形成一致的定义，一些研究者在各自的研究中提出了相似的概念，虽然语言不同，但含义相近。普遍认为，公共部门与私人部门相比，公共服务动机普遍存在于公共部门中，公共服务人员具有追求公共利益的服务倾向。其中，Perry 和 Wise (1996)给出了公共服务动机的经典定义：“主要或特定针对公共机构的目的所具有反应的个体倾向”，并认为公共服务动机是一个多维度概念，包括参与制定公共政策的吸引力、公共利益承诺、同情心和自我牺牲精神四个维度[⑤]。Perry 和 Wise 的这一定义，也是目前使用最广泛的定义。此外，Vandenabeele 采取的是包容性定义，其将公共服务动机定义为“信念价值和态度”，这些信念、价值和态度“超越了个人自利和组织利益，关注更大政治

---

① Behn R D：The Big Questions of Public Management[J]. Public Administration Review，1995.

② Wright B E：Public-sector Work Motivation：A Review of the Current Literature and a Revised Conceptual Model[J]. Journal of Public Administration Reearch and Theory，2001.

③ Baldwin J M：Public versus Private：Not That Different，Not that Consequential[J]. Public Personnel Management，1987.

④ Brewer A & Selden S C：Whistle Blowers in the Federal Civil Service：New Evidence of the Public Service Ethic[J]. Journal of Public Administration Research and Theory，1998.

⑤ Perry J L：Measuring Public Service Motivation：An Assessment of Construct Reliability and Validity[J]. Journal of Public Administration Research and Theory，1996.

实体的利益,并通过公共互动,激励个人采取有目的之行为"①。

我国学者的许多研究,尽管没有明确使用"公共服务动机"这个概念,但在一定意义上,也是尝试着从各自研究视角解读公共服务动机理论。比如学者陈庆云探讨公共管理基本模式时,认为公共服务是指那些不以营利(不以追求利润最大化)为目的,旨在有效地增进公平,推进合理分配,协调公共利益的控制活动。② 此外,著名学者张康之先生构建行政伦理的观点,一定意义上也是对公共服务动机概念的解读。③ 因此,对公共服务动机进行精确定义,也是极为困难的事情。但公共服务动机具有三个显著的特征:公共服务动机是在社会学习过程中形成;公共服务动机并非仅仅存在于公共部门;是一种内在动机。④

综上所述,可以认为公共服务动机是人们发自内心的一种愿意为公共利益进行公共服务的利他动机,是个体所具有的一种进行公共服务的行为倾向,这种动机或者行为倾向能够引发、推动和维持个体行为朝着为善的方向进行活动。

### (二)公共服务动机的类别

在公共选择理论中,唐斯将公共管理者分为三类:第一类是野心家;第二类是保守者;第三类有着复杂的动机,他们既追求个人利益,也为诸如社会政策和公众利益等大的目标而努力。唐斯又将不断追求更大公众利益的人分为三类:热心者、鼓吹者和政治家。虽然唐斯的研究没有明确提出公共服务动机,但他提出了十分重要的观点:公共组织管理人员认为自己对组织、工作和公众利益所承担的义务是他们工作的重要动机⑤。

Perry 和 Wise(1990)不仅提出公共服务动机的明确定义,并把公共服务动机分为理性的、规范的、情感的三类⑥。理性动机与个人效用最大化有关,即某些人把追求公共服务作为追求自身满足的一种方式;规范动机是指对规范的遵从,关注服务公众和公共利益,具有这类动机者,通常具有对政府整体的忠诚、社会平等信念;情感动机则是在特定情境下产生的诸如热爱、同情等情感反应。

Gene 等人(2000)则按照导向的不同将公共服务动机划分为四类,每一类导向代表公共服务的一种独特观念,四类导向分别是乐善好施者、社群主义者、爱国者和人道主义者⑦。其中,乐善好施者是热衷于为不幸的人提供服务,他们希望那些受助者能够自己采取积极行动进行自救,并且能够从乐善好施过程中带来一种自身的满足感;社群主义者则信奉国家和社会利益,认为公民职责的最高形式之一,就是进行公共服务,他们有高度服

---

① Vandenabeele, Wouter, Sarah: Public Service Motivation in an International Comparative Perspective: The UK and Germany[J]. Public Policy and Administration, 2006.

② 陈庆云. 公共管理基本模式初探[J]. 中国行政管理, 2000.

③ 张康之. 寻找公共行政的伦理视角[M]. 北京:中国人民大学出版社, 2002: 8.

④ 曾军荣. 公共服务动机:概念、特征与测量[J]. 中国行政管理, 2008.

⑤ Nutt P C: Comparing Public and Private Sector Decision-Making Practices [J]. Journal of Public Administration Research and Theory, 2006.

⑥ Perry J L& Wise L R: The Motivational Bases of Public Service[J]. Public Administration Review, 1990.

⑦ Crewson P E: Public-service Motivation: Building Empirical Evidence of Incidence and Effect[J]. Journal of Public Administration Research& Theory, 1997.

务于社会、回报社会的公共服务动机；爱国者与社群主义者一样，他们也愿意用高的道德标准要求公共官员；人道主义者则有强烈的社会公正感和公共服务意识，他们比乐善好施者更多地考虑社会福利。

以上四类公共服务动机在某些方面有所重叠，比如，他们都具有一定的同情心，具有公民责任感。但四种类型的人在关心的范围上有所不同：乐善好施者关心的是他人，社群主义者关心的是社会，爱国者关心的是国家，人道主义者关心的是人类。虽然如此，每一类观念有多种动机成分起作用，并没有一种主导性成分。不过导向这四类不同态度和行为取向的公共服务动机观念也有很多共性，每一观念都体现强烈的从事公共服务的愿望。

### （三）公共服务动机的结构

公共服务是一种特殊的使命呼唤，而不单单是一份工作。它解决的是涉及整个社会的公共问题，包含着更高水平的伦理，而那些响应这种呼唤的人应有一种更高水平的公共服务动机。公共服务动机理论就在于识别、测量和理解这种公共服务伦理。Young(2001)等一些研究者就公共服务动机与若干奖赏项目的关系研究进行了比较(见表 8-3)①。

表 8-3 公共服务动机与不同奖赏项目的关系

| 研究者 | 奖 赏 项 目 | 与 PSM 的关系 | 来 源 |
|---|---|---|---|
| Keiman | 金钱 | — | 论点 |
| Perry and Wise | 金钱 | — | 论点 |
| Rainy | 高工资<br>晋升<br>工作安全性<br>公共服务<br>帮助别人<br>成就<br>从工作中得到良好感觉 | —<br>*<br>*<br>+<br>+<br>*<br>* | 原始调查 |
| Wittmer | 高工资<br>工作安全性<br>地位与威信<br>帮助别人<br>社区服务 | —<br>—<br>—<br>+<br>+ | 原始调查 |
| Gabris and Simo | 高工资<br>工作安全性<br>竞争<br>权威<br>社区服务 | *<br>*<br>+<br>+<br>+ | 原始调查 |

① Young Joon Choi: A Study of Public Service Motivation: the Korean Experience[D]. University of Idaho, 2001.

续表

| 研究者 | 奖赏项目 | 与PSM的关系 | 来源 |
|---|---|---|---|
| Crewson | 高工资<br>晋升<br>工作安全性<br>服务社会<br>帮助别人<br><br>高工资<br>晋升<br>工作安全性<br>服务社会<br>帮助别人<br><br>成就 | *<br>—<br>—<br>+<br>+<br><br>*<br>*<br>*<br>+<br>+<br><br>+ | 1989年社会普查(GSS)<br>1994年电气和电子工程师协会(IEEE)<br>1979年联邦雇员态度调查(FEAS) |
| Brewer and Selden | 金钱<br>工作安全性<br>公共利益 | *<br>—<br>+ | 1992年绩优原则调查(MPS) |
| Houston | 高收入<br>晋升<br>工作安全性<br>工作时间短<br>成就 | —<br>*<br>+<br>—<br>+ | 1991年、1993年和1994年社会普查(GSS) |

注：+表示具有积极作用；—表示具有消极作用；* 表示没有关系。

表8-3中的一些研究者是以美国社会普查和其他大型调查的数据为基础，通过比较公共部门与私人部门的差异来检验公共服务动机。Houston(2000)对美国社会普查中1457个样本数据(其中公共部门101人，私人部门1 356人)进行了比较分析，得出的结论是公共部门职员比私人部门职员更多倾向以工作中的内在激励为价值取向，认为内在激励很重要，而更少倾向于诸如高工资、工作时间短等外在激励，他们的发现显示了公共服务动机的确存在，也表明公共组织中个人的激励价值取向是不同于私人部门组织的。[①]因此，人们就不会对以下情况感到奇怪：为何在公共部门运用以外在激励为导向的管理改革不如私人部门成功？但Maidani(1991)发现对公共组织和私人部门而言，内在影响因素的重要程度并没有差别，甚至认为政府部门工作人员比私人部门雇员更受外部因素影响。[②]

虽然公共服务动机研究者数量与相关成果不断增加，但Perry(2000)认为已有研究

① Houston D J: Public-service Motivation: A multivariate Test[J]. Journal of Public Administration Research and Theory, 2000.

② Maidani E A: Comparative study of Herzberg's Two-Factor Theory of job satisfaction among public and private sectors[J]. Public personnel Management, 1991.

的局限是没有发展出一个完整的公共服务动机理论。① 因此他试图发展一种理论以取代目前占支配地位的理性选择理论。他提出了建构公共服务动机理论的四条假设：第一，理性、规范、情感的过程激励着人们。第二，每个人受自我观念所驱动。第三，偏好或价值是内生的。第四，偏好是在社会过程中习得的。这些理论假设意味着公共服务动机有许多来源，包括理性选择、规范一致性和情感关系以及个人自我观念。基于这些前提假设，Perry 提出了公共服务动机的过程理论（见图 8-4），这一理论参考了 Bandura 的三因素（环境事件、认知与其他个人因素、行为）互动关系理论，并将公共服务动机过程的关键变量分为四个方面：社会历史背景、动机环境、个人特征和行为。

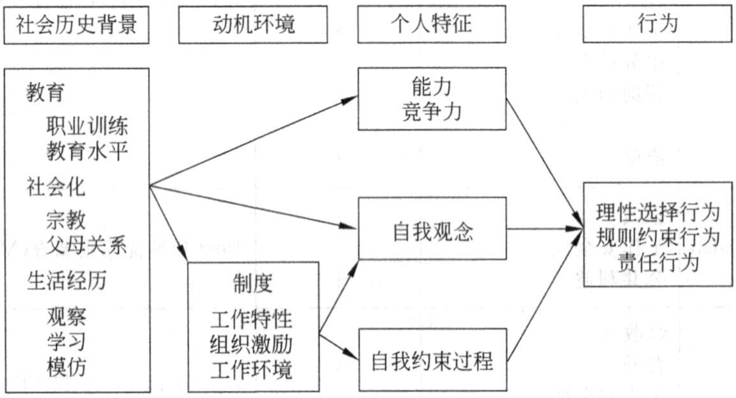


**图 8-4 公共服务动机过程理论**

## 二、公共服务动机的检验途径与测量工具

### （一）公共服务动机的检验途径

动机往往具有激活特征，即具有外显反应、坚持性和活力的特点，检验动机往往是从这些特征入手。也有研究者认为动机分析更为重要的是行为指向性，它通常被认为动机状态的一个指标，在某些情境中偏好测验成为确定动机强弱的一种较佳方法，甚至是最根本的动机指标②。研究公共服务动机理论一般沿着两条途径，一条是检验规范论题的核心：是否如同文献中所提出公共部门雇员表现出更高的公共服务动机水平？大多数研究者已经通过对公共部门和私人部门职员的比较回答了这一问题。另一条途径是研究公共服务动机的行为暗示，主要是工作满意、组织承诺、组织效能、弊端揭发者和绩效。

正如一般动机理论，公共服务动机理论也是以需求理论为基础。在人们的行为中得不到满足的需求起着重要作用，它能驱动个体产生紧张感，引起个体努力达到特定目标，如果满足了这种需要，则会降低原来的紧张感。要了解这种驱动力，必须确定真正的需要是什么，然后使得这种需要的满足与行为途径具有一致性。Rainey 认为公共服务动机是

① Perry J L: Bringing Society in: Toward a Theory of Public-service Motivation [J]. Journal of Public Administration Theory and Research, 2000.

② 皮特里，戈文. 动机心理学[M]. 西安：陕西师范大学出版社，2005：10.

一个十分难以捉摸的概念，检验公共服务动机涉及许多复杂因素，至今有多少个学者研究它就有多少种检验途径。但现有途径可以粗略地归结为三种：第一种是间接选择检验公共服务动机的衡量指标。这种途径主要是集中检验对报酬的反应而不是需求本身，它假设在需求和报酬之间会有一套相匹配的关系存在，避免直接检验公共服务动机的困难，通过测量报酬偏好来反映动机。大多数通过对公共部门与私人部门比较分析的公共服务动机研究可以归为此类。第二种，实地实验研究方法，它避免测量公共服务动机问题本身，而是将公共服务动机与被观察者行为联系起来，直接观察现实情况下被观察者的行为及其影响。第三种则是建立了一套检验公共服务动机的描述式判断，这些描述式判断是经过了严格的理论分析而认真地加以选择的。

虽然对于公共服务动机的内涵、结构和检验途径的研究已取得一定进展，且多数研究者都认为公共服务动机具有激励公共部门人员服务于公共利益的作用，但他们对公共服务动机的概念化、操作性和测量并没有达成一致意见。有些研究者虽然没有直接表明自己研究公共服务动机，实际上他们也是在用不同的素材构建相近的理论。但一个领域的研究如果没有经过深思熟虑的争论、认真的概念化和精确的可操作性检验，就很难去比较研究成果，也很难将他们的研究成果看作累积和系统化。尽管有许多对这一主题有价值的研究，公共服务动机理论仍然可以说是建立在一个不稳定和脆弱的基础上。

### （二）公共服务动机的测量工具

人们期望公共部门寻求和创造公共利益，却经常以私人部门的规则来指导和评价公共部门。而公共部门的工作人员对工作中的价值和需求与私人部门的工作人员有所不同：公共部门的职员更多注重利他和理想目标，比较之下私人部门更关注金钱报酬。公共服务包含着存在富有仁慈心的爱国精神的道德伦理。公共服务动机研究是对公共选择理论的一种挑战，它是对官僚自利性假设的反思和批评。公共服务是一个概念，一种态度，一种责任感——甚至是一种公共道德的意识。① 对公共服务动机概念进行具体的界定和操作化是比较困难的。究其原因，首先在于公共服务动机是一个内在的心理过程，是一个多维度、难于捉摸的抽象概念。② 其次，动机受到周围环境的影响不是一成不变的。

然而，众多学者的研究表明，对公共服务动机的定义虽然语言不同但其含义以及所要表达的结论是相似的。如 Perry 和 Wise 认为公共服务动机是人们渴望消除或满足的一种"心理匮乏或需求"，"主要或特定针对公共机构的目的所具有反应的个体倾向"。他们认为公共服务动机包括理性动机、基于规范的动机和情感动机，是一个多维度的概念，包括参与制定公共政策的吸引力、公共利益承诺、同情心和自我牺牲精神四个维度。③

由于公共服务动机是一种内部过程，是看不见、摸不着的，因此，我们只有通过对行为的观察来推断出动机的情况，而个体的公共服务动机与其行为有着极其复杂的关系。尽

---

① Staats E B：Public service and the public interest[J]. Public Administration Review，1988.

② 曾军荣. 公共服务动机：概念、特征与测量[J]. 中国行政管理，2008.

③ Perry J L：Measuring Public Service Motivation：An Assessment of Construct Reliability and Validity[J]. Journal of Public Administration Research and Theory，1996.

管动机本身并不属于行为,但人的行为总是从一定的动机出发,无论是利己还是利他的动机,都是行为的直接原因,是推动人们去达到目标的心理状态。Perry 给出的关于公共服务动机测量量表是一个包含 6 个维度 40 项问题的公共服务动机问卷。这 6 个维度分别是公共政策制定的吸引、对公共利益的承诺、公民职责、社会公正、同情以及自我牺牲精神。Perry 研究所采用的 376 个样本是有选择的,而非随机的,但每个调查对象都具有基础公共部门服务的背景,包括 MPA 学生、公共事务研究生、企业管理者、政府高管、社会工作的大学生、大学员工、州政府要员、联邦雇员等。经过描述性分析、信度检验后,Perry 去除了显著性不高的条目,并经验证性因素分析法测得其中 4 个维度即公共政策制定的吸引、对公共利益的承诺、同情以及自我牺牲精神对公共服务动机的测量更具可靠性。

## 第四节　公共服务动机测量与运用

传统动机理论对于公共服务行为的解释力受到置疑,公共服务动机理论则试图有效地解释和指导公共服务行为。通过分析公共服务动机的基本内涵、影响因素、检验途径、相关变量以及公共服务动机过程理论,探讨重新设计公共部门的行为激励结构,以弥补公共部门外部激励措施的不足。本研究采用直接测量法建立公共服务动机测量量表,选取位于福建的部分政府部门、事业单位、社会团体与企业单位工作人员进行测量,对 337 个有效样本进行了研究。

### 一、公共服务动机测量量表的结构维度

#### (一) 问卷内容及调查情况

公共服务动机问卷主要解决以下两个问题:一是测量人口统计量,如年龄、性别、教育程度、职位和收入等与公共服务动机水平的关系;二是测量我国公共服务动机总体水平及其与组织承诺、工作满意度等激励结构因素的相关关系。

为实现上述两个目标,问卷内容设计是本研究的重点内容之一。按照杨国枢(2005)给出的问卷内容设计原则①,问卷内容首先应注意测量目标,把它分成互相排斥的若干维度(类),每一维度(类)的题项尽量设置充分,但又要避免过多,不足影响分析结果,过多则影响被测者情绪且易造成数据冗余;其次要注意被测者的知识背景和能力,使题项表述尽可能清晰、明确、易懂。为此我们根据 Perry 的研究结论,选取衡量公共服务动机水平最具可靠性的"参与公共政策制定的吸引"、"对公共利益的承诺"、"同情"以及"自我牺牲精神"四个维度,围绕这四个维度组织了公共服务动机子量表的 24 题项,以期分析我国公共服务动机的总体水平及相关维度结构。由于分析公共服务动机与其他内在激励结构因素间的相关关系也是本章问卷所要探讨的另一问题,因此我们增加了组织承诺子量表(25～38 题)、工作满意度题项子量表(39～49 题)。组织承诺子量表和工作满意度子量表是综合 Perry 量表、Choi 量表并根据我国具体国情进行设计。组织承诺各题项分别涉及群体

---

① 杨国枢,文崇一,吴聪贤,李亦园.社会及行为科学研究法[M].重庆:重庆大学出版社,2005.

团结、群体负态度、个人重要性、公民代表性四个方面，工作满意题项分别涉及工作满意评价、薪水满意评价、同事满意评价、晋升满意评价和领导满意评价五个方面，最终生成公共服务动机问卷。

问卷发放对象为福建省委党校研究生两个班（学员主要是党政机关干部）、福州大学行政管理专业本科在职干部班、福州大学物流工程在职硕士班、三明市部分机关干部、福建省国税系统各县区局长培训班成员以及三明钢铁集团公司、国广一叶装饰机构部分领导与职工。问卷调查时间从 2008 年 5 月至 2009 年 1 月。总计发放问卷 420 份，回收问卷 350 份，有效问卷 337 份。被测试者包括来自企业、政府和第三部门（服务业）的领导和员工，覆盖面较广。

### （二）因素分析

公共服务动机量表中多个题项变量的观测和数据收集，为研究带来了丰富的信息，但同时也导致了数据分析的复杂性。对此，需要通过因素分析研究题项变量之间的内部依赖关系，探求观测数据中的基本结构，并用少数几个潜变量（即因素）来表示问卷的基本结构。

首先对公共服务动机问卷中的公共服务动机子量表进行探索性因素分析。首先进行数据适合性检验，KMO 值为 0.823，介于 0.8 和 0.9 之间（见表 8-4），适合作因素分析；同时巴特利特球体检验统计值的显著概率为 0.000，小于 0.05，符合条件。采用主成分分析法抽取公共因素，其中特征值大于 1 的因素有 7 个，这 7 个因素累计可解释变异量（即累计方差贡献率）为 58.258%（见表 8-5）。

**表 8-4　公共服务动机子量表的 KMO 和 Bartlett's Test**

| KMO 统计量 | | 0.823 |
|---|---|---|
| Bartlett 球型检验 | Approx. Chi-Square | 1763.072 |
| | df | 253 |
| | Sig. | 0.000 |

**表 8-5　公共服务动机子量表的总方差解释**

| 因素 | 初始因素解 | | | 因素提取后的因素解 | | | 旋转后的因素解 |
|---|---|---|---|---|---|---|---|
| | 特征值 | 方差贡献率 | 累计方差贡献率 | 特征值 | 方差贡献率 | 累计方差贡献率 | 特征值 |
| 1 | 5.170 | 22.479 | 22.479 | 5.170 | 22.479 | 22.479 | 3.873 |
| 2 | 2.075 | 9.024 | 31.502 | 2.075 | 9.024 | 31.502 | 3.258 |
| 3 | 1.462 | 6.355 | 47.858 | 1.462 | 6.355 | 37.858 | 2.286 |
| 4 | 1.357 | 5.900 | 43.758 | 1.357 | 5.900 | 43.758 | 2.286 |
| 5 | 1.174 | 5.106 | 48.864 | 1.174 | 5.106 | 48.864 | 1.915 |
| 6 | 1.108 | 4.817 | 53.681 | 1.108 | 4.817 | 53.681 | 2.126 |
| 7 | 1.053 | 4.578 | 58.258 | 1.053 | 4.578 | 58.258 | 2.388 |
| 8 | 0.909 | 3.954 | 62.212 | | | | |

由因素分析建立起4个分量表，根据每个因素所包含题项的内容，对这4个因素进行分析和命名。因素1：该因素下题项主要体现为社区、社会等公共利益做奉献的意愿，无私地服务他人、服务社会的意愿，所以，我们将该因素命名为“公共利益承诺”。因素2：该因素下题项主要体现对待他人利益和自我利益的态度，共6个反向题项，故称之为“自我牺牲”。因素3：该因素下的题项主要涉及对政治、政治官员及制定政策权力的态度，共计3个反向题项，与Perry的“制定政策吸引力”维度所涉及的题项完全一致，称之为“公共政策吸引力”。因素4：该因素下的题项主要涉及同情心、人与人之间的相互依赖及公共服务的重要性共计5个题目。其中4个题项涉及同情心，3个题项与Perry提出的“同情心”维度中的题项吻合，故可以命名为“同情心”。

## 二、公共服务动机测量量表的信度及效度分析

### （一）信度分析

信度分析又称为可靠性分析，是一种度量综合评价体系是否具有一定的稳定性和可靠性的有效分析方法。对公共服务动机总量表所有49个题项进行一致性信度检验，总量表α系数达到0.902，表明总量表具有较好的一致性。其中公共服务动机子量表α系数为0.809。进一步分析公共服务动机每一维度下的α系数(见表8-6)，显示公共服务动机子量表各维在题项数目小于6时α系数大于0.6，题项数目大于6的维α系数大于0.8，信度较好。仅有“公共政策吸引力”维α系数为0.562而略小于0.6，考虑到该维题项数目过小，α系数达到0.562也可认为是可靠的，较低的信度与题项数较少有关。

表8-6　公共服务动机子量表Cronbach α系数

| 量　表 | 量表题项数目 | α系数 | 量　表 | 量表题项数目 | α系数 |
|---|---|---|---|---|---|
| 公共利益承诺 | 9 | 0.804 | 公共政策吸引力 | 3 | 0.562 |
| 自我牺牲 | 6 | 0.671 | 同情心 | 5 | 0.613 |

### （二）效度分析

效度是问卷所能测量理论的概念或性质的程度。自然科学研究中测量目标通常是可以直接观测的，因此所使用的测量工具绝少涉及效度问题，而公共管理领域的态度测量是一种对无法观察事物的间接测量，量表效度问题就需要被考虑。将公共服务动机子量表所有因素和公共服务动机子量表以及三个子量表之间做Spearman相关分析，可以知道公共服务动机每个因素的内部一致性α系数均大于该因素与其他因素的相关系数(见表8-7)，进一步检验每个题项与其所属因素的相关系数均大于与其他因素的相关系数(实验结果略)。这说明该量表结构效度较高。

## 三、基于样本数据公共服务动机的统计分析

通过对337个有效样本采用描述性统计分析，最终结果是被测试者公共服务动机总体水平平均值达到86.81分(见表8-8)。比本问卷设计的中等公共服务动机水平高，这表

表 8-7 公共服务动机子量表因素间的相关系数矩阵与 Cronbach α 系数

| 因素 | 因素 1（公共利益承诺） | 因素 2（自我牺牲） | 因素 3（公共政策吸引力） | 因素 4（同情心） | 合计 |
|---|---|---|---|---|---|
| 因素 1(公共利益承诺) | (0.804) | | | | |
| 因素 2(自我牺牲) | 0.503 | (0.671) | | | |
| 因素 3(公共政策吸引力) | 0.224 | 0.275 | (0.562) | | |
| 因素 4(同情心) | 0.538 | 0.379 | 0.165 | (0.673) | |
| 合计 | 0.649 | 0.558 | 0.360 | 0.462 | (0.809) |

* 括号内为 Cronbach α 系数。

明公共服务动机在总体上处于中上水平。公共服务动机由四个子维度构成，分别是公共利益承诺、自我牺牲、公共政策吸引力、同情心。四个子维度中，公共利益承诺水平最高，达到 33.10，自我牺牲和同情心水平紧追其后，平均分值达到 28.65。

根据前面因素分析的结果（见表 8-8），公共服务动机的四个子维度解释方差由大到小依次是："公共利益承诺"、"自我牺牲"、"公共政策吸引力"、"同情心"。说明在公共服务动机的四个子维度中，"公共利益承诺"是公共服务动机的最大影响因素，体现为公众利益和社会利益进行无私奉献的态度。作为公共服务动机第二个主要因素，"自我牺牲"是一种情感动机，它是人们受感情激励主动帮助陷入困境的他人，并且这种行为与报酬无关。"公共政策吸引力"也成为公共服务动机主要因素之一，是因为从事公共政策的制定、参与公共活动能使人达到个人效用最大化，能令人兴奋，能增进人们的自尊感，能提升人们为社会贡献、为公民服务的价值感，这种动机是公共机构所特有的。而公共服务动机另一主要因素"同情心"所涵盖的内涵与外延不是从狭义角度来理解，它在更广泛的意义上蕴含了爱国主义、英雄主义等公平正义的情怀。不论怎样，公共服务动机或多或少是利他主义的。一定的社会环境对于人们从事公共服务的动机有着重要影响，个人的公共服务动机是在社会化过程中形成的。

表 8-8 公共服务动机水平总体描述统计

| 因素 | 样本数 | 题项数 | 最小值 | 最大值 | 样本均值 | 题项均值 | 标准差 |
|---|---|---|---|---|---|---|---|
| PSM | 337 | 23 | 59 | 116 | 86.73 | 3.77 | 10.585 |
| 因素 1(公共利益承诺) | 337 | 9 | 18 | 45 | 33.10 | 3.68 | 5.430 |
| 因素 2(自我牺牲) | 337 | 6 | 10 | 30 | 20.91 | 3.48 | 3.698 |
| 因素 3(公共政策吸引力) | 337 | 3 | 3 | 15 | 10.09 | 3.36 | 2.525 |
| 因素 4(同情心) | 337 | 5 | 12 | 25 | 20.91 | 4.18 | 2.817 |

由此可以判断，公共管理者确实存在一种潜在的为公众服务的意识，受这种意识的支配，公共管理者被制定公共政策、参与公共事务吸引，更容易受同情心以及公共利益承诺等高尚动机的诱导，最终做出自我牺牲的选择。公共服务动机的特点在于它是依赖内部自我激励而不是外部奖赏。

### （一）公共服务动机与人口统计变量

为了验证公共服务动机与人口统计变量存在相关联系，我们通过相关分析对其进行研究。结果显示，取显著程度阈值为 0.05 时，除单位性质、年收入水平、部门分类和学历四个统计变量的 Sig 值大于该阈值外，其他的各项因素的 Sig 值均小于该阈值，都与公共服务动机相关。其中性别与工作管理角色对公共服务动机的相关性具有高度的显著性（见表 8-9），若将 Sig 阈值取为 0.01，则只有性别与工作管理角色对公共服务动机具有相关性。

**表 8-9 公共服务动机与人口统计变量的相关分析**

| | | 年龄 | 性别 | 工作年限 | 单位性质 | 部门分类 | 年收入水平 | 学历 | 工作管理角色 |
|---|---|---|---|---|---|---|---|---|---|
| PSM | Pearson Correlation | 0.112* | −0.148** | 0.118* | −0.068 | 0.096 | 0.005 | 0.083 | 0.171** |
| | Sig.（2-tailed） | 0.040 | 0.006 | 0.031 | 0.216 | 0.078 | 0.929 | 0.130 | 0.002 |
| | 样本数 | 337 | 337 | 337 | 337 | 337 | 337 | 337 | 337 |

** Correlation is significant at the 0.01 level（2-tailed）。

* Correlation is significant at the 0.05 level（2-tailed）。

## （二）公共部门与私人部门公共服务动机的比较

从基于人口变量的总体性描述性分析，可得出第三部门的公共服务动机均值最高，为 87.91 分，略高于政府部门公共服务动机均值 87.43 分，但二者均值相差不大，基本持平（见表 8-10）。比较之下，企业部门的公共服务动机均值在公共服务动机子维度和总体均值上都处于最低。20 世纪 70 年代，有学者研究得出：公共管理者的工作认同度低于私人部门的管理者，所以公共部门的公共服务动机在一个较低的水平上。之后，Rainey 利用随机抽样直接询问公私部门中层管理者的方法测量公共服务动机，得出的结论是，公共管理者的分数比私人部门的管理者分数高，而且公共服务动机与工作满意度有关，与工作认同度并没有关系。公共部门与私人部门的公共服务动机水平谁高谁低并没有一致的结论，但比较一致的是第三部门的公共服务动机略高于其他二者。从这个角度来看，Perry 将公共服务动机视为一种个人的素质，认为公共服务动机是公共系统所特有的观点并不全面。公共部门以政府为核心部门，外延上包涵第三部门。在本调查数据中，公共服务动机基于部门分类不显著（$P=0.187$）。再进一步将“企业”作为第一组，把“政府”和“第三部门”作为第二组，进行独立样本 T 检验，假设 $H_0$ 为：公共部门与私人部门的 PSM 有着显著差异，但所得结果为：$P_1=0.071$，$P_2=0.070$，因此假设 $H_0$ 不成立。就所调查的样本数据总体上看，公共服务动机在公共部门和私人部门之间不存在显著差异。换言之，公共服务动机应该是服务取向，而非部门取向。

## （三）公共服务动机与组织承诺

为了探讨公共服务动机与组织承诺的相关影响因素，把公共服务动机作为自变量，组织承诺作为因变量，进行相关分析，二者具有高度显著性（$P=0.0000$）。再对两者进行方差分析，公共服务动机与组织承诺有着密切的联系（$P=0.000$）。再将公共服务动机作为组织承诺的自变量，进行回归分析，会发现公共服务动机与组织承诺存在正相关关系（相

表 8-10　基于部门分类的公共服务动机描述性分析表

| 部　门 | | 样本数 | 均值 | 标准差 | 标准误差 | 95% Confidence Interval for Mean | |
|---|---|---|---|---|---|---|---|
| | | | | | | Lower Bound | Upper Bound |
| PSM | 企业 | 143 | 85.59 | 10.447 | 0.874 | 83.87 | 87.32 |
| | 政府 | 81 | 87.43 | 10.852 | 1.205 | 85.03 | 89.83 |
| | 第三部门 | 113 | 87.91 | 10.655 | 1.002 | 85.93 | 89.90 |
| | 合计 | 337 | 86.73 | 10.637 | 0.579 | 85.67 | 87.95 |

关系数为 0.373)。Wise 与 Perry 也曾指出公共服务动机与组织承诺正相关,雇员的公共服务动机越高,组织承诺越高。组织承诺是一种驱动力,它有别于以交换为基础的动机,也有别于与目标相关的态度,其结构具有多维性。组织承诺与公共服务动机的相关性显著高于组织承诺与工作满意度的相关性;公共部门的组织承诺与公共服务动机的相关性显著高于私人部门的组织承诺与公共服务动机的相关性;组织承诺与下级自评绩效的相关性显著高于组织承诺与上级评价绩效的相关性,即从绩效类型和员工类型两个角度看,组织承诺充当着它们与公共服务动机之间关系的缓冲变量。换言之,公共部门员工的承诺是一种履行公共服务动机的方式。①

### (四) 公共服务动机与工作满意度

把公共服务动机作为自变量,工作满意度作为因变量,相关分析结果显示,二者具有高度显著度(P=0.000)。许多学者的研究都发现工作满意度不仅与年龄、性别有关系,还与教育程度等有关系。由于工作满意度仍然是一个比较笼统的概念,这里将公共服务动机与工作满意度的子维度:工作满意评价、薪水满意评价、晋升满意评价、同事满意评价以及领导满意评价进行具体的相关分析,其结果显示,除了在“薪水满意评价”上,公共服务动机没有达到显著性水平之外,公共服务动机与总体“工作满意度”及其子维度之间具有高度显著性水平,即除了“薪水满意评价”之外,公共服务动机在工作满意度总体以及其他子维度上存在高度正相关关系,工作满意度的各个子维度都牵引着公共服务动机水平的高低。

从这点上看,虽然公共组织在招募更好更优秀的人才这场战役中并没有比私人组织更显著的优势,但公共服务动机可以为公共部门输入新鲜血液提供一种新的战略模式。依据工作满意度进行回归分析,得出一个组织中工作满意度高,那么公共服务动机相对也高,而且这也证明了公共服务动机不受金钱物质的诱惑。Wittmer 的调查结论也认为,公共部门的管理者更倾向于帮助别人,并呈现出社区服务意识;而私人部门的管理者则更看重薪酬、地位和声望。工作作为一个平台,可以实现某种理想,从而获得更大程度上的满

---

① Young Joon Choi: A Study of Public Service Motivation: the Korean Experience[D]. University of Idaho, 2001.

足。[①] 工作通过这一途径给工作者带来效用。人们在与同事交往的过程中所获得的心理的"愉悦"是遵循边际效用递减规律的，交际需要（当交际的对象固定时）的满足也是遵循边际效用递减规律的。

## 四、公共服务动机实证研究的结论

公共服务动机是人们发自内心的一种愿意为公共利益进行公共服务的利他动机，这种利他动机源于人们追求公共服务精神，并且愿意身体力行进行公共服务。本研究共选取了政府机构、事业单位、社会团体、私人企业等337个样本数据，分别分析了其基于中国文化背景下的公共服务动机总体水平、公共部门与私人部门公共服务动机的比较、公共服务动机与人口统计变量的关系、公共服务动机与组织承诺、公共服务动机与工作满意度的相关关系。

数据分析显示以下五项结论：第一，基于中国文化背景的公共服务动机总体上处于中等水平以上。第二，在政府部门、第三部门与企业部门三者公共服务动机中，第三部门公共服务动机均值最高，其次为政府部门，最后是私人部门。而前二者均值水平比较接近，企业部门的公共服务动机均值在公共服务动机子维度和总体均值上都处于最低。但公共服务动机在公共部门（政府部门、第三部门）与私人部门之间不存在显著性差别，也可以说，公共服务动机应该是服务取向，而非部门取向。第三，人口统计变量中，男性公共服务动机略高于女性；管理者的行政级别不同往往公共服务动机水平值不同，但是行政级别与公共服务动机并不存在同升同降的正比关系。第四，公共服务动机与组织承诺正相关，公共服务动机水平高，往往意味着组织承诺水平较高，其中公共服务动机与组织承诺中的年龄、工作年限、单位性质、学历4个子维度的关系密切。第五，公共服务动机受工作满意度牵引，其中性别、部门分类、工作管理角色3个子维度的变动直接牵引公共服务动机的变动。

## 五、公共服务动机实证研究结论的可能性应用

公共服务动机实证研究成果对公共部门人才遴选、培养与使用、提升公共部门绩效等方面的应用具有重要的意义。

### （一）将公共服务动机理论运用于公共部门人员选拔机制建构之中

在公众需求日益多元化与复杂化的时代，公共部门服务质量和绩效的成功改善与公共部门中最活跃的因素——人息息相关。公共部门的成功转变离不开主动工作、积极进取的公职人员。公职人员不仅要自觉主动地履行自己的角色义务，还要具有强烈的公共动机去关注公众的声音，重新界定自己在公共部门中的角色定位，成为一名负责任的公职人员。公职人员是公众对公共部门最直接了解的"窗口"。因此，构建一个高效能的公共部门的关键步骤之一就是如何筛选具备较强公共动机意识的公职人员。

到目前为止，有很多研究关注并证实动机对组织绩效有作用。但直接对公共服务动

① Wittmer D: Serving the people or serving for pay reward preferences among government, hybrid sector and business managers. Public Productivity&Management Review, 1991.

机的相关研究相对来说还是比较少。由公共服务动机理论的提出，我们可以隐约地感受到传统动机理论在公共部门激励机制构建中的无力感。而公共服务动机理论的提出，就是为了弥补传统动机理论在公共部门激励机制构建中的不足，把公共服务动机理论引入公共部门激励机制构建中将会起到更好的效果。因此，应将公共服务动机理论运用于公共部门人员选拔机制建构之中。在选拔聘用公共部门人员的过程中，可以更多考虑到候选者的公共服务动机。可以通过有效的公共服务动机测量量表对候选者作测量，选拔出具有较高公共服务动机水平的人员，并引导其公共服务动机倾向，以利于公共精神的培育，更好服务于公共利益。

### （二）将公共服务动机理论运用于公共部门人员的培养机制建构之中

虽然政府及公共部门已经意识到公职人员培训与开发的重要性，但当前我国公共部门中的人力资源培训与开发还是存在下列一些问题：第一，培训不能真正实现按需培训；第二，公共部门的培训设置不合理；第三，公共部门的培训很少进行深层次评估。公共部门公职人员的动机和技能的差异性是受年龄、教育等因素的影响。公职人员对于公共部门的认定以及组织目标是否内部化都与公职人员的公共服务动机息息相关。公共服务动机与公共部门人员培养机制相联系，并且受组织文化的影响。很多研究指出，公共部门人员培养机制建构的科学性对公共部门效能的提升具有重要的影响。为了提升公共部门的服务质量和绩效表现，公共部门有必要识别和发展公职人员的技能和能力，特别是年轻与年长公职人员之间在职业生涯模式中的差异性。公职人员被看作公共部门有效运作的必要资源，他们的公共服务动机在工作中的作用应受到领导的重视。同时，公职人员也应意识到自己是公共部门中有价值的一员，而不仅仅只是传统行政官僚雇员，他们的公共服务动机应该围绕着公众的需要和利益。

所以，公共部门鼓励公职人员发展一种对公共服务活动的价值判断，它对公共组织服务质量和绩效的改善是很重要的。因此，将公共服务动机理论运用于公共部门人员的培养机制建构之中，营造人本化的组织文化，有利于提高员工的组织承诺与工作满意度。由于公共服务动机与组织承诺以及工作满意度高度正相关，可积极引入人本组织文化，将公共服务动机与组织绩效相联系，建立信任机制，赋予相关人员更多的自由裁量权，从而激励员工以提高工作满意度。

### （三）将公共服务动机理论运用于改进公共服务质量与公共部门绩效之中

随着时间的推移，从服务质量和绩效来看，公共部门的治理是无效能和低效率的。众多实证研究通过公共部门与其他部门生产力的比较试图衡量公共部门该如何有效地工作。然而关于如何改善公共部门服务质量和绩效的问题至今仍然受到学者和实践者的广泛关注。针对这样的疑问，公共部门大力引进传统动机理论的激励工具，以改善服务质量和绩效表现。另外，很多研究者试图通过传统动机理论来回答改善公共部门服务质量和绩效的疑问，他们认为一些激励因素如工资、晋升等能有益于公职人员服务质量的改善和绩效的提升。然而，传统动机理论在公共部门和私营部门差异性行为诱因方面解释的无效感，致使当今困扰理论者和实践者的公共部门激励问题至今还没有取得有力的突破性成果。

可以从如何提高公共服务动机水平的角度研究改进公共服务质量与公共部门绩效的途径。客观上,由于政府部门、第三部门中的许多组织根本上无法主要通过晋升、薪酬来激励组织中的工作人员,一方面晋升职位极其有限,另一方面由于制度性原因,其薪酬水平是有比较严格限制的,更重要的是这些公共部门工作效能或工作绩效的确定性评价实在是困难。因此,从提高公共服务动机水平的角度来提高公共部门绩效可能是一条低成本却更为有效的途径。

## 【本章小结】

工作动机是一个难以定义的概念,根据不同的标准可以划分为多种。动机理论主要分为早期动机理论和当代动机理论两类,传统的动机理论在公共领域中应用不断遭受质疑和挑战。公共服务动机理论便随着公共服务动机研究而不断发展,该概念在欧洲学者的研究中也渐渐流行起来。本章围绕公共服务动机的内涵、类别及结构;公共服务动机的检验途径与测量工具进行经验性阐述与归纳,并在此基础上对公共服务动机进行实证研究。公共服务动机实证研究结论认为可以将公共服务动机实证研究成果应用于公共部门人才遴选、培养与使用、提升公共部门绩效等方面。

## 【关键术语】

动机　工作动机　需要层次理论　双因素理论　X、Y 理论　ERG 理论　麦克莱兰需要理论　目标设置理论　强化理论　公平理论　公共服务动机　公共服务动机结构维度　公共服务动机测量工具　公共服务动机检验途径　公共服务动机实证研究

## 【思考与练习】

1. 阐述动机的内涵及类型。
2. 阐述传统动机理论在公共服务领域中面临的困境与挑战。
3. 阐述公共服务动机的内涵和结构维度特征。
4. 阐述公共服务动机的测量工具与检验途径。
5. 阐述公共服务动机在公共部门中的可能性应用。

## 【推荐读物】

【1】[美]皮特里.动机心理学[M].郭本禹等译.5 版.西安:陕西师范大学出版社,2005.
【2】[美]巴纳德.组织与管理[M].曾琳等译.北京:中国人民大学出版社,2009.
【3】[美]赫茨伯格等.赫茨伯格的双因素理论[M].杨湛译.北京:中国人民大学出版社,2009.
【4】[英]多亚尔,高夫.人的需要理论[M].汪淳波等译.北京:商务印书馆,2008.
【5】李小华.公共服务动机研究:对中国 MPA 研究生公共服务动机的实证分析[M].中国社会科学出版社,2010.

# 第九章

# 公共组织中的压力管理

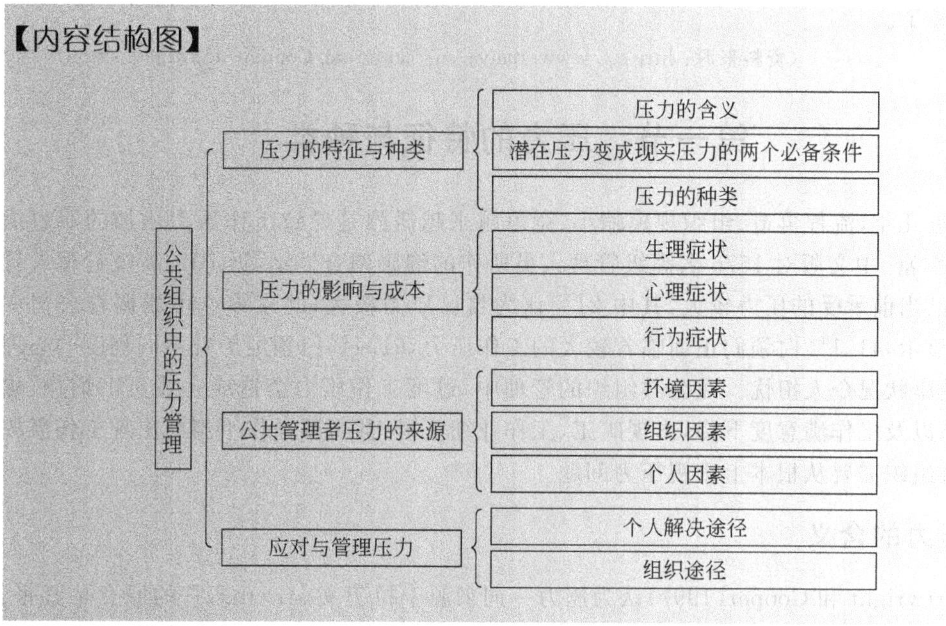


## 案例引导

### 工作、学习及生活压力超负荷的负面影响

L是A市科技局下属某事业单位的副主管，负责A市科技园和创业中心的各项具体业务。为了今后的发展，L还在上MBA在职研究生班。这一天，L像往常一样早晨6点半起床，洗漱完毕，便下楼买早点，回来正好妻子和7岁的儿子起床，一家人吃完早餐，L匆匆送儿子上学。离开学校，L赶紧乘车去预算外管理局，上午8点在门口和同事小C汇合。两人由财政局的一位熟人介绍，和预算外管理局的负责人和经办人洽谈有关本单位的预算外资金管理问题。离开预算外管理局，9点半L乘车去市计委，向基建科和重点项目办公室咨询创业中心扩建工程立项问题。由于项目建议书必须要有资质的机构制作，L又来到市工程咨询院，了解和洽谈委托的具体内容。上午11点L回到市科委向分管领导汇报具体情况。中午回家的路上，L倍感疲惫，在公交车上睡着了，差一点下错站。

中午吃完饭，L稍事休息，下午2点又乘公交车去远在开发区的单位上班。单位领导已经急等着和L商议工作。这时,MBA班的同学来电话,通知下学期专业报名和英语过关考试的事。3点半,L召集有关人员开会,讨论和布置单位预算外资金管理的具体问题。4点半,L终于空闲下来,正准备思考一下人力资源的论文素材,又有外单位人员进门来洽谈业务。5点20分,快到下班时间,同事老Q来找L,告诉他以前的同事WM从美国回来探亲,晚上6点约好在"烧鹅仔"聚会。L赶紧和妻子联系,妻子告诉他晚上也要出席工作宴会,L必须在7点30分回家照看儿子。L心不在焉地参加了聚会,喝了几杯酒,主食没吃就匆匆回家。辅导完孩子的功课,L筋疲力尽。妻子回来不满地说,脸色怎么这么难看,胡子几天没刮,头发也乱。L带着MBA功课毫无进展的遗憾,简单洗漱一下就入睡了。

(资料来源:http://www.tianya.cn/techforum/Content/415/4390.shtml)

## 第一节 压力的特征与种类

最近几年,流程再造、组织规模缩小、竞争越来越激烈是导致工作压力增加的罪魁祸首。[①]《财富》中文版对1576名高级管理人员所作的健康调查显示,近70%高级管理人员感觉自己当前承受的压力较大,其中21%认为自己压力极大;北京零点市场调查公司一项调查显示,41.1%白领们正面临着较大的工作压力,61.4%白领经历着不同程度的心理疲劳,健康状况令人担忧。在公共组织的管理中,过度工作压力会造成一线员工烦躁、焦虑、忧愁以及工作满意度下降,出现旷工、工作业绩下滑,甚至因操作不当而出现工伤事故等,公共组织需要从根本上重视压力问题。

### 一、压力的含义

Cartwright和Cooper(1997)认为压力一词来源于拉丁文strictus,它的原意是紧张、狭隘。[②] 我国学者张爱卿(2006)认为,"压力"一词在17世纪表示困难和痛苦,19世纪表示努力和压力,20世纪表示紧张和对外力的抵抗。[③] 压力的概念最早由美国哈佛大学的心理学家沃尔特·B.坎农于1925年首先提出的,他认为当外部环境的需求扰乱了一个人的稳定状态时,即压力产生,人体就会启用与生俱来的防御机制来保持内部平衡。被称为"压力研究之父"的汉斯·赛勒(1974)认为压力是"身体对于任何要求所做出的非特定的反应"。压力是一种动态情境,在这种情境中,个体要面对与自己所期望实现目标相关的机会、条件及能力等要求而对结果产生不确定性的非特异性回应。

### 二、潜在压力变成现实压力的两个必备条件

并不是所有潜在压力都可以转变成我们现实生活中的压力。潜在压力要转化成我们

---

① [美]乔伊斯·奥斯兰,大卫·库伯,欧文·鲁宾,马琳·特纳.库伯&奥斯兰组织行为学(第8版)[M].王永丽等译.北京:中国人民大学出版社,2011:117.

② [美]罗伯特·B.登哈特,珍妮特·B.登哈特,玛丽亚·V.阿里斯蒂格塔.公共组织行为学[M].赵丽江译.北京:中国人民大学出版社,2007:103.

③ 张爱卿.当代组织行为学——理论与实践[M].北京:人民邮电出版社,2006:142.

能够真正知觉到的现实压力，需要具备两个必要的条件：第一，活动结果的不确定性。在特定情境中，个人并不能确定实现目标的机会能否被抓住，限制条件能否被排除，失败能否避免。当这些条件都具备后，现实性压力才会产生。如果个体无法确定自己能否成功，则压力最大；相反，成败已成定局，个体承受的压力则比较小。第二，结果的重要程度。如果个体认为某件事情输赢都无所谓，则就不会产生压力感。比如说，如果成员认为留职或晋升结果对自己职业生涯的发展来说都无足轻重，那么他在面对组织绩效评估的结论时也许就不会产生紧张和焦虑的压力感。

### 三、压力的种类

Kahn 和 Byosiere(1982)在总结以往研究的基础上，将组织压力归为与任务内容有关和与角色特点有关两种类型。默顿认为角色模糊和角色冲突构成个体角色认知的两个因素，对工作压力有重要影响。O'Driscoll 等(2001)指出角色冲突和角色模糊对工作压力有重要影响。根据不同的标准，可以将压力划分成多种类型，这里主要将压力划分为以下几类。

第一，根据压力来源渠道的正式性，可分为正式组织型压力与非正式组织型压力。将个体承受压力划分为以上两种类型的关键在于看个体压力源所属组织的类型。其中正式组织型压力是指个体所承受的压力主要是来自正式组织；而非正式组织型压力主要是来自非正式组织。

第二，根据压力的作用机制，可分为良性压力和恶性压力。其中，良性压力是指健康的和能够产生建设性的压力；恶性压力则是指对人体生理、心理及行为上造成破坏性的压力。叶克斯和杜德逊则提出了人们的工作绩效与压力之间的关系可以用倒 U 字形来表示。一定的压力对于人们工作绩效的取得具有建设性作用，只有当压力超过合适程度时才会向破坏性转换。

第三，根据压力是否外显化，可分为隐性压力和现实压力。并不是所有的潜在压力都能向现实压力转化，潜在压力向现实压力转化需要具备活动结果的不确定性和结果的重要程度这两个必要条件。其中，潜在压力主要是指在心理上或精神上的，而现实压力则主要是指已经转变成我们现实生活的压力。

第四，根据压力来源的内外在性，可分为内在型压力和外在型压力。影响个体压力产生的因素多种多样，但总体可以归结为内因和外因。内在型压力主要因个体自身内在因素引起的；而外在型压力则主要是由于个体外界因素引起的。

## 第二节　压力的影响与成本

不管是个体、组织还是社会，压力都会造成严重的后果。West 和 West(1989)认为在美国有 1 000 万的工作人员受到与工作相关压力的困扰。[①] Pastor(1995)认为 1980—

① ［美］罗伯特·B. 登哈特，珍妮特·B. 登哈特，玛丽亚·V. 阿里斯蒂格塔. 公共组织行为学[M]. 赵丽江译. 北京：中国人民大学出版社，2007：105.

1989 年间，工作场所暴力也是导致妇女死亡的重要原因。同时，压力也增加了我们犯错误的概率。彼得森(1984)提出：较高的压力水平是造成与工作相关的事故的重要因素。世界卫生组织估计，全球为工作压力所付出的代价已经超过 2 000 亿美元，其中包括旷工、迟到、对员工的补贴和保健支出。对欧盟成员国的一项调查显示，工作压力的代价估计占 GDP 的 3%～4%[①]。

## 一、生理症状

压力所引起的生理症状往往是个体不能控制的。我们都曾在课堂或会议上看到过别人或者自己因为紧张而影响说话速度和发音等不良现象，这些并不是发言者希望看到的，但也不是其所能控制的。只有经过多次锻炼才能逐步克服这些不良的生理反应。压力可能引起的生理症状如疲劳、头疼、胸闷、中风、溃疡、高血压等，都会严重影响个体的身体健康。Quick 等人(1997)认为压力对我们的睡眠习惯造成影响，使我们的注意力难以集中，记忆力下降，警觉性和灵敏性降低。

## 二、心理症状

心理反应包括了一系列的认知和情绪反应，如焦虑、紧张、情绪低落、注意力下降、记忆力下降等。压力也影响着个体的心理状态，持续的压力能够导致个体精神产生沮丧现象。特别是特定情境下的压力，往往能使个体对某一诱发事件或情境产生恐惧感、挫折感、抵触情绪、压迫感、疼痛感、负罪感等不良情绪。心理反应很大程度上取决于个体对这个世界的认知方式和认知程度。一旦个体感觉到压力产生的紧张性心理症状对我们有威胁，个体基本的认知功能便会受到影响。此外，压力引起的一些心理症状也会影响判断和决策等高级认知功能。在强大的压力下，个体也不会真正冷静下来分析问题和思考问题，其自身所拥有的创造性思维便会受到限制，也会影响到问题的良好解决。例如，在高考中，一些考生平时成绩非常棒，但在高考情境的压力下他们常常会头脑一片空白，忘了平时某些非常熟悉的知识点，从而最终影响到他们的考试成绩。

## 三、行为症状

压力常常会引发一些行为症状，如吸烟次数增多、酗酒、脾气变坏、家庭关系变差、睡眠失调等。压力的行为表现是个体、组织及社会最为关注的问题，因为压力产生的行为表现常常会影响到行为的结果。在极端特殊的情况下，压力对个体的影响是非常严重的。Elias(1996)认为美国仅在 1994 年在工作场所的暴力中就有 1 071 人被判谋杀罪及 16 万人被判伤害罪。著名的叶克斯和杜德逊法则(1908)从另一个角度解释压力的不同影响。叶克斯和杜德逊提出，人们的工作绩效与压力之间的关系可以用倒 U 字形来表示(见

① [美]乔伊斯·奥斯兰，大卫·库伯，欧文·鲁宾，马琳·特纳. 库伯 & 奥斯兰组织行为学(第 8 版)[M]. 王永丽等译. 北京：中国人民大学出版社，2011：117.

图 9-1)。[①] 这个模型表明个体工作绩效会随着压力水平的变化而有所不同。因为个体会对于不同程度的压力水平和强度而做出不同的反应。换句话说,当个体承受的压力水平较低时,其工作绩效也较低。随着个体压力的增大,个体的工作绩效也会上升;但当个体承受的压力超过一定程度时,个体的工作绩效则会随之上升而降低。

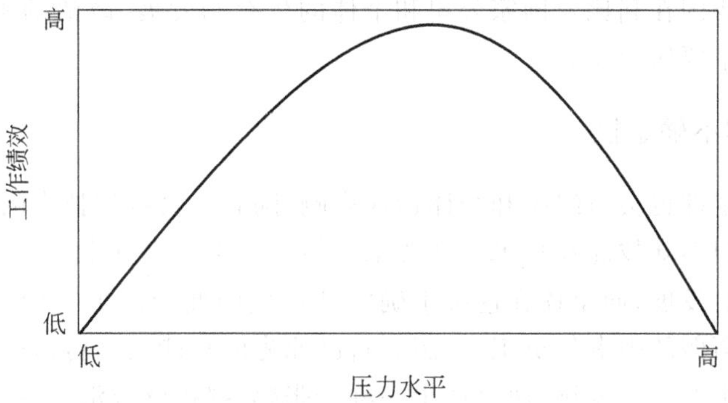


**图 9-1 工作绩效与压力水平的关系**

## 第三节 公共管理者压力的来源

压力源就是导致个体产生压力反应的因素,许多因素都能使个体产生压力感。每种压力源在强度、频率、持续性等方面都存在差异性,不同压力源对个体造成的影响也不一样,其压力的强度也不同。可以从不同视角将压力源分为环境、组织及个人三类。

### 一、环境因素

环境的不确定性会影响到组织成员的压力水平。比如经济危机造成失业人数增加时,人们便会担心自己的工作安全感和稳定性;如果政治局势不稳定、政策频繁变动,人们则会因前途未卜而不安,进而产生压力感;随着技术革新的速度日益加快,许多组织成员也会因自身技术及知识的过时以及能否及时接受新技术产生压力感。

#### (一) 经济的不确定性

商业周期的变化常常会造成经济的不确定性。当社会经济萧条,失业人数上升时,人们便会对自己的经济问题和生活问题产生不确定性,在这种不确定性环境中,个体便会产生压力。在这种情况下,对个体的身心健康、出错率等都会造成很大的影响,如果个体不能很好地管理这种不确定性,则不仅会给个体带来负面影响,也会给社会带来严重的危害。

---

① [美]罗伯特·B.登哈特,珍妮特·B.登哈特,玛丽亚·V.阿里斯蒂格塔.公共组织行为学[M].赵丽江译.北京:中国人民大学出版社,2007:107-108.

### （二）政治的不确定性

政治的不确定性对个体和组织来说都会造成压力。特别是政策的变动、战争因素等因素会影响到组织和个体的生存和发展。例如，利比亚的政局动荡、战乱频繁、政治的不稳定便会影响到我国在利比亚国家公司和个体的生存与发展，政治的不确定性因素便上升为工作压力的主要压力源。

### （三）技术的不确定性

技术的不确定性也会对组织和个体造成影响，随着社会科学技术的不断进步，组织和个体要不断面对很多新技能和技术的新要求。组织和个体则常常会因为担心技术和知识的过时影响自身的发展，而个体在这种不确定性环境中便会产生一种心理紧张感。特别是那些学习能力渐弱的中老年员工，一想到自己原先的技能已不再适应组织的发展，而学习新技能时比新来的成员要慢，便会产生一种紧张感、挫折感或沮丧感。

## 二、组织因素

现代社会在一定程度上已经分化为以组织为单元的社会，组织与个人的生活息息相关。组织方面如任务要求、角色要求、人际关系要求、组织结构、组织领导作风及组织生命周期等六个因素常常是个体生活中精神压力的主要来源（见表 9-1）。

**表 9-1　组织因素的压力源**

| 压力源 | 含　义 | 例　子 |
| --- | --- | --- |
| 任务要求 | 是指个体因工作职责、要求、难度、责任及工作环境等因素造成 | 如工作超负荷 |
| 角色要求 | 是指个体因工作中工作职责不清或冲突等因素造成 | 如角色模糊 |
| 人际关系要求 | 是指个体因同事关系及上下级关系之间的不和谐因素造成 | 如同事关系紧张 |
| 组织结构 | 是指个体因组织机构设置、制度、绩效评估、授权等因素造成 | 如晋升问题 |
| 组织领导作风 | 是指个体因上级的领导作风而产生的一种紧张感造成 | 如领导的严谨作风 |
| 组织生命周期 | 是指个体因组织发展情况对工作不确定性的不稳定感造成 | 如组织的动荡期 |

### （一）任务要求

任务要求压力源指的是那些因工作中工作职责不清或冲突等给个体造成压力的因素。当工作任务严重超负荷时个体就很容易产生压力，员工会因担心工作不能如期完成而感到不安，精神常常处于非常紧张的状态，容易出现疲劳、睡眠质量不好、食欲不佳等现象，这种类型在业务员身上表现得很明显。相反，如果工作任务是以简单和重复性为主，则个体因工作任务枯燥和没有挑战性而产生一种精神上的压抑感和虚度光阴的愧疚感，如在某些事业单位出现行政人员因工作简单无聊而看报纸这样的不良现象。这种因工作任务要求而产生的精神负担不仅体现在工作量上，也体现在工作难度上。Xie 和 Johns (1995)认为复杂程度较低的工作导致人们厌倦，复杂程度较高的工作可能导致身心疲惫、焦虑和有压力[1]。心理学家耶基斯和多德森(1908)进一步指出,压力强度的最佳水平并不是固定不变的,它根据任务性质的不同而不同(见图 9-2)[2]。图中显示了压力强度、任务类型及工作绩效之间的联系,个体因承担工作任务的难度水平不同而产生不同的绩效水平。这一规律被称为耶基斯-多德森定律。

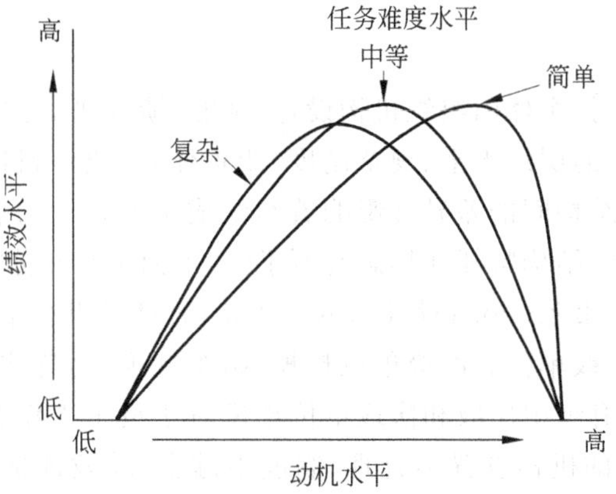


**图 9-2　压力强度、任务类型与工作绩效的关系**

### (二) 角色要求

角色要求压力源指的是个体因工作中工作职责不清或冲突等出现角色扮演困扰从而产生的压力。当一个人因角色负荷太重或同时扮演多重角色,再加之他人对其的工作期望时,就会产生很强大的工作压力。此外,当一个人因角色模糊而不清楚自己的角色定位时,工作中的工作职责因素引起的焦虑情况也可能触发个体的压力。Vasu、Stewart 和 Garson(1990)认为当人们不能适应被分配的任务,或者个人的需要与角色的要求相矛盾时,角色冲突就会发生。Jackson 和 Schuler(1985)认为角色冲突一旦发生,个人就会出现紧张、焦虑和较低的工作绩效。[3] 这种因角色要求而产生的压力在公共组织中表现得更明显,而且其往往还具有竞争性和多面性的特点。角色模糊感、不确定性、多重性等无疑会使个体在工作中产生焦虑感和紧张感,进而引发个体的工作压力。

### (三) 人际关系要求

人际关系压力源指的是个体因同事关系及上下级关系之间的不和谐因素而带来的工作压力。人是社会性动物,多数人通过组织载体来满足自己社交和归属的需要。如果一个人在组织中知觉不到部门的接纳、同事的关怀和领导的支持,在工作中就很容易产生压力。斯韦普和鲁宾(Swap 和 Rubin,1983)断言,有些人天生就比他人多一些竞争性而少

---

① [美]罗伯特·B. 登哈特,珍妮特·B. 登哈特,玛丽亚·V. 阿里斯蒂格塔. 公共组织行为学[M]. 赵丽江译. 北京:中国人民大学出版社,2007:105.

② 高晓芹. 组织行为学[M]. 北京:化学工业出版社,2011:80.

③ [美]罗伯特·B. 登哈特,珍妮特·B. 登哈特,玛丽亚·V. 阿里斯蒂格塔. 公共组织行为学[M]. 赵丽江译. 北京:中国人民大学出版社,2007:109.

一些合作性；Riley 和 Zaccaro(1987)认为，与同事、上司和组织中的其他人的关系的质量及对自己工作的支持程度是能够影响压力水平的；福赛思(Forsyth，1990)提出人际冲突最可能发生在工作环境的竞争之中。[①] 因此，人际缺乏或紧张的工作环境，会给个体带来较大的工作压力。

### （四）组织结构

组织结构压力源是指个体因组织机构设置、制度、绩效评估、授权等因素造成的压力。组织结构界定了组织中的层级水平、规章制度、职责体系、决策机制。不同组织的组织结构具有差异性，而组织结构间的差异性影响着组织成员的行为与表现。研究组织成员压力的产生，就必须对组织结构特征和形态有所了解，进而观察和分析组织结构因素对组织行为的影响。波特和拉韦尔(Porter&Lawler，1965)通过对组织结构变数中如组织层级、科层结构、控制幅度、层级单位和次级单位规模、组织规模、高耸式或扁平式组织、集权或分权等的研究发现，仅有组织层级和次级单位规模对于员工工作态度和行为有较显著的影响[②]。如果一个组织的机构设置不合理、制度不健全、绩效评估体系不健全、员工参与机制未建立、分权与授权不合理等，都有可能成为组织成员的潜在压力源。

### （五）组织领导作风

组织领导作风压力源是指个体因上级的领导作风而产生紧张感的压力源。领导生命周期理论认为，领导的任务行为和关系行为的方式与成熟度之间是一种曲线关系，相应的领导方式可以分为命令型(高任务与低关系)、说服型(高任务与高关系)、参与型(低任务与高关系)、授权型(低任务与低关系)。[③] 可见，不同的领导风格在任务与关系间的取向是不一样的，有些领导类型会导致下属的紧张、恐惧和焦虑心理，他们会使员工在工作中或任务完成中产生压力知觉。

### （六）组织生命周期

格林纳提出了组织创业、聚合、规范化、成熟、再发展或衰退的五阶段模型。组织成长的每个阶段都将面临某种危机和管理问题，每个阶段的组织结构、管理体制、成员心态都具有特点。其中，组织结构是否科学合理、其价值追求是否正确、其运行是否有效率，都将直接关系到组织管理的效率、效益和效果。如果组织管理效率、效益和效果很低，将必然导致组织的失败，员工会为自己的前途而感到不安，因此，在初创和衰退阶段组织成员的工作往往伴随着很强的不确定性，在这种不确定性环境中不管是员工还是领导者都面临着很大的工作压力。

---

① [美]罗伯特·B.登哈特，珍妮特·B.登哈特，玛丽亚·V.阿里斯蒂格塔.公共组织行为学[M].赵丽江译.北京：中国人民大学出版社，2007：109.

② 徐仁辉，杨永年，张昕.公共组织行为[M].北京：北京大学出版社，2006：278.

③ 徐仁辉，杨永年，张昕.公共组织行为[M].北京：北京大学出版社，2006：208-209.

## 三、个人因素

### （一）家庭问题

在生活中，家庭问题往往也是个体压力的主要来源，尤其是家庭和工作交接的范围更容易产生压力。由于夫妻双方都要工作、照顾年幼的孩子、关照老人、应付每天的日常生活，这给他们带来了很大的工作压力。再者，在强工作压力的影响下，人们往往会感到易怒、脾气火暴、压抑等，如果人们将这种负面情绪带回家庭，将会使家庭关系紧张化和严重化，进而产生压力无法消解的恶性循环。Riley 和 Zaccaro(1987)认为，工作人员带到家中的紧张感和问题可能会影响到他们的家庭和朋友，同样，与员工个人生活相联系的紧张感和问题也会影响到他们的工作；格林和里德(1989)对地方政府的管理人员进行了研究，发现家庭关系问题，特别是和工作动机相关的家庭关系问题与压力的产生有较大的联系。①

### （二）经济问题

衣食住行样样涉及个体经济收入的问题，经济乃民生之本。现代社会，当人们应对风险与抵御风险能力相对薄弱时，便会对生活中的一些不确定性因素感到紧张、害怕，从而产生无力感和挫败感。这种因经济问题造成的无力感或挫败感往往是个体产生压力的根源，需要引起人们的广泛关注。个体既需要自信和真正解决问题的能力，也需要一种让他们保持自信和真正能解决问题的经济基础。比如说，由于个体花销过大，甚至超出自己的经济能力，便会面临严重的经济问题，这也是导致人们工作分心和生活压力大的原因之一。

### （三）个性特点

个性特点与压力密切相关。在了解个体压力源时将个体的个性特点考虑进去，有助于我们对压力的理解。压力是一种很复杂的东西，它因人而异，并且与个体的个性特点具有深层次的联系。不同个性的个体都有一个自己能接受的舒适度和安全感，在这个范围内个体能感觉到安全。但当个体处于舒适和安全区域外时，个体往往会不安和紧张，进而产生压力。一般来说，在紧张情况下，内部控制力强的个体比外部控制力强的人更能够做出有效的反应，内部控制力强的人更能够缓解紧张的情绪，可以更快地应付突发的紧急状况。

# 第四节　应对与管理压力

应对是指当外部或内部需求造成个人负担过重而产生压力时，个人和组织应通过科学的方法加以管理。忽视或不重视压力管理的组织更容易受到工作效率下降、员工士气

---

① ［美］罗伯特·B. 登哈特，珍妮特·B. 登哈特，玛丽亚·V. 阿里斯蒂格塔. 公共组织行为学[M]. 赵丽江译. 北京：中国人民大学出版社，2007：112.

低落和法律费用增加等问题的困扰。研究表明，工作压力与员工的工作积极性呈倒U形的函数关系，适当的压力有利于工作积极性的发挥。积极的"影响"或情感是十分有益的，积极的影响会伴随着认知弹性、创新、解决问题、创造力和开放的心态。Quick 等人(1997)认为压力并非太强或太频繁，而是人们和组织缺乏对压力的管理，从而使压力造成破坏力。① 因此，关键的问题是我们如何应对和管理生活和工作中所面临的压力，以便使压力成为良性的压力而非恶性压力。

## 一、个人解决途径

在面对压力时，个体进行自我减压的途径包括掌握有效的时间管理技术、增强体育锻炼、进行放松训练、扩大社会支持网络四类。

### （一）实行时间管理法

时间压力是大多数个体压力的主要来源之一。如何才能够更好地管理好自己有限的时间？怎样控制和使用时间？这些问题一直困扰并影响着很多人的社会和工作质量。"会"做事的人，知道如何才能更好地分配好自己的时间。每个人对自己时间的分配与管理，均有其独到的方法与模式。然而值得注意的是，有效的时间管理应注重事情轻重缓急的影响，对所从事的工作进行归纳并整理，估量时间如何使用才能更好地完成目标、计划和使命。所谓"时间分配"，主要是指将一天有限的时间合理分配到具体的每件工作上。合理性和计划性分配时间的要求，在一定程度上反映出了人们对时间不够用的普遍性焦虑。因此，对工作的优先顺序进行排序将成为有效时间管理能否成功的关键。有效的时间管理并非是全部控制我们所拥有的时间完成所有任务，而是针对优先顺序的任务进行完成。如果没有时间做优先顺序中最重要事情的话，就算我们很忙碌地工作还是会感到有压力。所以，为了更好地管理时间，建议时间管理的第一步就是要对要完成的工作按优先顺序进行排列，可以根据重要性、迫切性、价值性等相关维度进行排序；第二步就是依据优先顺序排列的结果进行合理性和计划性的分配时间；第三步就是培养良好的时间创造法，如培养速读与速写技巧，培养良好的记录习惯，培养行动果断的做事风格，善用网络和空闲时间等。

### （二）增强体育锻炼

无论你是公司领导还是员工，想发挥自己的管理才能和能力，首先就必须拥有一个健康的身体。所谓"健康"就是指身体处于强壮舒适的状态。如果人们经常感觉到疲劳或承受不了压力，则将会比他人承受更重的负担与压力。体育锻炼不仅能增强人们的健康度，而且也是人们管理压力和发泄压力最重要和最有效的方法。当个体遇到压力时，身体常常会将集结起来的能量抑制于体内，造成个体紧张、威胁、抑郁等不良影响，而进行体育锻炼有助于个体宣泄体内集结的能量。因此，作为有效的管理者和领导者，我们需要健康的

---

① [美]罗伯特·B. 登哈特，珍妮特·B. 登哈特，玛丽亚·V. 阿里斯蒂格塔. 公共组织行为学[M]. 赵丽江译. 北京：中国人民大学出版社，2007：97.

体魄，以便面对生活和工作中的挑战，从而更好地应对压力。

### （三）进行放松训练

现代社会可谓一个处处有压力的社会，工作或家庭生活中均有可能产生压力。一旦我们遭遇失败或挫折，心中便会产生焦虑、紧张、不安等感觉。要避开紧张的困扰和提高工作效率，其中一个重要的途径就是个体进行放松训练。放松训练的目的在于降低潜在压力的唤醒水平，营造良好的心理和生理状态。在心理上，放松可使个体在很大程度上减轻紧张与焦虑；在生理上，放松可以使血压下降、呼吸减缓。放松训练技术包括呼吸运动、肌肉放松、沉思、健康操、徒步运动等。例如，个体可以每天进行15～30分钟的深度放松练习，这样有助于减轻紧张感。同时，也应注意放松训练环境的选择，尽量避免在沉闷、混浊的环境中进行。放松训练环境的好坏，关系到个体身体的舒适度和心理上的愉快度，进而影响工作的效能。

### （四）扩大社会支持网络

无论是独资企业、合伙或公司企业，其成功的秘诀只有一个——改善人际关系。人是社会性动物，无法离群索居。社会支持是一种人们得到归属、接受、认同、重视及尊重的感觉。马丁斯和西姆斯把社会支持区分为三个不同的类别：物质支持、情感支持、信息支持，豪斯添加了评价支持。[①] 事实上，从医学的观点来看，与社会隔绝是导致人类生病、死亡最大的风险因素。个体在应对压力过程中，一定数量和质量的社会支持是其在身体和心理上战胜压力的关键性因素，它能够对压力的破坏性影响产生缓冲和调节的作用。Beehr(1995)发现个体与上级、雇员及合作伙伴的关系，可以给其提供建设性的、功能性的、有形的及感情上的支持，因而能够改善工作场所中潜在压力的有害作用。Quick(1997)的研究表明，个体的人际关系与个体的免疫力相联系，与个体战胜疾病的能力相联系。[②] 建设性的社会支持网络来自日常工作中人际关系的构建和培植，与他人相处得和谐、融洽是建设性社会支持网络的基础。

## 二、组织途径

除因我们自己的个体因素外，还有大量与组织本身活动相关可以产生压力的因素，如工作要求、角色要求、组织结构等。正如韦斯特夫妇(1998)在研究公共部门的工作压力的基础上得出的结论那样，组织必须重视人员招聘、遴选、员工社会化过程的相关策略[③]。因此，管理层可以采取一些途径进行调整或改变，降低员工的压力水平。这些途径主要包括以下几种：加强人事遴选和工作安排、设置可行的工作目标、重新设计工作、提高员工参与度、加强组织沟通、设立员工身心健康项目。

---

① 张春华，陈佩杰. 压力管理[M]. 北京：北京大学医学出版社，2008：75.

② [美]罗伯特·B. 登哈特，珍妮特·B. 登哈特，玛丽亚·V. 阿里斯蒂格塔. 公共组织行为学[M]. 赵丽江译. 北京：中国人民大学出版社，2007：116.

③ [美]罗伯特·B. 登哈特，珍妮特·B. 登哈特，玛丽亚·V. 阿里斯蒂格塔. 公共组织行为学[M]. 赵丽江译. 北京：中国人民大学出版社，2007：119.

### （一）加强人事遴选和工作安排

不同员工面对压力情境时的反应并不相同。不同的工作引起的压力水平并不相同，有些工作的确会比其他工作压力大。进行人事遴选和工作设置时，应该把岗位要求、员工的工作经历、人格特征等这些因素考虑在内，实现个人与工作的恰当匹配。例如，管理层不能仅仅限定在只雇用那些有工作经验的，还应选择那些内控能力强的成员。韦斯特夫妇(1989)再一次强调人与组织的匹配，他们指出，公共组织常常不能帮助其员工实现他们的职业生涯的计划和发展，而这些计划能够帮助员工和管理者确定所需要的技能、培训及发展的机会。他们认为由于入职的部分工作压力是在员工与其所处的组织环境磨合过程中产生的。员工在被任用的初始阶段通过组织的某些帮助行为，往往可以更好地检验出员工与职位工作职责是否能够正确地匹配。员工在组织内部成长起来，能力随着合理的工作安排也会不断提高，进而改善员工能力与组织需求的匹配情况。此外，组织也要有意识地鼓励培育员工之间的社会支持和联系，通过相互尊重、相互支持的人际关系网络，寻求建立一种员工认可并接受的组织文化。

### （二）设置现实可行的目标

德鲁克认为并不是有了工作才有目标，相反，有了目标才有了工作。如果一个领域没有目标，那么这个领域的工作必然会被忽视。大量研究表明，具体明确、富有挑战性的目标能够降低员工工作角色的模糊性，降低挫败感，增强控制感，进而减轻角色压力。目标管理与传统管理方法相比有许多优点，如强调权力责任明确化、强调员工参与型、注重结果。目标管理法看起来很简单，但管理者必须真正领会和理解，才能使目标管理发挥作用。主要有：第一，管理者必须清楚知道什么是目标管理和为什么实行目标管理；第二，管理者必须清楚知道组织的目标是什么，以及他们的计划怎样适应目标；第三，目标管理所设置的目标应该明确、合理及具体；第四，所设目标无论在数量或质量上均必须具有可衡量性。目标管理强调员工参与对目标的设置，以使目标能够明确、可检验和可测量。甚至可以说，明确、可检验和可测量性的目标设置是关系到整个目标管理能否成功的关键。在很多成功目标管理方案中目标具体性、参与决策、明确的时间限定和绩效反馈都是他们的共同成分。目标管理可以使员工避免因任务负荷过重、角色不明、职责混淆等因素而带来身体上和精神上的紧张和恐惧，进而减轻自身的工作压力。

### （三）重新设计工作

关于工作设计，哈克曼等人(1975)提出了工作设计中工作技巧多样性、工作认同、工作重要性、自主性及回馈等五个维度。[①] 工作场合中有些压力来自工作本身。通过改变和重新设计工作，能够有效地降低一些引起工作压力的相关因素。不同工作要求的工作技能、任务性质、任务影响力都具有差异性。如果工作能产生满足感和新鲜感，员工工作

---

① Hackman J R, Oldham G, Janson R&Purdy K: A New Strategy for Job Enrichment. California Management Review, 1975(18).

就能够有良好的感觉,进而减少工作压力。例如,公共组织中某些职员因久居同一职位,而对工作丧失新鲜感,就会造成其工作绩效和工作满足感低的结果。如果能通过重新设计或职位调整等途径使得其工作具有挑战性和多样性,其往往能够降低枯燥感和压抑感,进而降低其工作压力。另一方面,员工受到工作职责和自主权不相匹配的影响时,也会产生巨大的压力。在调整或设计工作任务时,应考虑到工作本身的具体情况,增强员工对工作的控制性和自主性。邦斯和韦斯特(Bunce and West,1996)的一项研究表明,从长远的观点来看,通过改变工作方法和调整工作中的关系,为员工提供对于工作中压力做出创造性反应的机会,是比传统压制性管制更有效果的管理活动。奎克及其同事(1997)提出:"增加参与性和自主性可以导致更大的行动自由,其作用肯定是有限的,但是这样做可以更多地疏导和释放压力的能量。"[①]工作任务本身是造成工作压力的主要因素之一,因此,组织可以在一定范围内设法改变一些工作内容以降低员工的工作压力,如重新分派工作,以避免因工作超载或欠载而产生不良的影响。

### (四) 提高员工的参与程度

参与管理是提供组织成员参与组织决策的渠道与机会。其中,员工参与目标的设定与管理最为重要,其关系到能否提高员工工作绩效和工作满意度。在今天,工作中的相互依赖性需要员工和其他部门与工作单元的人共同协商解决。此外,员工参与还可以提高员工对目标的认可、接受及承诺程度。如果员工参与了目标设定过程,则会降低其因工作目标的不认同和不认可等心理因素而产生抗拒和恐惧的感觉,压力自然而然也就减小了。米勒和蒙杰研究发现,情感模式的参与管理,可以提高组织成员的工作满足感。[②] 因为这是一种人性尊重的参与,激发组织成员自尊与独立高层次的需求,所以可以提升员工的工作满足感。科顿等人(1988)提出参与管理的方式有六种,隐含参与管理的多样性,可提供实务运作很好的参考,其内容包括工作决策参与、咨询参与、短期参与、非正式参与、成员所有权及代表参与。[③]

### (五) 加强组织沟通

员工的认知是一项重要的调节变量,而管理则可以运用有效的沟通作为塑造员工认知的手段。无论是私营企业还是公共组织,沟通对其发展都是至关重要的,人们通过沟通才能建立人际关系,才能汇集起每个人的努力。从系统论观点看,组织不仅仅是一个目标价值、权力分配及技术工艺系统,更是组织成员间情感交流的心理和行为系统。如果一个组织沟通不良,常常会造成组织中成员间、部门间及上下级间的冲突和摩擦,进而造成组织管理的混乱和无效。组织沟通主要是指组织中成员间、部门间及上下级间凭借一定媒介建立起的思想、情感和观点的交流。组织沟通对组织内部良好人际关系的建立、组织成

---

① [美]罗伯特·B.登哈特,珍妮特·B.登哈特,玛丽亚·V.阿里斯蒂格塔.公共组织行为学[M].赵丽江译.北京:中国人民大学出版社,2007:118.

② 徐仁辉,杨永年,张昕.公共组织行为[M].北京:北京大学出版社,2006:111.

③ 徐仁辉,杨永年,张昕.公共组织行为[M].北京:北京大学出版社,2006:113.

员心理和行为的改善具有重要影响。对于管理者而言，他们在设置具体目标、完成目标、获取对实现目标过程的反馈时，都需要进行沟通。此外，员工如果没有从正式的沟通渠道中获取信息，则往往会借助小道消息获取信息，进而主观臆测导致认知失真和误解的现象。因此，沟通提供了一种释放情感的情绪表达机制，并满足了成员的社会需要，有助于减轻或缓解个体因沟通不畅而承受的压力。

### （六）设立员工身心健康项目

员工身心健康项目是为组织成员设置的一套系统的、长期的福利与支持项目。通过专业人员对其进行指导、培训和咨询，旨在帮助成员解决各种心理和行为问题，提升其行为绩效。员工身心健康项目主要包括压力管理、职业心理健康、裁员心理危机、灾难性事件及职业生涯等各个方面。公司身心健康项目能够鼓励员工践行健康的生活方式，如员工戒烟、戒酒、减肥、改善饮食状况、制订良好的锻炼计划。这些项目的初衷都是关注员工的整体身心状况，提升员工的工作效能和行为绩效。设立公司身心健康项目是在员工遇到困惑、压抑及干扰等消极心理影响时，为员工提供帮助或者指导员工获得外界资源的一项计划。公司身心健康项目有助于员工缓解工作压力、改善工作情绪、提高工作积极性、增强员工身心健康等，进而提升组织绩效。

## 【本章小结】

压力也称应激状态，是个体面对具有威胁性刺激情境或某一没有足够能力应对的重要情景时，伴有躯体技能以及心理活动改变的一种身心紧张反应。潜在性压力转变为现实性压力必须具有一定的条件，其会产生心理、生理和行为症状。压力从其影响效果而言，可以分为破坏性和建设性两种，破坏性会对个人、团体及组织产生消极性影响，进而导致压力的破坏性成本不断上升。公共管理者压力的来源主要可以分为环境因素、组织因素及个人因素，公共组织部门应重视压力管理机制的建设，积极充分地利用压力的建设性影响来提升公共组织绩效，降低公共组织的运行成本。

## 【关键术语】

压力　压力种类　压力症状　压力成本　公共组织压力　压力管理　时间管理　身心健康项目

## 【思考与练习】

1. 压力的含义是什么？
2. 潜在压力变成现实压力的条件有哪些？
3. 压力会产生哪些影响？
4. 公共管理者的压力来源有哪些？

5. 应对与管理压力的方法有哪些?

## 【推荐读物】

【1】哈佛商学院出版公司. 压力管理[M]. 王春颖译. 北京：商务印书馆，2011.
【2】景怀斌. 公务员职业压力：组织生态与诊断[M]. 北京：中央编译出版社，2011.
【3】刘耀臣，王健. 公职人员压力管理策略[M]. 北京：中国人事出版社，2011.
【4】[美]谢弗尔. 压力管理心理学. 方双虎等译. 4 版. 北京：中国人民大学出版社，2009.
【5】James Campbell Quick, Cary L. Cooper, Joanne H. Gavin, Jonathan D. Quick. Managing Executive Health: Personal and Corporate Strategies for Sustained Success. Cambridge University Press, 2008.

# 第三部分

## 公共组织群体行为研究

# 第十章

# 理解群体与群体行为

【内容结构图】

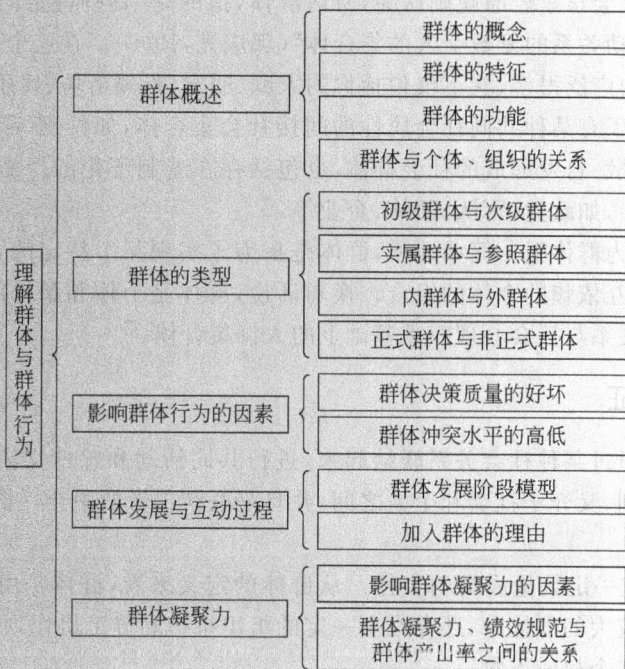

- 理解群体与群体行为
  - 群体概述
    - 群体的概念
    - 群体的特征
    - 群体的功能
    - 群体与个体、组织的关系
  - 群体的类型
    - 初级群体与次级群体
    - 实属群体与参照群体
    - 内群体与外群体
    - 正式群体与非正式群体
  - 影响群体行为的因素
    - 群体决策质量的好坏
    - 群体冲突水平的高低
  - 群体发展与互动过程
    - 群体发展阶段模型
    - 加入群体的理由
  - 群体凝聚力
    - 影响群体凝聚力的因素
    - 群体凝聚力、绩效规范与群体产出率之间的关系

## 案例引导

### 谁是群体？

飞机上的乘客、电影院里的观众、高校教室里的同学、政府部门的科室、应急小组、学习兴趣小组、一个家族、短时间的旅游团以及集市里的购物者，这些是否都能称之为群体呢？一辆正在行驶的公交车，车上的乘客是不是群体？如果有人宣布车上有炸弹或者有人发生劫持人质等事件时，这辆公交车上的乘客此时又是否成为了一个群体呢？

# 第一节 群体概述

## 一、群体的概念

现实生活中我们经常会接触到群体这一词，如消费群体等。我们经常会接触到各类群体。群体这一概念经常在社会学中被提出。群体是社会学分析的具体单位，对群体的研究也由来已久。但对群体做出明确的定义还只是20世纪初的事，美国社会学家阿尔比恩·W.斯莫尔在1950年将群体定义为："一大群或一小群的人，在期间所存在的关系使我们必须把他们作为整体来考虑。"[①]此后，人们认为该定义过于宽泛，又对群体做出了各种的解释。日本社会学家岩原勉则认为，所谓群体，指的是"具有特定的共同目标和共同归属感、存在着互动关系的复数个人的集合体"(郭庆光，1999)。在这个定义下，群体的概念要比库利提出的广泛得多，它不仅包括你的家庭、朋友、近邻街坊、娱乐伙伴等这些初级群体，而且也包括了有某种共同社会属性的间接社会集合体，如性别、年龄层、职业、阶层等；既包括联系松散、自发形成的社会群体，也包括存在着制度化的严密分工和严格纪律的智能群体(组织)，如政党、军队、团体、企业等。[②]

那么，究竟何为群体呢？简单地说，群体是指为了实现某个特定的弥补，两个或两个以上相互作用、相互依赖的个体的组合。换句话说，群体是个体和条件的特殊组合，是建立在社会和工作关系与社会心理双重基础上的人群集合体。[③]

## 二、群体的特征

群体是人们通过某种社会关系联结起来，进行共同活动和感情交流的集体。它既同社会和个人相区别，又介于社会和个人之间，并且是联结二者的中介。群体大致具有以下特征：

(1) 群体是有一定数量成员的集体。从群体的定义来看，群体是由两个或两个以上的人所组成。在较大的群体中，还存在着一定的组织机构和分工协作，并且这其中往往还会存在着一个或多个权威人物。

(2) 群体是具有相似或相近目标的成员的集合体。一个群体必然有一个能够为全体成员所能接受的目标，如消费群体中，消费则是这一群体的目标。群体目标是群体功能的具体体现，是群体的灵魂所在。没有目标的群体是不存在的。

(3) 群体成员对群体具有认同感和归属感。群体归属感是个体自觉归属到所参加的群体的一种情况。有了这种情感，个体就会以这个群体为准则，进行自己的活动，认知和评价，自觉地维护这个群体的利益，并与群体内的其他成员在情感上发生共鸣，表现出相同的情感、一致的行为以及所属群体的特殊的准则。成员形成归属感的时间可能会比较长，但是一旦形成，这种归属感就不会轻易被打破。

---

① 胡荣.社会学概论[M].北京：高等教育出版社，2009：133.

② 李彬.大众传播学[M].北京：中央广播电视大学出版社，2000：244.

③ 时巨涛，马建新，孙虹.组织行为学[M].北京：石油工业出版社，2003：118.

(4) 群体成员有一定的行为准则。群体的行为准则表现形式并不一定,有些是明文规定,也有些是约定俗成的。它是保证群体活动能够协调有序开展的前提。

(5) 群体成员之间的相互交往具有持续性。任何群体都是现实的社会实体,它不仅占有一定的空间位置,而且在时间上也具有一定的持续性。

## 三、群体的功能

群体是由具有特定目标的成员的集合体。就像一把双刃剑一样,群体所起的功能也存在正负两种可能。

### (一) 群体的正功能

#### 1. 人的社会化

群体是人走向社会、与社会上他人交往接触的一个基本场所,是个人走向社会的桥梁。人是社会性动物,其生存与发展与这个社会有着密不可分的联系,群体则为个人的生存与发展提供了一个基础平台。

#### 2. 情感满足的需要

每个群体无论是以何种形式表现出来,都有其一套区别于其他群体的价值观。群体所带来的心理效用也是不一样的。这些心理效应主要包括:群体价值观、群体凝聚力以及群体责任感。群体中的成员有着相似或相近的共同目标,因而他们在情感上的交流与共鸣也比与该群体之外的人来的强烈。因而群体在某种程度上讲可以满足群体成员的情感需要。

#### 3. 社会控制功能

群体总是存在着一套能被所有群体成员接受的群体规范。群体规范为成员提供了普遍的价值观和行为规范,群体成员在遵守该种规范的同时也维持了社会稳定。此外,群体还会通过非正式的社会控制手段影响成员,使其在行动中自觉遵守行为规范。一旦群体成员出现违反群体规范或者社会规范的时候,群体成员会通过劝解、说明或指责等方式促使成员改正。

### (二) 群体的副功能

#### 1. 对个人的影响

群体的过分发展可能会阻碍个人的发展。在群体行为过程中,可能形成一种社会惰性。当许多人在一起工作时,群体成员就会产生一种相互依赖的心理,从而降低了个人活动的积极性。这种情况经常发生在那些为一个共同目标而合作,但个人的成绩不能单独计算的情况下。去社会化是指群体中的人们似乎感觉到自己被淹没在群体之中,并丧失了他们的个人身份。一旦人们处于去个性化状态,就表现出无自知性,行为与内在标准不一致,自制力差,结果导致人们可能加入到重复的、冲动的、情绪化的,有时甚至是破坏性的行动中去。研究表明,群体处于激励性的、充满令人心情紊乱的刺激状态下,尤其是群体成员不易被识别的情景中,易使成员产生去个性化。例如制服效应。

2. 对社会的影响

当某些群体的存在与社会利益、价值要求不符时，群体成员对群体的忠诚可能就会危害到社会利益，阻碍社会的发展。比如说“法轮功”团体。非正式群体的存在也可能会影响到组织的发展。

## 四、群体与个体、组织的关系

群体是由一定数量的个体所组成，若干群体便构成了组织，群体是联系个体与组织的桥梁和纽带。[①] 在一个庞大而复杂的组织中，全体成员被细分成若干个小群体。每个子群体又有其领导者和规范以及目标。这些目标可能与整个组织的目标一致，也可能不一致。这样每个组织及其成员之间的差别就会显露出来。在一个组织中，群体之间会相互依赖，当他们从事一些需要协调努力才能完成的复杂任务时，他们会与在地理上邻近的群体相互依赖，或者根据组织奖励制度而相互依赖。这样对于组织成员来说，成员们之间的差别就很快显露出来了。[②]

# 第二节　群体的类型

一般而言，按照不同的参照标准，群体可以分为以下四类：①初级群体与次级群体；②实属群体与参照群体；③内群体与外群体；④正式群体与非正式群体。下面对各种群体分类做简单介绍。

## 一、初级群体与次级群体

按个人卷入的程度，可将群体分为初级群体和次级群体。初级群体的概念最初是由美国社会学家库利提出来的。在1900年出版的《社会组织》一书中，库利把家庭、邻里、儿童的游戏群体称为初级群体，“具有亲密的面对面交往和合作等特征。这些群体之所以是初级的，其意义是多方面的，但主要是指它们对于个人的社会性和个人理想的形成是基本的”。[③] 群体规模相对较小，成员之间有着独特、强烈的认同感，并形成了亲密人际关系的这样一种社会群体。

次级群体又称次属群体，是指其成员有目的、有组织地按照一定的条约规则建立起来的社会群体、社团等。次级群体是人们为了达到一定的社会目的而建立起来的。一般来说，次级群体规模比初级群体要大，成员较多，有些成员之间不一定有直接的个人接触，群体内人们的联系往往通过一些中间环节来建立。次级群体既是个人步入社会所必须加入的群体，也是个人社会活动领域拓展和活动能力增强的标志。如工厂、学校、工会等。

---

① 任浩. 公共组织行为学[M]. 上海：同济大学出版社，2006：179.

② J. 史蒂文·奥特，桑德拉·J. 帕克斯，理查德·B. 辛普森. 组织行为学经典文献[M]. 上海：上海财经大学出版社，2009：258.

③ 林崇德等. 中国成人百科教育全书·社会·历史[M]. 北京：南海出版社，1994：223.

## 二、实属群体与参照群体

按照个人是否属于一个群体的成员，可以将群体分为实属群体和参照群体。

**1. 实属群体**

实属群体：个体实际归属的或者是当下实际参加的群体。个体在其中必须扮演相应的角色，承担义务和享受权利，并与其他成员发生相互关系，且受到群体规范、群体压力等因素的制约。就某个职工而言，其所在的班、组就是其实属群体。

**2. 参照群体**

参照群体：也称标准群体或榜样群体，指个体在心理上攀比或取向的群体。个体把这种群体的价值、标准作为自己或群体行为的参照目标或规范，并希望通过自己的努力达到参照群体的水平。

## 三、内群体与外群体

依照人们的归属感对群体划分，可以将群体分为内群体和外群体。

**1. 内群体**

内群体：最早是由美国社会学家 W. G. 萨姆纳在其《民俗论》(1906)一书中提出的。内群体是指一个人经常参与的或在其间生活、工作或进行其他活动的群体。成员会感到自己与群体的关系十分密切，并对群体有强烈的归属感。群体成员将他们自己的群体称为"内群体"，对它怀有特殊的忠诚感。群体成员经由所属群体得到自己相应的利益和感觉，并对所属群体持有亲切、安全、认同和热爱、忠诚等情感。这种情感的强弱取决于内群体对成员个人利益和需要的满足程度及群体对个人的重视程度。在现代社会生活中，一个人总是归属于不同的群体，他不仅是某一家庭群体成员，又是某一趣缘群体的成员，还可以是某一同业群体的成员。所以个人所归属的内群体就不止一个，所有的所属群体都可看作个人的内群体。原始社会中，个人一般归属于家庭、氏族、部落这些血缘群体和地缘群体，这种群体对个人进行控制。

**2. 外群体**

外群体：群体成员对自己以外的群体用怀疑的眼光来看待，并认为它没有自己的群体那样有价值(William. G. Summer，1906)。由他人结合而成与自己没有什么关系的群体称为外群体，即"他群"(自己所不属于的、由他人属于的群体)。

内群体和外群体的性质和范围是不断变化的。比如，在原始社会里，内群体和外群体的数目极为有限，性质单纯。一个人所在的家庭、氏族或部落属于内群体，其他的氏族或部落则属于外群体。随着社会的发展，人们的活动范围不断扩大，一个人参与的内群体的数量随之增多，性质不完全局限于血缘的联系或地域的联系，而是逐步扩展到工作、社交、文化娱乐和体育运动各个领域，从而形成业缘、社交、文体等多种类型的内群体。内群体和外群体的界限不是一成不变的，随着个人的加入或退出，外群体和内群体不时发生相互转换的现象。

## 四、正式群体与非正式群体

根据构成群体的原则和方式不同，可以将群体分为正式群体和非正式群体。

1. 正式群体

正式群体：指有一定的规章制度，有既定的目标，有固定的编制和群体规范，成员占据特定的地位并扮演一定的角色的群体。在管理心理学中，正式群体是指由组织正式规定而构成的群体。这种群体，成员有固定的编制、明确的职责分工、明确的权利和义务，并且，为了组织目标的实现，有统一的规章制度和组织纪律。如工厂的车间、班组、科室，机关的科(处)室等都是正式群体。正式群体有一定相互关系的结构和规范，也有明确的行为准则。

2. 非正式群体

非正式群体：指以个人好恶兴趣等为基础自发形成、无固定目标、无成员间的地位及角色关系的群体。与“群体”相对，非正式群体没有正式结构，也不是由组长确定的联盟，而是人们为了满足社会交往的需要从而在工作环境中自然形成的，是一种自发性群体。非正式群体是在工作和生活过程中自然形成的，没有明确的目的和任务的一种组织。非正式群体也有一定相互关系的结构和规范，但是往往没有明确规定，只靠群体成员自发性地遵守。非正式群体成员中会自然涌现出首领，具有一定的权威性。群体成员的行为受群体中自然形成的规范所调节。非正式群体往往有以下几个特点：可以协助工作，分担领导；有利于增加组织稳定性；可以为组织成员发泄情绪提供场地；非正式团体能矫正管理措施，使领导者必须对若干问题作合理的计划与修改，不敢滥用权力，即对领导有制约作用。

3. 正式群体与非正式群体的关系

在一个正式群体中形成一个或多个非正式群体是不可避免的，非正式群体的存在从某种程度上也会影响正式群体功能的发挥。非正式群体中形成的目标在很大程度上决定着群体成员对劳动和管理部门的态度，因而对劳动生产率有重大影响。若非正式群体关系能够处理好并利用得当的话，可以对正式组织和领导起支持、分担、稳定、调节和制约的作用。

## 第三节 影响群体行为的因素

群体行为是组织行为的基础，是个体行为的表现形式。群体行为会受到群体决策质量好坏以及群体冲突水平高低的影响。

### 一、群体决策质量的好坏

群体决策是为充分发挥集体的智慧，由多人共同参与决策分析并制定决策的整体过程。其中，参与决策的人组成了决策群体。群体决策是群体行为最主要的表现形式，其有效性、开放性以及合理性决定了群体行为是否能够为全体组织所接受。群体决策中，群体思维和群体转移这两种现象又潜在地影响着群体客观地评估各种方案和达成高质量决策的能力。①

① 斯蒂芬·P. 罗宾斯. 组织行为学[M]. 北京：中国人民大学出版社，2003：251.

1. **群体思维**

群体思维：一种与群体规范有关的心理性症状。它主要是指由于群体的从众压力，使得群体中那些不寻常的、少数人的观点或者不受欢迎的观点难以充分地表达出来，群体对其又不能作出客观评价的情况。群体思维是伤害许多群体的一种疾病，但它并不总是有害的，它也有有利的一面。例如网民群体，他们在网络中所表现出来的群体行为所构成的对社会良性规范的影响力就有利于全体社会。

2. **群体转移**

群体转移：也称群体决策的风险转移现象，指在群体进行决策时，在集体讨论、选择方案、做出决定的过程中，群体成员倾向于夸大自己的最初立场或观点的决策心理现象。群体转移可以看作群体思维的一种特殊形式，出现转移的情况可能由以下几种原因所导致：①决策责任分散。群体决策使得参与决策者责任分散，风险共担，即使决策失败也不会由一个人单独承担，加之权责往往不够分明，所以群体决策不如个体决策谨慎，具有更大的冒险性。②群体氛围。群体成员的关系越融洽，认识越一致，则决策时就缺乏冲突的力量，越可能发生群体转移。③领导的作用。群体决策往往受到领导的影响，而这些人的冒险性或保守性会影响到群体转移倾向。④文化价值观的影响。群体成员所具有的社会文化背景和信奉的价值观会被反映在群体决策中。例如：美国社会崇尚冒险，敬慕敢于冒险而成功的人士，所以其群体决策更富于冒险性。群体转移致使群体决策在多数情况下向冒险转移，而在少数情况下向保守转移。

## 二、群体冲突水平的高低

群体行为的另一种表现形式则是群体冲突。在组织行为学的框架内，群体冲突可以被定义为：行为主体在人际交往或工作互动中，一方感知另一方由于某种原因会对自己的利益和偏好产生了消极影响或者将要产生消极影响而导致的对立的心理状态或行为过程。[①] 群体冲突是在群体之间公开表露出来的敌意和相互对对方活动的干涉。从一个方面看，冲突将妨碍现有组织与人员的运转，但是群体冲突并不总是有害无益的。如果能保持在合理的程度和有限的重要事件上的话，那么冲突实际上能使组织更有效地运行。

（1）群体冲突可以是建设性的，也可以是破坏性的。尽管冲突的潜在消极后果相当严重，但与此同时，冲突也带来一些好处。冲突可能会成为组织变革的催化剂。群体冲突往往会给组织带来冲击，使组织不满足于现状，从而走向革新的道路。

（2）群体冲突水平过低可能会导致群体思维迟滞、墨守成规、缺乏创造力和变革激情。[②] 群体冲突水平过高会导致群体分裂并且合作受阻。只有当冲突达到最佳水平时，才会对群体绩效的大幅提高产生正面影响。

群体冲突是不可避免的，同时组织也不可能压制所有的群体冲突，这不仅不现实，还有可能会导致更消极的后果。群体冲突遭受压制，成员们就开始暗地里互相拆台而不是直接地正面对抗，群体也把精力花在企图削弱对手而不是努力去解决与对手之间的矛盾

---

① 余臻峥.论群体冲突形成的原因及对组织行为的影响[J].现代商贸工业，2008(4).

② 任浩.公共组织行为学[M].上海：同济大学出版社，2006：269.

上。解决群体冲突的策略有很多，其一是冲突回避，即根本不让冲突公开；其二是注意平息、缓和，即使冲突中止，并对冲突双方的感情降温，缓和双方矛盾；其三是包容策略，即允许某些冲突公开发生，但严格控制讨论哪些问题以及讨论问题的方式；其四则是冲突对抗，即公开讨论所有冲突问题并努力寻找一种双方满意的解决方法。

## 第四节　群体发展与互动过程

### 一、群体发展阶段模型

群体的发展是一个动态过程，大多数群体都处于不断变化的状态下。虽然群体可能永远也达不到彻底稳定的状态，但仍可用一个一般模式来描述大多数群体的发展历程。在这里我们使用的是 Tuckman 的群体发展的五阶段模型，即形成阶段、动荡阶段、规范阶段、履行阶段及中止阶段[①]（如图 10-1 所示）。

**图 10-1　群体发展的五阶段模型**

#### 1. 形成阶段

它包括两个部分。第一部分发生在人们加入群体的时候。由于组织的工作分配，人们加入了一个正式群体，或者说由于人们希望得到其他的利益，如地位、自尊、归属感、权利和安全性等，他们加入了一个非正式群体。此阶段群体的目的、结构、领导不明确，群体成员各自摸索群体可以接受的行为规范。群体形成阶段最大的特点就是具有不确定性，群体成员都处于一种“摸着石头过河”的状态之中。当群体成员开始把自己看作这个群体的一份子时，这个阶段便结束，第二阶段便开始了。

#### 2. 动荡阶段

这一阶段是一个群体内部冲突凸显的阶段。此时群体成员虽然接受了群体的存在，但却抵制着群体对个体所施加的控制。进一步，在由谁控制群体的问题上出现了冲突。这一阶段结束时，群体内部出现了比较明朗的领导层级，群体成员在发展方向上也达成了共识。

#### 3. 规范阶段

在第三阶段中，密切的群内关系得以发展，同时群体也表现出了内聚力。这时成员有一种强烈的群体认同感和志同道合感。当群体结构比较稳固，群体成员也对什么是正确的成员行为达成共识时，该阶段就结束了。

#### 4. 履行阶段

此时群体的结构发挥着最大作用，并得到广泛认同。群体的主要精力从相互认识和了解进入完成当前的工作任务上。对长期工作群体来说，执行阶段是其发展历程的最后

① Tuckman B W. Developmental Sequence in Small Groups. Psychological Bulletin, 1965, 63(6): 384-399.

一个阶段。但对于临时群体,比如项目团队、特别行动小组或其他类似团队,它们是为完成某种具体任务而建立的,因此还存在阶段五——中止阶段。

5. 中止阶段

这一阶段中,群体为解散做好准备。高工作业绩不再是群体关注的头等大事,取而代之的是人们关注于如何做好善后工作。在此阶段群体成员的反应各不相同:一些人为群体所取得的成就而兴奋不已、心满意足;也有一些人则可能为即将失去在群体生活中所获得的和谐与友谊而闷闷不乐、郁郁寡欢。

## 二、加入群体的理由

人们加入群体有各种各样的理由,但总的来说无外乎出于五个方面的需要。

1. 共同目标的需要

心理学家米德尔布鲁克(P. N. Middle Brook,1980)提出,在人们意识到不能单独完成一项工作,或者是通过多个人的共同努力可以更顺利地完成一项工作时,就倾向于组成群体。这样,共同的目标促成了群体的形成,这也是群体形成的直接原因。

2. 隶属需要

所谓隶属需要(need for affiliation),指个人认同于他人或群体的行为方式,并以相同方式行为,以获得安全感的需要。生活中每一个人都需要有一个对自己进行评判的参照基点,否则就难于自我确认,就不能有足够的安全感。因此,人需要将自己归于一个自己认同的群体。这就是隶属需要。心理学家沙赫特(S. Schachter,1959)进行了一项著名研究,很好地证明了以上理论,即一个人安全感越是缺乏,他的隶属集群需要也越强烈。沙赫特用不同的实验操作引发被试不同的恐惧水平,然后考察恐惧水平与人们希望与别人在一起的要求是否有关。研究的结果证明了原初的假设:恐惧水平越高,合群倾向也越强。

3. 共同兴趣

兴趣的一致是现实生活中群体形成的重要原因之一。由于兴趣的不同,直接导致了人们在群体归属上的分化。心理学家蒂博特的研究证明,一个群体的吸引力,直接同其所开展的活动是否具有吸引力有关。活动越是可以激发人们兴趣,越易于吸引人们参与群体的活动。

4. 缓解压力的需要

大量社会心理学研究的结果都显示,高压力的情境会直接促进人们形成群体或加入群体。沙赫特的研究已经证明了这一点。其他心理学家对现实生活展开的研究也证实了这一结论。心理学家夸伦泰利等人研究发现,灾祸的受害者会自动与邻里和朋友组成群体去寻找庇护或救援受害者。佩皮通等人的研究则表明,高恐惧诱发情境会明显增加个人参与群体的倾向:很显然,当人们安全感受到威胁时,组成群体或加入群体,是人们获得足够安全感支持的最佳途径。

5. 群体的工具作用

人们加入某一群体有时是为了达到某种功利目的,或实现与群体无关的期待。此时,人们加入群体成了实现其他目的的手段。心理学家罗斯(I. Rost,1952)研究发现,工会成员身份的意义在于得到高薪和更大的工作保障。威勒曼等人的研究则揭示，女大学生参加联谊会的一个重要原因，是试图通过这种身份增加自己在学校的声誉。其他研究者对不同生活领域所做的大量研究也得出了同样的结论。

## 第五节　群体凝聚力

群体凝聚力又称群体内聚力，是指群体对成员的吸引力和成员对群体的向心力以及成员之间人际关系的紧密程度综合形成的，使群体成员固守在群体内的内聚力量。聚力大的群体，成员的向心力也大，有较强的归属感，集体意识强，能密切合作，人际关系协调，愿意承担推动群体工作的责任，维护群体利益和荣誉，能发挥群体的功能。

群体凝聚力的形成有三个层次：人际吸引、成员对群体规范的遵从、成员认同群体目标并将群体规范内化为自身的行为准则。可见，群体凝聚力的形成和凝聚力的强弱的最主要影响因素，是成员对群体的认知程度、认同程度和群体自身所具有的吸引力。

### 一、影响群体凝聚力的因素

一般情况下，人们都会认为，工作效率越高的群体其凝聚力也就越强。在完成相同的任务时，内部凝聚力高的团队与那些内部冲突不断、成员合作精神缺乏的团队相比，要更容易完成任务，且完成任务的质量也相对较高。那么，究竟会有哪些因素会影响到群体凝聚力的高低呢？影响群体凝聚力的因素有很多，主要有以下六个方面。

#### 1. 群体的领导方式

群体的领导们有其各自的领导方式，而不同的领导方式又会对群体凝聚力的大小产生不同的影响。心理学家勒温(Kurt Lewin)和怀特(White)等人经过试验发现，采用“民主型”领导方式的小组比采用“专制型”和“放任型”领导方式的小组成员之间更友爱，思想更活跃，态度更积极，群体凝聚力更高。

#### 2. 群体成员的一致性

这里的一致性是指群体成员的共同性或相似性。如果群体成员有共同的目标、共同的需要、共同的兴趣爱好，则成员之间的行为表现容易达成一致，群体的凝聚力就更强。应该说，群体成员的一致性是凝聚力的基础。

#### 3. 群体规模

群体规模的大小也是影响群体凝聚力的一个重要因素。群体规模过大，成员之间相互接触的机会则会相对减少，彼此之间的关系也会比较淡薄，易造成意见分歧，从而降低群体的凝聚力。若群体规模过小，群体力量不足，又会影响任务的完成。因此，群体的规模应既能保证群体的工作机能，又能维持群体的凝聚力。一般来说，群体规模以 7 人左右为宜。

#### 4. 外部的影响因素

外部压力也是影响群体凝聚力的一个重要因素。研究证明，当群体遭到外部压力时，群体成员会放弃前嫌，紧密地团结起来一起抵抗外来威胁，从而有利于增强群体成员的团结精神，提高群体的凝聚力。

5. 群体成员需求的满足

任何一个人参加一个群体，总希望群体能满足其一定的需求，这既包括物质上的需求，也包括精神上的需求。群体满足个人需求越高，对成员的吸引力就越强。

6. 群体内部的奖励方式

群体内部的奖励方式对群体成员会产生不同的心理影响，进而影响到群体的凝聚力。只强调个人成功，对个人进行奖励，势必造成群体成员之间的矛盾。研究证明，个人和群体相结合的奖励方式易增强成员的集体意识和工作责任，有利于增强群体的凝聚力。

## 二、群体凝聚力、绩效规范与群体产出率之间的关系

研究表明，群体凝聚力和群体产出率是相互影响的，凝聚力高既是高产出率的起因又是其结果。在通常情况下，凝聚力高的群体比凝聚力低的群体更有效，但群体凝聚力的强弱与群体产出率的高低并不一定成正相关，这是因为群体凝聚力对群体产出率的作用还会受到群体目标、态度、群体规模等因素的影响。这其中，群体产出率和群体凝聚力的关系深受群体规范的影响。群体规范是指群体成员所公认的有关群体成员应当如何行动的规则和对成员的行为期望标准。大量研究表明，产出率高、绩效优良的群体一般都有良好的群体规范，良好的群体规范能帮助群体减少成员之间的摩擦和内耗，促进人们合作，进而提高群体效能。[1]

(1) 如果群体的绩效规范比较高(如高产出、高质量、积极与群外员工合作)，那么凝聚力高的群体就比凝聚力低的群体产出率高。

(2) 如果一个群体的凝聚力很高绩效规范却很低，群体产出率通常比较低。

(3) 如果群体凝聚力低，但绩效规范高，群体产出率水平中等，不过比不上凝聚力和绩效规范都高的群体。

(4) 如果凝聚力和绩效规范都低，群体产出率肯定低于一般水平。上述结论体现在图10-2当中。

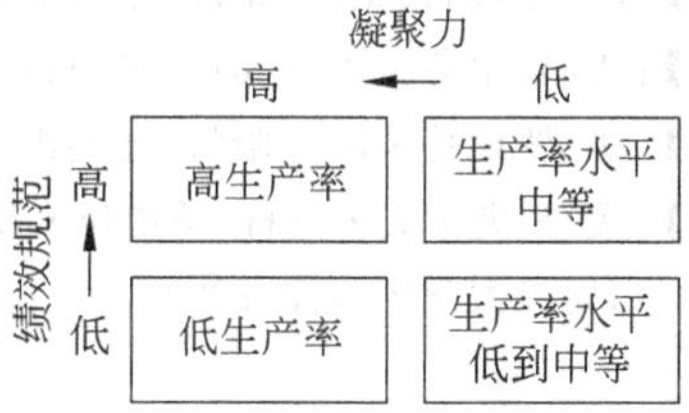


**图 10-2　群体凝聚力、绩效规范与生产率之间的关系**

# 【本 章 小 结】

每个组织都由大量的群体组成，组织成员在与组织中其他人交往时会代表其所属的群体。不论是领导者还是普通成员，当他成为一个群体的一员时，其行为、观点及看法会受到整个群体共有的目标、规范和价值观的影响。在组织群体中，成员分享(近似)共同的组织职位，分享相同的工作经验并最终获得一致的组织观。在本章中，主要介绍了群体的含义及其概念特征，并对群体的分类做了简单的介绍。群体从产生到终止一般会经历五个阶段，群体凝聚力始终存在于群体之中，并会影响到整个群体的产出率水平。

---

① 任浩. 公共组织行为学[M]. 上海：同济大学出版社，2006：190.

## 【关键术语】

群体　组织　群体成员　群体决策　群体冲突　群体凝聚力　绩效规范

## 【思考与练习】

1. 如何界定群体？
2. 群体的特征以及功能有哪些？
3. 群体的分类有哪些？
4. 群体的发展阶段是如何的？
5. 影响群体的因素有哪些？
6. 群体凝聚力是如何影响群体产出率的？

## 【推荐读物】

【1】任浩.公共组织行为学[M].上海：同济大学出版社，2006.
【2】时巨涛，马建新，孙虹.组织行为学[M].北京：石油工业出版社，2003.
【3】姜法奎，刘银花.领导科学[M].大连：东北财经大学出版社，2002.
【4】[美]斯蒂芬·P.罗宾斯.组织行为学[M].北京：中国人民大学出版社，2003.
【5】[美]罗伯特·B.登哈特.公共组织理论[M].3版.北京：中国人民大学出版社，2003.
【6】[美]J.史蒂文·奥特，桑德拉·J.帕克斯，理查德·B.辛普森.组织行为学经典文献[M].上海：上海财经大学出版社，2009.

# 第十一章

# 团队建设及其应用

【内容结构图】

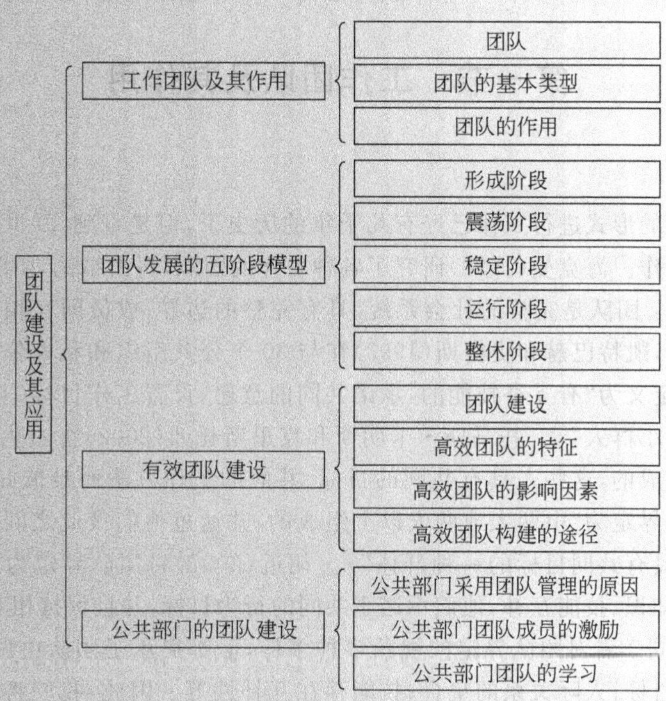


## 案例引导

### 施乐公司低谷的化解

20 世纪 70 年代，施乐公司经营陷入低谷。从 1980 年开始，新总裁大卫开始塑造企业团队精神。施乐团队建设的一条重要原则就是鼓励员工之间“管闲事”，对于同僚业务方面的困难，应积极帮助。为此，施乐经常派那些销售业绩良好的员工去帮助销售业绩不佳的员工，他们认为，合作应从“管闲事”开始。施乐团队建设的第二条重要原则就是强调经验交流和分享。任何一位员工有创意且成功的做法，都会得到施乐公司的赞美和推广。施乐团队建设的第三条重要原则是开会时允许参加者海阔天空地自由发挥，随意交流，并允许发牢骚、谈顾虑，即便是重要的会议也开得像茶馆那样热闹，经常是“说者无心、听者有意”，启发出旁听者的火花般灵感，以至于思路大开。团队建设离不开人。施乐选拔人才特别强调合作精神，常常把骄傲的人拒之门外。他们认为，骄傲的人往往对一个团队具有破坏力，哪怕是天才也不接受。施乐需要的是强化彼此成就的人，即合作重于一切。施乐的团队建设并不排斥竞争，但强调竞争必须不伤和气，不但要公平，而且讲究艺术。例如，公司下属某销售区各小组间的竞争就显得幽默而有效率：每月底，累计营业额最低的小组将得到特殊的“奖品”——一个小丑娃娃，而且以后一月内必须放在办公桌上“昭示”众人，直到有新的“中奖者”。各小组自然谁也不愿“中奖”，为此，大家你追我赶，惟恐垫底“中奖”。至 1989 年，施乐扭亏为盈，后逐渐在世界 140 个国家建立了分公司。

（资料来源：http://www.doc88.com/p-50096682657.html）

# 第一节 工作团队及其作用

## 一、团队

人类以团队的形式进行工作已经有几千年的历史了，但是直到 20 世纪，行为学家才开始研究团队工作。海克曼(1990)研究了各种各样的团队，得出结论，团队能够通过以下三个特征来定义：团队是完整的社会系统，具有完整的边界；成员间互相依存；成员有不同的作用。同样，凯特巴赫和史密斯(1993)在与 30 个公共组织和私人公司的 50 个团队谈话后，把团队定义为“有互补技能的，承诺共同的意愿，设置工作目标，互相负有责任并为此而努力的一小群人”①。托马斯·卡明斯和克里斯托弗(2002)将团队定义为“由一群相互独立的人组成的，这些人具有共同的目标、共同的工作方法而且彼此负责”②。张爱卿(2006)将团队界定为“由两人或两人以上组成的，并通过他们彼此之间相互影响、相互作用而形成的、具有共同目标的一种群体”③。胡近(2007)将团队界定为“一群为数不多的雇员，他们的知识、技能互补，他们承诺于共同的行为目标，并且保持相互负责的工作关系”④。可见，不同学者对团队界定的视角多种多样，但都揭示了团队由两人及以上成员组成；具有共同目标；人际关系的集合；技能存在互补性等。因此，我们将团队界定为“由具有互补技能与知识的两人及以上成员组成的集合体，成员彼此认可组织目标并愿意为组织目标的实现而努力”。

团队是一种实现组织目标的特殊载体，它在某种程度上是群体在一定条件限制下进一步细化的载体，拥有群体的特征，但与一般性工作群体又存在着区别。第一，团体成员间的依赖性比群体成员来得强。虽然二者成绩的取得都取决于成员间的相互依赖，但团队绩效的依赖性远远比群体来得强。此外，团体绩效的取得也强调团队共同工作的成果。

---

① 徐仁辉，杨永年，张昕．公共组织行为[M]．北京：北京大学出版社，2006：320．

② [美]托马斯·卡明斯，克里斯托弗．组织发展与变革精要[M]．李剑锋译．北京：清华大学出版社，2002：142．

③ 张爱卿．当代组织行为学——理论与实践[M]．北京：人民邮电出版社，2006：262．

④ 胡近．公共组织行为学[M]．上海：上海交通大学出版社，2007：141．

第二，团队成员强调工作流程的细化和合作。在群体中个体大多只是为了个人的工作成果而工作，个体也不必为群体承担共同责任，而团队则强调工作流程细化和合作的精神，个体在完成工作任务中强调团队的共同责任和对共同目标的承诺。第三，团队成员间技能和知识的互补性。在群体中并不是十分强调这点，有时群体成员的技能是相同的，而团队则十分强调团队技能的互补性，以承担不同工作职责，进而利用团队的优势为团队目标的实现做贡献。

## 二、团队的基本类型

根据团队成立的目标，可以对它们进行分类。它们主要有：职能型团队、问题解决型团队、自我管理型团队、多功能型团队、虚拟团队及跨国团队。

### （一）职能型团队

职能型团队指每天在一起从事相关事务和任务的个体集合。职能团队经常存在于市场、生产、财务、核算、人力资源等职能部门中。

### （二）问题解决型团队

20 世纪 80 年代，问题解决型团队应用最广的是质量圈，成员就如何改进工作程序和工作方法进行交流并提供解决方案。问题解决型团队一般由来自同一部门的 5～12 名计时工组成，每周有 1～2 次的碰头会面讨论如何提升生产质量、生产效率及改善工作环境等问题。问题解决型团队不能从功能上重组工作或改变管理者角色，他们的职责在于发现并解决组织中的特殊问题。问题解决型团队时常要面对质量或成本的问题。

### （三）自我管理型团队

自我管理型团队通常由 10～15 人组成，队员之间的相互依赖性很强，这种依赖性是团队目标得以实现的关键。研究表明，自我管理团队在产能、成本、客服、品质和安全等方面都比传统管理团队有效。① 相对于传统管理团队，自我管理团队有更高的成长满意度、社会满意度和信任感。鲁斯・威格曼(1997)认为：“自我管理型团队迅速成为了组织选择的管理实践，这些组织渴望变得更加灵活，把决策推向第一线，并且充分发挥雇员的智慧和创造力。自我管理团队背后的核心原理是：团队本身而不是管理者对自身的工作负责和控制自身的绩效，并根据解决问题和适应环境变化的需要修正绩效战略。运行组织中日常事务的这种方式被认为是提高了组织的绩效、提高了组织的学习能力和适应性、提高了雇员对组织的责任感。”②

---

① [美]乔伊斯・S. 奥斯兰，马林・A. 特纳，戴维・A. 科尔布，欧文・M. 鲁宾. 组织行为学经典文献(第 8 版)[M]. 顾琴轩译. 北京：中国人民大学出版社，2010：176.

② [美]J. 史蒂文・奥特，桑德拉・J. 帕克斯，理查德・B. 辛普森. 组织行为学经典文献，王蔷等译. 上海：上海财经大学出版社，2009：314.

### （四）多功能型团队

多功能型团队的兴盛和普及是20世纪80年代末，这些团队由来自同一等级但不同工作领域的员工组成，他们为了完成团队目标而进行信息交流。多功能型团队在需要适应性、速度和反应要求高的情境中较为有效。多功能型团队在汽车制造公司中比较受欢迎，如丰田、尼桑、本田、宝马、通用汽车、福特和戴姆勒—克莱斯勒，均采用多功能型团队完成复杂工作。当然，多功能型团队的管理在其形成初期，往往要消耗大量的时间进行协调与沟通。尤其是那些背景不同、经历和观点不同的成员之间信任的问题，再者成员能真正地合作也需要磨合期。

### （五）虚拟团队

虚拟团队是指运用网络沟通技术跨越空间、时间和组织的限制而集合起来一起工作的团队。虚拟团队可利用电子会议、卫星电视、互联网等先进信息技术，处理空间距离的团队成员在交流中出现的问题。杰西卡·里普纳克和杰弗里·斯坦普斯认为在以团队为基础的组织中，网络能够帮助团队避免分离和孤立，甚至还可以延伸到单一组织的边界以外。其形式有组织之间的网络、公司间的网络以及国家间的网络。虚拟团队和网络化组织是组织进化的最新阶段。① 虚拟团队具有其他团队形式能够完成的工作，如信息交流、决策讨论及任务完成。目标对任何团队来说都是重要的，对虚拟团队更为重要。具体、明确、被认可的团队目标是虚拟团队的凝聚剂。但虚拟团队与面对面型团队之间具有以下三方面的不同，即缺少副言语和非言语线索、成员社会背景了解有限、能克服时间和空间的限制。

### （六）跨国团队

跨国团队由来自不同国家拥有不止一种国籍背景的成员组成，成员之间相互依赖共同负责完成团队目标。

## 三、团队的作用

现代组织的有效运作越来越依赖于团队的合作与竞争。目前，《财富》500强80%的企业，至少有一半或一半以上的员工以团队方式工作。组织越来越强调个体间的交流与合作，特别是复杂任务或相互依赖性强的任务更是如此。团队是组织提高效率的可行方式，有助于组织更好地利用员工的才能。团队是员工共享观点和工作改进的交流平台，其在解决问题过程中往往能够发挥团队成员之间的异质性优势。大量事实表明，团队在完成需要多种技能、经验的复杂工作任务时，其往往比个人来得有效。梅尔（1967）指出，团队比个体更有效有以下五个方面的原因：第一，团队工作比个体工作产生出更多的观点和信息，所以做出的决定更容易执行，问题更好解决；第二，由于团队中每个成员的参与，

---

① ［美］J.史蒂文·奥特，桑德拉·J.帕克斯，理查德·B.辛普森.组织行为学经典文献［M］.王蔷等译.上海：上海财经大学出版社，2009：327.

在做出决定和解决问题的这一过程中，能提高每个参与者对问题的理解和接受程度；第三，由于“社会促进效应”，团队工作会比个体有更大的推动力和更好的绩效，也就是说，会加强组织中成员互相推动的效力；第四，团队工作抵消了个人偏见，发现被忽视的阻碍性问题，能有效分析执行中的盲点，而对于这些，个人往往会漏掉；第五，比起个人单独工作，团队成员更容易参加富有冒险性的选择和采取革新行动。[①]

组织倾向于采用团队作为解决问题的载体，主要在于团队的以下几点优势：第一，提升工作效率。团队具有整合稀缺资源、挖掘团队成员内在潜力的优势，有利于组织问题的解决。团队可以在解决某项工作任务中充分利用队员间技能、经验、知识等方面的差异性，完成其他方法难以完成的复杂任务。团队比起传统以个体为中心的工作设计更有效率的研究结论已得到多数人的认可。第二，提升员工的主动性和创造性。团队组成过程中，成员组合往往强调队员间的差异性和互补性。由风格各异的个体组成的团队，往往比单个个体或同质群体来得更有创造性。在团队中成员的主动性也是评价一个团队是否有效的标准之一，为了更好地解决问题，团队管理者往往会想方设法提升成员的内在积极性和主动性。瑞特根和奥海尔(1996)发现，比起问题由一群同质的管理者去解决，用团队管理时，问题会更快更好、更富有创造性地解决。[②] 第三，提升决策速度与质量。将不同社会文化背景、不同经历、不同技能等差异性的成员集合起来，其比传统部门结构或其他载体的问题解决形式来得更灵活、更有效率。采用团队形式，在一定程度上也会减轻组织官僚主义作风，能够积极鼓励队员提出意见，加快决策的进程，提高工作绩效。此外，差异性团队看问题的视角也将远远比同质群体来得更广泛，问题解决的备选方案往往更具有差异性和创意性，有助于团队决策质量的提升。第四，提升组织凝聚力。团队成员以团队方式开展工作，有利于增进团队成员间的交流与合作，促使团队成员间形成一种互相帮助和支持的合作气氛。团队致力于问题的解决，而鼓励团队成员技能的充分发挥，有利于提升队员的满意度和归属感，进而增进组织的凝聚力。

## 第二节　团队发展的五阶段模型

有效团队的形成并不是自发的，在团队发展过程中都有可能出现各种导致失败或成功的情况。大多数团队都是按阶段发展而成的。在不同阶段，团队成员都将面临着影响行为的特定难题，成功的团队领导者都能领导其团队成功度过各个阶段的危险时期。图 11-1 展示了一个团队理论上所要经历的几个发展阶段：形成阶段、震荡阶段、稳定阶段、运行阶段、整休阶段。图中，横坐标代表 5 个阶段，纵坐标代表团队的成熟度。从图中可以看出，在每个团队发展阶段，团队的成熟度及相应任务类型总是不断变化的，在任何特定点上都有可能出现困难。团队的管理者和团队成员，需要对团队发展特性有良好的

---

① ［美］罗伯特・B. 登哈特，珍妮特・B. 登哈特，玛丽亚・V. 阿里斯蒂格塔. 公共组织行为学[M]. 赵丽江译. 北京：中国人民大学出版社，2007：313.

② ［美］罗伯特・B. 登哈特，珍妮特・B. 登哈特，玛丽亚・V. 阿里斯蒂格塔. 公共组织行为学[M]. 赵丽江译. 北京：中国人民大学出版社，2007：314.

心理准备来应对，因为它们都可能影响到团队的成败。下面针对图 11-1 所给出团队 5 阶段发展过程进行更为详述的阐述：

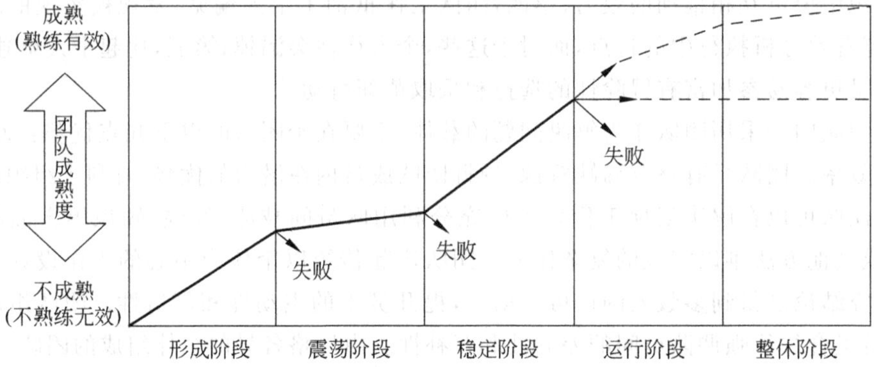


**图 11-1 团队发展阶段**

[资源来源：Tuckmen B M, Jensen M A C. Stages of small-group development revisited. Groups and Organization Studies,1977,2,419-442；Kormanski C. Team interventions：Moving the team forward，In J. W. Pfeiffer(ed.). The 1996 Annual：Volume 2 Cousulting. San Diego：Pfeiffer and Company,1996,19-26]

## 一、形成阶段

形成阶段是指团队从无到有的一段组建时间。团队在形成阶段，团队成员往往处于对所需完成任务和实现目标的理解过程。在这个阶段的典型特征是不确定性、碰撞性和磨合性，这个阶段应该尽量缩短。该阶段成员将焦点放在相互接受，以及对团队任务和目标的理解上。有效的团队领导者会协助和引导队员度过磨合期，构建队员之间相互信任的人际关系，提升队员对团队的归属感。

团队形成阶段的主要任务有：第一，设定团队目标。目标是团队成功的关键，团队目标设置的好坏影响着团队的绩效水平、队员的积极性、主动性及创造性等。有效的团队会把团队目标变成具体化、可行的、可衡量的绩效目标。队员认可的团队目标可以对队员起到激励的作用。第二，筛选团队成员。在设定团队目标之后，就是选择实现团队目标所需要的各类人才。在团队成员的选择过程中，应注意团队成员之间技能、知识、经历等方面的差异性与互补性。第三，对团队成员进行任务和角色界定。为了提升团队的运作效率，应首先界定清楚团队成员间的工作职责，避免因任务和角色界定不清而出现踢皮球的现象。同时在一定程度上也可以降低团队成员因任务和角色要求不清而产生的压力。第四，促进团队成员间的沟通与了解。有效的团队运作少不了有效沟通与交流。如果队员间存在陌生感和不信任，那么团队有效性沟通和交流就无从谈起。

## 二、震荡阶段

团队在经过组建初期的磨合以后，就进入了团队的震荡阶段。在这个阶段，团队成员随着交流和沟通的不断深入，成员间个性和观点的冲突已经开始明显化和激烈化。尤其是在团队目标设置、目标实现的优先性、目标相关活动中权与责等问题讨论和分配方面更为激烈，甚至有可能会演变成团队成员间的敌对感。成功的团队领导者会重视团队成员的潜在或行为性冲突，致力于协调团队成员间的分歧，通过有效冲突管理模式将团队成员的精力集中于团队共同目标上，提升团队成员的归属感和安全感。

因此，在震荡阶段的主要矛盾是竞争领导角色和目标冲突。对本阶段团队成员间矛盾的处理主要采取控制而非压制的管理方法，这样有利于降低震荡阶段的时间跨度，合理地利用建设性冲突。

## 三、稳定阶段

团队经过形成和震荡两阶段之后，团队成员已经协商和制定出自己认可的角色和任务规范，并在此基础上形成了大家都认可的团队目标。在稳定阶段，团队成员的工作行为主要是信息分享、观点碰撞、备选方案抉择等。该阶段的典型特征是合作、承诺、高凝聚力、高认同感及高责任感。

在规范阶段，团队成员的主要心理感觉是满意及适当的压力感。团队成员为了完成工作任务，需要进行比较频繁的交流与沟通。在各阶段中，团队成员间沟通的重要性对团队目标的完成具有重要的作用。从某种程度上讲，沟通已成为该阶段的主要任务。因此，有效团队的管理者应注重为团队成员营造良好的沟通气氛，特别是为团队成员营造一种适应、安全及归属感心理感觉，为团队在目标讨论、方案探讨、活动安排等方面打下良好基础。

## 四、运行阶段

团队发展到运行阶段，团队成员基本已经在意识形态上慢慢接受认可了自身的工作角色。团队成员已适应了如何合作去完成自身及成员间的工作目标。该阶段成员的主要特征是每个成员认可自身工作角色，能够独立及相互帮助地工作。图 11-1 中的两条虚线意味着不同团队在运行阶段后发展势头会出现分化。有效的团队能够从经验中学习和发展，使团队的成熟度更高。无效的团队则仅仅在维持生存面上运行。

因此，团队在运行阶段的绩效明显大于个体绩效之和。对成功的团队来说，应该想方设法尽量延长团队在运行阶段的时间以提升团队的运作效率。主要方法有：第一，保持团队成员良好的心态。团队成员良好心态的保持是团队运作持续高效的基本保障，也是团队延长运行期的最重要手段。第二，提升团队成员间的互补性。团队成员间的互补性包括知识、技能、经验等方面，团队成员互补性的提升是团队赖于生存的重要因素。因为成员技能互补提升是团队应对挑战性和提升生存能力的主要力量源泉。第三，不断激励团队成员。效率是团队运行阶段主要强调的重点，效率关系到团队运行的结果状态。只有通过不断激励团队成员，团队成员才能主动高效地工作。第四，提升团队成员的参与性。为了更好地利用团队成员间技能、知识、经验等方面差异性，更好地完成团队工作任务，有必要提升团队成员的参与性和自我管理性。

## 五、整休阶段

衰退期是指当团队绩效等于或小于个体绩效之和时，团队存在的必要性已开始不断降低。在这一阶段,团队更多地关注团队工作情况的总结而非团队的行为绩效。团队成员在这一阶段中期工作任务已基本结束,将精力主要放在上级分配的任务上,不再主动积极地完成额外的工作。

在这个阶段,团队成员更多的是考虑自己在哪些方面该“取”和该“舍”。有效的团队领导者会积极鼓励团队对已有成绩进行庆祝、反思和学习。因此,团队整体阶段的重点应该放在有效的沟通、信任感重塑、修正奖惩机制、目标的重新设置上。

## 第三节　有效团队建设

### 一、团队建设

虽然,多数情况下人们倾向于将绩效简单地看作投入与产出的关系。但团队有效性不仅仅是产出和效率,它是一个更为丰富的概念。团队建设多数是通过自我管理的形式进行,团队成员在一起工作以改进他们的操作或产品,计划和控制他们的工作并处理日常问题。团队建设应该是一个有效的沟通过程。在该过程中,参与者和推进者都会彼此增进信任、坦诚相对,愿意探索影响工作小组发挥出色作用的核心问题。团队建设是指通过一些有计划的活动安排帮助团队成员改进工作方式、工作技能、工作效率及人际关系等。团队建设是改善团队工作和任务完成情况的一种有效途径,有助于提升团队资源的利用率,更好激励团队成员。

### 二、高效团队的特征

高效团队是指发展目标清晰、完成任务前后对比效果显著增加,团队成员在有效的领导下相互信任、沟通良好、积极协同工作朝着目标运转的团队。高效团队强调的是团队及成员间的主动性和积极性,能够为完成团队任务而努力工作。一个富有效率的团队应该有一个共同目标,团队成员行为之间相互影响,并且能很好地合作,追求团队的集体成功。在现实工作中,越来越多管理者关注高效团队的价值贡献,都在有意识或无意识地尝试构建高效团队,这是一项十分具有挑战性的任务。

近年来,一些研究学者揭示了高效团队主要有以下几点特征:第一,目标明确。高效团队必须拥有明确的目标,使团队成员清楚地知道什么是团队目标及团队存在的意义。而且,明确的团队目标也会对团队成员产生激励作用,特别是团队目标容易得到团队成员的认可。一个明确的团队目标要符合以下四点:团队成员能够描述,并愿意献身于这个目标;目标具有挑战性,且符合 Smart 原则;目标实现策略明确;团队目标能够分解到人。第二,技能互补。任何团队是由不同领域中有能力的成员组成的,高效团队也不例外。团队效率的差异性在一定程度上取决团队成员间技能的互补性,具有互补性技能的团队能够较为出色地完成团队任务。同时,技能互补性强的团队能够较好地适应技术的变迁,具有较强的快速应变能力。第三,良好的团队氛围。成员间相互信任程度是有效团队与无效团队的显著特征之一。良好的团队合作氛围对成员相互信任具有重要的影响。第四,高归属感和荣誉感。归属感和荣誉感体现了团队精神的最高境界,来自团队成员的内心动力。高效团队成员对团队具有高度归属感和荣誉感，愿意为实现团队目标而调动和发挥自己的最大能力。第五，沟通良好。良好的沟通渠道，是高效团队必不可少的表现之一，它有助于消除成员间、上下级间行为上或语言上的误解。富有成效的团队沟通主要有以下几点特征：成员公开且诚实表达自己的想法；成员间相互尊重及关系融洽；成员能积极主动地聆听不同意见，重视不同的意见和观点。第六，求知欲浓厚。高效团队成员始终有着高昂的士气，时刻保持旺盛的求知欲。为了满足内外部环境变化的需求，团队成员必须善于运用创新思维，从独特性、多样性及整体性来思考和解决问题。第七，合理授权。合理授权是指团队领导利用授权来调动团队成员的自我管理能力，进而更好地完成团队交予的工作任务。自我管理有助于鼓舞团队成员的自信心，帮助团队成员更充分地了解自己的潜力。授权时应注意：要将合理的规则、程序和限制同时授予团队成员；选择的成员需有渠道获得必要的技能和资源；在政策和做法上能够支持团队目标；成员互相尊重，并且愿意帮助别人。第八，内外部支持。要成为高效团队必须有一个良好的内部和外部支持环境。内部支持主要是指团队成员适当的培训、沟通机制、绩效评价机制等；而外部支持主要是指组织管理层应给团队提供团队完成工作所必需的各种资源。

## 三、高效团队的影响因素

并不是所有的团队都能构建成高效团队，有很多因素影响着团队效率的提升。建构高效团队包括以下四个工作问题：团队的成立、团队环境的管理、团队成员的管理、团队过程和任务的管理。图 11-2 概括了目前所了解影响团队有效性因素的结果。

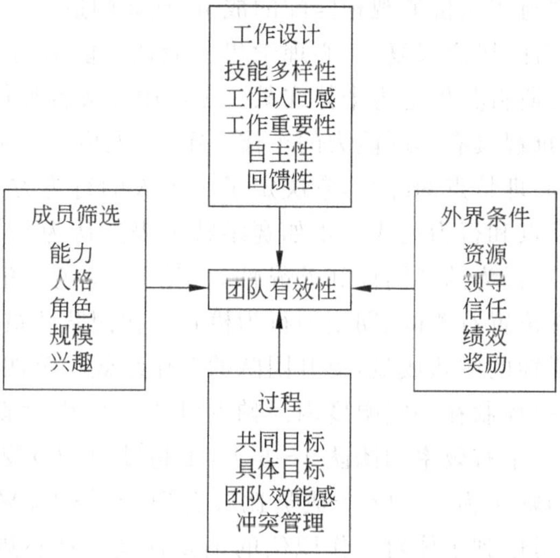


**图 11-2 团队有效性模型**

### （一）工作设计

高效团队需要一起工作和承担共同的责任，以更好地完成团队任务。在团队工作设计中应参考哈克曼等人提出的工作设计五个维度，即技能多样性、工作认同感、工作重要性、自主性及回馈性等变量。有证据表明，合理地从以上五个维度进行工作设计有助于提高团队成员的动机水平，增加团队的有效性。第一，技能多样。技能多样性能够使团队成员应对多样性的工作或业务，增加团队成员工作的胜任力。高效团队是由一群具备实现团队目标所需的技术和能力而且相互合作的差异性个体组成。团队成员技能的多样性和差异性对高效团队构建尤为重要，但却常常为团队建构者所忽视。第二，工作认同感。团队成员的工作认同感是指团队成员对自己工作的整体感，高效团队成员不应仅单纯地负责自己的工作，更应该考虑到整个团队目标的实现。工作认同感的高低影响着团队成员组织公民行为的激发程度，影响着整个团队绩效水平的高低。第三，工作重要性。工作重要性的背后隐含着工作价值的大小，是指团队成员对团队中的他人或社会具有正面影响的意义。团队成员主要从自我认知和社会认知两方面认识和认可自身工作的重要性。合理地引导团队成员对工作重要性的知觉影响着团队整体目标的实现。第四，自主性。自主性是团队成员工作设计的一个关键性变量。团队工作自主性的提高，能够激发团队成员对自身工作产生高度的责任感。同时，也能激发团队成员内部的潜在力量，提升团队成员对工作的认同和承诺。第五，回馈性。回馈性主要是指团队成员可以直接获得自身工作成效的相关信息，理解自身努力工作的成果，以便今后更好地工作。

### （二）成员筛选

在团队成员筛选过程中，应该注意到不同团队队员间的能力、人格、角色配置、人数、兴趣等因素。严格甄选与团队价值观相匹配的成员，从而塑造一支高效团队的工作队伍。第一，成员的能力。能力的概念很复杂，心理学界一般认为能力与大脑有关，侧重于实践活动中行为表现。罗宾斯将其界定为个体在某一工作中完成各种任务的可能性。一个团队要想有效运作，必须重视具有不同能力的个体。第二，人格。人格主要是个体身上经常地、稳定地表现出来的心理特点的综合，它决定了一个人的行为方式与他人的差异，往往具有一定倾向的心理特点和行为模式。正如赛维特·麦迪认为，人格是一个稳定性的特征倾向，决定了人们心理行为的共同性和差异性。[①] 第三，角色。角色是指团队成员在组织结构中占据的与特殊位置有关的、期望的行为模式。在团队队员筛选时，应该确保依据职位设置选择具有多样性的团队成员，提升团队的工作绩效。第四，规模。要想构建高效的团队，就必须把其规模控制在一定幅度内。帕克(1994)发现，团队效率这一基本原理经常遭遇到破坏，他认为一个有效率的团队 4～6 人(不超过 10 人)较好。按照同样的规则，加登斯沃茨和罗(1994)则认为 7～12 个成员比较合理。[②] 第五，兴趣。兴趣即在团队成员与职位匹配中，应该考虑到个体对工作职位的偏爱程度。真心热爱工作的个体在从事工作时，往往表现出更高的积极性和主动性，更加具有工作效率。

---

① [美]D. 赫尔雷格尔，J. W. 斯洛克姆，R. W. 伍德曼. 组织行为学[M]. 上海：华东师范大学出版社，2001：64.

② [美]罗伯特·B. 登哈特，珍妮特·B. 登哈特，玛丽亚·V. 阿里斯蒂格塔. 公共组织行为学[M]. 赵丽江译. 北京：中国人民大学出版社，2007：326.

### （三）外界条件

五种外界条件与高绩效团队的构建存在着最显著的关系，这五种外在条件分别是资源、领导、信任、绩效及奖励体系。第一，充分的资源。所有的组织和工作团队都需要外部资源的支持，才能得以运转。团队是组织系统的一部分。资源的缺乏直接降低了团队有效完成工作的能力。高效团队得以运作的基础就是能够获得组织的信息、设备、人员、鼓励以及行政支持。第二，领导。对任何组织来说，领导的重要性都是至关重要的，对组织或团队的稳定和绩效的改善都有重要影响。有效的领导者能够鼓舞团队成员的自信心，整合团队力量共同朝着共同的目标努力。当然，领导并不是对所有团队来说都是必要的。有证据表明，自我管理的工作团队常常比正式指派领导者的团队完成工作的效果更好。第三，信任。成员之间相互信任是高效团队的显著特征之一。信任是一种领导的基础，对团队领导非常重要。团队成员间相互信任能够促进团队的合作，降低了行为监督的需要，这样团队才能形成一股强劲的力量从而实现团队目标。第四，绩效。绩效评估体系的科学性，能够影响到团队成员的后期努力程度。因为绩效评估体系是团队成员直接了解自身工作成果的渠道，是团队对团队成员给予回馈的正式形式之一。第五，奖惩。古语曰："重赏之下，必有勇夫"；"知耻而后勇"。对于团队成员的奖励不应单单是一种物质利益的给予，更重要的是对于其自身价值和努力的承认。相对于奖励而言，惩罚的作用在于否定团队成员日常工作中的某些观念、行为，以激发起自身的反省能力。

### （四）过程

与高效团队构建有关的最后一类影响因素是过程变量，它包括共同目标的确立、具体团队目标分配、团队效能感、冲突管理等因素。第一，共同目标。高效团队有一个大家公认的、有意义的团队构建目标，它能够为团队队员提供指引作用。团队的共同目标是一种宏观上的愿景，明确的团队目标对团队成员的忠诚和承诺具有重要影响。因此，高效团队往往会花较多的时间和精力来讨论、塑造和完善大家认可的团队目标。第二，具体目标。有效设置的团队目标往往会把他们的愿景分解成为具体的、可测量的、现实可行的具体目标。在团队成员目标设置过程中，最好能让团队成员参与目标设置的过程，以使目标能够得到团队成员的认同，进而提高个体绩效水平。第三，团队效能感。Seijts，Latham&Whyte(2000)研究发现团队绩效是集体效能感的前因变量，也是集体效能感的结果变量。[①] 团队效能感与团队学习行为及团队绩效的取得均存在显著相关的结论已得到一些实证支持。高团队效能感往往比低团队效能感的团队具有更强的抗挫折力和心理弹性。第四，冲突管理。现代的冲突理论认为，冲突是组织存在和发展中一种不可避免的现象。团队中的冲突未必是坏事，建设性冲突可以改善团队的有效性。适度的建设性冲突可以扭转不良的决策和低落的士气，改善团队停滞状态。因此，冲突管理不仅要解决冲突，更要学会鼓励冲突、掌握规划与激发建设性冲突的技巧。所以，高效团队都较为重视

---

① Seijts G H，Latham G P，Whyte G：Effect of self and group efficacy on group performance in a mixed-motive situation. Human Performance，2000(3).

团队的冲突管理水平。

## 四、高效团队构建的途径

在组织团队建设过程中构建高效团队并不是一件轻松的事情，但也不是不可能的。只是很多人感觉构建一个高效团队是一件很困难的事情，常常感觉无从下手。多数团队领导者在团队建设过程中，会陷入一种误区：选择借助一些常见的管理工具对团队构建进行简化。我们认为构建高效团队的途径主要有以下几个。

### （一）组织为团队营造一种支持性环境

所谓组织支持性环境是指组织为团队能够更好地解决问题而提供一种内外部的资源支持。团队是组织的一部分，其运作所需的资源依赖于组织的支持。为了使团队能够高效运转，组织管理者不仅要为团队提供工作所需的各种资源，也要积极营造一种支持性的人力资源环境。任何团队的高效运转均需要一个良好的内外部支持环境，只有这样团队才能拥有一个合理的运作基础结构。

### （二）设定有效的团队目标

团队目标的实现依赖于团队成员的共同努力，团队目标设置的挑战性、可行性、具体性均会影响到团队成员对团队目标的认可度。一个得到团队成员认可的团队目标，往往能够对整个团队起到激励的作用。工作团队领导者应该让团队成员参与到目标的设定过程中，增强团队成员对团队目标的认可度。其次，在目标设定过程中，也应该考虑到团队的整体能力。最后，高效团队领导者还应该尽量让团队成员对所要完成的目标价值性有清晰的了解，通过目标的价值性认知促进团队成员对目标的心理承诺。

### （三）规模和人员结构科学化

要想实现工作团队的高绩效，就必须把其规模控制在一定限度之内。如果团队成员过多，团队的沟通交流就会遇到很多障碍，难以形成凝聚力。AOL公司的总裁认为，优秀团队的秘密在于："往小处想。理想情况下，你的团队人数应该为7～9人。"①他的看法已得到实证研究的支持。在能完成任务的前提下应该用最少的人，高效团队人数一般控制在12人以内。此外，还应该注意到团队成员的类型结构是否合理。关于团队成员的合理结构问题，罗宾斯认为一个团队要想有效地运作，至少需要三种不同技能类型的人：第一，需要具有技术技能的成员；第二，需要具有概念技能的成员；第三，需要具有协调技能的成员，他们善于聆听、反馈并善于解决成员之间的矛盾和冲突。②

### （四）团队成员才能与角色的合理匹配

一个高效的工作团队，其每一位成员的才能与工作角色都应该是一种合理匹配的状

① ［美］乔伊斯·奥斯兰，大卫·库伯，欧文·鲁宾，马琳·特纳．库伯 & 奥斯兰组织行为学（第8版）［M］．王永丽等译．北京：中国人民大学出版社，2011：229.

② 任浩．公共组织行为学［M］．上海：同济大学出版社，2006：192.

态。团队成员必须具备能胜任其工作的能力,并且善于与其他团队成员合作。只有做到这一点,团队成员才能适应外部环境的变化,迅速做出反应,并高效地实现团队的目标。因此,在挑选团队成员时,要严格甄选与团队价值观相匹配的成员。因为甄选与团队价值观相匹配的成员,是塑造高绩效团队的重要环节。

### (五) 构建良好的团队沟通机制

巴纳德(1938)认为,在一个宽泛的组织理论中,沟通将占据中心位置。良好的沟通机制是高效团队必不可少的一个特征。畅通的信息渠道,有助于消除团队成员间一些不必要的误解。良好的沟通需要以信任为基础,团队管理者应努力培养团队成员间的相互信任精神。团队成员间的相互信任精神是构建开放而坦诚的支持性沟通机制的前提。凯特巴赫和史密斯(1993)认为,最成功的团队体现出高水平的相互信任和承诺,高效的团队同样鼓励冒险和重视成员的意见。[①] 因此,良好的团队沟通机制是塑造高效团队的必要前提。在构建良好的沟通机制时应遵守以下原则:第一,相互信任原则;第二,无对错原则;第三,无条件接纳原则;第四,相互鼓励原则。

### (六) 正确的绩效评估体系

团队绩效评估的初步目标,是为了确保成员与职位的科学性匹配和进一步激发员工的潜能;最终目标在于建立行之有效的激励、约束机制及反馈机制,激活团队成员自觉提高工作质量。在设计激励机制体系时应注意以下几点:第一,精神激励和物质激励相结合。很多实证研究表明:成就感、认可及职业生涯等对成员的激励作用大于物质激励。第二,在激励对象设置上,应该强调团队激励和个人激励相结合。团队绩效的取得取决于成员之间的合作与互助,以团队为基础进行激励,有利于强化团队的合作精神。同时,在成员绩效明确区分和测量之时,也有必要进行个人激励。

### (七) 营造良好的团队文化

团队文化是团队运作的灵魂,对团队的生存与发展具有重要的影响。团队文化是一种特殊的组织文化,是团队发展进程中所产生的一系列价值体系和信念系统,贯穿于团队的整个运作过程中,制约和影响着团队成员的心理和行为,进而对团队绩效产生重要的影响,对团队今后的发展具有重要的作用。高效团队往往具有非常强的合作意识、归属感及忠诚度等文化氛围,而团队文化建设又是实现团队目标、克服团队弱点的需要。

## 第四节　公共部门的团队建设

当今公共组织面对日益激烈的竞争环境,经济全球化致使他们的操作业务已超越了传统的固定边界,甚至逐步向无边界化组织演化。其面对的已不再是以单一性、结构性特

---

① [美]罗伯特·B.登哈特,珍妮特·B.登哈特,玛丽亚·V.阿里斯蒂格塔.公共组织行为学[M].赵丽江译.北京:中国人民大学出版社,2007:331.

征为主的社会问题，而是以多元化、非结构化为主。这就更加强调公共组织内部自身能力的提升，而团队建设是改进并提高公共组织效能的一种有计划的活动。Heyes(1997)认为，建立团队就是确保团队成员拥有共同的目标，并确保他们能够共同工作以实现这个目标；凌文辁(1997)认为，加强团队建设是提高团队工作业绩的重要途径，其方法有问题定位、敏感性训练、角色分析等，目的是通过提高成员的技术水平和技能而提高团队的工作业绩。①

## 一、公共部门采用团队管理的原因

自 20 世纪 70 年代以来，团队管理在私人部门中的运用越来越广泛，而且其效果也在实践中得到了很好的印证。当今，不管你是在什么领域工作，不管你是什么身份，都不可避免地要成为团队中的一员。团队及团队管理已经渗透到我们的生活、学习及工作之中，成为我们实现目标及自我的一个重要平台。团队的特点是："由两个或两个以上的人组成，通过彼此协调各自的活动最终实现共同目标。"团队对外能快速适应环境的变化，对内能凝聚智慧，通过团队成员的信息交流与知识经验分享，充分发挥集体思维的创造性，寻求解决问题的最佳方案。梅尔(1967)指出，在以下五个方面团队比个体更有效：第一，团队工作比个体工作产出更多的观点和信息，所以做出的决定更容易执行，问题更好解决；第二，由于团队中每个成员的参与在做出决定和解决问题的这一过程中，能提高每个参与者对问题的理解和接受程度；第三，由于"社会促进效应"，团队工作会比个体有更大的推动力和更好的绩效；第四，团队工作抵消了个人偏见，发现被忽视的阻碍性问题，能有效分析执行中的盲点，而对于这些，个人往往会漏掉；第五，比起个人单独工作，团队成员更容易做出富有冒险性的选择和采取革新行动。② 团队管理形式在公共组织工作中的运用有着各种各样的原因，并非仅仅是因团队比个人工作具有更好的效率，而是有其理论根源和现实实践依据的。

第一，社会问题日趋复杂化及多元化，为公共部门团队管理创造了必要性。公共部门面临的社会问题日益复杂化及多元化，只有通过较高程度的相互依赖和密切合作才能更好地管理好社会工作，提供社会服务。研究表明，以团队为载体的问题解决方式往往能取得较好的组织绩效。瑞特和奥海尔(1996)发现，比起问题由一群同质的管理者去解决，用团队管理时，问题会更快更好、更富有创造性地解决。③ 一方面，团队工作已经成为社会价值和社会观念转变的一个重要渠道，如跨国团队、多文化团队、多种族团队等。另一方面，政府管理的复杂性增加，知识工作者在政府中大量增加，传统的以控制为导向、强调员工的工具角色、强调严格的规划和程序、重视监督和控制的消极人事管理已难以调动工作人员的积极性、创造性。

第二，人本管理思潮和群体意识理论的发展，为公共部门团队管理奠定了理论基础。

---

① 胡近.公共组织行为学[M].上海：上海交通大学出版社，2007：152.

② [美]罗伯特·B.登哈特，珍妮特·B.登哈特，玛丽亚·V.阿里斯蒂格塔.公共组织行为学[M].赵丽江译.北京：中国人民大学出版社，2007：313.

③ [美]罗伯特·B.登哈特，珍妮特·B.登哈特，玛丽亚·V.阿里斯蒂格塔.公共组织行为学[M].赵丽江译.北京：中国人民大学出版社，2007：314.

团队管理的理论兴起与发展背景离不开管理人性观的逐步演进,在一定程度上也可视为人本管理的内涵发展。关于人性假设,已从"经济人"假设到"社会人"和"自我实现人"假设演进,组织越来越重视社会和人本因素对组织的重要影响。知识经济的到来,要求政府等公共部门应不断地提高其产品和服务的品质,而只有充分调动公共部门工作人员的积极性,不断地提高他们的素质,充分挖掘他们的潜力,才能真正持久地提升公共部门产品和服务的品质。因此,公共部门也兴起了以人为本进行管理的运动,群体意识也得到了发展。在以人为本的指导思想下进行以人为中心的管理,不再把人当成一种成本来看待,而是把人视为组织中最宝贵的、可增值的资源,并有效地开发、利用这种资源,通过创造每个员工潜能发挥的良好环境,促使员工具有使命感,从而促使组织目标的达成和效能的实现。

第三,经济全球化和国际竞争的加剧,使得发展公共部门人力资源管理模式成为提升国家竞争力、实现公共部门管理效率的重要手段。在经济全球化、国际经济一体化日益明显的今天,国家间在资源占有、资本投资以及产业模式等众多方面的竞争也变得日益激烈。一个组织乃至一个国家要在竞争中生存并谋求发展,势必要有效地掌握和使用各种资源,充分发挥资源的优势和增值能力。作为体现组织和国家竞争力优势的核心要素,一支高素质的、富有创新性的人力资源队伍,是国家和组织竞争能力的前提所在。国际间的竞争实际上在很大程度上就是国家间人力资源的竞争,一个组织或国家人力资源构成状态以及相关的制度安排,直接关系到其产业状况和创新发展能力,关系到经济、社会发展能否达到预期的目标和水平。同时,公共部门也面临着与私人部门及国际组织之间的人力资源竞争。市场的发展,人员流动性增加,使得公共部门越来越难以招募到适合的人才。激励是生产力持久发展的动力,因此,为保持公共部门的持续生产力,必须变革僵硬的用人、工作体制,采用新的管理方式,对人力资源进行合理重组。团队管理,正以其特有的优势,成为公私组织都可采用的管理方式。

## 二、公共部门团队成员的激励

所有的团队成员都需要受到激励。受到激励的成员会始终如一地、创造性及精力充沛地为实现团队目标而努力工作,这是团队取得成功的关键。激励是生产力持续发展的重要条件,通过激励来调动公共部门人员的积极性、创造性是公共部门人力资源开发与管理的一项重要任务。因为激励在所有类型的组织中都很重要,但人们认为激励在政府组织中尤为重要。贝恩(1995)声称,激励是公共管理中的三大"重要问题"之一,他设问:"公共部门管理者如何激励公共部门的雇员(包括市民)睿智而精力充沛地去实现重要的公共目标?"[①]可见,激励在公共管理领域中的重要性。

虽然,激励在个体、团体及组织方面的研究已取得一定成果。但以往对公共组织激励的研究,很多是基于公共组织激励表现出无能为力的隐性假设。这主要是因为公共组织缺乏竞争与激励的工作环境、厌恶风险的组织文化、官僚保守主义的作风、程序规定的刚

① [美]罗伯特·B.登哈特,珍妮特·B.登哈特,玛丽亚·V.阿里斯蒂格塔.公共组织行为学[M].赵丽江译.北京:中国人民大学出版社,2007:162-163.

性、工作反馈性不强、偏爱现状等因素而产生的消极形象。特别是公共部门里的工作人员给人的懒惰知觉，使人觉得培养和维持高的激励度对于公务员来说是很困难的一件事，似乎无从下手。这些隐含的假设其实只是人们对公共部门管理过程中行为现象的一种知觉而已，它们并非全部是真实的。对于公共部门激励的研究表明，公共部门的工作人员事实上并不比私人部门的激励来得少。盖约特(1960)认为，公共部门的管理者比他们在商界的同行具有更高的成就意识。基尔帕特里克、卡明斯和詹宁斯(1964)对学生、政府雇员和非政府雇员进行了关于他们对公共部门和私人部门激励观点的访问调查，大多数被访者认为政府雇员缺乏驱动力和主动性。鲍德温(1984)发现，私人部门的管理者和公共部门的管理者之间在激励上并没有很大的区别。①

激励对公共部门中工作人员的成功和实现对组织目标的承诺有重要作用，在一定程度上也促进了公共服务价值的实现。研究表明，公共部门的公共服务动机对充满活力和高效率公务员队伍的构建、公务员对公共服务工作的满意度、提升公共服务工作的激励感和责任感具有重要的作用。公共部门的团队应设定被公共部门成员认可的团队目标，因为团队目标不仅是团队成员价值观念的凝聚剂，也是团队成员的行为方向。在对公共部门团队进行激励时，要考虑团队的不同类型，有针对性地进行激励。第一，团队成员的差异性。针对团队中成员社会背景、等级、能力、专长等方面的差异性，设计具有差异性的奖惩机制。例如，在支付项目团队成员报酬时，可以考虑根据任务、职能和能力区分不同薪酬等级和增薪幅度。如果为了强化合作意识，奖励薪酬可以参照基本薪酬的等级按比例支付；如果为了强化竞争意识，则可以按照成员个人的贡献大小支付。第二，团队成员的持久性。根据公共部门团队成立的持久性，设计不同的激励机制。例如，针对“全职性”和“长期性”团队队员的特点，可以设计先付兼顾市场工资和工作评价结果的基本工资，另外，适当地增薪、精神奖励等形式也是非常必要的。而针对功能型团队和网络化团队成员多数是“兼职”的，一般不主张实行标准的、长期的激励薪酬形式，可实行一次性认可的货币奖励或者一些非货币性奖励。第三，公共服务动机的差异性。公共服务动机的高低影响着团队成员对公共服务工作的激励感、责任感和满意感。公共服务激励理论认为公共服务本身就具有一定程度的激励作用，认为成员对公共部门的认同，是一种对特殊利益支持的欲望，因为可以加强兴奋感或加强对自我重要性的认识。如果公共部门团队成员缺乏自我激励，那么想要激励他是很困难的。所以，在公共部门团队管理中应重视团队成员对基于公共部门而从事公共服务而产生的自我激励。

## 三、公共部门团队的学习

对学习型组织的研究可追溯到20世纪60年代，但直到90年代初彼得·圣吉才将“学习型组织”理论发展为一种新颖的管理理论。学习型组织在一定程度上是在信息社会和知识经济时代背景下产生的，是组织出于对知识、信息和社会环境的日趋复杂化和多元化做出适应的要求。学习型组织强调以共同愿景为基础，将组织构建成以团队学习为特

① [美]罗伯特·B.登哈特，珍妮特·B.登哈特，玛丽亚·V.阿里斯蒂格塔.公共组织行为学[M].赵丽江译.北京：中国人民大学出版社，2007：163.

征的扁平化横向网络系统，重视学习和激励两个要素的作用。彼得·圣吉认为，构建学习型组织需要"五项修炼"，即自我超越、改善心智模式、建立共同愿景、团体学习、系统思考。

构建学习型公共组织是时代的要求，学习型组织已经成为公共行政组织发展的一个新趋势。传统的官僚行政组织，其组织结构基本是科层制金字塔式的，这种组织结构往往伴随着机构重叠、效率低、官僚主义严重、沟通不畅等弊端，不利于建立"整体互动思考模式"。目前，发达国家的一些大企业随着内部交互网络的建立，已将中间层取消，建立了决策层、管理层、操作层在同一个平面上工作的"平面化"管理模式。将这种管理模式引入公共部门管理中，将有利于公共部门形成互相理解、互相学习、整体互动思考、协调合作的集合体，增强公共部门决策的速度和效率，提升公共部门社会管理的创造力。

在日趋复杂化和多元化的外部环境中，团队的社会管理形式远远比传统公共部门结构或其他形式更具灵活性和创造性。团队学习是整个公共部门学习的一个缩影。团队作为联系个人学习与组织学习的中间环节，能够为公共组织创造一种相互学习、相互感染、相互促进的和谐氛围。在团队中，可以将一些创意付诸实践，并将习得的新技能传递给其他人。因此，这就为整个公共部门的学习塑造了一种互助学习的榜样。学习型组织应鼓励建立各种各样的团队，例如持续改善、质量管理和组织学习团队。通过这些团队，有利于政府管理工作出现理念、技术手段、制度等的创新，成为组织变革和再造的基本动力和载体。

## 【本章小结】

本章介绍了工作团队的基本概况，针对团队发展模型和虚拟团队绩效影响因素模型的讨论，对有效团队的建设提供建设性意见。并对公共部门团队的特征进行分析，为公共部门高效团队的构建提供一些借鉴性意见。

## 【关键术语】

团队　工作团队　高效团队　公共部门团队　团队模型　团队建设

## 【思考与练习】

1. 阐述工作团队的内涵及类型。
2. 阐述团队发展的五阶段及其阶段性特征。
3. 阐述高效团队的内涵及特征。
4. 阐述高效团队构建的影响因素。
5. 阐述高效团队构建的途径。
6. 阐述公共组织如何构建高效团队。

## 【推荐读物】

【1】哈佛商学院出版公司. 团队管理[M]. 王春颖译. 北京：商务印书馆，2009.

【2】Dr Geoff Sheard，Professor Andrew Kakabadse，Dr Nada Kakabadse. Leadership Teams，Palgrave Macmillan，2009.

【3】Jon R. Katzenbach. The Wisdom of Teams[M]. HarperCollins Publishers，Lik，2006.

【4】余世维. 打造高绩效团队[M]. 北京：北京大学出版社，2009.

【5】吴兆顺. 如何创建学习型团队[M]. 北京：人民出版社，2004.

【6】艾德里安·高斯蒂克，切斯特·埃尔顿. 橙色革命：创建高效团队，打造优秀组织[M]. 王瑶译. 北京：电子工业出版社，2011.

# 第十二章

# 公共组织中的决策

【内容结构图】

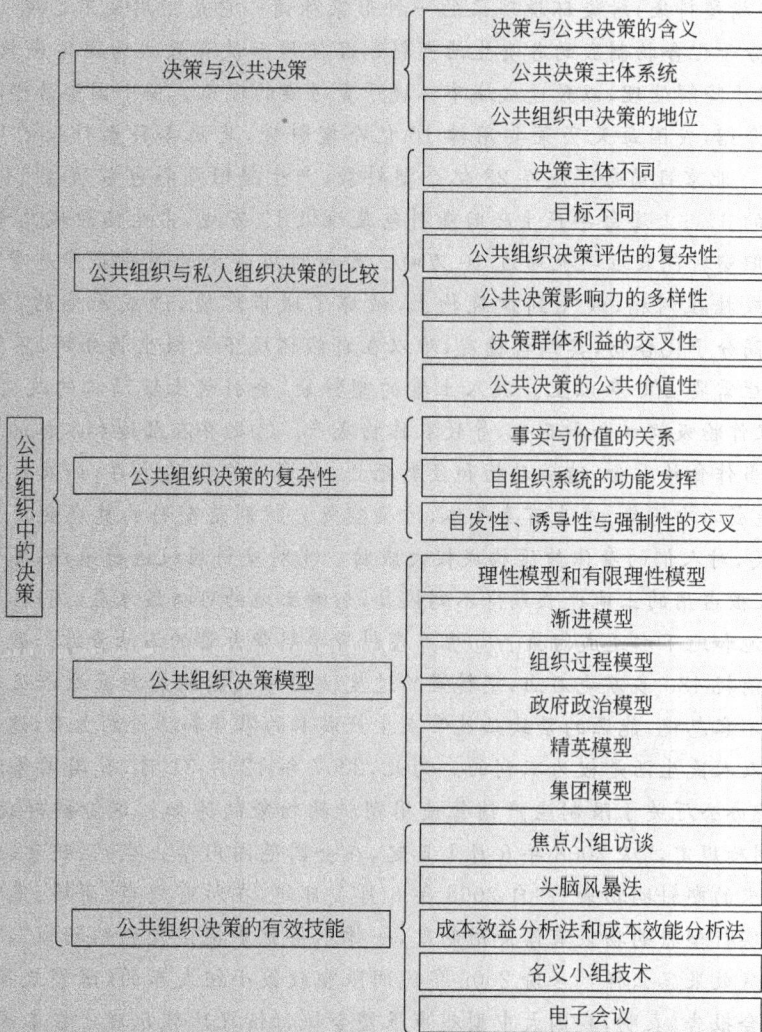

- 公共组织中的决策
  - 决策与公共决策
    - 决策与公共决策的含义
    - 公共决策主体系统
    - 公共组织中决策的地位
  - 公共组织与私人组织决策的比较
    - 决策主体不同
    - 目标不同
    - 公共组织决策评估的复杂性
    - 公共决策影响力的多样性
    - 决策群体利益的交叉性
    - 公共决策的公共价值性
  - 公共组织决策的复杂性
    - 事实与价值的关系
    - 自组织系统的功能发挥
    - 自发性、诱导性与强制性的交叉
  - 公共组织决策模型
    - 理性模型和有限理性模型
    - 渐进模型
    - 组织过程模型
    - 政府政治模型
    - 精英模型
    - 集团模型
  - 公共组织决策的有效技能
    - 焦点小组访谈
    - 头脑风暴法
    - 成本效益分析法和成本效能分析法
    - 名义小组技术
    - 电子会议

## 案例引导

### "白色污染"到底如何解决？

"白色污染"到底如何解决？今天你是否依然"我行我'塑'"？中国目前的经济处于飞速发展时期，人们的生活水平也日益提高。经济的发展带来了国民收入的稳步提高，也使得人们的消费水平和消费观念不断改善和更新。然而，在人们追求更便捷、更舒适、更优质的生活的同时，我们的环境日益遭到破坏，环境状况不容乐观。我国目前面临的环境污染和环境破坏非常严重，就拿"白色污染"这一令人头疼的问题来说，它是人们对难降解的塑料垃圾(多指塑料袋)污染环境现象的一种形象称谓。它是指用聚苯乙烯、聚丙烯、聚氯乙烯等高分子化合物制成的各类生活塑料制品使用后被弃置成为固体废物，由于随意乱丢乱扔，难于降解处理，以致造成城市环境严重污染的现象。据中国塑协塑料再生利用专业委员会介绍，我国每天买菜要用掉10亿个塑料袋，其他各种塑料袋的用量每天在20亿个以上。北京目前每年废弃23亿个塑料袋，产生废旧塑料包装垃圾14万吨，占整个生活垃圾的3%；上海每年产生废旧塑料包装垃圾19万吨，占生活垃圾总量的7%；天津每年的废旧塑料包装垃圾也超过10万吨。塑料垃圾带来的问题非常严重：①漫天飘飞的塑料袋或挂在树梢，或飞到建筑物上，破坏了城市环境，造成严重的"视觉污染"。②塑料袋系高分子化合物，其结构稳定，难以在自然环境下被微生物分解，不可分解的塑料袋自然腐烂需要200年以上。混入土壤的塑料袋，会引起土壤结构的改变，造成土壤板结，影响农作物吸收水分和养分，导致农作物减产。③抛弃在陆地和水体的塑料袋会被动物和鱼类当作食物吞食，造成动物和鱼类死亡，或影响它们的生存；如果对塑料垃圾进行焚烧，会造成二次污染，产生有毒气体，污染空气。特别是塑料的焚烧会产生强致癌物质——二噁英，对人们的身体健康构成极大威胁。④对塑料垃圾进行填埋，不仅会占用大量土地，而且被占用的土地也长期得不到恢复，影响土地的可持续发展，同时，这些塑料垃圾还会对土地和地下水造成污染。⑤生产塑料袋要耗费大量的石油资源。我国每年为生产塑料袋要消耗480多万吨石油，塑料袋的过度使用对我国的能源资源以及环境产生的负面效应已不容忽视，能源的紧缺必然带来生产成本的攀升和物价的上涨，这对我国国民经济发展以及人民生活是极为不利的。为此，2007年12月31日，我国国务院办公厅下发了《国务院办公厅关于限制生产销售使用塑料购物袋的通知》，这份被群众称为"限塑令"的通知明确规定，"从2008年6月1日起，在全国范围内禁止生产、销售、使用厚度小于0.025毫米的塑料购物袋"；"自2008年6月1日起，在所有超市、商场、集贸市场等商品零售场所实行塑料购物袋有偿使用制度，一律不得免费提供塑料购物袋"。时至今日，"限塑令"到底效果怎么样？一份2009年民间限塑政策小组发布的《限塑政策研究NGO合作项目综合报告》表明，我国大中型超市限塑令执行情况比较乐观。在本次调查中，北京和杭州等地区的大中型超市限塑令执行情况最好，基本都能够做到向顾客有偿提供厚度符合国家标准的塑料购物袋。兰州、广州、成都等地区的限塑令执行率也都达到了80%左右；然而，农贸市场的执行情况却出现严重的两极分化。其中管理制度较为完善、实施条件较好的市场，对于国家的限塑政策执行率较高。尤其在杭州，农贸批发市场限塑令执行率已达70%。然而一些设施条件较差、管理混乱的市场，限塑令执行情况却并不尽如人意。据调查，北京有些农贸批发市场限塑令执行率仅两成。许多露天批发市场内不仅免费向顾客提供塑料购物袋，甚至各种带颜色的、使用废塑料生产的超薄塑料袋扔的满地都是。在国家明令禁止使用超薄塑料袋的情况下，许多农贸市场依旧我行我塑(素)，而且许多消费者依然习惯于使用塑料袋，以图个方便。总的来说，限塑令颁布的这几年时间，大中型超市的执行情况令人比较满意，而农贸市场却不容乐观，甚至情况越来越糟。那么，到底为什么限塑令会遭到如此"尴尬"的局面，白色污染的问题到底应该如何解决？我们又应该怎样从公共政策这个角度来分析、把握这个问题？

(资料来源：http://www.zgrtvu.com/file post/display/read.php? FileID=2632)

决策是人类社会发展必不可少的活动，随着社会的发展、时代的变迁，决策理论、决策模型、决策技能等都在不断地变化。而公共决策恰恰是社会发展的结果，它是随着国家的出现而产生的。现代社会，公共决策已经成为国家政治生活和公民日常生活中不可或缺的一个部分。由于公共组织的特殊性等，公共组织的决策也存在着其区别于私人组织、个人决策的特点。本章将探讨：决策与公共决策、公共组织与私人组织决策的比较、公共组织决策的复杂性、公共组织决策模型、公共组织决策的有效技能。

## 第一节　决策与公共决策

决策是现实生活中一种普遍现象，小到买一件衣服，大到国与国之间的交流合作，都需要决策。而公共组织中的决策有别于一般的决策，它关系到国计民生、国家之间的交流、国际合作等问题，其决策内容也极为复杂。

### 一、决策与公共决策的含义

#### (一) 决策的含义和分类

**1. 决策的含义**

决策理论发展至今，定义已有成千上万种，不同的人往往会有不同的看法。决策就是决策主体为了解决问题，根据自己所处的条件和环境，制订行动的方案，并在多个可能的行动方案中选取一个符合自己偏好的行动方案的过程。决策是一种合目的性的决定过程，它普遍存在于社会生活的各个领域，个人管理、社会管理、教育管理、科技管理、国家公共事务管理等领域都充满了决策行为，甚至可以说生活、管理、政治的过程就是决策的过程。西蒙则认为"决策"一词和"管理"一词近乎同义。他的决策理论中决策包括四个阶段："情报活动"、"设计活动"、"抉择活动"和"审查活动"。

决策的基本构成要素一般包括：决策主体、决策客体、决策目标、决策方案、决策环境。决策主体是决策活动中的参与者，对决策过程和效果起着决定性的作用。决策客体是通过决策所要解决的问题、所有实现的状态或者要影响的群体，它是决策主体的直接作用对象。决策客体的性质和内容影响着决策主体采取行动的方向、方式和方法。决策目标是通过决策的制定和实施所能达到的未来状态，它是联系决策主体和客体的纽带，其实现过程也是决策主体和客体的互动过程。决策方案是各种可能实现决策目标的可能途径。决策方案应该具备合目的性、可操作性、创新性和多样性，不同的决策方案将决定决策目标实现的不同效果，对决方案进行优选是决策过程不可或缺的环节。决策环境是指决策主体和决策客体在互动过程中所依赖的自然环境和社会环境的总称，影响决策的主要社会环境包括政治环境、经济环境、文化环境和科技环境等，任何决策都是主观努力和客观环境相互作用的结果。

2. 决策的分类

根据不同的分类方式，决策可以分为不同的类型。

第一，程序性决策和非程序性决策。西蒙将决策分为程序性决策和非程序性决策。其中，程序性决策是指对重复性、常规性、日常性事情进行的决策；而非程序性决策则是指对那些不常发生的、非结构性的、没有规律的、突发性的问题进行的决策。因此，可以说程序性决策是强调基本上有章可循、决策规范明确的问题的处理；而非程序性决策则主要强调例外性、偶然性的社会问题的处理。

第二，战略决策和战术决策。该分类是从决策范围的大小、广度及深度等方面来区分的。战略决策需要搜集信息，确定方向，制订明确的替代方案，并且评估这些替代方案以选择行动计划，或者有补充方案(Eisenhardt and Zbaracki，1992；Harrison and Phillips，1991)。[①] 战略性决策往往是由外部事件引起的，具有高度不确定性。相反，战术决策是指由组织中低层管理者做出，涉及局部性、中短期性的微观性决策。

### （二）公共决策的含义

在社会物质财富的增长、科学技术的进步、社会心理的变化、社会变革的加剧、社会交往的深化等历史条件的推动下，越来越多的问题涌入了社会公共事务领域，对公共决策进行独立性、专门性研究成为必然趋势。同时，公共决策是一种宏观层次的决策，它面对的要么是公共物品的使用和分配问题，要么是非经济活动的民众意愿表达活动。科学的公共决策能促进公共政策的执行，提高公共管理的效率和政府治理能力。

公共决策是从公共政策的角度划分的一种决策形式，是为解决某一社会公共问题或者实现某种预想状态，由国家行政机关、政党、社会公众、社会团体等主体共同进行决策并选择出解决方案的过程。它是整个公共政策的制定和执行过程中的一系列做出决定的活动，是动态的公共政策。构成公共决策的要素包括决策主体、决策客体和决策环境。政策法律、决策体制、外界压力、信息来源和决策手段是公共决策的主要影响因素。公共决策具备以下基本特征：①政治取向。公共决策过程是一个政治性很强的过程，具体表现为公共决策的主要参与者是国家工作人员，其客体是国家事务或者公共事务，依据的准则是法律法规、其执行过程和结果要遵循严格的政治标准。②公共问题导向。公共决策的主要目的是为解决公共问题制订政策方案，公共问题是其存在的必要条件，一个社会如果不

---

① [美]罗伯特·B.登哈特，珍妮特·B.登哈特，玛丽亚·V.阿里斯蒂格塔.公共组织行为学[M].赵丽江译.北京：中国人民大学出版社，2007：131.

存在公共问题,就不需要特定的人员和组织来从事公共决策活动。③公共决策目标模糊性。公共决策目标的最主要性质是公共性,任何公共决策目标都应该体现社会大众的利益诉求和价值,而公共利益和价值本身就具有模糊性,难以用量化标准进行衡量,我们很难用指标来体现公共决策目标在未来的效果,只能追求社会大众的普遍认同和满意。④公共决策主体的多元化。现代公共决策发生在公共领域,公共领域内的各活动主体都存在自己的利益需求,并通过各种途径参与到公共决策的过程中来,使自己的利益诉求得到表达和满足。⑤公共决策对象的丰富化。现代公共决策的研究主题正由政治领域和经济领域向社会领域、教育领域、科技领域、文化领域辐射,各领域被广大社会公众普遍关注的社会问题都有可能成为公共决策的客体。近年来北京市的禁放烟花问题、学生外面住宿问题、博物馆免门票问题、保护小动物等社会的微观问题都被纳入了公共决策的作用范围。⑥公共决策环境的复杂化。公共决策的兴起是环境复杂化的产物,而公共决策的整个过程又受到环境复杂化的影响。

为了更深入地理解公共决策,有必要对公共决策与公共政策进行区分。公共决策是指公共组织为制定出公共政策而经过的一系列过程,包括问题界定、方案抉择以及合法化。公共政策与公共决策的区别在于,公共政策是一个静态的事物,表现为一个行动方案或行动准则;而公共政策则是一个动态的过程。

## 二、公共决策主体系统

从公共决策的内涵看,公共决策主体系统包括直接和间接两种决策主体。前者是指直接参与到公共决策过程中,并且有最终的决策权的群体,它贯穿于公共决策的整个过程。后者主要是以各种方式直接或者间接参与到公共决策过程中,但并不具有最终的决策权的群体,其往往并不贯穿整个政策,只是参与其中的某一个或者某几个环节。它主要包括公共决策参谋机构、公民、非政府组织、利益团体等。

### (一) 参谋机构

思想库又称智囊集团、智囊机构、顾问班子。在西方社会,思想库现已十分普遍。目前主要的公共决策咨询机构有官方的、半官方的和民间的三种类型。其兴起的缘由是公共决策涉及面的广泛性对决策者的知识、经验、智慧、信息提出了其难以达到的能力要求,即现代决策者所需要解决的问题、所承担的责任,与他们的知识、能力之间的差距越来越大。要弥补这一差距,就必须发挥由专家学者和专业人员组成的咨询系统的作用。公共决策参谋机构主要是指:“由各领域的专家、学者、官员组成的运用各种专业知识对公共政策进行跨学科综合性研究的政策分析、政策研究、政策规划和政策咨询的组织。”[①]它们主要以“智囊团”、“思想库”等形式存在,为直接决策主体即政府及其相关部门提供专业知识和技术等的支持,是政府部门不可或缺的助手。参谋机构是政策主体的一个十分独特而又非常重要的构成因素,它将各学科的专家学者聚集起来,运用他们的智慧和才能,为社会经济等领域的发展提供满意方案或优化方案,是现代领导管理体制中一个不可缺少

---

① 任浩.公共组织行为学[M].上海:同济大学出版社,2006:241.

的重要组成部分。其主要任务是提供咨询，为决策者献计献策、判断运筹，提出各种设计；反馈信息，对实施方案追踪调查研究，把运行结果反馈到决策者那里，便于纠偏；进行诊断，根据现状研究产生问题的原因，寻找解决问题的症结；预测未来，从不同的角度运用各种方法，提出各种预测方案供决策者选用。兰德公司、胡佛研究所、布鲁金斯学会以及国内的天则经济研究所等，都是思想库的典型代表。

现代社会问题日益复杂，信息不断增多，科学技术发展，决策任务增大，所有这些现状促进了思想库的发展。当前，公共决策参谋机构已成为公共决策过程中核心的间接主体，现代化政策研究机构的日益崛起已成为未来决策的一种发展趋势。

### （二）公民

公共决策体现公共价值、公共利益，从根本上讲是体现公民的利益。公民是公共决策的出发点和归属点，其作为公共决策核心的对象，是公共决策过程中最重要的一个间接主体。另外，民主政治的发展要求还政于民，极力倡导决策民主化，而公民参与权与参与度的大小是民主化的一个核心标准。尤其是新公共服务以公民为中心，极力倡导公民参与，认为其是激起公共精神的一种有效的手段，期望通过参与来实现政府和公民二者之间的良性对话机制，从而使公共政策真正意义上整合公共价值观、提供公共服务以及体现公共精神。在多元公共行政观中，更主张公民分享公共行政权力，更进一步来讲是分享公共决策权，公民是作为当前公共行政领域中的一个主体存在。因此，公民参与既是未来社会发展的必然趋势，也是民主政治的内在要求。在公共决策过程中，实现公共利益是核心目标，而公民的利益则是导向。公民虽然不具有最终的决策权，但是许多政策往往是因为公民中某一群体或多个群体更甚至是单个公民而改变的。例如，因孙志刚事件，国务院和民政部颁布了《城市生活无着的流浪乞讨人员救助管理办法》和《实施细则》，并于 2003 年 8 月 1 日起正式施行，同时原《城市流浪乞讨人员收容遣送办法》废止。

在公共决策影响因素的讨论中，很多人往往会把眼光集中于利益集团、政治领袖及其他重要的力量上面，而忽视公民个人在公共政策议程建立过程中的影响。从公共问题的起源看，很多公共问题早期基本上是由于公民的私人问题发展起来的。现代社会信息的高速发展，使公民有了更为广泛的发表意见的平台，同时也实现了公民参与方式的多样化。公民影响公共决策的主要途径如下：第一，网络正渐渐成为公民表达政策意愿、实现利益诉求的一种主要方式。强大的网络舆论力量已成为公共决策过程中一个重要的力量。第二，听证会也是另外一种公民参与的方式。该方式源于司法领域，后由于引入到公共行政领域中，被广泛用于处理各类公共问题。听证会具有事前听证、公开性、多方性、操作方便、参与便利等优点，但正是由于其操作方便优点使得其在应用过程中出现了诸多问题，例如近来我国频繁出现听证会“被代表”的现象等。此外，我国的上访制度、“市长接待日”、“市长热线”等也是公民参与决策过程的方式。

### （三）利益集团

利益集团最早源于 18 世纪末的西方国家，其早期是通过游说等手段进行相关的活动，又称压力集团、院外组织等。戴维·杜鲁门认为：“一个利益集团就是一个持有共同态度并对社会上其他集团提出某种要求的集团。”①而罗伯特·达尔则认为：“从最广泛的意义上说，任何一群为了争取或维护某种共同利益或目标而一起行动的人，就是一个利益集团。”②利益集团是由具有共同的利益和目标的个人所组成的团体或团体间的联盟。它使用各种途径和方法向政府施加影响，进行非选举性的鼓动和宣传，用以促进或阻止某方面公共决策的改变，以便在公共决策中实现自己的利益或主张。

在各国政策议程的建立过程中，不管是民主的还是专制的、发达的还是不发达的国家，利益集团几乎都起着重要的作用，只是其表现形式与影响程度不同而已。在现实生活中，当政府建立的公共决策威胁到利益集团的既得利益时，各种利益集团出于维护自身利益的考虑，就会单独或联合其他集团通过各种游说的方式向政府提出种种问题与要求。因为无论什么样的利益集团都承担着利益表达的功能，它们为了自身的各种利益会想方设法地干预公共政策议程的建立。利益集团对政策的影响大小依赖许多因素，包括成员人数的规模、资金、文化、凝集力、领导力等。③ 不同的利益团体在对政策的影响过程中会出现不同的利益团体为了维护自身代表的利益团体而进行斗争的现象。任何利益集团为了追求自身利益的政策诉求，都会为自己寻求一种社会中的合理平衡状态。利益集团之间的斗争并不是势均力敌的对手之间的较量。因此，如果某项政策议程的设立威胁到利益集团在社会中的合理平衡状态时，那么相关利益团体就会做出斗争。在我国的政治、经济体制改革及机构重组过程中，也不排除各种利益集团为了争夺资源、利益而展开斗争，国有企业改革中的一些利益集团间争权夺利的现象就很明显。

如今，利益集团在政策制定过程中起着举足轻重的作用，成为公共政策的非官方决策者之一。利益集团实现其目标的方式也是多种多样的。有的通过集团成员当选为政府官员，利用其强大的话语权表达利益诉求；有的通过寻租等方式对收买政府官员或者通过其强大的资金、信息网络等对政府政策形成压力，从而在公共决策中体现其集团利益；还有的依靠其所拥有的各种资源建立自己的宣传媒体，从舆论上影响公共决策过程。

### （四）非政府组织

非政府组织(NGO)这一概念主要是指“处于政府与私营企业之间的那块制度空间”。它是现代社会结构分化的产物，是一个社会政治制度与其他非政治制度不断趋向分离过程中所衍生的社会自组织系统的重要组成部分。现代公民社会的不断壮大以及深入发展，使得非政府组织逐渐进入人们的视野，并在众多领域发挥着重要作用。非政府组织与非营利性组织在内涵和外延上存在一定的区别。第一，非政府组织，主要是指在特定法律系统下，不被视为政府部门的协会、社团、基金会、慈善信托、非营利公司或其他法人，不以营利为目的的非官方的组织。第二，非营利性组织。不以营利为目的是非营利性组织的最重要的特征，其资金来源主要是他人捐赠或者其他企业的赞助等。

现代社会，公共组织所关注社会问题的范围和复杂性都已得到极大的拓展，远远超出

① [美]戴维·杜鲁门.政府之进程(第2版)[M]. 纽约：阿尔弗雷德·诺夫公司，1971：37.
② [美]罗伯特·达尔.美国的民主(第4版)[M]. 波士顿：霍夫顿·密夫林公司，1981：235.
③ [美]詹姆斯·E.安德森.公共政策制定[M]. 谢明等译.北京：人民大学出版社，2009：69.

政府部门所能预见的程度。众多跨领域、跨国的问题单独依靠政府的力量是无法解决的；尤其是环境污染等全球性的问题，非政府组织是解决这些问题的一个重要力量。它们通过示威游行等方式形成强大的舆论压力或者通过民间的交流等促进某些问题的解决。在西方国家，一些著名的非政府组织拥有强大的话语权，它们对公共决策过程有重大的影响力，甚至可以改变政府的一些决策，如德国的绿党等。而在我国，非政府组织的发展尚处于起步阶段，其在公共决策中的作用还不明显。

## 三、公共组织中决策的地位

Charles认为"今天的世界是一个由无数个专业组织机构组成的社会。事实上，我们已成为一个'组织的社会'"①。决策被看作企业管理最重要的行为(詹姆斯·F.斯通纳等，2001)，决策管理被看作组织行为管理的最高点(迈克尔·L.瓦林等，2004)②。以政府机构为核心的公共组织在社会管理过程中扮演着重要角色。Easton认为公共组织以不同的方式影响着公共政策的制定和执行，因而也影响"价值的权威性分配"③。现代社会，公共组织所关注社会问题的范围和复杂性都已得到极大的拓展，远远超出公共组织所能预见的程度。在充满不确定性的社会风险中，公众对公共组织解决社会问题和化解社会风险的能力寄予更多期望，而在某些公共领域中"公共悖论"、"制度黑洞"、"奖励的惩罚"现象时有发生，以政府组织为核心的公共组织在社会问题解决和社会风险化解中决策的无力感与挫败感不断弱化并侵蚀着公共组织成员对组织处理社会问题能力的信心。因此，从公共组织决策中，我们在很大程度上就可以了解公共组织每次在社会事件处理结果背后的一连串复杂行为。

第一，核心地位。"管理就是决策"，在很大程度上概括了决策在公共组织中的地位。在公共组织中决策处于核心地位，它贯穿于公共组织的整个运作过程，计划、组织、协调、控制等每个环节均包含着不同形式的决策。从公共组织内部来看，即使各种日常行政活动也是依靠决策来维持，只是更多属于程序性决策。尽管并不是所有的公共组织决策都是公共决策，但是从根本上来讲也都是为公共决策服务的。从公共组织外部来看，政府需要通过各种公共决策来实现政治、经济、文化等方面的职能，从而实现对社会的管理，维持和保障国家的运行。

第二，决策魅力。公共组织中的决策是各种群体、目标和利益交织的复杂产物。问题的复杂性决定了公共组织决策的难度，在一定程度上也表明其魅力所在。对公共组织而言，决策权力与责任的合理划分，在一定程度上能够对公共组织成员起到激励的作用。

第三，决策认同。公共组织的决策过程也是一个取得内外部相关群体认同的协调和妥协过程，包括目标、利益等方面的同化过程。从本质上来讲，决策认同是决策合理化与合法化的过程。戴维·伊斯顿在《政治生活的系统分析》一书中提出了当局、典则和共同

---

① 刘延平.多维审视下的组织理论[M].北京：清华大学出版社，北京交通出版社，2007：4.

② 曾峻.公共管理新论——体系、价值与工具[M].北京：人民出版社，2006：292.

③ [美]罗伯特·B.登哈特，珍妮特·B.登哈特，玛丽亚·V.阿里斯蒂格塔.公共组织行为学[M].赵丽江译.北京：中国人民大学出版社，2007：14.

体三个不同层次的合法性。共同体具有最高层次合法性，当局的合法层次最低，认同层次也是最低的。从这个角度来讲，政府如何使政策合法化、合理化，得到广泛的认同，也即获得决策认同，是当前的重要课题之一。

## 第二节　公共组织与私人组织决策的比较

公共组织之所以存在，根本原因在于公共物品的存在及其特殊性，需要借助公共部门以集体行动的方式来供给、配置和经营。与私人组织相比，公共组织有其特殊性。正是公共组织的特殊性决定了公共组织决策与私人组织有着众多不同，主要表现在决策主体、目标、评价体系、影响力、利益及公共价值性等方面存在着差异性。

### 一、决策主体不同

决策主体主要是指那些在特定环境中直接或者间接地参与政策制定、实施、评估等过程的行为者，是决策中最重要的要素。决策主体既可以是个体的自然人，也可以是团体或者组织。作为决策主体存在的组织包括私人组织和公共组织。在决策过程中，私人组织与公共组织决策主体存在诸多不同。

#### （一）主体性质的差异性

在一定的政治制度与法制框架下，私人组织属于自负盈亏的组织。然而，现代社会由于信息和网络技术的发展，任何一个组织都不可能不与其他组织联系而独立存在，这就在一定程度上要求私人组织在盈利的同时也应承担相应的社会责任，尤其是环境问题、慈善公益事业等，但是不可否认的是私人组织存在的根本目的在于盈利。相对而言，公共组织决策主体性质与私人组织截然不同。在前一节讲到了公共组织决策中的主体系统，包括直接主体与间接主体。公共组织中最主要的主体是政府行政部门，它们享有公共权威，能够对社会价值进行权威性的分配，从而能够主导公共政策过程，而这是私人组织中决策主体所不具有的性质。虽然，公共组织自身也存在一定的自利性，但其决策终极目标在于社会的公平、公正等。即使其他的间接主体，在决策过程中其利益也应从属于公共利益。

#### （二）主体范围的差异性

在私人组织中，其利益主体一般是组织的法人代表及相关出资人等，即核心成员。因此，其主要的决策主体一般是组织中的中高层管理者。尤其是在涉及组织大局、长远发展等方面的决策时，决策主体的范围就更小甚至成为了组织中单个人的决策。

所以，当私人组织中决策失败时，组织中决策者所要承担的责任一般情况下与其职位或权利存在一定的对等性，而公共组织则不同。公共组织决策主体多元化已成共识，虽然政府作为最主要的主体具有最终的决策权，但是，其他主体的影响力也不容小觑，在某种情况下，它们甚至能决定决策最终的走向。由于公共组织决策主体的多元、决策成本由国家财政负担等性质，导致了决策责任分散、不清。在实践中则表现为在有利可图的政策上，各利益主体相互斗争博弈；而在无利可图的政策上，各个主体又相互踢皮球。

## 二、目标不同

目标是一个组织发展的指示灯，它代表了未来一段时间内一个组织的发展方向。目标可以分为宏观目标（即通常所说的组织的远景）与微观目标。在决策过程中，私人组织与公共组织不管是在宏观还是在微观目标上都存在极大的差异。在私人组织中，其目标相对较单一。其最根本的目标在于组织的盈利与发展，这是所有目标的核心。因此，私人组织的任何一项决策都离不开它。私人组织目标往往可以以货币形式来衡量。但是对公共组织而言，虽然其整体的最终目的在于公共利益，但这是对于政策群而言或者总体的指导性的政策来讲的。单一的政策更多在于解决某个领域、社会中某个群体或者多个群体的问题，并不一定指向公共利益。尽管如此，任何一项公共决策所面临并需要解决的问题都在一定程度涉及公共性，而且往往涉及多个领域。因此，即使是单项公共政策，其目标往往不是单一的，也具有多重性、多层次性、交叉性等特征。这就形成了公共决策目标系统。所以，在公共决策过程中，决策主体要对各种目标进行识别排序，确定单一政策所要解决的主要问题。从公共决策主体构成来看，决策主体的多元化决定了其目标的多元化与复杂性。各决策主体之间目标往往是不一致甚至是相矛盾的，而即使是单一的决策群体，其内部也存在一定的意见与利益分歧。这是公共组织与私人组织决策目标的另一个不同之处。

## 三、公共组织决策评估的复杂性

评估是决策过程中必不可少的一个环节，它既是进行政策调整、提出政策建议的重要依据，也是检验政策结果的必要途径，同时还是重新配置政策资源的基本前提。评估包括事前评估、事中评估和事后评估，本文所指的评估是事后评估。评估的主体与内容因政策的不同而有一定的差异。就私人组织与公共组织决策对比而言，公共组织决策的评估远复杂于私人组织决策的评估。首先，从评估主体来讲，私人组织评估一般是由组织内部成员进行，参与评估的人员比较单一。而公共组织由于其决策关系诸多的利益群体、带有公共性等特征，因此评估不仅包括本组织内部评估，还要接受其系统内部其他部门尤其是上级主管等的评估。此外，公共组织外部各个相关群体也是重要的政策评估主体。公共组织决策评估主体也具有多元性的特征。其次，从评估标准来看，私人组织决策评估标准比较单一，一般以经济效益或者组织实际生产规模等的增长来衡量。但是公共组织决策评估标准往往难以简单确定，它包括事实标准、技术标准和价值标准。有形标准与无形标准交织在一起，即使某些标准可以简单量化，但是该标准潜在的或者由其延伸出来的影响力等也往往难以量化评估。再次，从评估方式来看，私人组织决策由于其评估内容与指标都比较单一，一般是以经济效益即货币的形式来衡量政策实施的结果。而公共政策属于公共产品或者是准公共产品，它们具有很强的外部性或者政策效果是无形的，因此往往难以用经济效益或者货币形式来评估其实施结果，尤其是直接以社会公平作为评估指标的一些政策，如收入分配问题等。此外，某些政策实施的周期性长，其结果一般难以在短期内表现出来，如计划生育政策等。通过以上对比表明，公共组织决策评估的复杂性是多种因素共同作用的结果。

## 四、公共决策影响力的多样化

政策影响力是指政策产出对人们在行为和态度方面实际变化的影响力度的大小。从影响力的好坏来看,它包括正面的政策影响力和负面的政策影响力;从其内容来看,包括政策的经济影响力、政治影响力、社会影响力和文化影响力等。私人组织与公共组织决策影响力上也存在较大的差别。首先,从影响力大小角度来看,公共组织决策影响力比私人组织决策影响力更多样化。私人组织的决策影响力相对而言比较单一,它更多地体现在经济方面,影响力的广度与深度也比较小,一般限于私人组织内部以及外部一小部分相关的群体。而公共组织决策则不同。有限理性模型认为,决策不可能是“完全理性的”,决策者追求的是满意的结果而不是最优的。同样,在具体的公共决策过程中,由于公共决策主体的多元化、目标的多样性以及实际条件的复杂性,决策难以穷极所有主体的诉求和所有条件,也不可能实现所有的目标。政策往往是以大多数群体的利益为基点,甚至在必要时,要以牺牲小部分群体的利益为代价,以实现公共利益、体现公共价值。这就必然导致了政策对不同主体产生不同的影响力。另外,众多公共政策的影响力并不是表现在经济方面,政治、文化和社会等方面的影响力可能更为突出、更重要。其次,就影响力的可预测性来讲,私人组织决策影响力大部分是可以进行预测的,一般也是可控制的。但是公共组织决策影响力的多样性从另一面就表现为影响力很难预测,从而也导致了其难以控制性。

## 五、决策群体利益的交叉性

决策群体利益的交叉性,简单地来讲就是决策群体中在目标与利益方面的重叠区域,交叉性的大小表现为目标一致性的高低。而决策主体的多少也在一定程度上决定利益交叉性的高低。就私人组织决策而言,其决策主体和决策的目标群体都相对单一,其表现在决策利益诉求上也相对单一,群体之间的利益交叉性相对较高。在公共决策中,其最重要的目的是体现公共价值、实现公共利益。但是这个更多的是在理论层面上的探讨,在现实的决策中,多元主体表现出多元化的利益偏好。决策群体的利益不是单一的,表现为多样化的特征。尽管各主体之间利益可能存在诸多分歧,但是不同群体的利益或多或少都存在一定的重叠性与交叉性,即使是两个完全对立的群体。群体利益的交叉性是使公共政策能够获得各个群体的支持并最终实现的重要领域,而这往往成为公共决策确定目标的重点,也为公共决策的顺利执行提供了基本前提。

## 六、公共决策的公共价值性

公共组织决策与私人组织决策最重要的不同在于公共决策的公共价值性,而私人组织决策一般不具有公共价值性的。公共价值可以理解为:“指同一客体或同类客体同时能满足不同主体甚至是公共民众(公众、民众)需要所产生的效用和意义。”公共价值是社会共同的生活尺度,是公众偏好的反映,它是通过公共组织来实现的。公共价值与公共利益属于同一层次的概念,它与公共利益具有一些相同的特征与属性。“公共价值具有公众性、社会层面性、大规模性、宽广性、公众参与性、非资本性和非市场性等特征,表达的是社会公众主体的内在价值需求。”[1]“公共价值的实现既是一个满足公共需要的过程，同时也是一个创造和提供公共物品的过程。”[2]而这个过程需要通过公共权力的保障才能实现。公共行政发展至今，公共权力仍然是掌握在以政府为主的公共组织中。制定、执行公共决策是政府的重要职能之一，在决策过程中政府依靠公共权力将整合的公共利益与公共价值体现在公共政策中。因此，创造和维护公共价值就需要依靠政府所掌握的各种公共权力实现。所以从根本上讲，政府存在的目的或核心使命就是创造公共价值，以使公共决策体现公共价值性。

## 第三节　公共组织决策的复杂性

### 一、事实与价值的关系

从威尔逊以后，古典公共行政学就建立在政治—行政二分法的结构基础上。古德诺认为“政治是政策的制定，行政是政策的执行”。在这种架构下，威尔逊认为在公共行政与公共决策过程中，公共行政人员是价值中立的，他们能够不带有感情色彩地执行公共政策。他认为：“通过限制行政活动(选择手段而非目标)，就为构筑一个以经验为基础的行政学确立了一个价值中立的领域。”[3]其后的发展中，西蒙从描述性和规范两个角度否认了这种二分法，他认为公共行政者并不能保持完全的价值中立，相反，行政者在进入决策的价值前提方面应该是可以预测的。这从根本上否认了价值中立的说法，为后来的公共决策研究提供了新的思路。在政治—行政二分法批判的基础上，西蒙在公共行政领域中提出了事实—价值二分法。价值因素主要是关于偏好的表达，而事实因素则是实际上是否存在或发生所陈述的情形。前者属于主观上的看法，后者属于一种客观的存在。从本质上来讲，二者属于哲学思辨范畴的，而区分这两种因素的理论依据是逻辑实证主义学派的知识理论。

虽然，西蒙提出了用事实—价值二分法代替政治—行政二分法；但是，事实上在西蒙之后关于公共决策领域的研究还是以问题为导向，价值因素并不是研究的重点。“二战”后，“伴随着研究政治的学者寻求对政府和公民之间的关系的重新理解”，政策科学在北美和欧洲诞生。在这一时期，公共行政学领域早已开始关注人的行为，并将人的行政作为研究的一个重点。政策科学从以问题为导向演变成以事实与技术相结合为导向。但是，在公共政策领域的研究注重于政策技术的分析，价值要素仍然还不是政策科学研究的重点。“20 世纪 80 年代中后期开始，西方尤其是美国的公共政策学界又转向了以政策价值为主导因素的研究范式。”[4]时至今天，在政策科学研究领域对于“以价值为中心”还是“以事实为中心”的争论从未停止过。但是，现代政策科学尤其是公共决策领域已经极为重视对价值因素的研究。在公共决策领域研究中，无论是以价值为导向还是以事实为导向，但在具

---

① 张慧芬. 公共价值与个人价值冲突与协调[J]. 理论观察，2009(2).
② 汪辉勇. 民主与法治：实现公共价值的有效手段[J]. 北京行政学院学报，2005(6).
③ 竺乾威. 西方行政学说史[M]. 北京：高等教育出版社，2001：176.
④ 严强. 论公共政策的价值[J]. 南京政治学院学报，2007(2).

体的决策过程中事实因素与价值因素二者都无法独立存在。从本质上来讲，决策尤其是公共决策过程中，事实与价值是相互依存，共同构成了公共决策逻辑认知体系。

在公共决策过程中，事实因素与价值因素交织在一起、共同作用；而事实的复杂性与价值的多重性在一定程度上直接决定了公共组织决策的复杂性。对于公共组织而言，事实因素是基于环境及与环境相互作用的某种客观的描述。而公共组织自身的性质决定了公共决策环境及其与环境作用的复杂性，即公共政策中事实因素的复杂性。公共组织尤其是行政组织环境包括内部环境与外部环境，内部环境主要是指组织的结构设计、规章制度等，而外部环境主要有社会环境、自然环境、文化环境等。公共组织的各种环境的交错作用形成了公共组织的环境系统，这些环境要素甚至在某些程度上是相互矛盾的，而公共决策就是在这样内外环境各种因素的作用下做出的。针对具体的公共政策，它涉及的事实因素还包括人力、物力和财力等各种资源，以及在具体的决策环境下各种资源的排列组合方式等。因此，公共决策中如何平衡这些复杂的事实因素具有很强的技术性。而众多的学者正是从这个层面出发来研究政策科学，所以形成了以事实与技术相结合为导向的研究范畴。

公共决策不是纯技术与事实的过程，价值因素是影响其结果的重要因素。就整体而言，公共决策在具体的政治制度框架下体现公平、公正、公共利益和公共价值等，这才是公共政策的终极价值所在。但是在具体的决策过程中，公共决策的利益具有多重性等特征。首先，公共行政学发展在新古典时期，西蒙就批判了政策执行中价值中立的说法。在公共政策过程中，政府本身有一定的自利性，而这种自利性都会或多或少地体现在公共政策中。其次，当前民主政治的发展，多元的公共行政观逐渐形成共识，决策过程中各种直接与间接主体利益、价值观等的交叉矛盾使得公共政策在某种程度上而言是各方力量对比的结果。再次，公共决策的合法性是其必要条件，同时它也必须具有合理性。这就要求在决策过程中不仅要考虑各方的价值利益分配问题，还要考虑公共伦理等传统的社会力量的影响力。层层叠叠的利益、价值观、伦理道德、制度取向等的交织作用、矛盾碰撞，形成了公共决策中的价值体系。

事实因素的复杂性与价值因素的多重性共同作用于公共决策过程。事实因素的选取会依靠主观价值的判断，而价值则是在一定的事实的基础上形成的。当前，无论是公共行政学还是政策科学，都注重对价值的研究，因为众多的案例证明了政策的失败最重要的原因在于价值对事实因素判断选择的错误。但是也有众多学者对政策中事实—价值两分法提出了批评，这里就不做详细论述了。

## 二、自组织系统的功能发挥

自组织系统是生物控制论的基本概念之一。它是指一个系统在对外界发生事件的响应中，有自行组织能力。通俗地说，就是能通过本身的发展和进化而形成具有一定的结构和功能的系统。将该概念应用到公共行政领域中，可以将完善的公共组织看作一个自组织系统。从这个角度出发，公共组织的自组织系统功能指的是公共组织在与外界互动、进行各种资源的交换过程中，维护组织特性并将系统外的资源信息文化等内化的一种功能。在公共组织决策过程中，自组织系统的功能的发挥有几个层次。首先，从公共组织的成员来看，作为生物个体的人是最典型的自组织系统，这不仅仅指的是身体机能上，同时也指思想意识上的自组织。在决策的过程中，个体往往根据原有的专业知识等进行相关的环境条件识别，从而形成一定的决策意见。这是最低层次的，不仅存在于公共组织中，私人组织中也存在。其次，公共决策的团队所形成的一个自组织系统。虽然单项的功能决策也涉及众多的部门和群体，但是拥有最终决策权或者说核心决策群体往往组织成一个决策团队。决策过程中，团队成员共同约定的程序以及成员之间互动所形成的紧密的关系，也成为了公共组织在决策中自组织系统功能发挥的一个层次。再次，公共组织区别于私人组织，在于其要体现公共利益、反映公共诉求等。同时，其特有的组织文化、规章制度、决策程序等也是其与私人组织的重要区别。而这些则构成了公共决策过程中，自组织系统功能发挥的第三个层次，也是决策中公共组织该功能发挥区别于私人组织的所在。

### 三、自发性、诱导性与强制性的交叉

公共组织决策是以政府为主导的政策过程，其背后所代表的是公共权力以及公共权威。在一国的政治法制框架下，公共权力具有权威性、强制性等特征。因此，以此为基础的公共组织也具有很强的强制性，主要表现为一旦决策执行，其目标群体就应当遵守相关的规则，否则就必须接受相应的惩罚。而目标群体对其的遵守与其说是执行公共决策本身，不如说是对公共决策所含有的公共权力成分的认同与服从。

## 第四节　公共组织决策模型

本节主要介绍几种经典的决策模型，这些模式分别从不同的角度出发、各有侧重，都试图解决公共决策过程中的各类问题。其中，有传统的决策模型、理性决策模型、有限理性模型、组织过程模型、精英模型、政府政治模型和博弈模型。

### 一、理性模型和有限理性模型

在传统的公共行政学中，理性决策模型在公共决策领域占据重要地位。理性决策模型，简称理性模型，起源于传统经济学的理论，以“经济人”的假设为前提。在该模型中，决策者依据完整而综合的信息做出理性的决策，即遵循以最小的投入获得最大的产出的原则。该模型假设决策者是“理性人”，具有完全的理性，其主要内容主要包括以下几个方面：第一，识别和定义问题；第二，搜集有关信息；第三，寻找出与实现目标相关的所有决策方案；第四，给各个标准设置权重，列出可供选择的备选方案；第五，评价各项备选方案，选择最佳方案；第六，决策的实施与评估。

尽管理性主义在一定程度上带有“乌托邦”色彩，但是过于简单和绝对的否定态度也是不可取的。不能实现不代表没有意义，人们总是在追求尽善尽美中得到较善较美。正因为如此，传统理性决策模型的思想价值一直受到理论界的肯定。

然而从实践来看，最优决策并不可行，理性决策模型的假设条件遭遇到诸多障碍，人们逐渐发现政策实践中的许多现象都难以解释。其原因不在于它的逻辑体系，而在于其前提解释有问题。因此它遭到了许多学者的强烈批评。其中最突出的是查尔斯·林德布

洛姆与赫伯特·西蒙。

西蒙驳斥了古典经济学理论中的“经济人”具有“客观理性”或“绝对理性”的说法。他认为，实际的决策过程中充满了不确定性，决策者对目标、可能的选择、选择的结果等很可能是不确定的。在此基础上，他提出了有限理性模型，用“社会人”或“行政人”代替了“经济人”。“经济人”具有的所谓“最大限度”的能力，能够为显示目标做出最佳选择：“社会人”宁愿“满意”而不愿作最大限度的追求，满意于从眼前可供选择的办法中选择最佳的办法。同时用“令人满意的”准则取代“最优化”准则，即决策者在决策时不是追求最优的方案，而是令人满意的方案。所谓令人满意的决策准则，具体来说就是，在决策时决定一套标准，用来说明什么是令人满意的最低限度的备选方案，如果拟采用的备选方案满足或超过了所有这些标准，那么这个备选方案就是令人满意的。有限理性的一些主要观点如下：第一，手段-目标链的内涵有一定矛盾，简单的手段-目标链分析会导致不准确的结论；第二，决策者追求理性，但又不是最大限度地追求理性，他只要求有限理性；第三，决策者在决策中追求“满意”标准，而非最优标准。

根据以上几点，决策者承认自己感觉到的世界只是纷繁复杂的真实世界的极端简化，他们满意的标准不是最大值，所以不必去确定所有可能的备择方案，由于感到真实世界是无法把握的，他们往往满足于用简单的方法，凭经验、习惯和惯例去办事。因此，导致的决策结果也各有不同。

西蒙对传统理性模式的批判及有限理性模型的提出具有重要的意义。该模型从实践层面考虑人作为社会中的一员在主观与客观上所受到的限制，追求满意的决策准则，具有很强的实践性。尤其是网络信息时代的到来，其问题不再是信息的不足而是“信息爆炸”。在这样的时代背景下，追求满意原则对于我们搜索有效、合适的决策信息以及做出合理的决策判断是十分有利的。

## 二、渐进模型

林德布洛姆提出以渐进主义原则来替代理性决策模式，其主要方法就是组织程序模式。1958年，他在《政策分析》中批判了传统的政策分析方法，进一步提出了“渐进分析”的方法。1959年，他在《渐进调适的科学》中进一步批评了传统政策分析模式(即全面理性模型)，并阐述了他的连续有限比较模式(即渐进调适模式)。根据林德布洛姆的观点，政府交易过程的特点就是渐进的变革把公共决策描述为在以自我利益为主的决策者之间谈判与妥协的政治过程。渐进决策模型的主要内容包括以下几点：第一，决策所选择的方案与现实状况相差不大，可以预测。第二，在一时无法搞清人们的各种需求时，可以采用渐进方案会议不断尝试的方式，找出一种满意的结果。第三，易于协调各种相互冲突的目标，不会因远离原有目标而搞乱了原目标间的秩序。第四，渐进方式可以帮助人们检验所作的抉择是否正确，特别是在复杂条件下，可以孤立某些因素，比较其利弊。第五，渐进方式比较稳妥，容易控制，能够及时纠正错误，不会造成大起大落的状况。

由此可知，所谓渐进决策，“就是指决策者在决策时在既有的合法政策基础上，采用渐进方式对现行政策加以修改，通过一连串小小改变，在社会稳定的前提下，逐渐实现决策目标”。在林德布洛姆看来，渐进决策要遵守按部就班、积小变为大变以及稳中求变三个原则。

渐进决策模型作为一种决策思想和方法在某种程度上具有相当的应用价值。林德布洛姆(1959)认为,通过一系列渐进调整的方式进行的决策为行政人员(从而为整个社会)提供了防止发生重大错误的保险措施。[①] 但是该模型的使用是需要一定的条件的,即在现实情况平稳时,通过积少成多、以量变达到质变,避免了激进的改革所带来的混乱,在改革的同时维持了社会和组织的稳定。但是,该模式趋于保守,一旦社会条件和环境发生巨大变化、需要彻底的变革,渐进模型主张的修改和缓行就起不到作用,反而会成为改革的重大障碍。

## 三、组织过程模型

该模式把政府看作具有独立领域的半封建性并松散地结合在一起的组织体之巨大集合。政府活动并不是出于领导者的慎重选择,而是"依照常规运作程序而动作的大型组织的产品"。其主要观点如下:第一,行为主体并不是庞大的国家或者政府,而是松散地结合在一起的组织集合体,而政府领带人居于其上层。第二,各组织通过自己的传感器认识问题和处理信息,并在半独立性的状态下履行各种活动。第三,关于局部问题,组织首先关心的是有可能产生的狭隘主义组织观。第四,在组织过程模型中,目标被看作规定可实行任务的制约条件。而组织为了避免不确定性,在决策时主要依赖标准运行程序或者方案目录。第五,为了处理非定型的问题,组织进行探索活动。随着时间的推移,这种新情况逐渐成为惯例。当然,这种探索活动和寻找方案的活动是按着组织惯例进行的。

在这一模型看来,根据标准运行程序或方案的政府活动并不是能解决问题的长期方案,而是临时对策。组织预算发生渐进的变化,而已经开始的项目因沉默成本往往倾向于继续进行,所以很难发生政策变化。在政策实现可能性方面,政府领导人所希望的和官僚们的实际执行之间有相当大的差距。

## 四、政府政治模型

这种决策模式被认为是通过合作程序运用在政府决策中,与单个人所作的理性选择完全不同。该理论的假设是"公共政策是参与公共决策的政府领导人及其在不同的官僚机构中的代表们相互竞争、讨价还价的结果"。正如阿利森(1971)所说:"要解释为什么会产生一种政府决策程序的特别模式,这是一个缔结联盟、相互交易、相互妥协的决策过程,整个过程使人感到十分混乱。"[②]政府政治模式是以政府内各个成员的活动为出发点进行分析。它所描述的是一种既非集权又非理性的决策过程。它基于一个多元的、分权的决策环境。由于没有既定的问题和目标,又没有一个决策者或机构在整个决策过程占有优势地位,因此公共政策就是参与决策者们彼此竞争和妥协的结果。政府政治模式的一个重要命题是:地位决定立场。每一个决策者大都关心国家利益、组织利益、个人利

① 罗伯特·B.登哈特.公共组织理论(第3版)[M].扶松茂等译.北京:中国人民大学出版社,2003:90.

② [美]罗伯特·B.登哈特,珍妮特·B.登哈特,玛丽亚·V.阿里斯蒂格塔.公共组织行为学[M].赵丽江译.北京:中国人民大学出版社,2007:141.

益，但与理性选择模式不同，决策的结果“不是依靠决策者对这些利益的理性权衡，而是与其他决策者的周旋”。而最终的决策结果取决于参与决策者们的地位和权力以及有效使用这种权力的能力。

政府政治模型主要内容包括以下几个方面：第一，决策主体并不是国家或者组织，而是占有一定职位的个人，诸如组织的负责人、参谋、官员、有影响力的议员、舆论界的重要人物、利益集团的代言人等。第二，组织成员对组织目标很敏感，因而对问题赋予狭隘的优先顺序。第三，政治结果取决于政治游戏，而进行这种游戏的能力受进行协商时候的地位（正式的职权、制度支持、选民、专业、地位等）以及使用这些资源的技巧、游戏对方对此的评价等因素的影响。第四，决策参与者并不把重点放在总体的战略性问题上，而是主要关心当前可利用的方案选择。第五，协商游戏不是偶发性的，而是根据一定的行动通道进行。

该模型认为，政府的实际活动可能同各参与者的原来企图具有相当大的差距。从横向上看，在做出某种决策时，各参与者采取的立场受到来自其所属部门的各种压力的影响。从纵向上看，组织负责人和实际工作者之间的关系，由于时间关系，组织负责人所能处理的问题范围受到限制，因而大部分问题是由实际工作者们的工作而得到具体化。在这一过程中，这些实际工作者为这种具体方案能够吸引组织负责人的注意力而做努力。

## 五、精英模型

现代精英政治理论始于意大利学者莫斯卡和帕累托，以及德国学者米歇尔斯，经由著名经济学家熊彼得和美国政治学界拉斯维尔进行民主的改造，到第二次世界大战以后逐步成为西方国家特别是美国政治学研究中一个重要的分析途径。1970 年美国政治学家托马斯·戴伊和哈蒙·齐格勒合著并出版了《民主的嘲讽》，2001 年独著并出版了《自上而下的政策制定》，都从这一视角对美国政治和政策过程进行了考察。其主要观点有：第一，社会分化成掌权的少数人和无权的多数人。只有少部分人才有权为社会分配价值，而群众则不能决定公共政策。第二，少数的统治者与杰出人物不是被统治的群众代表，他们主要来自社会中的社会经济地位较高的那个阶层。第三，非杰出人物的转化必然是一个缓慢而又持续的过程，从而才能保持社会的稳定并避免发生革命。在非杰出人物中，只有那些接受了杰出者认为的一致意见者，才被允许进入统治集团。第四，在社会制度的基本价值观和维护这一社会制度方面，杰出者认为的看法是一致的。第五，公共政策所反映的不是大众的要求，而是反映了杰出人物的主要价值观，公共政策的变化将是渐进的，而非革命性的。第六，活跃的杰出人物很少受群众的直接影响。相反，杰出人物影响群众远远超过群众对他的影响。

戴伊等人的理论把政策看成杰出人物行为的产物，只反映他们的价值观，并服务于他们的目标，有其合理性。迄今为止，人们不难发现，现今在任何政治制度下，总是少数人统治着多数人；其次，在任何社会中，政治精英对政治参与的态度可能是影响该社会政治参与性质的一个最具决定性的因素，对大多数政治精英来说，政治参与多是一种手段，而不是基本价值；另外，人类政治民主的理想形式是最广大的人民直接管理国家，但政治民主的内涵在本质上是由社会经济的整体发展水平所决定的。只要代议制民主制依然是现阶段人类政治民主的主要形式，精英决策就是不可避免的。

然而在任何一个大众参政议政程度较高的社会里，人民群众的影响仍是占主要地位的。从发展民主政治的要求看，政府最基本的目标是为广大人民群众谋利益，其决策既要真正能代表并反映他们的需求，又要获得他们的支持和拥护，否则任何一个政治系统不可能稳定和发展。

## 六、集团模型

政治学研究中的集团理论在美国政治学家戴维·杜鲁门于1951年出版的《政府过程》一书中得到了充分的系统化。后来，另一位美国政治学研究者莱瑟姆从集团理论这一视角去分析政府在政策形成中的作用，形成了政策分析的集团模型。

这个模型的基本假设是：现代政治实际上是各个利益集团为影响公共政策而展开的一系列活动。政府的作用在于制定各利益集团竞争的规则，平衡各种利益集团之间相互冲突的利益，公共政策是各利益集团之间斗争和力量对比的结果。该假设可以分解成如下四个命题：第一，制定政策是政治过程的决定性阶段，而政治过程则是各集团争取影响公共政策的行为过程。第二，公共政策的制定过程是相互竞争着的集团之间达成力量平衡的过程。第三，在现代政治生活中，集团间获取公共政策资源的竞争是不可避免的。第四，“在任何时候，公共政策都反映占支配地位的集团的利益，随着各集团的力量和影响的消长，公共政策将变得有利于其影响增加的那些团体的利益，而不利于其影响下降的那些团体的利益”。

集团决策模型将公共政策看作集团斗争的产物，正如厄尔·莱瑟姆指出的那样：“所谓公共政策，是指某一特定时间里，团体间的斗争所达到的平衡，它体现了那些一直试图获取优势的并相互竞争的党派或集团之间出现的均势。”这个定义实际上就是集团模型的核心命题。从集团决策模型来看，集团是个人与政府间发生联系的纽带，集团间的互动是政治生活的基本特征。作为一种政治行为，这种体现了个人的愿望和利益间的集团的互动性，将不断地影响政府制定公共政策的动机。

按照集团决策模型的理解，政府在制定政策过程中，完全处于被动地位。集团决策模型过分夸大了集团的重要性，既低估了决策者在政治过程中所起到的独立的又富有创造性的作用，又没有充分认识到政治生活中其他因素的重要影响。但这种模式把注意力集中到决策过程中集团的作用上，并以此去认识、分析和处理具有利益冲突的各种政治经济和社会行为，从这点上讲是富有启发性的。

此外，还有博弈模型、垃圾桶模型等，但是所有的这些模型都无法穷极公共决策中的所有因素与状况。模型的研究主要是从某个角度出发，来探讨公共决策的产生，以及其所认为的决策的最重要的因素。因此，在实际公共决策过程中不能照搬任何一个模型。

# 第五节　公共组织决策的有效技能

公共决策是整个公共组织社会管理过程中的起始环节，又伴随着社会管理的始终，决定着公共管理的成败。公共决策过程受到诸多因素的影响。一些调查表明，政策失误或者决策失败主要在于主观认识的错误。因此，我们需要一些相关的决策技能，减少或者尽量避免由于各种主客观原因所造成的失误，提高公共决策的有效性和可行性。以下主要介绍焦点小组访谈、头脑风暴法、成本效益分析法、成本效能分析法、名义小组技术、电子会议等几种有效技能。

## 一、焦点小组访谈

焦点小组访谈(Focus Group)是由一个经过训练的主持人以一种无结构、自然的形式与一个小组的被调查者交谈的技能。一般请 10～12 个参与者对某一主题或观念进行深入讨论。焦点小组访谈实施之前，通常需要列出一张清单，包括要讨论的问题及各类数据收集等目标。这是一种评价服务和测试新想法的有效手段。主持人负责组织讨论。焦点小组访谈法的主要目的是通过倾听一组从调研者所要研究的目标市场中选择来的被调查者，从而获取对一些有关问题的深入了解。这种方法的价值在于常常可以从自由进行的小组讨论中得到一些意想不到的发现。

注意点如下：

(1) 在实施之前明确会议主题，并将其通知与会者。

(2) 会前准备 5～6 个与主题紧密相关的问题(或者更少，视情况定)。

(3) 访谈控制在 1～1.5 个小时内。

(4) 主持人负责组织讨论，避免讨论偏离主题。

(5) 在参与者的选择上，应具有代表性，尽量选择年龄、地位相似性的人员参与，尽量选取富有参与性且能够积极反映问题的人，所选人员之间最好互不相识。

转换到公共组织的决策过程中，可以邀请政策对象或者政策潜在的受益者进行一次座谈，主要包括对政策目标、方式等进行评价。

## 二、头脑风暴法

头脑风暴法出自“头脑风暴”一词。所谓头脑风暴，最早是精神病理学上的用语，指精神病患者的精神错乱状态，现在转而为无限制的自由联想和讨论，其目的在于产生新观念或激发创新设想。头脑风暴法又称智力激励法、BS 法、自由思考法，是由美国创造学家 A. F. 奥斯本于 1939 年首次提出、1953 年正式发表的一种激发性思维的方法。Rawlinson(1981)认为头脑风暴法是一种在短时间内产生大量想法、办法、念头的方法。①

采用头脑风暴法组织群体决策过程，要集中有关专家召开专题会议，参加人数一般为 4～12 人，主持者以明确的方式向所有参与者阐明问题，说明会议的规则，尽力创造融洽轻松的会议气氛。一般不发表意见，以免影响会议的自由气氛。由专家们“自由”提出尽可能多的方案。

为使与会者畅所欲言，互相启发和激励，达到较高效率，必须严格遵守下列原则。

(1) 事后判决，禁止批评。不允许在点子汇集阶段评价某个点子的好坏，即使要反驳别人的意见，也必须放在最后提出。一切评价和判断都要延迟到会议结束以后才能进行，

---

① [美]罗伯特·B. 登哈特，珍妮特·B. 登哈特，玛丽亚·V. 阿里斯蒂格塔. 公共组织行为学[M]. 赵丽江译. 北京：中国人民大学出版社，2007：149.

这样做一方面是为了防止评判约束与会者的积极思维，破坏自由畅谈的有利气氛；另一方面是为了集中精力先开发设想，避免把应该在后阶段做的工作提前进行，影响创造性设想的大量产生。

(2) 追求数量。头脑风暴会议的目标是获得尽可能多的设想，追求数量是它的首要任务。参加会议的每个人都要抓紧时间多思考，多提设想。至于设想的质量问题，自可留到会后的设想处理阶段去解决。多多益善，鼓励想象，想法越多越好，不要限制别人的想象；意见越多，产生好的意见的可能性越大。

(3) 平等自由。与会者不分职位高低，平等议事，营造一个各抒己见、自由鸣放的交流环境，激发参加者提出各种荒诞的想法。

(4) 动态优化。不断寻求整合与改进，一方面增加或改正自己与他人的意见；另一方面还要把自己与他人的观点结合在一起，提出更好的决策选择。

实践经验表明，头脑风暴法可以排除折中方案，对所讨论问题通过客观、连续的分析，找到一组切实可行的方案，因而头脑风暴法在军事决策和民用决策中得到了较广泛的应用。当然，头脑风暴法实施的成本(时间、费用等)是很高的。另外，头脑风暴法要求参与者有较好的素质。这些因素是否满足会影响头脑风暴法实施的效果。

与焦点小组访谈相比，焦点小组访谈有明确的主题，其想法不在多，而是在寻找有价值的意见，针对目标群体。

## 三、成本效益分析法和成本效能分析法

这是通过比较项目的全部成本和效益来评估项目价值的一种方法。成本—效益分析作为一种经济决策方法，将成本费用分析法运用于政府部门的计划决策之中，以寻求在投资决策上如何以最小的成本获得最大的效益。常用于评估需要量化社会效益的公共事业项目的价值。

成本—效益分析方法的概念首次出现在19世纪法国经济学家朱乐斯·帕帕特的著作中，被定义为“社会的改良”。其后，这一概念被意大利经济学家帕累托重新界定。1940年美国经济学家尼古拉斯·卡尔德和约翰·希克斯对前人的理论加以提炼，形成了“成本—效益”分析的理论基础即卡尔德—希克斯准则。在这一时期，“成本—效益”分析开始渗透到政府活动中。

成本效益分析法的基本原理是：针对某项支出目标，提出若干实现该目标的方案，运用一定的技术方法，计算出每种方案的成本和收益，通过比较方法，并依据一定的原则，选择出最优的决策方案。

成本效益分析法以经济效益为导向，对于经济效益越明确的决策，该分析法的优越性越显著。但是实际问题中有关技术、经济方面的许多参数往往是不确定的，因此，需要对这些参数做出多种假设。其次，公共决策以公共利益为导向，但是很多决策并不能直接以实现经济效益为目标，尤其是文化教育等根本就难以用货币来进行成本和收益的估算。再次，未来的成本、收益往往有着不确定性、容易变动等特征，难以估计。所以，成本效益分析法在运用上也碰到了一些难题。

为了解决成本效益分析法所面临的难题，20世纪60年代人们开始使用成本效能分

析法。成本效能分析(CEA)是一种经济分析方法,即采用成本耗费等形成的价值与所付成本的比值作为衡量成本使用效果的指标。其目的在于分析其达成目标的程度。成本效能分析避免以货币去衡量效益,即不是以总体的经济效益或全部的社会福利来衡量政策的结果,而是反映出政策的效用,因此被视为技术理性的表达。成本效能分析极少依赖市场价格,它不太依循私有部门利润极大化的逻辑。成本效能分析较适用于具有外部性和无形的成本和收益政策上,以及比较适合处理固定成本或固定效果的政策问题。

## 四、名义小组技术

名义小组技术是指在决策过程中对群体成员的讨论或人际沟通加以限制,但群体成员是独立思考的。像召开传统会议一样,群体成员都出席会议,但群体成员首先进行个体决策。在集体决策中,如对问题的性质不完全了解且意见分歧严重,则可采用名义小组法。在这种方法下,小组成员互不通气,也不在一起讨论、协商,小组只是名义上的。这种名义上的小组可以有效地激发个人的创造力和想象力。

主要包括以下四个步骤:

(1) 备选方案。成员集结成一个集体,并在进行讨论之前由成员单独提出方案,越多越好。

(2) 提交方案。经过一段时间独立思考之后,每个人把自己的想法或方案提交给群体,依次向大家阐明自己的想法,直至每个人的思想都得以清楚表述并记录下来,如可以记载于小黑板或活动挂图上。

(3) 讨论方案。群体对方案进行区分,并讨论每个方案,以便把每个想法都搞清楚,同时做出评价。

(4) 表决方案。每个群体成员独立地把各种想法排出次序,最后的决策是综合排序最高的想法;如每个人从 $M$ 个(假如有 20 个备择方案)备择方案中选出自己认为最好的 $N$ 个(如 5 个),并选择累计分最高的方案。

这种方法的优点在于,激发个体思维,能够消除自由讨论中善于表达者的导向作用,使不太自信的人也能充分表达自己的意见。

## 五、电子会议

这是一种将群体决策与计算机技术相结合的方法。在使用这种方法时,先将群体成员集中起来,每人面前有一个与中心计算机相连接的终端。群体成员将自己有关解决政策问题的方案输入计算机终端,然后再将它投影在大型屏幕上。

电子会议法的主要优点是:匿名、可靠和快速。由于决策参与者可以不透露姓名地打出自己所要表达的任何信息,可消除表达自己意见时所带来的心理压力;参与决策者对自己的意见一敲键盘即可显示在屏幕上,使所有人都能看到,可以即时交换意见,同时也不必担心打断别人的"讲话";成员一般不会输入与主题无关的信息,消除了闲聊和讨论偏题,可保证讨论切合主题。

通过使用现代科学技术,电子会议法比传统的面对面会议法的效率往往要高出一倍。但是该方法也有缺点:一是意见的表达受打字速度的影响,使得口才好但打字慢的人无用武之地；二是由于匿名性，身份是保密的，想出最好建议的人也得不到应有的奖励；三是信息的丰富性要低于面对面的口头表达方式。

## 【本 章 小 结】

通过区分决策与公共决策的差异，进而对公共组织与私人组织决策进行深入比较，分析公共组织决策的特殊性。剖析公共组织决策复杂性的根源所在，分析了理性模型、有限理性模型、渐进模型、组织过程模型、政府政治模型、精英模型及博弈模型等决策模型，介绍了焦点小组访谈、头脑风暴法、成本效益分析法、成本效能分析法、名义小组技术、电子会议等有效决策技能。

## 【关 键 术 语】

决策　公共决策　公共决策复杂性　决策模型　公共决策技能

## 【思考与练习】

1. 阐述决策和公共决策的内涵。
2. 阐述公共组织和私人组织决策的差异性。
3. 公共组织复杂性的根源有哪些？
4. 分别阐述公共组织决策模型中的组织过程模型和政府政治模型。
5. 公共决策过程中有哪几种有效技能？

## 【推 荐 读 物】

【1】[美]霍尔. 组织：结构、过程及结果[M]. 张友星等译. 上海：上海财经大学出版社，2003.
【2】[美]巴纳德. 组织与管理[M]. 曾琳等译. 北京：中国人民大学出版社，2009.
【3】[美]西蒙. 管理行为：管理组织决策过程的研究[M]. 杨砾译. 北京：北京经济学院出版社，1988.
【4】[美]理查德・L. 达夫特. 组织理论与设计[M]. 王凤彬等译. 北京：清华大学出版社，2003.
【5】[美]米特尔・施泰特. 关键决策：组织错误链摧毁你的组织[M]. 俞利军，阎彬译. 北京：中国人民大学出版社，2007.

# 第十三章

# 公共组织中的领导

【内容结构图】

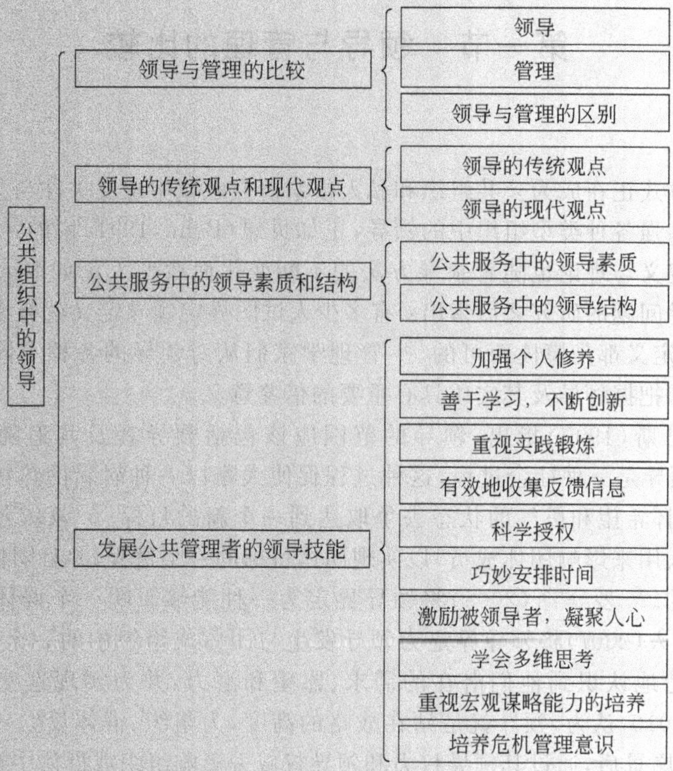


## 案例引导

### 访山西省大寨村党总支书记郭凤莲

“中央媒体集中报道了安徽省凤阳县小岗村党委第一书记、村委会主任沈浩的感人事迹，几乎每篇我都读过。”山西昔阳大寨村党总支书记郭凤莲开门见山地说：“沈浩同志我们见过几次，本来就比较了解，事迹非常感人。”

郭凤莲认为，沈浩的事迹让她感触最深的是一心为民，苦干实干的优良作风。6 年前，沈浩作为安徽省财政厅的选派干部，放弃省城优越的工作生活条件，欣然接受党组织的安排，前往条件艰苦的小岗村任职。2008年年底，小岗村民人均纯收入达到6600元。“开发现代农业、发展旅游业、发展农产品深加工业”，着力把小岗打造成“现代农业的示范村、制度创新的实验村、城乡统筹的先行村、文明和谐的新农村”的“四型村”。没有沈浩同志一心为民、苦干实干的工作作风，是不可能实现的。

沈浩为老百姓付出了，群众也没有忘记他。2006年年底，沈浩在小岗村任职三年届满，村民用“按红手印”的方式强烈要求把沈浩留下来就是明证。郭凤莲说：“能不能奉献，首先看能不能在农村坚守。能舍弃原本不错的安定生活，在艰苦的地方奋斗，也许有些人想想都打颤，沈浩同志做到了。”

（人民网，人民日报，2010年1月13日）

## 第一节 领导与管理的比较

### 一、领导

近来领导方式正在成为公共组织和私人组织研究领域中最受关注与争议的话题。人们常常呼吁要加强各种类型组织中的领导，正如贝恩(Behn，1991)说的：“领导是很有价值的。”领导的定义与理论也随着领导方法的不断变化而改变。正如Bass(1990)在回溯了大量关于领导问题的研究之后指出：有多少人试图界定领导定义就有多少种领导的定义，而且大多数定义都是模棱两可的。① 管理学家们从对领导的各种不同界定视角对我们更好地理解和把握领导及其实质具有重要的借鉴意义。

伯纳德·巴斯(1990)指出，领导的范围应该包括领导者及其追随者。博加达斯(1992)指出：领导是一种社会过程，这种过程促使大家以一种崭新的热情向既定的目标前进，或者以满怀希望和勇气的状态去争取达到一个新的目标。② 豪威尔和科斯特利将领导界定为个人用来影响团体成员，以实现团体目标的一个过程，并且团体的成员认为这种影响是合理的。③ 罗宾斯(2005)将领导界定为一种能够影响一个群体实现目标的能力。④ 登哈特等人(2007)将领导界定为领导发生与团体或组织中的一个人的行为，能够促使其他人清楚地认识到他们潜在的需求、愿望和潜力，并为实现这些需求而一起工作。⑤ 章文光(2010)认为，领导就是站在战略的高度，为组织、群体设立一个前进的目标并构建、阐述其愿景后，通过其领导权力和领导权威去影响组织或群体中被领导者的价值观、认知等，从而能够鼓动、激励被领导者实现那些属于个体、群体或组织的目标。⑥ 高晓

---

① [美]罗伯特·B.登哈特，珍妮特·B.登哈特，玛丽亚·V.阿里斯蒂格塔.公共组织行为学[M].赵丽江译.北京：中国人民大学出版社，2007：199.

② 任浩.公共组织行为学[M].上海：同济大学出版社，2006：200.

③ [美]乔恩·P.豪威尔，丹·L.科斯特利.有效领导力[M].付彦等译.北京：机械工业出版社，2003：3.

④ [美]斯蒂芬·P.罗宾斯.组织行为学(第10版)[M].孙健敏等译.北京：中国人民大学出版社，2005：343.

⑤ [美]罗伯特·B.登哈特，珍妮特·B.登哈特，玛丽亚·V.阿里斯蒂格塔.公共组织行为学[M].赵丽江译.北京：中国人民大学出版社，2007：223.

⑥ 章文光.公共组织行为学[M].北京：北京师范大学出版社，2010：168.

芹(2011)将领导界定为激励和引导人们去实现组织目标的过程。① 由此可见,不同学者对"领导"内涵的把握是随着其研究目的、研究视角的不同而不同的。

但一般来说,我们普遍认同美国管理学家哈罗德·孔茨等人对领导的界定范式,他们认为"领导是一种影响力,是引导人们行为,从而使人们心甘情愿地和满怀热情地为群体的目标而努力的艺术或过程"。他们的界定范式揭露出了领导的本质在于其影响力、领导的过程性、领导的目的性。塞尔兹尼克(1957)将领导的关键性任务分为四大类:一是确定组织的使命及角色。在快速变化的世界,这点一点明显处于核心地位,而且必须被看作一个动态的过程。二是"组织目标的制度体现",即将政策融入组织并确定实现组织预设目标的方式。三是保护组织的完整性。这里,价值观及公共关系交织在一起。在领导说服公众及组织成员支持他们所做的决策时,领导代表着他们的组织。四是控制组织内部的冲突。②

## 二、管理

哈佛商学院约翰·科特指出,管理主要是处理复杂的问题。斯图尔特·克雷纳也认为:"虽然管理工作的性质是不断变化着的,但是它的基本规律是不变的;对每天将管理通过工作付诸实施的管理人员来说,管理一直都是一项重大的挑战。"③管理是指组织为了达到个人无法实现的目标,通过各项职能活动,合理分配、协调相关资源的过程。通过这个定义,可看出以下几点:第一,管理的载体是组织;第二,管理的本质是合理分配和协调各种资源的过程;第三,管理的对象是相关资源;第四,管理的职能活动包括信息、决策、计划、组织、领导、控制和创新;第五,管理的目的在于实现既定的目标。

管理的五种职能包括决策与计划、组织、领导、控制及创新。五种管理职能各有自己独特的表现形式。决策职能通过方案的产生和选择以及通过计划的制订表现出来;组织职能通过组织结构的设计和人员的配备表现出来;领导职能通过领导者和被领导者的关系表现出来;控制职能通过对偏差的识别和纠正表现出来;创新职能是通过组织提供的服务或产品的更新和完善以及其他管理职能的变革和改进来表现其存在的,对一个有活力的组织来说,创新无处不在。创新是各项管理职能的灵魂和生命。管理者扮演着人际角色、信息角色、决策角色,而管理者需要掌握的技能包括技术技能、人际技能和概念技能。

## 三、领导与管理的区别

领导和管理是两个容易混淆的术语。那么二者之间有哪些区别与联系呢?早期学者已经注意到了管理和领导的区别。著名组织理论研究者沃伦·本尼斯所说:"管理者是正确地做事,而领导者是做正确的事。"约翰·科特认为,管理主要针对复杂问题的处理,优秀的管理者通过制订正式计划、设计规范的组织结构以及监督计划实施的结果,从而达

---

① 高晓芹.组织行为学[M].北京:化学工业出版社,2011:191.

② [美]理查德·H.霍尔.组织:结构、过程及结果(第8版)[M].张友星等译.上海:上海财经大学出版社,2003:152.

③ [英]劳里·J.穆林.管理与组织行为(第7版)[M].李丽等译.北京:经济管理出版社,2011:189.

到有序化和稳定性；而领导则是强调组织运行中的变化性问题。领导者通过构造愿景确定工作方向，管理者则是计划性做事。简而言之，领导重在激励和鼓舞组织成员，而管理则是考虑控制和问题解决。

在论及领导与管理的关系时，中山大学王乐夫教授认为："从广义或外延层次看，领导与管理两者具有相等性；从狭义角度看，两者有着本质区别，领导就是决策，管理就是对决策的执行；从两者广义和狭义的混合关系看，领导是高层次的管理，管理是低层次的领导。"①就组织成员而言，可能既是领导者又是管理者，可能是管理者而非领导者，也可能是领导者却不是管理者。对领导与管理的关系研究有四种具有代表性的观点：第一，相同说，即将领导简单地等同于管理；第二，区别说，即认为领导和管理都是完整的行为体系，而不是属于对方的一个部分；第三，互补说，即认为领导和管理之间存在重叠部分；第四，部分说，即认为领导是管理的一部分。②

## 第二节　领导的传统观点与现代观点

### 一、领导的传统观点

#### （一）中国古代领导思想

中国古代领导思想的主要流派有儒家、道家、法家和兵家。中国古代领导思想对世界影响最大的当首推儒家。儒家伦理政治思想中的仁、义、礼、智、信等内容在亚洲国家居于其社会思想领域中的主导地位。早在二百多年前，欧洲就掀起过研究儒家文化的热潮，儒家的治国之道影响了 18 世纪欧洲的政治和社会思想。1971 年，英国学者巴杰尔说道："由伟大的孔子所整理、条理化和加以评论的政治原理"，使"中国人在政治术上超过了其他民族"。道家的"无为而治"思想对古代领导思想影响很大，许多政治家和思想家提倡"垂拱而治，逸而有成，反对事必躬亲，勤而无功"。道家的无为而治思想在国外也很受重视。与儒家相反，法家主张"法治"、刑治、霸道。其核心是以力服人，依靠严刑峻法。其代表人物韩非强调必须用暴力进行威慑，"峭其法而严其刑"，"罚莫如重，使民畏之"。最后达到"以刑制刑"，天下大治。兵家以谋略著称，《孙子兵法》被称为"世界古代第一兵书"，"东方兵学鼻祖"，以及"兵学圣典"等。不少发达国家的企业更是将其中的谋略用于经商，并且取得了很大成绩，同时，也对其进行了丰富与发展。

古代领导思想的主要内容有：①民本思想。民本即以民为邦本，正确看待民众的地位与作用，正确认识和处理执政者与民众、国家与民众的关系。儒家的"君以民为本"，"民贵君轻论"是这一思想的典型代表。民本思想体现的是信民、富民和教民。②谋断分离的思想。我国古代关于谋的思想和实践以及谋和断分离的意识是对管理和领导思想的一大贡献。其主要内容包括：首先，重视谋的作用；其次，重视纳谏；最后，提倡民谋。③人本思想，即重视人才，善于发现培养和使用人才，是中华民族的传统美德，也是古代领导思想

① 任浩．公共组织行为学［M］．上海：同济大学出版社，2006：200.

② 章文光．公共组织行为学［M］．北京：北京师范大学出版社，2010：169.

的核心内容之一。主要表现为：首先，为政在人；其次，重视选贤任能，知人善任。总之，我国古代的领导思想是极其丰富的，其在理论与实践中都取得了很大的成就，至今仍有着旺盛的生命力。

### （二）西方早期领导理论

20世纪30年代，人们普遍认为领导者是与生俱来的，并非后天培养出来的。特质理论在早期领导理论中占据主导地位，他们强调从个体特质和特点两方面来区别领导者与非领导者的差异。他们把诸如玛格丽特·撒切尔、南非的纳尔逊·曼德拉、维珍集团的首席执行管理查德·布朗森、苹果公司的创建者之一史蒂夫·乔布斯、纽约前市长鲁道夫·朱利安尼、美国运通公司的总裁肯·查诺德等人称为领导者，并用魅力、热情、勇气等词汇描述他们。① 根据对领导特质来源的不同解释，领导特质理论又可以分为传统特质理论和现代特质理论。其中，传统特质理论认为领导者所具有的领导特质是天生的；现代特质理论认为领导者的特质可以后天培养与锻炼。

#### 1. 传统领导特质理论

传统特质理论认为领导者的特质是天生的，并非由后天的人为因素造成。在20世纪30年代开始，有众多学者对领导特质理论话题进行了大量的研究，试图归纳并总结出领导者自身携带的那些差异性特质。斯托格迪尔(1948)在分析1904—1947年间124个领导人的特质，发现领导者确实在某些方面不同于团队或组织中的其他人。例如，吉伯认为，天才的领导者应该包括善言、英俊潇洒、智力过人、充满自信、心理健康、有支配他人的趋向及敏感等七个特征；拉夫尔·M.斯托格迪尔总结出了与领导才能有关的五种身体特征(精力、外貌、身高、年龄、体重)、四种智能特征(果断性、说话流利、知识渊博、判断分析能力强)、十六种个性特征。而生活中的许多具有天才领导特性的人并非能当上领导的现实，使许多对传统的领导特质理论成果提出质疑。斯托格迪尔的第二次研究发表于1974年。他第一次综合研究完成后，又研究了另外163个领导人，他认为领导者的特征有：对承担责任和完成任务具有强烈的内在动力；在追求目标时精力充沛且执着；创造性地和富有新意地解决问题；自信和极强的洞察他人的能力；愿意承担他或她的决策和行动的后果；承受压力的能力；能够经受得起挫折及曲折；有影响他人行为的能力；有组织团体以实现眼前目标的能力。②

当很多学者发现领导者并不是天生的时，他们开始把注意力转向研究领导者和非领导者行为的差别性。自20世纪70年代以来，许多西方学者在质疑传统领导特质理论的基础上，开展了大量的实证和经验性研究，形成了现代特质理论。现代特质理论的主张主要有：领导是一种动态过程；领导特质是可以后天培养训练的。例如，吉塞利1971年在《管理才能探索》一书中提出有效领导者的八种个性特征和五种激励特性；包莫尔提出了作为一个企业家应具备的十个条件，即合作精神、决策能力、组织能力、精于授权、善于应

① [美]斯蒂芬·P.罗宾斯.组织行为学(第10版)[M].孙健敏等译.北京：中国人民大学出版社，2005：344.

② [美]罗伯特·B.登哈特，珍妮特·B.登哈特，玛丽亚·V.阿里斯蒂格塔.公共组织行为学[M].赵丽江译.北京：中国人民大学出版社，2007：200.

变、敢于创新、勇于负责、敢担风险、尊重他人、品德高尚。

2. **领导特质理论的局限性**

特质理论主要研究的是领导者应具备的素质，其出发点在于领导效率主要取决于领导者特质，那些成功的领导者也一定有某些共同点。根据领导效果的好坏，找出好的领导者与差的领导者在个人品质或特性方面有哪些差异，由此就可确定优秀的领导者应具备哪些特性。总之，从传统领导特质理论和现代特质理论可以得出：具备某些特质确实有可能提高领导者成功的可能性，但并不意味着一定能够成功。罗宾斯认为领导特质理论至少存在以下四个方面的局限性：第一，并没有普遍适用性的特质可以在所有情境下预测领导力；第二，相对于强情境而言，特质对行为的预测在弱情境中更有效；第三，在分离原因与结果方面的证据尚不明显；第四，在预测有效领导与无效领导之间的差异方面同样具有局限性。①

3. **领导特质理论的新发展**

由于特质论并不能成功地解释领导行为，研究者便开始将研究的焦点转向领导者的行为表现上。早期有关领导行为主要取决于领导者内在特质的研究假定，已经开始备受质疑。因此，有关领导的研究着重于对领导者对行为风格偏爱的研究领域。比较代表性的有俄亥俄州立大学的研究、密歇根大学的研究、管理方格及斯堪的纳维亚学者的研究。

(1) 俄亥俄州立大学的研究。俄亥俄州立大学对领导行为进行研究，从最初收集的1000多个维度中，最终归纳出结构维度和关怀维度两大类。其中，结构维度是指领导者为了实现组织目标而对自己与下属角色进行界定和建构的程度；关怀维度是指领导者尊重和关心下属的看法与情感、建立相互信任工作关系的程度。例如，在结构和关怀方面均高的领导者（"高—高型"）常常倾向于比其他三种类型的领导者（低结构，低关怀，或二者均低）更能给下属带来高工作绩效和高工作满意度。

(2) 密歇根大学的研究。密歇根大学调查研究中心主要是从领导者与工作绩效相关的行为入手，将领导行为划分为员工导向和生产导向两个维度。其中，员工导向型领导者重视人际关系，承认人与人之间存在差异；而生产导向型领导者更倾向于强调工作的技术或任务事项，他们关心的是群体的任务完成情况。

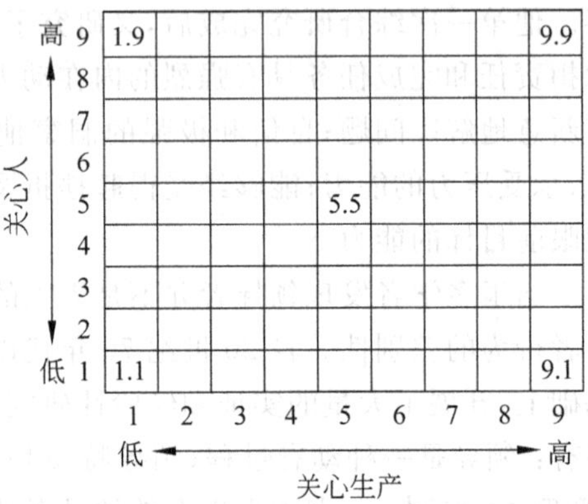

图 13-1 领导风格图

(3) 管理方格。罗伯特·布莱克和简·莫顿在1964年出版的《管理风格》一书中提出基于"关心人"和"关心生产"风格为基础的理论，即管理方格理论。这种理论倡导用方格图表示和研究领导方式（见图13-1），充分概括了俄亥俄州立大学的关怀与结构维度以及

① [美]斯蒂芬·P. 罗宾斯. 组织行为学(第10版)[M]. 孙健敏等译. 北京：中国人民大学出版社，2005：345.

密歇根大学的员工取向和生产取向维度。在图 13-1 中，每个坐标轴上划分出 9 个等级，从而生成了 81 个领导类型的细分位置，其中(9,9)风格的管理者工作效果最好。此外，管理方格理论表明：在对生产的关心和对人的关心这两个因素之间，并没有必然的冲突。

(4) 斯堪的纳维亚学者的研究。芬兰和瑞典的研究者再次对"反映领导行为的实质方面是否只存在两个维度"这一问题进行评估。他们的研究假设是，在变化的世界中，有效的领导者应该表现出发展取向的行为。研究者采用一些芬兰和瑞典领导者的样本，得到的结果有力地支持了应该把发展取向的领导行为作为一个单独和独立维度的观点。

## 二、领导的现代观点

领导理论在 20 世纪先后经历了特质理论、行为理论、权变理论等的发展过程。每种理论的出现都是对前一种理论借鉴吸收，都是应社会发展的需要。在权变理论发展过程中，主要研究成果有：费德勒模型、赫塞—布兰查德的情境理论、领导者—成员交换理论、路径—目标理论、领导者—参与模型。

### (一) 权变理论

#### 1. 费德勒模型

第一个综合性的权变模型是由佛雷德·费德勒提出的。费德勒(1967)的领导权变模式提出：有效率的群体绩效取决于领导者的风格和情境授予领导者发挥影响的程度这两者之间的关系。[①] 费德勒的三项权变变量是：领导者—成员关系、任务结构及岗位权力。其中，领导者—成员关系包括确定领导方格和界定情境；工作任务的程序化程度(即结构化或非结构化)；岗位权力是指领导者所拥有权利变量的影响程度。费德勒模型主要通过对领导者—成员关系、任务结构及岗位权力的三项权变量来评估潜在的情境或类型。

#### 2. 赫塞—布兰查德的情境理论

赫塞—布兰查德的情境理论是保罗·赫塞和肯·布兰查德开发的领导模型，是一个重视下属的权变理论，这一模型也被称为情境领导理论。该理论认为，有效的领导行为应该把工作行为、关系行为和被领导者的成熟程度结合起来考虑，下属的成熟度水平是该理论的一个权变变量。赫塞和布兰查德确认了四种具体的领导风格——从高度的指示类型到高度的放任型。

#### 3. 领导者—成员交换理论

领导者—成员交换理论(LMX)指出，由于时间压力，领导者与下属中的少部分人建立了特殊关系。圈内人士是指与领导建立特殊关系的个体，他们得到领导的信任，并受到领导的重视；而其他成员则成为圈外人士，他们与领导交流沟通的时间和机会则比较少，做了工作较少能够得到令人满意的奖励或肯定。该理论指出，在领导者与下属发生相互作用的初期，领导者会根据自己对下属的主观印象在心中暗自将其划入领导中的圈内或圈外人士，这种划分伴随着认知的成分，相对稳定，不易随时间的推移而改变。

---

① [美]罗伯特·B. 登哈特，珍妮特·B. 登哈特，玛丽亚·V. 阿里斯蒂格塔. 公共组织行为学[M]. 赵丽江译. 北京：中国人民大学出版社，2007：205.

4. 路径—目标理论

罗伯特·豪斯在俄亥俄州立大学的领导研究和动机的期望理论研究的基础上吸取了很多重要元素，进而提出了路径—目标理论。路径—目标理论强调目标在组织层面或下属中所起到的激励和调节作用。路径—目标理论认为领导的主要工作是帮助下属更好地实现工作目标，并确保下属的工作目标与组织或团队目标保持高度一致，进而促进组织或团队目标的实现。豪斯确定了四种领导行为：指示型领导者让下属知道他们对自己的期望，以及完成工作的时间安排，并对如何完成任务给予具体指示；支持型领导者十分友善，并对下属的个人需求表现出关怀；参与型领导者则与下属共同磋商，并在决策之前充分考虑下属的建议；成就取向型的领导设置有挑战性的目标，并期望下属实现自己的最佳水平。① 因此，路径—目标理论强调领导者的灵活性，统一领导者可以根据不同的情境表现出不同的领导风格。

5. 领导者—参与模型

1973 年维克多·弗罗姆和菲利普·耶顿提出了领导者—参与模型，该模型将领导行为与参与决策联系在一起。这一决策树模型包含七项权变因素和五种领导风格的备选方案。由于认识到常规活动和非常规活动对任务结构的要求各不相同，研究者认为领导者的行为必须加以调整以适应这些任务结构。领导者-参与模型强调的是规范化，即根据不同的情境类型而遵循一系列规则，以确定参与决策的类型和程度。

## （二）领导理论的新发展

尽管人们对于特质理论在领导效力预测方面不断地提出质疑，但对如何确定成功领导者的特性的相关话题研究的热情并未因此而衰退。比较具有代表性的有：价值领导理论、性别与领导理论、领导才能替代物理论、领袖魅力领导、变革型领导及愿景领导。

1. 价值领导理论

近年来，一些学者在研究和界定领导时特别注重道德和价值观两个维度，重视个人承诺和价值观在领导过程中的重要性和必要性。考维(1991)提出了建构“以原则为核心的领导”的几项准则——信任、品质、能力、成熟、自律和正直。奥图尔(1995)把以价值观为基础的领导理论同权变或情境理论进行比较，认为权变理论最终都涉及领导努力把他或她自己的意愿施加在下属身上而无视他们的需求和利益，而且常常不同他们商量，奥图尔称之为“对个人最大的不尊重”。② 奥图尔提出，要构建一种更有实质内容的领导理论，价值观和道德观应处在中心地位。以豪斯教授在 20 世纪 90 年代提出的以价值为基础的领导学理论最为经典。该理论认为，领导者与其下属之间是以价值观为基础的关系，领导者通过具体的组织或工作目标，向组织和下属注入价值观，来获得下属对组织、团队及目标的认同感，进而实现下属的自我价值。

2. 性别与领导理论

很多学者都曾经思考男女性别在组织领导中的差别性。虽然不同学者的研究结果有

---

① [美]斯蒂芬·P. 罗宾斯. 组织行为学(第 10 版)[M]. 孙健敏等译. 北京：中国人民大学出版社，2005：354.

② [美]罗伯特·B. 登哈特，珍妮特·B. 登哈特，玛丽亚·V. 阿里斯蒂格塔. 公共组织行为学[M]. 赵丽江译. 北京：中国人民大学出版社，2007：219.

些是相矛盾的，但是多数都表明，男性和女性在管理和领导上有共同性和差异性。在早期的一些社会化实践中，男性与女性确实具有不同的领导风格。女性更倾向于采用民主型或参与型风格，而较少采用专制型或指示型风格，主要表现为关心和体贴；而男性则更乐于使用指令、命令加控制型的领导风格，表现为竞争和执行。但是，一项综合分析则表明，男性和女性领导者在工作上有着同样的效果。

3．领导才能替代物理论

20 世纪 70—80 年代，一些组织领导领域的研究者基于下属成员必须有上级领导指挥才能有效完成任务的研究假设，提出了领导才能理论。但在与之相关的众多研究中，史蒂文・克尔和约翰・杰米耶 1978 年提出的领导替代理论(SLM)备受关注。该理论认为，在某些特定环境中下属成员不需要上级领导也能很好地完成工作目标；同时，指出能替代或削弱的环境因素可以分为替代和抵消两类因素。其中，替代因素指能替代领导发挥作用的环境因素；抵消因素则是指能阻碍领导发挥作用的环境因素(见表 13-1)。Podsakoff 和 Mackenzie(1998)、Trevelyan(2001)使用了一些心理测验的方法进行检验和大规模的组织测试，结果令人满意，为各种替代作用提供了支持性依据。①

**表 13-1　领导替代理论的替代因素与抵消因素**

| 环境因素 | 领导者的作用 | |
|---|---|---|
| | 关怀 | 建构 |
| 被领导者特征 | | |
| 1．经验丰富、训练有素 | 无影响 | 替代 |
| 2．专业化 | 替代 | 替代 |
| 3．缺乏目标价值观 | 抵消 | 抵消 |
| 任务特征 | | |
| 1．非模糊性任务 | 无影响 | 替代 |
| 2．直接反馈性任务 | 无影响 | 替代 |
| 3．有挑战性的任务 | 替代 | 无影响 |
| 组织特征 | | |
| 1．凝聚力强的团队 | 替代 | 替代 |
| 2．领导者缺乏权力 | 抵消 | 抵消 |
| 3．程式化、标准化 | 无影响 | 替代 |
| 4．组织刚性、刻板 | 无影响 | 抵消 |
| 5．领导者与被领导者的物理性距离 | 抵消 | 抵消 |

(资料来源：S. Kerr and J. M. Jermier, Substitutes for leadership: Their Meaning and Measurement, Organizational Behavior and Human Performance, 1978, C22: 375-403.)

4．领袖魅力领导

马克斯・韦伯将魅力界定为："人格中的一种品质，具有这种品质的人跟普通人不同，他们看起来好像被赋予了超自然或超人的能力，或者至少是某种罕见的能力或品质。

① 章文光. 公共组织行为学[M]. 北京：北京师范大学出版社，2010：183.

他们被视为神圣的或者典范的。因此，具有这些特质的人就被当作领导对待了。”①Robert J. House在1976年提出了魅力型领导理论，认为“魅力”是指领导者对追随者的影响。魅力型领导理论的核心是通过领导者独特的人格魅力对下属施加特殊（如试图改变员工的态度、信念和价值观等）的影响。尽管魅力型领导在有些方面和变革型领导重叠，但在魅力型领导中，往往能够培养出下属的高绩效以及对组织的高度忠诚。魅力型领导想通过他们的人格魅力去塑造下属，让下属感觉到他们肩负的任务的价值和重要性。特别是当环境中带有极大的压力和不确定时，领袖魅力领导的环境敏感性，可以对需要变革的环境加以限制和资源进行切实可行的评估。这一点可以说明为什么领袖魅力的领导者更多地处于政治、宗教以及战争期间，或者在企业刚刚创建或面临生存危机时出现。

魅力型领导有四个特征，即愿景、为了实现这个愿景而不惧风险、对下属的需要敏感以及行为与众不同（见表13-2）。

**表13-2 魅力型领导者的关键特征**

| |
|---|
| 1. 有远见并能清晰表达。有远见——这是表达为个人的理想化目标；在远见中提出的未来要比现状好；能够明确地表远见的重要性，并让他人理解 |
| 2. 承担个人风险。愿意为了实现远见而承担高风险，承受高成本，自我牺牲 |
| 3. 对下属的需要敏感。了解他人的能力，并回应他们的需要和感受 |
| 4. 表现出不同寻常的行为。表现出创新的、打破陈规的行为 |

（资料来源：Based on J. A. Conger and R. N. Kanungo, Charismatic Leadership in Organizations (Thousand Oaks, CA: Sage, 1998), 94.）

### 5. 变革型领导

变革型领导作为一种重要的领导类型，是1978年由詹姆斯·麦格雷戈·伯恩斯在其经典著作《领导力》中提出的，它将领导划分为交易型和变革型两种类型。其中，交易型领导是指领导者与成员通过磋商达到互惠的过程，领导者与成员在最大利益和最小损失的原则下来确立共同的目标；而变革领导则指领导者通过较高的理念与道德价值，激发、鼓舞下属的动机，使下属能全力投入工作，进而提升下属成为领导者，而领导者则成为推动变革的原动力。变革型领导是价值驱动变革的主体，主要激发下属对任务结果价值的重视。巴斯等（1994）则提出变革型领导行为应包含以下四个维度：第一，理想化的影响力，指能使员工产生崇拜、尊重和信任的一些行为，包括领导者承担风险、考虑个人之外员工的需求以及良好的道德品质；第二，鼓励性动机，指向员工提供富有意义和挑战性工作的行为，包含明确描述预期目标，而且该目标受到整个组织目标的约束，同时通过积极乐观的态度唤起团队精神；第三，智力刺激，指领导者启发员工发表新见解和从新的角度或视野寻找解决问题的方法与途径，鼓励员工采用崭新的方式完成任务；第四，个体化考虑，指领导者仔细倾听并关注员工的需求。② 因此，成为变革型领导应具备以下几点能力：描绘未来愿景、培养团队、设定期望、挑战性观念、支持性氛围、激励和示范效应等。

---

① [美]斯蒂芬·罗宾斯，蒂莫西·贾奇.组织行为学精要（第9版）[M].吴培冠等译.北京：机械工业出版社，2008：165.

② 张爱卿.当代组织行为学——理论与实践[M].北京：人民邮电出版社，2006：295.

6. 愿景领导

愿景是领导者用于前沿领导和激励下属的重要手段。愿景领导指领导者能为组织或组织中的工作单元设计一个现实可行的前景目标,并向人们清晰明确地表达出来,这种目标建立在当前条件基础上,只要人们努力就可以实现。愿景应包括以下几方面:以价值观为核心;现实可行;有着丰富的想象力;表达清楚明确;能产生感染力和独特性,并能提供一种新秩序使组织与众不同。愿景领导者要具备哪些技能呢?一旦确立了愿景,这些领导者还应具备三种技能:第一,向他人解释愿景的能力;第二,通过言语更要通过行动表达愿景并强化愿景的能力;第三,在不同领导环境中体现愿景的能力。

有效愿景领导者能通过愿景让领导者鼓舞、吸引、团结下属并激发下属的活动,鼓励下属共同致力于组织目标的实现,而无效的愿景领导者则相反(见表13-3)。[①]

表13-3 有无愿景的两类组织比较

| 比较项目 | 缺乏愿景的组织 | 共享愿景的组织 |
|---|---|---|
| 主要的推动力 | 问题导向 | 机遇导向 |
| 世界观 | 稳定 | 变化 |
| 信息系统的基础 | 过去的绩效 | 朝向目标的进步 |
| 决策 | 战术的 | 战略的 |
| 绩效评估指标 | 短期业绩 | 长期业绩 |
| 控制机制 | 习惯、恐惧 | 同事群体的压力 |
| 计划风格 | 被动反应型 | 主动进取型 |

# 第三节 公共服务中的领导素质和结构

## 一、公共服务中的领导素质

由不同质量和品位的领导素质所构成的不同质量和品位的领导人才各具有不同的作用和价值。领导素质被认为组成领导者或领导人才的材料,领导人才是最重要的人才,是领导素质优化组合的结果。[②] 行政领导者的重要职责要求行政领导者应具有良好的素质,在政治思想、基础知识、专业知识、领导能力、组织能力、道德品质等方面都应具备良好的素质。只有具有优秀品质、丰富知识、较强领导能力的人才能对被领导者产生积极影响力和凝聚力,才能实施行政领导活动。现代国家公共服务范围广、责任重,对公共领导者的素质有很严的要求。

### (一) 领导者的政治素质

领导者的政治素养是指领导者在政治上应当具备的基本素质,是指人作为一个政治

① [美]乔伊斯·奥斯兰,大卫·库伯,欧文·鲁宾,马琳·特纳.库伯 & 奥斯兰组织行为学(第8版)[M].王永丽等译.北京:中国人民大学出版社,2011:259.

② 邱霈恩.领导者素质[M].北京:中国言实出版社,2003:117.

角色对政治，特别是对自己所承担的政治义务和所享受的政治权力的理解、把握、反映和见诸行动等情况的总和，是人在政治关系和政治生活中培养出来或必须具备的个体特质，是高度政治化的结果。任何组织都是在一定的国家政治经济体制的基本环境之下生存的，组织的命运与国家的命运是紧密联系在一起的。因此，领导者应具备较高的政治思想素养，准确把握组织发展的方向，确保组织发展的方向与国家和政府指引和鼓励的方向一致，这样，可以使组织在一种理想的政治环境中得到国家和政府的支持，奠定组织发展的政治基础。另一方面，领导者较高的政治思想素质也是对组织员工进行政治思想教育的基础。组织员工的凝聚力的高低，在某种程度上体现了组织领导者政治思想工作的成败。领导者的政治素养具体讲主要包括正确的政治方向、科学的政治观和为人民服务的领导观。

### （二）领导者的知识素质

合理的知识结构是领导干部必备的基本条件。领导者政治素质和业务能力的高低，在很大程度上与知识水平的高低有着紧密联系。领导现代化事业，领导者必须有较高的科学文化知识、专业知识和合理的知识结构才能适应社会主义现代化建设的需要。领导者的文化专业素养以及与此相联系的尊重科学、尊重知识的好作风，是提高领导效能的基础。领导者的知识素养包括：具有马克思主义的理论修养；具有广泛的科学文化知识；具有专业知识和管理知识。领导者应自觉适应整个知识系统既高度分化又高度综合的发展趋势的客观要求，因人制宜，因时制宜，因事制宜，采取切实可行的措施，努力做到博与专的统一，把自己塑造成为T型知识结构的现代领导者。

### （三）领导者的能力素质

在领导者的各项素养中，能力素养具有特别重要的意义。在领导活动中，主观意图是否能够成功地转化为客观现实，领导者的能力大小是一个关键性因素。邓小平同志曾经指出："只靠坚持社会主义道路，没有真才实学，还是不能实现四个现代化。"这意思是说，正确的政治方向和政治目标确定以后，能力问题就成为第一位的问题。一般地说，领导者特别是中高级领导者，往往是"通才型"的人才，这也意味着领导者要具有多方面的才能：①计划和决策能力。行政领导者要善于提出行政目标并根据行政目标和手中掌握的人力、物力、财力做出统筹安排，制订出实现行政目标的实施方案，选择最佳方案，以较少的投入获取较大的效益。②组织、协调和指挥能力。行政领导者要善于根据任务的需要组织人员和机构，制定规章制度，合理配备人员，协调好有关各方面的关系，形成一个有机整体，然后指挥整个机构和全体成员协调一致地行动，为实现既定目标而努力工作。③创造能力。行政领导应模范地执行国家方针政策，同时也要有开拓精神和不断学习、不断进取的精神，创造性地将国家方针政策与本地区实际相结合。④应变能力。行政管理工作是一个发展着的过程，原先制订的计划、方案常常会与变化着的现实发生不一致，还可能出现情况变化，行政领导要善于沉着机智地处理各种问题，适时适当调整原有的决策和措施，还应准备好应急措施。⑤处理人际关系能力。人际关系很复杂，行政领导者不仅要了解各个人的才能，知人善任，充分调动各方面的积极性和潜力，注意培养和选拔优秀人才，而且要学会处理好上下左右的人际关系，善于关心人、团结人、帮助人；作风民主，善于倾听各种不同意见，集思广益，做好工作。

### （四）领导者的心理素质

良好的心理品质，是领导人才不可缺少的一项基本素养。鉴于领导人才居于支配全局的领导岗位，具有健全的心理品质就显得尤为重要。和德才条件相比，心理品质属于“基础素养”，它经常地、间接地发挥作用。心理素养一般包含具有先天性特点的情感情绪、兴趣爱好、性格气质等方面的内容，也包括了后天形成的信心、信念、意志、毅力、宽容心等方面的含义，主要指心理成熟度和健康程度。身体和心理素质直接影响到领导者的行为和整体形象，从而影响到领导者的能力。因此，它是衡量领导者是否成熟的重要标准之一。许多心理学的研究分析表明，具有创新精神，能够打开工作局面的开拓型领导者，他们在气质、意志、性格等方面，都会有一些相近的特点。

### （五）领导者的身体素质

身体和心理素质是领导者素质体系中最基础的部分。古人云：“德智皆寄于体，无体是无德智也。”体，就是身体素养，作为道德和智慧的载体，是其他所有领导素养的物质基础、物质载体、物质依托、生理前提、生理条件和生理依据；身体素质的质量、状况和品位直接影响着其他领导素质的质量、效能和价值，它是人安身立命、成就一番事业最重要的物质基础。同时，它对人的心理素养也往往产生重要影响。好的身体素养不仅可提供结实有力、耐磨耐耗的生命物质载体，而且还能产生大量优质的生理能量以供高级心智运作对物质依赖之所需。对于领导者来说，身体素养具有不可替代的基础作用和特殊意义，优良的身体素养是从事领导工作、赢得领导成功绝对重要的物质前提。领导者要有健康的体魄和较好的气质，具有坚强的意志，充满活力和富有创造力。实现干部年轻化不仅是保证我们的事业后继有人的战略任务，也是保持我们党和国家充满活力的保证。总而言之，身体素养要求领导者必须身体健康，精力充沛，体能潜力巨大，具有强大的生理适应性，充满旺盛的生命力。领导者的身体素质包括领导者的体质和领导者的体貌。

## 二、公共服务中的领导结构

行政领导班子是一个有机的整体，只有优化行政领导班子的素质结构，才能使公共服务中的领导集体发挥最大的作用，提高行政效率。

### （一）合理的静态结构

行政领导班子是有机的整体，从静态意义上说，其素质结构包括四个方面：第一，年龄结构，是根据不同领导层次，由老年、中年和青年干部按合理的比例构成的综合体。就我国目前情况看，优化年龄结构主要是实现领导班子年轻化，但不能走极端，不能片面地理解为青年化。第二，知识结构，是指领导班子应有较高的文化知识水平，强调各类人才的合理搭配。只有将各种“专才”很好地组合，构成整体的“全才”或“通才”，才能胜任综合而复杂的行政领导工作。因此，配备领导班子时应将有不同专业的人有机地结合，形成既有较宽的知识面，又有精深专门知识的立体知识结构。第三，智能结构，是指领导班子成员不同智能的合理构成。人的智能结构有差异，在优化行政领导班子素质结构时，应根据这种差异，让不同智能类型的行政领导个体组合到领导班子中来，形成高智能的多才多艺的整体。第四，气质结构，是指行政领导班子成员在不同气质类型方面的合理构成。人的气质可分胆汁质、多血质、黏液质、抑郁质四类，它们各有特点。在行政领导班子的气质结构方面，应注意不同类型气质的互补，以求得领导班子人际关系的和谐化和行为高效化。

### （二）合理的动态结构

领导班子的动态结构指在动态领导过程中，行政领导班子所形成的合力，包括合力关系和合力状态。

第一，合力关系。一般来说，能进入高层领导集体的人，素质较高、形象较好。但领导集团的整体素质并不等于领导成员素质的机械相加之和，而取决于各成员在领导活动中能否形成良性互补、互动的合力关系。主要表现在以下几方面：①经验、阅历的互补关系。在领导集团面临新的压力和挑战时，在领导成员间形成良好的经验和阅历互补关系，可增强领导集体克服困难的信心和能力。②专业知识和能力的互补关系。当领导集体遇到重大非程序性决策时，对决策方案的选择能力，取决于领导成员的知识和能力素养。只有在领导成员知识和能力素质形成良好的互补关系时，才能最大限度地扩大领导者的有限理性，提高集团领导者的决策能力。③品德互动关系。古语云，"近朱者赤，近墨者黑"，在领导活动中，领导班子成员的人品、道德素质是相互作用、相互影响的互动关系，主要包括道德互动和责任互动。如多数领导成员能廉洁自律、勇于负责，就可以对个别组织成员形成威慑力，而每个成员都能廉洁自律、勇于负责，就可以使领导集团树立廉洁奉公、对人民负责的良好形象。

第二，合力状态。在领导活动中，衡量领导集团素质高低，主要看以下几个方面：①团结合作能力。这是领导集团的生命线，是实现组织目标的可靠保证。不团结是集团领导素质的腐蚀剂，会给管理组织造成更加复杂紧张的关系和巨大内耗，严重的可以毁掉组织发展的一切努力。②科学决策和处理复杂事务的能力。科学决策是领导集团的首要任务。领导者素质的高低，主要看他能否有效地进行科学决策，决策质量的高低直接关系到组织的生死存亡。同时，还要看领导集团对突发事件的反应能力和处理复杂事务的能力，这些能力状况直接决定领导集团乃至整个组织的社会现象。③社会动员与社会统御的能力。能否有效地动员社会和群众参与管理是领导能力的集中体现，是树立领导形象的最有效途径。社会动员能力和社会统御能力相辅相成，不可偏废其一。只有动员能力，没有统御能力，领导活动就没有控制力，会导致社会混乱；而只强调"统御"，不注意动员群众，就不可能获得群众的支持和有效地动员社会的力量和资源，即使正确的决策，也无法有效地执行。④清除积弊和开拓进取的能力。领导活动难以避免地带来一些负面效果，弊端积累到一定程度，必须加以清除。一个素质较高的领导集团，能及时发现和正视这些问题，并不断地解剖自己，锐意改革，积极进取。[①]

---

① 夏书章. 行政管理学[M]. 广州：中山大学出版社，2008：115-117.

# 第四节　发展公共管理者的领导技能

公共领域的领导不仅仅与组织行为有关，而且也涉及为解决各种各样的社会、经济和政治问题。而现今的社会、经济和政治中的公共问题日趋多元化、复杂化，公共管理者要解决好这些问题就必须不断发展自身的社会管理技能，提升自身的文化水平和沟通能力，只有这样才能使社会多个公共部门的社会问题得到妥善解决。正如特里(1995)认为，行政管理者尤其要维护或坚持组织的使命和目标，保护赋予独特性的价值观，争取获得组织外部和内部的支持，行政管理实际上是一种维持平衡的专业技能、政治技巧和民主治理的价值观。[①]

## 一、加强个人修养

21世纪是一个讲究领导者自我修炼的时代。在这样一个日新月异的新时代，领导者最重要的素质要求就是要善于学习，善于自我反省和自我完善，成为学习型的领导者。领导者自身对提高素养所想所做得如何，对领导者素质的高低有不可小觑的作用。领导者素养的提高，组织培养是外因，自身努力、加强个人修养是内因。只有把外因和内因结合起来，才能取得良好的效果。加强领导者个人修养，还需要在日常的生活实践中积累。领导者应该在政治素质、心理素质、能力素质、知识素质和身体素质等方面不断完善自己、提高自己，面向世界、面向未来、面向现代化。

## 二、善于学习，不断创新

学习是贯穿领导者政治生涯全过程的一项任务，在现代社会中，学习能力是领导者的基本能力之一。公共组织领导者需要在他们解决公共组织问题和社会问题中具有不同寻常的灵活性，他们只有能够改变、适应和学习才能生存。正如登哈特认为，为了所有人都能认识到他们对我们的民主价值的最充分最好的表达具有共同的责任，实务者和理论家都必须不断地学习。[②] 提高学习能力，要求领导者不仅把学习当成乐趣，更要当成完成领导任务的手段。对于浩如烟海的新知识的学习要有所选择，“要精，要管用”，对所学的东西要融会贯通，在工作中灵活运用，在运用中不断创新。一是加强政治学习，提高政治素养，时刻铸造为人民服务的世界观。二是加强文化知识学习，拓宽知识面，积累知识能量。三是加强专业知识学习，不断适应形势对专业知识的要求。

## 三、重视实践锻炼

领导能力既是为实践服务的，又是不断在实践中丰富提升。实践锻炼是领导能力产生、提高的结合点。在实践锻炼中要注意克服和减少不必要的应酬，专心钻研，要注意排

---

① ［美］罗伯特·B. 登哈特，珍妮特·B. 登哈特，玛丽亚·V. 阿里斯蒂格塔. 公共组织行为学[M]. 赵丽江译. 北京：中国人民大学出版社，2007：222.

② ［美］罗伯特·B. 登哈特. 公共组织理论(第3版)[M]. 扶松茂等译. 北京：中国人民大学出版社，2003：226.

除私心杂念，要善于总结提高，乘胜追进。毫无疑问，亲身参加认识世界和改造世界的实践，是素质培养和提高的最基础和最关键的环节。领导活动不同于抽象的理论研究，它必须实实在在地去解决具体问题，领导者素养的提高离不开实践锻炼。艰苦磨炼、基层锻炼、身体力行等实践活动对领导人才的成长有着极为重要的作用。因此，领导者解决问题的能力素质只有在解决问题的具体实践中才能够形成和提高。人常云："纸上得来终觉浅，绝知此事要躬行。"这里强调的就是"躬行实践"。"纸上谈兵"不仅是兵家之大忌，也是所有领导者素养的大忌。领导干部素质的提高，不能关起门来修身养性，要到革命和建设的社会实践中去锻炼，去认识自然，认识社会，丰富知识，增长才干，在实践中加深对理论知识的理解，提高思想水平，提高自己分析和处理实际问题的能力。正如阿吉里斯(1962)认为，一位有效的领导者必须很清楚地了解组织的环境，他说："就如何做好一个领导者而言，并没有一个预先决定的正确的方法。究竟该选择何种领导方式，应该取决于对领导者所处的现实处境的精确诊断。这种'以现实为中心的领导方式'的关键在于管理者观察情况、诊断事态和从经验中学习的能力。"①

## 四、有效地收集反馈信息

在组织中居于权位的领导者，很难得到下属工作的真实反馈，特别是以政府部门为主的公共组织领导者更是如此。下属的真实反馈对领导更好地管理和保证决策的科学性都具有重要的作用。如果领导者没有得到真实的反馈信息，那么领导者就很难有针对性地进行管理。领导者应重视如何收集下属信息反馈的机制，特别是下属工作的如实反馈。当然，组织领导者也不应该陷入直接鼓励下属进行"广开言路"，因为这可能会给别有用心的成员提供合法渠道或平台。有效的领导者还应该重现通过一些间接性、隐蔽性等渠道进行了解，如通过询问下属对工作的行为感受、对组织绩效或运行方式等一些看法，来探知下属心中的一些真正想法。

## 五、科学授权

授权是指上级或权力拥有者委授下属以一定的责任与权力，使其能相当自主地处理问题与行为。授权是将领导者从复杂的事务中解放出来，为下属提供成长的机会。对于有效领导者来说，授权是极其重要的。第一，合理授权可以使领导者腾出时间和精力顾大局、抓大事。第二，合理授权可以使普通员工有更多的自主权，激励普通员工积极工作。第三，合理授权有利于激发下属工作的积极性和创造性。因此。有效授权对于领导和下属都有重要的意义。

有效领导者在授权时需要做到以下几点：第一，选定授权的范围。第二，确定授权对象。第三，阐明具体的授权内容。第四，设定具体的行为目标。第五，在提升下属自主权的同时要有针对性监控、协调及纠正下属行为。第六，对下属取得的成果给予肯定。

---

① [美]罗伯特·B. 登哈特. 公共组织理论(第3版)[M]. 扶松茂等译. 北京：中国人民大学出版社，2003：108.

## 六、巧妙安排时间

时间是一种无形而有重要价值的资源，具有有限性和稀缺性。一个人是不是有效的领导者，最大的区别在于他们能否有效地利用时间。巧妙地安排时间要求领导者清楚地知道自身的目标和怎样实现目标，以及如何根据时间的重要性和紧迫性进行合理分配时间。德鲁克认为，有效的管理者并不是从对任务分析开始，而是从认识自己时间的运用开始。通过对时间的记录与分析，将无效的时间区别出来，设法减少不必要的工作，利用重新组合的零碎时间集中处理重要的工作。因此，时间的规划不仅是领导者的领导艺术的一种体现，更重要的是它往往关系到组织目标的实现、下属被激励的程度及领导者自我实现的程度等问题。

有效组织领导者要学会如何巧妙地安排好时间，避免出现时间不够用而导致任务无法完成的情况。因此，领导者要想做到巧妙合理地安排时间，应该做到以下几点：第一，明确组织目标。组织目标应具有具体性、可衡量性、时间性、协调性及互动性等特点。第二，对想要实现的组织目标进行重要性排序。并非所有目标的重要性都是一样的，有效领导者应进行科学的时间安排确保重要性目标的优先实现。第三，学会统计时间。有效领导者应针对组织目标时间安排的计划，对组织目标实现过程中的时间性进行有针对性记录，并对各个环节进行详细的统计分析，有针对性地纠正时间浪费的关键性环节。第四，安排特定时间对活动日程实施的情况进行监控与反思。在时间管理中，一定要设计一段监控与反思的时间，以便对计划执行过程中出现的偏差和错误进行调整或纠正。第五，学会整合工作中零星的时间段。将工作中零星的时间段整合或集合起来处理一些较为不重要的事情，在休息中将不重要的事情处理掉，学会统筹自己的时间安排。

## 七、激励被领导者，凝聚人心

公共组织人力资源管理是促进公共组织绩效提升的重要途径，在影响公共组织绩效中，人力资源管理是最重要的因素，一些学者将公共部门人力资源管理与发展视为公共组织绩效提升的“活水源头”。如何有效地激励公共组织成员与公共组织目标保持一致性，是公共组织领导必备的素质之一。所谓激励，就是领导者通过对被领导者的奖励，鼓励被领导者做出有利于领导任务完成和组织目标实现的行为。激励被领导者，首先要摸清其需求。被领导者的需求，是其缺乏某种东西的状态。不管被领导者的需求是物质方面的、精神方面的，还是自我实现方面的，只要满足其需求，激励就会产生效果，即起到鼓励某种行为和重复的作用。对被领导者的激励主要包括目标激励、内在激励和外在激励。目标激励要求组织目标与个人需求一致，至少相关，而且，组织目标还必须同时具备具体、可量化、可实现、可行及有时间限制等条件。内在激励的作用持续时间长、强度大，它包括成就感、组织认同感与自豪感，即组织成员对本组织的文化给予肯定、维护和贡献，对自己成为本组织一分子感到光荣，在其中工作感到快乐。外在激励的作用立竿见影，它包括职务晋升、物质激励等。

## 八、学会多维思考

多维视角模型认为领导者应该使用多样的观点或视角而不只是倾向于某一种观点。在领导任务日益艰巨、社会环境中新情况不断涌现、被领导者个体和群体行为更趋于复杂和不确定的管理环境中，领导者只有运用多视角的思维方式，恰当地把握系统各要素间的关系，并善于灵活地采用多样化领导方式，才能避免过于简单化地处理问题，保证在复杂多变的环境中有效地开展工作。① 多维思考在于积极主动地把思维的"触角"伸向四面八方，力求不断地拓展思维空间，抓住问题的广角范围，猎取大千世界的万千知识财富，为自己的谋略服务。在20世纪60年代，日本仅凭借我国的一份公开刊物《人民日报》、中央电视台提供的信息便及时地掌握了我国石油整体的开采情况，其秘诀是："触角敏感，精于综合分析。"他们通过我国电台广播，得知我国找到了大庆油田。其思维过程是："中国有了油田，需要采油的设备，中国没有这些设备，需要进口。"结果双方一个想买，一个想卖，一拍即合。日本人也因此赚了大钱。多维思考在于对事物具体运筹时不居于固定的格式，而敢于冲破常规，标新立异，独树一帜。从事物不断发展变化的客观规律中由已知推测未来，从横的联系上把握事物的全面，从纵的联系上把握事物的全过程，立体全方位思考。

## 九、重视宏观谋略能力的培养

谋略在人类的历史记载中，尤其是在政治、经济军事、外交等领域中经常出现并发挥着重大的作用。在今天的世界舞台上，谋略还是军事家、政治家、外交家、经济学家等各种人士注意、研究、探索和运用的一个重大问题。一个领导者，要做好自己的领导工作，必须在理论和实践中认识和提高自己的谋略能力。通过以下例子，就可以看出谋略的重要性。20世纪80年代中期，英国和阿根廷为马岛的主权问题曾发生了一场现代化战争。现代化意味着整个战争的指挥、协调、侦查等都通过卫星等现代高科技进行。在这场战争中有两场战役体现了谋略学的重要性。首先，阿根廷为攻击英国的"谢菲尔德"号导弹驱逐舰，先以老式飞机吸引对方，分散其注意力，随后突然以最先进的战斗机高速攻击英舰，将其击落，取得了胜利；而英国为了登上马岛，先是让航空母舰在马岛东部水域游弋，让阿根廷把注意力集中在那里，然后突然在马岛西北部圣卡洛斯港登陆，并获得了成功，从而掌握了战争的主动权，为取得全面胜利打下了坚实的基础。在这个案例中，对方都采用了"声东击西"、"攻其不备"等谋略，使行动成功。可想而知，对领导而言，谋略的重要性不言而喻。作为一种主体主观的带有一定目的性的思维活动，谋略行为同时也是一种社会行为，必须遵守一定的原则和价值取向。现代的领导者应从谋略的规律和国家的根本利益出发，继承传统的谋略思想和经验，古为今用，结合时代现实的客观条件进行谋略活动。领导者进行谋略时应遵循以下几条原则：①公共利益原则；②变化原则；③周密原则；④慎重原则；⑤奇胜原则。

---

① 杜娟. 领导行为与公共组织绩效关系研究[J]. 学习与探索，2009(3).

## 十、培养危机管理意识

在复杂化和多元化的外部环境中，公共管理者面对的社会问题或社会危机不再是以单一性、结构化为主，而是以多元化、非结构化为主。在社会管理过程中的不确定性和失败的风险性日益增大，公共组织管理者面对一些不确定性和无法预测情境的压力日益增强，甚至有些公共管理者已经陷入公共管理的恐慌危机之中。公共组织管理者在管理有些领域中的社会问题或社会危机中展现出来的无能为力，使得公众对公共组织产生了怀疑、不信任、反感，甚至是抵制的情况有蔓延趋势，甚至会产生公共组织的合法性危机。例如，英国《今日世界》杂志发表了一篇题为《"911"周年纪念日：从帝国到衰落》(英国皇家国际问题研究所副研究员、伦敦经济政治学院国际关系教授迈克尔·考克斯)的文章，认为"911"事件以来的10年，美国变得面目全非。美国民众普遍认为美国陷入了危机；经济危机还对美国生活方式构成了影响，美国人越发强烈地感到，全球发生的变化正在迅速削弱美国掌控周边事务的能力，多数的美国人士认为美国的衰退已无可避免。因此，公共管理者应该注重自身社会危机管理意识的培养，以便能够灵活地应对那些突发性事件，问题严重性、高度不确定性和风险性的社会问题，妥善地化解公共组织面临的社会危机。

# 【本章小结】

领导是公共组织中的重要组成部分，领导的有效性直接影响下属的工作效果。领导存在于任何社会组织中，领导有效性的提高可以使公共组织更好地为人们服务，促进组织良性运转。通过领导与管理的比较，明确领导的定义，并从领导的传统观点和现代观点出发，理清领导理论的发展历史和研究现状。运用这些知识，来研究公共组织中的领导素质和结构，以便更好地提高公共组织的办事效率。最后，探讨了如何发展公共管理者领导的有效技能。

# 【关键术语】

领导　管理　特质理论　行为理论　权变理论　价值领导理论　性别与领导理论　领导才能替代物理论　领袖魅力领导　变革型领导　愿景领导　领导素质结构　领导技能

# 【思考与练习】

1. 阐述领导与管理的差异性。
2. 简述领导理论的发展历史和研究现状。
3. 如何优化公共组织中的领导结构以提高组织效率？
4. 新时期下如何发展公共组织中管理者的领导技能？

## 【推 荐 读 物】

【1】罗大明，张梦，朱世宏. 领导学[M]. 成都：四川科学技术出版社，2006.
【2】[美]乔恩·P. 豪威尔，丹·L. 科斯特利. 有效领导力[M]. 付彦等译. 北京：机械工业出版社，2003.
【3】[美]乔治·曼宁，肯特·柯蒂斯. 领导艺术[M]. 刘峰，郇天莹译. 北京：中国财政经济出版社，2007.
【4】[美]库泽斯，波斯纳. 领导力[M]. 李丽林，张震，杨振东译. 4 版. 北京：电子工业出版社，2009.
【5】[法]理查德·L. 达夫特. 领导学[M]. 杨斌等译. 北京：电子工业出版社，2011.
【6】[英]约翰·阿代尔. 高效领导[M]. 燕清联合译. 海口：海南出版社，2008.

# 第十四章

# 公共权力与公共权力场

【内容结构图】

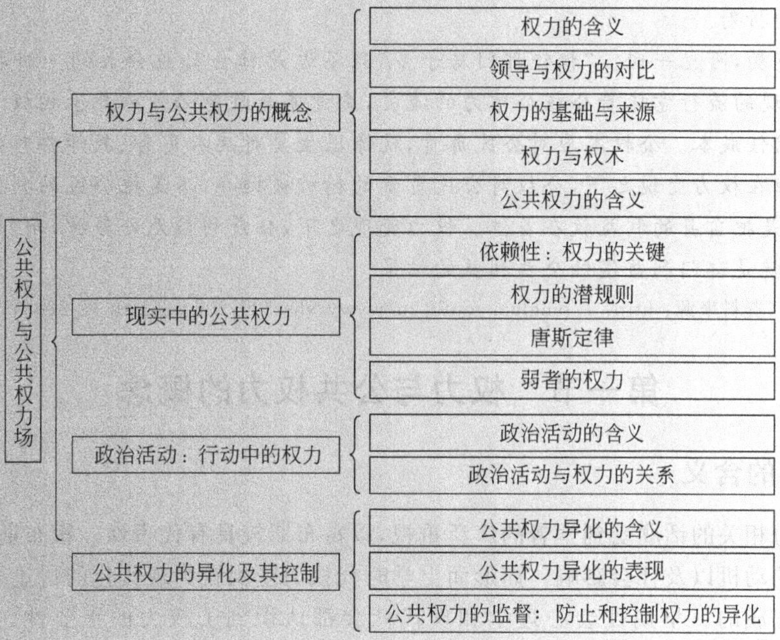


## 案例引导

### 朱四倍：权力变现魅影下权钱部门房子多

6月2日，昆明市委副书记、市长张祖林在调研保障性住房现场工作会议上说："有些部门房子多得住不完，弱势群体没房住。"他举例说，自己在省质量技术监督局任职时，一年轻的质监局工作人员，参加工作5年，就拥有三套房。说穿了，昆明市为何要盖保障性住房？"有权有钱部门的人员有四五套房子很普遍，多余的房子都不愿低价出租，没房子的人只能高价租住。"(《云南信息报》6月3日)

舆论何以单单关注"有权有钱部门的人员有四五套房子很普遍"这一信息？仅仅是由于弱势群体没有房子住吗？在笔者看来，并非完全如此，因为这牵涉到有钱有权部门的房子是如何得到的问题，离开了隐藏其后的密码厘清，我们是不可能弄明白事情的真相的。

就笔者的观点，“有权有钱部门的人员有四五套房子很普遍”有着相当的解读价值，道理很简单，有钱有权部门的房子，在一定意义上并非个体努力奋斗的结果，而是福利腐败的结果，不少垄断部门弄出的福利分房就是明证，换句话说，“权钱部门房子多”是权力变现的结果。

权力变现魅影下的“权钱部门房子多”背离了社会公平和正义，引发了日益敏感的社会情绪，处理不当，很容易引发民众的愤懑之气，长此下去，必然影响社会的和谐与稳定。所谓权力变现，就是通过公权的非公共行使以达到追逐私利而非公共利益的目的。尽管权力变现严重损害公权的公信力，但在转型期中，权力变现在社会转型期几乎成为公权下意识的选择，几成流行的趋势。正因为如此，“权钱部门房子多”引起关注的背后是民众忧虑和无奈的折射。

管中窥豹，可见一斑。“权钱部门房子多”只不过是社会日益分裂的一种折射。要知道，权力变现的流行意味着公权公信力的流失，更意味着政府必须为此承担极为昂贵的道义成本和信任成本。公权本应对公民负责，就像医生要对病人负责、教师要对学生负责一样自然。但在权力变现之下，公权对公民负责的精神被抛弃，不是把公民的利益和需求放在首位，而是把自身的利益放在首位。权力变现之下，公众利益无处藏身，而“权钱部门房子多”无非就是部门利益侵蚀公共利益的结果。

（资料来源：http：//pinglun.youth.cn/wywy/shsz/201206/t20120604_2205554.htm）

## 第一节 权力与公共权力的概念

### 一、权力的含义

与权力相关的话题受到学者的广泛重视，以霍布斯较具有代表性。霍布斯 1965 年分析了权力的动机以及社会影响。而形而上学时代权力受到较为现代化的讨论则是由尼采和阿德勒完成的。早期社会心理学和现代社会都认识到了权力的重要性。约翰·R. P. 弗伦奇和伯特伦·雷文（1995）认为，在我们的社会中，权力过程是无处不在的、复杂的，而且经常是经过了掩饰的。[①] 因此，不同类型的社会权力或性质不同的社会影响是具有差异性的。

到现在为止，权力的界定仍然没有一个令人信服的结果，不同学者对权力的界定主要是出于他们的研究视角，学者们对权力界定的差距性还是很大。下面介绍几个比较具有代表性的界定范式。政治学家达尔（1957）对“权力”下的定义是“A 对 B 拥有权力，意味着 A 能够让 B 去做某事，而没有 A 的要求 B 是不会做此事的”[②]。大卫·梅凯尼克（1962）不考虑权力的类型，将权力界定为任何引起行为的力量，如果没有这种力量，该行

---

① ［美］J. 史蒂文·奥特，桑德拉·J. 帕克斯，理查德·B. 辛普森. 组织行为学经典文献［M］. 王蔷等译. 上海：上海财经大学出版社，2009：441.

② ［美］理查德·H. 霍尔. 组织：结构、过程及结果（第 8 版）［M］. 张友星等译. 上海：上海财经大学出版社，2003：123.

为就不会发生。[①] 杰拉尔德·R.萨伦斯克和杰弗里·普费弗(1977)认为,权力被许多人认为是一个肮脏的字眼,或者像沃伦·本尼斯所说的:“它是组织中最后一个肮脏的秘密。”[②]奥特(1989)将权力定义为“影响他人行为、思想或情感的潜在能力”[③]。罗宾斯(2005)认为,权力指个体A对个体B的行为发生影响的能力[④]。胡近(2007)将权力界定为“是指影响他人行为的能力。它是一个随情境和个体的变化而改变的动态关系”[⑤]。奥斯兰等(2007)认为,权力是指影响他人行为的能力。[⑥] 罗宾斯和贾奇(2008)认为,权力指个体A对个体B施加影响,并使B按照A的意愿行事的能力。[⑦] 史蒂文等人(2009)把权力定义为一种力量而不是一种关系,因为我们用权力所指的许多东西都在一个组织的规范框架之内。[⑧]

在各学者对权力的界定中,我们比较认同的是弗伦奇和雷文在《社会权力的基础》著作中对权力来源的探讨,从心理学视角将权力界定为“影响或者引起其他人心理变化的手段”。

## 二、领导与权力的对比

在权力内涵的介绍中,有些学者一直将权力视为一个完整的概念,但有一些学者试图对权力进行分类,其中以韦伯的划分法最为有影响力、应用最广泛。他从本质上对“权力”与“权威”进行了区分,认为“权力”意味着强迫或胁迫,它是组织内部过程中的一个重要因素,但并不是一个必然因素;而“权威”并不意味着强迫或胁迫。Ehrlich 和 Dukerich(1985)认为领导与权力是紧密相关的,但是,它比在组织职位中简单地进行权力分配或由组织中一个或几个人掌握权力的内涵更丰富。[⑨]

领导是权力的一种特殊形式,领导与权力是有区别的。领导能对下属在积极性、主动性及兴趣爱好等方面产生影响,而权力则更强调如何去压抑、命令、指使下属。在管理实践中,领导者将权力看作实现组织或工作目标的手段。至于领导和权力的具体区别是什么,罗宾斯和贾奇(2008)认为主要存在以下三点区别[⑩]:第一,目标的相容性。权力不要

---

① [美]J.史蒂文·奥特,桑德拉·J.帕克斯,理查德·B.辛普森.组织行为学经典文献[M].王蔷等译.上海:上海财经大学出版社,2009:454.

② [美]J.史蒂文·奥特,桑德拉·J.帕克斯,理查德·B.辛普森.组织行为学经典文献[M].王蔷等译.上海:上海财经大学出版社,2009:462.

③ [美]罗伯特·B.登哈特,珍妮特·B.登哈特,玛丽亚·V.阿里斯蒂格塔.公共组织行为学[M].赵丽江译.北京:中国人民大学出版社,2007:237.

④ [美]斯蒂芬·P.罗宾斯.组织行为学[M].北京:中国人民大学出版社,2005:401.

⑤ 胡近.公共组织行为学[M].上海:上海交通大学出版社,2007:183.

⑥ [美]乔伊斯·奥斯兰,大卫·库伯,欧文·鲁宾,马琳·特纳.库伯&奥斯兰组织行为学(第8版)[M].王永丽等译.北京:中国人民大学出版社,2011:307.

⑦ [美]斯蒂芬·罗宾斯,蒂莫西·贾奇.组织行为学精要[M].北京:机械工业出版社,2008:175.

⑧ [美]J.史蒂文·奥特,桑德拉·J.帕克斯,理查德·B.辛普森.组织行为学经典文献[M].王蔷等译.上海:上海财经大学出版社,2009:454.

⑨ [美]理查德·H.霍尔.组织:结构、过程及结果(第8版)[M].张友星等译.上海:上海财经大学出版社,2003:150.

⑩ [美]斯蒂芬·罗宾斯,蒂莫西·贾奇.组织行为学精要[M].吴培冠等译.北京:机械工业出版社,2008:175.

求构成权力关系的双方具有一致的目标，只需要依赖性；而领导则强调领导者和下属间目标的一致性。第二，影响的方向。领导权侧重于向下属施加影响，而尽量减少横向和纵向上的影响；而权力则不然。第三，研究重点。领导的研究主要强调领导方式；而权力则更广泛。

## 三、权力的基础与来源

权力的基础是指社会主体与权力所施加对象之间的关系，这种关系是权力的来源。其中，社会主体有五个权力基础：第一，奖赏性权力，其基础是权力所施加对象知道社会主体有能力对他进行奖赏；第二，强制性权力，其基础是权力所施加对象知道社会主体有能力对其进行惩罚；第三，法定性权力，其基础是权力所施加对象知道社会主体拥有法定权利限制其行为；第四，参照性权力，其基础是权力所施加对象对社会主体的认同；第五，专家性权力，其基础是权力所施加对象知道社会主体具有某些专门知识或特长。[①]

个体主要是通过控制权力基础和权力来源来获取权力。权力基础是当权者所掌握的、允许其操控他人行为的东西，包括奖励与胁迫的能力、合法性、专业技能、为权力作用对象树立榜样的能力（Etzioni，1961；French 和 Raven，1968）；此外，接触知识的机会（Bacharach 和 Lawler，1980）和家庭关联（Allen 和 Panian，1982）也被认为是权力基础。巴卡拉克与劳勒(1980)用“权力来源”表示权力各方掌握控制权力基础的方式，认为在组织中有四种权力来源[②]：第一，职位或结构性的岗位；第二，个性，如个人魅力；第三，专业技能；第四，可使权力各方利用其权力基础的机会或各种要素的综合影响。

总之，一个个体或组织可以通过许多因素影响组织中其他成员的行为。实质上，组织中的权力问题通常是在领导者及下属之间的人际交往过程中产生。例如，胡近(2007)认为组织中的权力来源分为人际和结构两个方面。其中，人际来源主要是引用弗兰奇和雷文确定出奖赏性权力、强制性权力、合法性权力、专家性权力、参照性权力五种；而结构来源则主要包括知识性权力、资源性权力、决策性权力、网络性权力四种。罗宾斯和贾奇(2008)依据权力基础或权力来源将其分为两大类：正式权力与个人权力。其中，正式权力包括强制性权力、奖赏性权力及法定性权力；个人权力包括专家性权力和参照性权力。费埃德伯格和克罗齐耶(2008)认为权力主要有四个来源，即不可替代或难于替代的职业技能和专业职能、对组织与环境关系的控制、信息的不对称以及对组织规则的利用。[③] 当权力发展到一定程度，权力被固定化，形成一种制度化和组织化的权力形式，其影响和作用的范围也将随之扩大，延伸为军事、政治、经济、意识形态、文化等。

## 四、权力与权术

权力基础跟权术不同，权力的基础较为固定，而权术则是人们在具体情境中运用权力

---

① [美]J. 史蒂文·奥特，桑德拉·J. 帕克斯，理查德·B. 辛普森. 组织行为学经典文献[M]. 王蔷等译. 上海：上海财经大学出版社，2009：444-445.

② [美]理查德·H. 霍尔. 组织：结构、过程及结果(第8版)[M]. 张友星等译. 上海：上海财经大学出版社，2003：127.

③ [法]埃哈尔·费埃德伯格. 权力与规则——组织行动的动力[M]. 上海：上海人民出版社，2008.

的方法或手段。在一定程度上可以将权力与权术之间的不同点简单地等同为“人们通过什么样的权术把权力基础转化为具体行为”的问题。权力主要是强调对他人及其行为取向的影响力，是主体对客体的一种影响力或控制力。而权术则是强调权力运用的策略与艺术。斯蒂芬·P.罗宾斯研究认为，存在着以下七种权术：第一，论理，即以事实和资料为基础阐述主体意见的合理性；第二，逢迎，即用奉承手段表示友善与谦卑；第三，联盟，即以合作的形式获得他人的支持；第四，谈判，即以利益交换的手段达成协商结果；第五，独断，即采用直接而强硬的方式；第六，权威，即以获得组织高层领导者支持的态度表示行为的权威性；第七，威胁利诱，即以奖赏或惩罚方式迫使对方的支持。

当人们被要求描述他们在工作上对他人施加影响的事例时，研究者从这些事例中归纳出 9 种影响战术(如表 14-1 所示)①。

**表 14-1　9 种影响战术**

| 影响战术 | 定　义 |
|---|---|
| 理性说服 | 用逻辑辩论和事实证据来说服对方某项提议或请求是可行且能达到任务目标的 |
| 激励性诉求 | 通过向对方展示价值、理想和志向等以增加对方兴趣和自信的方式提出请求或提议 |
| 咨询 | 在规划战略、行动或变革时，寻求对方的参与和支持；或者愿意修改提案以配合对方的关切和建议 |
| 奉承 | 提出请求前，使用赞扬、奉承、友好、帮助的行为，让对方高兴或偏袒说服者(优先考虑他) |
| 运用个人情感 | 以打动对方的忠诚和友情的方式来提出请求 |
| 交换 | 提出互惠的交换条件，表示愿意日后报答，或承诺如果对方帮助完成任务，将与之分享利益 |
| 联盟战术 | 寻求第三方的帮助来说服对方，或使用第三方的支持作为对方也应支持的理由 |
| 合法战术 | 通过声明自己的权威或权力，或者证明所说与组织政策、规则、惯例或传统相符来证明要求的合法性 |
| 压力 | 使用命令、威胁、经常性检查或持续提醒来影响对方做出他想要的行为 |

## 五、公共权力的含义

### (一) 公共权力及其重要性

从个体视角而言，权力的重点在于强调对他人心理及行为的影响力或控制力，以便能维护和获取自己想要的个人利益。公共权力属于权力的范畴，权力是一个比公共权力外延更大的概念，因而，从分析权力概念入手进而把握公共权力的内涵无疑是合理的。② 公共权力是以政府机构为核心的公共组织掌握并行使，用以处理公共事务，维护公共秩序和增进公共利益的强制力。对于当今任何一个社会而言，公共权力都是极其宝贵的具有创

① [美]乔伊斯·奥斯兰，大卫·库伯，欧文·鲁宾，马琳·特纳.库伯 & 奥斯兰组织行为学(第 8 版)[M].王永丽等译.北京：中国人民大学出版社，2011：308.

② 张创新.公共管理学概论[M].北京：清华大学出版社，2010：61.

造价值的稀缺资源，是一种可以支配其他社会资源价值分配的力量。公共服务型政府提倡把使用公共权力看作公共服务，可能会使人们轻视公共权力的作用，但权力本质上就是权力。如果公共权力在运行过程中背离了公共利益，或者公共权力主体运用公共权力以谋取私人利益，便会出现所谓“公共权力异化”的现象。公共权力异化发生在公共部门及公职人员身上，极端的行为表现形式就是公共权力腐败。英国著名历史学家阿克顿勋爵在《权力与自由》一书中指出：“权力，不管它是宗教还是世俗的，都是一种堕落的、无耻的和腐败的量。”“权力导致腐败，绝对的权力导致绝对的腐败。”法国启蒙思想家孟德斯鸠也在《论法的精神》里说过：“一切有权力的人都容易滥用权力，这是万古不易的一条经验。”

从20世纪70年代以来，全球范围公共领域改革的核心就是对公共权力的改革，重新检讨公共权力与私有权力的关系，重新界定公共权力的主体、范围、结构、形式和运行机制。至今这场改革运动并没有停止，而是不断引向深入。从文艺复兴以来，许多经济学家和政治学家不断地为私有权力的应有地位而不断努力，无论是亚当·斯密的“经济人”假设，还是西蒙的“有限理性人”，都为私有权力的合法性而提供种种理论支持。在当前公共管理领域研究中，它仍居主流地位，以公共选择理论、委托—代理理论和私人部门管理理论为基础的新公共管理理论不仅大加赞扬私有权力方面所取得的成功，并试图用这些成功经验来改造公共领域，改造在公共领域中占据核心支配地位的公共权力，用企业家精神重塑政府、企业化政府、市场化政府、解制式政府、分权化政府、多中心化政府等都是与此相关的理论，但公共领域的问题不是减少了，而是更多了，公共权力也几乎被批得“体无完肤”而令人产生了有点厌烦去谈论公共权力的感觉，甚至似乎解决公共领域的问题可以绕开公共权力而从现象学、构成主义、话语理论中就可以富有自觉、全民性、带着真诚、参与式地解决，“以超越和包容现在的体制、组织和官僚制度”①。因此，我们应该正视现实，对于政府改革而言，必须从政府行为的核心——公共权力入手，应充分意识到它，解剖它，研究它，认识它，亲近它，发挥公共权力充分的正面功用。它不应该是某个阶层所特有，也不是只有少数人才会操作它，它属于大众，大众有责任去建构它、维护它，也要如同爱护私权一样去爱护它，否则勾画出来的公共服务型政府则只能是空中楼阁。

### （二）公共权力的功能

公共权力是公共组织实施公共管理的基础。与一般性权力相比，公共权力最主要的特殊性在于它的公共性，即它是为了满足社会公共需要，处理公共事务而产生的。张创新(2010)认为，公共管理的过程就是公共权力的运行过程，只有依靠公共权力的良好运行才能有效地提供公共物品，并更好地实现公共利益。② 所谓公共权力的功能，主要是指公共权力在社会管理过程所发挥的功效与作用。公共权力作为社会资源的一种支配性力量，具有重要的作用。公共权力的功能具体有以下几个方面。

---

① [美]查尔斯·J.福克斯，休·T.米勒.后现代公共行政——话语指向[M].楚艳红等译.北京：中国人民大学出版社，2002：77.

② 张创新.公共管理学概论[M].北京：清华大学出版社，2010：64.

第一，增强权力顺畅执行的功能。公共权力执行过程中会遇到来自社会的不同方面、不同形式的阻力，通过公共权力意识的宣传和强化，增强政府权力的公益性、公共性认同意识和自觉观念，减少执行阻力，提高政府权力的权威性，防止政策执行变形走样，从而降低政策执行成本。

第二，对社会资源进行强制性分配的功能。社会资源和社会产品是人们生存和发展的物质基础。人类社会的发展中，有些人总是千方百计去争取资源和产品。在争夺的过程中，为了避免利益对立而造成的冲突，就需要对有限的社会资源和产品进行强制性分配。公共权力就扮演着这种强制性分配力量的角色。

第三，防范权力私化及权钱交易的功能。公共权力意识凸现领导干部和公务员手中权力的公共性、公益性，是为社会所有人服务和谋取福利，绝不是为个人或某个阶级、集团的利益而服务。权力是公有的，不是私有的，任何人都没有权利将手中的权力进行市场交易，获得利益，公共权力意识能够在一定程度上防范公共权力资源私有化。

第四，强化领导干部和公务员"公共人"的功能。公共权力意识能够更加明确政府权力不同于社会其他组织权力在于其权力的公共性，执行其权力的人员具有"公共人"的特点，能够在诸多社会关系和利益矛盾中站在整体的、公共的利益角度，不为哪个阶级、阶层或集团的利益所左右。

第五，对经济及社会稳定的巨大作用功能。公共权力不能构成社会前进的根本性力量，不能改变社会历史的进行和运行方向，但是，它对社会经济的发展却有着巨大作用。公共权力公共化和私有化的权力取向能直接对整个社会经济的发展与稳定产生直接性影响。公共权力可以沿着经济发展的方向起推动作用，促进社会经济发展；相反，公共权力也可以沿着经济发展的相反方向起阻碍作用，影响社会秩序的稳定。

## 第二节　现实中的公共权力

### 一、依赖性：权力的关键

引进"依赖"这一概念后，权力的相关性使清晰可见。权力的相关性能引起彼此双方的一些依赖，亦即双方的相互需要。Bacharach 和 Lawler(1980)认为依赖关系在组织中，组织的本质决定了其成员及下属单位之间必然具有相互依赖性。[①] 权力最重要的一方面在于它关于依赖性的函数。例如，员工甲对员工乙的依赖性越强，则在这种依赖关系中员工乙的权力就越大。当你掌握的资源是重要、稀缺且不可替代的，那么人们对你的依赖性就会增强。可见，依赖性对于权力的重要性具有以下两点：第一，依赖性取决于资源的重要程度。领导者所掌握的资源是重要的，同样一种资源在不同企业中它的重要性是不一样的。第二，依赖性取决于资源是否稀缺。物以稀为贵，有的资源是不可代替的，不能代替的资源更难得。

公共权力中所涉及的依赖性有别于我们生活中所提到的依赖性，公共权力的依赖性

---

① [美]理查德·H.霍尔.组织：结构、过程及结果(第8版)[M].张友星等译.上海：上海财经大学出版社，2003：123.

强调的是公共组织和其他组织成员对权力拥有者与行使者所具有的一种心理和行为上的依赖性，其原因来源于权力拥有者与权力行使者所具有的权力而带来的资源占有量及其配置功能。

## 二、权力的潜规则

### （一）潜规则的含义及特征

潜规则是一个极其敏感的话题，其是相对于正式规则而言，它往往可以和“黑幕”、“黑箱操作”、“内定”相联系。潜规则，顾名思义，是指潜在的、隐藏的规则。潜规则的“潜”字恰恰说明了潜规则看似无形实则有形，看似不在实则存在。

潜规则，是相对于元规则、明规则而言的，是指看不见的、明文没有规定的、约定俗成的，但是却又是广泛认同、实际起作用的，人们必须“遵循”的一种规则。

潜规则具有以下特点：第一，潜规则具有隐蔽性和神秘性，潜规则的传播不是通过明文规定和口头传授，而是人们的心知肚明。第二，潜规则的适用性和约束性。潜规则是人们私下认可的行为约束，在特定的时空范畴内，具有其普遍的适用力和约束力。第三，潜规则的经济性。这种行为约束，依据当事各方的造福或损害能力，在社会行为主体的互动中自发生成，可以使互动各方的冲突减少，交易成本降低。第四，潜规则具有稳定性或延续性。所谓约束，就是行为越界必将招致报复，对这种利害后果的共识，强化了互动各方对彼此行为的预期的稳定性。第五，潜规则的认可性。这种在实际上得到遵从的规矩，背离了正义观念或正式制度的规定，侵犯了主流意识形态或正式制度所维护的利益，因此不得不以隐蔽的形式存在，当事人对隐蔽形式本身也有明确的认可。第六，潜规则的获利性。通过这种隐蔽，当事人将正式规则的代表屏蔽于局部互动之外，或者，将代表拉入私下交易之中，凭借这种私下的规则替换，获取正式规则所不能提供的利益。

### （二）潜规则的种类

在社会中的很多行业、领域都存在着潜规则，包括官场潜规则、娱乐潜规则、商业潜规则、学术潜规则等。如果把社会活动比作一种游戏的话，那么所谓的潜规则就是游戏的规则。掌握游戏规则的人总能在游戏中如鱼得水、呼风唤雨，而不懂游戏规则的人则会四处碰壁。

### （三）权力潜规则的含义及表现

权力潜规则在今天的社会中普遍存在。权力潜规则是在权力支配的范围内未明文规定的，却又被组织和个人广泛认同与遵循的一种潜规则。因此，权力潜规则是指个体在权力运行过程中，约定俗成对其行使对象具有行为约束的非正式规则。

权力潜规则在行使过程中往往会滋生腐败现象，这种现象在一定程度上可归结为权力潜规则导致的腐败效应，即在权力潜规则的支配下而产生了如权钱交易、权力异化、损公肥私等种种不良现象。权力潜规则的表现主要有以下几点：第一，以权谋私，权力的拥有者利用自身所拥有的权力和所占有的资源来换取私人利益，即为钱权交易、权权交易，获得的利益包括金钱、地位、欲望、官职、晋升等。第二，滥用职权。滥用职权表现为两种情况：一方面是不认真履行职务范围内的权力；另一方面是过度运用职务范围内的权力。在多数情况下表现为过度运用职务范围内的权力，以此来为自己或与自己有关系的人谋取利益。第三，权权相护，不同地域的权力拥有者，运用各自所掌握的权力分别为对方服务，以此达到便人便己的目的。第四，权力至上，即是认为权力是一切行为的最高准则，是事情成败的关键因素，将权力的作用和影响推举至与法律相等同甚至超越法律的至高地位，形成一种崇尚权力，甚至对权力顶礼膜拜的扭曲信仰。

### （四）正视权力潜规则

权力潜规则的产生具有很深的社会原因，一是正式规则的不完善、体制的漏洞和权力运行的"暗箱操作"为权力潜规则提供了生存空间；二是人性的弱点、权力的固有特性是原动力；三是中国传统社会缺少法治的本土资源，而注重维系着私人关系的道德和人情的作用，崇尚礼治秩序，主张无讼，注重人情关系对社会关系维系的重要性。① 因此，我们应该正视权力潜规则：首先，承认权力潜规则的客观存在；其次，认识权力潜规则对于经济运行、行政管理、社会风气、公众生活所带来的阻碍作用；最后，采取措施，正确处理权力潜规则。

对于权力潜规则，有四种合理的态度应对：其一，对权力潜规则而言，不排除其有合理的地方，那么，就让合理的地方"露出表面"，大家共同遵守就是了，不要让合理的和不合理的都"潜"下去；其二，对决策者而言，那些"不露在表面"的，就要让它总也露不出来，灭其于初始状态，否则等这些"潜规则"大行其道时就晚了；其三，对官员而言，要独善其身，不按"潜规则"做事；其四，对社会而言，要大张旗鼓地提倡规则意识，坚决反对权力潜规则意识。

## 三、唐斯定律

唐斯在《官僚制内幕》中提出了唐斯定律，并将其阐述为"在一个两党竞争的选举结构中，越接近中间候选人，取胜的希望越大。这条规律认为，在任何一个政治社会中，其中的温和派的人数最多。因此候选人的政治立场越向中间移动，覆盖的支持者就越多"②。

在政策分析与规划中，不一致的或模棱两可的目标会让政策制定者支持互相冲突的政策。例如，给烟草种植者补贴与向禁烟运动拨款，尽管通过给两者提供不同数量的拨款，我们可以利用预算来含蓄地表达我们对这两种行为的看法，但是，大多数政策制定者通常都有不止一个的支持者或团体需要满足，意识到这一点很重要。有时候，甚至连最基本的目标也不能被考虑，因为政策制定者不想在两种政策中进行选择从而得罪任何一方，以此来获取两个立场对立或利益相左的集团的支持。

在 2008 年的台湾地区领导人选举中，国民党推举的候选人，即现任台湾地区领导人马英九，在竞选过程中明确提出"不独、不统、不武"，这是一项"符合主流民意"的政策，以

---

① 李菁毅. 权力潜规则的腐败效应及其防治对策[D]. 内蒙古农业大学学报(社会科学版). 2005(3).

② 安东尼·唐斯. 官僚制内幕[M]. 郭小聪等译. 北京：中国人民大学出版社，2006.

此来获得包括深蓝、浅蓝阵营的鼎力支持。由于其选举口号走的是中间路线，没有危害到大多数中间派别的利益，回避民众所担心的改变台湾现状的政策举措，更是得到了部分浅绿派别的选票，最终马英九战胜谢长廷，成为台湾地区领导人，国民党时隔八年重新执掌台湾政坛。

## 四、弱者的权力

### （一）弱势群体的含义

学术界对弱势群体的界定尚存在着争议性，有"社会弱者"、"社会弱势群体"等不同专有名词。弱势群体既是一个相对性概念，也是一个动态性概念。从相对性视角来看，弱势群体是指在一个特定社会情境中，一部分人比另一部分人在智能、体能以及权能方面处于相对不利地位的人群；从动态性视角来看，弱势群体是指在日趋激烈的社会竞争和全球化浪潮中随时陷于失业、贫困、孤立、边缘化等状态中的人群。弱势群体具有经济上的低收入性、生活上的贫困性、政治上的低影响和心理上的高度敏感性等特点。学术界一般把弱势群体分为生理性弱势群体和社会性弱势群体。

目前我国的社会现实生活中，弱势群体主要包括下列人员：下岗职工、失业、无业人员、外来打工者、无固定职业者、老弱病残、贫困人口、冤假错案的受害者。随着社会的转型，弱势群体更多的是包括在劳动市场和生活机会分配中竞争力较弱、综合性能力较低而受到不平等对待的群体。如果将弱势群体的外延适当放宽的话，包括大学生在内的部分知识分子同样属于弱势群体。由于大学生的经济非独立性、心理脆弱性、就业压力大等特点，在当今社会中处于社会底层，为了生存和发展而游离于各大城市。

### （二）弱势群体权力的侵犯

近年来，下岗人员和贫困农民逐渐成为社会的弱势群体的主体部分。包括下岗人员和贫困农民在内的广大弱势群体因具有一定的生理缺陷或社会弱性，同时具有经济收入低下、教育程度低、文化素质低、法律意识淡薄、谋生技能缺乏或单一、社会地位低下等特点，在当今社会生活中，特别是在我国社会转型过程中弱势群体的权力屡屡遭受侵犯，弱势群体的合法权力无法得到社会和法律的认可与保护，弱势群体的言论无法正当长期发表，随着时间的推移，弱势群体逐渐被边缘化，在中国畸形的城乡二元制结构中，不定期地迁移与徘徊，更多的弱势群体跟随入城务工大潮流，背井离乡，进城务工，但却频频遭受不公待遇。

### （三）弱势群体权力的体现

弱势群体作为一个独立的社会群体，在更多情况下是作为权力影响力和控制力的客体，是作为权力影响力和控制力的支配对象而生存于社会生活中。但是弱势群体由于自身所具有的特点，同时具有独特的权力，弱势群体在特定的时空范围内变权力客体为权力主体，影响和控制着社会生活的其他群体，并对整个社会的进步与发展产生深刻影响，对公众的意识与观念产生强烈冲击。近些年，经济总量和生活水准总体上提高了，但群体性事件发生仍然保持着多发的态势，这是因为一些地方在加速发展和转型的过程当中，积累了很多历史上的矛盾和问题，这些问题得不到及时解决，造成的民怨太深。据不完全统计，1993 年我国发生群体性事件 0.87 万起，2005 年上升为 8.7 万起，2006 年超过 9 万起，2008 年群体性事件的数量及激烈程度都超过以往。从贵州的瓮安事件再到重庆司机集体罢工等一系列群体事件的发生不是偶然，而是长期以来矛盾和民怨的积累，最后通过某一事件导火索而集体爆发和宣泄。

#### （四）弱势群体权力的保护问题

弱势群体同其他社会群体一样，拥有法律所赋予的神圣不可侵犯的权利，包括政治权利和自由、公平就业、获取报酬、享受假期、子女就学等方面的权利。但是弱势群体的合法权利和正当待遇往往无法得到认可和保护，他们往往成为社会偏见、霸王条款、传统观念以及地方保护等方面的牺牲品。

当自身的合法权利和正当待遇无法得到认可和保护的时候，弱势群体往往不是寻求社会救助和法律保护。由于自身所具有的知识水平、法律意识和社会地位的局限性，更多时候，他们会选择通过暴力手段和激进方式来表达群体愿望和捍卫群体权利。群体事件的频发，官民冲突的出现，是弱势群体自我保护的表现方式，但是这种所谓的自我保护方式却是典型的畸形和扭曲的方式。弱势群体权力的表达集中体现为群体事件冲突，但是群体事件冲突的出现无法从根本上解决矛盾和问题，无法消除民怨，同时还会扰乱正常的社会秩序，对当地的经济发展和正常生活产生负面影响。

社会各阶层和政府应该注重弱势群体权力的表达，更多地关注弱势群体与其他社会阶层存在的矛盾和问题，争取在矛盾和问题积累之前，及时化解矛盾，解决问题，同时建立健全弱势群体的诉求渠道，建立公正的裁决机制，重视和保护弱势群体的话语权利，引导弱势群体的思想观念，切实保护弱势群体的权利。

## 第三节 政治活动：行动中的权力

### 一、政治活动的含义

政治属于历史的范畴，在阶级社会中，政治主要是围绕政权相对立阶级之间的关系。政治是经济的集中体现，政治斗争往往根源于对立阶级之间的经济利益冲突。在阶级社会中，国家政权问题是政治主要和根本性问题。政治作为有客观原因的社会现象，它必然有其自身的规律。出于我们分析的目的，这里的政治活动仅仅是指组织中的政治活动，而并非社会范围内的政治活动。要理解组织中政治活动的含义，有必要明确政治在组织中的含义。对于什么是组织政治，我们应首先关注组织政治中因权力斗争而产生行为取向的"合法性—非法性"两个维度。组织政治是指组织正式角色规定范围之内的权力斗争，其是人际关系的一种体现。而组织政治活动则是指那些并不是组织正式角色范围内的，但又影响或试图影响组织中利益分配的行为。合法性的组织政治行为是指那些符合组织规范的政治性行为。相反，非法性的组织政治行为则是指那些不符合组织规范的政治性行为。

## 二、政治活动与权力的关系

科特(1977)指出,权力和政治是组织生存与发展过程中积极与必需的力量。他认为由于劳动分工和资源有限,依赖性是管理者工作的一个固有特征。再加上管理者所依赖他人的时间、精力和才能是有限的,不同领导者就会利用权力来处理这些依赖性的有限性资源。根据普费弗(1992)所述,权力是组织必需的部分,是组织功能健康的部分,事实上也是组织领导至关重要的部分。①

在阶级关系存在的社会中,政治是一定经济基础上产生的一种特殊的公共权力现象,是通过以公共权力的名义来实现一定阶级或社会集团利益的活动,是公共权力在一定程度上与社会的脱离或异化。威尔逊(1995)认为,在公共部门,"要成功地实施服务于公共利益的政治需要权力"。政治活动的运作需要通过公共权力来实现,政治活动的运作牵涉到政治组织的构建、政治事务的管理、政治目标的实现,即政治活动与权力,特别是与公共权力紧紧相连,密切相关,政治活动对公共权力具有绝对的依赖性。如果把政治活动比作杠杆,那么公共权力就好比是维持和推进政治活动的有力而不可或缺的支点,脱离公共权力,政治活动便无法正常运作,无法构建政治组织和管理政治事务,当然也就无法实现政治目标。

# 第四节 公共权力的异化及其控制

公共权力来源于人民,通过某种方式授权给政府。托马斯·杰弗逊认为"构成一个社会或国家的人民是那个国家中一切权力的源泉"。20 世纪 70 年代以来,公共权力的改革是公共领域改革的核心内容之一,重新检讨公共权力与私有权力的关系,重新界定公共权力的主体、范围、结构、形式和运行机制,至今这场改革运动并没有停止,而是不断引向深入。公共权力异化与公共权力本应有的规则发生了内在不可调和的矛盾,这种矛盾会让人彷徨不定而产生焦虑。公共权力是极其宝贵的具有创造价值的稀缺资源,是一种可以支配其他社会资源价值分配的力量。如今,公共权力的异化是一个突出的问题,其引发的后果十分严重。公共权力异化发生在公共部门及其公职人员身上,其极端行为表现形式就是公共权力腐败。

## 一、公共权力异化的含义

在社会早期,人们通常会采用简单分工的方法建立起一些大家都认同的机构来保护自己的共同利益。随着社会经济的不断发展,这些机构逐渐演变为国家权力。作为一个哲学概念,"异化" 的含义是指主体在自己的发展过程中,由于自身的活动而产生出自己的对立面,然后这个对立面又作为一种外在的、异己的力量反过来反对主体自身。马克思

① [美]罗伯特·B.登哈特,珍妮特·B.登哈特,玛丽亚·V.阿里斯蒂格塔.公共组织行为学[M].赵丽江译.北京:中国人民大学出版社,2007:254.

主义认为，异化作为一种社会现象与阶级一起发生，是人的物质生产与精神生产及其产品变成异己力量，反过来统治人的一种社会现象。虽然，公共领域中公共权力意识尚未被充分地激发，许多人追求公共权力却带着模糊的公共权力意识，甚至只有私权意识，这便是公共权力异化的深层原因。

公共权力异化有狭义和广义之分。狭义的公共权力异化是指公共权力行使者在使用权力时越过合法的职权范围，直接与具体物质利益挂钩，其依赖于职位权力的私人化来谋求权力的非常态转变，在不同程度上破坏了社会公共秩序，即权力腐败。

广义的公共权力异化是指公共权力组织的异化，公共权力组织的异化就是公共权力组织主体化的过程或现象。正如恩格斯指出："以往国家的特征是什么呢？社会起初用简单分工的办法建立了一些特殊的机关来保护自己共同的利益，但是后来这些机关，其中主要是国家政权，为了追求自己特殊的利益，从社会的公仆变成了社会的主人。"

## 二、公共权力异化的表现

在公共组织社会管理过程中，以公共性为基础的公共权力在某些情况下会走向其反面，如出现以权谋私、权钱交易、滥用职权等公共权力异化的现象。在当今社会，公共权力异化的出现具有现实的社会基础，在广义上，呈现出三种表现形式：

一是公共权力行使者在获得公共权力使用权之后，没有有力或及时运作公共权力，致使公共权力达成人民利益的实践功能缺失或弱化，在整体上出现公共管理的乏力或低效状态。

二是公共权力行使者在使用权力时越过合法的职权范围，直接与具体物质利益挂钩，其依赖于职位权力的私人化来谋求权力的非常态转变，在不同程度上破坏了社会公共秩序，即权力腐败。此表现即为公共权力异化的狭义内涵。

三是公共权力行使者人为地扩大公共权力的规定权限，以合理手段处理公共领域事务，或干涉私人领域事件导致权力的滥用，使职位权力沦为行使者延伸其政治影响的工具性资格，同样对公共权力权威性及有限性产生一定的负面影响。

## 三、公共权力的监督：防止和控制权力的异化

公共权力异化及其极端化走向腐败的一个非常重要环节在于监督机制的失效。权力和监督本身就是矛盾的对立面，有权力就应有监督。除了外部监督之外，公共权力主体的自我监督也是防止公共权力异化的重要因素。当前，我国行政监督已初步形成多层次、多方位、"撒网式"的监督格局，在反腐倡廉工作中发挥了积极作用。但也不可否认，各种监督尚未充分形成合力，监督力度不够和效果不佳的问题仍然比较突出，进一步探索提高监督整体效能的有效途径，真正把各种监督形式有机结合起来防止公共权力异化，仍然是一个重要问题。

经过不断探索与实践，我国已经建立了比较系统的监督体系，包括人大监督、政党监督、行政监督、司法监督、群众监督、舆论监督等。其中政党监督主要指执政党，即中国共产党的监督；行政监督包括行政监察、行政复议和审计监督；司法监督包括检察院和法院监督。罗美泽克(2002)曾提出："问责是在公共行政人员和其相关联的授权群体之间通

过相应的问责机制、程序和战略设计去传达后者的期望。”①所以，公共权力异化的现象可以通过各类主体以不同的监督方式来监督和防止。

### （一）构建以行政问责为基础的公共行政监督体系

有权必有责，没有问责机制为后盾，权力必然恣意妄为。行政问责体现的是行政管理中行政权力与行政责任一致的原则。一般情况下，各种形式的监督都是以检验政府机关及其公务员责任承担情况、提高其行政效能为目的，是对行政系统对不同层面“责任”承担情况的衡量与追究。脱离了“问责”这一监督“内核”的监督方式只能流于形式和表面，不能达到监督的目的。从某种意义上说，行政问责应是各种监督方式的核心，是建构公共权力异化的行政监督体系的基础。

确立行政问责在公共权力异化的行政监督体系中的重要作用需要相应的五个转变：第一，改变根据上级领导的意图和意见来决定承担何种责任的情况，实现问责方式由“权力问责”向“制度问责”的转变。第二，问责情形由不仅追究“有过”责任向同时追究“无为”责任转变。第三，问责情节更加注重细节，强调“小节”，从“大事问责”向“小事问责”转变。② 第四，实现由单一类型的行政责任向包括道义责任、政治责任、行政责任和法律责任的多元化责任体系的转变，发挥各相关问责主体的作用，形成全方位的问责体系。第五，问责环节由侧重于行政执行过程的问责向行政执行与行政决策问责并重的转变。

### （二）营造良好的群众监督和舆论监督的氛围

由于目前的行政问责中，存在重行政责任、轻道义责任的现象。在实践中问责的范围往往是限于出现重大事故、损失等明显的过失，而对于因个人能力、言论、品行等方面的问题，影响政府声誉、形象是否承担责任并不明确。这在很大程度上助长了公共权力异化的现象。因此，有必要进一步开展道义问责来防止公共权力的异化，强调公共权力维护公共利益的道义责任，提升公共权力主体的道义责任意识。公共权力主体的道义责任意识，需要借助新闻媒体的监督，形成对公共权力主体道义责任承担情况的外部监督机制，形成一种良好的道德氛围。虽然对公共权力异化监督中的群众监督和舆论监督，只是对公共权力主体在公共权力行使过程中起到一种唤醒公共权力主体自身道德意识和责任意识等外围性监督，但其也起到了重要的作用。

### （三）提升公共权力主体的道德水平

亚里士多德曾指出：“人们要是其权力足以攫取私利，往往就不惜违反正义。弱者常常渴求平等和正义，强者对于那些便无所顾虑。”道德制约公共权力是通过学习和教育的方式，帮助公共权力的掌握者树立正确的权力观，从机制上内化他们的道德信念，培养他们勤政廉政、为国家礼仪和公共利益服务的意识和品质，使他们能够自觉地以内心的道德

---

① Donald E. Klingner, John Nalbandian, Barbara S. Romzek: Plitics, administration, and markets conflicting expectations and accountability[J]. American Review of Public Administration, 2002(2).

② 丁先存，夏淑梅. 完善我国行政问责制的几点思考[J]. 中国行政管理，2006(3).

力量抵制外在的不良诱惑，自觉、严格地要求自己行使好公共权力。公共权力的道德制约机制的作用是以内心的道德信念来自行约束公共权力，所以也称自我约束。

从表面上看，道德似乎与公共权力并不相干，前者是约定俗成的关于做人的理念、准则和实践；后者则是作用于社会和人群的支配力量。道德对公共权力的制约和规范作用，是通过公共权力的"无形"调节来实现的。因此，道德同公共权力之间有着密切的联系。

无论是在中国还是在西方，以道德制约权力有着悠久的历史。例如，中国古代的儒家思想提倡的以道德制约权力、西方的柏拉图和亚里士多德提倡的德行与正义。所谓道德，是指以一定的理念为基础，调整人与人之间以及个人和社会之间的行为规范的总和。不论什么道德观念和道德准则，其共同的特性就是都能作用于社会、作用于他人，同时也作用于每个人和每件事，大到国家利益、集体利益，小到个人利益、人际关系以及每个人的社会行为等，它所追求的是人的一种社会价值。对于公共权力的掌权者来说，当然也作用于自己的做人态度和权力行为，以及追求公共权力的价值目标。正如张创新认为对于掌握公共权力的政府官员来说，除了要具备宽厚、正直、诚实、守信、友善、忠诚、礼让等道德品质，还要遵循与信奉以下两个更为重要的道德伦理原则：公共利益最大化和正义。[①]

### （四）增强公共权力主体对权力来源的认识

"权力导致腐败，绝对权力导致绝对腐败。"阿克顿爵士这句并不完全正确的论断至今仍广为流传。罗素(1991)认为权力是社会一切活动的动因，是一切人类多种欲求的本源。[②] 导致腐败的并不是权力本身，而是权力的误用与滥用。在组织行为中，权力是行动者的动力源，决定了组织的效率与秩序。公共权力的权力制约是说如能恰当地配置权力，就能够起到一种限制、阻遏公共权力滥用的作用。这里包含着两重意思：其一，承认公民的权利，政府公共权力不能逾越它的界限而侵入公民的权力领域。这样，公民的权力对于政府滥用公共权力就能起到一种阻碍与制约的作用，但是权力所起到的这种作用，是一种消极的制约作用。其二，一些公民权力不仅具有这种消极的制约作用，而且具有一种积极的反抗作用，迫使政府收回它的公共权力触角或改变不当行为。

社会权力或公民权力之所以能对公共权力进行制约，其根本原因在于公共权力来源于社会权力。从现代民主政治的角度来说，国家、政府只是实现人民共同利益的代理人，政府与社会成员一样并不拥有特权。这两者是服务和被服务的关系。近代资产阶级革命的一个政治成果，就是将"一切权力属于人民"的思想深入人心。既然公共权力是由人民授予的，要受人民权益的限定，那么它就要自觉接受社会共同体政治的、法律的和道德的约束。

### （五）增强对公共权力主体的权力性监督

孟德斯鸠认为："一切拥有权力的人都容易滥用权力，这是一条万古不易的经验。"以权力制约权力是通过民主政治体制本身形成的公共权力制约机制，是对公共权力的运作

---

① 张创新．公共管理学概论[M]．北京：清华大学出版社，2010：78.

② 蔡灿新，聂新军．权力、规则与秩序：一个组织分析框架[J]．宏观经济研究，2010(1).

加以规范和限制。这是西方资本主义国家早已实行的约束公共权力的基本方法,其理论上的系统化始于孟德斯鸠,实际应用始于美国建国宪法。任何一种权力都不是至高无上的,以此达到平衡,称为"制衡"。任何一项公共权力超越了规定界限,可以诉诸另一项公共权力彻底否定它的决定,甚至于撤销现有机构重新组织,这就是公共权力的权力制约的含义。这种制约主要通过两种方式实现:一是由一种高层次的权力监督低层的权力;二是平行权力层之间的监督和制约。[①]

行政机关及其公务员对人大和执政党负有政治责任,人大监督和政党监督是整个行政监督体系中最具权威和强制力的监督方式,是公共权力异化监督中行政问责能够真正落实的根本保障。在我国初步建立的行政监督体系中,司法监督因其严格、公开的司法程序,具有高度的权威性,而且以权力制约权力也是防止权力滥用和防止腐败的常用方法。

## 【本章小结】

权力,就是主体对客体的一种影响力和控制力。领导与权力是两个密切相关的概念,权力是领导者实现目标的手段。在此基础上,分析权力的基础与来源。依赖性对于权力的重要性取决于两个方面:资源的重要程度和是否稀缺。公共权力中所涉及的依赖性有别于一般依赖性,公共权力的依赖性强调的是公共组织和其他组织成员对权力拥有者与行使者所具有的一种心理和行为上的依赖性,其源于权力拥有者与权力行使者所具有的权力而带来的资源占有量及其配置功能。对于当今任何一个社会而言,公共权力都是极其宝贵的具有创造价值的稀缺资源,是一种可以支配其他社会资源价值分配的力量。公共权力意识从未得以充分地激发,许多人追求公共权力却带着模糊的公共权力意识,甚至只有私权意识,这是公共权力异化的深层原因。有必要从公共行政监督体系、群众监督和舆论监督、道德水平、权力来源及权力性监督等方面对公共权力的异化现象进行控制。

## 【关键术语】

权力　公共权力　依赖性　权力潜规则　唐斯定律　弱势群体　公共权力异化　公共权力异化控制

## 【思考与练习】

1. 阐述公共权力的内涵。
2. 权力的来源与基础有哪些?
3. 阐述权力潜规则的内涵及其种类。
4. 阐述唐斯定律的内涵及表现。
5. 阐述弱势群体的权力保护问题。

---

① 戴维新,戴芳.公共权力的制约与监督机制研究[M].银川:宁夏人民出版社,2007.

6. 阐述公共权力异化的原因。

7. 防止公共权力异化的途径有哪些？

## 【推荐读物】

【1】[美]霍尔. 组织：结构、过程及结果[M]. 张友星等译. 上海：上海财经大学出版社，2003.

【2】[美]安东尼·唐斯. 官僚制内幕[M]. 郭小聪等译. 北京：中国人民大学出版社，2006.

【3】[美]罗伯特·B. 登哈特，珍妮特·B. 登哈特，玛丽亚·V. 阿里斯蒂格塔. 公共组织行为学[M]. 赵丽江译. 北京：中国人民大学出版社，2007.

【4】[美]查尔斯·J. 福克斯，休·T. 米勒. 后现代公共行政——话语指向[M]. 楚艳红等译. 北京：中国人民大学出版社，2002.

【5】[法]埃哈尔·费埃德伯格. 权力与规则——组织行动的动力[M]. 上海：上海人民出版社，2008.

【6】[美]J. 史蒂文·奥特，桑德拉·J. 帕克斯，理查德·B. 辛普森. 组织行为学经典文献[M]. 王蔷等译. 上海：上海财经大学出版社，2009.

【7】凯特尔，周志任，孙迎春. 权力共享公共治理与私人市场[M]. 北京：北京大学出版社，2009.

【8】周光辉. 论公共权力的合法性[M]. 长春：吉林出版集团有限责任公司，2008.

【9】林吕建. 驾驭权力烈马：公共权力的腐败与监控[M]. 杭州：浙江大学出版社，2003.

# 第十五章

# 信息、信息控制与公共领域的有效沟通

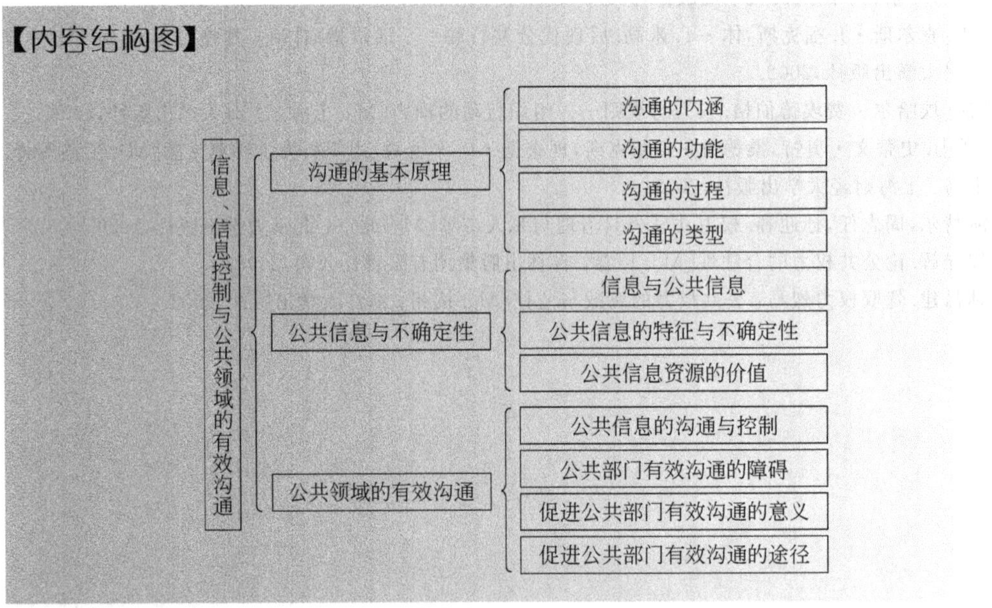


## 案例引导

### 危机公关与媒体沟通

2004年7月8日，美国环保署表示杜邦“特富龙”的关键原料——全氟辛酸铵，可能会致癌或影响生育。

7月15日，杜邦在香港召开紧急会议，拟派出技术专家前往中国解答国家有关部门、客户、消费者以及媒体提出的技术问题。同日，公司领导做客新浪网嘉宾聊天室，就“特富龙事件”与消费者进行感情沟通。

7月18日，“特富龙俱乐部下午茶”活动在上海举行，杜邦在中国的代表徐军接受记者访问。

7月19日，杜邦北京分公司公共事务部经理徐旸接受记者采访。

7月20日下午，杜邦中国集团在北京召开媒体见面会。杜邦中国公司总裁查布郎在新闻发布会上与记者见面，三位美国专家也携带相关技术资料到场，回答媒体记者以及消费者的问题。

紧接着，美国杜邦总裁贺利得接受《人民日报》记者独家采访。按照中国人的思维定式，能在《人民日报》上出现正面的报道，应该是没有问题了。自此，一连串密集的正面声音完全盖住了负面的声音。危机公关能做到这一步，已经达到化险为夷的目的了。

由于媒体具有放大效应，往往会将一件小事夸大，而不明真相的消费者则可能盲目跟风，所以在危机处理中，一定要让自己正面的声音传出去，使原来不利于企业的负面消息变为正面消息。此时公关部要准备比平时多两倍的新闻稿，告诉公众发生了什么，并要积极应对记者的采访。在采访过程中要注意对外的口径一致，一般人不要随意接受采访，当然也不能简单地拒绝，而是礼貌地告诉他们可以去找相关部门，而且态度要友善，一旦媒体认为企业是合作的，一般都会消除敌对情绪，同时会把企业作为重要的信息来源。这样就使企业容易赢得主动。

（资料来源：http：//www. ndcnc. gov. cn/datalib/qikan/2005/2005 _ 08/qikan. 2005-08-15. 9185620892/）

上述案例表明，沟通对于任何组织机构都十分重要，尤其对于公共部门而言，沟通的良好与否对组织未来的发展，对于公共危机的应对有着至关重要的作用。因此本章将以此案例为楔子，阐述沟通的一般原理以及如何改善公共部门有效沟通的途径等。

## 第一节 沟通的基本原理

沟通是人类生活中的一个基本功能。沟通不仅仅是信息的传递，也是情感上的交流，更是行为上的相互影响，这就决定了沟通的过程并非一个简单的过程，而是受到许多因素的影响，这些因素对于沟通能否有效地进行有着重要的决定作用。沟通对于个人、组织、国家都具有举足轻重的作用，沟通是交往的发展、话语的延伸，人与人之间通过沟通形成一定的人际关系，组织与组织之间通过沟通形成某种合作关系，国家与国家之间通过沟通形成一定的国际关系。了解沟通的基本原理是促进组织有效沟通的重要理论前提。

### 一、沟通的内涵

沟通是最重要、最频繁的管理活动，领导者和管理者工作的本质在于沟通。那么如何对沟通下个准确的定义呢？不同的学者对沟通有着不同的理解。明茨伯格将沟通定义为沟通者为了达到相互理解的目的而进行的信息交换过程。西蒙将沟通视为“任何一种程序，借此程序，组织中的成员将其所决定意见或前提，传递给其他有关成员”①。赫尔雷格尔把人际沟通定义为通过一种或多种信息媒介，对想法、实事、信念、态度和感受进行传递和接受，并且有反应发生，通过积极倾听，包含发出者原意的信息被接受者精确地理解和解释。② 简单来说，沟通是指人与人、人与组织或是组织与组织间用文字、语言、符号等组合的载体，进行信息的相互传递和交换过程。③ 沟通包括意义的传递与理解两个方面。

① ［美］西蒙. 管理行为（第4版）［M］. 北京：机械工业出版社，2007.

② 任浩. 公共组织行为学［M］. 北京：同济大学出版社，2006：246.

③ 康青. 管理沟通教程［M］. 上海：立信会计出版社，2000：7.

在此过程中，沟通包括个体与个体之间、个体与群体之间和群体与群体之间3种基本方式。综合说来，沟通是人们在互动过程中，通过某种途径、经过某种渠道，在一定的时间内将信息从一方传递给另一方并获得理解的过程。

不同研究者对沟通重要性的认识有所不同。巴纳德(1938)认为，沟通在组织理论中占据中心位置。斯廷奇孔贝尔(1990)将沟通视为他研究的基本问题。Kanter(1977)认为不论沟通是处于组织研究的中心还是边缘，一个更为合理的观点是：从不同角度研究组织或者研究不同类型的组织，沟通在组织中的重要性也会有所不同。[1] 沟通对组织管理者及管理工作至关重要，并且无时无刻不存在我们的生活中。例如，购买商品时，需要向售货员表达自己的需求；去看病，要向医生表述自己的身体症状；遇到困难和问题，要向老师及相关人员请教；工作时，需要和其他员工进行探讨交流；想要结婚，也要征求另一半的意见。可见，沟通可以促进人与人之间的相互了解，促进人与组织的良性互动，促进组织与组织的相互合作。

## 二、沟通的功能

巴纳德认为沟通既能使组织合作系统动态化，又将组织目标和成员参与性结合起来。用巴纳德的话来说："没有合适的沟通技巧，将失去把一些意图作为组织基础的可能性。沟通技术塑造了组织的内部经济和形式。"研究表明，沟通不良可能是导致人际冲突的最主要原因。在群体或组织中，沟通有四种主要功能：控制、激励、情绪表达和信息。沟通是交往的发展、话语的延伸，对于交往理论和话语理论两个基本理论的理解有利于进一步理解沟通的重要作用。

### （一）交往理论

交往理论是人文社会科学的一个基础理论，它是关于人们在社会活动中利用语言符号系统或非语言符号系统，彼此之间进行复杂的、多方面的交往的理论。生活在社会群体中的个体，必然要相互接触、相互联系、相互影响，即进行社会交往。交往作为人们共同活动的特殊形式，实质上是把人的观念、思想、情感等作为信息进行交流的过程。

交往具有多种功能。美国社会心理学家费斯廷格认为，交往的功能有两个：一是传达信息的功能；二是满足个人心理需要的功能。而前苏联心理学家洛莫夫认为，交往的功能有三个：一是信息沟通；二是思想沟通；三是情感沟通。归纳起来，可将交往的功能分为两类。第一类的交往是单纯的信息交流，具体是指拥有信息的一方通过交流思想、传递情报，将自己的知识、经验、想法等内容告之对方，达到影响对方的知觉、思维和态度的目的，进而改变其行为的一种功能。第二类的交往是情感上的交流，具体指通过情感的表达，获得对方的理解与肯定，借以寻求心理的支持，消除内心的不安，通过建立并维持与对方的良好人际关系，发展彼此之间的友情，以满足个人的精神需求。

沟通是一种交往的手段。正如沟通，交往的双方都具有主动性，即使是处于次要地位

---

① [美]理查德·H.霍尔.组织：结构、过程及结果(第8版)[M].张友星等译.上海：上海财经大学出版社，2003：185.

的一方，也不是被动地接受信息、机械地回答，而往往必须根据自己已有的知识经验，按照自己的需要和意愿去分析、去理解对方的言语或非言语信息的内涵并做出反应。主动的一方也根据反馈的信息，对自己的言行进行补充和肯定。此外，交往不仅仅是信息的传递，更在一定程度上改变了双方的关系。交往可以改变沟通双方的态度和行为，这种改变可以是积极的，也可以是消极的，并以这种方式，使双方保持一定的人际关系。

### （二）话语理论

话语理论是20世纪最有影响力的人文社会科学理论之一。所谓“话语”，语言学家巴赫金将其定义为具体个人的言语成品，是言语交际的单位，是说话者独一无二的行为，以体现他独特的思想意识、价值和立场，并且始终处于与他人话语的交流中。巴赫金认为，只有话语才是语言交际的最基本单位，话语的本质在于其对话性，这是巴赫金话语思想的核心。在巴赫金看来，任何话语都具有“内在对话性”。一方面，任何话语都处于一定社会历史的言语文脉中，不管我们的话语具有多强的对白性，实际上都是对他人话语的回应，都与其他话语处于不同程度的对话关系中，总之，它都是先前话语的继续和反响。另一方面，任何话语都“希望被人聆听、让人理解、得到应答”，都诱发和期待着他人话语的回应。从巴赫金对话语的分析中，可以得出构成话语的基本要素：一是话题；二是话主的意向和立场；三是话主对他人话语的评价与回应。①②

法国哲学家米歇尔·福柯提出了权力话语理论。他认为权力，是指一切控制力和支配力。其中有有形的，如政府机构、法律条文；也有无形的，如意识形态、道德伦理、文化传统与习俗、宗教思想、价值观念等。这些权力对人们的思想行为有控制力和支配力。在不同的文化和不同的历史时期，这些权力是不同的，他们左右着人们的行为，而人们置身其中却并不感觉它的存在。话语是“权力”的表现形式，是知识传播和权力控制的工具，所有权力都是通过“话语”来实现的，话语不仅是施展权力的工具，同时也是掌握权力的关键。权力和话语是不可分割的，任何社会中的各个层面都有特定的话语。权力如果争夺不到“话语”便不再是权力；话语不仅是知识传播和施展权力的工具，同时也是掌握权力的关键。③

这两个理论为解释沟通的功能与过程提供了重要的理论基础。从人的社会性来看，沟通是人作为社会人的首要条件，没有沟通，人便不能称为人；从马斯洛的心理学角度考察，人的各种情绪需要通过沟通来加以调节，通过与他人的接触以满足自身的情感需求和归属感；从社会性与经济学角度分析，沟通是人们为了满足各自的需要，减少内部冲突、调节情绪与促进情感交流，促进相互理解的目的；从管理学角度分析，沟通可以实现企业内部任务目标，使企业的行为协调一致，通过信息的彼此交流，实现高效率管理的目标。

---

① ［美］斯蒂芬·P.罗宾斯.组织行为学(第10版)［M］.孙健敏等译.北京：中国人民大学出版社，2005：313.

② 李军林.浅析话语理论的基本内涵及作用[J].专家论坛，2008(8).

③ 李军林.浅析话语理论的基本内涵及作用[J].专家论坛，2008(8).

## 三、沟通的过程

沟通的过程包含五个基本要素，并经过七个基本步骤来现实，这五个基本要素是信息发送者和接收者、要传递的信息、信息传递渠道、外部环境以及可能产生的噪声。图 15-1 是沟通的过程模型，形象具体地揭示了沟通的全过程。

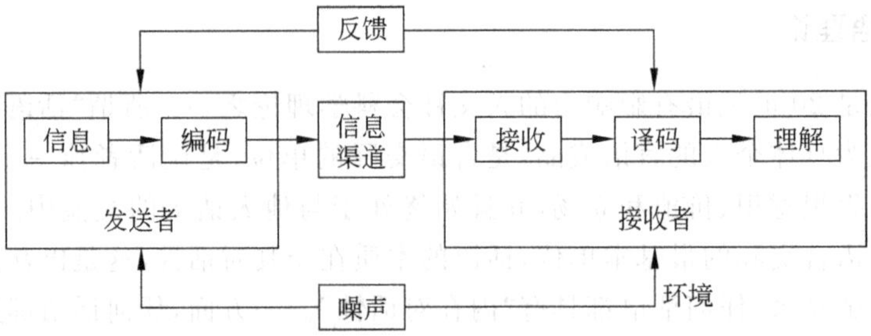


图 15-1 沟通的过程模型

### （一）沟通的过程模型

沟通并非简单地指信息从一方转移到另一方，而是必须经过一系列的行为过程，才能达到沟通的效果。首先信息的发送者产生某种想法、观念，有进行信息传播的意愿，并把要传递的信息进行编码，将信息转化成接受者可以理解的形式，如语言或者书面的形式。信息编码完成后，传递者把组织好的信息以一定的方式、在适宜的时机、通过某种传递渠道，传送给接收者。接收者获得信息后，根据自己的知识、经验和思维方式对信息进行解码，转化成自己可以理解的内容。在这一信息传递过程中，接收者必定受到周围环境的影响，我们通常称之为“噪声”，噪声很大程度上会造成信息传递的失真。举一个简单的例子，一位农民在买菜时候，和卖菜的人说他要胡瓜，但是可能由于他的发音不标准，或是对方听力不好，或是周围市场的嘈杂声的干扰，卖家误以为农民要的是苦瓜，那么这样的信息传递就受到噪声的阻碍。因此双方之间有必要进行信息的反馈，即接收者对发送者所传递的信息做出反应，这样信息的交流就成为一种双向有效的活动。卖家可以通过重复农民的话，确认他所真正需要的东西，以确保信息准确地传递给对方。

### （二）沟通的基本要素

在沟通的过程中，一共涉及以下五个基本要素。首先是沟通双方。沟通双方有可能是个体、群体或是组织，主体因为某种目的需要进行沟通，并且沟通双方随着沟通的进行，角色不断发生转化。其次是要传递的信息。信息是沟通过程的客体，以各种形式存在着，传递者对信息充分理解和掌握后，才能体现出信息的价值。再次是信息传递的渠道。信息需要通过一定的载体进行传递，可以是文书报告的形式，也可以是话语的形式，这是由传递信息的内容所决定的。还有外界环境。环境是信息传递的背景，场合不同对信息传递的渠道也有不同的要求。最后是沟通中可能产生的噪声。噪声贯穿整个沟通过程，并对信息传递的效果有正向与负向的影响，环境是产生噪声的客观因素。

### （三）沟通中的一般性障碍

在双方交流沟通中，有许多因素影响着沟通的有效性。沟通中信息由发送者到接收者这个过程并不是畅通无阻的，除了传递过程中可能出现客观性的噪声外，沟通过程还可能因某些主观性因素影响沟通的有效性，这主要通过发送者和接收者表现出来。

第一，发送者个体差异性会影响到沟通的效果。例如，个体的性别、文化水平、工作经验、性格及能力等差异。如果信息发送者语言表达能力不佳、思维逻辑混乱，那么无论是他的口头演说还是书面报告都会令接收者无法理解，无法体会所传递的信息的真正内涵。研究发现，女性会与听自己说话的人维持良好关系，更加注重寻求和给予确认与支持，并且更可能力争达成共识；而男性则更关注地位，并试图在谈话中获得或维持优势。[①] 因此，发送者个体的差异性会影响到沟通过程中信息传达和谈话的方式。

第二，发送信息的方式不当。对于不同的信息、不同的接收者、不同的时机，信息的传递方式应当是不同的。发送信息的不当方式主要有以下三种：一是选用不清晰的发送方式。即在沟通过程中常常用不清晰、不具体、泛泛的言语表述，如"可以"、"应该"、"觉得"、"我不是那个意思"等模棱两可的语言。二是主观上将要传递的信息进行过滤。过滤是指发送者有意或无意操纵信息，以使信息显得对接收者更为有利。在组织中，很多沟通是因为发送者不正确地过滤信息造成了误解。例如，发送者用行话来省略所要传达的信息，而他则主观上认为要传递的信息再明显不过了，进而导致信息的扭曲和不良后果的出现。因为他并未考虑到行话对于门外汉和新手来说是难以理解的。拙劣的沟通者会错误地造成主观上认为他们传递的信息对于别人来说是很明显、很容易理解的。三是信息传递方式的偏好。信息传递的方式应该根据信息内容、信息接收者以及传递时机的不同而有所不同。如果信息传递方式的选择过于偏重个体偏好，那么也会影响到沟通的效果。例如，当要传递的是十万火急的信息，若采取缓慢的信件形式，或是非正式的沟通渠道，就容易造成事情的延误、内容的歪曲，从而产生不良后果。

第三，接收者主观性过强。在沟通过程中，接收者会根据自己的需要、动机、经验、背景及其他个人特点有选择地去看或者去听信息。特别是接收者也会对一些非语言沟通的姿态进行曲解。因为非语言沟通也传递着一些重要的信息，例如传递者的身体动作、姿势、面部表情和注视、声调以及重读等。接收者在获得信息后，有时会按照自己的主观意愿，对信息进行添加、删减或是加工；也可能受到自己认知、价值观、经验的影响，有意无意地改变得到的信息，导致信息的失真、偏差和歪曲。

第四，接收者的个体性差异。接收者的个体性差异包括能力、知识、经验、情绪、沟通能力等方面的差异。正如，在法治下乡活动中，主办方往往采用漫画的形式向农民进行宣传普法，这样可以避免在普法过程中因涉及使用专业用语、专业术语以及专业知识而影响到农民对普法活动的支持，从而影响到普法活动的效果。因此，如果在沟通过程中能够考虑到接收者的个体性差异，那么就会大大提高沟通的有效性。

---

① [美]乔伊斯·奥斯兰，大卫·库伯，欧文·鲁宾，马琳·特纳．库伯 & 奥斯兰组织行为学(第8版)[M]．王永丽等译．北京：中国人民大学出版社，2011：138．

## 四、沟通的类型

沟通是发生在个人与团体之间的一种行为方式，以促进资源共享、情感交流和行为影响。组织沟通机制的完善程度对组织目标的实现和组织文化的建设都具有重要的影响。组织目标的实现与否与组织沟通机制的好坏有密切的联系。良好的组织沟通机制能够促进组织内部信息的流动和共享，增强组织决策的科学性与合理性。相反，缺乏完善性的组织沟通机制，常常会给组织带来严重的后果，甚至是毁灭性灾难。归纳起来，可以依据不同的划分标准将沟通分为以下几种。

### （一）口头沟通、书面沟通和非语言沟通

以沟通凭借的媒介为划分依据，将沟通分为口头沟通、书面沟通和非语言沟通。第一，口头沟通。在生活中不管组织或个人，最常用的沟通方式就是口头沟通。所谓"口头沟通"，是指个体借助语言符号系统用声音进行信息传递的一种沟通形式。如面谈、电话交谈、演讲、发言等形式。口头沟通的优点是方便、及时；其缺点在于有可能使信息失真所带来的后果更为严重。例如，在沟通双方都认准的情况，执行因个体性差异而造成信息失真的命令，人们比较不会质疑该信息的准确性，只是到完成后才会发现错误的所在。第二，书面沟通。书面沟通是指以书面文字作为信息传递载体的沟通方式，其包括备忘录、电子邮件、传真、刊物、布告板或纸质版通知、会议文件、图片等。第三，非语言沟通。非语言沟通是指借助非正式语言符号来完成信息的传递。在组织中，大部分沟通是以书面和口头的形式完成的。但根据相关研究显示，在沟通中 65%的信息是靠非语言方式完成的，如面部表情、身体姿势、动作、语调等。因此，非语言沟通可归为以下三类：面部表情、身体语言和环境因素。

### （二）正式沟通与非正式沟通

组织内部的沟通方式依其正式与否，可分为正式沟通与非正式沟通。第一，正式沟通。正式沟通是指通过组织明文规定的正式渠道进行的信息传递和交流，如公函往来、文件下达、调研报告等。第二，非正式沟通。非正式沟通是指组织正式沟通渠道之外的信息传递和交流，它是以社会关系为基础展开的沟通方式。非正式沟通不受组织监督，可以自由选择沟通渠道，如朋友聚会、员工私下交谈、小道消息等。这种沟通方式容易方便、方式灵活、内容广泛、速度快，可以获得正式沟通中难以获得的信息，但是信息容易失真，可能导致形成小集体、小圈子，从而影响组织的凝聚力和人心稳定。

### （三）纵向沟通、横向沟通、斜向沟通及外向沟通

根据信息传递的方向，可以将沟通分为纵向沟通、横向沟通、斜向沟通和外向沟通。第一，纵向沟通。纵向沟通是指沟通沿着组织结构直线层级的沟通方式，包括上行沟通和下行沟通。其中，上行沟通是指信息由组织结构层次中低层次向高层次流动的一种沟通方式。组织中的成员可以利用上行沟通方式向上级反馈情况、汇报工作等，这有利于组织高层领导较好地把握住组织中需要改进的工作和需要解决的问题。下行沟通则是指信息

从较高组织结构层级向较低组织结构层级进行自上而下的沟通。对于管理者与下属之间的沟通，下行沟通较为常见，如任务安排、工作报告、规章制度介绍、工作表扬、通知等。第二，横向沟通。横向沟通是指信息在组织中同一层次不同部门间的沟通。横向沟通经常发生于同级的同事间、部门间及组织间。第三，斜向沟通。斜向沟通是指正式组织中不同级别又无隶属关系的个人、群体与组织之间的信息交流。斜向沟通并不是强调同一组织中上下级间的沟通，而是指交叉性的沟通。例如，职能部门与参谋部门之间的沟通，如果参谋人员拥有职能职权，便也会发生斜向沟通。第四，外向沟通。外向沟通是指组织为了在环境中更好地生存和发展，必须与周围的其他群体、组织及政府部门往来与合作，在此基础上所进行的沟通。从一个组织外向沟通能力的情况上，我们可以判定该组织的外部技能的强弱。组织外向沟通的对象比较广泛，主要包括顾客、股东、上下游企业、新闻媒体、政府等。

#### （四）单向沟通和双向沟通

从信息发送者与接收者是否交换的角度，可将沟通分为单向沟通和双向沟通。第一，单向沟通。单向沟通是指沟通主客体双方位置并不因其他因素而发生变化，而呈现出一种以单向信息流动的沟通方式。一方始终处于信息发送状态，另一方则始终处于接收状态。例如下达命令、书面指示等。第二，双向沟通。双向沟通是指沟通主客体双方位置不断变化的信息沟通方式。例如，在组织沟通中，双方因需要而不断进行语言、情感等情况中的交流与反馈，如讨论、面谈等。其优点在于能及时获得反馈信息，沟通信息准确性高，沟通双方感情融洽，但缺点在于信息传递速度慢。

## 第二节　公共信息与不确定性

21世纪是信息时代，信息资源被看作一种重要的社会资源，在促进社会进步中发挥着重要作用。整个社会的信息资源绝大部分属于公共信息，政府及其他公共部门是信息管理的主体，信息资源中的公共信息种类繁多、内容丰富，对公共信息的充分了解有利于信息资源的开发，有助于发挥信息资源的内在价值。

### 一、信息与公共信息

#### （一）信息的含义

信息是用来反映事物状态、特征和变化并经过人们加工整理后的有用数据。要了解信息，首先要区分信息与数据。信息与数据是有区别的，信息是经过加工和处理的数据，而数据则是未经过处理的原始状态。1949年控制论专家克劳德·申农将信息定义为不确定性的减少。信息具有可识别性、可处理性、可检索性和可存储性等本质特征以及客观性、普遍性、及时性、共享性、传递转换性、可伪性、寄载性、价值性、等级性、不完全性等基本属性。[①] 因此，信息是指与某种特定事物或主题相联系的，可以通过各种方式被发出、传递和感受的，并按照一定符号形式有序排列所表现的信号、消息、情报和知识。[②]

### （二）公共信息的含义

当今，一国的国际竞争力不再仅仅局限于经济实力的竞争，其背后更多的是政府间社会经济管理等软实力的较量。受信息化浪潮的冲击，公共组织的服务范围早已超越已有的固定边界。公共信息管理对公共组织的创新至关重要，信息管理正演变成多数组织战略中的重要议题。信息是创新的基础，有效的信息管理可以提升资源的配置率与利用率。国内外对于公共信息资源的界定并没有形成共识，只是出现了一些比较具有代表性的定义。例如，保罗·乌勒在给联合国教科文组织起草的《发展和促进公共领域信息的政策指导草案》中把公共领域的信息定义为：不受知识产权和其他法定制度限制使用以及公众能够有效利用而无须授权也不受制约的各种数据来源、类型及信息。[③] 蒋永福教授把其界定为"政府为了保证社会的公共利益而用公共资金生产、收集并原则上公开利用的信息"[④]。夏义堃认为国内的学者对公共信息资源的概念界定主要从政府的角度、广义的角度以及社会性的角度予以阐释：第一，从政府角度来看，以政府为主体的一切负有公共事务管理职能的组织在行政过程中产生、收集、整理、传输、发布、使用、储存和清理的所有信息，称为公共信息；第二，从广义角度分析，所有发生并应用于社会的公共领域，由公共事务管理机构依法进行管理，具有公共物品特性，并能为全体社会公众共同拥有和利用的信息，称为公共信息；第三，从社会性角度解读，可将公共信息资源管理细分为公共事业信息资源管理和公共资源信息管理。[⑤]

信息化与知识化日益深入，信息资源在公共组织创新中的重要性不断凸显。公共信息作为一种社会公共资源，公共性是其最本质的特征。公共信息资源管理必须以公共利益为价值取向才能真正实现和发挥作用。结合公共组织自身的特殊性，可以将公共信息界定为：公共组织在运作过程中为了更好地进行社会管理和提供公共服务而进行了收集、传递、整理、发布等与公共管理机构相关的信息。公共信息的载体形式主要有各种法规、文件、决策、批示、报告、公告等。

## 二、公共信息的特征与不确定性

### （一）公共信息的特征

信息并不是一种纯粹的公共物品，而更像一件准公共物品，或者说是一种特殊的公共物品。[⑥] 张创新等（2010）认为公共信息资源属于公共物品范畴，其主要特征体现在以下

① 陈庄，刘加伶，成卫．信息资源组织与管理[M]．北京：清华大学出版社，2005：3-6．
② 苏保忠，张正河．公共管理学[M]．北京：北京大学出版社，2004：226．
③ 夏义堃．公共信息资源管理的多元化视角[J]．图书情报知识，2005(104)．
④ 蒋永福．国际社会关于公共信息开放获取的认识与行动[J]．国外社会科学，2007(2)．
⑤ 夏义堃．公共信息资源的多元化管理[M]．武汉：武汉大学出版社，2008：46．
⑥ 马费成，龙鹫．信息商品和服务的公共物品理论[J]．武汉：情报理论与实践，2002(5)．

几个方面：动态性、复杂性、系统性及开放性。[①] 公共信息作为一种社会公共资源，能够反映公共管理活动的情况及其发展变化规律。苏保忠和张正河认为公共信息具有以下基本特征[②]：第一，公共性。公共信息与其他类型的信息不同，它是公共组织在处理公共事务过程中产生的，反映的是涉及公共利益的事务。第二，服务性。公共信息的存在价值就是为公共组织开展管理活动提供服务，并为社会公众提供信息服务。第三，多样性。公共信息种类繁多。按照信息内容的性质划分，可以分为政务类信息、商务类信息、科技文化类信息、军事类信息、宗教类信息等；按信息的表现形式，可以分为语音信息、文字信息、数据信息、图形或图像信息；按信息的功能作用，可划分为宣传类信息、服务类信息、日常办公类信息、调查统计类信息、事实数据类信息、决策支持类信息；按信息的流通方式和传递范围，可划分为公开信息、内部信息和保密信息等。第四，互动性。随着公共信息资源管理主体的日益多元化，社会成员主体更加积极参与和监督公共信息资源管理的运作，体现出政府与社会的良性互动。

### （二）公共信息的不确定性

什么是不确定性？简言之，不确定性是指事先不能准确知道某个事件或某种决策的结果，或者说，只要事件或决策的可能结果不止一种，就会产生不确定性。根据信息经济学的观点，事件的不确定性来源于信息的不确定性。现代经济学认为，信息交流的本质是对不确定性和风险的处理，如奈特（F. Knight）认为信息是处理不确定性的积极手段，市场的不确定性随着信息的增加而减少；费雪（Fisher）通过构建费雪信息量得出，随机变量的不确定性大小是与其对应的未知信息量的大小相反的；信息论的创始人香农（C. Shannon）从通信系统理论的角度把信息定义为用来减少随机不确定性的东西，即信息具有减少人们认识的不确定性，提高人们认识能力的功能。香农对信息的定义着眼于信息源与受众之间的关系。也就是说，信息是在一种动态的沟通中去减少不确定性，这是信息的重要特征，只有形成沟通的信息才可能称其为信息，否则知识、观念、看法的静态存在本身不能被视为信息。

美国的实用主义教育家约翰·杜威（John Dewey）认为世界是不确定的，人在与环境的互动中可以获得知识和经验，通过人们主动的探究活动，在“确定性的寻求”中可以获得对世界理解的暂时的“确定性”。公共信息具有显著的广泛性和复杂性，这决定了公共信息具有高度的不确定性。因此，在无法消除不确定性的环境中，公共信息作为公共组织生存与发展重要的内部资源，其作用就是通过组织之间、部门之间、人员之间以及他们相互之间的公共信息的不断提供、交换、分享与利用，以减少不确定性发生的可能。最典型的例子是当出现公共危机的时候，媒体可能会报道坏消息或是不确定的消息，公众会因为无法忍受不确定性而感到恐慌，那么公共组织必须立即采取行动，着手于内部的调查与外部的沟通，通过工作的开展来解决不确定性，包括调查危机产生的原因、发展状况、可能的解

---

① 张创新.公共管理学概论[M].北京：清华大学出版社，2010：180.

② 苏保忠，张正河.公共管理学[M].北京：北京大学出版社，2004：229.

决措施；并将有关危机的可靠信息与公众进行沟通，安抚民众，打消疑虑，建立克服困难的信心。总之，公共组织在进行战略管理时，必须充分考虑到不确定性的存在，尤其关注对组织决策有重大影响的不确定性。一方面，对可能造成负面结果的不确定性，要设法化解与超越，趋利避害，力争把损失降到最低；另一方面，要把握和利用不确定性，既然不确定性是无法避免的，那么公共组织的管理者就需要进行适度管理，避免出现管理刚性，失去对不确定性的应变能力。

## 三、公共信息资源的价值

虽然，公共信息资源管理的研究还远远落后于企业信息资源管理，但这并不能掩盖其价值潜力。创新话题被政府部门所倡导与重视，政府信息管理相关问题的研究凸显时代的必要性。信息管理越来越被视为创新的源泉，政府部门应将信息管理作为保持竞争优势的战略构思。政府信息资源是国家的战略性资源，电子政府建设的目的在于使每个组织和个人都能够在一定范围内最大限度地利用政府信息资源，保证各个政府机构都能有效地履行各自的职责。① 公共信息资源的价值主要表现在以下几个方面。

### （一）政府信息化的需要

无论是公共组织还是私人组织都必须在工作中不断创新以适应公众需求和期望的多元化与复杂化。迫于外在需求与内在需求的压力，政府必须充分利用知识资源的优势加以应对。信息是政府部门创新思维产生的基石，如何利用知识酝酿创新型方案，使政府部门更具回应性，是政府信息管理的预期目标。政府信息化是指政府部门为更加有效地履行自己的职责和更好地维护公共利益，而采取信息技术开发利用信息资源的过程。信息化被视为公共组织信息管理的关键推动力。Alavi 和 Leidner(2001)认为，信息技术对现有知识的有效运用和创造新知识的能力具有重要作用。② 传统办公手段已难以适应市场环境的新需求，急需引入新管理范式提升管理效率。如果政府知识管理的构建未能实现预期目标，将有悖于政府部门倡导公共服务的价值理念。公共组织信息管理的构建离不开信息化，必须以信息化手段为技术支撑。公共信息资源的整合有利于各级政府的信息数据库建设，有利于提高政府工作的透明度，降低办公费用，提高办事效率。如此一来，政府机构可以通过信息化技术与社会、企业和公民之间建立起有效的沟通机制与平台，从而促进政府办公自动化，改善政府服务质量。

### （二）提高政府决策效率和决策水平的需要

在市场经济条件下，现代社会的经济规模和社会活动范围不断扩大，结构更加复杂，经济全球化日趋明显，竞争更加激烈。这些都使得在做出行政决策时要考虑更多的因素，增加了行政决策的难度。而信息是科学决策的基础，离开信息就谈不上决策。政策制定

---

① 查先进.网络环境下政府信息资源的共享与保密[J].图书情报知识，2002(4).

② Alavi M，Leidner D：Knowledge management and knowledge management systems：Conceptual foundations and research issues[J].MIS Quarterly，2001(1).

与提供服务是政府的两个主要任务，政策制定承受的不确定性与复杂性需要拥有足够的信息资源作为决策的依据与支撑。信息管理的优点在于其有利于促进将大量的显性与隐性知识通过信息管理技术进行存储并转化成创造性想法，为政府决策性工作提供充足的信息储备，避免因决策不当而损害公众利益。Gladstein(1984)认为当团队拥有相似目标时，沟通会更加有效，会考虑更多备选方案，以及获取更多信息进行决策，而这些都将激发创造性。[①] Reeves 和 Weisberg(1994)证实，解决问题的最大障碍往往不是来自无知，而是人们不能及时地将所学过的知识在需要的时候信手拈来加以利用。[②] 科学决策的过程也是一个信息输入、处理到输出的循环过程。可靠的、准确的信息可以避免靠经验决策和信息不完备导致的盲目决策，改善决策者的有限理性，提高公共决策的科学性和合理性。因此，加强公共信息资源的管理对提高政府决策效率有重要作用。

### （三）提升政府部门的社会回应力

政府部门富有效率良好形象树立的关键，在于如何创造性地回应日趋复杂的社会问题。无论是政府部门还是私人部门都必须在日常工作中不断创新和变化以适应社会大众的需求和期望的变化。为了应对这些挑战，要充分地利用政府部门的所有资源。在这些资源中，最重要的是信息资源。信息资源作为政府强势拥有的一种重要战略资源，已经成为现代经济社会发展的推动力量及关键影响因素，其相关研究领域成为国家和社会密切关注的热点。从 1999 年我国“政府上网工程”全面启动以来，我国政府信息资源的开发利用成为政府信息化的焦点问题，同时也直接关系到政府信息化建设的核心问题。如何利用信息资源来产生复杂化与非结构化社会问题的创造性解决方案，或者用创新性的方法使政府部门更具有社会回应能力，是政府信息资源管理要达到的预期目标。如果政府信息资源管理系统的构建不能达到这样的目的，将有损于构建政府知识管理的期望目标，也有悖于政府部门倡导公共服务的价值观。在我们实现公共目标的工作中，运用我们的想象力和专长是我们义不容辞的责任。

### （四）促进学习型政府的构建

政府信息资源管理的关键一环在于如何使原有的信息积累进行信息的新一轮创新。政府信息管理应顺应学习型政府的构建要求，满足政府工作人员学习新知识的需求。随着我国社会经济转型期的不断深入，新型的社会危机、社会矛盾、社会利益分化等新问题的不断涌现，都需要政府工作人员不断更新已有的知识与技能，突破传统思维的禁锢。政府信息管理系统可以为政府工作人员提供丰富的信息资源积累，政府信息管理涉及的范围包括信息、人及与信息相关的各种资源。政府信息管理的最基本目标在于信息的有效管理，满足政府部门适应不断变化的社会经济形势中各类新型问题解决过程中的信息需求。

---

① Gladstein D：A model of task group effectiveness[J]. Administrative Science Quarterly，1984(29).

② [美]周京，莎莉. 组织创造力研究全书[M]. 魏昕等译. 北京：北京大学出版社，2010：251.

### （五）满足社会各界信息需求的需要

目前我国政府部门掌握着80%有价值的信息资源，又是政策的制定者，相对于公众，政府处于信息掌握的强势，特别是高级别的信息量更为显著。在市场经济时代，政府职能发生较大变化，由直接管理为主转变为间接管理为主，民众的生产、经营乃至生活都需要他们自己做出决策，这就使民众对政府信息资源产生了较大需求。如果政府公开信息的渠道和方式尚未完善，许多信息不能充分发挥作用，就造成了整个社会资源很大的浪费。因此任何政府机构均应在法律允许的范围内公开地、及时地、不加限制地保证提供公众所需的公共信息，使得公众能够获取必要的公共信息，减少公民与政府机构之间的信息不对称，实现公民的决策权和对政府事务的参与管理权。

## 第三节　公共领域的有效沟通

有效沟通应满足及时、充分和不失真这三个标准。其中，及时主要是指沟通双方要在尽可能短的时间里进行沟通；信息充分是指信息源发出的信息要全面、适量；不失真则要求信息能充分反映信息源的意愿，以免接受者误解。公共信息为促进公共部门的有效沟通提供了重要的物质前提，公共领域的有效沟通有赖于公共部门对公共信息的有效沟通与控制，充分发挥公共信息的价值。公共部门的有效沟通对公共管理活动、政府行政活动、社会的稳定发展以及民众的知情权有重要的意义，因此清楚认识并正确处理沟通中可能产生的障碍对促进公共领域有效沟通有着重要的启示。

### 一、公共信息的沟通与控制

公共信息的特征和价值揭示了公共信息资源的重要性，也说明了公共组织主体对公共信息进行必要沟通与管理的重要性，但是并不能毫无意识地忽视对信息进行控制的必要性。简言之，公共信息的沟通与控制是公共信息合理利用的一种表现形式。

#### （一）公共信息的沟通

公共信息就是在公共领域中与公众利益相关的一切信息。正如赫伯特·西蒙所说："没有信息沟通，集体就无法影响个人行为，就不可能有组织。所以，信息沟通对公共部门来说是绝对必要的。"[①]台湾大学陈昭郎在罗杰斯的《组织传播》译者序中说："沟通是组织最重要的要素，它是维系组织运作的原动力，没有它，即没有组织。任何形态，每一阶层的组织功能之运行都必须讲求沟通技术。无论是社会的、政府的或企业的组织，其竞争力的达成均需仰赖有效的沟通。"[②]

公共信息的沟通对公共组织、组织中成员及社会成员有着不同程度的重要影响。首

① [美]赫伯特·西蒙.管理行为——管理组织决策过程的研究[M].杨砾，韩寿立，徐立译.北京：北京经济学院出版社，1988：70.

② 胡河宁.组织沟通[M].北京：中国科学技术大学出版社，2006：18.

先，对公共组织而言，知识、情感、经验与信息的交流为组织中成员及管理者决策提供所需的信息资源，公共信息的沟通使决策者能够评估各种备选方案，权衡各方利益，从而做出正确的选择。其次，公共组织内部的沟通有助于组织成员更好地理解自己的工作，明确什么该做，什么不该做，应该怎么做，如何进行改进等。再次，公共部门与公众的关系日益密切，政府制定政策，开展工作都要根据社会发展以及广大人民群众的需求来进行。合理有效的公共信息沟通对于科学有效地解决公共危机具有重要的作用和意义。其可以防止信息的误传，为领导者正确地制订解决方案提供准确的信息支撑。

### （二）公共信息的控制

政府是公共信息资源的主导者，政府主导下的公共信息必然是公共信息资源的主要组成部分。与社会共同体成员密切相关的公共基本信息，比如相关法律法规条例、住房改革政策、医疗保障制度、社会保障制度等，都是关乎民生利益所需的最基本的公共信息。对这类涉及民众利益和关乎社会公平的信息资源的管理和把关，政府扮演着重要的核心角色并且承担着不可推卸的责任。

政府信息是社会的重要信息来源，政府掌握着大量的信息资源，是公共信息的最大控制者。如果政府对信息过度控制，将导致信息缺乏，民众政治参与性就差，社会稳定脆弱；如果对信息不加以控制，让其充分自由和民主，又会造成人们对信息的恐慌和社会的动乱。政府信息控制虽不是政治稳定的决定性因素，但是会对政治稳定产生重大影响。信息控制一般表现为两种情形：政府信息过度控制及政府信息适度控制。政府信息过度控制的政权，一般实行中央集权，对资源包括对信息资源进行权威性分配，民众获得信息的渠道单一且受到严重限制，政治参与性差，社会的整合力较差，社会矛盾的长期积累容易对政治秩序形成挑战，这种控制机制下的政治稳定十分脆弱。政府信息适度控制的政权，一般实行政府信息公开制度，公众可以通过多种渠道获得信息，政治参与的深度和广度较大，容易孕育政治稳定的土壤，社会矛盾比较容易协调。

## 二、公共部门有效沟通的障碍

正如一般的组织沟通，公共部门的沟通也存在着某些因素阻碍其实现有效沟通，清楚认识到影响有效沟通的阻碍因素，有利于公共部门管理者清楚自身角度定位，规避可能的缺陷，改进不足，进而促进公共部门有效沟通。这些障碍可以归纳为以下四个方面。

### （一）信息不对称导致主体缺乏主动性

信息不对称是指在市场交易过程中，由于获取信息的成本较大，加上信息数量较少，真实性较低，掌握信息量较少的一方就会处于劣势，导致双方交易过程中的不公平现象产生。在公共部门管理沟通中，信息不对称现象也是广泛存在的。首先，由于政府自身产生了相当数量的政策信息，所以容易成为政策信息的垄断者，造成政府和政策相对方之间的信息不对称，而在信息不对称的条件下，公众无法主动沟通和参与，无法对政府形成有效的制衡和监督，这就会加深公众与政府的隔阂感。其次，基于信息的不对称，地方政府容易以其公共部门的权威性为理由，不愿意与公众进行平等交流，通常只是采取通知、命令等形式将有关的政策和精神强行灌输给公众，较少注重公众对政策的意见与信息反馈，最终强化了公众对政府的盲从，随之而来的是政府和决策者自身的专断和随意性。

### （二）公共部门结构不合理

组织结构在规模、技术精密度、复杂性及正规化程度方面不同的构成演变成了不同的信息处理系统。① 特定的组织结构有其特定的信息传播路径。合理的组织结构和有效的沟通网络有利于信息的传递，如果组织机构臃肿，各部门职责不明、分工不清，形成多头领导，那么混乱的沟通网络将会严重妨碍沟通的有效进行，究其原因在于组织设计不合理，组织结构不科学。横向上，如果信息系统条块分割严重，各个信息资源库各行其是，无法实现共享，不但会造成信息资源浪费，各部门在面对危机时也不能有效沟通、团结协作，对于危机的处理将是有害无益。纵向上，在高度集中的政府管理体制下，政府系统内部信息传递渠道都是呈垂直的上下级沟通方式，基本以部门为单位逐级汇报，层层审批，导致信息传递迟缓和滞后。同时，信息经过多层传递，使得下级行政机关完全可能按照他们的偏好进行自由裁量，导致信息扭曲，在信息不对称情况下，上级政府无法把握真相，无法做出正确的决策。

### （三）信息传递中人为损失较为严重

Guetzkow(1965)认为遗漏与扭曲是信息变形的两种主要形式。② 其中，信息遗漏指"删除了信息的某些方面"；而信息扭曲是指信息在组织内流动时，其意义被改变了。著名心理学家卡尔·罗格斯认为影响有效沟通的主要障碍是人们的评判倾向性。在信息传递中，人为损失主要集中在上行沟通和下行沟通中。上行行政沟通过程中，一些地方官员报喜不报忧，对于成绩往往夸大其词，甚至无中生有捏造自己的工作成绩；而对于一些重要的下情却隐瞒不报，把重灾报成轻灾，把大难报成小难，甚至压制事件，敷衍了事。如2008年山西娄烦尖山铁矿发生的垮塌事故就是最好的例证。从8月1日发生事故，到9月17日，当地政府上报的数据始终是遇难11人。但当国务院事故核查指导组成立后，短短一周时间，就查明死亡失踪人数，找到遇难者遗体41具。在下行沟通中，一些地方官员视其所需，将一些本应该认真传达的上级精神和文件中途扣留，不予传达。公共组织应建立多通道的政治沟通渠道，建立多通道的信息沟通渠道就是提高沟通体系的自主性和独立性，形成一个既相互独立又相互统一的纵横交错、四通八达的沟通网络，减少信息传递中人为性干扰因素。③

### （四）沟通缺乏制度性保障

目前，我国虽已在信息公开的广度和深度两个维度上放宽了很多，但无论是在立法、

---

① ［美］理查德·H.霍尔.组织：结构、过程及结果(第8版)[M].张友星等译.上海：上海财经大学出版社，2003：185.

② ［美］理查德·H.霍尔.组织：结构、过程及结果(第8版)[M].张友星等译.上海：上海财经大学出版社，2003：197.

③ 侯绮，魏子扬.信息不对称对我国政治沟通的影响及对策[J].理论前沿，2004(11).

司法甚至学术研究中，仍过分倾向于信息保密，存在着信息过度保护的现象，这严重影响了公共信息的公开、传播、共享与交流。公共部门的沟通机制缺乏规范、完善的法律法规作为制度性保障。在政府内部的行政沟通中，除了下行沟通因为行政层次有序具有法制性外，上行沟通和平行沟通都缺乏法律依据而表现出非规范性的特点。正是由于平行沟通渠道没有必要的硬性规定，软约束成分较多，使得部门间的沟通因为本位主义和偏见而显得困难重重，部门成员倾向于维护本部门利益，将责任与问题归咎于其他部门的行为，在没有硬性规章制度的情况下，加剧了沟通的难度。公共组织间的沟通也因缺乏相应的法律制度的规范，致使沟通效果不佳。公共部门有效沟通问题的关键在于领导者对信息保护的片面认识和碎片化理解，导致了公共组织沟通层面的制度性缺少。制度性保障是保障公共部门有效沟通的核心支撑之一。政府应通过颁布一系列的法律制度对公共信息的公开内容进行明确详细的规定，从而保证公共信息的普遍获取真正落到实处。

## 三、促进公共部门有效沟通的意义

在公共部门中，信息沟通的作用就是把组织中的许多独立个人、群体及部门联合起来，形成一个整体。构建社会主义和谐社会，要求建立高效的政府管理部门，因此提高公共部门的沟通水平，是确保政府部门能够有效实现其管理职能，确保公众的意见可以及时表达，保证公共部门与社会公众的良性互动的必然要求。促进公共部门有效沟通具有以下重要作用。

### （一）有利于提高公共管理的效率，更好地实现公共管理的目标

公共部门之间要形成良好的关系，也要常常进行沟通，进而增强公共组织间的了解，密切各公共部门之间的关系。特别是公共组织共同目标的设置过程中，必须经过有效的沟通来提升组织目标设置的科学性与合理性。为了保证组织目标能够实现，组织必须通过沟通来协调组织目标与组织成员个人目标之间的冲突性关系，促进组织成员对组织目标的认同，进而在组织目标的指引下调节其行为取向。Eisenberg 和 Goodall(1993)认为，沟通始终是表达了人与人之间存在着某种矛盾，特别是在复杂的组织中——这是一种明显的矛盾，即创造和限制之间的一种张力。① 此外，公共部门间的有效性沟通也有助于组织创造性氛围的形成，有利于激发组织成员开诚布公地展现自己的想法，尽可能丰富备选方案，为最佳解决方案的产生奠定较为可能的基础。组织学派认为，协作的意愿、共同的目标、信息交流是组织存在的三个基本要素，有效的管理沟通有助于协调处理组织成员的人际关系，增强协作意愿，提高信息交流的数量和质量，从而在组织中创造出一种和谐的氛围。

### （二）有利于妥善解决社会问题，保持社会稳定

近年来，公共部门面临的社会问题如气候变暖、环境污染和全球性瘟疫等都可以被视

---

① ［美］罗伯特·B.登哈特，珍妮特·B.登哈特，玛丽亚·V.阿里斯蒂格塔.公共组织行为学[M].赵丽江译.北京：中国人民大学出版社，2007：275.

为全球化、现代化和商业化过程中积累的各种"症候"，其中有的已经"发作"，引发了波及整个世界的公共危机，有的则已经到了"一触即发"的危机临界点。一言以蔽之，"现代社会"中公共部门不得不将被动性姿态转变为主动而活跃的姿态。社会问题的复杂性与多元性与日俱增，其涉及的内容很多已经超越了单个公共部门所能解决的能力范围，公共部门间沟通的有效性在很大程度上影响着社会问题能否得到较好的解决。如果公共部门间沟通有效性缺失，将会使很多原本可以将其扼杀在萌芽状态的社会性问题演化上升为社会性危机事件，影响社会的稳定。提高公共部门管理沟通的有效性，有利于科学处理社会冲突，保持社会稳定。公共部门被公众视为风口浪尖的社会稳定器，现代社会中社会管理中不确定性与风险性的不断上升，公共部门常常面临着各种各样危机的挑战。公共部门间的有效性沟通在公共组织社会管理和公共服务过程中发挥着重要作用，其是化解公共组织合法性危机困境的途径之一。

### （三）有利于保证行政活动顺利进行，促进行政效率提高

沟通最基本的功能是传达信息，满足决策需求。没有沟通的问题解决方案是模糊的。随着信息时代的到来，行政信息沟通的地位日益为人们所重视，而当代行政机构膨胀、层级繁多、行政活动繁杂，如果没有良好的行政沟通的渠道和环境，行政工作将无法顺利展开。公共组织面对以互联网和移动互联网为主的新媒体行业包含大量的复杂性信息，但公共组织对其利用还存在着碎片化与破碎化的断章取义现象。信息的破碎化导致组织运行成本上升、效率下降，并已成为公共组织当前关注的重点。在真实环境中，"信息的碎片化"成为公共部门有效性缺失的一种共识。而公共组织成员间知识、经验、思想和感情等信息交流，有助于纠正行政活动过程中产生的偏差和错误行为，并提升工作人员的积极性和创造性。

### （四）有利于保障公民的民主权利，改善政府与人民群众的关系

在风险社会中，公共部门进行公共信息操控和管制的成本会越来越高昂。在北京4号线地铁事故、郭美美与中国红十字会、"7·23"温州动车追尾等突发事件中，微博传播信息的方式彻底改变了传统信息传递的方式和理念，大众传媒对政治和公共事务的影响也越来越大。任何一场"地方性"的突发事件都有可能借助于大众传媒的力量而演变为"全国性"乃至"全球性"的危机。公共部门有效沟通是降低风险、化解冲突和重塑形象的最为有效手段。政府倾听公众的意见和需求，接受公众的监督和管理，都需要有良好而有效的管理沟通作保证。此外，政府也应该设立信息公开制度来保障公民的知情权、参与权、表达权和监督权，拓宽公共部门与公众的沟通渠道，增强公共部门与人民群众的关系。

## 四、促进公共部门有效沟通的途径

如上文所述，公共部门的沟通中存在着某些不可忽视的缺陷，影响了公共部门沟通的有效性，对公共管理活动带来了不利影响。然而有效的沟通对政府组织、第三部门和社会大众相互了解与信任有着重要的作用。因此，为了提高公共部门的管理水平，可从以下几个方面对公共部门的沟通进行改进，以提高公共部门沟通的有效性。

### （一）坚持以人为本，克服官本位思想

公共信息公开不仅仅是形式上的作秀或口号，而是经过深思熟虑的制度设计，它可以使公共部门沟通的战略和管理得到真正的落实。信息公开并不代表着全部的透明与公开，更不意味着公众与公共部门可以接触到全部信息。对于官本位思想严重的公共部门来说，公共信息完全的开放与透明只能是空中楼阁。现代社会比以往更需要信息公开与信息沟通来支撑公共决策。要在公共部门中实现以人为本的有效性沟通，公共部门就必须摒弃官本位思想，一切以社会公众的利益为中心。要采取一些权力制约措施限制政府的权力的滥用、乱用现象，调整公共部门和社会公众之间的权力关系，寻找有效沟通的平衡点，实现公共部门与公众之间的良性互动。此外，也要避免公共部门中沟通方向出现不均衡与不和谐现象。目前公共部门不管是在组织沟通还是组织与公众的沟通上仍以命令式、强制性、压制性的单向为主，这种不利的沟通关系往往会导致一些政策或决策过程中话语权过分偏重，进而影响政策或决策的质量。公共部门制定政策或做出决策，必须增强以人为本的意识，围绕公众的利益诉求，在政策制定过程中充分考虑到各方群体的利益诉求，使政策或决策变得更具针对性与科学性。

### （二）构建电子政务沟通模式，改变传统的信息沟通方式

传统信息传递渠道常常以单一性为主，在传递过程中也经常出现信息超载、失真、缓慢等现象。受众接受的公共信息往往是碎片化、片面化的，这对于受众的判断与抉择具有重要影响。尽管目前公共部门提供的信息量有所增加，但公众自由获取公共部门信息的机制、渠道并未健全。在公共信息开放与控制之间徘徊是公共部门信息管理过程中普遍存在的一个共性问题。当多数领导者赞同公共信息更为广泛的透明和真实可以带来重大收益时，很多人依旧为与利益相关者之间开放交流的界限所带来的巨大风险而深感无力。毋庸置疑，互联网的出现深刻改变了公共部门的深层结构、组织形式和运行模式。电子政务沟通模式基于互联网而产生，其与传统信息沟通模式相比，有着比传统沟通方式更高效、更可靠的信息传输网络和模式。但关于电子政务，还存在许多模糊的地带，但我们能够确定的是，电子政务在公共部门有效沟通中的影响有可能超乎想象。它确实代表着公共部门沟通的未来，也代表着公共部门沟通的趋势。而在网络信息技术的蔓延和扩展中，公共部门首先必须学会面对，然后必须适应网络信息技术的变化而进行调整。在这种面对与调整的过程中，公共部门沟通范式的演化有可能进入一个全新的阶段。公共部门信息被开放是一种压力，也是公共部门向前发展的动力。在开放、透明与公共部门生存之间，存在着冲突，存在着矛盾，存在着张力，更存在着空间。公共部门透明性绝非展示并告知全部信息，而是改变信息传递方式，解决公共部门层级间、部门间、公众与公共部门间信息传递慢和信息失真造成的决策失误或延误现象。

### （三）构建扁平式的行政组织结构，提高行政沟通效率

组织结构形成过程中组织成员的相互作用对其形成有着重要的影响。Ranson，Hinings&Greenwood(1980)认为，结构是在相互作用过程中不断形成并得以重新创造，

同时反过来影响相互作用的一种复杂的控制媒体;它由相互作用形成,同时也促进相互作用的变化。① 该定义强调了组织结构并不是一成不变的,它影响着组织内部的事情,同时也受组织内部事情的影响。美国运通公司首席市场执行官约翰·海斯富于表现力地解释他对测量标准所存在的疑惑:"我们总是高估我们能够测量的事物,低估我们无法测量的事物。"②组织结构对组织的有效性沟通具有重要影响,在公共部门有效沟通中常常将组织结构视为衡量组织沟通有效性的标准之一。组织结构内各组织部分的复杂性不同,也使得组织沟通问题的复杂性不同。在传统科层制行政组织结构中,容易导致公共组织信息传递速度缓慢、低效率、失真等不良现象;而扁平化组织结构可以放宽管理范围,增加管理幅度,增强组织上行沟通和下行沟通的畅通性。

### (四)健全相关法律制度,提高公众满意度

目前,网络媒体快速发展,传统的传播思想未能合理有效地解读社会生活中的一些"反常",传统的传播方式和理念开始不断遭受质疑。例如,"蚁族"、"房奴"、"车奴"、"超女"、"郭美美"、"安徽红十字会见死不救"等社会性事件。面对诸如此类的社会性事件,社会公众不禁对这些社会性事件背后公共组织与公共信息的公信力开始反思。人们对复杂的网络信息的求真辨假现象,实质是因公共信息相关管理制度缺乏而产生的一种现象,同时也是公共组织威信缺失、合法性遭受质疑的一种微型缩影。为了提升公众满意度,化解公共组织合法性危机的困境,公共部门应该从健全自身相关法律制度保障公众了解公共信息的合法性渠道,避免因有意控制或隐瞒而将部分公共信息过滤或扭曲。首先,健全政务公开制度。政务公开是群众了解政府活动,正确理解贯彻政策的有效途径,使公共决策获得更多的群众认可,从而有效地提升公共部门管理沟通的有效性。其次,完善决策听证制度。决策听证实际上是一种固定合法性沟通渠道,能够有效反映公众的意见、建议等,提高公共决策的科学性和民主性,减少公共政策实施过程中的障碍。再次,完善信访制度。信访制度有利于公共部门收集到最为真实可信的信息,对于提高公共沟通有效性,增强公共政策合法性有重要作用。简单地说,就是要从制度上保障公共部门从原来单向的沟通交流模式变成双向的沟通交流模式,从原来公共信息控制与管制变成有限性开放,促进公共部门与公众的沟通交流。

### (五)设立独立信息反馈机构,重视反馈核实

完整的沟通必然具备完善的反馈机制,通过反馈能够使信息得以传递并对行为进行调控。信息反馈就是指由控制系统把信息输送出去,再把其作用结果返送回来,并对信息的再输出产生影响,起到抑制的作用,以达到预定的目的。公共部门沟通能否有效,其中信息反馈机构的设置具有重要的影响。正确和有效两维度是公共部门沟通机制是否有充

① [美]理查德·H.霍尔.组织:结构、过程及结果(第8版)[M].张友星等译.上海:上海财经大学出版社,2003:56.

② [美]查伦·李.开放:社会化媒体如何影响领导方式[M].李金樯,忻璐译.北京:机械工业出版社,2011:58.

沛生命力的标志，有效的公共部门沟通机制能够及时化解客观实际与计划目标间的矛盾。信息反馈既可以核实信息传递的准确性，又能作为管理政策调整的依据。要"正确"，就必须有高效能的信息反馈系统，以过滤和加工接收到的各种消息、情报、数据和信息等，"去粗取精、去伪存真、由此及彼、由表及里"。强调信息反馈机构的独立性，主要在于政府反馈机构与执行机构的相分离，以避免在传统体制下行政信息反馈机构没有独立性，造成了严重后果。传统反馈机制的最大弊端在于其独立性的缺失，交流沟通中信息失真率较高，这就很难做到下情上达，客观公正，使高层领导在决策时缺乏足够的依据。因此，应当强化公共部门信息反馈机构的独立性，保障信息资源的真实性。

## 【本章小结】

沟通是人类生存必不可少的行为，它在促进人与人之间的交往、组织与组织的沟通、公众与组织的互动中起着重要的作用。熟悉沟通的一般过程与类型，信息的特征与价值，并由此进一步掌握公共信息的内涵及促进公共领域有效沟通的途径，有助于公共组织的良性发展、公共组织职能的发挥及公民权的有效体现。

## 【关键术语】

沟通　组织沟通　人际沟通　有效沟通　交往理论　话语理论　沟通噪声　公共信息　不确定性　公共领域沟通

## 【思考与练习】

1. 阐述沟通的内涵与类别。
2. 阐述影响沟通有效性的噪声因素。
3. 阐述公共组织信息资源的价值性。
4. 阐述影响公共部门有效沟通的障碍。
5. 阐述提升公共领域有效沟通的途径。

## 【推荐读物】

【1】[美]林·考特尼等. 不确定性管理[M]. 北京新华信商业风险管理有限责任公司译. 北京：中国人民大学出版社，2000.

【2】夏义堃. 公共信息资源的多元化管理[M]. 武汉：武汉大学出版社，2008.

【3】[美]艾伦·杰伊·查伦巴. 组织沟通——商务与管理的基石[M]. 魏江，朱纪平译. 北京：电子工业出版社，2004.

【4】[美]黑贝尔斯，威沃尔. 有效沟通[M]. 李业昆译. 7版. 北京：华夏出版社，2005.

【5】[美]艾伦. 研发组织沟通[M]. 余江等译. 北京：知识产权出版社，2010.

【6】[美]多丽斯·A. 格拉伯. 沟通的力量：公共组织信息管理[M]. 上海：复旦大学出版社，2007.

# 第十六章

# 公共组织冲突管理

【内容结构图】

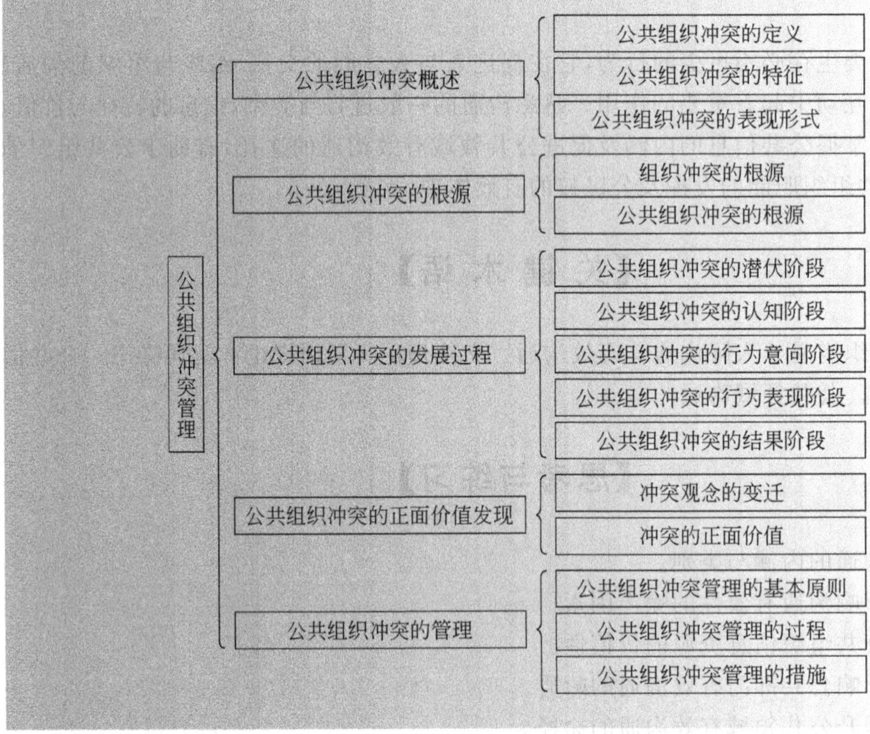


## 案例引导

### 番禺事件引发的居民与政府冲突

2006年8月25日，历经三年多调研和选址论证的广州市番禺区垃圾焚烧厂取得广州市规划局下发的项目选址意见书。2009年2月4日，广州市政府发出通告，决定在番禺区大石街会江村与钟村镇谢村交界处建立生活垃圾焚烧发电厂，计划于2010年建成并投入运营。4月1日，番禺区市政园林局获得国土部门批准的土地预审报告。9月起，广州番禺大石的居民从媒体、网络等民间渠道得知当地要建垃圾焚烧厂，由此引起了周边居民对政府强烈的不满，并开始系列地散布与拒绝“被代表”。在与当地居民多次交锋后，

12 月 20 日上午，番禺区委书记谭应化在业主代表座谈会上表示，垃圾焚烧发电厂项目已停止。

这是典型的引发居民与政府冲突的对环保有害的工程案例。除此之外，政府时刻面临着各种各样的冲突。

（资料来源：《南方人物周刊》，2010 年 1 月 1 日的相关文章）

## 第一节　公共组织冲突概述

海尔·G. 瑞尼在《理解与管理公共组织》一书中，认为冲突可能发生在个人自身、人与人之间、团体和组织的各部门、各派别内部及其之间。作为一名管理人员或领导者，在组织中经常要面临着如何处理恶性冲突和如何激发建设性冲突的挑战。冲突对于任何组织和个人来说都是个严重的问题。在现实生活中，我们每个人都会碰到各种各样的冲突，作为一个组织管理者更会如此。而公共组织只是组织在载体方面细化的一种特殊形态，公共组织涉及的人际关系和利益群体更为复杂，面临着更多、更复杂的冲突问题。那么什么是公共组织的冲突？与一般组织相比，公共组织的冲突又有何特征？它有哪些类型？本节将就这些问题进行探讨。

### 一、公共组织冲突的定义

冲突是一个具有丰富内涵的概念，有关冲突的定义实在太多。美国著名社会学家特纳认为，有关冲突的一个争论最大的问题竟是冲突的定义问题，冲突是一种广泛存在的社会现象。莫顿·多伊奇则简明扼要地告诉我们"只要有不相容的活动，就会有冲突"[①]。冲突既包括经济利益冲突、种族冲突、宗教冲突、战争等有形的冲突，也包括文化冲突、价值观冲突、道德冲突等无形的冲突；它小到个人的思想斗争，大到国家与国家之间的战争等。因此，要给冲突下一个准确的定义，就跟冲突这个词一样，充满了冲突。

相关学者从不同的侧重点出发，对冲突下了定义。如：美国著名的管理学家庞迪认为"冲突是组织行为中的一种根本性的动态过程"[②]。刘易斯·科塞在《社会冲突的功能》一书中给冲突下定义说："冲突是有关价值，对稀有地位的要求、权力和资源的斗争。在这种斗争中，对立双方的目的是要破坏以至伤害对方。"[③]罗宾斯将冲突界定为"一种过程，当一方感觉到另一方对自己关心的事情产生不利影响或将要产生不利影响时，这种过程就开始了"[④]。章文光从社会心理学角度将冲突界定为"两个或两个以上的社会单元在目标上互不相容或互相排斥，从而产生心理上或行为上的矛盾"[⑤]。

通过上面的定义可以看出，学者们认识到冲突是一个逐渐发展变化的过程。冲突的双方或多方之间具有利益、性格、文化观、价值观等方面的不一致，其中一方认识到另一方

① [美]理查德·E. 沃尔顿. 冲突管理[M]. 郑州：河南科学技术出版社，1992：38.

② 任浩. 公共组织行为学[M]. 广州：中山大学出版社，2006：269.

③ [美]L. 科塞. 社会冲突的功能[M]. 北京：华夏出版社，1989：24.

④ [美]斯蒂芬·P. 罗宾斯. 组织行为学(第 10 版)[M]. 孙健敏等译. 北京：中国人民大学出版社，2005：434.

⑤ 章文光. 公共组织行为学[M]. 北京：北京师范大学出版社，2009：214.

正在或将要采取阻碍、危害自己的行为，这种行为将妨碍他达到目标或损害他的利益，由此引发冲突。

要想准确把握公共组织冲突的内涵，就先要对公共组织的内涵有所了解。一般来说，公共组织是指以维护、实现和发展社会全体公众的利益为目标的组织，即行使公共权力、代表公共利益、提供公共服务、管理公共事务、供给公共产品、维护公共秩序、承担公共责任的组织[①]。明确公共组织的内涵，并结合对冲突概念的理解，我们可以给公共组织冲突做如下的定义：公共组织冲突是指公共组织综合内外部某些关系难以协调而导致的两个或两个以上的主体，围绕行政职能、行政权力、行政决策等领域，基于对客体所期望结果或处置方式互不相容、互相排斥而引起的心理上、行为上的矛盾激化或对立对抗的过程。

## 二、公共组织冲突的特征

公共组织作为一种特定组织的载体，其冲突也因公共组织的特殊性而与其他冲突产生差异性。结合我国特殊的历史和国情以及我国公共组织冲突的表现形式，对公共组织冲突的特征加以分析，以便于更有效地对冲突预防与管理。公共组织冲突具有以下几个特征。

第一，公共组织冲突以对权力和利益的争夺为主。只要组织、部门或个人间利益不同，冲突就会出现。公共组织是依法成立的正式组织，国家赋予的合法性公共权力是其进行社会管理和提供公共服务的基础。公共权力与一般性权力相比，最主要的特点在于其具有公共性。在公共组织管理过程中，无论是公共物品的提供，还是公共权力的实现，都必须依赖于公共权力的良好运行。公共权力拥有可以支配其他社会资源的合法性，其社会管理活动以国家的强制力来保障实施，在一定程度上，可以被简单地视为“谁拥有了权力与权威也就拥有了可供支配的权力与利益”。正如传统官僚文化对权力、权威与利益获得关系的重视，公共权力对人们的影响在短时期内是不会消除的，公共组织所具有的权力与权威也很有可能成为某些组织成员追逐与争夺私人目标的力量。因此，公共组织的冲突主要是对组织内部权力与利益的争夺。

第二，公共组织冲突的影响范围大。公共组织是行使公共权力、解决公共问题、保障公共利益、满足公众需求、承担公共责任的组织，其最基本的特征就在于“公共性”。对于公共管理而言，要使社会问题的处理过程中能够实现公共利益，就必须依靠一定的公共权力。公共权力的产生在于维护社会公共利益和社会公共生活秩序的需要，它是一种社会凝聚力和公共意志体现的力量。社会问题日趋复杂化与多元化背后实质是公共需求的多样性表现，涉及社会的方方面面以及不同的利益关系群体。再加上，公共组织的政治属性决定了其在社会管理过程中必然充满了权力冲突与利益对立格局，公共组织必须较好地处理各种矛盾或复杂关系。如果公共组织发生冲突，那么可能并不是某两个人之间的冲突，其实质可能是两个不同利益群体之间的对立。公共组织冲突的影响范围很大，冲突管理不当将影响公共组织的效能，甚至是社会的稳定与发展。

第三，公共组织冲突的预防与控制困难。通过上面的分析，可以得知公共组织冲突往

---

① 陈振明.公共管理学(第2版)[M].北京：中国人民大学出版社，2003：46-47.

往以权力和利益为主，权力与利益的关系本身就不易协调。如果发生冲突，冲突所涉及的范围影响将比私人组织来得大。这些原因也使得公共组织冲突的有效预防与控制管理变得更为困难。

## 三、公共组织冲突的表现形式

依据不同的划分标准，可以将冲突分为多种类型。例如，以冲突的作用性质可将冲突分为建设性和破坏性两种；以冲突的来源可以将冲突分为目标性冲突、认识性冲突和感情性冲突三种；以冲突的范围可以将冲突分为个体内部冲突、个体间冲突和群体间冲突三种；以冲突的内容可以将冲突分为目标冲突、认识冲突、情感冲突及程序冲突四种；以冲突的目的可以将冲突分为现实性冲突和非现实性冲突两种。而公共组织是组织在载体方面的细化，公共组织冲突也属于组织冲突中的一种。公共组织冲突的表现形式也可以依照不同的标准对其进行分类。例如从公共组织所处的内外环境系统角度来说，公共组织内部冲突可分为内部成因冲突与外部成因冲突。前者是由于组织内部因素导致的冲突，如组织职能划分不清，导致部门之间争夺权力的冲突。后者是由于组织的外部因素导致的冲突，如被管理者起诉某部门在执法的过程中侵犯了自己的利益，就承担管理责任的问题导致的组织内部门之间的冲突。从冲突对公共组织造成的影响来说，可以分为建设性冲突和破坏性冲突。前者如成员之间对如何改进工作产生分歧所引发的冲突，后者如部门之间为了争夺同一组织职权而相互倾轧导致的冲突。从冲突的主体划分，又可划分为公共组织人员角色冲突与政府角色冲突，现对这种划分的冲突进行具体阐述。

### （一）公共组织人员角色冲突

角色冲突是公共组织人员在公共组织中因扮演的角色不同而涉及的责任冲突。在现实生活中，由于人们往往会在没有明确考虑各种不同角色所要求的行为变化的情况下穿插活动于这些不同的角色之中，所以他们常常会陷入充满角色矛盾和冲突的状态之中。与每个生活在现实社会中的普通人员一样，公共组织人员也必须同时在家庭、组织、社区以及社会中承担着不同的角色，不同的角色也都附带着不同的义务和责任，夹杂着各种不同的利益，于是形成角色冲突。① 我们知道，公共组织人员受公共组织的委托，公平地履行社会让渡出来的公共权力，保证公共利益的实现，因此他们首先是“公共人”。公共组织人员管理公共事务、提供公共产品、实现公共利益，这都带有公共性，其对象是全体社会公民。作为拥有公共权力的公共组织人员，必须按照公共价值要求行使职能。公共组织人员在行使职能时必须以人民的公共意志为导向，将公共利益作为公共活动的首要原则，充分体现公共组织人员的公共属性。为了保证能够公正地行使公共权力，为公众谋取公共利益，必须要求他们在执行公务时能够“大公无私”，价值中立，不能掺加任何个人的感情色彩。这也是社会对公共组织人员的角色期待。但是，公共组织人员作为一种社会存在，他有一般人的人性特点。同一个人在不同的市场上的行为动机应该是相同的，进行政治决策的人和进行市场决策的人一样都受到自身效用最大化的引导，都具有“经济人”的人

① 丁煌.西方行政学理论概要[M].北京：中国人民大学出版社，2005：311.

性特征。公共组织人员在执行公共意志时不可能具有完全的利他性，他们在提供公共产品的时候会追求公共福利的增加，同时也会像经济主体一样利用手中掌握的公共资源谋取自身利益的最大化。公共组织人员的个人目标函数首先不是社会公共利益最大化，而是包括了更高的薪金、职务晋升和更多的闲暇等个人经济利益和自利性动机。经济人行为是现实社会中一种普遍的存在，公共组织人员作为人也不例外，并不因为他的公共组织人员身份或行政领导的头衔而使其"经济人"的人性面有所改变。

因此，公共组织人员不仅是公共利益的代表，内在地具有公利性的典型特征，同时也是自身利益的使者，必然地也具有自利性的利益驱动。他们既是"公共人"又是"经济人"。在进行公共组织活动时，正是基于其双重属性，他们常常会被置于尴尬和矛盾之中，即产生角色冲突。

### （二）政府角色冲突

政府的决策和行政过程之中，会涉及不同的利益群体。政策的制定过程会受到两套不同的价值、目标和要求的支配，即公共行政的效率和公平的冲突。在效率导向的公共行政中，政府强调以最少的投入取得最大的产出，以效率作为唯一的目标，并通过自身的效率去影响和塑造社会效率。而公平导向的政府，则以社会价值观念为目标，规范地予以衡量效率，也就是说，效率必须与公共利益、个人价值、平等自由等价值目标结合起来才有意义①。但在这日益复杂的社会环境、不确定性迅速增长以及人群分化加剧的历史背景下，政府愈益显现出陷入进退维谷的局面，当政府追求公平时，很快就会感受到经济危机的压力；当政府追求效率时，又会遭遇社会危机。

我国现在仍处在也将长期处在社会主义初级阶段，发展经济仍然是我国的第一要务。而我国从改革开放以来，也走上了效率追求的途径，中国政府的几次行政改革都是以提高政府效率和建立现代官僚体制为目标的，而且，试图通过政府效率的提高而提高整个社会的效率水平。但是，在社会问题日益复杂的今天，面对潜藏着多重危机的社会局势，那种命令一服从式的技术化官僚制并不能很好地解决我们今天所面对的问题。而且，过分关注效率而忽视公平，会使社会经济畸形发展。事实上，近年来，我国社会公平的问题日益突出，不仅是贫富差距的扩大，而且在社会生活的各个领域都造成了严重的矛盾，甚至有些矛盾随时都可能爆发危机事件。因此，在处理公平和效率的关系时，我国政府就陷入了两难的境地。

# 第二节　公共组织冲突的根源

## 一、组织冲突的根源

在现实生活中，存在着多种多样的可能性因素来激发冲突，人们基于不同的视角和偏重对其有着不同的认识。心理学家 R. 奈维托·桑福德（1964）认为："20 年前，人们往往将组织内的冲突归结为个人的不良行为，但是，随着我们对社会进程认识的加深，'麻烦来

① 丁煌. 西方行政学理论概要[M]. 北京：中国人民大学出版社，2005：257.

自麻烦制造者'这个简单的公式已不再适用。用个人原因解释冲突之所以不充分，是因为组织因素以及组织本身的特性都会成为冲突产生的原因。"卡茨(1964)指出组织冲突的根源有三种：第一种是"由组织内部同类型的子系统所导致的功能性冲突"。第二种是部门间可能具有相似的功能。这种冲突会采用"恶意敌对或友善竞争"的方式。第三种是"利益集团为争夺地位、声望、金钱等组织奖励而产生的等级之间的冲突"。[①] 惠顿和卡梅伦(1998)提出了人际冲突的四种根源：个人差异、信息匮乏、角色相斥、环境压力。[②] 探索冲突的来源，有助于进一步剖析公共组织冲突形成的根源。

## 二、公共组织冲突的根源

根据公共组织冲突的特点，可以认为公共组织冲突的根源在于公共行政运行过程中所涉及各方利益之间的不平衡，冲突的实质就是各行为主体利益之间的纵横博弈。而引起或影响公共组织冲突的原因是复杂的，也是多方面的。在研究和冲突管理中可以从以下几方面着手进行。

### (一) 公共组织人员与组织目标和价值的认同相关

在私人组织中，因价值观和利益的差异性而引发的冲突已屡见不鲜。如职能部门之间的冲突，生产部门主要考虑以低成本来制造产品，而销售部门希望有好产品使客户满意等。公共组织及其价值是由国家性质和基本政体决定的。任何一个国家的公共组织对其成员的第一或最高要求就是对其目标和组织价值的认同。目标是组织的基本要素之一，凡是组织都有明确的组织目标，它反映了组织所希望达到的理想状态。公共组织目标与组织成员个人目标的不一致性会导致冲突，继而阻碍个人与组织的发展。一般而言，这种一致性越强，引发组织冲突的可能性越小，冲突发生后越容易处理；反之亦然。因此，个人与组织目标对立统一的关系是引发公共组织内部冲突的原因之一。

### (二) 交互关联

在公共组织中，部门之间和组织人员之间的工作交互关系是导致组织冲突的基础条件，这种交互作用主要建立在资源和时间的压力上。Aldrich(1979)认为，当工作任务相互关联，或工作任务之间、部门间存在不均衡、不均匀时，冲突往往就会发生。由于任何一个公共组织的资源都是有限的，而组织内各部门和组织人员必须相互依赖这有限的资源。在一个公共组织内，因任何原因使资源分配不公，都会引起一些部门和组织人员不满，从而导致组织冲突。另外，行政过程的专业化程度越来越高，这种专业化要求部门和公共组织人员在时间上存在的交互关系更为紧密。他们对时间的交互程度与引发组织冲突的可能性成正比。

---

① [美]理查德·H.霍尔.组织：结构、过程及结果(第8版)[M].张友星等译.上海：上海财经大学出版社，2003：141.

② [美]罗伯特·B.登哈特，珍妮特·B.登哈特，玛丽亚·V.阿里斯蒂格塔.公共组织行为学[M].赵丽江译.北京：中国人民大学出版社，2007：353.

### （三）组织结构关联

公共组织结构主要指其权力体系、部门体系和工作任务体系，由这三大体系分解出来的权力、职位和工作任务属于行政组织的重要资源，在对其分配过程中常会导致组织冲突。而我国公共组织这方面的冲突主要表现为：一是授权不当，将大权授低职或小权授高职，违反公共组织人员使用中的能级原则，还同时存在着滥用职权现象；二是职位过多造成人浮于事现象；三是政出多门、多头领导造成无人负责、互相扯皮现象；四是职责不清造成工作任务死角等。我国公共组织结构复杂、层次多、幅度大、职位繁，从而产生组织冲突的可能性很大。

### （四）管理相关

对公共组织管理不当是引起我国公共组织冲突的重要方面。一是管理过程中的沟通不够，造成部门之间、公共组织人员之间误会，容易引发冲突；二是信息渠道不畅，使管理各环节中缺乏准确的依据，常因此而造成决策失误导致组织冲突；三是组织法规不健全，组织难以正常运行或运行中内耗很大，导致组织冲突的可能性也就很大；四是管理中的人为现象，如瞎指挥、处理问题不当等，都会引发组织冲突。

### （五）管理文化相关

不同国家的人对组织的依赖程度完全不同。因此，适用于一个国家的管理方式不一定适用于另一个国家。我国很多行政管理理论都是从西方世界借鉴过来的，其中也存在着脱离我国实际和照抄照搬的情况，从而导致一些公共组织的管理方式和我国的文化风俗不相适应，引起组织冲突。这就要求我们在引进国外管理方式方法时，要注意背景条件、注意消化吸收，将理论联系实际。

### （六）公民知识和信息相关

公众认识评价政府是依据自己所知道的、认识到的政府，他们在评价政府时受主客观因素的影响，在认识和感知上往往存在偏差。由于知识和信息不足，公众往往不可能全面地认识政府的行为，而更多地将目光聚焦于政府行为的负面上，并且夸大了这些负面的东西，从而引发公众与政府的冲突。

### （七）环境因素相关

公共组织环境包括政治、经济和社会文化等因素。一般可分为稳定组织环境和变动的组织环境。对于一个特定的公共组织，在稳定环境下产生组织冲突的可能性较小，而在不稳定环境下，引发组织冲突的可能性就较大，如在改革背景下就容易引发组织冲突。而我国正处于从计划经济向市场经济的转型期，社会各方面正发生着巨大的变化，不确定性迅速增长，这都容易引起我国公共组织的冲突。

# 第三节　公共组织冲突的发展过程

人们对冲突的认识观念经历了传统观点、人际关系观点和相互作用观点三个阶段的变迁过程。冲突在不同条件下有其相对稳定的发展模式，不同学者根据其研究的需要对冲突发展过程的阶段性划分也具有差异性。例如庞迪(1967)曾提出过著名的“五阶段模式”，即潜在冲突、觉察冲突、感受冲突、公开冲突和冲突结束；托马斯(1976)提出了“冲突四阶段模式”，即受挫、概念化、行为和结果；乔丹(Jordan，2000)提出了“恶化模式”，其包括九个阶段，即僵持、争论和论战、采取行动而不是论战、发挥想象力和寻找同盟、失掉颜面、威胁的策略、有限的毁灭性打击、粉碎敌人及共同进入深渊。①

公共组织冲突也是一个不断发展的过程，为了便于更好地把握与研究公共组织面临的冲突。我们认为庞迪的冲突“五阶段模式”能够有助于更好地理解和把握公共组织冲突的整个发展过程，进而有助于公共组织领导者对冲突进行有效性预防和管理。因为庞迪的冲突过程分析模式较全面、准确、形象地描述了冲突的萌生、形成、发展与影响的内在变化阶段，较好地剖析了冲突发展过程及其内在化的演变机制。在公共组织冲突发展过程的分析中我们借用庞迪的冲突五阶段发展模式(如图 16-1 所示)来阐述。

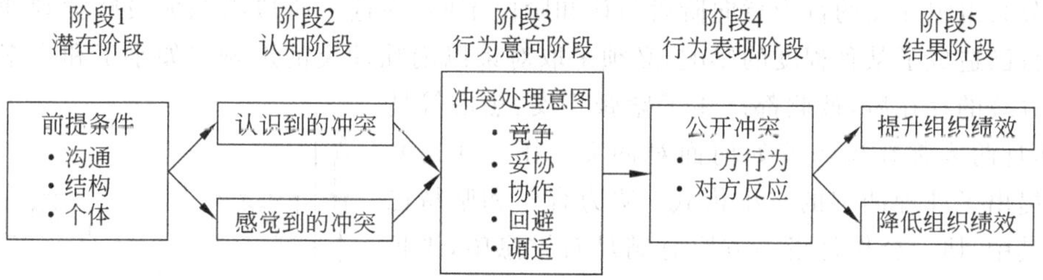


**图 16-1　冲突五阶段发展模式**

## 一、公共组织冲突的潜伏阶段

这一阶段的冲突还处于萌芽期，大多数组织成员并没有感受到冲突的存在。该阶段的冲突只是处于潜伏状态，只有在一定条件的刺激下才会有可能向认知阶段发展。例如，小王和小李是同一个部门的同事，两个人都是同一年大学毕业分配来的，在工作中两个人暗自较劲，都希望取得好成绩，得到领导和同事的认可，争取到部门有限的奖金和晋升机会，因此，他们俩之间就存在着一种潜在的对立关系。

潜伏性冲突状态进一步演化的条件可以分为沟通、结构及个体三个因素。第一，沟通因素。沟通因素主要是指因语言表达不到位，或因意义障碍、专业术语、沟通通道干扰等问题，造成因沟通不良的潜伏性冲突，这是最常见的导致冲突的潜在原因。第二，结构因素。结构性因素主要是因结构变量而引起的潜伏性冲突。结构变量主要包括群体规模、

① ［美］罗伯特・B. 登哈特，珍妮特・B. 登哈特，玛丽亚・V. 阿里斯蒂格塔. 公共组织行为学［M］. 赵丽江译. 北京：中国人民大学出版社，2007：355.

任务专业性、职责清晰度、成员目标一致性、领导风格、薪酬制度等。第三，个体因素。个体因素主要是指因个体间的差异性造成的潜伏性冲突。个体的差异性主要包括能力、性格、价值、知识、文化水平、工作经验、宗教、风俗等。

## 二、公共组织冲突的认知阶段

当潜伏状态的冲突具备了一定条件，其就会向公共组织冲突的认知阶段演化。公共组织冲突双方的知觉阶段又称为公共组织冲突的认知期，这一阶段主要是指冲突主体对冲突的条件和根源的认知和感觉阶段。当潜伏性冲突的必要条件具备后，冲突的一方或双方就会感觉到紧张或焦虑，冲突认知阶段的特征就会显现出来。这一阶段组织成员已经开始意识到冲突的存在。如上例中，如果小王和小李已经意识到了双方潜在的对立关系，认识到差异的不相容性，那么他们之间的冲突就产生了。冲突的认知对冲突类型、冲突性质等正确判断具有重要的影响，其影响着冲突应对策略和冲突的结果。需要注意的是，潜在冲突虽与知觉冲突之间存在一定联系，但两者之间并非始终存在严格的前后顺序。

## 三、公共组织冲突的行为意向阶段

公共组织冲突的行为意向阶段与认知阶段不同，在这一阶段组织成员感觉到冲突已经对自己造成了某种程度的影响，必须采取对策以消除冲突的影响。如小王和小李在意识到分歧的存在后，彼此都产生了紧张不安、焦虑等情绪，而且两人都在思考着如何面对冲突。托马斯与其同事提出了处理冲突的二维模式：协力合作和坚持己见。其中，协力合作是指一方愿意满足对方愿望，维护对方利益的程度；坚持己见则是指一方愿意满足自己利益的程度。据此，他们得出五种冲突处理方式(见图 16-2)。图中，横坐标表示“合作”的程度，纵坐标表示“坚持己见”的程度。五种冲突处理方式分别为竞争——坚持不合作型、协作——坚持且合作型、回避——不坚持且不合作型、调适——不坚持且合作型、妥协——中度坚持与中度合作型。其中，竞争——坚持不合作型是指一方只追求满足一己私利，而不顾冲突对他人的影响；协作——坚持且合作型是指冲突双方都希望完全满足对方的需求而展开协作，以寻求互利双赢的结果；回避——不坚持且不合作型是指冲突一方承认冲突的存在，但采取退缩或压抑的方式；调适——不坚持且合作型是指为了维护彼此的关系，冲突一方愿意自我牺牲；妥协——中度坚持与中度合作型是指冲突双方都必须放弃某些事物而共同分享利益的妥协。

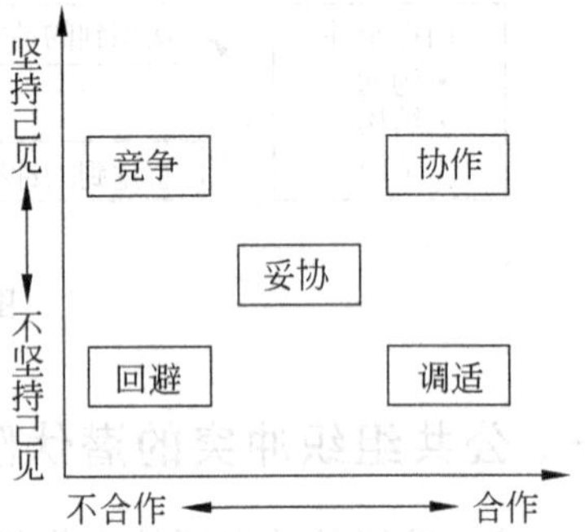

图 16-2 冲突处理方式

## 四、公共组织冲突的行为表现阶段

冲突演化到行为表现阶段，双方的行为表现为阻止对方实现目标。公共组织冲突在这一阶段已开始公开化，冲突双方都已明确表明了自己的态度，希望按照自己的意图解决争执的问题。如小王和小李如果采取合作的方式解决冲突，那么冲突行为就可能是没有破坏性的；如果双方都不惜一切代价想获得胜利，也许他们会表现为相互不理睬，产生误解和分歧，也可能发生口角，甚至表现为破坏对方的工作成果等。

## 五、公共组织冲突的结果阶段

既然冲突已经发生，必然要以某种方式加以解决。冲突双方对解决问题的方式都能够接受，那么冲突将得到圆满解决，组织绩效将因为冲突的解决而得到提高；否则只能是暂时缓和了冲突，并没有从根本上使冲突得到解决，组织的绩效也不会因此而提高，未解决的冲突在某种情况下还是会以不同的形式表现出来。公共组织冲突的结束阶段，冲突双方之间的相互作用导致了最后的结果。

虽然，公共组织冲突的形成阶段可以分解成上述五个阶段来加以分析和认识，但我们必须认识到公共组织冲突的过程是千变万化的，并不一定按照以上五个阶段的固定模式发展。例如，某些冲突仅停留在潜伏期就消失了，有些冲突不会演化到行为表现阶段。[①]

# 第四节　公共组织冲突的正面价值发现

## 一、冲突观念的变迁

公共组织中的冲突是大量存在的，并且给公共组织的活动带来了不可忽视的影响。但这影响是好还是坏，随着时代的发展，对冲突的看法也在不断地演变。总的来说，对冲突的认识经历了传统观点、人际关系观点和相互作用观点的观念变迁过程。

### （一）传统观点

在20世纪40年代以前，消极冲突观及传统的冲突观念占据主导地位。它认为冲突都是消极的，有百害而无一利，必须避免冲突。组织管理者在组织中的角色就是消除工作场所中的冲突，最经常的解决方式就是惩罚引起冲突的当事人。例如，科学管理之父泰勒就认为，所有的冲突最终都会威胁管理人员的权威，所以，我们应尽可能地避免和清除冲突。因此，传统观点认为最理想的状态就是避免冲突。

### （二）人际关系观点

20世纪40年代末至70年代中期，冲突的人际关系观点占据了主导地位。这种观点认为，冲突是不可避免的，组织应该接纳冲突，承认冲突在组织中存在的必然性和合理性，我们将这种观念称为人际关系观点。管理者们认识到冲突是不可避免的，他们经常采取的策略就是训练管理者和员工在可能发生冲突的情况下减少冲突及如何处理冲突。

### （三）相互作用观点

冲突的相互作用观点流行于20世纪80年代以后，是当代冲突理论中的主流学派。

---

① ［美］斯蒂芬·P.罗宾斯.组织行为学［M］.北京：中国人民大学出版社，1997：388-396.

冲突相互作用观点认为冲突具有建设性和破坏性的两面。正如美国著名女政治哲学家和管理学家福莱特在《创造性的经验》一书中所说："所有光亮的物品都离不开摩擦。小提琴之所以会奏出动听的音乐，关键在于弓与弦的摩擦；同样，正是由于钻木取火，我们才得以结束茹毛饮血的时代。"[①]她认为，冲突并不是斗争，它只是表明一种差别——意见的不统一或利益上的差别。冲突作为表现和积累差别的要素，也能成为组织健康的标志和进步的象征。可见，问题的关键不是在于是否存在冲突，而是在于怎样使冲突发挥建设性的作用。良好的管理者会主动积极地激发建设性冲突，增强组织内成员的积极性和主动性，而杜绝或较好地处理破坏性冲突，减少其对组织运作带来的破坏性。组织管理者的任务不再是防止和消除冲突，而是要管理好冲突。所以，冲突相互作用观点主张依据冲突好坏的类型，采取相应的应对策略。

## 二、冲突的正面价值

冲突是一种常态，它的产生与存在具有合理性，其在一定程度上有助于改善决策质量、激发创造力和创新力、构建鼓励自我评价与变革的环境。瓦格纳和霍伦贝克(1998)列举了冲突的如下好处：缓解社会矛盾，稳定和整合社会关系；为再度使用有价值的资源提供了机会；刺激革新，服务于变革的动机；为组织提供相互依赖和权力分配的信息反馈；为区别组织内的差异性提供一种视角和方法。[②] 纵观我国，可以发现不少冲突带来的进步价值。在我国的春秋战国时期，各诸侯国之间的政治军事冲突同时也是文化上的冲突。经过战乱和学术争鸣，政治上出现了七雄争霸，文化上形成了九家争位即"百花齐放、百家争鸣"的局面，为中国封建文化奠定了基础。但这种文化的内在冲突并没有完结，它贯穿了中华民族文化发展的始终。除了这种冲突外，中华民族的文化是在几次民族大融合，即是国内各民族文化之间的冲突交融中进一步形成和发展的。后来的佛教文化和基督教文化的传入，与中华民族文化发生了强烈的冲突，同时或多或少地使中华民族文化的成分发生了变化。再如中国香港文化中既有中国文化传统，又有英国文化的大量渗入。这种体制与文化的冲突使香港成为"亚洲四小龙"之一。又如，我国有56个民族，各民族有不同的风俗习惯，而正是这不同的民族才组成了多姿多彩的中国。

公共组织管理活动中，管理者追求和睦、避免冲突的善意之举常对组织发展产生许多消极的作用，即和睦、平静并不一定能使公共组织取得最佳的绩效与提供最好的公务物品和服务；相反，一定程度的冲突反而有利于公共组织的健康发展，如提高决策质量、刺激创造力、促进公共组织创新等。管理学者史蒂芬·罗宾逊指出，冲突是变化的催化剂。他认为，冲突可促使组织发生变化，如果企业不改进产品或服务来满足变动中的客户需求，顺应竞争者的行动及科技发展，那么企业将不健全而最终走向衰落。公共组织同样面临着公众服务需求多样化，若公共组织无法满足公众需求，也会陷入丧失合法性地位的公众质疑危机之中。很多公共组织管理的失败是因为组织冲突太少，而非冲突太多。德鲁克

---

① 丁煌.西方行政学理论概要[M].北京：中国人民大学出版社，2005：99.

② [美]罗伯特·B.登哈特，珍妮特·B.登哈特，玛丽亚·V.阿里斯蒂格塔.公共组织行为学[M].赵丽江译.北京：中国人民大学出版社，2007：346-347.

(1967)甚至建议他的读者,如果冲突还没有出现的话,可以在他们做出决定的过程中创造冲突。

虽然公共组织中的行政人员必须考虑不同选民和各种利益团体的欲求,他们并不喜欢冲突,但他们认为冲突有利于不同团体的需求和目标。卡茨、弗伦奇和普伦蒂斯-库珀(1999)发现,地方议会中的分歧是导致城市管理人员筋疲力尽和人员变更的主要原因①。在劳动力转移、全球化、组织合作及组织无边界化日趋增强的趋势中,不同组织、文化的管理者处理冲突的能力变得越来越重要。因此,公共组织中的冲突是提高公共组织活力的关键,我们应该积极主动地对待组织冲突。

## 第五节 公共组织冲突的管理

公共组织是社会治理系统的一部分,在调和社会冲突方面起着重要的作用,这就意味着这些组织经常受到互相冲突的价值观的困扰。事实上,兰(Lan,1997)视这些在公共管理中的冲突为常规而不是例外。② 由上面的分析可知,冲突管理的效果对组织绩效产生影响,甚至影响到组织的生存和灭亡。公共组织内部的冲突过低和过高都不好,因此必须对公共组织的冲突进行管理。因为冲突管理是组织管理者为了实现组织目标而对组织冲突的消除、控制、激发和利用的过程。著名冲突管理专家杜布林认为管理具有三大职能:防范大规模破坏性冲突的发生;使已经发生的冲突的潜在损失最小化;充分利用现有冲突可能带来的好处。因此,冲突管理绝对不是简单的“灾害控制”,它实际上是现代和谐管理理论、人本管理理论在管理过程中的具体实施。

### 一、公共组织冲突管理的基本原则

冲突管理的理性思维和实践活动需要一定的规则或原则作为基准或指针,着眼于预防潜在冲突,克服不必要冲突,把真正的冲突差异导入建设性管理轨道的基本目标。借鉴人本管理的一些思想原理,可以把散见于不同文献不同提法的冲突管理思维概括归纳如下。

#### (一)把冲突控制于适当水平

倡导建设性冲突,避免破坏性冲突,把冲突控制于适当水平的原则。这是西方冲突管理文献中论述最主要的冲突管理原则。根据冲突相互作用的观点和冲突的特性等内容,冲突既有积极的一面又有消极的一面,组织冲突的适当水平将会有利于组织的发展。如果一个组织冲突很多或很少都将给组织带来不良影响,在冲突管理中应当奉行将冲突控制于适当水平的原则。对于触发冲突的潜在性因素必须加以正确处理和控制,努力把已

---

① [美]罗伯特·B.登哈特,珍妮特·B.登哈特,玛丽亚·V.阿里斯蒂格塔.公共组织行为学[M].赵丽江译.北京:中国人民大学出版社,2007:346.

② [美]罗伯特·B.登哈特,珍妮特·B.登哈特,玛丽亚·V.阿里斯蒂格塔.公共组织行为学[M].赵丽江译.北京:中国人民大学出版社,2007:361.

出现和未出现的破坏性冲突引向建设性轨道，利用建设性冲突来促进组织间及组织成员间的互动交流。组织领导冲突管理水平对公共组织的发展潜力具有重要的影响。公共组织面临着效率、效能、创造力等许多问题，其根源之一在于未能系统地理解冲突与组织发展的关系，特别是如何驾驭冲突来提升组织成员工作的积极性与主动性，进而提升组织的效能。因此，适度地诱发建设性冲突并将其维持在所需的范围之内，对组织目标的实现是有帮助的。

### （二）全面系统的冲突管理

实行全面系统的冲突管理，关键在于预防和控制破坏性冲突。破坏性冲突会造成组织运行成本急剧上升，有些破坏性冲突甚至演化为影响组织生存发展的危机性事件。组织生存成本的上升导致了公共组织供给公共服务的能力受到牵制，人们对冲突管理产生了新的需求。正是在这种背景下，有效冲突管理相关课题的重要性便逐渐凸显。为了使这些对立面，这些经济利益互相冲突的个体或群体，不致在无谓的斗争中将自己和组织消耗殆尽，就需要有一种能够驾驭冲突的战略，这种战略能够缓和和化解破坏性冲突，把冲突保持在“秩序”范围之内。冲突的战略性管理强调的是有效性预防与控制，而不是局限于事后的冲突控制和解决问题。

### （三）具体问题具体分析

具体问题具体分析的处理原则，要求人们在做事时要根据事情的不同情况采取不同措施，不能一概而论。冲突具有动态性特征，它会随着冲突环境的影响而扩大或缩小。冲突会在组织中游移，冲突各方可以通过利益、人际关系等来争取自己的同盟，也可以通过收买来建立自己的联盟力量。例如，在国际关系中，各国在预测对手的动向或对对手的动向做出反应时，会增强自己应付冲突的能力。因此，随着时间维度的推移，冲突所涉及的能量也会随着时间的变化而不断变化。这就是说不存在一成不变、适用于一切组织和一切情况的放之四海而皆准的冲突管理原则。必须针对具体问题和具体情况，实事求是地分析问题、认识问题，灵活采用适宜的策略和方法应变性地处理冲突。

## 二、公共组织冲突管理的过程

冲突和危机问题已经成为公共组织必须具备的一种处理技能。冲突管理与危机应对是一个跨学科的研究领域，内容相当广泛，危机应对也被视为冲突管理的一个组成部分和特殊阶段加以应对研究。冲突管理过程一般包括冲突诊断、冲突处理、效果评估和反馈几个环节。

### （一）冲突诊断

辨认和诊断问题是进行冲突管理的前提。若没有有效的冲突认知和诊断，就不能真正剖析清楚冲突的根源、病因，则冲突解决方案就不能真正产生效应，甚至有可能会出现“误诊”等不良影响。杜布林特别强调通过正式或非正式方式对冲突问题进行诊断，对不同类型的冲突进行正确诊断对于冲突的解决和化解是很重要的。对冲突进行诊断包括以下几个方面：第一，分析冲突的类型、冲突的阶段性特征以及冲突的根源；第二，对组织内各个部门、单位对冲突和冲突处理风格类型进行划分，分析冲突数量和冲突风格与冲突根源之间的关系；第三，分析冲突数量和冲突处理风格与效果的关系。

### （二）冲突处理

冲突处理环节就是实施冲突管理，实际干涉、调控冲突的行为活动环节。通过认知和诊断阶段可以知道对冲突进行处理是否有必要。冲突管理者需要根据认知和诊断环节的工作结果，设计组织冲突解决的方案，选取恰当的冲突处理方法，实际处理冲突，争取理想的冲突处理结果。一般管理者多会适当地结合运用过程法和结构法两种不同方法来管理冲突。其中，过程法是指为了达到目标结果而采取的一系列行动或事件。过程法试图通过改变组织成员处理冲突的不同风格来提高有效性。其核心在于改变人们处理冲突的不同风格，帮助组织成员学会根据不同的冲突情形来选取和组合处理冲突的方法，这类方法强调采取有效处理冲突风格的重要性。结构法是指对任务、技术和其他因素的结构性安排，以保证组织和组织成员能够有效运作。其核心在于完善组织结构设计，改进组织的差异性和整合机制、操作程序、奖励制度、等级序列等，以改造组织成员对不同层次冲突数量的认识，从而改善组织效率，达到管理冲突的目的。

### （三）效果评估

效果评估是指对冲突的结果和影响进行评价、衡量。冲突管理的效果环节可以采用目标实现法、系统资源法、内部过程法和战略影响法 4 种不同的组织效果评价方法来进行冲突管理。其中，目标实现法侧重于以目标、目的和最终结果来评价冲突管理效率；系统资源法侧重从要素投入方面来评价冲突管理的效果；内部过程法侧重于从组织内部过程关系、信息沟通、激励来评价冲突结果；战略影响法则侧重于从更长远、更宏大的视野来评价冲突的影响。

### （四）反馈

冲突管理的反馈环节主要是将冲突处理的结果反馈到冲突的认知和诊断环节，对先前对冲突的认知和诊断结果进行印证，借以调整修正各环节的方式方法、纠正偏差，以利再战。

## 三、公共组织冲突管理的措施

冲突管理在不同情境中有不同的应对策略，并不存在一个任何情境都适用的策略。但无论采用什么策略，都应先弄清楚冲突的发展阶段和形成根源，进而有针对性地采取不同的应对策略。

### （一）公共组织冲突的有效预防

#### 1. 构建以公平、和谐、高效率为核心价值的公共组织文化

随着社会转型和改革开放的不断深入，我国社会深层次矛盾不断复杂化、多元化及新

颖化，如地区之间发展不平衡问题、贫富分化问题、能源危机、环境过度破坏等，这些矛盾都有可能成为引发冲突的根源。在这样的背景下，处于现代化建设领导核心的公共组织，在实施社会公共管理的过程中，应该建立以公平、和谐、高效率为核心的公共组织文化，以此来开展社会公共事务管理，使政治、经济、文化等各方面得到和谐发展，减少破坏性冲突发生。公共组织作为公共权力的拥有者与执行者，其本质在于维护和实现社会公平与和谐，实现社会经济的快速发展。尤其是在市场经济环境中，更应该确立公平、和谐与高效率的价值取向，否则市场经济很难得到长足发展。在公平与高效的价值观指导下，管理社会公共事务，公正对待每一个管理对象，使社会资源分配合理，防止贫富两极分化，协调各方面的利益关系。只有这样才有利于解决社会矛盾，减少冲突的发生，最终实现社会和谐发展。

**2. 改革公共组织机构并实现组织管理的科学化**

我国公共组织机构从纵向的管理层级和横向的管理幅度来看，都存在着管理层级过多、部门过繁的问题，结果导致部分机构职能重叠，组织部门职责不清、机构臃肿、人浮于事，使公共管理活动的过程浪费了大量的人力、物力、财力，而且效率低下，产生了许多矛盾冲突，其中政府组织部门的问题尤为严重。这就要改革组织机构，使组织管理实现科学化，以减少冲突的发生。

**3. 完善公共管理活动的法治建设**

我国是人民民主专政的社会主义国家，人民是国家的主人，公共管理的主体和客体是一致的，人民群众既是管理者，又是被管理者。在现代社会中，公共管理权力延伸到社会生活的各个方面，权力行使不当就会对人民的权利和利益造成损害。因此必须对公共权力的行使予以规范、控制和监督，完善公共管理活动的法治建设，要使公共管理活动有法可依、有法必依、执法必严、违法必究，以减少组织内外冲突的发生。

**4. 建立畅通的信息传递与反馈机制**

在专家们看来，组织内部冲突最普遍地来源于沟通的不充分及令人不满意的沟通(DeVoe，1999)。① 行政沟通是消除障碍、改善关系的必要手段；是调解矛盾、提高效能的重要途径；是鼓舞士气、克服官僚主义的有效措施。② 这就要求完善组织内部信息的传递与反馈系统，实现信息沟通顺畅，减少冲突的发生。应该加强组织系统中信息的沟通与交流，建立保障信息传递的制度机制，完善民主生活会制度，可以通过设立意见簿等方式来得到实现；充分利用现代化的办公设备，建立一个电子化网络信息平台，及时发布信息并获得信息反馈；建立信息传递沟通的责任追究机制，对出现问题的部门或个人追究责任。通过以上的一些措施来保障组织内沟通的顺畅，能够对减少冲突发生起到积极作用。第一，健全行政沟通体制。行政沟通体制的健全依赖于行政体制改革。只有根据经济社会的发展要求，科学设置各行政组织职能，按照精简、统一、效能的原则，进行行政机构改革，理顺行政机构内部的各种关系，建立起办事高效、运转协调、行为规范的行政管理体系，才

---

① [美]罗伯特·B.登哈特，珍妮特·B.登哈特，玛丽亚·V.阿里斯蒂格塔.公共组织行为学[M].赵丽江译.北京：中国人民大学出版社，2007：347.

② 郭小聪.行政管理学[M].北京：中国人民大学出版社，2003：193.

能减少由于机构重叠交叉、层次繁多而带来的沟通障碍，保证行政沟通的顺利进行。[①] 第二，畅通行政沟通渠道。行政组织的规模越大，结构越复杂，行政组织之间或行政组织各部门之间的沟通就越困难，越容易因缺乏了解而产生冲突，必须建立和健全行政沟通网络，形成一个四通八达、方式简便、传递迅速顺畅的沟通渠道。第三，行政沟通手段现代化。其优点在于：一是开放性和共享性；二是经济快捷性；三是互动性。

**5. 借鉴企业管理中的方法解决显性冲突**

在公共组织的冲突管理过程中，可以根据公共组织的特点和当时的实际情况有针对性地借鉴一些企业化解冲突的策略。第一，回避策略。公共组织的主要职能是管理社会公共事务、提供公共服务，在社会中担当着重要的角色。当冲突发生时，双方应尽力保持冷静，一方或双方都应采取回避的态度。但是作为管理者，我们应该清楚，回避并不是一个解决冲突的根本方法，只能是暂时压制冲突，为分析冲突原因、寻找根本解决途径提供一个缓冲的时间。第二，协商策略。回避只是暂时缓解了冲突，但是并没有从根本上解决冲突，冲突的解决还必须靠双方当事人或部门之间进行沟通，找到问题的实质，判定根源、是非，相互协调，进而达成共识，解决冲突。第三，第三方调节策略。当双方进行协商时，由于冲突的双方可能都会站在有利于自身的立场上考虑问题，从对方身上找不足，那么就不会使冲突得到合理解决。这时最好引入无利益关系的第三方，由第三方对冲突双方进行调节，以使冲突得到合理解决。第四，法规裁定策略。冲突的解决有时极为复杂，尤其是我国公共组织内部利益关系复杂。有时第三方的介入也不能使冲突得到根本解决，那么这时应由公共组织冲突双方的领导依组织规章裁定强制解决，以保持组织和谐稳定。

**6. 公共政策制定的“公平导向”**

公正的利益实现，要求政府在政策制定时要体现普惠性。政策制定的基本宗旨在于保护全体社会成员的利益，使社会成员普遍受益。普惠性的基本要求是，每一个社会成员、每一个社会群体的尊严和利益都应当得到有效的维护。任何一个社会群体和社会成员的尊严和利益的满足都不得以牺牲其他社会群体和社会成员的尊严和利益为前提条件。同时政策制定要避免被特定利益集团操纵，尤其要防止政策制定者本身形成一个特定利益集团。[②] 因此，公共组织政策制定过程中，要尽可能做到程序公正，完善政策制定的监督机制，做到政策制定的公开、公正。只有这样，才能舒缓和减少社会矛盾，减少冲突的发生。

**7. 整合内外控制机制减少公共组织人员的角色冲突**

公共组织人员要走出行政伦理困境（角色冲突），就应该整合内外控制机制。[③] 公共组织人员需要完善个人品质，深化职业价值观和美德等，不为私利追求的行为所驱使，更不能受到金钱的收买、利诱。同时，完善组织结构，使公共组织人员有一个发挥作用的工作环境。同时，建立一种组织文化和组织结构携手共同培育、奖赏和维护公共服务价值的整合系统。公众的参与也可以增强行政人员的公众意识。当然，还有加强对公共行政人

---

① 章文光. 公共组织行为学[M]. 北京：北京师范大学出版社，2009：225.

② 张康之. 行政伦理的观念与视角[M]. 北京：中国人民大学出版社，2008：183.

③ 丁煌. 西方行政学理论概要[M]. 北京：中国人民大学出版社，2005：318-322.

员的监督。

## （二）公共组织冲突的有效利用

### 1. 树立正确的冲突认识观念

树立辩证的冲突观，改变传统的冲突管理观念；树立积极的冲突观，发挥建设性冲突的功用，减少破坏性冲突。我国倡导的集体价值取向和强调服从、和谐、协调的文化取向，使得组织面临冲突时，倾向于以退避、忍让、折中的方式对待冲突。因此，在现代组织中首先要营造鼓励冲突的氛围，大力倡导良性冲突，引入良性冲突机制，在动态有序中取得冲突管理的最佳效果。

### 2. 化冲突为创意

冲突的最佳解决办法是创意合作。① 创意合作并不意味着每个决策都满足所有利益集体的要求，只是提醒公共组织者力求让冲突双方真诚地说明自己的顾虑，有效地倾听对方的陈述，在协商各方利益后，产生更大的空间来收集、研讨、激发各方灵活的创意，将各种传统和新颖的替代方法一一比较，创造出一个能够满足各方面利益的公共政策。

### 3. 以建设性冲突促进组织变革

冲突具有负面效应，但从冲突产生的实质来说，又可分为建设冲突与破坏性冲突。建设性冲突的出发点是好的，其目的是为了组织本身的发展与完善，是为了组织目标的更好实现所导致的冲突。冲突的发生说明组织某些方面还不完善，是组织问题的反映与表现。作为公共组织管理者要善于分清是非原因，辨别冲突是建设性还是破坏性的。对于破坏性冲突，要及时加以有效管理；对于建设性冲突，要适当加以激发，使我国公共组织中存在的问题充分暴露出来，以此为契机促进组织的变革，做到对冲突的有效利用。这对于提高我国公共组织绩效、实现组织目标，以使其更好地行使管理社会公共事务与提供公共服务的职能具有积极意义。

## 【本章小结】

本章以公共组织冲突为对象，从综述公共组织冲突的基本概念入手，概括了冲突的基本特征及公共组织冲突的表现形式。在此基础上，分析了公共组织冲突的根源以及发展过程，并探讨公共组织冲突的正面价值，进而提出管理公共组织冲突的基本原则、措施等。在处理团体关系、交流和解决冲突方面，公共组织都面临着较大的复杂性和不确定性，与其他社会组织相比，公共组织面临的挑战性更大。如何在公共组织中寻求优秀的冲突管理是公共组织领导者面前的一个难题。公共组织冲突管理是一个系统的过程，成功的冲突管理者不是管理者个人所完成的，应建立积极型的冲突组织。关键在公共组织中形成一种积极处理冲突的组织文化和积极应对冲突的组织机制，从根本上更好地管理冲突。

---

① 徐显国. 冲突管理——有效化解冲突的10大智慧[M]. 北京：北京大学出版社，2006：109-123.

## 【关 键 术 语】

冲突　公共组织冲突　冲突观念　冲突根源　冲突价值　冲突管理　公共组织冲突管理技能

## 【思考与练习】

1. 阐述公共组织冲突的内涵、特征及表现形式。
2. 阐述公共组织冲突的根源。
3. 阐述冲突管理观念的变迁。
4. 阐述公共组织冲突的管理原则。
5. 如何更好地管理公共组织冲突？

## 【推 荐 读 物】

【1】[美]理查德·E.沃尔顿.冲突管理[M].李建国，陈忠华译.郑州：河南科学技术出版社，1992.
【2】[美]L.科塞.社会冲突的功能[M].孙立平译.北京：华夏出版社，1989.
【3】张康之.行政伦理的观念与视角[M].北京：中国人民大学出版社，2008.
【4】[美]托马斯·谢林.冲突的战略[M].赵华等译.北京：华夏出版社，2006.
【5】汪明生，朱斌妤.冲突管理[M].北京：九州出版社，2001.

# 第四部分

# 公共组织系统行为研究

# 第十七章

# 公共组织外部关系及技能的发展

【内容结构图】

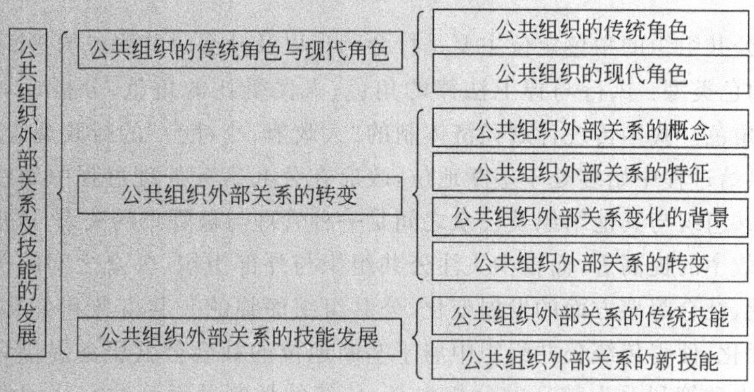


## 案例引导

### 铁道部发言人“反正我信了”语录成网络流行语

“7·23”甬温线动车追尾事故发生 26 小时之后，官方新闻发布会终于在温州举行。当王勇平被问到“为何救援宣告结束后仍发现一名生还儿童”时，他称：“这只能说是生命的奇迹。”之后，被问到为何要掩埋车头时，王勇平又说出了另一句话，“至于你信不信，反正我信了”。当时王勇平的原话是这样的：“关于掩埋，后来他们(接机的同志)做这样的解释：因为抢险现场情况非常复杂，下面是一个泥潭，施展开来很不方便，所以把那个车头埋在下面盖上土，主要是便于抢险。目前他的解释理由是这样，至于你信不信，反正我信了。”在讲这段话的时候，王勇平用力一甩脑袋，这段画面也被制作成 GIF 动画，在微博上发布。王勇平这段话以及新闻发布会上面带笑容的表情让广大网友很不满。在微博上，大家都用“至于你信不信，反正我信了”来表达对事故发生以及善后的质疑。中国人民大学新闻学院副教授周勇说，出现危机时，政府部门一味地躲或者采取搪塞的态度，都是没有用的，必须真诚地回答问题。同时，仅有真诚还不够，因为举办发布会的目的是为了沟通，王勇平“至于你信不信，反正我信了”，这种回答，很明显地说明他不了解情况，发布会除了新闻发言人，应该还有辅助的官员，比如技术官员。

(资料来源：http://news.ifeng.com/society/2/detail_2011_07/27/7965107_0.shtml? _from_ralated)

组织是一个开放的系统，受到来自外部环境中多个主体及关系的影响。在现代社会活动中，每个组织的生存和发展都离不开外部组织和社会公众的了解和支持。公共组织作为一种重要的组织形式，更不例外。一个公共组织的决策、行为等都离不开它与外部组织、人员之间的互动关系的影响，而创造一个良好的外部关系环境，从外部关系中获取支持和帮助是公共组织外部关系的目标。因此，从社会环境变化的角度对现代公共组织外部技能的需求出发，探讨公共组织外部关系活动的特点及技能，具有重要的现实意义。

## 第一节　公共组织的传统角色与现代角色

### 一、公共组织的传统角色

传统上，公共组织的角色定位主要是社会治理以及社会公共服务的垄断提供者，主要扮演着四种角色类型：执行与捍卫法律的角色；人民受托的角色；分析者和教育者的角色；仲裁者的角色。我国传统计划经济体制的“大政府，小社会”的行政观念，导致了政府在公共服务供给过程中始终处于垄断地位，政府在公共事务处理过程中始终处于主导地位，这时候公共组织与其他组织及公众之间是一种管理与被管理的关系，政府专注于其机构调整、行政效率的提高等，而较少关注公共组织与外部组织、公众之间的关系。随着经济、政治、文化、社会等多方面的发展变化，公共组织面临的公共事务和公共问题复杂化，行政环境多元化，使得传统公共组织中居于垄断地位的社会公共服务提供者让位于不断壮大的、以谋求政策利益为特征的分权主义，传统的控制关系将被交往和参与关系所取代。在我国，随着行政体制改革的不断推进，政府进一步强调转变职能，并着力于建设服务型政府。公共组织的传统角色正被悄然改变。

### 二、公共组织的现代角色

在 20 世纪 70 年代开始的新公共管理运动和新公共服务理论的影响下，公共服务领域改革方兴未艾，引入公共服务多元供给竞争机制，重新定位公共组织的现代角色，是各国改进公共服务供给质量与水平的重要途径。公共组织的现代角色主要定位如下。

#### （一）价值指引者

公共行政是建立在价值与信念基础之上的，没有价值的指引，公共行政会失去方向，甚至“误入歧途”，价值是公共行政的灵魂。然而在多元治理体系下，私营组织的自利取向不免对民主社会的基本价值造成冲击。因此公共组织在关注效率问题的同时，还要使公平、公正和回应性这些伦理和政治价值得到实现。

#### （二）服务提供者

近年来，各国政府改革的方向和趋势就是对公共服务的强调和重视。当前我国服务型政府的构建更是进行得如火如荼，可以说服务行政是未来公共行政发展的主流。尽管在多元自主治理时代，社会公共服务的提供不再仅仅局限于公共组织，但不可否认其仍肩负着重要的责任。

（三）领导者与协调者

多元时代的社会治理是一个需要整合包括公共组织、私人组织以及公民个人在内的更为开放和广泛的诸多力量的过程。各种组织的利益诉求和目标差异必然导致摩擦和分歧，因此就需要通过对话、沟通和协商来协调和组织各种力量。而拥有公权力和雄厚社会资源的公共组织显然就责无旁贷。

# 第二节　公共组织外部关系的转变

## 一、公共组织外部关系的概念

公共组织外部关系是公共组织与外部组织、社会公众等形成的一种广泛而复杂的相互依赖、相互影响的联系，指与其运行过程发生一定联系的所有外部关系的总和。

## 二、公共组织外部关系的特征

（一）广泛性

正如日本著名社会学家井尚一清所说："组织外部公共关系是指组织在运行过程中所面对的社会关系和社会舆论的总和。"这种关系较内部公共关系而言，不仅从组成人员，而且从运行技巧与艺术上都有其独到的特点。公共组织在处理外部公共关系活动中，要协调三类主要的社会公众关系：处理与其他各级政府部门及领导的关系，通过与这些部门的交往，争取各级领导的支持；处理与媒体的关系，树立良好的公众形象；处理组织与顾客的关系，能有效地强化组织在市场活动中的渗透力。这些都充分体现了公共组织外部公共关系的广泛性。

（二）目的性

在社会公众中树立良好的公共组织形象是外部公共关系的目的，其最终目的是为了更好地提供公共服务，实现公共利益。公共组织通过对外交往活动，让社会组织和相关公众了解组织的团体精神，把握组织的风格形象，进而与组织结为良好的合作伙伴。

（三）复杂性

由于公共组织外部关系涉及多个主体，与各个主体之间的关系复杂，互动方式差异性大，导致了整个活动过程的复杂性。公关人员在其中要接触到外部各类不同的组织，接触到各个层次的不同类型人员，单纯地运用一种策略和方法，就很难收到预期的效果。

（四）社会性

开展外部公共关系活动，是在一定的社会背景下发生的，社会的经济、政治、文化等因素的影响不容忽视。成功的外部公共关系活动，往往取决于"天时"、"地利"、"人和"等多种因素的共同制约，公共组织在开展外部活动时应学会“营势、造势、用势”。只有在工作中有效地利用“天时”、“地利”、“人和”等多种外在因素，才能最终产生较好的社会效果。

## 三、公共组织外部关系变化的背景

### （一）政府不再是唯一的公共决策者

当前，由于世界经济发展水平、政治文化、社会关系等方面都发生了巨大变化，社会也正处于由传统社会向现代社会的急剧转型之中。一方面，这种市场化、现代化、信息化和社会化等特征加速了社会前进的步伐，带来了经济社会的空前繁荣；另一方面，这些特征也代表了社会发展和公共管理改革的趋势和方向，新的公共管理问题不断出现，以公共组织为核心的公共管理正面临着前所未有的挑战。因此，当代政府无法成为唯一的公共决策者，而需要建立参与式和网络式的公共管理体系。

### （二）公共政策的制定是各个相关利益集团相互作用妥协的结果

在现代社会中，公共政策已经成为实现公共利益、从事公共管理的重要手段，公共政策对于当今社会发展有着重要的意义和作用。公共政策作为调整社会不同集团利益的平衡器和政府及其他行政机构对社会实践有效管理的杠杆，其制定过程实际上就是一个资源的分配过程，这一过程必然存在着各利益主体之间的利益选择、利益综合、利益分配和利益落实。从制度激励角度来看，一项政策如果能使目标群体获得一定的利益，就容易被目标群体所接受；反之，一项政策如果被目标群体视为对其利益的侵害或剥夺，就难以得到目标群体的认可。政府作为公共政策的制定者和社会利益的权威分配者，就是在这些利益的博弈中作出权衡，制定出台相应的公共政策。

### （三）对公共组织外部技巧的要求越来越高

公共组织管理是一种社会管理，它最不同于私人管理的地方在于，其每一项公共事务的管理都必须按照社会公众的意愿而不是按照以往经验管理的方式去操作，更不是按照个人的自由意志任意活动。因此，公共组织的管理必须具备科学的原则和方法，又必须符合以人为本的要求。同时，随着公共事务的日益复杂以及全球化的不断深入发展，公共组织要依赖于更多的外部关系以确保活动顺利开展。此外，随着科学技术和组织管理实践的进一步深入，发展公共组织外部技巧的要求越来越高。

### （四）公共组织的模糊边界

“组织作为一个社会系统是由人的行为组织，不是个人组成，而一个人是不会把所有的行为都投放在一个组织之中的，而是承诺和联合分散在几个组织之中。”[①]所以当组织被定义为联合的行为或者集体的结构时，组织的边界便会呈现模糊的状态。同时，随着全

---

① [美]杰弗里·菲佛，杰勒尔德·R. 萨兰基克. 组织的外部控制：对组织资源依赖的分析[M]. 闫蕊译. 北京：东方出版社，2006：35-36.

球化、信息化以及网络化的不断发展，外部环境的变化对组织的影响比以往的任何时候都来得明显，组织的边界也呈现模糊的特征。电子政务的兴起，改变了传统政府的办公方式，实现了无纸化办公，从形式上看，这使得组织的边界呈现出模糊的状态。

### （五）政府、市场与社会互动关系

政府、市场与社会作为公共事务管理的制度与机制安排，有其各自独特的行动资源及行动逻辑，也各有其特定的行动范围和有效边界。在公共治理理论的视域下，政府、市场与社会都不是唯一的治理主体，三者间的互动、合作成为必然选择。政府、市场与公民社会三种机制运行中各存在比较优势与不足，公共治理的理论基础是政府、市场与公民社会的三边互动。为了实现公共领域的良好治理，必须而且应当建立起三者良性互动的网络治理机制，在互动中开辟解决社会公共问题、增进社会公共利益的有效途径。

## 四、公共组织外部关系的转变

在当今的社会背景下，随着全球化、信息化的不断发展，公共组织外部关系的转变不仅仅体现在公共组织与外部组织、公众等之间的相互依赖性增强，还体现在公共组织外部关系范围的不断扩大。公共组织外部关系的转变往往体现为职能的转变，传统的公共组织角色已经不适合现代社会发展对公共组织的要求。基于新公共服务理论，政府的职能是服务，而不是掌舵，我国政府在行政体制改革过程中提出建设服务型政府，不仅是为了完善政府自身建设，同时也是为了适应政府外部关系的不断变化。

# 第三节　公共组织外部关系的技能发展

## 一、公共组织外部关系的传统技能

### （一）做好本部门的有效代表

在一个公共组织中，作为公共组织中的一员要在任何情况下都尽量做好组织的有效代表，这不仅仅影响到个人荣誉，更对公共组织的外部关系产生重大的影响。因此，公共组织在面对外界时必须体现出其应有的形象，最常见的是公共组织对外发表演讲、讲话，这就要求公共组织正式代表发表演讲时在各个阶段都要注意。在计划阶段，要明确代表要达到的目的，任何情况下，都要从获取听众的注意力开始，然后陈述演讲的目的。在演讲前的准备阶段，要提前进行演练，最重要的是，要对演讲充满激情，同时让听众感受到演讲所表达的诚意。在发表演讲阶段，要掌握好时间，同时留出现场提问的时间。在现场问答阶段，要鼓励听众提出问题，并对提出的问题做出回答。

### （二）与媒体打交道

新闻媒体在民主社会中扮演着极其重要的角色，“一个自由而开放的媒体的存在，的确是在向民主治理过渡过程中最初的真正的标志之一。”[①]但是很多公共管理者发现与媒体打交道是一项困难的任务。因为媒体往往乐于揭露负面的新闻，而公共行政人员则期待媒体能充当他们的喉舌，将良好的一面报道出来，所以常会出现媒体和公共组织人员关注点的错位。而媒体的作用不容忽视，公共组织应该尽可能地学习怎样有效地与媒体打交道，积极地对待与媒体的关系并与其保持良好的关系。

**1. 制定与媒体打交道的计划与行动方案**

明确组织要达到的目标，充分利用媒体作为公众和政府沟通的桥梁，表现对公众的积极态度和服务精神；通过媒体让公众了解将要发生或者正在发生的重大事件；通过媒体对组织工作进行监督。在制定目标之后，“应该将与媒体打交道的任务分配给具体的个人，也许可以专门设立一个公共信息官员的职位。”[②]最后，计划还要包括处理危机情境的最好设想。

**2. 在与媒体的互动关系中占据主动权**

要及早将与媒体打交道纳入政策进程之中，也应该知道媒体并不是公众获取信息的唯一来源，公共组织可以通过网络、广告、会议或者公开的大事件来传达重要的信息。此外，当你要被采访时，要提前尽可能多地了解要进行采访的记者。

**3. 掌握与媒体打交道的艺术**

组织在处理与新闻界关系时，必须努力把握以下三个原则：①一视同仁，以礼相待。新闻界由于其所属的内部层次不同，各个内部成分在社会活动中传播影响的作用也不相同。有中央级的报刊，还有一些地市一级的报刊。同样，电视台、广播、电台也是如此。作为组织，无论面对上述哪一级新闻单位及其工作人员都要以礼相待，招待要热情，标准要一样，有礼貌地同对方进行交谈，协助对方完成对组织的宣传报道工作。②热情周到，以诚相待。组织在接待各级新闻记者时要热情周到，不论对方要宣传组织正面的形象，还是批评组织工作中的某些不当之处，曝光组织的“阴暗面”，组织都要以自身的诚意，积极地给予配合，不要回避，更不要故意阻挠，要在积极配合中感动记者，共同使问题得到圆满解决。③廉洁自律，以德相待。在宣传中，组织要积极引导记者进行宣传报道，多提供客观准确的数据资料，以组织良好的道德去影响记者，不弄虚作假，不随意改变不利于本组织的事实，不使用请客、送礼、行贿等手段，时刻按照国家有关部门颁发的廉洁自律文件开展活动。

## 二、公共组织外部关系的新技能

### （一）公共组织的公众关系管理

公共组织的公众关系管理的目的是塑造组织的良好形象，提升组织的公信力。在民主社会里，公共组织的公共决策越来越多地受到来自公众的影响，更多的公众参与政策的

---

① [美]珍妮特·V.登哈特，罗伯特·B.登哈特.新公共服务——服务而不是掌舵[M].赵丽江译.北京：中国人民大学出版社，2004：400.

② [美]珍妮特·V.登哈特，罗伯特·B.登哈特.新公共服务——服务而不是掌舵[M].赵丽江译.北京：中国人民大学出版社，2004：400.

制定以及对政策的实施进行监督，处理好与公众的关系是公共组织外部关系管理中的重要内容。对公众关系的管理包括四个方面的内容，即“公众信息管理、公众舆论管理、公众关系管理、公众形象管理”①。

**1. 公众信息管理**

公众信息管理是指组织与公众之间的信息交流与沟通的管理，这是一个双向互动的过程，包括各种社会信息对政策的影响(由公众提供的信息)和公共组织对公众的信息输出。一方面，公共组织作为公共产品和服务的提供者，在制定、实施政策时应该广泛吸取群众的意见，提高公众参与意识的同时，建立畅通的利益表达机制，最终使得政策能够合民心、顺民意。另一方面，公共组织作为信息的提供者，这些信息很多是以法规、制度、政策的形式出现，公共组织务必使其提供的信息真实可靠且符合公共利益，否则将受到公众的质疑，甚至抵制。公共组织可以从完善信息管理、输出机制入手，以适应当今开放、多元、民主的社会环境。

**2. 公众舆论管理**

公众舆论是指大多数公众对某一特定行为或时间的基本态度和看法，公共组织的政策行为常会受到公众舆论的影响，在今天这个大众传媒和网络信息化时代，公众舆论正成为一股强大的社会力量，那么公共组织应该关注公众舆论，并以行为和政策来引导公共舆论，以保障社会的稳定。

**3. 公众关系管理**

公众关系管理是指公共组织与公众互动的方式与状态，公共组织在管理公共事务及提供公共服务时必然会涉及众多的社会公众。听取公众的意见，与公众保持和谐的关系是公共组织公共关系管理的直接目标，曾经出现的群体性事件是公共组织与公众矛盾冲突的最明显体现。因此，让公民参与到公共政策的制定、完善、修正之中，是公共组织一直重视的问题。尤其是在20世纪60年代中期，公共组织的员工通过多种途径使公民参与到公共组织中来，比如咨询协会、听证会，还有社区论坛等。当前，我国的公共组织也越来越重视公民参与政府工作，这有利于改善公众与政府的关系，提高公众对政府的信任度。

**4. 公众形象管理**

公众形象是指社会公众对公共组织的行为及产生的后果的认知和评价，影响着公众对公共组织的信任度，公共组织应对其各要素及行为进行设计、引导和控制，以提升公众形象。

### (二) 充分利用网络技术

随着网络通信技术的发展，网络化、信息化方法越来越多地被运用到政府服务过程中，近年来，电子政务的兴起就是一个明显的例子。而网络技术在我国行政领域中的广泛应用必然深刻影响政府公共关系。网络技术将有助于扩展政府公关信息的数量和优化其质量，有利于提高公关人员的素质，促使公关组织规模适度，提高政府公关的透明度及增强公众的参与性。但是，网络技术也会引发一些不利于我国政府公共关系的新问题，对政

① 李传军. 公共组织学[M]. 北京：中国人民大学出版社，2008：100-108.

府公共关系管理产生某些消极的影响。因此，我国政府在谋求政府公关网络化支持的同时，需对网络舆论进行引导，避免无中生有，以及不真实的舆论对公共组织的形象造成不良影响。

### （三）与其他团体和组织合作

公共组织所面临的问题不是单凭个体力量能够轻易解决的，越来越多的公共政策的策划和执行都是在特定的政策网络里，通过困难和复杂的交涉和协商来进行的。所以，对于公共组织而言，要构建与其他团体和组织的合作关系。在一个特定的政策网络里使多个团体或机构联合起来有很多途径，下面以社区参与策略和伙伴关系构建为例进行介绍。

**1. 社区参与策略**

组织生存于社区之中，对社区公众的信息交流应该是经常的、充分的。信息交流是一个双向的过程，组织要主动向社区公众介绍情况，让社区及时了解组织的政策、业务状况、主要的经营活动、所能提供的新产品或服务、对社区事务的态度以及组织自己所存在的实际困难以及需要提供的帮助等。同时，还要经常深入社区，了解社区公众对组织的意见和要求。

**2. 伙伴关系构建**

所谓伙伴关系，是指将公共组织与非政府组织、私有组织等联合起来集体行动，达到大家一致认可的目标。那么，要怎样建立一种高效的合作关系呢？哈格罗夫指出："首先，你必须把自己看作'横向的或者水平的'领导者，要意识到互相依赖的重要性，并要使自己脱离那种等级管理的思维定式。其次，你必须从战略上寻求与他人的合作，以便把工作推向前进。为了合作必须与这些人建立共同的愿景，然后把任务和责任分配清楚。再次，必须花费大量的时间实地走访。最后，必须确定这项工作含有'促进因素'的成分，诸如挑战、紧迫感以及对此工作产生极大热情和兴趣的崇高精神。"①

## 【本章小结】

传统上，公共组织的角色定位主要是社会治理以及社会公共服务的垄断提供者。然而，当前公共服务供给质量和效率低下，无法满足公共需求，因此，公共组织应该重新定位其现代角色，主要是价值引导者、服务提供者以及领导者和协调者。公共组织外部关系指与其运行过程发生一定联系的所有外部关系的总和。它具有广泛性、目的性、社会性和复杂性等特性。当前外部关系不断变化，对公共组织的外部关系提出了重大挑战，使得公共组织外部关系进行了转变。因此，公共组织要发展传统技能和新技能。传统技能包括发展与政府的有效关系、与媒体打交道以及做好本组织的代表；而新技能包括倾听公众的意见、公民参与政府工作以及构建与其他团体和组织的合作关系。

---

① [美]珍妮特·V.登哈特，罗伯特·B.登哈特.新公共服务——服务而不是掌舵[M].赵丽江译.北京：中国人民大学出版社，2004：400.

## 【关键术语】

公共组织外部关系　社区参与策略　伙伴关系

## 【思考与练习】

1. 谈谈你对公共组织传统角色的认识。
2. 如何重新定位公共组织的现代角色？
3. 公共组织外部关系有哪些特征？
4. 当前公共组织外部关系环境有何变化？
5. 公共组织外部关系有哪些传统技能？
6. 谈谈公共组织外部关系技能的发展。

## 【推荐读物】

【1】[美]珍妮特·V.登哈特，罗伯特·B.登哈特.新公共服务——服务而不是掌舵[M].赵丽江译.北京：中国人民大学出版社，2004.
【2】[美]森特·奥斯特罗姆.美国公共行政的思想危机[M].毛寿龙译.上海：上海三联书店，1999.
【3】陈振明，孟华主.公共组织理论[M].上海：上海人民出版社，2006.
【4】[美]杰弗里·菲佛，杰勒尔德·R.萨兰基克.组织的外部控制：对组织资源依赖的分析[M].闫蕊译.北京：东方出版社，2006.

# 第十八章

# 公共组织文化与组织环境

【内容结构图】

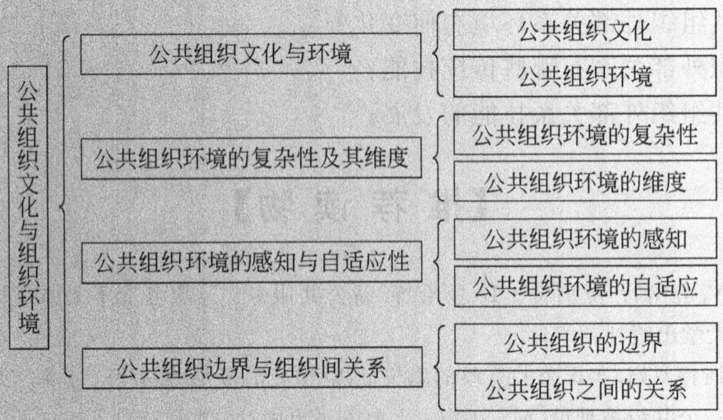


## 案例引导

### IBM：电脑帝国的企业文化

IBM(国际商用机器公司)是有明确原则和坚定信念的公司。这些原则和信念似乎很简单、很平常,但正是这些简单、平常的原则和信念构成 IBM 特有的企业文化。

IBM 拥有 40 多万员工,年营业额超过 500 亿美元,几乎在全球各国都有分公司,对其分布之广,莫不让人惊叹不已,对其成就莫不令人向往。若要了解此企业,你必须了解它的经营观念。许多人不易理解,为何像 IBM 这么庞大的公司会具有人性化的性格,但正是这些人性化的性格,才造就 IBM 不可思议的成就。

老托马斯·沃森在 1914 年创办 IBM 公司时设立过“行为准则”。正如每一位有野心的企业家一样,他希望他的公司财源滚滚,同时也希望能借此反映出他个人的价值观。因此,他把这些价值观标准写出来,作为公司的基石,任何为他工作的人都明白公司要求的是什么。

老汉森的信条在其儿子时代更加发扬光大,小托马斯·沃森在 1956 年任 IBM 公司的总裁,老沃森所规定的“行为准则”,由总裁至收发室,没有一个人不知晓,如:

(1) 必须尊重个人。

(2) 必须尽可能给予顾客最好的服务。

(3) 必须追求优异的工作表现。

这些准则一直牢记在公司每位人员的心中，任何一个行动及政策都直接受到这三条准则的影响，"沃森哲学"对公司的成功所贡献的力量，比技术革新、市场销售技巧或庞大财力所贡献的力量更大。IBM公司对公司的"规章"、"原则"或"哲学"并无专利权。"原则"可能很快地变成了空洞的口号。正像肌肉若无正规的运动将会萎缩一样。在企业运营中，任何处于主管职位的人必须彻底明白"公司原则"。他们必须向下属说明，而且要一再重复，使员工知道，"原则"是多么重要。IBM公司在会议中、内部刊物中、备忘录中、集会中所规定的事项，或在私人谈话中都可以发现"公司哲学"贯彻在其中。如果IBM公司的主管人员不能在其言行中身体力行，那么这一堆信念就成了空口说白话。主管人员需要勤于力行，才能有所成效。全体员工都知道，不仅是公司的成功，即使是个人的成功，也一样都是取决于员工对沃森原则的遵循。若要全体员工一致对你产生信任，是需要很长的时间才能做到的，但是一旦你能做到这一点，你所经营的企业在任何一方面都将受益无穷。

(资料来源：企业文化案例经典，http://wenku.baidu.com/view/0d5a9bcda1c7aa00b52acb2d.html)

## 第一节 公共组织文化与环境

### 一、公共组织文化

#### (一) 公共组织文化概述

Edgar H. Schein(1990)认为，每个文化研究者发展的或清晰或模糊的范式不仅是关键概念定义上发生了偏差，包括整个研究这种现象的途径也发生了偏差。① 越来越多调查者和理论学者开始研究组织文化，规范的描述性研究和分析性研究的投入达到了平衡。② Edgar H. Schein(1990)认为至今我们对组织文化感知的不同研究流派有：第一，调查研究，即将文化作为群体的财产能以Likert问卷的形式进行测量；第二，分析性描述，即将文化视为一个经验性测量的概念；第三，人种学，即社会学与人类学中发展的概念与模式被应用于组织研究中，来进行描述性解释；第四，历史学，即将文化与其他因素清楚地视为组织正当的方面；第五，临床描述，即咨询人员把观察组织现象作为他们的顾客服务的副产品。③

组织文化是共享价值观和信念的模式，价值观是组织文化的核心。按照斯米奇赫(Smircich，1985)的观点，组织文化"是组织拥有的一组相当稳定的假设、共同的意义、价

---

① Barley，Meyer&Gash，1988；Martin&Meyerson，1988；Ott，1989；Smircich&Calas，1987；Van Maanen，1988.

② Barley，1983；Frost，Moore，Louis，Lundberg，&Martin，1985；Louis，1981，1983；Martin，1982；Martin&Powers，1983；Martin&Siehl，1983；Schein，1985a；Van Maanen&Barley，1984.

③ [美]温德尔·L.弗伦奇，小塞西尔·H.贝尔，罗伯特·A.扎瓦茨基.组织发展与转型有效的变革管理[M].阎海峰等译.北京：机械工业出版社，2006：105-107.

值观，它们形成一种行为背景"①。公共组织是组织的一种特殊形式，公共组织文化的内涵和特征均有别于私人组织文化。梁润冰(2003)认为，公共部门组织文化是以"公共服务精神"和"公共精神"为基础的一套价值观体系，是区别于私营部门与第三部门，独具特色的共同价值观和行为准则体系。它反映和代表了公共部门组织成员的整体精神、共同的价值标准、合乎时代的伦理和追求发展的文化素质。② 陈丽维和程慧平(2008)认为，公共部门组织文化是一种可以让员工感受到他们自身存在于公共部门中的价值，同时使员工觉得他们能够分享公共部门成长所带来好处的文化。③ 章文光(2010)立足于公共部门性质的角度，界定了公共部门组织文化。即从广义上讲，公共部门组织文化是指公共部门特有的意识形态以及与之相适应的一系列制度设计和组织结构；从狭义上讲，公共部门组织文化就是指公共部门的意识形态，即在公共部门活动基础上所形成的、直接反映公共部门活动及公共关系的各种心理活动、道德要求、行为方式和精神活动状态的一整套价值观系统④。虽然，公共组织文化和私人组织文化在某些领域上存在着差异性，但二者的本质都脱离不了组织文化的核心部分——价值观。因此，本书主要立足于价值观的视角来界定公共组织文化，公共组织文化是指在一定的环境中，逐渐形成的全体组织成员所共同信奉和共同遵守的价值观，并支配他们的思维方式和行为准则。

哈佛商学院的两位著名教授约翰·科特(John P. Kotter)和詹姆斯·赫斯科特(James L. Heskett)于1987年8月至1991年1月，先后进行了四个项目的研究，依据组织文化与组织长期经营之间的关系，将组织文化分为三类：第一，强力型组织文化。在具有强力型组织文化的公司中，员工们方向明确，步调一致，组织成员有共同的价值观念和行为方式，所以他们愿意为企业自愿工作或献身，而这种心态又使得员工们更加努力。强力型组织文化提供了必要的企业组织机构和管理机制，从而避免了组织对那些常见的、窒息组织活力和改革思想的官僚们的依赖，因此，它促进了组织业绩的提升。第二，策略合理型组织文化。具有这种组织文化的企业，不存在抽象的、好的组织文化内涵，也不存在任何放之四海而皆准、适合所有企业的"克敌制胜"的组织文化。只有当组织文化"适应"于企业环境时，这种文化才是好的、有效的文化。不同的组织需要不同的组织文化，只有文化适应于组织，才能发挥其最大的功能，改善企业经营状况。第三，灵活适应型组织文化。市场适应度高的组织文化必须具有同时在公司员工个人生活中和公司企业生活中都提倡信心和信赖感、不畏风险、注重行为方式等特点，员工之间能够相互支持，勇于发现问题、解决问题，并且有高度的工作热情，愿意为组织牺牲一切。

### （二）公共组织文化的作用

公共组织文化是一种特殊的组织文化，是公共组织在发展过程中被组织成员所认同的一系列价值体系和信念系统，它制约和影响着公共组织成员的心理和行为，进而对公共

---

① [美]理查德·H. 霍尔. 组织：结构、过程及结果(第8版)[M]. 张友星等译. 上海：上海财经大学出版社，2003：103.

② 梁润冰. 跨越官僚制再造组织文化——我国公共部门"企业家文化"的构建[D]. 云南行政学院学报，2003(2).

③ 陈丽维，程慧平. 公共部门组织文化创新[J]. 科学与管理，2008(4).

④ 章文光. 公共组织行为学[M]. 北京：北京师范大学出版社，2010：264.

组织的绩效产生重要影响。虽然，公共组织文化是公共组织的灵魂，其能够对组织运作产生良好的影响，但也会对组织产生一些消极的影响。

**1. 公共组织文化的正面影响**

公共组织文化是公共组织的灵魂，其能够对公共组织产生价值导向、行为规范、组织风格、精神激励、组织凝聚功能。

1）公共组织文化的价值导向功能

公共组织文化的价值导向功能是指它对组织成员行为取向的价值导向功能。组织文化的这种价值导向作用起着约束组织成员思维方式和行为方式的作用，它使组织成员的思维方式和行为方式趋于同一性。

2）公共组织文化的行为规范功能

公共组织文化表达了组织成员对公共组织的一种认同感，其能够对公共组织成员产生一种约束作用。公共组织文化主要是指通过组织的规章制度、行为准则及价值观，对公共组织内的每个成员产生约束和规范作用，使组织成员的行为趋向一致性。

3）公共组织文化的组织风格个性

组织文化起着确定组织边界的作用，它是每个组织区别于其他组织的一种表现。先进的文化理念可提高企业形象的美感度，增加品牌的附加值，是组织个性的一种标志。

4）公共组织文化的精神激励功能

文化作为一种意识形态和控制机制，对组织成员的行为和态度具有引导、激励的功能。为了不断激发组织成员工作的积极性和主动性，组织文化的精神激励功能被越来越多的研究者所关注与研究。不少学者认为，一个优秀的组织文化能提升组织成员工作的满意度，对组织成员产生重要的激励作用。

5）公共组织文化的组织凝聚功能

组织文化一旦形成，就具有稳定性的特点。这种稳定性表现为一种组织的行为模式，并成为一种组织风格。公共组织文化是一种社会黏合剂，它通过为组织成员提供恰当的言行举止标准，而把整个组织成员聚合起来为共同的组织目标而努力工作。公共组织文化的凝聚功能主要是指将组织成员紧密地联系起来，为了实现共同的组织目标而努力的观念、行为和文化氛围。

**2. 公共组织文化的负面影响**

事物都是一分为二的，公共组织文化也不例外。我们在享受公共组织文化为组织带来好处的同时，也应该注意到组织文化所产生的负面影响。

1）公共组织变革的障碍影响

公共组织变革是组织生存和发展过程中的永恒话题。公共组织变革既有被动的适应性调整，也有主动的引领性调整。公共组织文化是组织在发展过程中积累下来的，具有较强的稳定性，不易改变。在主动性公共组织变革中，公共组织文化确实能够对公共组织变革产生促进作用。相反，在被动性公共组织变革中，公共组织文化则会对公共组织变革产生阻碍作用。因为公共组织文化通过共享价值观能使组织成员的行为呈现较高一致性，这会成为公共组织变革的束缚。

2）公共组织活力的压制影响

公共组织成员的多样性，有利于给公共组织带来更多的活力，进而激发公共组织自身的创造性和创新性。但过于强调组织文化的公共组织会使组织成员将自身行为主动地约束或调整为组织价值观和组织文化风格倡导的行为取向。因此，即使组织强调招聘录用新成员的多元性，但组织成员的多样性将会在强文化的组织运作过程中被磨合掉，进而背离招聘的初衷。

3）创新的障碍

创新被视为任何组织取得成功的关键因素。当今公共组织面对日益激烈的竞争环境，经济全球化致使它们的操作业务已超越了传统的固定边界，甚至逐步向无边界化组织演化。创造力和创新经常是潜在进行的，因为人们知道新思想将不会受到欢迎或不会被认真地考虑。在保守的组织文化中，显然是不提倡也不支持成员的创新性想法和活动，组织成员长期在保守组织文化的熏陶下，就会逐渐失去创新的意识和积极性。因此，组织文化在一定程度上会阻碍公共组织创新的活动。

## 二、公共组织环境

组织系统必须在特定的环境中存在和运行，公共组织也不例外。公共组织环境是一切公共管理活动进行的前提和基础，是所有能够影响公共管理系统、公共管理组织以及公共管理人员的活动与行为的多层次、多方面和多种类型因素的总和。公共组织环境既为公共组织提供各种必要的资源，又对公共管理活动形成制约。一般而言，可以将公共组织环境划分为生态环境、社会环境和国际环境。但在这里我们主要从较为广泛的组织环境入手，剖析公共组织环境。

### （一）组织环境

组织环境是组织分析的一个主要部分，所有组织都受其所处环境影响。所谓环境，是指“所有外在于被研究的总体，并且能对被研究的总体发生实际或潜在的影响的因素”(Hawley，1968)。斯廷奇孔贝尔(Stinchcombe，1965)就环境和组织形式间的接口所进行的研究认为，有着特殊目的的组织承担着不同的社会功能，诸如经济生产、保安、教育、政治行动及军事行动；不同社会、不同级别的组织都是如此。①

组织环境是指一切存在于组织外部并能够对组织绩效产生现实和潜在影响的因素。现实影响因素包括供应商、消费者、政策制定者和竞争者等；潜在影响因素包括文化、政治和经济环境内的间接因素。艾默里和崔斯坦根据环境与组织之间相互依存的来源和特点，描述了随机分配环境、群组分配环境、抗干扰环境、混乱环境等四种环境类型②。系统学派认为在一个经常变动的环境中，需要通过对一个组织内部的物质的、生物的、社会的

① ［美］理查德·H.霍尔.组织：结构、过程及结果(第8版)［M］.张友星等译.上海：上海财经大学出版社，2003：226.

② ［美］杰弗里·菲佛，杰勒尔德·R.萨兰基克.组织的外部控制——对组织资源依赖的分析［M］.北京：东方出版社，2006：70.

各种因素的复杂性质的平衡来保证组织的生存。组织是一个受环境所影响，并反过来影响环境的开放系统。

### （二）组织环境的内容

任何组织都是在一定的环境中开展活动的，环境的特点及其变化必然制约组织活动方向和内容的选择。外部环境是组织存在的土壤，它既为组织活动提供条件，也对组织的活动起制约作用。组织环境虽然是一个整体，但还是可以将组织环境进行分类。以下讨论中我们将组织环境细分为技术环境、法律环境、政治环境、经济环境、人口状况、生态环境和文化环境。[①]

**1. 技术环境**

伍德沃德（Woodward，1958，1965）和佩罗（Perrow，1967）的研究激发了组织分析学界对技术的兴趣。[②] 组织在一个不确定的、动态的技术环境下所展现的结构和运作过程，与那些在较为不确定、不变的技术环境下运转的组织是不同的。重要的是，要认识到组织对技术环境的反应，组织对技术变化的反应不单单是简单地吸收。每种组织对技术和其他环境条件的反应在组织内部都分为"激进"和"保守"两种。"组织结构与技术进步互为因果，这一点越来越明显。公司、产业、国家层面上所有的组织影响着技术进步，而技术进步反过来又影响着这三个层面上所有的组织以及全球经济层面上的组织的结构"（Tushmantt and Nelson，1990）[③]。

**2. 法律环境**

法律制度是制度理论家们所认可的"强制性"力量的一个重要因素。法律环境是组织发展过程的另一个重要环境维度。许多组织越来越重视法律人士和其他专家在理解和保护组织利益中的重要性。Priest 和 Rothman（1985）认为法律人员担任首席执行官的趋势，表明了法律环境对组织的重要性。组织会主动关心一些领域中的法律制定，甚至会试图采取适当的策略促进利于自身发展的法律通过，而阻止那些阻碍自身发展的法律方案通过。Champagne，Neef 和 Nagel（1981）认为各种领域的组织都试图采取适当的法律策略，挑选适当的政府机构为目标，在法律和规章制度的形成过程中，组织通过游说活动而成为重要的行动者。因此，新旧的法律环境都会对组织的生存与发展产生重要的影响，有时组织必须动用资源从事游说活动。

**3. 政治环境**

所谓政治环境，就是指组织所在国家或地区在一段时期内的政治社会背景，比如政府是否经常变更、政策是否经常变动、政党是否轮流执政、外交政策、税收政策、社会稳定性、国内危机、恐怖主义等。虽然有些抽象，但政治环境对组织的发展，尤其是商业组织的发

---

① ［美］理查德·H. 霍尔. 组织：结构、过程及结果（第 8 版）［M］. 张友星等译. 上海：上海财经大学出版社，2003：228-235.

② ［美］理查德·H. 霍尔. 组织：结构、过程及结果（第 8 版）［M］. 张友星等译. 上海：上海财经大学出版社，2003：98.

③ ［美］理查德·H. 霍尔. 组织：结构、过程及结果（第 8 版）［M］. 张友星等译. 上海：上海财经大学出版社，2003：102.

展有着重要的影响。例如，政治环境对跨国公司的运作有着内部和外部双重影响，外部影响主要是东道国的政治情况对公司的影响，而内部影响则是公司在东道国的产品经营策略和管理行为的影响。

**4. 经济环境**

更明显的环境条件就是组织生存发展过程中面临的经济环境。很多成功的企业家都非常关注组织外部经济环境的变化，都将其视为影响组织发展的一种关键性变量。经济环境的变化对任何组织都是一个重要的约束条件，特别是在经济衰退、萧条和通货膨胀情况下更是如此。经济环境的变化对组织生存发展中各个维度的影响力并不是均衡的。在经济萧条时期，组织可能消减那些对其总目标而言重要性最低的项目。组织制定的项目方案随着组织面临的经济环境变化而变化，在经济环境情况恶化的条件下，组织领导者往往会放弃比较不重要的项目。在私人组织中，受经济环境的影响来得更显著，私人组织的成败也需要由竞争的市场环境来检验。公共组织也不例外，各级政府机构的经验反复证明，在争取预算方面的竞争是残酷的(Wildavsky，1964)。

**5. 人口状况**

人口状况也是经常被忽略的一个环境因素。组织内的人口状况对组织的许多重要问题，如组织绩效、创新、调整适应能力、营业额以及组织间的联系等都有影响(Pfeffer，1983)。对于使用外部劳动市场的组织来说，环境的人口状况可以在组织内部得到反映。

**6. 生态环境**

与人口状况联系在一起的是组织面临的整体生态环境。对组织而言，与之来往的组织及其所处的环境，构成了该组织的社会生态系统的重要内容。组织对环境的影响也得到了充分的体现，如一些组织污染环境，而另一些组织则在治理环境污染。更微妙的是环境对组织的影响，如气候、地理等诸多因素。尽管生态环境因素通常是常量，而且只有在特殊的环境中才会发生变化，但是，在对组织进行全面的比较分析时，这些条件是不能忽略的。康德瓦拉(Khandwalla)指出，在一个完善的环境中，组织结构会出现分化。[①]

**7. 文化环境**

对组织文化环境进行概念化操作则比较困难。但与文化有关的问题并不止于民族文化这一点。尽管民族文化对组织有影响已是人们的共识，但在对组织的形式和运转方式起决定作用的诸多因素中，文化因素的作用是否超过了其他因素还不是很清楚。文化对组织结构是重要的，对一个组织形成未来战略的方式，它也有重要的影响(Scheider，1989)。即使是在单一社会结构下，文化也并非是一个常量。文化与组织间的关系并非是单方向的，组织可以通过公共关系活动来努力影响文化价值。随着 20 世纪 80 年代的组织纷纷寻求“卓越”的组织文化，人们开始重新强调内部文化因素的重要性(Peters and Waterman，1982)。[②]

---

① [美]理查德·H. 霍尔. 组织：结构、过程及结果(第 8 版)[M]. 张友星等译. 上海：上海财经大学出版社，2003：104.

② [美]理查德·H. 霍尔. 组织：结构、过程及结果(第 8 版)[M]. 张友星等译. 上海：上海财经大学出版社，2003：103.

# 第二节　公共组织环境的复杂性及其维度

## 一、公共组织环境的复杂性

### （一）公共组织复杂性的基本特征

环境的复杂性是一个重要的因素，因为随着复杂性的增加，环境中的活动和面临各种情形的数量也随之增加。组织应对复杂性的方法是将活动限定在一定的专业范围之内（Aldrich，1979）。[①] 通过对公共组织行为表象的观察，不难发现公共组织具有以下基本特征。

**1．非线性**

公共组织处于不断的发展变化之中，这种过程存在着很大的不确定性和内部随机性。由于公共组织内部组成部分间的相互作用是非线性的，使得公共组织的整体具有自身特殊性，并表现出公共组织成员所不具有的特性。同时，公共组织中一些初始状态的微小变化常常造成公共组织运动结果的重大转变。

**2．动态性**

公共组织存在和发展的最根本动力就是公共服务，随着科学技术的发展和公众需求的不断变化，"以不变应万变"的公共组织很难得以继续生存。现代公共组织始终处于动态的变化和发展之中，它对公众需求的响应速度、组织变革的合理性在一定程度上决定了公共组织的成败。公共组织自诞生之日起就随着时间而变化，经过公共组织内部和组织与环境的相互作用，不断适应、调节，通过自组织作用，经过不同阶段和过程，向更高级的有序化发展，以适应变化与发展的要求。

**3．开放性**

公共组织的开放性源于公共组织对外部环境的开放。现代公共组织和外部的政治、经济、技术环境之间的联系更加紧密，通过和外部环境之间相互作用、相互影响，进行信息、能量和物质的交换。为了能够在激烈的社会环境中得以发展，公共组织不得不向更加有利于适应外部环境变化的方向发展。同时，公共组织的边界逐渐模糊，呈现了无边界的趋势，在社会、市场和公众之间存在着可渗透、可连续变化的边界和接口。

**4．多样性**

公共组织是由大量不同层次、不同类型的组成部分相互作用构成的，组成部分具有多样性并且各部分之间存在广泛而大量的联系。公共组织具有多层次、多功能结构，公共组织在发展过程中能够不断地学习并对其层次结构与功能结构进行完善，组织内部的各个组分之间共同演化、共同进步。公共组织中各个组分都存在着大量的联系，任何一部分的变化都和其他部分的变化相关联。

---

① ［美］理查德·H.霍尔.组织：结构、过程及结果（第8版）［M］.张友星等译.上海：上海财经大学出版社，2003：247.

### （二）公共组织环境复杂性

#### 1. 内部环境复杂性

随着现代公共组织机构的不断改革，组织内部的各种人际关系、物际关系、事际关系变得越来越复杂。首先是组织结构趋于复杂，体现在组织内部的结构层次，以及相互之间的错综复杂关系；其次是组织内部的状态趋于复杂，组织目标及其影响因素是动态的、不稳定的；再次，组织内部为了适应外部环境的变化，诸如集权与分权、计划与控制等组织管理问题也变得更加复杂，呈现出高度不确定性。

公共组织的内部环境还包括公共组织文化，由组织内部所共享的具有显性特征的规章制度、规范条例和具有隐性特征的价值观、风格特征等内容构成。公共组织文化是对组织的一种感知，在每个公共组织中，都存在随着时间演变的价值观、信条、仪式及实践的体系或模式，这些共同的价值观在很大程度上决定了公共组织成员对周围世界的反应。公共组织文化是动态开放的，始终处于变化之中，并且不断地和外部环境进行着交换，其具体的形成过程及演化规律是极其复杂的。公共组织文化具有多样性和强弱之分，它对公共组织实践的影响具有不确定性。

总之，公共组织的内部环境中，体现出很强的非线性、不确定性、多样性、开放性和动态性等复杂性的典型特征。

#### 2. 外部环境复杂性

在新经济环境下，现代公共组织的外部环境是极其复杂的。全球化带来了瞬息万变、激烈竞争、残酷淘汰的市场经济环境，动态、开放、不确定成为新社会的重要特征；同时，全球化也带来了不同政治和文化背景，这种复杂环境又具有多维度。市场竞争已经由“二战”后的相对稳定转变为复杂的动态竞争，竞争对手体现出越来越多的不确定性。公众对公共组织出台的政策和服务要求越来越挑剔。同时，公共组织赖以生存的生态环境正面临着前所未有的压力，影响公共组织发展的各种输入、输出、干扰因素，以及其他的物质条件、能量条件、信息条件也越来越多，并趋于不确定。可以说，公共组织的外部环境正经历着前所未有的复杂性。

1）一般环境复杂性

公共组织的一般环境是指公共组织之外的对公共组织可能产生影响的非特定因素，通常包括经济环境、技术环境、社会文化环境、政治法律环境和国际环境等。因此，公共组织一般环境的复杂性可分为经济环境因素、技术因素、社会文化因素、人文法律因素和国际因素的复杂性等，它们之间相互作用，共同构成了公共组织外部的一般环境复杂性。

第一，经济环境的复杂性。经济环境是指公共组织所处国家或地区的整体经济发展状况，它包括经济发展趋势、物价水平、劳动力水平以及政府的财政金融政策等内容。由于经济环境的构成要素复杂，且存在着诸多的不稳定和不确定性因素，难以预测，容易引发经济和金融危机，从而给公共组织的决策和管理带来很大的难度。

第二，技术因素的复杂性。在当前公共组织的外部环境中，技术因素是变化最为迅猛的要素。新技术层出不穷，能否熟练掌握及运用新兴技术对于公共组织来说具有很大的不确定性。当前，电子政务的运用及推广已迫在眉睫。

第三，社会文化环境的复杂性。公共组织处于社会之中，随着社会价值观、文化背景的变化，相应的管理活动也要做出调整。由于目前社会价值观、文化背景的多元化，没有统一的发展规律和变化模式，人们的思维变化存在很强的不稳定和不确定性，进而构成了企业组织的社会文化复杂性。

第四，人文法律环境的复杂性。政治法律环境包括政局的稳定性、国际关系以及影响公共组织的法律、法规等。由于国家之间政治体制不同，政治法律之间存在差异，即使在同一个国家，不同的领导人也会制定不同的政治和法律规则，而且这种法律、法规的变动规律难以预测、把握和控制，所以也存在着不确定因素。随着后现代主义的出现，公众对政府及公共组织也提出了更高的要求。

第五，国际因素的复杂性。“地球村”时代的到来，使众多公共组织面对的社会问题不得不随之扩大化。许多公共组织必须利用全球资源最优化配置，才能够较好地处理一些跨越国界、跨越地区的社会性问题，这就为公共组织社会管理和公共服务添加了很大难度。

2）任务环境复杂性

任务环境是指对公共组织构成影响的某些公共组织，虽然，不同公共组织所面临的任务环境会因为自身性质而有很大的差异，但构成公共组织任务环境的几个主要成分是类似的。

第一，决策的复杂性。决策复杂性的外在化表现为政策，通过制定的各种政策来体现公共组织对各种社会问题的参与程度，政策能否为社会创造一个良好的宏观环境以及政策的相对稳定性对社会组织的发展有着重大影响。

第二，公众需求的复杂性。公共组织对公众复杂性的了解，影响着公共组织社会管理和提供公共服务的能力。了解公众的喜好和需求，发现其潜在需求，有利于公共组织赢得公众信任。公共组织若能预先了解公众复杂性，深入挖掘公众需求复杂性的潜在内涵，对公共策略做出调整，并能引导公众需求，将潜在内涵外部化，就能赢得良好的公众信任。

第三，执行手段的复杂性。随着后现代主义的发展，面对网络的应用和推广，电子政务的广泛实施呼之欲出，互联网要求公共组织决策和执行更公开、更透明，民众要求更广泛地参与到公共组织政策制定和执行中来，这使得任务变得更加复杂。

3）边界复杂性

从组织边界的构成来看，组织存在着内部组成部门之间的边界以及组织之间的边界，组织边界又有实态组织边界和虚态组织边界之分。但也有学者认为组织的边界应该以活动的范围来划分，一个组织在不同的活动中，其边界也是不同的。有的学者甚至认为应该超越对组织的静态理解和分析，应把组织看作动态的过程。例如，组织的子组织看似各有边界，其实是不同活动的表现形式而已。以下主要从部门边界和组织边界两方面分析公共组织边界的复杂性。

第一，部门边界的复杂性。由于公共组织的建立依据分工和职能制的原则，必然在组织框架中存在着许多的相互联系、相互制约，甚至又相互冲突的部门，自然形成了实态边界。虚态边界则是基于部门之间的实态边界形成的。组织按职能制的原则划分了若干个部门，由于部门之间的利益、职权分配等问题，很快便形成了部门之间心理上的边界，这种心理边界就是虚态边界。

第二,组织边界的复杂性。随着社会需求的变化和全球化的来临,公共组织的生存环境变得越来越复杂,越来越多发现仅仅依靠自身的资源和能力,难以抓住动态、快速且复杂多变的市场机遇。为求发展,公共组织要突破自身的组织界限,谋求组织模式在更大范围的变革,虚拟组织和动态联盟等新型组织模式的出现就体现了这种复杂性。

## 二、公共组织环境的维度

### (一) 组织环境的维度

当今世界正处于全球经济化的特定时期,公共组织该如何面对环境的不确定性、如何迅速制定新的战略,构建新的核心竞争力,也就是如何发挥组织协调战略功能,将是公共组织中迫切需要解决的问题。这也已成为组织理论学者及组织管理专家迫切需要研究的时代课题。Aldrich(1979)认为对环境的各方面进行分类应运用更多的分析元素。菲佛和萨兰基克将环境的结构性特点分为集中、丰富及相关性三种,[①]认为环境的维度在一定条件下是相关的,并将环境维度间的关系描述为线性关系(见图 18-1)。图中,环境的结构性特点从社会参与者之间的关系中区分出来,二者又都与不确定性有差异,而不确定性被视为结果。环境的三个基本结构性特点分别为集中,即环境中的力量和权威分散的程度;丰富,即关键资源的稀缺性;组织间的相关性,即连接的数量和方式。这三种结构性特点共同决定社会参与者之间的关系,尤其是社会系统中呈现出的冲突和相互依赖程度。

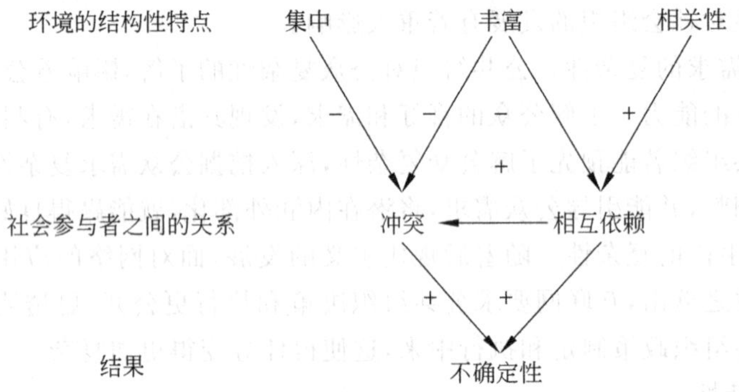


**图 18-1 组织环境的维度之间的关系**

尽管奥尔德里奇的分析维度与刚刚分析的组织环境内容相关维度可能有些交叉,但这里我们还是以奥尔德里奇列举的环境容量、环境的同质性—异质性、环境的稳定性—不稳定性、环境的集中—分散、领域的一致—相异、环境混乱等六个维度进行分析。[②]

---

① [美]杰弗里·菲佛,杰勒尔德·R.萨兰基克.组织的外部控制——对组织资源依赖的分析[M].北京:东方出版社,2006:75.

② [美]理查德·H.霍尔.组织:结构、过程及结果(第8版)[M].张友星等译.上海:上海财经大学出版社,2003:236-238.

1. 环境容量

组织环境容量实质上是组织环境资源的多少问题。如果环境容量丰富并不断成长，就会给组织带来丰富的资源；反之，组织的资源短缺会更加严重。

2. 环境的同质性—异质性

环境的同质性与异质性则主要是指组织环境内部的相似性程度。奥尔德里奇认为，同质性环境对组织而言是较简单，有利于组织发展出一套标准性的反应体系。在现实生活中，有许多商业组织主要是通过产品、客户和市场来提升组织环境的同质性，而公共组织则通过将那些不适合的服务项目或范畴承包或转移出去，来提升其组织环境的同质性。

3. 环境的稳定性—不稳定性

组织环境的稳定性维度是指环境中的组成部分或要素受环境影响的程度。与同质性维度一样，稳定性是指组织内被许可的标准化。不管在生活中还是组织中，环境的不稳定性都会导致结果的不确定性和不可预测性。组织环境中的经济、技术、法律、外部关系等方面都是具有不稳定性的，它们任一维度的变动均会导致组织的生存与发展受到影响。如果环境中的不确定因素很多、变化很快，环境经常处于变动之中，组织就很难准确把握各种信息，进而影响决策；反之，将有利于组织迅速、准确地做出决策。

4. 环境的集中—分散

组织环境的集中—分散维度是指环境要素的区域集中分布程度。环境各要素是集中分布在一个区域还是多个区域，环境的集中—分散维度对组织的发展具有重要的影响。例如，资源型组织的地理区位较多选择在靠近资源的区域或交通方便的位置，这样有利于降低组织的运行成本。

5. 领域的一致—相异

每个组织都会拥有自己特定的客户群体，进而在市场中占有一席之地。该维度与组织所拥有的“势力范围”关系非常密切。所谓领域的一致—相异，就是指组织所拥有的领域引起其他组织争论的程度。其中，领域一致性是指有利益关系的一方同意某一特定组织有权力，也有责任以某一种特殊的方式经营某一特定的领域，而领域的相异性则相反。例如，跨国公司在国外市场开拓过程中，总是试图通过获得立法或规章制度的保护来达到领域一致，从而赢得进口配额、关税减免和对某一销售区域的独家经销权。公共组织在公共领域的服务项目中，也会经常出现责任与权力的一致性或相异性。

6. 环境混乱

环境混乱维度与环境稳定性—不稳定性维度十分相似。在奥尔德里奇的环境维度分析中环境混乱是一个让人难以理解的维度。因为混乱意味着环境各维度间存在着复杂关系，其不再单单是涉及环境中某一维度的内容，其往往会涉及多个维度及维度间的复杂关系。在维度复杂关系中可能会出现维度间的因果关系、相互关系、关联性等情况，造成在理解该维度时不得不以系统性、全面性的视角对其加以理解。因为环境混乱不仅仅是环境维度中的单一性与简单性，其更是具有环境分析中的多维性和复杂性。

德斯与比尔德(1984)在奥尔德里奇研究成果的基础上，将以上环境分析的六个维度缩减为资源丰富(容量)、复杂性(同质性—异质性、集中—分散)、动力性(稳定性—不稳定性、混乱)三个维度。他们认为这三个维度就能抓住奥尔德里奇理论的实质。在环境内容和环境分析维度结合起来基础上,我们可以把内容维度和分析维度结合起来(见表 18-1)。此外,在分析组织是如何感知环境之前,必须考虑环境的另一个特征——环境自我组织的程度(Jurkovich,1974)。尽管它没有被纳入上面的分析维度中,但它对组织的影响也是非常大的。例如,具有组织性的消费者和独立的消费者个体对组织的重要性和威胁性都来得大。

表 18-1 环境的维度

| 内容条件 | 分析的类别 | | |
|---|---|---|---|
| | 资源丰富 | 复杂性 | 动力性 |
| 技术<br>法律<br>政治<br>经济<br>人口<br>生态<br>文化 | | | |

(资料来源:[美]理查德·H.霍尔.组织:结构、过程及结果(第 8 版)[M].张友星等译.上海:上海财经大学出版社,2003:102.)

### (二)组织与环境的关系

赫伯特·考夫特(1960)对美国林业局的研究,表明了环境因素对形成公共组织活动具有重要意义。[①] 面对环境压力,不同组织的脆弱性不同(Jacobs,1974)。[②] 一个良好的组织都会时时关注自己外部环境的变化,以便主动积极应对。外部环境对组织的发展有着决定、制约、促进等影响,组织应该学会对环境做出适应。所谓组织适应环境,就是指组织对其所处环境的察觉和反应。组织对环境的适应有两种基本形态:一是消极被动地应对;二是积极主动地适应。

在以上环境分析维度中,无论组织是主动性适应或被动式应对,环境都会对组织产生影响。第一,对环境依赖性越强的组织,受到环境的影响就会越大。例如 20 世纪 70 年代和 80 年代早期,严重依赖外国资源型的商业组织其受到国际政治因素的影响往往非常大,但对环境的抵抗力却极其脆弱。同时,如果一个组织对环境因素的抵抗力比较脆弱,它就会主动地对环境做出反应。有若干项研究已经表明,组织正规化程度的不断提高和普遍的"紧缩"状态往往与强大的环境压力有关(Boddewyn,1974;Freeman,1973;

① [美]罗伯特·B.登哈特.公共组织理论(第 3 版)[M].扶松茂等译.北京:中国人民大学出版社,2003:95.

② [美]理查德·H.霍尔.组织:结构、过程及结果(第 8 版)[M].张友星等译.上海:上海财经大学出版社,2003:240.

Khandwalla,1972;Pfeffer and Leblebici,1973)。[①] 第二,对环境依赖性较弱的组织,其也会受到环境的影响。在某种程度上,任何组织都依赖于环境。每个组织都会根据外部环境的变化和自身对环境的依赖性来调整组织的战略和目标,来化解组织所面临的外部环境压力。外部环境压力的出现往往会给组织带来一定程度的紧张感,环境压力对组织的作用是比较特殊的。因此,组织应对环境的战略中,关键在于积极适应,甚至影响组织自身的外部环境。

### (三) 公共组织与外部环境的相互作用

Aldrich(1979)认为,环境的两大特征是信息不确定性和环境依赖性,结合在一起显示了组织受环境制约的程度和由此必须对环境的要求做出反映的程度(见图 18-2)。[②] 例如,当信息不确定性和资源依赖性都很低时,组织在环境中有最大的自由空间,组织具有相对独立性。当信息的确定性和资源依赖性增加时,组织就会面临较大的约束并必须对外部要求负有更大的责任,组织必须正确地和主动地对环境做出反应。

| 信息不确定性 \ 环境依赖性 | 低 | 高 |
|---|---|---|
| 低 | 最小的环境约束和无须对环境做出反应 | 适当的环境约束和对环境的反应 |
| 高 | 适当的约束和对环境做出反应 | 最大的环境约束和需要对环境做出反应 |

**图 18-2　环境因素和组织活动**

所有的组织成果都建立在相互依赖的原因和根源的基础之上,公共组织也不例外。公共组织环境具有广泛性、复杂性、动态性等特点,公共组织与环境也存在着互动作用。主要表现在以下两方面:第一,外部环境决定、影响和制约着公共组织的发展。任何组织都是在一定环境中进行活动,环境的特点及其变化会制约组织活动方向和内容选择。公共组织目标的设置、机构建立、运行机制、活动方式和管理手段的确定,既要受制于一定的环境,又要随环境的变化而不断加以调整。第二,公共组织对外部环境具有能动作用。公共组织对其外部环境并不是无能为力,公共组织是可以对其环境因素施加一定影响的。公共组织对环境有能动的反作用,既可以改造环境,促进组织发展,也可能对环境发生消极作用,阻碍组织的发展。公共组织可以通过改变或控制一些环境因素来改变环境的不确定性。良好的公共组织外部环境有利于公共组织社会管理能力的提升,有助于公共组织自身管理目标的实现。

---

① [美]理查德·H.霍尔.组织:结构、过程及结果(第 8 版)[M].张友星等译.上海:上海财经大学出版社,2003:241.

② [美]托马斯·卡明斯,克里斯托弗·沃里.组织发展与变革(第 7 版)[M].北京:清华大学出版社,2003:552.

# 第三节 公共组织环境的感知与自适应性

## 一、公共组织环境的感知

要理解组织环境是如何影响一个组织的，有必要对三个层次的环境进行区分。第一层次，环境由个体系统和组织组成，这些相互连接而成一个整体系统，这些组织也相互关联，并且以组织事务与中心组织相联结；第二层次，环境由与组织相互作用的一系列个体和组织组成，组织就是在这个层次上体验环境的；第三层次，环境可以概括成组织对环境的理解和描述层次，即组织改造了环境。① 公共组织外部环境是指公共组织之外的系统，包括共同构成公共组织的自然与社会影响因素。各个外部系统与公共组织系统之间联系的紧密程度并不是同等的，它们之间有着不同的间距。可以依此将其分成距离较远的外部系统、距离较近的外周系统、距离最近的外周系统。依据与公共组织系统距离的远近，外部系统分为公共组织的一般环境、具体环境和团体环境。环境感知是指间接地反映了公共组织中的内在特征和外在因素之间相互关系的模式。通过测度、认识、评价公共组织环境，并按照整体目标、价值、行为方式对其加以引导、改造，将能进一步增强公共组织的整合力，从而保持组织的和谐与稳定。

第一，环境必以动态发展，组织须以开放和主动地面对。组织的复杂性就在于，它处于一个动态发展的环境中，动态就意味着环境自然会给它带来永恒的不确定性。公共组织只有采取开放和主动的态度才能生存与发展。在公共管理的传统理论中，管理学家探讨得比较多的是闭合系统战略。这种战略关心的是组织目标与效率的问题。正如上面所言，采取封闭性的模式可以减少组织内部的不确定性，充分利用组织中的资源以达到高效化。从泰勒的科学管理、古利克和厄威克的行政管理，一直到韦伯的官僚制组织，其研究的重点都是服从于组织的封闭性体系的。正如汤普逊所指出的："复杂的组织乃是一个由相互依赖的成分构成的组合，这些成分结为整体，每个部分都对整体做出贡献，而整体又给部分以支持，整体继而又同某些大环境相互依赖。"这样，仅考虑封闭性就不够了，必须加强对环境的感知，实施组织的开放性。

第二，在组织对社会开放过程中，从社会中"吸收"某些新的因素到组织的领导层或决策体系之中，因而避开危及组织的稳定与生存的"吸纳"技术是非常有必要的。这种开放性的"吸纳"，可以将环境中潜在的威胁集团或存在异议的分子纳入组织之内，并最终形成认同与共识。

环境总是一种客观的限制，而且每个人的理性总是有限的。组织应当对这一系列外部环境因素能敏锐地感知，并及时做出相应的调整。因此，"行政整合"可能是当今公共组织为适应瞬息万变的环境所采取的较为有效的战略举措。

## 二、公共组织环境的自适应

自组织是指系统内有序结构的形成过程。德国的 H. Haken 认为，以组织进化视角，

① [美]托马斯·卡明斯，克里斯托弗·沃里．组织发展与变革(第 7 版)[M]．北京：清华大学出版社，2003：552.

可以将其分为他组织和自组织两类。其中，他组织是指借助外部指令而形成的系统；自组织是指系统按照相互默契的规则，各尽其责而又协调地自动地形成的系统。而自适应，则是指系统对外部因素变化而进行自我调适的过程。组织系统的自适应有以下三层含义：第一，自主性。我国经济体制从计划经济向市场经济的转变，要求组织自主发觉、主动负责任，自主适应环境，对自己的行为负责。第二，自行性。借用自我控制原理，组织对行为发展过程的偏差有自行纠错功能。第三，自动性。要求组织作为生命有机体，自动适应环境，根据环境的变化特征及变化趋势，主动调整其目标、功能、结构和行为以保持与环境的协调。

环境自适应性是动态复杂环境对公共组织提出的基本要求，也是公共组织应具备的基本素质之一。公共组织环境具有偶然性、不确定性和相互依赖性，对公共组织具有内部的权力和控制力的分配影响。公共组织自适应的机理反映在公共组织调整目标、功能、结构以适应环境，环境变化又受公共组织自身功能、结构的制约。公共组织目标的定位与调整是基于环境发展和公共博弈做出的战略思考，组织的功能和资源配备、结构的调整应当根据完成目标的最佳方式来设置。反过来，公共组织功能、资源配备和结构作为公共组织的一方面，又限制了公共组织在环境中的目标定位。因此，公共组织自适应机制应具备两个功能：一是自动调整自身与环境之间动态平衡的功能，称作调序功能；二是自动维护组织内部相对平衡的功能，称作保序功能。

公共组织生存的关键在于如何在日益动态化和复杂化的社会环境中获取和维持资源的能力。如果公共组织不能适应其运作所依赖的环境，那么其生存问题将会变得非常困难。对环境需求的管理并不意味着公共组织应该完全服从外部环境的变化，而是要求公共组织积极有效地适应外部环境，这种有效性的获得是对外部环境的感知和需求进行深入了解的结果，尤其是对那些为组织提供资源和支持的环境因素进行适应的结果。增强环境自适应，主动保持与环境的协调是公共组织发展的客观要求，也是公共组织得以生存和发展的重要前提。应对环境动态性的最好方法便是响应这种“动态”，这要求公共组织在自适应机制引导下，加强公共组织的柔性和敏捷性能力，才能使公共组织适应日益动荡的不确定性。①

## 第四节　公共组织边界与组织间关系

### 一、公共组织的边界

边界起源于系统理论，主要用于区别不同区域、物体或事物的界限，并将其区分开来。在系统研究中，边界是一个非常基本的概念，系统与环境之间存在着边界，子系统与整体系统之间存在着边界，一个子系统与其他子系统之间也存在着边界。② 边界是系统与其周围环境相互作用的领域，国家之间、区域之间、管辖范围等都存在着边界问题。企业作为组织的一种重要类型则始终是经济学家和管理科学家研究的重点领域，他们对于组织

① 张霄山，徐剑，乔芳丽，王建果. 企业系统：柔性·敏捷性·自适应[M]. 中国经济出版社，2007：29-30.

② 严广乐，王浣尘. 边界沉思[D]. 管理科学学报，2000(1).

边界的研究重点集中在企业边界的研究上。不同的学者从不同的角度来研究企业的边界，形成了丰富的企业边界理论。根据系统理论的观点，企业是一种社会系统形式，人们在实践中早已感知到企业边界的存在，而对于企业的边界如何界定则众说纷纭，尚无统一定论，比较有代表性的理论有劳动分工理论、交易成本理论、组织能力理论、信息成本论以及资源依赖观。

社会是一个由无数系统组成的系统集群，公共组织只是这个系统集群中的一个子系统。在行政系统的内外存在着一系列的与行政系统有着各种各样关联的系统。行政系统同那些处在自身以外的系统存在着既清楚又模糊的界线。这种界线从一方面看是清楚的，因为只有凭借这种界线，公共组织才能具有相对独立性；但是，这种界线又是模糊的，因为公共组织与处在它之外的各种组织总是不断地进行着物质的、信息的和能量的交换。公共组织的扩大与发展，其生长点绝大多数集中在这些界线上。

### （一）组织边界的定义

组织边界是组织与外界环境之间的界限，起着区分一个组织与其他组织的作用，它既是一种客观存在又是一种主观认识。

组织边界就在其控制的关键资源并通过它分享剩余的界限之内，因此，组织边界作为组织能力和资源配置的范围界限，本质就是能力边界。从组织内部来看，信息扩散速度的加快，工作紧张程度的加剧、协作关系的日益密切使组织的经营活动突破了传统组织的活动界限，组织内部活动的过程往往是世界性的；从组织的外部边界上看，组织与环境的界限越来越模糊，组织的核心生产活动具有虚拟性的特点。网络打破了组织中时间序列和空间组合绝对化、静止化的传统观念，使时间和空间的观念变得相对化，组织可以将管理对象定格于一个全新的时空范围——网络空间域和网络时间态。从社会网络角度看，组织需要处理与顾客的一系列关系，所有这些关系使得人们可以识别每一个组织。

秩序的结构特征可以从六组维度加以描述，其中有四组维度是并列的。

**1. 在层次关系上，简单/复杂维度与垂直/水平维度**

秩序的层次与共同体或社会的规模和分工水平成正比。现代社会秩序的复杂性在于其分工的发达以及各个领域之间边界的动态性清晰，即在存在清晰边界的同时又在不断调整着边界。不同层次的秩序多呈垂直关系，高层次的秩序在权威性上要高于低层次的秩序，后者要服从前者的目标和要求。通过强制力量维持的秩序必然是垂直结构的。而在同一个层次上，也存在着不同的秩序，这些秩序的关系是水平的。然而，更重要的是垂直结构的水平化，它有助于缓解上下级层次之间的紧张关系以及僵化，增加秩序内部关系的均衡。

**2. 在方向上，自上而下/自下而上维度与中心/边缘维度**

这两种维度分别表示的是秩序起源点与秩序扩展的关系。自上而下的秩序是从社会上层开始，然后施加到整个社会；自下而上的秩序则是在下层的某个部分出现了新的秩序，然后或者不断发展取代旧的整体秩序，或者被权威接受逐渐发展成社会整体秩序。前者的形态是革命，后者则是改良。这种维度重点在于它区分的是现有的秩序是从中心扩展开的，还是从边缘发展起来的，对秩序结构的描绘是水平方向的。

3. 在行为者关系上，一元化/多元化维度

毫无疑问，秩序中存在着多种类型的行为者，但是他们之间的关系并非自然的多元化。如果他们没有独立的利益基础和诉求，那么众多的行为者之间的关系必然是一元化的。因此，多元化不仅是行为者数量意义上的，更是行为者主体意义上的。这种维度在秩序结构上直接体现为秩序是一个中心的还是多个中心的。在民族国家这个基本的政治—经济单位中，秩序必然是一个中心的，是以民族国家为中心的。但随着社会自组织能力的增强，多中心趋势也在出现。而在区域、国际乃至全球层次上，秩序的结构应该是多中心的。值得指出的是，多中心结构也可以呈现不同的排列组合。一个中心主导下的多中心、几个中心联合主导下的多中心，或者多中心并列。

4. 在结构维持方式上，强制/合作维度

强制与合作是秩序结构维持的基本方式，也是秩序产生的基本路径。强制型的秩序结构或者是内部力量利用强力维持的，或者是从外部施加的。强制型的秩序结构通常是不均衡的，各行为体的关系屈服于某种控制了权力的团体，并且呈现出自下而上的垂直服从。合作型秩序中，各行为者之间关系是平等的。一方面，个体之间是平等的，他们拥有自己完整的权利义务，并且受到规则的保护；另一方面，他们所结成的团体或组织平等地参与到秩序的构建中。合作型的秩序结构是均衡的，并且更加稳定。

### （二）组织边界的类型

最初对组织边界类型进行研究划分的是迪瓦纳和蒂奇，他们根据组织的职能和所从事的活动，将组织边界划分为职能边界、等级边界、与客户及供应商间的边界四类；艾士肯纳斯及其同事将组织边界分为垂直边界、水平边界、外部边界和地理边界四种；尹义省将企业边界划分为规模边界、交易边界、制度边界及社会边界四类；张先治在西蒙管理控制杠杆理论的基础上提出了边界控制系统的概念，将边界控制系统分为组织行为边界和组织战略边界两部分；吴炯等人根据公司制的特点，提出法定边界、经营边界、契约边界和治理边界四类；田也壮等人则将组织边界分为实态组织边界和虚态组织边界两种；郭金山和芮明杰基于社会心理学的原理提出企业心理边界的概念，认为企业的心理边界是由企业的内部心理边界和外部心理边界构成的(具体见表 18-2)。

表 18-2　组织边界的分类

| 作　者 | 年份 | 划分依据 | 边界种类 |
|---|---|---|---|
| 迪瓦纳和蒂奇 | 1990 | 职能、活动 | 职能边界、等级边界、与客户及供应商间的边界 |
| 艾士肯纳斯等 | 2002 | 层级、职能等 | 垂直边界、水平边界、外部边界、地理边界 |
| 尹义省 | 1999 | 经营活动与责任 | 规模边界、交易边界、制度边界、社会边界 |
| 张先治 | 2003 | 西蒙管理控制杠杆理论 | 组织行为边界、组织战略边界 |
| 吴炯等 | 2002 | 公司制的特点 | 法定边界、经营边界、契约边界、治理边界 |
| 田也壮等 | 2001 | 组织结构 | 实态组织边界、虚态组织边界 |
| 郭金山等 | 2004 | 社会心理学 | 企业内部心理边界、企业外部心理边界 |

（资料来源：王丹. 企业与供应商之间组织边界形态研究[D]. 哈尔滨工业大学，2006：15-16.）

组织边界是组织与外界环境之间的界限，具有区分一个组织与其他组织的作用，它既

是一种客观存在又是一种主观认识。为了实现各自的目标，每个个体或组织都会为了使自身利益最大化而极力维护自己的组织边界，在与其他组织互动时，这种组织边界的意识会进一步得到强化。马杰认为有效边界的形成，既不意味着独尊唯一的社会权力，也不意味着政府权力和市场权力的退却、消失，而是社会权力、市场权力及政府权力等三维权力的一种动态平衡。[①]

## 二、公共组织之间的关系

### （一）组织间关系

一个单一的组织同其环境的关系是通过其他组织的行为产生的——组织影响组织（Haunschild and Miner，1997）。[②] 从资源依赖理论视角而言，组织要学会如何基于资源间的相互依赖，发展与其他组织的关系。因此，一个有效力的公共组织是能够满足环境中公共组织发展的需求，并从环境中获得支持组织生存的资源的组织。

第一，公共组织间关系。社会组织群中不同类型的组织之间基于各自的利益，经历相互矛盾、冲突、协调、和解等过程。社会组织的相互关系既是公共组织要加以管理的对象，同时又是公共组织赖以存在和发展的环境条件。另外，构成公共组织一般环境的各种自然的、社会的、技术的、经济的、政治的、法律的因素，都是以不同的形式被组织到各种社会组织之中。因此，公共组织与其一般环境所发生的任何关系都离不开社会组织。社会组织成为公共组织与其一般的环境或具体环境相互作用的中介。

第二，公共组织与非行政性的社会组织相互作用的方式有以下几种：一是公共组织从社会组织中输入信息，即通过相互间的接触、商洽、座谈、调查、谈判，公共组织可以了解各种社会组织的要求、愿望。这些要求、愿望有些是合理的，有些是不合理的。在充分输入的基础上，经过内部的转换，即对各种错综复杂的要求、愿望进行“利益整合”，变为公共组织实施行政的规章、意见、条例、计划、规划输出到社会，并以此获得社会组织的支持、赞同和理解；同时对某些社会组织或利益集团提出的不正当的要求进行限制。

### （二）组织间的互动

每个组织都是在一定的社会环境下存在的，因而多多少少会与其他组织发生关系，完全孤立的组织是不存在的。组织间关系的存在并不是随随便便的。组织总是在一定环境下或情景中，出于一定的原因和目的与另一组织互动。对于发生关系的双方来说，有些关系微不足道，有的则十分重要；有些关系能产生强烈的社会后果，有的则意义不大，然而它们却客观存在着。Galaskiewics（1985）认为组织间关系的发生有几个基本原因：首先是资源（如设备、材料、产品和收益）的获得和分配，资源的获得与分配对组织的生存是很关键的；其次是为了政治目标和政治利益形成的联合；再次是取得合法性或公众的支持

---

① 马杰. 公共事业管理的有效边界——三维权力分化与调整[J]. 经济研究导刊，2009(24).

② [美]理查德·H. 霍尔. 组织：结构、过程及结果（第8版）[M]. 张友星等译. 上海：上海财经大学出版社，2003：242.

(Human and Provan,2000);最后一个原因可以通过文化组来解释。[①] 在组织间关系中,首先必须明确,其相互关系一定是在一个集中的环境中发生,只不过是某些组织与某些组织间关系所处的环境相对分散而已,而绝对的分散是不可能的。人不能生活在真空中与世隔绝,组织也一样。

霍尔在《组织:结构、过程及结果》一书中认为组织间发生关系的基础有以下四种:第一,特殊基础。如果组织间关系没有先决模式,那么组织间的关系才会有一个特殊基础。因为只有在两个或更多组织间存在着特殊的需要、难题或问题时,而组织一方无法解决的情况下,组织间的关系才会发生。第二,交换基础。莱文与怀特(1961)认为,交换是"两个组织之间的一种自愿活动,对实现它们各自的目标来说,这种活动会产生实际的或预期的后果"。组织为了生存必须获得资源,而交换就是组织获得资源的重要途径。交换基础可以看作一种协商的形式,每个组织都试图通过从另一个组织获取资源来使自己的优势最大化(Schmidt and Kochan,1977)[②]。第三,正规协议。正规协议是指相互依赖的各个组织对组织之间相互依赖关系的正式认可,这种正式认可会被记录下来,进而形成具有法律效力或某种效益的文件。正规协议在一定程度也可视为以交换为基础的组织关系,因为组织签署协议过程中的互动、谈判实质上就是一种交换行为。第四,命令。命令指关系由法律或法规支配的程度。这就是环境分析维度中的法律维度,对组织间关系产生的影响。但由命令而产生的组织关系多数是强加性关系,其并不能保证组织就一定会发生互动关系。因此,由命令产生的关系大多是与某种资源流动和监控有关。

组织间的关系与世界格局一样,和平与发展永远是两大主题。组织间关系的主流发展趋势应当大体与此主题相一致,当然这也并不表示否定冲突、否定组织间兼并。因为只有矛盾的存在,事物才能拥有前进的动力。需要注意的是,有公共领域的组织间比起没有公共领域的组织间,其关系更为亲近,如相互依赖性增强,则有助于相互关系继续发展。但也并不等于说有共同的领域,其关系就能更融洽,相反有时会更加恶化。为了服务于组织网络,组织与组织间相互提供服务、支持,关系越来越紧密;关系越来越紧密,组织间关系就越重要。

## 【本章小结】

本章介绍了公共组织文化及其作用,阐释了公共组织环境及其复杂性、多维性,并提出公共组织环境感知,分析了公共组织边界及其界定。公共组织把握好自身的文化,加强对周边环境感知能力,界定有效组织边界,有助于在风险社会中最大程度地满足公众需求和维护公众利益。

---

① [美]理查德·H.霍尔.组织:结构、过程及结果(第8版)[M].张友星等译.上海:上海财经大学出版社,2003:251.

② [美]理查德·H.霍尔.组织:结构、过程及结果(第8版)[M].张友星等译.上海:上海财经大学出版社,2003:252.

## 【关键术语】

公共组织文化　环境　环境感知　自组织　边界　边界界定　公共组织边界　公共组织间关系

## 【思考与练习】

1. 阐述公共组织文化的内涵及其作用。
2. 阐述公共组织环境的内涵及如何感知公共组织环境。
3. 阐述公共组织环境的复杂性及其维度。
4. 阐述公共组织边界的内涵及其界定。

## 【推荐读物】


【1】[美]埃德加·沙因. 组织文化与领导力[M]. 马红宇等译. 北京：中国人民大学出版社，2011.

【2】[美]马丁·J. 组织文化[M]. 沈国华译. 上海：上海财经大学出版社，2005.

【3】[美]阿什克纳斯等. 无边界组织[M]. 姜文波译. 2版. 北京：机械工业出版社，2005.

【4】[英]赫尼斯. 组织边界管理：多元化观点[M]. 佟博译. 北京：经济管理出版社，2005.

【5】张霄山，徐剑，乔芳丽，王建果. 企业系统：柔性·敏捷性·自适应[M]. 北京：中国经济出版社，2007.

【6】[美]杰弗里·菲佛，杰勒尔德·R. 萨兰基克. 组织的外部控制——对组织资源依赖的分析[M]. 北京：东方出版社，2006.

# 第十九章

# 公共组织效能与评估

【内容结构图】

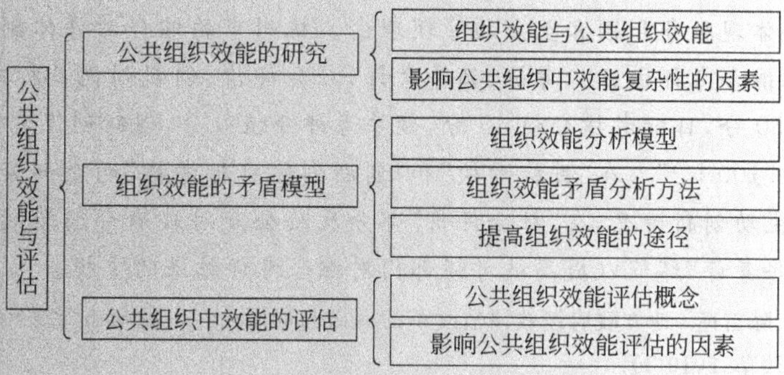


## 案例引导

### 杭州市"综合考评制"

杭州市政府绩效考核的雏形始于 1992 年的目标管理责任制，由市政府办公厅的市"目标办"组织实施。当时推出目标管理责任制的主要目的是检查政府部门实施市委、市政府部署的各项工作任务的情况，政府对公众负责的意识并没有树立起来。政府机关普遍存在"门难进、脸难看、话难听、事难办"的"衙门"作风，城市投资发展环境较差，城市竞争力不足。为了扭转这一局面，2000 年杭州市开展"满意不满意单位评选"活动，由隶属市直机关党工委的市"满意办"组织实施，重在转变机关作风、改善经济发展软环境，连续两年被评为"不满意单位"的领导班子将被撤换。2003 年，杭州市实施效能建设督察制度，由隶属于市纪委(市监察局)的市"机关效能建设办公室"负责。负责目标责任制考核的"目标办"、负责满意单位评选的"满意办"、负责机关效能督察的"效能办"分属三个不同部门，考核、评价、督察活动分别实施。这三个机构的职能有重叠，考核标准、奖惩措施不一致，既增加了考核成本，也影响政府考核工作的执行效果。当时，由杭州市一级设置的各种考核监察活动每年多达 40 多项。2005 年，杭州市将目标考核、"满意不满意单位"评选(后改名为"社会评价")整合，增设领导考评，对市直单位实行综合考核评价。2006 年，三个非常设机构——市目标办、市满意办、市效能办合并调整为综合考评委员会办公室，作为市考评委员会的常设办事机构，挂靠中共杭州市直属机关工作委员会，机构级别为正局级，主要职责有三项：一是负责市直单位综合考评、效能建设等工作；二是协调、管理市直单位各类工作检查、评比、考核事项；三是指导区、县(市)综合考评和效能建设工作。

成立专门的政府绩效考核组织管理部门的做法在全国其他一些地方也存在，如深圳的绩效评估办公室、青岛的目标绩效考核办公室。杭州市成立局级常设机构——综合考评办公室，整合了本级政府所有的政府考核活动，降低行政成本的同时有助于提高政府考核活动的制度化和专业化水平。从实践层面来说，将领导考核、目标管理和社会评价由一个机构统一执行，也有助于提高政府部门对制度外的、非约束性的社会评价的重视程度，增强政府对公众意见的回应性。

新公共管理理念下的政府绩效评估有两个重要导向：绩效导向，政府官员不再仅仅对规则负责，更需要对结果负责；公民导向，绩效评估强调公共责任，提高公众对政府的信任和支持，需要体现服务和顾客至上的管理理念。杭州市的综合考评体制设计中体现了上述两个导向，综合考评由目标考核、领导考评、社会评价、创新创优目标四个部分组成，社会评价分值50分，目标考核分值45分，领导考评分值5分，创新创优考核为加分项目，占2分，总分为“100＋2”。在“目标考核”和“创新创优目标考核”两个部分考核政府部门的目标完成和主动创新情况，在“社会评价”部分反映公众对政府部门绩效的评价和工作意见，设置“领导考评”环节以提高被考评部门对综合考评结果的重视。

(资料来源：陈雪莲．地方政府绩效评估改革的突破与局限——以杭州市“综合考评制”为个案的研究[J]．理论与改革，2010(1)．)

## 第一节　公共组织效能的研究

组织存在的一般性意义在于，组织能够解决个人所不能解决的问题。因此，组织必须具备一定的有效性。无论是从一般性意义还是特殊性意义看，如果组织没有一定的有效性，其便没有再存在的必要性。公共组织也不例外，公共组织效能是公共组织生存和发展的价值前提。如果一个公共组织丧失了组织效能，那么这个公共组织就失去了它生存的价值和意义。提高公共组织效能是公共组织管理活动的主要目标。

### 一、组织效能与公共组织效能

#### (一) 组织效能

组织效能是组织学及组织行为学研究的一个重要课题，从现有的国内外研究文献看，对组织效能的研究多数集中在组织效能的内涵、评估方法及测量上。彭宁斯与古德曼(Pennings and Goodman)将组织效能界定为：“如果相关的约束条件能够满足，并且组织结果接近或超过多重目标的一套参照标准，组织就是有效的。”[①]组织效能又称为组织有效性，是专门用来衡量组织运行效果的专业术语。从组织的静态观点看，组织效能是组织

① [美]理查德·H.霍尔.组织：结构、过程及结果(第8版)[M].张友星等译.上海：上海财经大学出版社，2003：279-280.

达成其预定目标的程度；就组织动态观点而言，组织效能是组织获得有价值资源以满足其需求的能力；从组织心理学观点看，组织效能是组织满足其成员需求的程度，由组织成员的满意度来衡量组织的效能；从组织生态学观点看，组织效能是组织适应环境变化并创造有利于组织生存与发展的组织文化和有利于环境的能力。[①] 美国范德比尔大学戴夫特教授认为组织效能是组织实现其目标的程度，组织目标反映组织存在的原因和它寻求达到的结果。而被称为“现代管理大师”的德鲁克则认为，组织效能是指选择适当的目标并实现目标的能力，就是去做正确事的能力。罗眠认为，界定组织效能的含义应注意以下三个核心要素：第一，组织的总体表现；第二，组织的既定目标；第三，社会的普遍期望。他认为组织效能是评价组织多重目标的实现程度。[②]

用来衡量组织效能的两个维度是效率和效果。其中，效率是指组织以最少的投入产出最多的利益；效果是指组织从事的工作或活动有助于组织目标实现的情况。效率强调的是资源组织的利用情况，而效果则强调的是目标达成的情况。组织效能不仅要关注效率，也要注意效果。传统观点侧重于组织效率，将组织视为一种封闭性系统，以组织利润、产量、成本等来衡量组织效能的高低；现代观点则将组织视为开放性系统，强调组织运行效果，以组织目标实现情况、环境适应性、组织成长性等指标来衡量组织效能的高低。

### （二）公共组织效能

公共组织效能指公共组织在内部组织活动和外部组织活动过程中实现的效率和效果。考察公共组织效能，也常需要用到效率与效果两个指标。其中，公共组织效率主要是指公共组织利用组织资源的情况，其侧重于经济、效益、成本、利润等方面进行衡量；公共组织效果则是指公共组织目标的实现情况，其侧重于公共组织政策的运行效果、组织目标的实现情况、公共利益的维护情况等。例如，英国撒切尔主义公共管理新思维的核心是市场取向的改革，其政府的“绩效”衡量主要注重效益，而新公共管理运动中的治理理论则更强调公共组织对国家、市场和市民社会的“公共性”功能。要对一个公共组织进行全面的考察，只注重该公共组织的绩效或只注重该公共组织的功能都是不全面的。公共组织效能是公共组织绩效和公共组织功能二者的统一。[③]

在衡量一个公共组织效能高低时，必须对公共组织运行的情况进行全面的考虑。公共组织效能应细化为公共组织效率和公共组织效果两个具体性指标。此外，在对公共组织效能进行评估时，也应该考虑到公共组织的类型差异性而引起的组织间重点目标的差异性，对公共组织效能评估指标权重和方法的影响。

## 二、影响公共组织中效能复杂性的因素

分析影响公共组织效能的因素，是有针对性提升公共组织效能的前提条件。公共组

---

① 章文光. 公共组织行为学[M]. 北京：北京师范大学出版社，2010：234.

② 赵京广，王振国. 组织效能相关研究综述[D]. 产业与科技论坛，2010(9).

③ 苏忠林. 公共组织理论[M]. 武汉：武汉大学出版社，2007：359.

织的类别、制度和环境条件等方面都具有差异性，如何科学地确定公共组织效能影响因素间的复杂关系，对公共组织效能的提升具有重要影响。影响公共组织效能的因素错综复杂，下面主要从结构因素、管理模式因素、人员因素、物质技术因素、环境因素等五方面进行阐述。

### （一）结构因素

组织内部状况与组织结构息息相关，组织结构深刻影响着组织和个人获得并维持高绩效的能力。人们早已认识到，组织结构、流程需要同环境相匹配——结构与环境匹配度高的公司，与匹配较低的公司相比，绩效往往会更高。[①] 组织结构的目标在于确保组织成员和岗位能够匹配，以促进组织成员的活动能够与组织目标相一致。组织结构是指组织内部相关职位、职责、角色等要素正式规定和比较稳定的相互关系。一个组织能够有效率地运转，必须将工作划分为各类专门工作，将这些工作通过正式规定分配给相应的成员或部门去完成。工作专门化能够使部门和成员各司其职，提高组织效率，改善工作效果。

对公共组织而言，影响其效能的结构性因素包括内部结构性因素和外部结构性因素两种。第一，内部结构性因素。内部结构性因素指源自公共组织自身结构影响的因素，它基于公共组织自身，即一个具有类似组织特征的子系统，如组织成员的素质结构、组织设置的职位结构、组织权威和角色的层次结构等。第二，外部结构性因素。外部结构性因素指源自公共组织外部结构影响的因素，它基于公共组织是国家或社区共同体结构的一个有机组成部分，如公共组织在共同体权责体系中的权利和义务结构、公共组织在共同体功能体系中的结构性作用等。

### （二）管理模式因素

管理模式是在管理人性假设的基础上设计出一整套具体的管理理念、管理内容、管理工具、管理程序、管理制度和管理方法论体系并将其反复运用于组织，使组织在运行过程中进行自我管理。管理模式是公共组织为了实现自我管理，以有效地应对公共组织与组织环境互动的规范化、制度化的行为制约体系。

确立公共组织管理模式，在组织目标的指导下对组织内部各管理层次和内设机构的职权、职责、工作程序、纪律要求、人财物配置等各项规章制度给予明确，以便公共组织的活动有章可循，确保组织目标能够得以实现。管理模式应立足于公共组织文化，是公共组织文化的有机组成部分。与公共组织结构和功能相协调的管理模式，能通过公共组织的强化手段规范组织行为，使组织行为符合组织目标和组织价值观。良好的公共组织管理模式能够发挥约束性、稳定性以及强化作用，以维持和增加公共组织所期望的组织行为的发生频率和组织成员组织公民行为，从而有效地提高公共组织的效能。

---

① [英]布鲁克斯.组织行为学：个体、群体和组织(第4版)[M].李永瑞等译.北京：高等教育出版社，2011：163.

### （三）人员因素

人员因素是组织高效能得以实现的最重要、最活跃的因素。公共组织成员是公共组织有机体的基本单元，他们赋予公共组织以生命。达尔认为公共行政最重要的问题是围绕人类产生的，因此，公共组织研究中不能忽视人的因素。[①] 公共组织设置好良好的组织结构和管理模式之后，组织成员的筛选就成为了重中之重的工作。如何选择正确的工作人员确保职位和人员的匹配，关系到组织目标能否得以有效地实现。因为组织所有制度、计划及目标等的执行与实现都必须靠组织成员去完成。组织成员的知识、能力、品格、敬业精神、责任心、纪律观念等，直接决定着组织成员的工作成效，影响着组织的效能。

公共组织人员因素对公共组织效能的影响主要有以下三方面：第一，成员良好的素质结构。良好的素质结构是组建协调性团队和高效型组织的前提。第二，团队成员的协调搭配。协调搭配是指团队精神和团队目标所需要协调的人员搭配。第三，组织富有活力的团队基础。富有活力的团队是公共组织实现组织目标的有力保障。因此，公共组织的人力资源开发及成员招聘工作越来越受到研究者的重视。

### （四）物质技术因素

物质技术包括组织生存的基本物质条件和技术手段等，它是公共组织效能得以正常发挥的物质基础。公共组织在实现组织目标的过程中，必须通过内外部环境获得相关的财力、人力、物力等资源的支撑。物质条件是公共组织实现组织目标的保障；技术手段则常常直接决定着工作能否得以开展，工作效率能否更进一步提升。

信息技术能够影响组织成员工作的本质、组织结构。不断信息化的物质技术因素正在彻底地改变着大多数公共组织的传统管理方法，这种改变甚至能触及公共组织的组织结构、组织规模、组织目标和组织效能等核心的领域。特别是随着公共组织业务范围的日趋国际化和公共组织自身组织边界的日趋模糊化，公共组织为了能够正常地进行社会管理和维护社会公众的利益，不得不依靠先进的物质技术手段作为支撑。例如，电子政务的广泛运用对政府规模、政府结构和政府绩效的积极影响，统计技术对公共组织获取相关信息的重要意义等。

### （五）环境因素

不论是组织还是个体的行为，都是行为主体与环境互动的过程和结果。就组织和环境来讲，虽然组织能够对环境施加影响，但环境因素的变化也会对组织施加影响，特别是对组织目标实现的可能性和实现的程度。环境是组织生死存亡之地，组织资源来源于环境，组织产品必须输出到环境。环境具有不确定性，组织与环境互动的结果也具有不确定性。组织环境是公共组织活动的外部条件，其可分为一般环境和具体环境两类。一般环境指有可能影响公共组织运作的基本环境因素，如社会发育程度、经济发展状况、文化技术水平等。具体环境指与公共组织发生互动的直接环境因素，如直接针对公共组织的政

---

① [美]罗伯特·B.登哈特.公共组织理论(第3版)[M].扶松茂等译.北京：中国人民大学出版社，2003：81.

策和法律体系、公共组织的人力资源和原材料的供给状况、公共组织提供公共产品和公共服务的领域等。

公共组织与组织环境之间具有相互影响、相互制约的关系，公共组织应通过组织变迁和组织更新提升自身适应环境、控制环境的能力，改变环境条件中的不利因素，增强组织与环境的协调性。公共组织对组织环境的监测和预测能力，关系到组织能够主动地适应环境的能力。为了减少组织环境的不确定性对公共组织运转带来的冲击影响，公共组织必须增强组织对环境的适应能力，尤其是组织的战略性规划能力。

## 第二节　组织效能的矛盾模型

### 一、组织效能分析模型

在组织效能分析模型的发展演化中，有几种不同的组织效能分析模型，如系统—资源模型、自然—选择模型、目标模型、参与者—满意模型。

#### （一）系统—资源模型

系统—资源模型是组织效能模型中较早的一个分析模型，其前提假设在于组织必须成功地获取组织生存的外部资源。该模型是由尤琴特曼和西肖尔在 1967 年提出来的。他们将与组织效能有关的相关变量视为一种等级的关系，即认为与组织效能有关变量间有一定的等级，等级的顶端是一些经过较长时间后才能对组织效能进行评价的最终标准。所谓最终标准是指组织运作的项目或活动只有经过较长时间才能判断其效果。例如组织对外部环境的机遇和资源利用情况是否是最优的，这样的情况就需要较长时间才能准确地进行判断，而最终标准就是完成这种判断的指标体系。

#### （二）自然—选择模型

组织效能分析中的自然—选择模型，其最终标准就是组织的生存或灭亡。自然—选择模型主要是针对特定组织而言，设定具体的指标对组织的绩效进行衡量，如利润、业务量、市场占有率等。该模型侧重于强调组织运行的效率，即组织利用环境获取稀缺而有价值的资源以维持其运转的能力。该模型强调的是组织利用环境的能力，而非对环境的最优利用。

#### （三）目标模型

组织效能分析中的目标模型主要是围绕组织的目标而展开，其重点在于分析组织目标的实现程度。目标分析模型既简单又十分复杂，简单在于其强调的组织目标的实现程度，具有单一性和简单性；相反，其复杂也在于其目标的多重性和复杂性。因为组织目标的设置过程可能会因为不同的目的性和重要性而呈现出目标体系设置过程中的多样性、不相容性。这就给目标模型的实际应用带来了困难，影响目标模型的评估结果。

汉南与弗雷曼(Hannan and Freeman,1977)考察了目标模型,[①]指出其应用存在一些问题。第一,完全摒弃目标这一概念是很难让人满意的,因为目标也是组织的一个主要特点。第二,目标模型最大、最主要的困难在于组织目标可能具有多重性。在汉南与弗雷曼看来,目标模型的最大难题在于目标的特殊性。第三,目标的临时性。他们指出,由于整个等级体系中不同的层级可以有不同的时间框架,情况变得更加复杂。汉南与弗雷曼还讨论了目标模型的第二部分,即组织绩效或输出。他们认为对组织结果进行评价是很困难的,首先是所使用的时间视角问题,短期内成功的结果,从长期来看也许是灾难性的。其次,结果评价的另一个难题是"边界系统"问题。再次,这一点同样存在于组织管理中。

### (四) 参与者—满意模型

巴纳德(1938)为"参与者—满意"模型确定了基调——他把组织看作一种合作的、对激励进行分配的装置。组织成员做出有利于组织运作的行为将会得到组织的认可和奖励,参与者—满意模型侧重于关注组织成员的行为动机。其认为只有组织成员行为动机得到激发,组织才有前进的推动力。"参与者—满意模型"认为组织的成功并不在于组织目标的完成,而应该是指组织生存能力的获得。1973 年乔治乌在巴纳德研究的基础上,提出与目标模型"相反的范式"。乔治乌的效能观点是:组织内部必须有足够的激励才能维持组织成员对组织的贡献,组织内部还必须有过剩的发展能力来对付环境问题。

虽然,以上四种相关组织效能分析模型中还存在着不少争议问题,但在这些模型以及关于这些模型的争论中,有一个内在的共识问题,即在这些组织效能概念中存在矛盾。卡梅龙曾于 1978 年对学院和大学进行研究,发现效能是一个"多领域"的现象。他认为某一领域的效能并不一定同另一领域的效能有关。由此,组织效能分析中矛盾模型的提出具有一定的合理性,但该模型也包括以前一些模型所展现出的真知灼见,并不是一味地否认以前组织效能分析中的长处。

## 二、组织效能矛盾分析方法

在以上讨论效能模型的基础上,我们将通过以下几点来讨论组织效能矛盾分析法的应用。

第一,组织面临多重、冲突的环境约束条件。组织面临多重、冲突的环境约束条件。这里的环境约束条件主要包括:强加给组织的内外部环境约束条件、协商的结果、被发现的和自愿接受的等。这些环境约束条件可能是强加给组织的,也可能是组织协商或妥协的结果。强加的约束条件是组织不能控制的,只有被动地接受和应对,比如法律环境、政治环境、社会文化等。虽然,有些组织会为获得法律和法规的优势而主动进行游说,但有些则是无法推卸掉的,如税收、规章等。无论组织面临的约束条件来源如何,都无法掩盖它们之间相互冲突的本性,因为满足某一约束条件的努力可能正好与满足另一个约束条件相矛盾。

---

① [美]理查德·H.霍尔.组织:结构、过程及结果(第 8 版)[M].张友星等译.上海:上海财经大学出版社,2003:273-274.

第二,组织有多重目标且相互冲突。这相当于组织效能的目标模型分析方法,该方法从组织的产出以及组织能否按照期望的产出水平完成目标的角度来衡量组织效能。越来越多的证据表明,大多数组织分析专家现在认识到效能这一现象确实有多个侧面。卡梅龙(Cameron)曾于 1978 年对学院和大学进行研究,发现效能是一个"多领域"的现象。

第三,组织有多重的且相互冲突的内部和外部股东。使用"股东"一词意味着受到组织影响的那些人。在现代组织社会中,股东所包含的范围比传统组织社会中的范围来得更广,他们可能是雇员、成员、消费者、委托人、一般意义上的公众或其他组织。他们之间有着不同的利益,甚至是矛盾的利益。

第四,组织有多重的、相互冲突的时间框架。时间框架的问题同我们对组织目标的考虑密不可分。在使用时间框架时,组织内部对其也有差异,这些差异常常发生于组织中水平或垂直方向的不同部门之间。

随着时间的流逝,特定时期中的组织环境约束条件可能就会随之消失,不再对组织构成威胁。例如,环境分析中的经济环境维度中的经济危机,其对组织的影响也是具有时间性的,随着经济危机的结束,组织的经济环境威胁就会解除,但随时也有可能产生新的环境制约因素。

## 三、提高组织效能的途径

效能改善逐渐成为增强政府和公共组织回应力、强化服务意识和成本意识、提升公共组织公共服务能力和社会管理能力的重要工具。要有针对性和更有效率地提升公共组织效能,我们就有必要对其影响因素进行分析,才能够知道公共组织效能提升的制约因素所在。一般地,可从以下几个方面改进。

### (一)确立明晰的战略目标

制订一个组织的计划,要根据组织的使命、组织的服务对象和支持者、组织的工作对象和支持者的认知价值以及组织的期望结果。如果一个组织战略目标不清楚,好比浓雾中的航船迷失方向,组织就不可能有较强的活力,工作高效能就不可能实现。按照美国管理学家彼得·德鲁克的观点,非营利组织战略目标不清楚时,可以通过依次回答以下五个问题,对本组织的战略目标进行自我评估,确立明确的战略目标①:组织的使命是什么;组织的服务对象和支持者是谁;组织的工作对象和支持者的认知价值是什么;组织期望的结果是什么;组织的计划是什么。

### (二)适应性强的科学的组织结构

适应性强的组织结构,是组织具有良好效能的条件。科学的组织结构可以提高工作效率、减少决策失误、增强对环境变化的适应能力。组织内外环境都是处于不断变化之中的,组织结构的设置也必须紧跟组织环境的变化而变化,从而减少因组织结构的不良因素而给组织带来伤害。影响组织结构的环境包括人、财、物、工作任务等内环境及国家的法

① 邓国胜.非营利组织评估[M].北京:社会科学文献出版社,2001:130-131.

律政策、社会服务对象的需求、国际同类组织的涌入和竞争等外部环境。因此，组织只有不断地进行学习和变革，才能够在日趋复杂的环境中得以生存。

### （三）称职的工作人员

工作人员的工作能力、工作态度、工作效果是衡量员工是否称职的重要标志。组织中的许多人在评价新成员时，不应仅仅看重其智力和知识水平，也应重视组织成员能够给一个组织带来的热情。筛选有才干的组织成员时，应对组织的优势和劣势有一个清晰的认识。只有这样，才能知道组织需要哪些人才来弥补组织的不足。正如森特提醒我们的那样，招聘严格说来几乎不能称为一门科学，它涉及许多非理性的和模糊难辨的东西。[①] 组织要选择合适组织文化和组织价值观的成员时，应注意以下两点：一是把握好招聘的标准；二是加强培训，使组织成员不断补充工作需要的新知识和新技能。对公共组织而言，建立健全客观、公正、公平、公开、奖惩分明、能上能下、能进能出的人事管理制度，形成勤恳、廉洁、高效的工作作风，是公共组织效能得以提升的重要途径。

### （四）健全的制度

制度一般是指要求大家共同遵守的办事规则或行动准则，也指在一定历史条件下形成的法令、礼俗等规范或一定的规格。组织制度就是指组织中全体成员必须遵守的行为准则，它包括企业组织机构的各种章程、条例、规则、程序、办法、标准等。健全的制度一般要包括以下三个内容：一是有一个合理的组织机构来保证组织决策的制定和执行；二是有一个合理的职能体系保证专业性分工和协作；三是有一个有效的权利系统确保领导的可行性。在决策、指挥、控制、协调、监督、反馈与变革等各个环节，在人事、财务、工作程序、岗位职责分工、交流沟通等各方面，建立健全系统的组织制度。健全的制度是组织运作的轨道，离开它组织会失去运转的规则而无法工作。

### （五）优秀的管理

科学的管理就是生产力。在价值目标、结构、人员、制度问题解决之后，管理就是组织高效运转的关键。管理不仅是一门科学，也是一门艺术。管理是一种普遍性的概念，公共管理则是管理中关于系统和程序运用的更为具体化的一种。公共管理是管理过程的一部分，与系统和程序的设计适用相关联，公共管理有助于组织既定目标的实现。管理过程中所关注的问题及责任是那些能够影响组织进展和成果的一切内外在事物。优秀的管理会将管理过程中碰到的挑战视为提升组织效率与效果的机遇，正如汉宁顿提出：一切管理中的挑战，无论是在私营事务部门还是公共事业部门，都如同与提高竞争相比更快速而持续不断地提高生产力的需要一样重要。经研究表明，公共管理是一项重要的行为，而不是一项重要的功能。[②] 改善公共管理的行为还有很大的空间，公共组织应该对其予以足够的重视。

---

① ［英］劳里·J.穆林.管理与组织行为(第7版)［M］.李丽等译.北京：经济管理出版社，2011：809.

② ［英］劳里·J.穆林.管理与组织行为(第7版)［M］.李丽等译.北京：经济管理出版社，2011：195.

### (六) 积极的有凝聚力和创造力的组织文化

各学者对组织文化的定义还存在着差异性，既有简洁的定义也有复杂的界定。有关文化的简洁性就是认为“组织文化即在一个地方的做事方式”。例如阿特金森从工作方式的视角将组织文化界定为“什么是能接受的和什么是不能被接受的；什么样的行为是被鼓励的，什么样的行为是被阻止的”。较为复杂性定义则认为“组织文化是组织在运作过程中所积累下来的传统、价值观、宗旨、信仰和态度的集合”。公共组织的官僚组织文化使公共组织成员缺乏创造性和创新性，束缚了公共组织未来的发展，不利于公共组织效能的提升。组织内部各层级之间、同一级各部门之间、各员工之间，统一在组织的战略目标和阶段目标上面，团结协作，形成较强的凝聚力。在组织较强凝聚力下形成组织成员进行创造性活动的支持性气氛，鼓励组织成员进行创造性工作。有创造力、创新的组织是能够使其组织成员拥有一个坚定的、共同的信念以达到组织所倡导的共同愿景。保证组织成员对组织目标与愿景的清晰度和认可度，是组织整合多样性知识提升组织效能的必要条件。

### (七) 良好的外部条件

组织的效能不仅受到内部因素的影响，还极大地受到外部因素的制约，如国际环境、国内政策、经济发展状况、社会公众支持度等。组织必须经常对外部环境做出反应才能够有效率。例如，如果组织在一个不断变化的环境中运作，那它的组织结构和文化就必须对变化敏感并能适应变化。一个充满生机的组织结构有助于组织有效地应对外部环境提供的新机会和挑战、威胁和限制做出反应。因此，组织应当创造有利于组织发展的外部环境。

# 第三节　公共组织中效能的评估

## 一、公共组织效能评估概念

### (一) 公共组织的评估

评估与评价是不是同一概念，一般有两种观点：第一种观点认为两者存在着区别，例如有人认为评估是对所做事情的量化，评价是对已经量化的评估标准进行判断；第二种观点认为两者根本没有区别。① 所谓评估，是指评估主体依据一定的评估标准体系对评估客体进行数量与质量两方面的价值判断过程。评估体系应重视定性和定量考量指标的结合，尽可能系统地、准确地对客体的性质、能力以及客体的活动进行评定。

公共组织评估就是对公共组织满足国家、社会和市场主体需要的程度进行总体评价。公共组织的评估包括公共组织效能、公共组织绩效、公共政策等多方面的评估。其中，公共组织绩效评估是指公共组织通过一定的绩效信息和评价标准，对公共组织所提供的公

---

① 宁骚. 公共政策学[M]. 北京：高等教育出版社，2006：406.

共物品和公共服务的效率和质量进行全面的控制和监测活动，是公共组织的一项全面的管理措施。

### （二）公共组织效能评估

公共组织效能指公共组织在内部组织活动和外部组织活动过程中实现的效率和效果。公共组织效率主要强调的是公共产出的能量和消耗的能力，公共组织效果则是强调公共组织产出的效益。而公共组织效能则既强调公共组织的效率也强调公共组织的功能。因此，公共组织效能评估就是指评估者依据一定的评估目标和评估原则对公共组织在内部活动和外部活动过程中产生的绩效和效果进行评价和判断的活动过程。

关于组织效能的测量，国内外学者普遍采用以下两种量表[①]：组织效能态度指数量表和竞争价值途径下的组织效能测量量表。其中，组织效能态度指数量表是 Mott 在 1972 年以社会系统中四个必要的功能作为标准，把几个重要的组织功能和成果结合起来，设计出的一整套测量组织效能的问卷量表。他把组织产品的质与量、效率、适应力和弹性加以整合作为组织效能测量的五个重要指标。竞争价值途径下的组织效能测量量表是 Robert Quinn 在 1988 年根据竞争价值途径框架编制的组织效能测量量表，问卷内容分别分为理性目标、内部过程、人际关系与开放系统四部分。

在衡量一个公共组织效能高低时，必须对公共组织运行的情况进行全面的考虑。为了避免过多人为因素的干扰，在公共组织效能评估的过程中应制定并坚持一定的评估目标和准则，选择不受公共组织类别等差异性影响的评估方法和手段，对公共组织的效率和效果有一个正确的认识。此外，评估活动注重评估原则和评估方法而非“依法性”，评估的价值更侧重于“预测和学习”而非“监督与符合”。

## 二、影响公共组织效能评估的因素

公共领域的目标比私人领域更加多样化、复杂化的现象，似乎已被多数人认同。公共组织效能评估的制约因素很多，除了要注意到公共组织的特殊性，也应当充分考虑到公共组织效能评估过程中的影响因素。

### （一）公共组织行为排他性的制约因素

排他性也称独占性或专有性，是指个人可以被排除在消费某种物品和服务的利益之外。例如，当消费者为私人产品付钱购买之后，他人就不能享用此种商品和服务所带来的意义，排他性是私人物品的一个特征。就公共组织而言，排他性表现为公共组织产出的非市场性质，即行为的垄断性。公共组织的垄断性行为是由规模经济、其产出的非营利性、政府管制等多种原因造成的。公共组织的垄断性会使公众难以掌握充分、全面、准确的信息来评定公共组织效能评估结果的准确性和科学性。例如，运作透明度低的公共组织，就会使评估者难以获得充分的评估信息，以致很难开展科学的评估工作。

---

① 赵京广，王振国．组织效能相关研究综述[D]．产业与科技论坛，2010(10)．

### （二）公共组织目标体系复杂性的制约因素

组织目标是指组织成员进行某项活动所需达到的预期结果。相对企业组织类型单一目标利润的考量而言，公共组织目标体系的考量带有极大的灵活性和多样性。公共组织目标是公共组织存在的基础，具有不易计量及责任多元化的特征。公共组织的目标在于谋求公共利益，而公共利益大多是模糊无法量化的，它表现为公众对公共产品的多层次、多样化、整体性的利益需求。公共利益不像私人利益那样明确直接，公共组织也不能像私营组织那样以利润作为衡量组织和员工的绩效。例如，一个公共组织会因组织环境的变迁而使自己的组织目标在政治、经济、社会，甚至军事、环保、消费、人权等范畴内游移。相对于企业面临环境的变迁而保持利润率、市场占有率、单位成本等评价指标体系的一致性而言，公共组织效能评估的指标体系要复杂得多。这种复杂性将会极大地影响公共组织效能的评估过程。

### （三）公共组织产出无形性的制约因素

公共组织在从事组织生产和提供公共产品和公共服务的过程中，其主要的目的与动机，在于谋求社会的“公共利益”，其一切的措施都是在顾及全局公平、公正、公开的原则下来为全体民众服务，并以最好的服务来争取民众的拥护与支持，不以营利为目的。再加上，公共组织从使命到任务的目标转换过程中，造成公共组织目标的模糊性和产出的无形性，难以像私人组织一样有效率。除了水电气、交通、医疗服务等易于评估的有形公共产品和公共服务外，公共组织提供的公共产品和公共服务大多是无形的，而且具有中间性和非商品性，如法规、政策、公共安全、环境的可持续性等。公共组织的多数产出皆是无形的和不可衡量的产品，这使得对其进行评估变得更难，很难进行有效的定性和定量评估。私人组织的目标、产品等非常明确，其采用的评估手段很难适用公共组织领域中的效能评估问题。

### （四）公共组织价值实现过程不确定性的制约因素

组织环境主要指存在于组织内外部并影响组织价值实现的各种力量和条件的总和。组织环境通常是一个动态性概念，构成组织环境的各种要素经常处于不断变化的过程之中，这常常给组织目标和价值的实现带来一种不确定性影响。美国学者邓肯认为，应该从两个维度来确定企业所面临的环境不确定性：一是企业所面临环境的动态性；二是企业所面临环境的复杂性。相对企业组织的价值实现来说，公共组织价值实现过程中的人力、物力及财力等支撑物也具有独特性和不确定性。例如，人的实践活动对公共组织而言，侧重于其政治价值、社会价值、审美价值等；而在企业组织中，则侧重于其经济价值等。另外，相对企业组织和企业环境的互动过程的“成本—效益”可测量性而言，公共组织与组织环境的互动过程的“成本—效能”可测量性要复杂得多。

## 【本章小结】

组织效能是组织学及组织行为学研究的一个重要课题，用效率和效果两个维度来衡量。而公共组织效能指公共组织在内部组织活动和外部组织活动过程中实现的效率和效果。组织效能分析模型有多种，如系统—资源模型、自然—选择模型、目标模型、参与者—满意模型、矛盾分析模型。影响公共组织效能的因素错综复杂，主要有结构因素、管理模式因素、人员因素、物质技术因素、环境因素等五方面。一般可以从确立明晰的战略目标、适应性强的科学的组织结构、称职的工作人员、健全的制度、优秀的管理、积极的有凝聚力和创造力的组织文化及良好的外部条件七方面改善公共组织效能。

## 【关键术语】

组织效能　公共组织效能　组织效能矛盾分析　公共组织评估　公共组织效能评估

## 【思考与练习】

1. 阐述组织效能的内涵。
2. 阐述公共组织效能复杂性的原因。
3. 阐述组织矛盾分析模型的优劣所在。
4. 如何更好地改善公共组织效能？
5. 阐述影响公共组织评估的因素。

## 【推荐读物】

【1】[美]霍尔．组织：结构．过程及结果[M]．张友星等译．上海：上海财经大学出版社，2003.
【2】[美]罗伯特·B.登哈特.公共组织理论[M].扶松茂等译.3版.北京：中国人民大学出版社，2003.
【3】邓国胜.非营利组织评估[M].北京：社会科学文献出版社，2001.
【4】石冠峰.团队边界管理、凝聚力和效能间关系研究[M].北京：经济管理出版社，2011.
【5】[美]斯科特，戴维斯.组织理论：理性、自然与开放系统的视角[M].高俊山译.北京：中国人民大学出版社，2011.

# 第二十章

# 公共利益与新公共服务理论

【内容结构图】

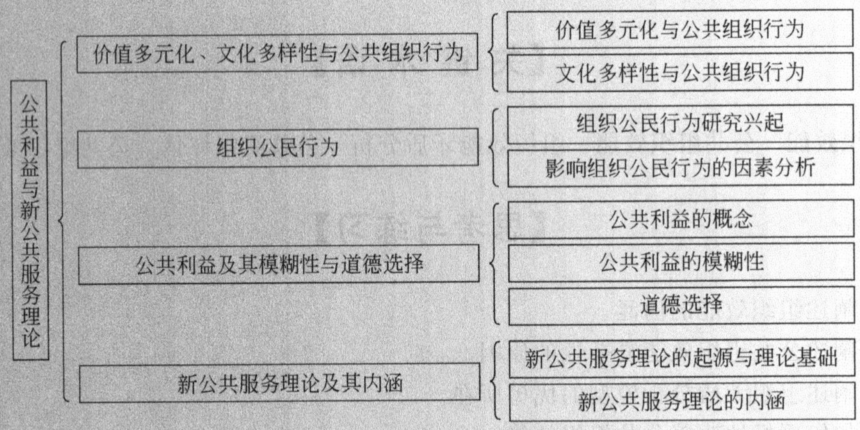


## 案例引导

### 征地拆迁成上访事件中最大类型　公共利益难界定

目前在老百姓上访事件中，最大的类型是因征地拆迁造成的。专家认为，政府热衷于搞征地拆迁的基本原因在于土地财政，这一点已经造成了比较严重的社会问题。戴玉忠认为，政府应依法行政，决策阳光、公开。国家为此颁布了不少规章，也做了很多工作，但是，在地方政府层面，问题要复杂得多。比如公共利益的问题。到底什么是公共利益，可能名义上是公共利益，实际上是商业利益。有时候很难分清到底是不是公共利益。有专家向记者分析说，正因公共利益难以界定，政府有时就会打着公共利益的旗号为开发商服务。比如，有的县一下子把几个村很多的地占了，说是要开发什么度假村发展经济，实际上就是政府在为开发商开路。对于政府的强占强收，老百姓意见很大，由此引起的纠纷在全国许多地方都有发生。戴玉忠说，一旦政府和开发商融为一体，那么其中的腐败问题就会发生，滥用职权、贪污受贿、玩忽职守，很难讲只是个别现象。因此，他认为，对于公然违法，损害老百姓利益，触犯国家法律的，应当依法严惩。

(资料来源：http://news.sohu.com/20100819/n274317333.shtml)

# 第一节　价值多元化、文化多样性与公共组织行为

## 一、价值多元化与公共组织行为

### （一）价值多元化

所谓价值多元化，就是承认并尊重人在社会生活中多种多样的存在意义。价值多元化也可视为价值主体凸显的结果。在很长的时间里，个体被巨大的意识形态所笼罩，自身的特征与个性显露不出来；但随着时代的发展，个体真正成为价值的主体，不同主体的需要就使价值观呈现出多元化倾向。价值的多元化是时代与个体发展的必然趋势和结果，它的实质就是容纳不同的价值标准与追求。

### （二）价值多元化对公共组织行为的影响

随着全球化趋势的不断加强和市场经济的深入发展，原有的社会利益格局逐步被打破，集团利益、公民个人利益从隐性状态逐步浮现并且得到关注，出现了公共利益、集团利益、个人利益等多元利益并存的局面，而这些利益之间如中央与地方之间、地方与地方之间、集团与个人之间、公共利益与个体利益之间的关系也日趋复杂。利益主体多元化也必将导致价值取向的多元化，即价值多元化。在理论界，人们习惯于把我们当前所处的这一时期称为"转型期"，其含义是当今社会正处于由传统社会向现代社会、由农业社会向工业社会转变的过渡时期。这一时期，整个社会从经济基础到上层建筑诸方面都在发生巨大的变化，整个社会的经济迅速发展，思想观念迅速更新；同时，旧的经济形态以及社会意识尚未完全退出历史舞台，出现各种经济形态同时并存、各种思想相互冲击、各种价值观相互激荡的局面。值得注意的是，社会完成转型需要一个过程，在这个过程中，随着新事物的不断涌现，传统的价值体系的固有权威受到挑战，而新的具有普遍意义的价值体系尚未确立，整个社会将处于多种价值观并存的状态中，价值多元化已成为社会公众普遍面临的问题，利益多样化也是必然存在的现象。公共组织作为公共权力的使用者，理应为人民提供公共服务，谋取公共利益，公共组织及其人员的行为明显会受到利益多样化和价值多元化的影响。社会利益的多元化和政治生活的民主化推动了民主法制意识的觉醒和增强，公众对公共利益诉求水平不断提高，对公共组织行为的期望值也相应提高。因此，如何更好地保证公共组织始终以公共利益作为行为取向，是当前公共组织行为研究领域的重要问题。

## 二、文化多样性与公共组织行为

### （一）文化多样性

2005 年 10 月第 33 届联合国教科文组织大会上通过的《保护和促进文化表现形式多样性公约》中，"文化多样性"被定义为各群体和社会借以表现其文化的多种不同形式。这

些表现形式在他们内部及其间传承。文化多样性不仅体现在人类文化遗产通过丰富多彩的文化表现形式来表达、弘扬和传承的多种方式，也体现在借助各种方式和技术进行的艺术创造、生产、传播、销售和消费的多种方式。文化多样性是人类社会的基本特征，也是人类文明进步的重要动力。

### （二）文化多样性对公共组织行为的影响

文化的统一性与多样性并存是现代文化的取向，这也是整个世界在全球文化发展过程中提出的要求，并且这是全球文化发展的必然结果。这在现实社会中具体表现为：文化全球化与世界文化多样化两种现象并存。文化作为一种意识形态或价值观，会影响人们的行为选择，当今的公共组织及其成员受到文化多样性的影响，由此可能会产生不同的价值观或者出现价值观的变化，进而产生不同的公共组织行为。先进的、符合公共利益的文化，将促使公共组织更好地改进绩效，提供高品质的公共服务；反之，则将侵害公共利益。因此，在文化多样性的背景下，如何规避"糟粕"文化的影响，是公共组织必须清醒认识到的一个问题。

## 第二节　组织公民行为

## 一、组织公民行为研究兴起

### （一）组织公民行为研究兴起的背景分析

#### 1. 日益复杂且不确定的社会背景

传统的管理学和组织学在员工的行为研究方面关注的是员工的职责内行为及绩效。随着经济的快速发展、知识经济时代的到来以及全球化进程的不断加速，当今组织面临着日益复杂的外部环境，而且这种复杂的环境中充满着不确定性，仅仅依靠组织中成员的职责内行为不足以灵活应对不断变化的环境及新问题。

#### 2. 适应新型组织结构方式的需求

随着社会的发展，传统的金字塔式的科层制组织结构存在信息传递慢、沟通成本高、难以应对快速的市场变化等问题，组织结构倾向于朝扁平化的结构发展。扁平化组织的一个重要特点是给员工自主权，以员工的自主管理为导向，实行目标管理，与以往的组织形式相比，更加强调员工的自主性以及员工之间的协作；同时，由于任务的标准化程度降低及应对的环境日益复杂，组织中的所有任务工作并没有都体现在组织的规定中，因此，就需要员工的组织公民行为来弥补这些遗漏的任务。

#### 3. 组织公民行为是人力资源管理研究的新视角

组织中的人力资源作为一种生产要素对组织绩效的影响日益重要，因此，组织公民行为作为成员的一种自发的有益于组织绩效提升的行为，成为人们研究组织中个人行为时关注的一个焦点。

4. 我国文化背景下组织公民行为研究的现实意义

组织公民行为研究最初兴起于西方，是在一种强调个人主义、个人自由的文化背景下来研究组织公民行为，并探讨组织公民行为的测量维度及管理策略。历来我国的传统文化中是"和谐"、"集体主义"、"奉献"等，当前我国社会主义道德规范也要求"爱岗敬业、诚实守信、办事公道、服务群众、奉献社会"。所以，在这样一个人情社会中，使得各行业的员工的组织公民行为实施具有良好的社会氛围。同时，组织公民行为对于个人、组织乃至整个社会的良性发展都是至关重要的。因此，基于我国文化背景下来研究组织公民行为具有很强的现实意义。

### （二）组织公民行为的内涵

组织公民行为研究兴起于 Katz 的一篇文章《组织行为的动机基础》，他指出组织的有效运作依赖于员工的三类工作行为："①员工必须致力参与并留在组织中；②员工必须完成特定角色的任务；③员工必须主动完成创新及超越工作要求的自发性活动。"[①]美国印第安纳大学教授 Dennis W. Organ 将 Katz 观点中的第三种行为定义为公民行为，认为传统的工作绩效范围太狭窄，仅关注与产量、技术等相关的方面，工作绩效的范围应该涵括员工自发的有利于组织绩效的行为，并在其出版的《组织公民行为：好战士现象》(1988)一书中提出了"组织公民行为"一词，并定义为："组织成员自觉自愿表现出来的，与正式的奖励制度没有直接或外显的联系，但能够从整体上提高组织效能的角色外行为。"在这里，组织公民行为研究是基于如下假设的：组织公民行为的动机是无私的和利他的；组织公民行为能有效促进组织的运作。

### （三）组织公民行为(OCBs)理论研究综述

1. 与 OCBs 相关的概念

组织公民行为自提出以来，受到许多学者的关注，并陆续产生了一些与 OCB 相似的概念出现在文献中。因此，有必要列出这些类似的概念，并与 OCB 进行对比分析，以避免后续的研究过程中出现概念模糊、内涵和外延不一致的现象。类似的概念主要有：关联绩效(CP)、角色外行为、亲社会行为等。

1) 关联绩效(CP)

关联绩效是除 OCBs 之外被采用最广泛的概念，Orga 后来对 OCB 的再定义，使得 OCB 和 CP 两个概念高度相似，甚至重合。关联绩效(CP)是由 Borman 和 Motowidlo 提出的，他们认为对员工的甄选和考核往往只关注他们的工作绩效，但是，工作绩效只是全部绩效中的一部分，另一部分绩效(有利于维持和提升技术赖以实现的组织环境、交际环境和心理环境)却被忽略，所以基于这样的现实背景，他们提出了关联绩效(CP)这个概念。他们进一步提出关联绩效主要考核员工的五种行为：主动完成不属于本岗位职责范围内的工作任务；对工作表现出超常的热情；帮助他人并与之合作；严格遵守组

① 郭晓薇. 影响员工组织公民行为的因素[M]. 上海：立信会计出版社，2006：2.

织的规章制度;履行、支持和维护组织目标。尽管如此,CP和OCBs这两个概念还是存在差别的:首先,CP是基于绩效的视角进行分析,重视效果,并依据效果的属性进行判断,OCBs则是侧重于从员工的行为入手,判断依据是行为的属性,而行为的属性在与环境的互动过程中是不断变化的,所以对OCBs的判断会比较模糊。其次,OCBs强调这种自主、利他的行为与正式的奖励制度没有直接的或者外显的联系,是一种角色外行为,但是CP则可能是角色内行为,也会被组织奖励。比如在一个重视和谐关系的组织环境中,员工互帮互助的这种行为会被重视,并且会受到奖励,这是一种CP承认的行为。

2) 角色外行为

Van Dyne、Cumming和Park(1995)认为,角色外行为(extra-role behavior)是指超越职位的角色期望,有利于组织的自发行为。他们认为,角色外行为和组织公民行为具有一致的内涵,可以将两个概念融合。但是Organ对此并不认同,他认为:"角色期望是主观的,领导和下属对职位的角色期望可能有不同的见解,而且随着领导和下属关系的发展,角色内行为和角色外行为的边界逐渐变得模糊。"他因此对组织公民行为的定义进行修正,将其界定为"超越职位要求的工作外行为",比如组织中的管理者会要求员工在做好本职工作时,也要承担一些角色外的工作内容,帮助同事解决工作中的难题,积极提出工作建议等。同时,随着组织结构的扁平化,组织的发展更需要员工发挥主动性,承担一些角色外的工作,已经成为许多成员工作的一部分。

3) 亲社会行为

Brief和Motowidlo(1996)将亲社会行为界定为:"为了他人、群体和组织的利益,个人所作出的行为。"①亲社会行为的概念比组织公民行为更宽泛,由于他人、群体和组织的利益在不同的情况下不都是一致的,比如,帮同事为工作的疏忽找借口,可能会帮助同事免于接受惩罚,但是对组织的发展却是不利的。而组织公民行为强调的是对组织以及组织成员都是有利的行为,这是这两个概念存在的显著差异。

**2. OCB维度研究**

一个概念需借助它的内涵和外延来界定和阐述,才能让人认识其本质,有效地将它和其他事务区别开来。国外关于组织公民行为维度研究最早是由Smith,Organ & Near(1983)提出的,组织公民行为包含两个维度,即利他行为(altruism)和普遍性服从(general compliance)。Organ于1988年将组织公民行为分为五个维度:"①利他行为,指自愿帮助他人解决工作上的问题;②尽职行为,指在出勤率、节约组织资源、保持工作环境整洁等问题上的表现超过公司的最低要求;③文明礼貌,指对人谦恭有礼;④运动员精神,指员工在不理想的环境中,仍保持正面的态度去面对,仍忠于职守;⑤公民美德,指员工主动关心、投入与参与组织中的各种行动,包括主动阅读组织内部文件,关心组织重大事件,对组织发展提出建议等。"②之后,Williams & Anderson(1991)将组织公民行

① 周红云.公务员的组织公民行为及其隐性激励研究[M].北京:经济科学出版社,2010:27.

② 周红云.公务员的组织公民行为及其隐性激励研究[M].北京:经济科学出版社,2010:26.

为划分为“指向个体的组织公民行为(OCB-I)和指向组织的组织公民行为(OCB-O)两个维度。”①Van Dyne 等(1994)受到政治哲学中公民行为概念的启发,对组织公民行为提出不同的分类:“①组织服从(organizational obedience):认可本组织的规章制度、工作说明、人事政策;②组织忠诚度(organizational loyalty):认同并忠诚于组织的领导和组织整体,超越个人或部门的利益;③组织参与(organizational participation):对组织中的事务感兴趣,通过全身心投入组织的管理活动中保持对组织状况的知晓,并表达自己的看法。”②

后来,Podsakoff 等(2000)基于前人的研究,将组织公民行为分为 7 个维度:助人行为、运动员精神、组织忠诚、组织遵从、个人主动性、公民道德和自我发展。我国学者樊景立基于中国内地员工的组织公民行为实证研究将组织公民行为划分为四大类九个维度,包括自我行为、群体行为、组织行为和社会行为四大类。其中,自我行为包括积极主动、自我发展、保持工作场所整洁三个维度;群体行为包括协助同事和人际和谐两个维度;组织行为包括保护组织资源和参与群体活动两个维度;社会行为包括参与公益活动和提升组织形象两个维度。

前面的组织公民行为维度研究多数是基于企业样本提出,并设计相关的企业员工测量量表在企业中检验,具有一定的科学性。但是由于公共组织和私人组织的显著差异,以上的组织公民行为的几种维度划分是否适用于对公共组织中员工的组织公民行为研究还是有待考究的。我国学者周红云(2010)基于对中国公务员的组织公民行为的实证研究,提出中国公务员的组织公民行为由以下 5 个维度组成:利他主义、爱岗敬业、积极主动、公私分明和服务奉献。

组织公民行为的维度必须与它的内涵保持一致,以避免概念的模糊性。值得注意的是,对于组织公民行为的内涵及外延的界定会受到不同国家、民族、地区之间的文化差异以及不同的历史发展阶段的影响。因此,随着组织公民行为研究的深入,各种挑战便凸显出:组织公民行为的动机均是无私的吗?(可能会是出于印象管理的需要)现实中组织公民行为与组织奖惩无关吗?组织公民行为会产生不利影响吗?等等问题。因此,当前的许多关于组织公民行为的研究均是基于实证研究。

**3. 组织公民行为的变量研究**

运用现代实证研究方法对组织公民行为的前因变量、调节变量、中介变量以及后果变量的研究是当前研究的热点。通过对 2008 年以来的核心期刊进行搜索和了解,发现实证基础上得出来的组织公民行为的前因变量有:责任意识、组织支持、组织文化、信任、领导类型等;调节变量有:公平感 、情绪智力、交换意识、组织文化吻合度、心理授权等;中介变量有:感知义务、工作满意度、员工组织认同、组织承诺等;后果变量(研究组织公民行为对组织的绩效的影响)有:心理契约、个人与组织匹配度等。这些研究更多是基于对企业的实证研究基础上,对公共组织的变量研究相对较少,主要有以上

---

① 卫林英,李光丽,段兴民.知识型员工组织公民行为评测模型研究[J].情报杂志,2009(4).

② 郭晓薇.影响员工组织公民行为的因素[M].上海:立信会计出版社,2006:26.

级反馈为前因变量，以工作投入和工作倦怠为中介变量来研究公务员的组织公民行为。还有就是以组织认同为前因变量，以上级信任感为调节变量研究对公务员的组织公民行为的影响。

### （四）公共组织的组织公民行为研究的意义

公共组织的主要目标和作用是为社会提供公共物品，谋取公共利益。公共组织的工作绩效影响范围甚广、程度至深，关系到整个社会、国家的发展和民族的复兴。公共组织中任务的完成不仅依靠正式规章制度规定的职责内行为，还依赖于员工的组织公民行为。同时，随着社会的快速发展和全球化进程的加快，公共组织面临着日益复杂、充满不确定性的环境，从而导致公共组织中员工工作的模糊性，也给公共组织对员工的绩效考核和日常监督带来困难。因此，员工的组织公民行为能够使他们完成职责规定所遗漏的工作。此外，在当前各种腐败、寻租现象屡见不鲜频见报端的社会中，组织公民行为使得公共组织中的员工能自觉避免此类行为，真正做到遵纪守法、公私分明、服务奉献，从而为社会提供良好的公共服务。

### （五）组织公民行为的理论基础

#### 1. 社会人和自我实现人的假设

在组织理论发展过程中，由著名的霍桑实验所论证的社会人假设主张人不仅有经济利益的需求，而且有情感、尊重、价值的需求，人不是纯理性的存在物。无论从组织公民行为的内涵还是维度看，行为主体的人是属于社会人。马斯洛认为人的需求包括5个层次：①生理需求；②安全需求；③社交需求；④尊重需求；⑤自我实现需求。组织公民行为的实现可能是员工出于社交需求、尊重需求或者是自我价值实现的需求。关于人的假设有助于分析员工实施组织公民行为的动机，引导学者在研究行为时关注行为的主体——人。

#### 2. 社会交换理论

Bateman & Organ 在创立公民行为概念时指出，组织公民行为理论基础是社会交换理论和个体的积极情感。社会交换理论是由 Homans(1974)等人借用经济学概念来解释社会行为的一种社会心理学理论，其主要观点是个体用自己的劳动付出与组织所提供的某种报酬构成交换关系，分为经济交换和社会交换。其中社会交换是建立在信任基础上的个人自愿性行为，比如，组织高度重视员工的物质和精神需求，为员工提供良好的工作环境，那么，员工就更容易以组织公民行为来回报组织。

#### 3. 心理契约理论

心理契约是在1960年由哈佛大学商学院教授 Argyris 在他的《理解组织行为》一书中提出的，他认为心理契约是用来描述下属和主管之间关系的。后来，这一概念得到学者的关注和研究，学者们从不同的研究视角提出自己对心理契约概念的理解（如表20-1所示）。

表 20-1　不同学者对心理契约的理解

| 时间 | 视角模式 | 人　　物 | 心理契约含义 |
|---|---|---|---|
| 1960 | 缓和劳资矛盾 | Argyris | 提出"心理的工作契约"，但无确切定义 |
| 1962 | 协调组织关系 | Levinson | "未书面化的契约"，产生于组织和雇员关系之前的一种内在的、未曾表述的期望 |
| 1965<br>1978<br>1980 | 个体和组织相互关系 | Schein | 时刻存在于组织成员之间的一系列未书面化的期望，是组织行为的重要决定因素 |
| 1973 | 提高公司绩效 | Kotter | 存在于个体与组织之间的一种内隐契约，将双方关系中一方希望付出的代价以及从另一方得到的回报具体化 |
| 1989 | 以雇员为本 | Rousseau | 个体雇佣关系背景下对雇佣双方相互义务的一种理解和有关信念 |
| 1993 | 个体主观理解 | Robinso&Krtmtz | 雇员对外显和内在的雇员贡献(如努力、能力和忠诚等)与组织诱因(如报酬、晋升和工作保障等)之间的交换关系的承诺、理解和感知 |
| 1995 | 双方价值提升 | Tsui&Herriot | 雇佣双方对他们之间的关系以及向对方提供价值的主观理解 |
| 1997 | 雇员主观观念 | Morrison&Obinson | 一个雇员对其与组织之间的相互义务的一系列主观信念，但并不一定被组织或者其代理人所意识到 |
| 1997 | 雇佣双方理解 | Herriot&Pemberton | 雇佣关系双方对关系中所包含的义务和责任的理解和感知 |

(资料来源：聂清凯．基于心理契约视角的网络组织文化重构研究．企业管理，2005．)

尽管到目前为止，心理契约的概念还不是很统一，但这些概念基本上都是围绕个人和组织之间的关系进行论述的，承认心理契约包括雇佣关系中交换的信念，其目的是为了提高组织的绩效。当组织成员感觉到组织履行了他们之间隐性存在的心理契约时，组织成员就会有受到尊重和重视的感觉，除了认真履行他们的岗位职责，他们就有可能增加组织公民行为来回报组织。相反，如果组织没有实现心理契约，组织成员就会较少组织公民行为，因为减少该行为不会受到组织奖惩系统的约束，是一种自愿的行为。而至于组织与成员组织的心理契约具体内容，在不同的文化、企业中具有不同的形式。所以，必须承认员工的组织公民行为是受到组织与成员之间的心理契约即雇佣关系中交换的信念的影响，因此，心理契约成为解释组织公民行为的理论基础和研究视角。

4．组织公平理论

公平是人们对事物或者行为的一种价值感知，同时也是进行价值分析的内容和标准之一。从组织行为学角度来看，公平主要是涉及组织成员对于组织资源分配的程序、结果的价值感知。目前，"组织公平理论主要是从三个维度进行分析：分配公平、程序公平和互动公平"。[①]

分配公平的主要代表人物是 Adams(1965)，他认为组织成员会将其劳动投入与所获

① 周红云．公务员的组织公民行为及其隐性激励研究[M]．北京：经济科学出版社，2010：103．

报酬的比率进行横向和纵向的比较。横向比较是指和自己同级别的员工的劳动报酬进行比较，纵向比较是指员工和自己过去的劳动报酬进行历史的比较。当员工发现在横向、纵向比较时自己的劳动报酬比较低或者没有提高时，就会产生不公平感，而组织公民行为作为他们劳动投入的一部分，这时他们便会通过减少组织公民行为的投入来减轻自己的不公平感。

程序公平是由 Thibaut 和 Walker(1975)提出的，他们认为员工不仅仅关心分配结果的公平性，还关心分配程序、方法的合理性和公平性。在保证资源分配程序公开、透明、公正的情况下，即使分配结果不利于员工自身，但是他们的公平感会增强，他们实施组织公民行为的积极性就不会受到严重损害。

互动公平是 Bies 和 Moag(1986)在分配公平和程序公平的基础上提出的，“互动公平关注的是在程序实行过程中，程序的执行者对待员工的态度、方式和方法等对员工的公平知觉的影响”。Greenberg(1900，1993)将互动公平分为人际公平和信息公平两个部分。① 互动公平是发生在组织资源分配的过程中，此时，组织成员对外界的变化都比较敏感。互动公平有力地解释了为什么在程序和结果公平的情况下，组织成员的公平感和满意度仍然低下。

## 二、影响组织公民行为的因素分析

### （一）个体特征

#### 1. 个性特征

包括个体的性格、价值观等特征，关于个性与组织公民行为的关系，目前存在三种意见：①Organ 和 Ryan 的元分析结果发现，责任性、相容性和组织公民行为并没有显著关系；②个性对组织公民行为存在间接影响，即个性对组织公民行为的影响是通过一些中介变量(如态度)所产生的；③个性与组织公民行为的相关性，受到一些调节变量的影响而显示出不同的结果。

#### 2. 情商

情商又称情绪智力，包括自我认知、自我管理、自我激励、了解他人、人际管理五个方面的内容。调查研究表明，高情商者的情绪特点有：热情、诚信、和谐的处世态度、择善力行、同情与理解、自我控制能力等，具备这些品质的员工更愿意在组织内实施组织公民行为。

#### 3. 需求与动机

包括成就动机、归属需求以及印象管理。美国哈佛大学教授戴维·麦克利兰提出具有强烈成就动机的人的特点是：看重解决问题、努力奋斗的过程以及取得成功时的成就感。Tang 和 Ibrahim(1998)认为，员工可以通过组织公民行为来获得所需要的成就感，他们通过实际调研数据发现，员工的成就动机与利他行为相关。Niheoff 认为一个具有强成就动机的员工可能会把组织公民行为看作完成任务的一种必要手段；Puffer 也认为成

① 周红云．公务员的组织公民行为及其隐性激励研究[M]．北京：经济科学出版社，2010：103.

就导向的个人为了能够超越他人，会主动执行对组织有利的角色外行为。

马斯洛的需要层次理论中的归属需要解释了组织中的员工可能会通过组织公民行为和组织以及组织中的其他人员建立良好的人际关系，建立对组织的归属感。Bolino(1999)提出，组织公民行为的产生可能是出于印象管理的动机。印象管理是指个体通过一定的方式，以影响或者控制别人形成对自己印象的过程。人们都倾向于使自己在别人那里有一个好的印象，因为这样可以给自身带来一些好处，因此，员工在实施组织公民行为时可能并不是一个真正的“好战士”，而可能是一个好演员。

Hui、Lam 和 Law 的现场准实验支持了 Bolino 的这一观点：他们发现在晋升机会来临之前，组织公民行为越多的员工得到晋升的可能性就更大，所以，争取晋升的员工在晋升评选过程时期内会表现出更多的组织公民行为。

在前面的组织公民行为的概念分析中，我们采用 Organ 的概念认为组织公民行为与组织的奖惩系统没有直接的或者外显的关系，而印象管理的实验表明组织公民行为与组织的绩效考核存在内隐性的关系。

### （二）组织因素

#### 1. 任务特征

任务特征变量包括工作反馈、工作常规化、内在工作满意度、工作独立性以及员工参与(Podsakoff、Mackenzie、Bommer，1996)。研究发现工作反馈和内在工作满意度与组织公民行为存在显著正相关，即如果领导将任务完成情况的评价反馈给任务执行者或者任务的完成能够满足员工的内部心理需求，那么员工就更倾向于实施组织公民行为。工作程序化与组织公民行为存在显著负相关，即任务的完成具有严格的程序化步骤可循，那么给员工的就是较少的自主发挥空间，这种任务特征会限制员工的组织公民行为。员工参与、工作丰富化对组织公民行为有显著影响(Podsakoff、Mackenzie、Bommer，1996；Cappelli 和 Rogovsky，1998)。工作独立性不是组织公民行为的显著影响变量(Smith、Organ 和 Near，1983；Pearce、Gregersen，1991)。

#### 2. 领导行为

Podsakoff(2000)将领导行为分为：①变革型领导，包括核心变革行为、明确表达意愿、提供合适模型、鼓励组织目标的接受、高绩效期望和智力开发。②交易型领导行为，其基本假设是领导与员工之间存在一种契约式的交易，具有明确的界限、井然的秩序、注重规则的特征，包括权变性奖惩、非权变性奖罚。③符合路径—目标理论的行为，包括角色明确行为、程序规范化、支持性领导行为等。④与领导—员工交换理论相一致的行为，即领导者有选择地对某些员工进行授权、传递信息、参与协商、指导、表扬或奖励。“通过研究发现变革型领导行为与组织公民行为各维度之间存在显著的正相关；交易型领导行为中的权变奖励与组织公民行为之间存在显著的正相关，非权变性惩罚与组织公民行为存在显著负相关；在路径—目标领导行为中，支持性领导行为与组织公民行为的各个维度存在显著正相关，角色明确行为与利他、事先知会、责任意识和运动员精神存在正相关；领导一成员交换中"圈内"员工的利他、整体组织公民行为相对比较高。"①

3. 组织特征

组织特征变量包括组织正规化、组织僵化性、群体凝聚性、领导一员工支持度、领导控制外的奖励、上下级之间的空间距离六个变量。"Podsakoff(2000)分析发现组织正规化、组织僵化性、领导一员工支持度、上下级之间的空间距离与组织公民行为不存在显著相关,而群体凝聚性与利他行为、事先知会、责任意识、运动员精神和公民道德存在显著正相关,组织支持感与员工的利他行为存在显著正相关,领导控制外的奖励与利他、事先知会和责任意识之间存在显著负相关。"②

### (三) 文化因素

组织公民行为的研究最先兴起于西方社会,从西方学者的研究中发现组织公民行为的研究维度、影响因素都是受到西方文化的影响。我国的传统文化重视和谐的人际关系,强调集体利益、无私奉献,对公共组织中的人员要求是服务精神、公私分明等都会使得我国的组织公民行为的维度、因素研究和西方已有的研究成果具有显著的差异。因此,中西方文化的差异构成了我国组织公民行为研究的背景变量。

# 第三节 公共利益及其模糊性与道德选择

## 一、公共利益的概念

公共组织运行的目标是为人民提供公共服务,实现公共利益,如美国公共管理学者盖伊·彼得斯在其《政府未来的治理模式》一书中提到:"对公共利益的关注也许是整个改革运动最重要的组成部分,是政府工作人员在改革过程中应该思考的基本问题,其所采取的改革方案以及政策过程的结果是能否使公众受益。"③对公共利益的界定是公共组织进行实践活动时必须清楚的一个重要问题。公共利益自从作为一个问题被提出来,受到许多人的关注,不同专家学者在不同的社会背景下基于不同的角度都提出对公共利益的看法。

亚里士多德在其《政治篇》中指出,每种社会团体的建立,都是为了完成某种善业,人类组成社会的目的就是为了善业,即社会公共利益,就是为了满足人们某些共同的需求。

在卢梭看来,唯有公意才能按照国家创制的目的,即公共幸福,来指导国家的各种力量;詹姆斯·哈林顿认为,"公共利益也就是那种排除了一切偏私或私利的公共权利与正义",也就等同于"法律的绝对统治而非人的绝对统治"。

美国学者亨廷顿认为,对于"公共利益"主要有三种理解:一是公共利益被等同于某些抽象的、重要的理想化的价值和规范,如自然法、正义和正当理性等;二是公共利益被看作某个特定的个人、群体、阶级或多数人的利益;三是公共利益被认为个人之间或群体之间竞争的结果。

---

① 郭晓薇. 影响员工组织公民行为的因素[M]. 上海:立信会计出版社,2006:34.

② 周红云. 公务员的组织公民行为及其隐性激励研究[M]. 北京:经济科学出版社,2010:46.

③ 周红云. 公务员的组织公民行为及其隐性激励研究[M]. 北京:经济科学出版社,2010:6.

公共利益的概念界定，正如黛博拉·斯通认为在什么是公共利益的问题上，永远不能达成一个广泛的共识。公共利益犹如一个空盒，每个人都可以往其中注入自己的理解。

目前，我国学术界关于公共利益的主流观点是承认公共利益是客观存在的。著名的公共管理学者陈庆云从社会分享性的角度对公共利益进行界定，认为公共利益是具有社会分享性的，为人们生存、享受和发展所需的资源和条件。他提出了对公共利益的新思考：①需求者数目不是判定公共利益的唯一标准，社会分享性是判定公共利益的基本标准；②公共利益不仅仅表现为单一的国家利益或表现于单一领域，它具有层次性，如国家利益与多个层面的地方公共利益，不同领域的公共利益；③公共利益不一定完全体现真、善、美。[①]

## 二、公共利益的模糊性

公共利益的概念中包含“公共”和“利益”两个不确定的词语和内涵，因而增加了对公共利益进行界定的难度。从这两个词看公共利益的模糊性体现为学界对什么是公共和什么是利益众说纷纭，并存在认识上的争议。

首先，在对“公共”这个词语及其内涵的认识上，主要存在以下四种观点。①从数量上界定公共，如我国台湾有学者指出：“作为公共利益主体的‘公共’，它比社会学所谓‘群体’，政治学所谓‘阶级’更广泛，它是由无数个体、群体组成的，每个个人和群体都是其中的分子，但又不同于个别的个人和群体。”[②]这个观点强调公共利益是多数人的利益。②地域说，是在数量说的基础上进一步定义“公共”一词。如德国学者洛厚德认为：“公益是一个相关空间内关系大多数人的利益。”[③]比如涉及一个省或者市的利益，就可以认为是公共利益。但是由于地域的层次性，存在国家、省、市、地方的利益，那么就会出现问题：是不是所有层次的利益都是公共利益？如果这几个层次的利益存在矛盾和冲突，那么公共利益又如何体现？③正义说，有学者提出：“正义、公正、福利的概念，既是公共性本身，又是公共性的实体内容，也是公共的理念在具体的情况下得以展开的核心问题，通过这些概念的互相关系及其组合，可以使公共的理念逐步呈现出立体性构造，这样得出的公共性理念即使不是完美无缺的，起码在一定程度上可以说是妥当的。政府进行公共性的解释，也应该由这样的理念来引导、修正。”[④]④开放说，如果一种利益是公共利益，那么这种利益对于大多数人来说是开放的，不具排他性。如德国学者纽曼提出界定“公共”含义的“开放性标准”。从上述的几种关于公共内涵的学说看，它们从不同的角度出发，都具有一定的理论价值，不能从单一方面去解读公共这一词，这就造成了公共一词的模糊性。

其次，在对“利益”一词的认识上也存在争议，同样可以归为四种观点：①欲望说，这种观点是从心理学的角度出发，认为利益是一种主观上的需求，如《牛津法律大词典》对利益的解释是个人或个人集体寻求得到满足和保护的权利请求、要求、愿望或需求。②客观

---

① 陈庆云，鄞益奋，曾军荣.论公共管理中的公共利益[J].中国行政管理，2005(7).

② 肖顺武.公共利益研究[D]，西南政法大学，2008.

③ 陈庆云，鄞益奋，曾军荣.论公共管理中的公共利益[J].中国行政管理，2005(7).

④ 陈庆云，鄞益奋，曾军荣.论公共管理中的公共利益[J].中国行政管理，2005(7).

说，即认为利益是客观存在的物质。如法国哲学家霍尔巴赫认为："利益就是每个人根据自己的性情和思想使自身的幸福与之相联系的东西。"[①]③主客观统一说，认为利益的内容是客观的，但是表达形式是主观的，克服了前面两种学说的片面性。④关系说，"如学者认为利益本身就是社会关系的体现，利益主体自然而然地具有社会性。"[②]将利益看作一种动态性的存在，具有抽象性。从关于利益的观点可以看出利益是受到主观、客观、时间、空间等的影响，内涵也具有不确定性。

以上均说明了公共利益的概念难以确定，除此之外，公共利益的模糊性还有其他几个原因："公共利益与其他利益存在交叉；公共利益的实现面临制度、体制、文化的困境。"[③]

## 三、道德选择

《伦理学大词典》对道德选择的解释是：为主体（个人或社会集团）在一定目的和道德意识支配下，对某种道德行为所作的自觉抉择。它是道德意识活动的一种重要方式，是产生道德行为的前提，又通过道德行为具体表现出来。当行为主体面临多种行为选择的可能性，而这些多种可能性又具有善恶对立性质，或具有道德价值上的差别时，道德选择就是对这些可能性在善恶和道德价值程度上的一种行为抉择。

公共组织及其组织成员在其公共管理活动中，常常面临道德选择问题。而且，如库珀指出的，公共组织中的行政人员存在伦理困境：①因角色冲突而产生伦理困境。公共组织中的人员不仅是掌握公共权力，为人民谋福利的公务人员角色，还存在其他角色成分：作为一个公民的角色，作为某一其他团体的角色等，这些角色在不同的价值理念的支配下会有不同的行为，那么就有可能出现"内部角色和外部角色"的冲突。②因权力冲突而产生的伦理困境。权力冲突是指："两种或两种以上的客观责任之间的冲突，这些客观责任是由两个或两个以上的权力来源（如法律、组织中的上司、民选官员和公众等）从外部强加的。"[④]③因利益冲突而产生的伦理困境。公共组织的目标是为人民提供公共物品，谋求公共利益，而公共组织中的人员也有自己的利益，在进行公共管理实践时，难免会出现公共利益或私人利益的冲突。在当今社会利益主体多元化和价值多元化的背景下，公共组织在行使公共权力的过程中不可避免地会遇到道德选择的困境。正是由于公共利益的模糊性，这就使得在公共权力的行使过程中存在了产生侵占公共利益的可能性。而且由于公共利益难以界定，这就使得公共组织部门或个人将公共利益转化为他们自身部门利益或个人利益的行为更加具有隐蔽性，从而加大了对此类问题进行处理的难度。本文基于行政伦理的视角，提出了对公共组织及其人员进行道德选择的规范机制，即通过鼓励公共组织中的人员即行政人员的行政伦理行为，来帮助公共组织及其人员进行道德选择。

---

① 陈庆云，鄞益奋，曾军荣．论公共管理中的公共利益[J]．中国行政管理，2005(7)．

② 陈庆云，鄞益奋，曾军荣．论公共管理中的公共利益[J]．中国行政管理，2005(7)．

③ 陈庆云，鄞益奋，曾军荣．论公共管理中的公共利益[J]．中国行政管理，2005(7)．

④ 丁煌．西方行政学理论概要[M]．北京：中国人民大学出版社，2005：318．

### （一）行政人员的行政伦理行为的控制机制

**1．个人品质**

个人品质包括“伦理决策技巧、作为品性特征或内在道德品质的德行以及职业价值观”。这些内化的品质可以为行政人员正确行使公共权力提供连续性的指导。要使政府中的行政人员都具有这样的品质，可以从三个方面来把控：首先，公共组织内部都有一套对公务人员个人品质的要求，比如公平、仁慈、廉洁等。在选拔公务员阶段，应该详细考察候选人公共服务的动机以及个人品质。其次，在培训和日常教育方面，将道德和价值观融合到公共行政过程中，培养公职人员掌握伦理决策的技巧，在实践中帮助培养公职人员形成合理合法的职业价值观。最后，在绩效考核阶段，将公职人员的品质纳为考核的指标，激励积极的行政伦理行为。

**2．组织结构**

1）明晰职责

公共组织通过职位赋予行政人员相应的公共权力，由此行政人员要承担相应的职责。现实中，出现公共权力异化的组织方面的原因是组织职能交叉、权责关系不清，出问题时相互推诿扯皮。公共组织本身应明确职能、理顺不同部门间的平行关系及上下级之间的职权关系。

2）完善内部监督

内部监督主要包括权力的制约、法律规制、行政问责等方式，内部监督主体多样化，我国当前的内部监督包括人大的监督、党的监督、司法机关的监督以及政府内部上下级之间的监督。内部监督能够直接监督公共权力的运行，更快而且更容易使公共权力不偏离原来的运行轨道。完善内部监督最重要的是改变权力过分集中的现状，以防止出现权大于法的现象，那么就要进行“放权”，并配置以监督机制。此外，要完善问责制度，做到真正的问责，有效惩罚公共权力异化的现象，严防像2011年“宜黄拆迁自焚事件”中被免职官员悄然复出这样的假问责。

**3．组织文化**

1）领导要在塑造组织文化中承担主要责任

公共组织中，领导是最主要的伦理角色模范，研究表明：“个体的道德信仰和伦理决策行为，将会越来越与高层管理者通过语言及行为表达出来的信仰相一致。”[①]因此，领导有必要意识到并不断地提醒自己的角色责任，言行合一，引导公务员塑造伦理行为。

2）制度建设

制度建设是组织文化的一个重要方面，组织制度是塑造行政伦理行为的约束机制及保障。针对制度在治理公共权力异化中存在的缺陷，制度建设可以从以下几个方面进行：首先，对现有制度的伦理性审查。其次，细化制度。制度如果仅是抽象的语言和规则，那么其对公共权力的运行就不能做出有效的指导和规制，行政人员就有可能滥用手中的自由裁量权。最后，制度建设要与时俱进，经济社会的快速发展导致各种新问题层出不穷，

---

① ［美］特里·L.库珀.行政伦理学：实现行政责任的途径［M］.北京：中国人民大学出版社，2002：189.

制度不仅仅只有监督、规制的作用，还应当具有预防的功能。

3）建立专门的公务员道德规范

公务员的道德水平影响着他们的公共服务动机。公务员道德规范可以起到使公务员自觉地、合理合法地使用公共权力的作用。在这方面美国政府的实践经验具有借鉴意义。水门事件促使美国出台了《政府职业道德法案》，并成立了政府道德办公室以管理公务员的道德，对规范其公务员的职业道德起到了促进作用。当前，我国对行政人员的行为进行道德规范主要是由人事部颁布的《国家公务员行为规范》、《公务员法》提供的一些原则性规定，对于行政不作为、行政权力滥用等不道德行为的处置并没有明确的规定。因此，应该建立专门的公务员道德规范。同时，建立公务员道德行为的评价机制，激励积极的道德行为，惩处不道德行为。

**4. 社会期待**

1）建立公共权力运行的参与机制

要使公众参与到公共权力的运行过程中，首先，政府行政须公开透明化，包括政务公开、财政公开，以消除政府与社会公众之间的信息不对称现象。其次，建立畅通的利益表达机制，如听证制度。当前，借助互联网信息技术，有些政府官员、人大代表通过博客、微博等新兴的社交网络平台与网民互动，实践证明，这种新兴的对话机制有效地促进了公众参与公共事务管理。而且，网络社会的兴起，意味着社会公共领域的兴起，表明公共权力具有从国家领域向社会公共领域转移的可能性。只有畅通的利益表达机制才能将政府和社会公共领域连接起来，政府及其人员的行为将更有效地回应公众的需求，应该鼓励和兴建这种对话平台，为公众参与提供途径。

2）完善外部监督

外部监督主要是指公众、媒体、社会组织等通过各种方式对行政权力运行进行监督。近年来，在现代信息技术的推动下，政府行政逐步公开化，公众对政府及其行政人员的监督渠道越来越多，网络社会的兴起，让更多的公众通过网络进行监督，这种监督方式传播速度快、广泛代表公意，能够起到很好的监督效果。但是，外部监督由于缺乏具体明确的法律指导，容易受到利益集团的影响，新兴的网络监督由于虚假信息的泛滥，使得监督起到相反的效果，造成不良的社会影响。因此，完善外部监督可从以下方面进行：第一，政府及时处理外部监督反馈的信息，让监督真正落到实处；第二，政府规范外部监督方式；第三，国家通过教育、宣传等方式提供公众的公民权意识，保证外部监督主体的广泛性，以避免受利益集团的影响。

### （二）保持行政人员的个体伦理自主性

首先，使公务员培养一种超越组织的身份认同感，公务员行使公共权力的最终目的是实现公共利益，即对公众负责，这是一种超越对组织忠诚的价值认同；其次，要约束公共组织的权力，保护公务员行使个体伦理自主性行为，给公务员在监督不道德上级和不道德组织时提供相应的赔偿和救济；最后，培养公务员的自我意识，让他们在面临伦理困境时，自觉地进行不同层次的伦理思考，做出合乎伦理的行为。

# 第四节　新公共服务理论及其内涵

## 一、新公共服务理论的起源与理论基础

在对新公共管理理论的尖锐批评和质疑中，真正能够作为新公共管理理论尤其是企业家政府理论的替代性新理论模式而被提出的则是美国公共行政学家罗伯特·登哈特所提出的新公共服务理论。新公共服务理论是以登哈特为代表的一批公共行政学者基于对新公共管理理论的反思，特别是针对作为新公共管理理论之精髓的企业家政府理论缺陷的批判而建立的一种新的行政学理论。

新公共服务理论将公民置于整个治理体系的中心，强调政府治理角色的转变即服务而非导航，推崇公共服务精神，旨在提升公共服务的尊严与价值，重视公民社会与公民身份，重视政府与社区、公民之间的对话沟通与合作共治。作为一种新理论，新公共服务理论建立在民主、责任和服务的基础之上。罗伯特·登哈特认为，新公共服务理论的思想来源和概念基础中，更具当代性的理论先驱主要包括以下几个方面。

### （一）公民权理论

新公共服务理论着重关注更广泛的公民权观点，即认为公民权涉及的是个人影响该政治体系的能力，它意味着对政治生活的积极参与。罗伯特·登哈特认为，现代社会已经有越来越多的人们要求恢复一种基于公民利益而非自身利益的公民权。行政官员应该以公民为中心，把公民视为公民，而非顾客、委托人或当事人，公共管理者不仅要追求效率，而且要追求回应度的提高和公民信任度的增强。

### （二）社区与公民社会的理论

健康的社区生活对于现代人的重要性在于，健康的社区生活是个人与社会之间的有益中介，是现代人生活的主题。公民社会对于现代的个人生活与民主参与都至关重要。公民社会是一种公民能够相互进行个人对话与评议的地方，这种个人对话与评议是民主与社区建设的本质。公民社会由充当个人与更大社会之间联系舞台的各种社会团体所构成。一些以公民为基础的“草根”运动，构成了公民权的实验场。政府在建立、促进和支持公民与其社区之间的关系过程中能够发挥关键性作用。首先，政府可以建立更强大的公民互动网络，开辟新的对话与争论渠道，以及进一步就民主治理问题进行公民教育。其次，行政官员能够为社区和社会资本建设做贡献。行政官员能够通过鼓励公民参与决策，而对增进社会资本发挥积极作用。

### （三）组织人本主义与新公共行政学

美国管理学家阿吉利斯的人本观，认为组织研究应该更关注个人的发展，在改进组织绩效的同时促进个人的发展。罗伯特·戈利姆比沃斯基的人本主义组织观，着重批判传统组织理论所主张的自上而下的权威、等级控制及标准的工作程序，而对个人的道德状况

和个人自由的问题不敏感。后现代公共行政理论家是通过批判主流的行政学思想所依赖的实证主义知识获得方法,来批评主流的行政学思想。实证主义包含:理性主义的假设(基于市场的理性选择理论)以及技术(专家)统治观。后现代公共行政理论家主张信奉"会话"的理念。后现代公共行政理论家认为,公共问题通过会话要比通过"客观"地测量或理性分析更有可能得到解决;会话的理想把行政官员与公民视为彼此充分参与,他们不仅仅是召集到一起谈话的理性个体,而且是在一种他们作为人而相互接洽的关系中的参与者;这种协商与达到共识的最终过程也就是个体随着自己的参与而彼此相互接洽的过程,在这个过程中,他们充分包含了人类个性的所有方面,他们不仅有理性,还有经验、直觉和情感。

## 二、新公共服务理论的内涵

新公共服务理论,将公民置于整个治理体系的中心,强调政府治理角色的转变即服务而非导航,推崇公共服务精神,旨在提升公共服务的尊严与价值,重视公民社会与公民身份,重视政府与社区、公民之间的对话沟通与合作共治。新公共服务理论是建立在民主、责任和服务的基础上的,具体来说,主要包括以下几个基本观点。

### (一)政府的职能是服务而不是掌舵

登哈特认为,尽管过去政府在为社会"掌舵"方面扮演着重要角色,但当今政府所实施的公共政策实际上是一系列复杂的相互作用过程的后果,这些相互作用涉及多重群体和多重利益集团。这为社会和政治生活提供结构和方向的政策方案是许多不同意见和利益的混合物。[①] 现今政府的作用在于,与私营及非营利组织一起,为社区所面临的问题寻求解决办法。其角色不是控制和驾驭社会,而是为社会提供服务。

### (二)公共利益是目标而非副产品

公共行政官员必须致力于为公众提供公共服务,谋求公共利益。这个目标不是在个人选择的驱使下找到快速解决问题的方案,而是要创造共享利益和共同责任。在确立社会远景目标或发展方向的行为当中,广泛的公众对话和协商至关重要。政府的作用将更多地体现在把人们聚焦到无拘无束、真诚地进行对话的环境中,共商社会应该选择的发展方向。此外,政府还须确保经由这些程序而产生的解决方案完全符合公正和公平的规范,使得公共利益处于主导地位。

### (三)在思想上具有战略性、在行动上具有民主性

新公共服务理论认为,为了实现集体意识,下一步就是要规定角色和责任,并且要为实现预期目标而确立具体的行动步骤。[②] 这是一个需要所有相关各方都共同参与促使政策方案朝着预期方向发展的执行过程。登哈特认为,政府需培养公民的参与意识和公民

① 丁煌.西方行政学理论概要[M].北京:中国人民大学出版社,2005:380.

② 丁煌.西方行政学理论概要[M].北京:中国人民大学出版社,2005:381.

领袖，为相关各方参与及合作提供机会，让人们必须逐步地认识到，政府是开放的并且是可以接近的；政府是有回应力的；政府存在的目的在于满足他们的需要。

### （四）为公民服务而不是为顾客服务

和企业家政府理论不同的是，登哈特认为，公共利益不是由个人的自我利益聚焦而成的，而是产生于一种关于共同价值观的对话，因此，公务员不是对“顾客”的要求作出回应，而是要集中精力与公民以及在公民之间建立信任与合作关系。政府不能仅仅关注“小众”顾客的短期利益，应该通过鼓励公民履行自己的义务，同时关注公民的声音。

### （五）责任并不简单

公务员所应该关注的不只是市场，他们还应关注宪法、法律、社区价值观、政治规范、职业标准以及公民利益。登哈特认为，无论是传统的公共行政理论还是新公共管理理论都倾向于将责任过于简单化。例如，前者将公共行政官员视为只是简单地直接对政治官员负责，而后者则认为行政官员应像企业家那样有更多的行动自由，其工作绩效的评估主要应从效率、成本—收益以及对市场力的回应性等方面进行。登哈特认为：“责任问题其实是极为复杂的，行政官员已经受到并且应该受到包括公共利益，宪法法令、其他机构、其他层次的政府、媒体、职业标准、社区价值观念和价值标准、环境因素、民主规范、公民需要在内的各种制度和标准等复杂因素的综合影响，而且他们应该对这些制度和标准等复杂因素负责。”①

### （六）重视人而不只是重视生产率

在以往，人们往往将生产力改进系统、过程重塑系统和绩效测量系统视为设计管理系统的工具。登哈特认为，从长远的观点看，这种试图控制人类行为理性的做法在组织成员的价值和利益并未同时得到充分关注的情况下很可能失败。② 尽管这些探讨可能会取得一定的成就，但是它们却培养不出具有责任心、献身精神和公民意识和雇员或公民。在他们看来，如果要求公务员善待公民，那么公务员本身就必须受到公共机构管理者的善待。管理者鼓励组织中的所有成员进行高层次的参与，以提高组织的质量和生产力。高层领导通过授权给整个组织中的个人（他们在自己的领域内实施领导）而使自身变得完整。

### （七）公民权和公共服务比企业家精神更重要

登哈特认为，新公共管理理论鼓励公共行政官员采取企业家的行为方式和思维方式，这样容易导致一种十分狭隘的目的观，即所追求的目标只在于最大限度地提高效率和满足顾客的需要。③ 而新公共服务理论明确地认识到，政府的所有者是公民。公共行政官员有责任通过担当公共资源的管理员、公共组织的监督者、公民权利和民主对话的促进

---

① 丁煌．西方行政学理论概要[M]．北京：中国人民大学出版社，2005：382.

② 丁煌．西方行政学理论概要[M]．北京：中国人民大学出版社，2005：382.

③ 丁煌．西方行政学理论概要[M]．北京：中国人民大学出版社，2005：383.

者、社区参与的催化剂以及基层领导角色来为公民服务。

## 【本章小结】

本章在公共利益与公共组织行为的主题下，分别介绍了价值和文化多样化与公共组织行为、日益受到重视的公共组织中的组织公民行为；从公共组织行为目标出发，分析公共利益以及公共利益的模糊性和公共组织在进行道德选择时存在的问题并提出相关解决机制。

## 【关键术语】

价值多元化　文化多样性　组织公民行为　组织公民行为的维度　公共利益　公共利益的模糊性　道德选择　新公共服务理论　社区

## 【思考与练习】

1. 什么是公共利益？
2. 什么是组织公民行为？
3. 分析影响组织公民行为的因素。
4. 什么是公共利益的模糊性？
5. 新公共服务理论的内涵是什么？

## 【推荐读物】

【1】任浩. 公共组织行为学[M]. 上海：同济大学出版社，2006.
【2】丁煌. 西方行政学理论概要[M]. 北京：中国人民大学出版社，2005.
【3】[美]登哈特. 新公共服务：服务，而不是掌舵[M]. 北京：中国人民大学出版社，2004.
【4】夏书章. 行政管理学[M]. 4版. 广州：中山大学出版社，2008.
【5】王邦佐. 新政治学概要[M]. 上海：复旦大学出版社，2006.
【6】刘霞. 公共组织创新战略[M]. 北京：中国社会科学出版社，2005.
【7】[美]埃德加·沙因. 组织文化与领导力[M]. 马红宇，王斌等译. 北京：中国人民大学出版社，2011.
【8】周红云. 公务员的组织公民行为及其隐性激励研究[M]. 北京：经济科学出版社，2010.

# 第五部分

# 公共组织变革与发展

# 第二十一章

# 公共组织创造力

【内容结构图】

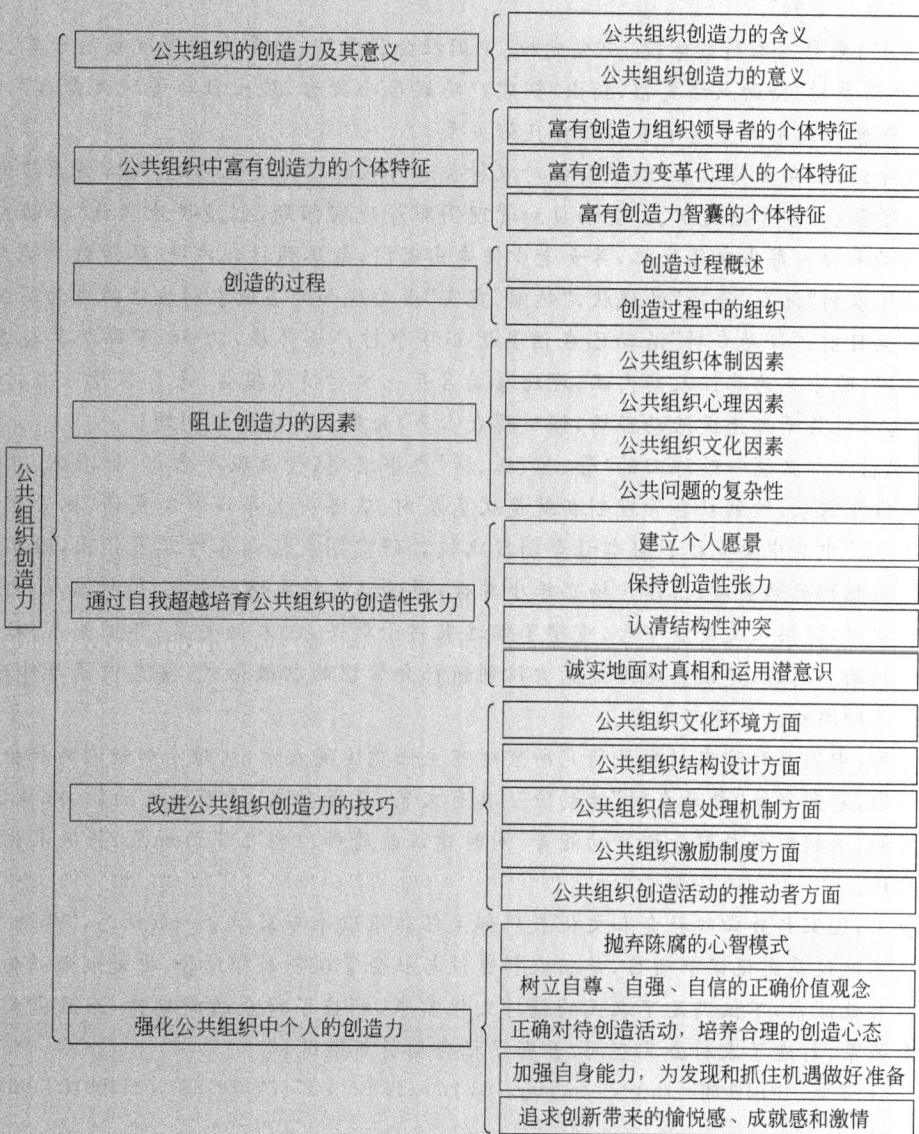

- 公共组织创造力
  - 公共组织的创造力及其意义
    - 公共组织创造力的含义
    - 公共组织创造力的意义
  - 公共组织中富有创造力的个体特征
    - 富有创造力组织领导者的个体特征
    - 富有创造力变革代理人的个体特征
    - 富有创造力智囊的个体特征
  - 创造的过程
    - 创造过程概述
    - 创造过程中的组织
  - 阻止创造力的因素
    - 公共组织体制因素
    - 公共组织心理因素
    - 公共组织文化因素
    - 公共问题的复杂性
  - 通过自我超越培育公共组织的创造性张力
    - 建立个人愿景
    - 保持创造性张力
    - 认清结构性冲突
    - 诚实地面对真相和运用潜意识
  - 改进公共组织创造力的技巧
    - 公共组织文化环境方面
    - 公共组织结构设计方面
    - 公共组织信息处理机制方面
    - 公共组织激励制度方面
    - 公共组织创造活动的推动者方面
  - 强化公共组织中个人的创造力
    - 抛弃陈腐的心智模式
    - 树立自尊、自强、自信的正确价值观念
    - 正确对待创造活动，培养合理的创造心态
    - 加强自身能力，为发现和抓住机遇做好准备
    - 追求创新带来的愉悦感、成就感和激情

案例引导

### 睢宁县"舞动乡村"活动

2012年4月14日，由国家行政学院、人民网主办的"和谐中国·2012加强和创新社会管理理论论坛暨社会管理创新案例颁奖典礼"在江苏省睢宁县举行。会上，与会的20多位国内外著名专家、学者齐论创新社会管理执政为民的真谛。

北京市东城区创新网格化社会服务管理模式、睢宁县"舞动乡村"活动、泰安市充分发挥平安协会生力军作用等10个典型案例从全国1560个社会管理创新案例中脱颖而出，被评为"最佳案例"。

14日，来自国家行政学院、中央党校、中国社会科学院、清华大学等院校的专家、学者针对"舞动乡村"全面点评支招，指出"搭建广场娱乐小舞台，跳出社会管理大舞台"，这种较好的探索初级形式重塑了乡村社会良好关系。

据介绍，去年6月以来，睢宁县针对农村普遍存在的精神文化匮乏、人际关系淡漠、干群关系紧张、多方矛盾交织、社会动员和管理困难等现实问题，创造性地尝试"舞动乡村"文化活动平台。每当夜幕降临，男女老少便走出家门，聚集到村部广场，尽情放歌跳舞，从此改变了农村"沉寂、冷清"的现状，"热闹、充实"成为现如今当地农村生活的生动写照。

截至目前，"舞动乡村"活动已在该县近400个村广泛开展，约10万群众参与进来。活动期间，睢宁又为其注入新内涵，现场每周召开一次村情通报会，每月召开一次村民议事会；选派机关干部走进活动现场，倾听群众心声，为群众解决实际问题。

"农村干部必须一改陈旧的'管、控、压、堵'办事思想，树立服务意识，把准脉，顺应新形势下群众需求，做到社会管理创新就是从基层内、从源头上寻找解决良药，把管理融于服务之中。"中共中央党校科社部社会制度比较教研室副主任向春玲教授指出，睢宁作为江苏省西北部偏远县城，搭建广场娱乐小舞台，通过满足村民娱乐文化、精神需求，打造乡村公共空间，提供人文交流平台，重塑了偏远农村干群关系、家庭关系、邻里关系、社会关系等新格局。同时，建议当地继续探索该创新社会管理的初级形式，拓宽内涵与外延，活动中继续增添社会管理新内容。

另外，中国社科院农村发展研究所宏观室主任党国英表示，从睢宁加强创新社会管理的案例中，看到当地"舞动乡村"活动除了具有文艺、交际功能，还有组织功能、维权功能、保健功能、承接政府与群众议事功能等，同时建议政府部门将之变为规范，将成果化为多形式展现。

会上，国家行政学院社会和文化教研部主任龚维斌等专家学者一致认为，"舞动乡村"的价值不仅仅是文化娱乐项目，是新农村建设与社会管理创新相结合，更是创新社会管理方式的有效探索，不仅满足了农民的精神文化需求，顺应了群众的新期待，而且重塑了乡村社会关系，打造了农村公共空间，开辟了社会动员新渠道。

（资料来源：中国新闻网，http：//money.163.com/12/0414/23/7V3DGFB700253B0H.html）

# 第一节　公共组织的创造力及其意义

创造力被视为一切创新的先导,创新被视为任何组织取得成功的关键因素。当今公共组织正面对日益激烈的竞争环境,经济全球化致使他们的操作业务已超越了传统的固定边界,甚至逐步向无边界化组织演化。在充满不确定性的社会风险中,公众对公共组织解决社会问题和化解社会风险的能力寄予更多期望,而某些公共领域中"公共悖论"、"制度黑洞"、"奖励的惩罚"现象时有发生。因而,为了保持竞争优势,公共组织有必要在战略、服务及回应等方面不断创新。提倡创造力和创新文化并不是仅仅局限于私人组织,公共组织更需要培养创造性和创新文化。"今天我们面临的问题非同以往——要求更具有创造性——当这些问题促进了变化和发明创造时,那些僵化及缺少变化的组织就很可能失败。"[①]在公共行政管理活动中,创造性或许是最重要的概念。[②] 创造力是个人和组织最重要的资源,它应该被培养、支持及鼓励。创造力将是公共组织核心行动的追求所在。

## 一、公共组织创造力的含义

"创造力"(creativity,也被译为创造性)是由美国心理学家吉尔福特(J. P. Guilford)于 20 世纪 50 年代首次提出,直到 20 世纪 80 年代创造学才传入我国并得到迅速传播。学者已从多种视角对创造力进行研究,如精神分析、心理、社会心理、人本主义心理学及历史分析法等。虽然学者对创造力的界定尚未达成一致,但都将创造力视为一个超越已有任何界定的复杂结构。综合心理学、组织行为学及组织文献关于创造力的研究成果,创造力主要有以下 5 种观点:①过程观点,即倾向于关注创造力的思维过程。[③] ②结果观点,即倾向于将创造力定义为新颖且实用的方法或事物。[④] ③创意观点,即将创造力视为创新中创意的组成部分。Amabile(1997)将创造力看作创新的先导。[⑤] ④性格特质观点,即认为创造力与智力、性格等个体因素有关。⑤认知观点,即将创造力视为一种认知技能和能力。[⑥] 有心理学家抱怨道:"在现代心理学研究中,创造力是应用得最不严格的术语之一,因而也是含义最模糊不清的术语之一。"创造力是一个多层次的概念,不管将其视为过程还是结果,在不同分析层次上都很有意义。[⑦]

组织创造力是创造力在研究对象、范围、深度等方面的拓展,是心理学和组织行为学研究中相当新的研究领域。虽然,组织创造力从 20 世纪 80 年代以来已取得一些成绩,但组织创造力的界定也尚未取得广泛认同。Woodman, Sawyer 和 Griffin 将组织创造力界

---

① [美]罗伯特·B.登哈特等.公共组织行为学[M].赵丽江译.北京:中国人民大学出版社,2007:61.

② Dimock Marshall: Creativity[M]. Public Administration Review,1986:1.

③ [美]周京,莎莉.组织创造力研究全书[M].魏昕等译.北京:北京大学出版社,2010:4.

④ [美]周京,莎莉.组织创造力研究全书[M].魏昕等译.北京:北京大学出版社[M].2010:5.

⑤ Amabile T M: Motivating creativity in organizations: On doing what you love and loving what you do[J]. California Management Review,1997(40).

⑥ [美]周京,莎莉.组织创造力研究全书[M].魏昕等译.北京:北京大学出版社,2010:6-7.

⑦ Chen G,Mathieu J E, Bliese P D: A framework for conducting multi-level construct validation[J]. Research in Multi-level Issues,2005(3).

定为："在一个复杂的社会系统下，由工作在一起的个体共同创造有价值的和有用的新产品、服务想法、流程或过程。"[①]Bharadwa 和 Menon 将组织创造力界定为："组织运用正式方法和工具并提供组织资源以鼓励有意义的新奇行为。"[②]刘新梅、白杨和张蕊莉将组织创造力界定为："在一个复杂的社会系统下，组织产生一系列新的有价值的想法，形成与新产品、新服务、新工艺、新过程、新方法等有关问题的解决方案的能力。"[③]

组织创造力是创造力在个体及团体方面的扩展与延伸，其包括私人组织、公共组织及公益组织等不同形式载体的创造力。其中，公共组织是指以管理社会公共事务、协调社会公共利益关系、追求社会价值为目标的组织。因此，公共组织创造力是组织创造力在载体方面的细化与延伸，是一种狭义型载体的组织创造力。在考虑公共组织创造力的多层次"双重性"和时间属性基础上，将公共组织创造力界定为"以公共组织为创造主体在复杂的社会环境中运用创造性方法或手段管理社会问题、提供公共服务、满足公众需求、回应公众期望、应对组织危机等相关显性与隐性的能力"。

## 二、公共组织创造力的意义

当今是一个创新的时代，是一个需要创造力充分发挥的时代，更是一个培养创造力的时代。培养创造力，激发创造为，管理创造力，对公共组织成功地进行社会管理具有非常重要的意义。增强公共组织创造力已成为当今最为热门的话题之一。我国中央政府高度重视公共组织的社会管理创新能力，"十二五"规划中强调标本兼治——加强和创新社会管理的社会目标；胡锦涛(2011)在省部级主要领导干部社会管理及其创新专题研讨班上强调加强和创新社会管理的重要性，社会管理已成为当前最为热门的问题；习近平(2011)在主持开班式时指出，胡锦涛总书记的重要讲话深刻阐述了加强和创新社会管理的重要性和紧迫性，明确提出了新形势下加强和创新社会管理、做好群众工作的总体思路和重点任务。在当前我国社会转型期，公共组织创造力对于解决社会管理领域所凸显的各种问题更显重要意义。

目前，各级政府部门及公共组织都已经开始向传统组织在产品安全、污染、医疗、基础设施等方面的缺陷提出挑战，这些方面的压力不仅要求组织成员具有创造力，还要求公共组织具有创造力。创造力对公共管理的重要性得到很多学者的认同。例如，Marshall Dimock(1986)认为在公共行政管理活动中，创造性或许是最重要的概念，Goodsell(1992)指出："对于日常的行政管理工作而言，创造性作为一种价值贯穿始终。"[④]创造力将是公共组织核心行动的追求所在，创造力的培养有助于公共服务绩效的改善和公共价值的增加；有助于公共组织回应公众期望与需求；有助于组织运行成本的降低。公共服务型政府

---

① Richard W. Woodman, John E. Sawyer, Ricky W. Griffin: Toward a Theory of Organizational Creativity[J]. The Academy of Management Review, 1993(2).

② Bharadwaj S, Menon A: Making Innovation Happen in Organizations: Individual Creativity Mechanisms, Organizational Creativity Mechanisms or Both? [J]. Journal of Product Innovation Management, 2000(6).

③ 刘新梅，白杨，张蕊莉. 组织创造力研究现状与展望[P]. 西安交通大学学报(社会科学版)，2010(3).

④ [美]罗伯特·B. 登哈特，珍妮特·B. 登哈特，玛丽亚·V. 阿里斯蒂格塔. 公共组织行为学[M]. 赵丽江译. 北京：中国人民大学出版社，2007：61.

所倡导公共服务的理念要求公共组织充分利用现有的资源来改变服务于公众需求的能力,甚至可以说公共组织创造力的开发与培养是公共组织不断提升自身管理能力的核心技巧和最为特殊的能力。

因此,公共组织创造力的培养与开发,对提升公共组织提供公共服务的效率与回应公众的社会需求能力具有重要的价值,有利于公共组织城乡社区自治和服务功能的完善,形成社会管理和服务合力。

## 第二节 公共组织中富有创造力的个体特征

个体特征可以分为两类,即特质性个体特征和状态性个体特征,其中特质性特征是指个体本身所具有的心理状态;而状态性个体特征则是指在外部环境所施加给个体的影响下产生的心理状态。本章的研究对象主要是公共组织的创造力问题,因此,我们将从公共组织领导者、变革代理人及智囊三个方面对富有创造力的公共组织的个体特征进行阐述。

### 一、富有创造力组织领导者的个体特征

积蓄能量是组织创造活动成功的第一步。组织文化被称为一种软环境,它在无形之中引导着每一个组织成员的行为。公共组织领导对组织文化环境的营造起着至关重要的影响。在开放且宽松的组织文化氛围中,培养每一个组织成员自我领导的意识与能力,激发他们内在的自主性和自发性带来的组织自律价值。组织层面行动力的强弱,影响着创造过程中组织采取行动达成创造目标的可能性。面对社会问题日益复杂化与多元化的情况,公共组织的创造力显得尤为重要。公共组织领导影响着创造的过程及预期目标的实现,公共组织领导者以一种全新的方式解决社会问题,有利于重塑组织及自我价值的实现。斯托格迪尔(1974)在研究的基础上,认为领导者的特征主要有以下10点:①对承担责任和完成任务具有强烈的内在动力;②在追求目标实现时精力充沛且执着;③创造性地和富有新意地观察解决问题;④在特定的社会形势中具有主动性;⑤自信和极强的洞察他人的能力;⑥愿意承担他或她的决策和行动的后果,⑦承受压力的能力,⑧能够经受得起挫折及曲折;⑨有影响他人的能力;⑩有组织团体以实现眼前目标的能力。斯托格迪尔认为这些特征可以区分领导者和其他人,区分有效率的领导者和无效率的领导者,区分高水准的领导者和低能的领导者。我们在斯托格迪尔的研究基础上,进一步提出富有创造力组织领导者的个体特征主要如下。

#### (一)坚定的信念与意志

坚定的信念与意志是创造活动取得成功的基本保证。创造过程中常常会出现一些难以想象的障碍,必须有坚定的信念与意志去克服困难。从公共组织与私营组织的差异性看,公共组织领导者比私营组织领导者更需要在创造活动中树立坚定的信念与意志。公共组织进行创造活动受到公众的关注程度远远超越于私营组织,承受着来自社会各界的压力。在这种创造环境下,公共组织领导者都应该对自己所从事的创造活动充满热情和信心,以坚定的信念与意志执著地追求既定的创造目标。创造性工作常常遭遇长期的艰

难曲折，必须不屈不挠地努力，始终如一地将既定的创造行动坚持到底。坚定的信念与意志能够促进创造活动的顺利进行，在组织领导受到其他干扰创造活动的意图、动机和思想出现时，鼓励组织领导不断调整心态去克服各种困难。Ford(1996)考虑到创造性过程中的不确定性与复杂性，有必要将自我效能信念视为影响个体创造性行为的重要动机成分。[①] 因此，坚定的信念与意志为创造活动的顺利进行提供了必要的心理条件。

### （二）自信与冒险精神

很多创造活动失败的主要原因追根到底在于对自己创造能力的怀疑，缺乏自信。自信心是自我意识的重要组成部分，它对创造者的创造性与冒险精神起关键作用。创造活动常常伴随着高度的不确定性，创造者应正确对待创造过程中的失败与挫折。在创造过程中，要有自信与冒险精神来解决在创造过程中产生的消极心理因素，重塑创造过程中的激情、意志及战斗力。自信心强的创造者则会显得出类拔萃，而自信心弱的人则会产生较强的从众性。Weinberg 等（1979）、Bandura&Cervone（1983）、Jacobs 等（1984）、Cervone&Peake(1986)、Peake&Cervone（1989）等认为那些对自己能力有强烈信念的人，在未达到意图时会加大努力，并坚持不懈直至成功。[②] 创造者在创造活动中应该敢于冒风险，不怕失败，善于从失败中学习并提高，懂得用各种方法分散化解风险，提高创造活动取得成功的可能性。因此，自信心与冒险精神是创造成功的必要条件。

### （三）面对挫折的乐观态度

创造过程中遇到挫折在所难免，创造者应该保持乐观的态度。在创造过程中，创造者面对的是未知世界，不犯错误一蹴而就地取得成功几乎是不可能的。如果创造者抱着“最好不要犯错误”的心态进行创造，反而会形成一种无形的创造枷锁。其实，创造者在探索未知世界的创造性活动中正确与错误的概率几乎是一样的。社会舆论的强大压力似乎在告诉公共组织领导者失败将会在公众中形成消极的形象。如果害怕犯错误则会使创造者失去尝试新事物的勇气。作为公共组织领导者，如果怕犯错误、怕失败、怕冒风险，那么其将会对创造力的发挥产生抑制作用。Isen，Daubman&Nowicki（1987）、George&Zhou(2002)研究表明积极的情感在某些情况下有助于创造力的产生。[③] 因此，具有面对挫折的乐观态度是创造活动中必备的积极情感因素之一。

### （四）较强的独立性与自制能力

独立性是指一个人能够坚持既定目标，主动地朝着既定的创造目标前进。在创造活动中，具有很强的独立性是非常重要的，特别是公共组织成员独立性的培养对创造力的开发更是非常重要。其次，自制能力对于创造者在创造过程中坚信自己创造价值的实现是

---

① Ford C：A theory of individual creative action in multiple social domains[J]. Academy of Management Review，1996(21).

② ［美］A. 班杜拉. 自我效能：控制的实施[M]. 缪小春等译. 上海：华东师范大学出版社，2003：183.

③ ［美］周京，莎莉. 组织创造力研究全书[M]. 魏昕等译. 北京：北京大学出版社，2010：149.

非常有必要的。自制力也称为情感控制能力，它有助于创造者在创造活动中保持冷静的心态应对突变事件；有助于培养创造者的坚定意志；有助于克制创造者受到消极心理因素的干扰保持稳定的情绪。自制能力越强，完成造性工作的积极程度也越高，创造目标实现的可能性就越高。

### （五）强烈的自我实现愿望

创造动机是推动创造者进行创造活动的内在动力，是创造活动得以进行的起因。许多动机理论，如本能论、驱力论、需要论、诱因论、成就动机论、自我效能论等，都从各自的角度探讨了创造动机对人的创造活动的引发作用。由于创造活动都可能有不同的创造动机，从事创造活动的人所处环境不同，因此，创造者的动机也是不同的。公共组织领导者的最主要职责在于促进社会问题的解决与创造社会价值，维护和实现公众利益。公共组织领导者应具有强烈的自我实现愿望，在内心深处形成一种创造社会价值的创造动机。创造动机有助于强化和维持公共组织领导在创造活动中的创造积极性和热情。强烈的自我实现愿望能使公共组织领导者在创造过程中将社会价值与自我价值二者很好地结合起来，形成一种外在动机与内在动机的良好结合。因为创造动机的强弱对创造活动得以持续起着关键性的作用，能使创造者产生愿望和行为的驱动力，引导其创造行为与创造方向。总之，具有强烈的自我实现愿望是领导者进行创造活动的行为驱动力，有利于自我价值的实现。

### （六）高超的组织领导艺术

高超的组织领导艺术是组织创造活动取得成功的关键因素之一。具有高超的组织领导艺术能够为组织成员创造力的发挥营造一种宽松的组织工作环境，能激发组织成员的想象力与创造性思维。创造是一项艰巨的任务，组织成员创造的积极性和热情关系到组织创造活动能否成功。具备高超组织领导艺术的组织领导者能运用各种手段来激励组织成员。在具有开放性与支持型的组织环境中，领导艺术对于帮助组织成员克服影响创造力的障碍具有重要的作用。Basadur(2004)认为创造力领导者必须拥有某种直觉或者敏感，能察觉出不同员工的认知和创造性解决问题的风格，并能够通过协调、整合等手段来管理这些风格，从而使得全体员工的创造潜力得以发挥。[①] 总之，高超的组织领导艺术有利于为组织成员营造一个良好的外部环境与内部环境。

### （七）具有强烈的创新意识

在这里，创新意识主要是指公共组织领导者为了满足社会大众的需求，努力寻求新的或更好的管理手段进行社会管理的意识。创新意识是人类意识活动中的一种积极、富有成果性的表现形式，是人们进行创造性活动的出发点和内在驱动力。创新意识能激励公共组织领导者在社会管理过程中形成一种稳定与持久的创新需要、价值追求和理性自觉的创造推动力。在动态的工作环境中，越来越多的管理者逐步意识到，为了保持竞争力，

---

① [美]周京，莎莉.组织创造力研究全书[M].魏昕等译.北京：北京大学出版社，2010：77.

他们需要员工更加主动地投入工作，并展现更多的创造性行为(Mumford，Scott，Gaddis和Strange，2002)。[①] 因此，创新意识是唤醒、激励及发挥创造活动的重要精神动力。

## 二、富有创造力变革代理人的个体特征

在创造力领域中起主要作用的是个体特征中的人格因素。人格是创造力的一个不可或缺的部分，任何形式的创造力都包括特定的人格因素在内。国内外很多学者对人格因素的研究发现，人格因素在创造力的发挥上起着举足轻重的作用。例如，美国心理学家吉尔福特(Guilford，1959)对创造性个体的人格特征进行了深入研究，结果表明有创造性的人具备以下特征：①有高度的自觉性和独立性，不肯雷同；②有旺盛的求知欲；③有强烈的好奇心，对事物的机理有深究的动机；④知识面广，善于观察；⑤工作中讲求条理性、准确性与严格性；⑥有丰富的想象力、敏锐的直觉，喜好抽象思维，对智力活动与游戏有广泛兴趣；⑦富有幽默感，表现出卓越的文艺天赋；⑧意志品质出众，能排除外界干扰，长时间地专注于某个感兴趣的问题之中。[②] 巴伦认为，有创造性的人具有以下特点：①喜欢复杂的和某种程度上显得不均衡的现象；②有独创性的人有着更为复杂的心理动力和更广阔的个人视野；③有独创性的人在做出判断方面有着更大的独立性；④有独创性的人更坚持己见和具有支配权；⑤有独创性的人拒绝把抑制作为一种控制冲动的机制。[③] 美国心理学家鲁杰罗提出，富有创造性的人突出的特征是：①积极主动，充满活力，他们从不让自己的思想处于被动、保守、消极、僵化的状态；②敢想敢干，他们总是站在保守的对立面，对事业不断地追求，从不计较面子的得失，习惯于在逆境中不断进行探索并从中吸取教训；③机智灵活；④勤奋工作，愿意为了科学研究事业做出一切牺牲；⑤不依赖于别人，不怕遭到别人的反对，坚持自己独特的见解，既不会为了与别人求同而放弃自己的观点，也不会因为失去支持而感到烦恼。[④] 我国学者俞国良根据外国的研究材料和自己的认识总结出具有创造性特征的学生的个性特征：①兴趣广泛，对创造有强烈的好奇心；②目标专一，有毅力；③独立性强；④自信心强；⑤情感丰富，办事热心，对创造充满热情，有高度责任感，感情易冲动，有时比较调皮，甚至放荡不羁，似乎精力过盛；⑥一丝不苟，总是用严峻的眼光审视周围，不会人云亦云，而是勤奋好学，孜孜不倦，锲而不舍地探索未知世界。[⑤] 综合国内外学者的研究可以发现，兴趣、勤奋、独立、坚忍、自信是高创造性个体所共有的特征。因此，我们认为富有创造力的公共组织的变革代理人应具有以下几点特征。

### (一) 求变的思维习惯

公共组织变革代理人应具有求变的思维习惯，突破日常遵守的生活准则，习惯采用新

① [美]周京，莎莉.组织创造力研究全书[M]. 魏昕等译.北京：北京大学出版社，2010：110.

② [美]J. P. 吉尔福特.创造性才能——它们的性质、用途与培养[M].施良方，沈剑平，唐晓杰译.北京：人民教育出版社，1990.

③ [美]S. 阿瑞提.创造的秘密[M].钱岗南译.沈阳：辽宁人民出版社，1987：445.

④ 杨晓梅.创造力管理[M].北京：国防工业出版社，2006：85.

⑤ 俞国良.创造力心理学[M].杭州：浙江人民出版社，1996.

的手段或途径来达到既定目标。组织成员要想得到好的创造性想法，必须养成一种求变的思维习惯，不断拓展自己思考问题时的思维模式。富有创造力的组织成员关键在于能保持求变的思维习惯，不会抑制自己的思维。

### （二）克服从众心理的能力

从众心理是创造活动的重要障碍之一。在生活中，服从多数是一条普遍承认的准则。但在创造活动中，从众心理将会对创造力的发挥及创造活动的成功产生阻碍作用。从众心理模式使组织成员形成一种随声附和和随大流的思考方式，缺乏独立思考的能力。同时，从众的思考方式也将使组织成员在讨论的过程中无法形成一种创造共振的空间，对于问题的解决很不利。因此，富有创造力的组织成员应具有克服从众心理的能力，培养自己独立思考问题的习惯。

### （三）敢于面对权威的胆识

权威也是创造过程中的障碍之一，过分依赖权威是任何组织在创造活动中都实际存在的障碍。对公共组织成员而言，权威主要是指组织领导者的权威和专家方面的权威两类。公共组织成员在创造过程中出现观点与上级领导不一致时，要有一种敢于面对权威的胆识去探究对与错。再者，公共组织成员在创造活动中不能过分依赖权威的观点，甚至是发展到迷信权威的程度。我们应当承认权威的重要性，相信权威，但更重要的是我们应该养成一种怀疑的态度来判断权威的对与错。在思维领域中，形成一种敢于面对权威的意识，对权威进行辩证看待，破除自身的权威定势。

### （四）坚强的信念和顽强的意志力

在创造的过程中遇到困难和危险，需要组织成员树立坚强的信念和顽强的意志力去克服，而不是轻言放弃。只有在坚强的信念和顽强的意志力的支撑下，人的创造活动才能得以继续进行。因为在创造过程中遇到困难和危险，需要人们充满自信不懈努力才能完成既定的创造目标。没有坚强信念和顽强意志力的人在面对困难时会退却，不思进取，在心理上和行为上会产生妥协的意向和行动。因此，要创造成功，必须以坚强的信念和顽强的意志力作为支撑。

### （五）旺盛的求知欲与强烈的好奇心

任何创造力的发挥都需要以渊博的知识和丰富的经验为基础，只有创造者的知识积累到一定程度时才会产生创造性行为。在创造过程中，组织成员应注重知识的积累。创造力很大程度上是在广泛感知、丰富经验和渊博知识的基础上形成的。科学家的创造性想法并不会凭空产生，其在很大程度上是建立在自身知识积累的基础上。如果没有知识和经验，那么，组织成员的想法就会变成一种胡思乱想。虽然知识与经验是创造力产生的基础，但并不是承认知识和经验总是会对创造力产生积极的作用。如果过分依赖于知识和经验，也会对创造力的发挥产生阻碍作用。再者，组织成员还应具备强烈的好奇心。好奇心是组织成员创造性活动兴趣产生的起点。组织成员的好奇心不应只是对某物体肤浅的好奇，而应是一种有目的的探究性好奇。

### （六）脚踏实地、不失严谨的做事风格

只有坚持脚踏实地的创造活动，才能取得获得成功。脚踏实地、不失严谨的做事风格与我们强调想象力与创造性思维并不相冲突。脚踏实地、不失严谨的做事风格可在创造过程中省去很多不必要的麻烦。如果创造者没有脚踏实地、不失严谨的做事风格，将会使整个创造过程更具有风险性与不确定性。很多创造活动坚持到最后并没有取得成功的最终隐患在于，创造者缺乏脚踏实地、不失严谨的做事风格。作为公共组织变革的代理人更应该注重脚踏实地、不失严谨做事风格的培养。只有组织变革代理人真正做到脚踏实地且严谨时，公共组织的创造性活动才有可能取得成功。

### （七）高度的独立性与自觉性

独立性是指组织成员在创造过程中面对问题时的独立思考能力，不会随意产生从众心理的问题解决模式。自觉性是指组织成员自觉自愿地执行或追求创造获得目标任务的程度，其影响着组织成员在创造活动中的热情与兴趣，对组织成员责任心与职责意识的培养具有重要作用。具有高度独立性与自觉性的组织成员能充分激发创造过程中自身组织公民行为的产生。组织公民行为的激发，有利于组织成员主动地去承担角色职责之外的工作，有利于组织创造活动的顺利进行。

### （八）良好的应变能力

应变能力是指面对意外事件等压力，能迅速地做出反应，并寻求合适的方法，使事件得以妥善解决的能力。组织成员在创造活动中的应变能力主要表现在以下几方面：一是能对创造过程中出现的新情况产生应对策略；二是能审时度势，随机应变；三是能在创造活动中坚持方向，持之以恒。良好的应变能力是组织成员进行创造活动所必须具备的基本能力之一。在创造活动中，组织成员必然会遇到各种各样的问题和困难，组织成员应变能力的强弱关系其能否沉着应战去解决问题和克服困难。良好的应变能力有利于组织成员在短时间内做出准确的判断，把握解决问题的最佳时机。

## 三、富有创造力智囊的个体特征

在很早以前，人们就意识到创造性的过程并不是一帆风顺的。所以，许多公司在研制新产品的时候会成立所谓的“智囊团”，“智囊团”汇集了各种类型的精英人才，他们将共同完成公司的任务。公共组织也不例外，其创造过程比私营组织来得复杂。智囊团的多样化创造技能及独特的创造力发挥空间，对创造力的激发具有重要的帮助。Amabile, Conti, Coon, Lazenby 和 Herron(1996)认为当人们得到了各种各样的选择、解决方案或其他可能相关的想法时，他们更有可能进行关联而促成创造力。[①] 因此，公共组织也应该借助一定的外界环境来启发自身的创造力。这里一定的外界环境主要是指公共组织的智

① ［美］周京，莎莉. 组织创造力研究全书[M]. 魏昕等译. 北京：北京大学出版社，2010：112.

囊团，富有创造力智囊的个体特征主要有以下几点。

### （一）合理的知识结构

知识是产生灵感的基础。开发创造力需要知识为基础。公共组织在挑选智囊团的成员时应考虑成员的知识结构，只有打牢智囊团的知识基础，才能开发出创造力。合理的知识结构是富有创造力的智囊团创造力形成的内在源泉，是创造思维空间形成的基础。知识是创造活动的基础和前提，创造性想法不能离开知识凭空产生，没有正确的理论指导，就难以形成全面合理的思维分析模式。创造性想法虽然是稍纵即逝的思维活动，但它与智囊团的知识结构情况密不可分。如果知识结构不合理，只由某一专业领域的成员组成，那么再专业的智囊团也很难富有创造力。因此，智囊团的挑选中要注意整体的知识结构情况。只有合理的知识结构，才能有创造性思想迸发的火花产生。

### （二）互补的创造个性特征

个性是指一个人在一定的社会环境和社会系统中能动地形成的个体心理品质，包括性格、动机、兴趣和能力等多个方面。个性是一种资源，良好的个性是一种优势资源，与创造力和事业成功密切相关。智囊团在挑选组织成员时，也应考虑到组织成员的个性特征。个性是有别于他人的特殊性特征之一。富有创造力的智囊团应该具有互补的创造个性特征，这样有利于智囊团创造力潜能的激发。良好的个性组合是智囊团创造力养成的重要触发因素，对智囊团创造力的形成起着促进作用。

### （三）合理的性别比例

性别差异也是个体差异的一个重要方面，它主要侧重于男女两个群体之间性别差异引起的思维、想象力等方面的差异性。创造力的形成与发展也在许多方面表现出不同程度性别差异的影响。不同的智力水平、不同的认知方式或认知风格、不同的人格特点都可能影响创造性的形成与发展。性别会造成男女在认知能力、人格等基本方面存在着差异。因此，创造力性别差异会对创造力迸发的速度和程度产生影响。富有创造力的智囊团也应重视组织成员的性别比例。

### （四）合理的思维模式组合

思维能力与创造力养成的关系极为密切，可以说，没有思维能力就没有创造力。不同的组织成员会表现出不同的思维模式，思维模式决定了组织成员运用和驾驭自身智力和知识的能力。创造活动实际上就是创造性思维迸发和发展的过程。与创造性密切联系的思维方式很多，最常见的是发散思维和收敛思维。发散思维是指思维以某一点为中心，沿不同方向、不同角度向外扩散的一种问题思考模式。而收敛性思维是指以问题为中心，运用多种方法或手段，从不同的方向和不同的角度，将思维集中于问题中心点的思考模式。它们各有自身的优势，为创造性活动的顺利进行提供重要支撑。发散思维能促进人思维的开放性、延伸性及拓展性，而收敛思维则有利于思维的深刻性、集中性、系统性、条理性。因此，公共组织智囊团在挑选组织成员时也应关注组织成员的思维模式，为智囊团挑选出最合理的思维组合模式。

### （五）最佳的创造技能组合

创造技能是人们在开发创造力时不可缺少的工具。掌握了各种不同创造技能，对人们创造能力的提升具有重要的帮助。特别是对于智囊团这样的创造活动，创造技能组合的优化程度可以促进整体思维的灵活性、流畅性、变通性及新颖性，帮助智囊团克服一些创造性思维产生过程的障碍。最佳的创造技能组合，对于智囊团创造力的形成具有重要的帮助。

### （六）富有创造力的智囊环境

创造力形成的制约因素多种多样，其既有创造主体自身的因素，也有创造主体身处的周围环境。创造活动是一种实践活动，创造者的意识和行为会在不同程度上受到周围环境的影响。创造环境对创造力的形成与发展既有积极作用；也有消极作用。良好的周围环境对创造者创造性思维的发挥具有推进作用。例如，允许对立事物或观点的存在，不打击与自己相对立的一切事物或观点，重视不同的观点等。再者，创造所处的不同规则可能会成为创造性思维形成的严重障碍。因此，富有创造力的智囊环境应该是一种组织成员不受学历、资历、权威等因素约束的开放型、支持型、畅所欲言型的智囊环境，营造一种孕育创造性思维产生的讨论氛围。

# 第三节　创造的过程

对创造的过程进行研究有助于人们对创造及创造力的理解，对创造学领域的研究发展具有重要的积极作用。正如多伦多大学的司各脱·芬得莱和查利斯·拉姆斯登研究发现“发现和创新的演化理论”，就很具有启发性。

## 一、创造过程概述

### （一）创造过程的含义

创造是一种过程，是建构出具有一定社会价值的新奇性产品的过程。如托兰斯(Torrance)所说，创造性是一个感知问题、做出推测、提出假设和沟通思想的过程；德兰泽恩、格林、卡赞杰恩(Drazin, Glynn and Kazanjian)断言：“创造性是个人从事创造的过程，这个过程是人们行动、认知、试图产生创造性的结果。”①

创造过程是人类利用发散思维进行创新发明的实践活动，是人类进行综合、重组、分析并产生独特认知联结的过程，是人们将创新想法转化为现实生产力的过程，也是人们不断重复进行的实践活动。据此，我们认为创造过程具有实践性、可操作性和反复性的

---

① ［美］罗伯特·B. 登哈特，珍妮特·B. 登哈特，玛丽亚·V. 阿里斯蒂格塔. 公共组织行为学［M］. 赵丽江译. 北京：中国人民大学出版社，2007：67.

特性。

## （二）典型的创造过程

对创造过程的划分法多种多样，如赫尔姆霍兹的三个阶段说、华莱士的四阶段说、约瑟夫·罗斯曼与奥斯本的七阶段说、邓克的创造模式、艾曼贝尔的创造过程理论等。但从其出发点归纳起来主要有三种：一是心理学角度；二是时间与空间角度；三是信息加工角度。下面就分别来看一下心理学、时间、空间角度、信息加工角度、创造性成分等方面的一些典型创造过程。

### 1. 心理学角度

从心理学视角出发，主要是依据个体把创新想法转化为实物的一个心智历程。人类的创造活动，是一项非常复杂的心理过程，德国著名生理学家赫尔姆霍兹 1896 年提出创造过程的三个阶段说：第一，最初的努力，直到无法进展为止；第二，停顿和徘徊时期；第三，突然的发现和意外的解决。

英国心理学家华莱士于 1926 年在根据前人的研究基础上把创造过程划分为四个阶段，这在创造过程研究中具有非常巨大的影响力。以致后来的五阶段、六阶段、七阶段等各种划分方法都是在华莱士的四阶段说基础上提出来的。华莱士认为任何一项创造活动的开展都必将包括准备阶段、沉思阶段、启迪阶段和验证阶段。

第一，准备阶段。即创造者进行收集资料、分析问题、寻找备选方案等为解决问题所做的准备工作。

第二，沉思阶段。即在准备阶段的基础上对要解决的问题进行深入的思考。

第三，启迪阶段。即在经过准备阶段与沉思阶段的基础上，受到的启发性思维，以致产生新的创造性思维。

第四，验证阶段。这主要是对创新解决方法的验证阶段，即对整个创新思路进行深入反思，以验证解决方式是否正确的阶段。

著名心理学家约瑟夫·罗斯曼和奥斯本在华莱士四阶段划分法的基础上都将其扩展为七阶段。约瑟夫·罗斯曼的七阶段说主要包括：第一，对一种需要或问题的观察，第二，对这种要求的分析；第三，对所有与此有关的可利用的情况通盘考虑；第四，对所有能想到的客观的解决方式的系统表达；第五，对这些解决方式进行评价；第六，产生新的意念——创造发明；第七，通过试验寻找最有希望的解决方法。而奥斯本的七阶段说主要包括：第一，定向阶段；第二，准备阶段；第三，分析阶段；第四，建立观念阶段；第五，沉思阶段；第六，综合阶段；第七，评估阶段。

总之，有关创造阶段的其他说法很多。在沃勒斯以后，还有不少人提出各种创造阶段说，三段、四段、五段、六段以至七段都有。

### 2. 时间与空间角度

从时间和空间角度出发将创造过程分为四个阶段，即明确问题阶段、确定方案阶段、实施方案阶段及回顾总结阶段，如图 21-1 所示。

从图 21-1 中可以看出，从时间与空间角度对创造过程进行划分存在着逻辑上的先后顺序，但其界限并不是十分明显，尤其是回顾总结阶段，它应该贯穿于其他三个阶段之间。

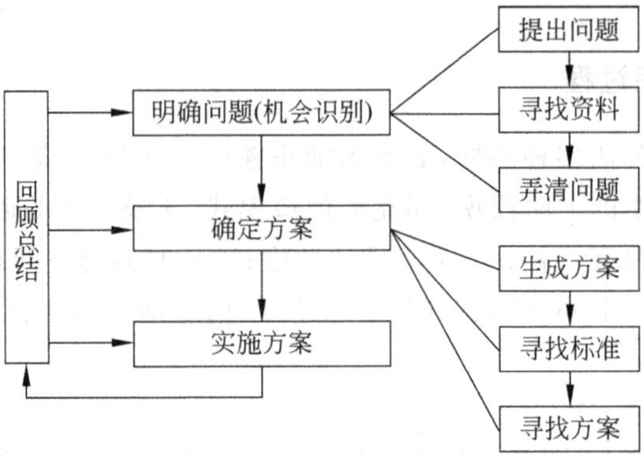


图 21-1 创造过程的时间与空间划分

在整个阶段划分中，实施方案和回顾总结这两个阶段是比较重要的。因为实施方案阶段还可以再分为两个子阶段：制订计划、执行计划；而回顾总结工作则是贯穿于整个创造过程的，其还可以划分为验证结果、回顾全过程、利用导出结论等阶段。

3．信息加工角度

信息加工角度主要是根据创造活动中对外界信息的一种信息加工过程进行划分。创造过程本身就是一个产生有价值的新奇性信息的过程，是一个针对寻找问题、发现问题、组织问题和解决问题具有创新意义的过程。德国心理学家邓克据此提出一种全新的创造模式，他认为创造性地解决问题由一系列相互联系的心理结构组成，在这一过程中可以把问题分解成更小、更明确的描述，借以促进问题的解决。在问题分解描述的过程中可以将其分为以下三个层次：一是一般范围，即把原来的问题一般化，尽可能指出解决的方向；二是功能解决，即缩小一般范围，将注意力集中在问题的功能解决上；三是特殊解决，即从一般问题的解决角度促进问题的解决。

4．创造性成分分析视角

著名心理学家艾曼贝尔在对创造性成分分析研究的基础上提出创造过程理论，并就创造过程中各种成分在创造过程中发挥的不同作用提出了具体的创造过程模型（见图 21-2）。

从图 21-2 中可以看出，整个创造过程其实也可以以五个阶段为主：第一，问题或提出任务阶段；第二，准备阶段；第三，产生反应阶段；第四，验证反应阶段；第五，结果阶段。艾曼贝尔与从心理学角度对创造过程进行划分的本质区别在于其阶段并不是单纯地以阶段进行划分，其每个阶段是以创造性影响因素为主。

## 二、创造过程中的组织

在现代组织中，项目团队已成为创新和变革的主要载体。团队在跨专业、跨学科领域中的创造活动比率不断增加，特别是团队可以完成仅靠个人的力量是很难完成的创造活动。因此，我们有必要根据创造活动涉及的学科领域，选择合适的人员，组成创造团队来完成创造活动。研究者越来越明确地意识到创造力不仅是个体的产物，更是个体的联合。

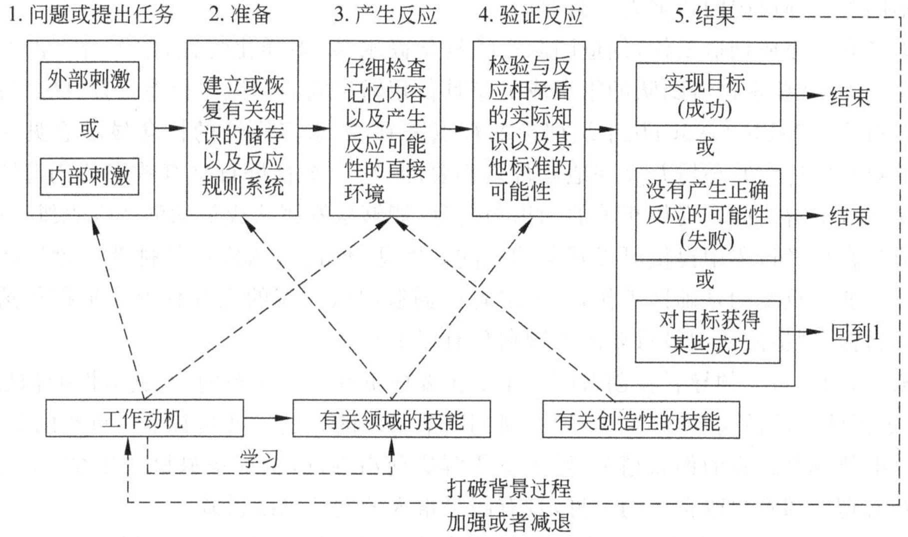


**图 21-2 创造性组成成分与过程模型**

(虚线表示特点因素对其他因素的影响;实线表示该过程中的步骤顺序)

例如,Nemiro (2002)认为研究者忽视了合作创造力过程中的合作行为。① Sonnenburg (2004)提出合作创造力理论框架,沟通成为各种合作创造的共同点。② 张景焕等人认为应重视合作创造过程与机制研究,并系统建构合作创造力理论。③ Gerben 等人(2003)研究发现任务与目标的互依性能促进团队成员之间的思想、观点交流以及彼此之间的合作,进而对组织内团队创造力产生积极影响;Anderson 等人(2009)通过元分析发现与任务互依性相比较,目标互依性能更有效地促进团队成员的沟通与合作,进而对组织内团队创造力产生较大影响。④ 所以,创造团队的构建与管理直接关系到整个团队的功能状态与活动效率,并关系到创造活动的成败。

## (一) 创造团队的构建

从 20 世纪 80 年代开始至今,研究者们对"团队创造力"内涵的研究还没有达成一致。王黎萤和陈劲在对国内外团队创造力研究的基础上,认为团队创造力是指以组织方式整合各成员知识与能力以发挥协同效应中表现出来的整体特性。⑤ 团队创造力不是个体创造力的简单加总,而是以知识和技能的共享、交叉、整合为重要手段,为成员创造基于问题情境的互动空间,从而发挥出更大的知识协同效应和组合优势,使团队实现个体单独所不能实现的创造效能。因此,创造团队是一个特殊的群体,它往往是根据特殊的团队目标来

① J. E. Nemiro: The creative process in virtual teams[J]. Creativity Research Journal, 2002(1).

② S. Sonnenburg: Creativity in communication: A theoretical framewkork for collaborative produce creation[J]. Collaborative Product Creativity and Innovation Management, 2004(4).

③ 王亚男,张景焕. 创造力研究的新领域: 合作创造力[J]. 心理科学进展,2010(1).

④ 张燕,怀明云,章振,雷专英. 组织创造力影响因素的研究综述[P]. 管理学报,2011(2).

⑤ 王黎萤,陈劲. 国内外团队创造力研究述评[J]. 研究与发展管理,2010(4).

挑选不同工作领域中的各类人员组建而成。

为了有效完成创造工作，创造团队必须具备高水准、多样化特性，配置合理的知识与智能结构，这就要求创造团队的组织成员应具备相辅相成的知识与技能，为团队目标的实现共同奋斗。Ashby(1956)从系统理论的观点来看，需求多样性的概念显示意见不合和多样性对系统适应其环境并完好地运行是必要的。[①] 一个良好且富有效率的创造团队可以为团队成员解决问题提供相关的知识与信息，能够激发团队成员的创造性思维，并能为团队成员在思考过程中提供可以互动的空间。因此，创造团队成员的挑选是创造团队构建的一项非常重要的基础性工作，并决定着该创造团队功能的发挥程度。根据创造团队的工作目标，创造团队中最重要的关键角色有以下几类。

第一，领导者。领导者在创造团队中的主要职责在于提出新的、有创造性的构思与设想，确定团队创造活动的方向。领导者对创造活动中的难题突破具有至关重要的影响，领导者一般要具有较强的创新精神，乐于思考解决前沿性问题，能突破陈规旧俗，不会因产生从众心理而随意更改自己的主见，具有超乎常人的发散思维模式。

第二，技术人员。技术人员在创造团队中的主要职责是将各类创新的思路转化为现实的技术可能，提高创新想法的现实可行性。一项创造性活动的成功，必须有技术作为支撑，否则，将不能付诸行动。因此，对技术人员在技术评价与技术应用方面的知识与能力的要求应较为严格。技术人员应对组织中现有的技术状况了如指掌，这样才能较好地为创造所需的核心技术与辅助技术提供必要的技术性指导与帮助。

第三，行政人员。行政人员在创造团队中的主要职责在于确定创造活动中不同方案的经济可行性。任何活动要想取得成功都不能超过该组织或团队可支配资源的范围。在创造团队活动过程中，很多创造活动的失败都可归结于缺乏足够的资源做支撑。因此，行政人员应对创造活动的前景、成本与效益等经济问题进行准确的估计，提供可靠的市场与财务信息，为整个创造活动是否开展提供建议与指导。

第四，协调人员。协调人员的主要职责在于协调管理创造团队成员的分工与协作，创造团队的协调人员也是十分关键的角色，团队成员是否能有高昂的工作士气，团队活动是否能够有序开展都取决于协调人员所做的工作。另外，协调人员还应承担团队与外界沟通与联系的桥梁。团队的协调人员一般由有管理知识经验、德才兼备的人担任。

### （二）创造团队成员间的合作

以创建团队模式进行创造活动在日常生活中随处可见。利用团队进行创造活动的优势主要在于可以利用团队成员的多元化组合形成共振来激发团队成员新颖的研究构思与创意的产生。虽然合作、社会交互作用、协作及一起工作都曾被心理学家在谈到社会因素时作为相似用语替代使用，但是合作是一个更高的标准，特别强调创造中沟通的重要性。因此，如何引导团队成员逐步进入合作状态，成为创造团队构建后的关键性问题。

第一，创造团队成员间的心理和谐。管理心理学认为，一个健康的团队，是具有某些共同社会性特征的团队成员在一定的价值观、规范和目标指引下，相互作用、相互影响、协

---

① [美]周京，莎莉.组织创造力研究全书[M].魏昕等译.北京：北京大学出版社，2010：168.

同活动的团队。创造团队要想获得创造性成果，必须做到团队内部人际和谐，保持整体与个体和谐，同时，还需要同其他的科学创造群体保持协作、竞争与交流，实现群间和谐。只有如此，才能在内外部比较融洽的创造氛围中获得满意的创造成果。其中，团队内部人际和谐与创造主要包括人际倾向与创造、人际吸引与创造、人际沟通与创造、整体与个体和谐与创造。

第二，创造团队的合作过程。一般来讲，创造团队的合作过程大致可分为四个阶段：一是团队成员的接触磨合阶段，这是团队初步建立形成的阶段，团队成员彼此之间信任和信赖感开始建立，并消除不利于团队整体利益的意见与想法；二是团队成员的交流同化阶段，即团队成员经过一段时间相互沟通与意见交流，开始逐步形成了团队所共有的意识、规范与活动方式程序；三是团队的合作运作阶段，此时团队成员的角色定位与地位已十分清楚明确，并形成了较好的合作默契；四是高效运作阶段，即团队在各方面都达到较高级的层次，成员之间形成了十分良好的沟通联系，互相之间的摩擦内耗现象已基本消除，大家互相支持、互相关心，同心同德地为了团队目标的实现而努力工作。

第三，创造团队的激励机制建设。创造团队的激励机制对团队成员内在动力与创造性的激发具有非常重要的价值。阿玛比尔认为创造性的文化氛围，即能够公平、积极地评价新的思想；奖励和重视创造力；具备提出新思想的组织机制，能够分享新的理念。创造团队激励机制的建设应注重物质因素与精神因素对团队成员的不同激励作用。对具有创造性队员进行精神上的肯定，增强其自我效能感与自我实现感。特别是从事创造性活动的团队，精神方面的激励有时会比物质方面的更具有激励作用。因此，在创造团队激励机制的建设中，应遵循以精神激励为主，物质激励为辅；以内在激励为主，外在激励为辅的方针。

## 第四节　阻止创造力的因素

研究发现，创造性存在着大量共同的障碍性因素。Denhardt 认为阻碍公共组织创造力产生的主要因素有以下几个：不能正确地提出问题；做出选择太快；拘泥于最初接受的想法；缺乏支持。之后，Denhardt 在 Morgan(1968)归纳的 12 种阻挠、扼杀创造性的手段基础上，针对公共部门管理者的实际情况，归纳出以下 9 个扼杀创造性的其他因素：拖住你的脚步即阻止你的想法直到他人失去兴趣为止；口头同意，但是行动上并不实行你的想法；等到彻底分析清楚之后再做；不让你继续做下去；多次召集会议即消耗时间到他人对创造性的思想失去兴趣；夸大创新想法的成本；等待其他人去首先尝试新的办法；用严格的工作程序和制度阻止创新。① 此外，英国的克莱格与伯奇认为阻碍人们的创造力要比增强人们的创造力更容易一些，主要因素有社会环境和教育体制对创造力的抑制；创新风险与实用主义思想的阻碍；还有另外一个危险即专家综合征。② 德国的西雅尔特认为阻

---

① ［美］罗伯特·B.登哈特，珍妮特·B.登哈特，玛丽亚·V.阿里斯蒂格塔.公共组织行为学[M].赵丽江译.北京：中国人民大学出版社，2007：74-76.

② ［英］克莱格，伯奇.过关：创造力培训和练习[M].李志宏等译.北京：中国市场出版社，2009：3-4.

碍创造力产生的因素主要有：过大的压力；不承担责任；悲观思想；负疚感；恐惧感；完美主义；对自我能力的怀疑。[①] 我国学者俞文钊等人认为创新的阻碍因素主要有思维定式、从众心理、情感障碍、文化环境及家庭障碍。[②]

基于公共组织自身的特殊性，我们认为阻碍公共组织创造力的因素主要有公共组织体制因素、公共组织心理因素、公共组织文化因素、公共问题的复杂性四大类。

## 一、公共组织体制因素

创造性是人的一种直觉，只有在思想自由奔放，不墨守成规的条件下才能被激发出来。公共组织中制度规定比较死板、缺乏变通的灵活空间。因此，公共组织体制中各种繁琐的工作程序及各种规定条例会对公共组织创造力的培养与开发产生阻碍作用。

公共组织体制对创造力培养与开发的阻碍，主要是通过对组织的各个方面的影响表现出来。公共组织体制对创造力培养与开发的阻碍，主要是通过其在组织凝聚力、信息处理程序、知识更新能力、组织决策机制、组织结构与控制、整合与沟通机制等方面的影响体现出来。公共组织体制因素中对创造力产生阻碍作用最大的因素应属权力的配置问题。从权力的集中程度出发，我们可以将公共组织体制分为集权型公共组织与分权型公共组织。因为，过度集权与过度分权的公共组织体制，都会障碍其创造力的培养与开发。下面从集权与分权的视角来讨论公共组织体制因素对创造力产生的影响因素。总之，过度集权型公共组织无法真正有效地调动中下层组织成员创造性发挥的积极性，其往往成为形成和倡导组织创造性氛围的障碍。

### （一）集权型公共组织体制

集权型公共组织体制所营造的组织气氛对创造性思维的发挥会产生很强的抑制作用。因为集权的公共组织体制基本上不会有倡导创新学习的行动理念与行动动机，而更多的是安于现状、墨守成规。即使组织成员产生创造性思想，也需要经受组织体制中的各层领导的管制与质疑。同时，集权型公共组织体制也缺乏组织成员相互共振产生创造性思维的空间，集权型公共组织体制中严密的层层管制与命令的不可质疑性，致使组织信息流动渠道不畅、知识守旧、观念陈腐，导致组织中层和组织下层的部门或成员缺乏独立思考与分析判断问题的能力，对组织成员的创新意识和自我管理能力的树立也会产生负面影响。

### （二）分权型公共组织体制

与集权型公共组织体制相反的分权型公共组织体制，也未必就一定对组织创造力的形成毫无阻滞。相对于集权型公共组织体制而言，虽然分权型公共组织体制对公共组织部门创造力的培养与开发具有帮助作用，但由于我国公共组织的分权尺度往往没有把握好，致使过度分权造成各个部门小团体意识的滋生，进而出现“内耗”现象。这里所指的过

---

① [德]西雅尔特.创造力测试[M].王露扬译.上海：文汇出版社，2003：49-59.

② 俞文钊，刘建荣.创新与创造力：开发与培育[M].大连：东北财经大学出版社，2008：116-136.

度分权型公共组织区别于有机治理下的多中心、扁平化或网络状结构下的组织体制，是指过度分权而不是适度分权。这主要表现在：第一，过度分权可能会使各个部门各尽所能，促进本部门创新能力的提升，但对组织整体的知识创新能力是非常不利的。因为各个部门的创新能力的提高不等于公共组织整体创新能力的提高。第二，过度分权无法保证公共组织战略部署的统一实施，无法从整体层面真正锻造组织的学习能力。第三，在过度分权的组织体制下，组织信息渠道过多、过滥而口径不一，容易形成组织信息超载，无法明确组织创新方向，成为组织创新的一大障碍。

## 二、公共组织心理因素

人们总是喜欢十分确定的感觉，而厌恶不确定性。变化总是意味着不确定的未来的结果。无论是作为个体的人，还是作为集体中的人，人们都会产生不同程度的心理压力。不管是否意识到变化，也不管是否认识到变化的重要意义，特别是与自身利益的相关程度，人们(包括个人、群体或部门)都更有可能产生心理上的抵触。这些抵触因素包括有意识的、无意识的和潜意识的。因此，心理因素造成的后果和付出的代价对于个人、组织、社会来说都是巨大的。

虽然，创造力在个体、团体及组织方面的研究已取得一定成果，但以往对公共组织创造力的研究，很多是基于公共组织创造力展现无能为力的隐性假设。这主要是由于公共组织缺乏竞争与激励的工作环境、厌恶风险的组织文化、官僚保守主义的作风、程序规定的刚性、工作反馈性不强、偏爱现状等因素产生的消极形象。这样的消极形象阻碍了公共组织创造力的形成与开发——出现公共组织心理障碍。公共组织心理障碍主要表现在对创造性想法不确定性后果的担心，比如害怕上级施加压力或者打击报复、担心自己的权力地位受到影响等，因而选择墨守成规，产生一种对现有权利的保护意识等。因此，公共组织心理因素，主要还是指公共组织具有墨守成规性，对创新性思维具有排斥心理。

## 三、公共组织文化因素

公共组织对创造力产生阻碍作用的文化因素，主要是指公共组织所倡导的组织文化形成一种不利于创造思维产生的工作环境。公共组织所倡导的文化类型对公共组织创造力的培养与开发具有非常重要的影响。在一个支持型的公共组织环境中，容易增强和鼓励组织成员的创造性。Claxton(1997)研究发现当人们感觉到“没有压力、安全和积极”的时候，就出现了创造性的认知。[①] 动机是组织成员的创造性产生的内在组成部分之一，但是也会受人们所处的组织环境的影响。一个积极的组织环境可能形成一种创造性和革新性勃发的组织氛围；相反，消极的组织环境则会抑制组织成员创造性思维的产生。事实和实践都证实，在宽松和具有正向鼓励性的氛围中，人们的创造力能够得到最大限度的开发。组织文化必须能够促进组织成员的讨论和反省行为，并保证一个宽松、平等、公开的环境。正如斯科特提出：“创造性的行为——一个有创造性的人在一个特定的环境中产生的行为——只有满足了两个条件才会发生……一种不利的现实环境会抑制创造性行

---

① [美]周京，莎莉.组织创造力研究全书[M].魏昕等译.北京：北京大学出版社，2010：164.

为，无论个人多么有才能。”①

对于管理而言，创造力受整个组织文化和氛围的影响。霍林斯沃思归纳出营造创造型组织环境的关键因素主要有信任、开放性的沟通、多元化、变革以及激励。而公共组织倡导的文化类型基本都是比较闭塞的，并不是开放性的组织文化，这与其自身的特殊性有关系。公共组织文化因素会对创造性思维的产生起阻碍作用。公共组织倡导的组织文化不利于在组织内部形成开放的、鼓励参与型的组织文化氛围，并会对激发组织成员创造力产生阻碍作用。在公共组织这种文化氛围中，并不能像私营组织那样可以保证参与者不以曾有过的失误为耻，不受他人的打击；保证讨论者不因其提了意见受到排挤或被“穿小鞋”；保证大家的讨论对事不对人，针对将来而不是过去。

## 四、公共问题的复杂性

公共组织创造力的培养与开发比任何组织都更加困难，而且更难以像其他组织那样富有创造活力。公共组织的管理对象是社会事务与社会问题，其目的在于解决社会问题，实现并维护社会公共利益。公共问题的复杂性日益增强，公共组织及成员社会管理的难度与承受的工作压力也在日益增强。若不能正确、全面、恰当地确定问题，那么创造力的发挥就会出现偏差。此外，公共组织自身的政治属性和公共属性决定了其必须面对复杂而多元的问题，这更加剧了公共组织创造力的形成难度。因为公共组织的公共性与政治性导致公共问题呈现出多元性与复杂性，使得公共组织在管理社会事务、解决社会问题的过程中变得十分复杂与曲折。公共问题的复杂性反映出公共组织在培养创造力方面的必要性与困难性，并且几乎陷入了两难的境地。

总之，在公共组织体制障碍、公共组织心理障碍和公共组织文化障碍下，公共组织面临公共问题本身的多元性与复杂性，更加剧了这些问题的实质性表现，使得公共组织在创造力的形成过程中更加举步维艰。

# 第五节　通过自我超越培育公共组织的创造性张力

组织创造性张力的培养与形成是组织其他能力形成的前提与基础。在彼得·圣吉看来，把愿景与现实并列在一起的差距，就产生了我们所谓的“创造性张力”。他强调自我向极限挑战、实现内心深处最想实现的愿望并达到自我超越，是保证并提供组织足够创造性张力的最直接的途径。而自我超越则是学习如何在我们的生活中不断生发和保持创造性张力。主要可通过建立个人愿景、保持创造性张力、认清结构性冲突及诚实地面对真相和运用潜意识等自我超越途径来培育公共组织的创造性张力。

## 一、建立个人愿景

人们总是忽视愿景对自己未来的影响力，当谈论有关愿景话题时人们都很难说出很

① ［美］罗伯特·B.登哈特，珍妮特·B.登哈特，玛丽亚·V.阿里斯蒂格塔.公共组织行为学［M］.赵丽江译.北京：中国人民大学出版社，2007：76.

清晰的愿景。公共组织在运作过程中，应注重组织愿景及成员个人愿景方面的建设。第一，利用组织成员的个人愿景来缓和现实中一些无法实现的差距，进而促进公共组织成员创造性张力的产生。公共组织成员创造性张力主要体现在愿望和现实之间的差距感知与适度调整中，组织成员需要根据内外部环境的变化，调整期望达成的组织状态。第二，公共组织应该把组织愿景与个人愿景相协调起来，想方设法使组织愿景与成员个人愿景保持在同一水平线上，促进组织整体创造性张力的最大化。

同时，公共组织还应该想方设法使组织及成员的愿望与现实之间的差距保持在一个既能经过切实努力就能达成，但是又不是轻而易举就可以达成的那种差距状态之下，这样组织就可以保持着适度的创造性张力。因为艰巨的工作目标对组织成员的激励是创造性的重要组成部分，艰巨的工作目标使人"被工作本身所吸引，激起人们的好奇心，使人们享受工作本身，或者使人感到面临挑战"。这种张力将使得组织不断地创新并超越自我。

## 二、保持创造性张力

在现实生活中，个体经常不愿谈及自身的愿景，主要由于我们害怕触及愿景与现实之间的差距感。虽然，愿景和现实之间的差距感会给我们带来情感方面的一些心理影响，但其形成的能量对我们缩小现实与愿景之间的差距具有激励的作用。创造性张力的主要原理在于自我超越。当个体认识到愿景与现实不一致时，这种力量便会发挥作用。因此，在生活中我们应该保持必要的张力。

创造性张力的作用机制在人类活动的各个层面上都广泛存在。对公共组织而言，如果组织对创造性张力的激发不足，对公共组织创造力的培养是有害的。罗伯特·弗里茨说过："愿景是什么并不重要，重要的是愿景能做什么。"真正有创新力的人，能够让理想与现实间的差距发挥作用，从而产生推动变革的能量。保持必要的创造性张力，有助于改变人们对失败的认知；有助于增强人们在创造过程中的毅力与耐心；有助于人们认清现实世界与自身所具有的实力。正如弗里茨指出的："真正有创造性的人深知，所有创造都是在一定的约束条件下实现的。没有约束条件就没有创造。"从本章第二节中在综合国内外学者研究的基础上，我们可以发现，兴趣、勤奋、独立、坚忍、自信是高创造性人才所共有的特征。因此，保持创造性张力对组织及个人创造力的培养与开发具有重要的作用。

## 三、认清结构性冲突

研究发现，许多成功的人都有与自我超越修炼相悖的深层观念，即他们没有真正认清结构性冲突。彼得·圣吉认为，我们的无意识状态反而增加了结构性冲突的影响力，系统的影响力就会妨碍我们取得成功。

很多心理学家一致认为面对结构性冲突时无能为力的观念一旦形成是不易改变的。只有进行不断自我超越修炼的积累才能逐步改变。弗里茨发现，应付结构性冲突影响力的一般性策略有：降低愿景；操纵冲突，即通过制造人为的冲突，来操纵我们自己追求愿景的工作；意志力策略，即简单地用精神兴奋法，去摧毁一切妨碍我们实现目标的障碍。但这三种一般性策略各有缺陷，结构冲突是这三种应付性策略无法解决的。因此，在培养公共组织创造性张力的过程中应该认清结构性冲突的形成与应对策略。

## 四、诚实地面对真相和运用潜意识

在认清结构性冲突以后，我们应该学会应对结构性冲突时诚实地面对真相。人们常常会认为既然我们无能为力，那么诚实地面对真相似乎没有什么作用。相反，人们会去谋求一些方法与技能来尝试解决结构性冲突的问题。但事实上，人们所做的一切都是无效力的。

我们诚实地面对结构性冲突的问题，并不是毫无益处。诚实地面对真相主要是指我们能够彻底根除那些限制我们和欺骗我们的恶性，进而不断扩大我们思维意识的范围，用超常的视野把握全新的社会问题，最终不断加深我们对结构性冲突的社会问题的理解。因此，我们应对结构性冲突的第一要务就是识别并承认它们的存在。诚实地面对结构性问题的力度越大，我们保持的创造性张力就越大。

在诚实面对结构性冲突的社会问题时，还应该认识到潜意识在面对及处理复杂性的社会问题时所产生的巨大作用。正如京都陶瓷的稻盛和夫所言："我在集中注意力时……就进入潜意识状态。人类都有两种状态，即常态意识和潜意识状态，而且当我们处在潜意识状态下时，能力要大10倍……"只有当我们诚实地面对结构性冲突的社会问题时，我们的潜意识能力才能得到充分的发挥。同时，潜意识协调力的开发对诚实地面对真相也具有重要的影响。因为潜意识的开发与运用对个人愿景的开发和修炼是有影响的。

总之，我们通过自我超越培养公共组织创造性张力的过程中，应该树立正确的认识态度即诚实地面对真相。同时，也应该充分激发自身的潜意识来促进结构性社会问题的解决，提升自身的创造性张力。

# 第六节 改进公共组织创造力的技巧

创新是我们这个时代的主题，是社会发展进步的主要动力。马歇尔·迪莫克(1986)认为在公共行政管理活动领域中，创造性或许是最重要的概念。面对日趋复杂的社会问题，公共组织必须善于创造性地进行回应。公共组织创造力的改善有助于促进组织效率的提升，有助于公共组织回应挑战、需求和机遇。总之，改进公共组织创造力技巧的研究对于公共组织回应能力、服务能力及创新能力的提升具有重要的意义。登哈特认为创造性的培养需要多种因素的综合，因此，本书将从公共组织的文化环境、结构设计、信息处理机制、激励制度及创造活动的推动者等五个方面进行阐述。

## 一、公共组织文化环境方面

公共组织文化是公共组织实践过程中形成的产物，公共组织在长期的存在和发展中形成了特有的文化氛围，这种文化氛围影响着公共组织日常活动的开展。约翰·科特和詹姆斯·赫斯克特认为有三种文化：强力文化是一种组织文化，其推动公司的价值观代表了多数人的意见，并且带有一种局外人也能一目了然的强度；适合性文化是一种适合产业战略或公司战略的文化；适应性文化是一种鼓励员工自信和冒险的文化，这种文化具有促成变革的领导层，并重视顾客变化着的需求。[1] 因此，公共组织文化是公共管理的软环境，是公共组织创造力的重要影响因素，是公共组织生存和发展的基础和动力。

公共组织文化环境会影响公共组织对事件活动的认知和评价，并影响着整个公共组织的行为。开放且支持型的组织文化对组织创造力的开发具有重要作用，在组织内部树立一种开放的、鼓励参与的组织文化氛围，对于激发组织创造力是必不可少的。在一个开放且支持型的公共组织文化环境中，比较容易形成一种创造性和革新性勃发的组织氛围。相反，消极型的公共组织环境则会压制创造性的产生。斯科特(1965)提出："创造性的行为——一个有创造性的人在一个特定环境中产生的行为——只有满足了两个条件才会发生……一种不利的现实环境会抑制创造性行为，无论个人多么有才能。"营造支持型组织文化就是要对组织成员的创造性想法表示关注，鼓励组织成员说出他们关心的事情和需要，提供积极和信息丰富的反馈。

在公共组织中培养这种文化氛围，可以让组织成员在思考问题及提出创造性想法时不会以失误为耻，不会受他人或者上级的打击，并且能够保证组织成员不因其提了意见而受到排挤或被"穿小鞋"。事实和实践都证实，在宽松和正向激励性的氛围中，人们的创造力能够得到最大限度的开发。组织文化必须能够促进组织成员的讨论和反省行为，并保证有一个宽松、平等、公开的环境。例如，阿玛比尔(1997)认为创造性的文化氛围能够公平地、积极地评价新的思想；奖励和重视创造力；具备提出新思想的组织机制，能够分享新的理念。因此，一个具有鼓励创造性的组织文化氛围的组织，有着多方面的共享价值。

## 二、公共组织结构设计方面

公共组织面临社会事务或社会问题不断增长的复杂性、竞争性和动态性等带来的高度不确定性，在错综复杂、瞬息万变的环境中，公共组织的创造能力尤为重要。公共组织只有具备良好的创造能力去回应社会公众，才能长久生存和发展。组织是一个动态的、复杂的系统，我们必须对组织结构设计进行分析与思考。组织结构对组织运行效率的提高和创造能力的培养有重要影响，诺贝尔经济学奖获得者赫伯特·西蒙(H. A. Simon)曾经说过："有效地开发社会资源的第一个条件是有效的组织结构。"组织结构的设计关系到组织的整体效能与效率。组织结构服务于组织的战略目标，关系到组织内部各组成要素及要素之间的相互关系。理查德·L. 达夫特(2003)认为，企业的结构还会影响那些到达高层管理人员的有关战略实施的信息，从而影响高层管理人员对战略实施的评价，进而影响高层管理人员对企业战略的修正。[2] 在竞争日益激烈的外部环境下，组织结构设计已成为现代公共组织回应能力提升的一项重要内容，其不仅关系到组织目标达成的情况，还关系到组织适应外部环境变化的应变能力。良好的组织结构设计有利于管理职能的正确划分、管理职责和权限的认定及组织成员之间相互关系的安排与协调等。Lawrence 和

---

① [美]纳尔逊，奎克. 组织行为学：基础、现实与挑战[M]. 桑强等译. 北京：中信出版社，2004：516-517.

② 任浩，刘石兰. 基于战略的组织结构设计[J]. 科学与科学技术管理，2005(8).

Lorsch(1967)的案例研究表明紧密连接的不同部门之间的关系有利于组织中产生创新产品。① 因此,公共组织的结构设计也会对组织创造力的培养与开发产生影响。

任何创造都离不开知识,知识丰富有利于更多更好地提出创造性设想,对设想进行科学的分析、鉴别与简化、调整、修正;并有利于创造方案的实施与检验;有利于克服自卑心理,增强自信心。知识是创造力产生的基础性因素,创造力的培养与开发强调创造者不断加强自身能力。公共组织结构设计也应该以学习为中心进行结构设计,这样的组织结构设计有利于公共组织结构内部形成一种开放、平等、持续改进和适应变革的组织氛围。良好的组织结构设计有利于形成一种以人为本、关心尊重组织成员的创造场所,有利于激发组织成员积极的组织公民行为的产生。创造性活动需要一种促使人们大胆尝试、敢冒风险甚至遭受失败的组织氛围,而组织结构的设计又关系到组织氛围的形成。

管理实践表明,组织结构设计的好坏会影响组织成员创造潜能的激发。具有创造性特征的组织结构设计有利于鼓励组织成员打破框架应对挑战,增强组织成员坚持新方法和完成创造力活动的兴趣。相反,则会阻碍组织成员创造潜能的激发。总之,良好的组织结构设计能为组织成员的激发提供空间和支持,有利于为组织成员创新思想产生提供信息支持,有利于组织领导对组织成员创造性思想的反馈。

## 三、公共组织信息处理机制方面

在知识经济社会中,创新是赢得竞争的根本保证。信息为创新提供想象的空间,是创新的基础。组织内部信息处理机制关系到组织的信息化管理,信息化管理有利于促进组织内部各部门的沟通与协调,有利于帮助组织收集内部、外部信息,为组织成员对问题的研究与分析做出正确的决策。在知识经济时代,公共组织传统的信息处理模式已经不适应当前的信息社会,组织要想取得胜利必须依靠信息与创新,信息与创新已经上升为公共组织宝贵的战略资源。公共组织应充分利用信息进行组织创新,以提升自身的公共服务能力和回应能力。

对于个人和组织来说,创新需要信息作为支撑。良好的信息处理机制能为组织成员进行创造性活动提供及时性的信息,促进公共组织从实际出发,采用创造性手段来解决社会问题。同时,时间也是创新过程中一个不可缺少的因素。一些创造性想法的产生到实现有时会受到时间因素的影响而夭折。信息具有时效性,如果信息处理与反馈不及时的话,信息就会变得毫无价值。在创造过程中,需要解决的问题常常是在信息不充分的情况下做出的。由此可见,信息在创造过程中的价值是无所不在的。良好的信息处理机制可以使组织成员有效地处理信息,并能及时地为组织成员的创造性提供时间和可用信息的支撑。

## 四、公共组织激励制度方面

公共组织与私营组织的许多区别只是程度上的,而不是本质上的。正是这些区别导致了公共组织与私营组织间激励机制的显著差异。公共组织目标的多元性与职能的多面

---

① [美]周京,莎莉.组织创造力研究全书[M].魏昕等译.北京:北京大学出版社,2010:174.

性使得公共组织的激励问题日益变得复杂化。多目标会导致代理人努力水平的下降，公共组织为了完成多项任务或保证完成多项指标，其将各项任务或指标分解到不同的职能部门。而公共组织的整体业绩取决于组织内各部门的相互合作。每个部门都希望其他部门多承担责任，而自己则多获得利益和权力，以致产生大家都熟悉的公共部门间相互推诿现象。此外，公共组织绩效衡量主要是以主观评价为主，这使得原本复杂、分散和多样的公共组织的激励机制问题变得更加严重。

激励对创造性思维或行为的产生具有重要的推动作用。在创造力影响中，个人的初始激励状态、外在激励因素的类型和外在激励的持续时间三个重要因素决定着外在激励是否和内在激励相配合。[①] 激励能对个体或组织创造力潜能的激发产生内在驱动力，产生更高的实现个人或组织目标的意愿。大量证据表明，当人们受到内在激励，而不是外在激励时，如期望的评估、监督、与同事竞争、受到上级命令或承诺奖赏，他们最富有创造力。在某种程度上讲，内在激励存在于人们的个性之中。Schawlow 对科学创造力的观点强调了内在激励的重要性：激励工作是因为它有趣，包括令人兴奋、令人满意和充满个人挑战。[②] 由于公共组织自身的特殊性，组织的薪酬等物质因素较为稳定，精神方面的奖励成为重要的激励机制。因此，公共组织在设计激励制度时应兼顾物质和精神方面的激励因素对组织成员创造力的影响。

创新活动要有求真务实的科学精神和民主、自由的组织气氛。在组织内部倡导科学与创新精神，反对因循守旧，宽容标新立异与失败，形成一种良好的创造性组织环境。在公共组织内部要营造一种鼓励创造性活动的气氛。例如，改变日常的用语，以鼓励创造性的词语为主来强化组织成员的创造意识；对于不可行的创造性想法或在创造活动中失败的组织成员不要进行过分针对性批评；组织领导要有意识地对一些判断提出质疑，引导组织成员主动考虑接受自己的思想等。无论是组织成员创造性资源的获取、整合和创造动力的提供、支持，还是创造机制的展开、运转和创造功能的发挥，都离不开激励制度系统的支撑。因此，公共组织激励制度的设计对公共组织创造力的改进与强化具有重要的价值。

## 五、公共组织创造活动的推动者方面

领导者在组织运作中对组织新的、有创造性的构思与设想及创造方向等方面具有至关重要的影响。创造过程中领导者的创新精神有利于组织成员突破陈规旧俗，激发组织成员的发散思维模式。再者，领导者的主要职责在于协调管理组织成员的分工与协作。组织成员是否能有高昂的工作士气，创造活动是否能够有序开展都取决于组织领导的协调。另外，组织领导还是组织与外界沟通与联系的桥梁。因此，领导者在创新、管理、协调等方面的能力都会对组织创造活动产生影响。

上级领导的支持对于组织成员创造性思想的启发或创造性活动的成功是非常重要

---

① ［美］莱曼·W.波特，格雷戈里·A.比格利，理查德·M.斯蒂尔斯.激励与工作行为(第7版)［M］.陈学军等译.北京：机械工业出版社，2006：421-428.

② ［美］莱曼·W.波特，格雷戈里·A.比格利，理查德 M.斯蒂尔斯.激励与工作行为(第7版)［M］.陈学军等译.北京：机械工业出版社，2006：418.

的。组织成员进行创造性活动时特别需要上级领导的关注支持和非控制性。当上级领导支持时，组织成员在创造过程中的感情和需要将会得到满足，有利于鼓励他们畅所欲言，提供正面的信息反馈，促进组织成员创造性活动的顺利开展。上级领导的支持可以提高组织成员在工作中的自我决定感和主动性，使他们思考、形成和最终贡献更多的创造性结果。同时，上级领导也不应该对创造性活动的进展过于控制，监督创造者的行为。因为上级领导的过分控制、压迫甚至监视会妨碍组织成员的创造潜力。上级领导应该通过关心创造者的意见、需要及技能等方面来提升组织成员的创造力。

管理实践研究已表明领导风格对组织成员的创造性行为有重要影响。特别是组织领导运用参与式的管理方式。让组织成员参与到决策过程中去，可以增强组织成员的内在主动性，鼓励组织成员创造性思维的开发。对于公共组织尤为如此，公共组织中的论地位高低、资历深浅、等级制度森严等因素均会对组织创造性产生阻碍作用。而参与式管理可以为组织成员提供创造性产生的空间，增强组织成员之间的认同感与信任感，促进创造性合作行为的产生。公共组织创造活动的推动者应该努力使组织成员的工作富有乐趣而不要过度监控。公共组织面临的工作是错综复杂且富有挑战性的，公共组织创造性活动的推动者应该激发组织成员处理问题的兴趣。在组织成员完成任务的过程中，可以赋予他们一定的灵活性和斟酌处理问题的自由，营造一种有利于创造性发挥的环境，以使组织成员敢于创新、实验，提出新的方法。总之，公共组织创造活动的推动对于激发组织成员创新也是很有影响的。

## 第七节 强化公共组织中个人的创造力

组织成员是组织构成的最基本的物质要素。人员是一切组织的主体，任何组织目标的达成，都必须依靠组织成员来完成。每个人都具有创造性的潜能。对所有组织而言，外部和内部创造力得以提升的一个重要源泉是他们的组织成员。创造力是组织及其成员最为重要的资源，公共组织成员创造力的培养与强化对公共组织整体创造力的提升具有重要的帮助。因此，在积极改进公共组织创造力技巧时，如何提升与强化公共组织中成员的创造力也是非常重要的。

### 一、抛弃陈腐的心智模式

心智模式是 Kenneth Craik 在 1943 年提出的，他认为人的心智将会形成一种可以对事件进行预测、归因及解释的“小型的模式”。彼得·圣吉将心智模式界定为“根深蒂固于心中，影响我们如何了解这个世界，以及如何采取行动的许多假设、成见、图像或印象”①。到目前为止，引用最为频繁的定义是 Rouse 和 Morris(1986)对心智模式的定义，他们将心智模式界定为：“心智模式是一种心理机制，人们利用这个心理机制可以描述系统目标和形式，解释系统功能，观察系统状态以及预测系统的未来状态。”②

① [美]彼得·圣吉. 第五项修炼：学习型组织的艺术与实务[M]. 郭进隆译. 上海：上海三联书店，2008：9.

② 齐义山. 知识型员工创新行为的心智模式研究. 中国科技论坛，2010(1).

心智是对包含人类智力因素和非智力因素在内全部精神活动的总称。公共组织创造力的提升是心智活动的结果，心智模式对公共组织及个人创造力的提升有着极其重要的影响。心智模式影响着组织及个人创新行为的产生、持续及有效性。心智模式可以使人们形成一种特有的世界观及价值观的思维方式，其会成为人们认识事物或问题的一种根深蒂固的认知模式，并影响着人们对事物或问题的态度倾向与行为模式。陈腐的心智模式主要取决于其形成的心理定式或思维定式的认知模式。思维定式或心理定式一旦形成，将会对人们的思想产生禁锢，对问题的认识视野将会受到限制，人们将会产生一种思维上的惯性，习惯性地将问题局限于已有的知识和经验中。虽然公共组织宏观层面的创新环境、创新的社会动因会对组织创造力产生影响，但归根到底都必须通过影响组织成员在组织中创造力的发挥。而无论是公共组织还是组织成员的创造性行为，其实质上都是组织成员内心的心智模式的推动作用。因为心智模式产生的"小型结构"，会使公共组织成员产生结构化的知识、经验和信念与架设，这些都会与组织内外环境发生频繁的互动，产生创新。因此，陈腐的心智模式会严重阻碍创新行为的产生、持续及其有效性。

总之，公共组织应加强部门之间的沟通与交流，使部门成员之间的心智模式可以相互交流与共享，形成一种具有共同的价值标准、信念体系、组织目标及使命感的模式。公共组织成员也应不断对心智模式加以检视和修正，适应新情况的变化，提高组织成员打破思想禁锢与心理定式的能力。因此，公共组织成员应该抛弃陈腐的心智模式，采用能放松心情突破思维阻塞的心智模式来提升自身的创造力。

## 二、树立自尊、自强、自信的正确价值观念

价值观是个人或社会对某种特定的行为方式或存在的社会现象的信念体系。社会、组织及文化塑造了价值观。价值观能够影响个体对社会问题或实物的看法，进而影响个体的行为。价值观对个人行为起着强烈的引导作用。个人的行为动机会受到价值观的支配和制约，只有那些经过价值判断认为是可取的需要才能转化为行为的动机。价值观反映个人的认知水平和需求状况。价值观是人们对客观世界及行为结果的评价和看法的总和，它集中反映了人们的人生观和世界观，反映了人们的主观认知世界。因此，树立正确的价值观念是非常重要的。

创造性是一种很复杂的现象，涉及事物的各个方面及发展。创造性在一定程度上是一个过程，它是个体对问题或事物进行反应与认知，试图产生创造性行为的一种过程。正如托兰斯所言："创造性是一个感知问题、做出推测、提出假设和沟通思想的过程。"①在这个过程中，人们会碰到许许多多的困难和问题，也有可能备受心理因素的影响。有时候人们的很多创造性的想法，常常会因为旁人的不在意、打击、压力等原因而出现夭折的现象。可见，树立自尊、自强、自信的价值观念的价值所在。

在人们从事创造性活动中，树立积极的信念体系是一切创造性活动取得成功的关键所在。塑造积极自尊、自强、自信的价值观念对自我效能感的培养也有很大的帮助作用。

① [美]罗伯特·B.登哈特，珍妮特·B.登哈特，玛丽亚·V.阿里斯蒂格塔.公共组织行为学[M].赵丽江译.北京：中国人民大学出版社，2007：67.

培养创造者坚强的毅力与受挫折能力的主要途径是通过树立自信心、自尊心，强化自我价值观念，形成强烈的自我效能感，使创造者对自己的创新性想法充满期望。其中，自信心是指个体对自己创造性成功所具有的信念、实力和水平的认识和评估，主要体现在对自我效能感的信任上。在自信心树立方面，要培养积极的自我效能感，抛弃自己在创造过程中的那些自卑和怯懦的想法，形成对自己在创造性活动中的自我暗示与自我解脱，以形成内在的自我激励动机。自尊心也是人们自我意识的重要组成部分。在自尊心的树立方面，应该建立在客观自我评价基础上，对自己在创造过程中碰到的困难进行反复自我暗示，形成一种积极的自我认同感。自信心是指在对自己能力做出客观估价的基础上，对创造活动充满信心。自信心是创造活动过程中的立脚点，如果没有坚定的自信心，创新思维能力再强，那也很难取得成功。树立自尊、自强、自信的正确价值观念，有助于创造活动的开展。正如俞文钊等人在《创新与创造力：开发与培育》一书中指出："在自我价值观念方面，用心领悟自己生命的价值和意义，感受自己在生活和工作中的点滴成功，努力形成向更高目标奋进的心气和意志，感觉充满对未来的向往和前途的憧憬。"①

树立自尊、自强、自信的正确价值观念，有助于创造者坚持自己的看法和价值目标，引导其在一个特定的方向持续努力，提升创造者实现自己目标的可能性。树立自尊、自强、自信的正确价值观念能够激励创造者坚持不懈地努力。创造力的核心其实就是人们的进取心，它激励人们不断地向前实现个人的价值。因为创造性要求创造者为实现一种清晰的想法不断投入精力努力地创新。因此，树立自尊、自强、自信的正确价值观念对公共组织中个人创造力的强化具有重要的作用。

## 三、正确对待创造活动，培养合理的创造心态

创造性活动是一个长期的过程，而不是一个短暂性的过程。在创造过程中经常会碰到模糊性、不确定性、信息不足等困难，作为创造者应该认清楚创造活动的特性与困难所在。正如 Gruber 和 Davis(1988)发现创造性工作需要时间。② 创造性活动常常是具有挑战性的活动，它要求人们能够心甘情愿地去探究问题与解决问题。Amabile(1996)和 Drazin 等(1999)认为员工需要把来自多种渠道的想法联系起来，钻进未知的领域以发现更好的或独特的解决问题的方式，或寻找完成工作的新方法。③ 只有这样才能从内在动机激励人们去界定与分析问题，发挥创造力去解决问题。创造性活动是一种挑战自己和他人的活动，是一种具有复杂性、高度自主性的活动。在创造过程中会碰到很多意想不到的困难，需要坚强的毅力及超强的受挫能力。国内外创造力的人格特征研究表明，兴趣、勤奋、独立、坚忍、自信是高创造性人才所共有的特征。

在创造性活动中，创造者应该调整自己对创造性活动的认知，形成一种积极向上不达目标誓不罢休的情感体验和行为意向，造就良好的应对不确定性环境的心理素质。良好的心理状态能影响创造者对行动方向的确定，为行为模式的选择与学习效率的提升提供

① 俞文钊，刘建荣. 创新与创造力：开发与培育[M]. 大连：东北财经大学出版社，2008：116-136.

② [美]周京，莎莉. 组织创造力研究全书[M]. 魏昕等译. 北京：北京大学出版社，2010：111.

③ [美]周京，莎莉. 组织创造力研究全书[M]. 魏昕等译. 北京：北京大学出版社，2010：111.

重要帮助。合理的创造心态，能使创造者认清自己创新行为的重要意义和价值所在；能使创造者对创造活动过程中出现的困难做好心理准备；能使创造者在创造活动中产生内在激励作用。丘吉尔曾言："成功，就是以不息的热情，从失败走向成功。"创新学的奠基者奥斯本也说："好的设想的夭折率很惊人，一个新的设想在开始时不遇失败，这种情况是十分罕见的。"因此，在对待创造性活动中，创造者应该保持乐观的创造心态，保持斗志。

公共组织在提供公共服务的过程中，需要面对复杂化、多元化等社会问题和社会事件，这些都对公共组织成员创造力提出严峻的挑战。面对日益复杂化、多元化的社会问题，公共组织需要以最大的创造性、丰富的想象力和投入更多的精力来进行创造性活动。公共组织成员比任何组织成员更需要树立良好的创造心态，正确对待创造性活动。

## 四、加强自身能力，为发现和抓住机遇做好准备

创造性思维某种程度上依赖于有关独立、自我约束、风险导向、模糊容忍、面对挫折坚定不移和相对不关心社会承认的个性特征。但是，创造技能能够通过学习和技术实践提高认知灵活性和智力独立性以获得提高。[①] 机会常常是给有准备之人的，创造性活动需要消耗大量的精力，且伴随着很强的不确定性。因此，创造者应随时准备与自己的创造性活动有关的知识，不断对问题进行分析与把握。

创造力是一种特殊的品质，指创造性地运用智力并产生某种有价值产品的能力。它并不仅限于智力层面，而应包括智力操作的层面及推动或操纵智力运行的动力层面。因此，从事创造活动者应该不断加强自身能力。我国学者施建农等人认为一个人的创造力是智力活动的一种表现，是以现有知识和经验为基础，通过一定的重新组合和独特加工等智力活动，在头脑中形成新产品的形象，并通过一定的行动使之成为新产品的能力。[②] 在生活或工作中，我们不要只想着不做或是等到机会来临时才开始行动，而是应该随时准备好参与自己想要从事的活动。在一定程度上讲，行动就是机遇，行动会使我们改变自己和自己的想法，有助于我们建立成功的期望。而行动的基础在于机遇来临前自身能力的不断提升，这有助于我们不断改善自身的心智模式，提升辨别机遇的能力。再者，我们也应该不断加强自身的能力，去筛选适合自己的机遇。因为如果在匆忙中做出决定，则会在创造过程中因为自己考虑问题不周而扼杀自己的创造性想法的实施。

通过加强自身能力可以用来提升创造者自身的直觉。创造者的直觉对于在创造过程中碰到问题时寻求解决方案也是非常有帮助的。因为创造是一项很困难的工作，创造过程中出现的难题常常要在信息不足的情况下进行解决，因此，对创造性活动的情感直觉部分便会发生作用。在信息不足的情况下，人往往是靠自身的直觉处理问题，以期会有新的灵感产生。再者，创造者的直觉能力还会影响其对问题备选方案的评估与选择。在备选方案过程中，有两个因素起着决定性的作用：一是利用自己的兴趣与感觉接受最好的解决方案；二是在信息不充分的情况下，不仅要利用创造者的理性分析能力，还要利用自己

① ［美］莱曼·W. 波特，格雷戈里·A. 比格利，理查德·M. 斯蒂尔斯. 激励与工作行为（第7版）［M］. 陈学军等译. 北京：机械工业出版社，2006：420.

② 施建农，林凡. 超常儿童的创造力及其智力的关系［J］. 心理科学，1997(5).

的直觉进行评估备选方案。

总之，组织层面的创造性最终都是来自个体的努力和思考。因此，公共组织中的成员也应该不断加强知识与技能的学习，充实自己的综合实力，为发现和抓住机遇做好准备。

## 五、追求创新带来的愉悦感、成就感和激情

许多人进行创造性活动的最终目的在于自我价值的实现。他们希望他们的创造性成果能得到赞赏和奖励。对于创造者来说，建立一个积极的反馈系统是非常重要的。据马斯洛的需求理论，人的需求可以分成生理需求、安全需求、社交需求、尊重需求和自我实现需求五类。在低层次需求满足之后，人们总是有高层次需求的愿望。而成就感的获得，正是尊重需求和自我实现需求的一种很好的满足。通过创新成功而获得成就感，将会得到高层次的心理满足，反过来又会激发起更强的创新欲望，形成一种正反馈过程，促使其创新能力不断提高。

面对现实的不断挑战，公共组织及其成员需要不断地研究新情况，解决新问题。公共组织及其成员能否提出一些解决问题的创造性手段，事关公共组织及其成员较高需求层次的实现，有创造性的组织及个体具有较高的需要层次，即自尊与自我实现，有创造性的组织及其成员渴望社会对其成就做出肯定。迪恩·西蒙顿教授又补充道："任何一次创新都不仅仅是个人行为，它一定会影响他人。创新并非自身的心理活动，而属于社会行为。创新不可能存在于个人的空间，它只有在不断地被人们接受的过程中才会体现应有的价值。"因此，创造性已经成为现代领导者应具备的能力之一。

在对待创新的成功或失败问题上，人们的心理是有差异的。有些人具有要求成功的倾向，有些人则常常害怕失败。创新成就感的获得是一种高层次的心理需求，而公共组织又是满足这种心理需求的理想场所。公共组织成员通过树立创新意识和培养创新能力，追求创新成果带来的愉悦感、成就感和激情。

## 【本章小结】

创造力被视为一切创新的先导，创新被视为任何组织取得成功的关键因素。公共组织创造力是组织创造力在载体方面的细化与延伸，是一种狭义型载体的组织创造力。创造力将是公共组织核心行动的追求所在，甚至可以说公共组织创造力的开发与培养是公共组织不断提升自身管理能力的核心技巧和最为特殊的能力。基于公共组织自身的特殊性，公共组织创造力的阻碍因素主要有体制因素、心理因素、文化因素、公共问题四大类。组织创造性张力的培养与形成是组织其他能力形成的前提与基础。可通过自我超越培育公共组织的创造性张力，如建立个人愿景、保持创造性张力、认清结构性冲突及诚实地面对真相和运用潜意识等自我超越途径来培育公共组织的创造性张力。本章从公共组织的文化环境、结构设计、信息处理机制、激励制度及创造活动的推动者等五方面阐述了改进公共组织创造力的技巧。

## 【关键术语】

创造力　组织创造力　公共组织创造力　创造团队　自我超越　创造性张力　心智模式

## 【思考与练习】

1. 阐述公共组织创造力的内涵。
2. 阐述公共组织创造力的重要性。
3. 阐述富有创造力公共组织的个体特征。
4. 阐述阻碍公共组织创造力发挥的因素。
5. 公共组织如何通过自我超越培育创造力？
6. 如何强化公共组织成员的创造力？

## 【推荐读物】

【1】[美]罗伯特・B. 登哈特，珍妮特・B. 登哈特，玛丽亚・V. 阿里斯蒂格塔. 公共组织行为学[M]. 赵丽江译. 北京：中国人民大学出版社，2007.

【2】[美]周京，莎莉. 组织创造力研究全书[M]. 魏昕等译. 北京：北京大学出版社，2010.

【3】[美]J. P. 吉尔福特. 创造性才能——它们的性质、用途与培养[M]. 施良方，沈剑平，唐晓杰译. 北京：人民教育出版社，1990.

【4】杨晓梅. 创造力管理[M]. 北京：国防工业出版社，2006.

【5】俞国良. 创造力心理学[M]. 杭州：浙江人民出版社，1996.

【6】[美]莱曼・W. 波特，格雷戈里・A. 比格利，理查德・M. 斯蒂尔斯. 激励与工作行为[M]. 陈学军等译. 7 版. 北京：机械工业出版社，2006.

【7】[美]彼得・圣吉. 第五项修炼：学习型组织的艺术与实务[M]. 郭进隆译. 上海：上海三联书店，2008.

【8】俞文钊，刘建荣. 创新与创造力：开发与培育[M]. 大连：东北财经大学出版社，2008.

# 第二十二章

# 公共组织变革

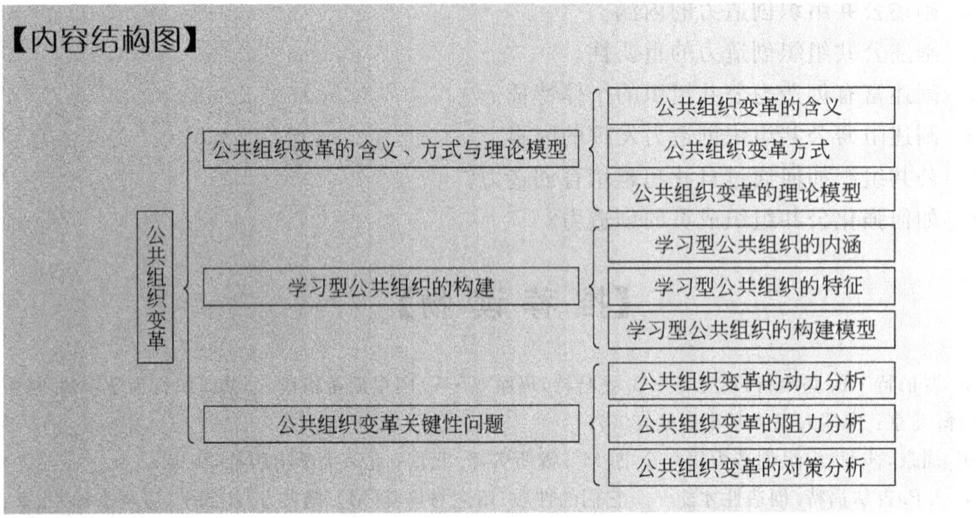


## 案例引导

### 我国"十二五"规划建议

《建议》提出推进行政治体制改革。进一步转变政府职能，深化行政审批制度改革，加快推进政企分开，减少政府对微观经济活动的干预，加快建设法治政府和服务型政府。继续优化政府结构、行政层级、职能责任，降低行政成本，坚定推进大部门制改革，在有条件的地方探索省直接管理县(市)的体制。健全科学决策、民主决策、依法决策机制，推进政务公开，增强公共政策制定透明度和公众参与度，加强行政问责制，改进行政复议和行政诉讼，完善政府绩效评估制度，提高政府公信力。加快社会事业体制改革。积极稳妥推进科技、教育、文化、卫生、体育等事业单位分类改革。培育扶持和依法管理社会组织，支持、引导其参与社会管理和服务。改革基本公共服务提供方式，引入竞争机制，扩大购买服务，实现提供主体和提供方式多元化。推进非基本公共服务市场化改革，增强多层次供给能力，满足群众多样化需求。

(资料来源：http：//news. sina. com. cn/c/2010-10-27/210221364583. shtml)

## 第一节 公共组织变革的含义、方式与理论模型

讨论组织变革可以有多种视角。既可以从内部政治的角度，即从不断变化着的联盟和小团体(Kanter，Stein and Jick，1992)的角度加以评价，也可以从历史的或者发展的角度，即从组织进入并支配市场的变化过程以及随着时间而发生的所有权转移的角度加以评价(Kochan and Useem，1992)。组织变革可以定义为"组织形式的改变和转变，以便组织能够在环境中更好地生存"(Hage，1980)①。现代社会，公共组织所关注社会问题的范围和复杂性都已得到极大的拓展，远远超出公共组织所能预见的程度。在充满不确定性的社会风险中，公众对公共组织解决社会问题和化解社会风险的能力寄予更多期望，而某些公共领域中"公共悖论"、"制度黑洞"、"奖励的惩罚"现象时有发生，以政府组织为核心的公共组织在社会问题解决和社会风险化解中展示的信心与能力无不流露出一股强烈的无力感与挫败感。公众利用自己认知图景建构的公共组织理论解读公共组织，感觉到公共组织所具有的力量与他们期望的相差甚远，并在有些领域开始对公共组织的效力及其行动意图提出质疑。公众对公共组织的怀疑、不信任、反感，甚至是抵制的情况有蔓延的趋势，公共组织正面临着一场合法性危机。公共组织面对日益激烈的竞争环境，经济全球化致使他们的操作业务已超越了传统的固定边界，甚至逐步向无边界化组织演化。探讨如何正确引导组织变革来使组织更有效地运作正日益成为公共组织增强竞争力的核心问题。

### 一、公共组织变革的含义

自20世纪70年代以来，不少学者都对组织变革进行了界定和研究，但他们的观点并不完全相同。哈佛大学著名教授拉里·格雷纳指出，组织变革伴随着企业成长的各个时期，与组织演变相互交替，进而促使组织发展。② 组织变革的目标可能涉及组织成员、组织领导者及组织内部宗派或团体的利益。由于越来越动态化的环境，组织始终面临着战略、结构、流程和文化等方面的变革，许多因素都会影响这些变革的实施效力。将要进行变革的组织并非具有"事物"的特征，而是具有"过程"的特征，这点非常重要。即组织变革在于根据外界因素的变化及时调整或改变组织原有的状态，其强调的是组织适应外界环境的过程。公共组织以社会公共事务为管理对象，以全体社会成员为服务对象，以维护和实现公共利益为基本职责，而不以营利为目的。公共组织与非公共组织的区别主要在于经济、政治及面临问题三方面。无论是广义、中义或是狭义的公共组织，其目的与服务对象并没有存在很大的差异性。因此，公共组织变革是指公共组织为了适应组织内外环境的变化，通过对组织的结构、文化、战略、运作方式、人员等进行调整和完善的过程，使组织更具有适应环境变化的弹性，从而获得更加持久的生命力和竞争力。

---

① [美]理查德·H.霍尔.组织：结构、过程及结果(第8版)[M].张友星等译.上海：上海财经大学出版社，2003：203.

② 马作宽.组织变革[M].北京：中国经济出版社，2009：4.

公共组织变革的最终目的是为了实现公共组织更有效地运转，提升公共资源的使用率。公共组织变革的目标是：第一，提高公共组织灵活性，对组织生存环境更加适应；第二，提高公共组织自身的稳定性、协调性、合法性；第三，提高公共组织的工作效率和效益，摆脱危机。

## 二、公共组织变革方式

当今时代的公共组织面临的是一个不断发展变化的动态环境，公共组织想更好地维护公共利益，更好地立足于社会，就必须不断地进行创新和变革，正确面对变革带来的压力。不变革的、僵化的组织是不能紧跟时代环境变化的需要的，但是毫无目的、盲目性的变革将会给组织带来更大的危害，所以任何一项组织变革都应有其特定的方式和规划。根据不同的划分标准可以将公共组织变革分为以下几种。

### （一）按组织变革动机性划分

以组织变革机动性为划分标准，有主动性变革和被动性变革。

#### 1. 主动性变革

它是指组织能够预见性的通过对组织周边环境和内部环境分析，把握住组织发展可能面临的危机和机遇，综合组织发展的目标和对未来的趋势判断，以一种持续性发展的眼光来制订组织变革计划。一般来说，主动性变革的主动性能很大程度地削弱组织内部的成员或宗派方面对变革进展的阻力，比较容易成功。尤其是针对那些长远性的、重大的变革来讲，有计划、有目的的变革措施才是成功的关键。所以作为组织和组织中的个人一定要做到“先天下之忧而忧，后天下之乐而乐”，时刻保持危机意识和变革意识。

#### 2. 被动性变革

它是指组织因为缺乏对客观环境的洞察意识，当环境改变时而被动性地采取变革的行动。这种变革一般是组织在面对环境变化的时候匆匆做出的反应，所以往往是缺乏计划性和战略性的，容易使组织发展受到很大影响。

### （二）按组织变革力度划分

以组织变革力度为划分标准，有激进式变革和渐进式变革。

#### 1. 激进式变革

激进式变革打破了组织原来存在的状态平衡，产生了一个新的状态，其优点是能够以较快的速度达到目标状态，因为这种变革模式对组织进行的调整是大幅度的、全面的，可以迅速解决在组织中长期积累的问题，能够很快达成变革目标，所以变革过程就会较快；但同时，激进式变革会导致组织的平稳性差，严重的时候会导致组织崩溃。在激进式的变革中，管理者一定要有控制全局的能力和对于变革后的发展计划，否则变革容易遭到失败。

#### 2. 渐进式变革

这种变革是通过一系列持续性的变革方案来实现的，这些方案在保持着组织发展过程中的平衡的同时，又局部性地改变着组织的部分。渐进式变革的优点是对于变革的局势可以很好地控制，不会产生大的震荡性反应来影响组织的稳定性。缺点是花费的时间比较长，而且对于那些组织急切需要变革的问题不能够起到很好的效果，反而会贻误时机，阻碍了组织的发展。

### （三）按组织变革内容划分

以组织变革内容为划分标准，有结构式变革、职能式变革及管理技术变革。

1. 结构式变革

行政组织结构式变革是指行政组织各构成要素之间关系的调整，这主要包括横向行政组织结构式变革和纵向行政组织结构式变革。其中，横向行政组织结构式变革，主要是调整横向职能部门在部门规模、数量、分工等方面的关系；而纵向行政组织结构式变革呈现由高层集权向逐级分权、由层级制结构转向扁平化结构的发展趋势。在过去的行政组织发展过程中，保证行政权行使的职能部门较多，而维护、反映人民合法、合理权益，倾听人民呼声的职能部门则相对较少；行政执法部门较多，而对行政执法进行监督的部门则较少；行政决策部门较多，而决策的咨询和信息部门则较少。在长期的中央与地方行政组织设置中，很多国家遵循了地方行政组织与中央行政组织一一对应的原则，这样的结果是行政组织众多、办事效率低、行政成本高。① 传统刻板、僵化的机制越来越束缚成员的发展，随着现代信息技术的进步，要求变革为金字塔结构，向扁平化发展。在新形势下，行政组织变革就是要增强公民权利保障部门、行政监督部门、行政决策咨询和信息部门等的力量。

2. 职能式变革

公共组织职能是公共组织依法进行国家和社会公共事务管理时应承担的职责和所具有的功能。公共组织职能反映着公共组织的基本内容和活动方向，是公共行政的本质表现。职能发挥得是否顺畅，直接影响着公共组织的活动，同时也是公共组织活动水平的体现。公共组织职能式变革主要包括三个方面：第一，公共组织职能重心的变革。各个历史阶段，社会发展的水平不同，公共组织的职能重心也是不一样的。在传统社会中，公共组织主要承担军事保卫、政治统治、社会稳定等职能，政治性比较强，职能比较单一，社会职能很少。在现代社会，经济、政治、科技等各方面高速发展，使得公共组织所承担的事务越来越多，管理渗透的层次越来越广，进而使得其职能发生了巨大的变化，体现出公共性、服务性的特征。第二，公共组织职能方式的变革。公共组织的职能方式也是随着社会的发展不断进步的。在传统的社会，公共组织中的个人主要对上级负责，缺乏法律和责任的约束，所以公共组织行为随意性比较大，往往充斥着主观性和个人感情色彩、个人喜恶。随着市场经济的发展，社会各个方面都有了较大的进步，民主、法制、权利等观念深入人心。第三，公共组织职能关系的变革。随着生产、生活的现代化、社会化的日益发展，尤其是知识经济、信息时代的到来，社会自我管理、自我组织的能力显著增强，以实现公益为己任的非政府公共组织迅速发展起来。同时公共组织自身也面临着管理范围过宽和自身能力不足的局面和培育社会自治能力的需要，公共组织开始与非政府公共组织合作，将一部

---

① 李翠英. 关于行政组织变革的若干思考[J]. 学理论，2010(18).

分职能转移给非政府公共组织，政府只管非政府公共组织做不了也做不好的事情，这就形成了一种新的职能关系。

3. 管理技术变革

这种变革是指公共组织利用现代信息技术建立完善的信息系统，逐步实现公共组织结构的扁平化、网络化，形成决策科学、信息透明、办事高效、运转协调、行为规范的公共组织管理体系。[①] 公共管理活动是一项综合性很强的、复杂的社会活动，涉及范围较广，作用因素较多，必须借助一定的技术手段才能完成。

## 三、公共组织变革的理论模型

公共组织变革是一个复杂、动态的过程，需要有系统的理论指导。只有正确认识到变革的规律和基本方法，才能制定正确的变革程序、策略，确保组织变革沿着一个正确的方向前进，很多学者为此提出了行之有效的理论模型，适合于不同类型的变革。其中影响较大的有以下几种。

### （一）勒温三步变革模型

社会心理学家库尔特·勒温(1951)从组织变革中组织成员的态度视角，提出一个包含“解冻、变革、再冻结”变革的三阶段，用以解释和指导组织如何发动、管理和稳定变革的计划。勒温将组织视为一个具有稳定状态或者有相等的反方向制衡的“平衡体”。

1. 解冻

这一阶段的重点在于创造性变革产生的动力。在解冻阶段通常是组织内部赞成与反对派间“心理博弈”的过程，在博弈过程中双方力量的削弱状态关系到组织进行创造性变革产生动力的强与弱。为了做到这一点，必须鼓励组织成员改变原有的行为模式和工作态度，采取新的适应组织战略发展的行为与态度。同时，管理者也应重视变革氛围和心理安全感的营造，减少组织成员由于变革而带来的心理障碍。此外，还应建立行为模式和工作态度等方面变革前和变革后间差异性的评估体系，以反馈的方式鼓励组织成员参与组织变革，接受新的工作模式。

2. 变革

这一阶段主要在于变革方向、目的及计划的明确。变革是一个学习和行动的过程，是组织、部门及成员在行为演化过程必经的阶段之一。这就需要给组织成员提供新信息、新行为模式和新视角的反馈性信息，指明变革方向，实施变革，进而形成新的行为和态度。这一步骤中，应充分利用社会认知理论中的理论成果如榜样示范(角色模范、导师指导、专家演讲、群体培训)等多种方式，提升组织成员对组织变革的信心和效能感信念，促进组织变革。

3. 再冻结

再冻结阶段的主要目的就是稳定新形成的变革成果，巩固组织变革的成效。利用必要的强化手段使新的态度与行为固定下来，同时创造机会让组织成员尝试和检验变革后

---

① 孙萍，张平. 公共组织行为学[M]. 北京：中国人民大学出版社，2005：288.

的新行为，对正确的给予强化，相反对异化或错误的行为给予纠正，使组织变革处于稳定状态。

## （二）系统变革模型

系统变革模型主要是从大范围内来阐释组织变革过程中各种变量之间的相互联系和相互作用。该模型主要是从宏观层面对组织变革进行阐述，其主要包括输入、变革元素和输出等三个环节（见图22-1）。

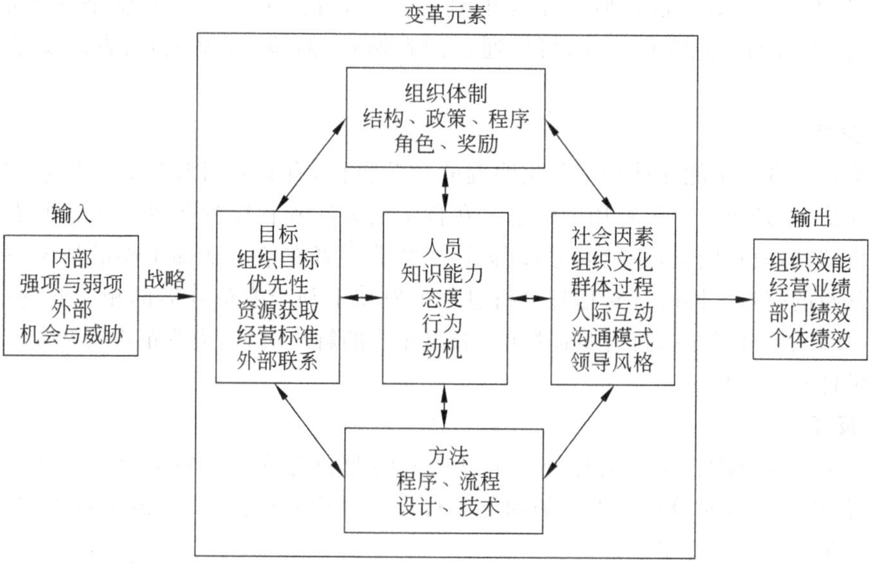


**图22-1 系统变革模型**

（资料来源：王重鸣. 管理心理学[M]. 北京：人民教育出版社，2004：379.）

### 1. 输入

输入环节可分为组织内部和外部两部分。组织内部主要包括组织的强项和弱项；而外部主要包括组织面临的机会和威胁。其基本构架则是组织的使命、愿景和相应的战略规划。

### 2. 变革元素

变革元素包括组织体制、目标、人员、社会因素及方法等元素。这些元素相互制约和相互影响，组织需要根据战略规划，对变革元素进行调整和整合，创造组织变革需要的条件和资源来保证组织变革目标的实现。

### 3. 输出

输出环节主要是指组织变革所带来的影响。在此阶段就必须建立组织效能及各个层次组织绩效的评估体系，对变革前后组织、部门、个体三个层次的变化进行衡量，最后以组织整体效能来判断组织变革的好坏。

## （三）行动研究模型

这种变革模型是将变革行动看作一个个前后衔接的过程，以变革目标作为模型的中心，在系统收集信息和科学技术分析基础上选择变革的路径。行动研究模型作为计划性变革模型的一个基本模式，已经被逐渐扩展到新的情境中运用。行动研究模型为公共组织变革提供了一种较为良好的变革路径。从变革程序而言，行动研究模型大致可分为以下五个步骤。

**1. 广泛获取信息**

信息收集是变革的第一步，也是关键的一步。信息的收集有利于变革领导者正确且深刻地认识到变革的必要性，并清楚组织变革前的状况，针对未来组织变革的方向制订正确的变革计划。信息收集工作的到位与否，直接关系到以后整个变革的成败。制订周密、可行的信息收集计划，可以通过问卷调查、面谈、考察记录、查阅文献等途径获取。

**2. 分析**

变革管理者为了能在计划中制定明确的变革目标，有必要对收集到的信息进行系统分析和评价，整理出对变革有用的信息。在科学的方法和程序的指导下将这些有用信息进行分析综合，发现问题，总结问题，以弥补变革管理者在信息认知不够的情况下无法做出正确判断的弊端。同时针对信息分析过程中发现不利于变革开展的相关问题（如成员的不满、指责、消极乃至抵抗等负面影响）做出相应的解决对策，为变革决策和变革计划的开展提供针对性引导。

**3. 反馈**

反馈的主要目的在于将信息分析中发现的问题和对策反馈到组织成员和变革管理层，集合组织成员针对分析中发现的问题进行广泛讨论和协商，听取成员意见，让组织成员成为变革的主导性力量。

**4. 行动**

组织成员把共同商议的变革策略应用到实际行动之中。变革管理者也要确保变革计划按照预定的设想开展。同时，变革管理者在变革行动过程中也要对出现偏差、变革、差异性等问题进行纠正，促使对变革行动的监管能够到位。

**5. 评价**

以组织最初的状态作比较，通过建立客观科学的评估标准体系来评价组织变革带来的效益，进而判断组织变革前后组织的危机或困境是否确实得到改善。如果组织变革未能取得意想的效果，就应分析其原因，采用其他对策确保组织变革能够达到预期的目标。

## 第二节　学习型公共组织的构建

经济环境变化与组织结构形式永远是如影随形、相互作用、共同进化的矛盾统一体。20 世纪 80 年代以来，随着新技术革命、知识经济时代进程的加快，企业面临着前所未有的竞争环境的变化，传统的组织模式与管理理念越来越不适应环境。学习型组织以及组织结构的扁平化、网络化、虚拟化日益成为当今组织发展的趋势。彼得·圣吉在其名著《第五项修炼：学习型组织的艺术与实务》中指出："未来真正出色的企业，将是能够设法使各个阶层人员全心投入，并有能力不断学习的组织。”[①]因此，组织如何适应新形势和保持竞争优势已成为企业界和理论界关注的焦点。

## 一、学习型公共组织的内涵

学习型组织是现代管理中较为新颖和前沿性的重要组织形式之一。自赫钦斯在其著作《学习社会》中首次提出以来，学习型组织成为组织领域中很多学者热捧的话题之一。彼得·圣吉在其《第五项修炼》中首次将学习型组织的理念系统化、理论化，其认为学习型组织是将学习者和工作系统地持续结合起来，从而发挥组织在个人、团队及组织三个层次上的作用。彼得·圣吉提出了建立学习型组织的“五项修炼”（自我超越、改善心智模式、建立共同愿景、团队学习、系统思考），其认为学习型组织重点并不是向人们阐述如何去获得和利用知识，而是告诉人们如何去建构学习型组织。他认为：“学习型组织的战略目标是提高学习的速度、能力和才能，通过建立愿景并能够发现、尝试和改进组织的思维模式并因此改变他们的行为，这才是最成功的学习型组织。”[②]

随着学习型组织理论、载体及其内涵不断地扩展，有些学者也从不同的角度对“学习型组织”进行了界定，但是至今仍没有一个公认的概念。这里我们采用彼得·圣吉对学习型组织的界定理念：“在学习型组织中，大家得以不断突破自己的能力上限，创造真心向往的结果，培养全新、前瞻性的思考方式，全力实现共同的抱负，以及不断一起学习如何共同学习。”[③]这主要说明了学习型组织的学习与传统组织的学习的不同，强调了创造性思维和能力突破。特别是通过培养组织的学习气氛、充分发挥组织成员的创造性思维能力而建构起来的一种有机的、柔性化、扁平化、人性化的学习型组织，以学习带动组织绩效的模式。

## 二、学习型公共组织的特征

### （一）共同的愿景

共同愿景是指组织成员拥有一个共同的愿景，它在成员个人愿景的基础上形成组织层面的一个共同理想。其关键在于对组织未来发展蓝图的阐述，使不同个性的组织成员通过这个共同愿景而紧紧凝聚在一起，朝着共同愿景一起努力。当我们将“愿景”与一个清楚的“现况景象”同时在脑海中并列时，心中便产生一种“创造性张力”，一种想要把二者合二为一的力量。[④] 在这个愿景下，领导和成员、成员和成员之间建立起了良好的合作关系，能够自觉地共享利益和资源。

---

① [美]彼得·圣吉.第五项修炼：学习型组织的艺术与实务[M].郭进隆译.上海：上海三联出版社，1998：1-3.

② 张爱卿.当代组织行为学——理论与实践[M].北京：人民邮电出版社，2006：247.

③ [美]彼得·圣吉.第五项修炼：学习型组织的艺术与实务[M].郭进隆译.上海：上海三联书店，1998.

④ [美]彼得·圣吉.第五项修炼：学习型组织的艺术与实务[M].郭进隆译.上海：上海三联书店，1997：167.

### （二）善于学习

**1. 团队学习是学习型组织的主要形式**

团队学习是发展团体成员整体搭配与实现共同目标能力的过程。团队学习不仅重视个体主动学习的重要性，更强调团队载体层面的学习来提高组织的协调性和灵活性。彼得·圣吉认为，“在某种层次上，个人学习和组织学习是无关的，即使个人始终在学习也不代表组织在学习”。

**2. 全员性的学习**

全员性学习是指组织的决策层、管理层及操作层都深入地参与到组织学习中。组织成员主动且深层度地参与学习，提升自身的业务素质和学习意识，增强团体层面的学习意识与合作能力；领导层应努力克服自身认知局限所带来的理性决策假象，通过学习性意识的培养来提升自身理性决策水平，培养战略意识。

**3. 学习工作一体化**

学习型组织强调的并不是学习，其重点在于知识和技能学习的实用性，组织成员专业技能和业务素质的提升，从已有工作经验中不断总结和创新，客观地认识自身知识结构的不合理之处，学习已有的理论知识来弥补实践工作经验的不足，提升自身的竞争力，进而增强组织绩效和组织竞争力。

**4. 学习制度化**

学习型组织强调的是通过主动性学习来建立组织成员和组织层面学习的激励机制、学习制度、培训制度等；组织中各个层次之间和成员之间拥有好的沟通机制，可以共享知识和资源；为了保证组织学习的正常进行，对于组织的人力资源、财务资源、时间资源等都进行了合理的优化配置。

### （三）创新与变革交织

当今组织外部环境瞬息万变，作为一个组织想要在动态环境中更好地保持竞争优势，就必须具有很强的创新能力和变革能力。从变革和创新视角来讲，创新和变革是组织生存发展的动力，知识的积累在于不断地学习，而创新的源泉在于知识的积累和创新，学习型组织作为一个开放性和持续性学习的组织结构状态，以创造性和变革性元素来满足组织外界压力和应对危机事件。

### （四）扁平化

扁平化是指通过破除原本自上而下垂直高耸的结构，减少管理层次，增加管理幅度的一种紧凑的横向组织结构状态，从而使组织变得灵活、敏捷，更富有柔性和创造性。组织扁平化结构在于强调系统、管理层次的简化，管理幅度的简化与分权。学习型组织的扁平化在于强调决策层次的减少，使决策权力不断地向组织结构的下层移动。

### （五）自主管理

学习型组织的管理模式是强调组织及成员学习的自主性。组织成员通过自主管理，能发现自身在工作中存在的问题，能更具针对性地进行修改。组织成员在学习过程中，会碰见各种各样的问题，只有在一种自由宽松的组织环境中，成员才能积极地发挥创造性和活力。自主管理，可由组织成员自己发现工作中的问题，自己选择伙伴组成团队，自己选定改革进取的目标，自己进行现状调查，自己分析原因，自己制定对策，自己组织实施，自己检查效果，自己评定总结。同样，组织的管理者，不仅仅要让成员行动起来，更要让成员的思想行动起来；而且使成员在自主管理和学习的过程中，能够不断地相互学习、交流，不断地为组织的发展增添新的活力。

### （六）领导者角色变化

在传统组织中，领导者的角色意味着决策、组织、控制、协调等基本的职能，组织上下等级森严，学习的行为更多地集中在了成员层次。而在学习型组织中，领导者不仅仅是一个组织的领导者，同时也和成员一起学习，是学习型组织成员中的一员。领导者不仅是组织结构、政策及策略的设计者，同时也在组织发展过程扮演着仆人角色和教师角色。领导者多个角色的转换，将有助于组织成员对组织系统的了解。

## 三、学习型公共组织的构建模型

学习型组织是当今组织发展的一个新的趋势和形式，因此如何去构建学习型组织也成了大家关注的一个核心问题。学习型组织的构建涉及组织行为学、领导学、心理学、信息科学等多学科的交叉融合。许多学者从不同视角探讨学习型组织的构建，提出了各种理论模型。下面主要介绍三种比较经典的模型。

### （一）鲍尔·沃尔纳模型

鲍尔·沃尔纳从运用实证的研究法，从组织教育与培训的角度出发，进行了深入的分析和探讨，并在此基础上提出了学习型组织的构建模型。他认为学习型组织的构建可分为五个阶段。

第一是无意识的学习阶段。一般组织的成长都是从初始阶段开始的，此时组织中的学习活动常常表现为一种自发的学习，而不是制度性和正规的学习，组织没有安排专门的学习活动。

第二是消费性学习阶段。组织在发展的过程中，难免会遇到竞争和困难，为了解决这些困难组织开始去学习。此时完全依靠个体自发性的学习是远远不够的，所以组织会有针对性地让组织部分成员进行培训、外出学习等，成员的学习计划也成为组织发展规划的一部分。

第三是学习引入组织阶段。组织有了进一步发展，开始有意识地将学习计划面向组织所有成员。组织通过对自身情况的研究，有针对性地开发组织需要学习的项目，并且建立相关的学习制度来推动学习活动的进行。这个时候组织开始初步具备了学习型组织的雏形，但是学习仍然没有和组织的战略挂钩。

第四是确定组织学习过程阶段。在这个阶段，组织已经把学习作为一个日常的活动纳入了组织进程。组织学习活动已经和组织战略紧密联系，无论是通过消费性学习还是组织自我设计学习项目，都已经趋于成熟。但这时候组织的发展和学习型组织所要求的目标还是有一定的差距的，主要表现为学习是主管培训部门的责任，而不是其他部门的职责，因而学习能力受到了局限。

第五是学习与工作一体化阶段。这个阶段的组织最显著的特点就是学习和工作已经融合。主要表现在三方面：一是学习已经是组织、部门、个人的共同责任，不再是培训部门的责任，而且建立了专门的管理信息资源系统，可以对学习中出现的偏差进行及时的纠正。二是工作和学习已经融合，组织成员在工作中学习，在学习中工作。学习已经成为必不可少的活动，它不再是任务而是一种需要和乐趣。三是组织的团队管理方式也发生了变化，由组织管理向自我管理转变。组织成员之间通过团队被紧密地联系起来，共同协作，共享资源，不断进步。组织领导者的职责不再单纯是控制和管理，更多时候是激励成员自主解决问题。

### （二）约翰·瑞定模型

约翰·瑞定主要是基于战略规划的角度来分析学习型组织的构建模型的。通过近几十年的研究，人们发现有三种组织变革模式："强调计划"、"计划—执行计划—计划"、"准备—计划—实施"。约翰·瑞定认为这三种模型都是在线性地研究组织变革问题，没有考虑到组织发展中的变革因素和发展因素，因而是不全面的。所以他在前面三种组织变革模型上提出了"学习型组织模型"。

#### 1. 持续准备

组织始终处于持续的准备阶段，通过广泛地关注组织与环境的协调，不断对经营行为提出质疑，时刻准备迎接新的挑战，为变革做好准备。

#### 2. 不断计划

一般意义上的计划是正式的，不易于变动的，而在学习型组织中，计划是开放的、灵活的。组织可以根据客观情况的变化不断来修正计划，以保证组织的适应性。

#### 3. 即兴推行

推行变革的计划并不是被预先规定好的，而是鼓励组织成员充分发挥自己的潜力，创造性地实现变革的目的，这样就可以充分发挥成员的创造能力。当然即兴并不是随意，而是针对计划执行过程中的实现方式要求创造性地完成。

#### 4. 行动学习

学习型组织的成果衡量，并不是定期通过预先设计好的评估体系和一系列的指标测评来估量的，而是随时提供大量的机会使组织可以随时检验自身的活动成果，这样就可以及时调整路线，保证变革的正确方向。

### （三）彼得·圣吉模型

著名的管理学家彼得·圣吉在著作《第五项修炼》中提出在学习型组织构建中，有五项技能是必不可少的：建立共同愿景、自我超越、改善心智模式、团队学习和系统思考。这五项技能就是著名的"五项修炼"，它们构成了圣吉模型的基础，下面将简要介绍。

1. 建立共同愿景

学习型组织前进的动力就是组织成员对于共同理想的认可，这里的共同理想就是共同的愿景。在彼得·圣吉看来，共同的愿景就是组织和个人的共同目标和理想、价值观，通过这个共同的愿景将组织和个人相联系和整合。共同愿景会唤起人们的希望，特别是内生的共同愿景。工作变成是在追求——它蕴含在组织的产品或服务之中，是比工作本身更高的目的，这种更高的目的深植于组织的文化或行事作风之中，它使组织跳出庸俗、产生火花。共同的愿景由三个要素组成：目标、价值观、使命感。共同的愿景有三个层次：组织大愿景、团队小愿景、个人愿景。共同愿景的构建遵循三个原则：重视个人愿景，不能排斥和压制；学会将领导层愿景转化为组织愿景；共同愿景能够灵活地根据环境及时变化。[①] 如果没有共同愿景，就不会有学习型组织。如果没有一个拉力把人们拉向真正想要实现的目标，维持现状的力量将牢不可破。学习可能是困难而辛苦的，但有了共同愿景，我们将更可能发现思考的盲点，放弃固守的看法，和承认个人与组织的缺点。

2. 自我超越

彼得·圣吉认为自我超越是为“突破极限的自我实现或技巧的成熟”，是自我的创造，是一个人、一个组织不断突破自己原有的状态，走向“愿景”的过程。它是深刻了解自我的真正愿望，并客观地观察现实，对客观现实正确的判断。通过学习型组织不断学习激发实现自己内心深处最想实现的愿望，并全心投入工作，实现创造和超越。通过对于自我超越的修炼，组织成员可以逐步提升自己的能力层次，将现实和整体愿景进一步拉近。实现自我超越要注意到三个问题：一是认清客观现实，采取可行的办法和手段，实现可持续性的发展和超越，避免盲目；二是对于自我超越的力量要鼓励和支持，在制度上、资源上、环境上给予最大限度的支持，鼓励自我创造性和自我突破；三是要了解组织愿景和个人愿景的切合点，从这个点出发来实现自我超越，有助于个人和组织的共同愿景的实现。

3. 改善心智模式

彼得·圣吉在《第五项修炼》中写道：“心智模式”是“根深蒂固于心中，影响人们如何了解世界，以及如何采取行动的许多假设、成见或甚至图像、印象。”[②]心智模式对于我们认识世界和观察世界具有巨大的影响力，它影响着我们的行为方式、价值观和人生态度。心智模式往往隐藏在我们的心中难以被发现，但是我们却可以时时感受到它的存在，一个好的心智模式对于我们取得成功有很大的帮助，而心智模式的停滞不前则会阻碍我们的前进。改善心智模式，就是要求人们在飞速变化的时代里打破思维、行为和管理定式，从新的角度、新的层次上观察、思考、处理问题。

4. 团队学习

团队学习是学习型组织最基本的学习单位，任何一项学习活动都是通过团队学习得以实现的。通过团队学习一方面可以增强组织整体和个人的学习能力和综合素质；另一方面可以增加组织成员之间的协调配合能力和资源共享。开展团队学习通常要做到以下三点：一是有明确的学习方向，激励大家围绕这个方向来学习，培养核心竞争力，促进组

---

① 教军章. 公共行政组织论[M]. 哈尔滨：黑龙江人民出版社，2005：223.

② [美]彼得·圣吉. 第五项修炼：学习型组织的艺术与实务[M]. 郭进隆译. 上海：上海三联出版社，1998：8.

织的发展；二是以新知识和新观念为学习的内容创新学习方法；三是重视个人在团队中所起的作用，激发个人的创造性，让每一个人能够将心中的愿望表达出来，进行自由的交流。

5. 系统思考

系统思考通过联系性的、科学性的、发展性的思维来代替机械的、静止的思考方式。在五项修炼中，系统思考是最核心的一个环节，直接关系到学习型组织能否有效地建立和运行。在社会高度分工的今天，我们每个人所处的环境不是孤立的和静止的，而是和周围的一切事物紧密联系，不断发展的。所以我们考虑问题就必须以系统的观点，将个人、组织、环境作为一个思考问题的系统。要做到从事物的表面观察，然后深入到事物的实质；从事物的局部看到事物的整体；从事物的现在分析事物的未来，了解到事物的过去。系统思考是五项修炼的基石，它为学习型组织的构建提供了思维方式和方法论，将五项修炼紧密地联系在了一起，共同构成了学习型组织的修炼目标。

## 第三节　公共组织变革关键性问题

公共组织想要不断生存和发展，就必须紧跟时代的步伐，适时进行变革和调整。但是这种调整和变革并不是一蹴而就的，而是一项长期的、复杂的系统性工程。组织变革不可避免的是一种充满曲折和艰难、必须经过仔细分析和设计才能不断推进的过程。Schein(1979)认为，“许多变革努力之所以遭到了阻力或彻底失败了，其原因可直接归结为他们在进行变革前没有进行有效的解冻”[①]。在公共组织变革的过程中，往往存在着阻力和助力，助力有利于组织变革向前发展，而阻力则会阻碍组织的不断进步，所以我们有必要对变革中的阻力和助力进行分析，了解它们的成因、性质、影响等，从而有针对性地化解公共组织变革的阻力。

### 一、公共组织变革的动力分析

公共组织变革的动力是指在公共组织受到内外环境威胁下产生变革的需求，并在变革中对变革起到推动作用的因素。管理心理学家西斯克(H. L. Sisk)对组织变革的征兆进行研究，认为决策失灵、流通不畅、技能失效及缺乏创新是组织必须进行变革的征兆。公共组织变革涉及多个层面，因而动力因素也应是多维的，深入地了解公共组织变革的动力因素对于公共组织变革的成功具有重要的意义。特别是通过对公共组织变革中积极性因素的把握与利用来削弱公共组织变革的阻力。

#### (一) 社会环境因素

宏观层面社会政治因素的变革如国家改革战略和变革思路等，将会对公共组织变革产生内部主动性和外部被动性的推动力。随着经济全球化的扩张，市场经济竞争越来越

① [美]温德尔·L. 弗伦奇，小塞西尔·H. 贝尔，罗伯特·A. 扎瓦茨基. 组织发展与转型：有效的变革管理(第6版)[M]. 阎海峰等译. 北京：机械工业出版社，2006：258.

激烈，并且出现了许多新的经济格局和利益团体，所以公共组织作为社会公共权力的所有者，更是肩负着整个社会发展的责任，要以经济建设为中心，必须不断紧跟时代的步伐，掌握发展的先机。

### （二）科学技术因素

随着高新技术的日益发展，公共组织在各个系统层面都受到了广泛的影响，特别是计算机技术的迅猛发展，更是极大地促进了公共组织的进步，改变了传统的公共行政模式，实现了新的变化，如办公无纸化、计算机上网工程、组织结构扁平化、组织办公的虚拟化等，这些新变化要求组织不得不变革，以适应时代的需要。

### （三）人力资源因素

公共组织变革其根本载体是通过组织成员来完成，组织成员对于组织变革的态度和行为能直接影响到变革的成败。这种人力资源推动力主要来自以下三方面：一是组织领导者审时度势采取支持性态度，积极采取变革战略；二是具有较高素质水平的组织成员，能够积极接纳新事物的存在；三是有效的人力资源制度可以不断发掘组织潜力和潜在的人力资源价值，有利于变革的进行。

### （四）价值观因素

价值观是组织愿景和状态的一种体现，良好的价值观有助于好的组织文化形成，积极、开放的组织文化，能够较好地推动公共组织变革的进行，减小阻力。同时，价值观也是组织发展目标的一种体现，富有冒险意识、敢于变革的价值观念往往会对组织发展产生重大影响，其在某种程度能从心理层面或信念层面产生驱动着组织朝着新目标前进的精神动力。

## 二、公共组织变革的阻力分析

Aldrich(1999)主张组织变革必须有清晰战略目标，在组织变革中组织经常会面临非常棘手的困难。[①] 公共组织变革就是根据组织发展的需要对原有阻碍组织利益和组织发展习惯性思维模式的调整或改变。公共组织变革往往会涉及多个层面和组织内部各种小利益群体或宗派组织，不可避免地会激发出各种潜在的矛盾和冲突，进而对公共组织变革的开展产生阻碍。为了能够使公共组织变革不偏离原本的预期目标，有必要对显性和隐性的阻力因素进行剖析，有针对性地采取各种化解阻碍性因素的策略来消减公共组织变革开展的不利因素。当然在剖析公共组织变革阻碍因素时，也应重视公共组织变革所激发出来的各种矛盾和冲突，采取正当的化解方案，充分利用公共组织变革的阻力性因素，进而促进公共组织变革取得成功。

---

① ［美］德博拉·安科纳，托马斯·A. 科奇安，莫琳·斯库利，约翰·范马阿南，D. 埃莉诺·韦斯特尼. 组织行为学：面向未来的管理［M］. 王迎军等译. 北京：机械工业出版社，2006：200.

### （一）习惯阻力

习惯是个体通过长期行为操作而形成的一种定性心理和行为特性。这种惯性是由“力场”创造的，在这个“力场”中组织保持着一种“准均衡”的状态。[①] 组织成员在长期的工作中，往往会形成一套自己特有的行为模式和思维模式，并且会有一直保持下去的倾向。不管组织成员是从事常规工作还是创造性工作，他们都会因心理压力等不良因素而优先选择自己熟悉的工作方式进行。因此，当变革需要他们改变或重新学习新技术时，他们往往会产生不同程度的焦虑而对变革产生反感或抵触情绪。

### （二）保守心理阻力

保守心理主要是相对于创新变革来讲的，在长期不变的组织环境中，容易产生保守心理。Gerstner(2002)认为“没有人喜欢变革，无论你是高级管理者，还是刚进入企业的新雇员，变革代表着不确定，还有潜在的伤痛”[②]。变革意味着变化，而变化则是一种不确定性的表现。追求安全性和稳定性是人们的心理倾向，所以当不确定的变革来对他们已经习惯的组织环境产生威胁时，突然间变革的要求会使人们产生恐惧情绪。这种恐惧情绪往往会演化成组织变革过程中保守的势力，对组织变革产生抵制。

### （三）利益和地位的考虑

变革至少会带来成员行为的改变、心理变化以及社会方面的变化。当组织变革开始的时候，组织成员最关心的就是自己的地位是不是会动摇、个人待遇会怎么变化、自己能否适应新的环境。所以组织成员会因为觉得改革可能给自己带来经济利益上的损失而抵制变革。

### （四）变革成本的阻力

勒温曾参与过大量有计划的组织变革行动，其组织背景包括工厂、社区和公共政府部门，因此他得出两个结论：第一，即使大家对变革的目标达成了普遍的共识，变革行动也会遭遇强大的阻力；第二，即使是那些表面上克服了阻力并得以成功实施的变革行动也常常是短命的，组织数月后又回到了原来的状态。[③] 公共组织的变革必然是要付出成本的，如果变革的投入成本大于变革收益的时候，显然是难以进行的。而且作为公共权力和公共资源的分配者，公共组织的变革成本显然和企业组织不同，这种变革成本是以社会成本为代价的。

---

① [美]德博拉·安科纳，托马斯·A.科奇安，莫琳·斯库利，约翰·范马阿南，D.埃莉诺·韦斯特尼.组织行为学：面向未来的管理[M].王迎军等译.北京：机械工业出版社，2006：205.

② [美]德博拉·安科纳，托马斯·A.科奇安，莫琳·斯库利，约翰·范马阿南，D.埃莉诺·韦斯特尼.组织行为学：面向未来的管理[M].王迎军等译.北京：机械工业出版社，2006：200.

③ [美]德博拉·安科纳，托马斯·A.科奇安，莫琳·斯库利，约翰·范马阿南，D.埃莉诺·韦斯特尼.组织行为学：面向未来的管理[M].王迎军等译.北京：机械工业出版社，2006：204.

### （五）信息沟通的阻力

有些组织成员抵制变革的原因在于他们未能认识到组织进行变革的必要性，或者是他们对组织开展变革的成功性产生怀疑。因此，公共组织变革需要一个畅通保真的信息传输渠道，将各种变革信息准确无误地传递到组织各个层次和个人，避免出现因信息传递和反馈不畅通造成组织成员对信息的理解不同、选择性理解或误解的现象。

## 三、公共组织变革的对策分析

公共组织的变革中存在动力和阻力两种力量。变革想要成功，就必须合理地利用动力来推动组织变革，同时最大限度地减小阻力的作用。下面来讨论化解阻力的若干方法。

### （一）选择正确的改革方式

组织变革方式是否恰当，直接决定了组织变革时候受到的阻力大小和成败与否，在变革之前一定要对组织状况进行认真的分析，采取合适的变革方式，不能够主观地选择变革方式。例如对于组织中涉及多个方面的问题，为了避免大的震荡性，就需要采取渐进式的变革；而对于组织长期积累的，不迅速处理则会危及组织根本的问题就需要采取激进式的变革。

### （二）加强信息交流和宣传

如果能在变革实施之前，让组织成员对变革的目的、内容、过程、方式等有所了解，可以在很大程度上减少对变革的抵制。通过不断宣传变革的信息和目的，肯定变革带来的新态度和行为对组织和个人层面上的利益，加强与组织成员的沟通和交流，让成员们了解到组织变革的目标、变革方式和变革所涉及的方面，减少组织成员对变革产生误解，化解组织变革的阻力。如面谈、小组讨论等方面的沟通方式。

### （三）恰当运用力场分析

组织变革中一直是存在着动力和阻力此消彼长的情况。而且阻力和动力之间并不是完全分开的，而是相互联系、相互影响的，所以我们就可以利用动力的因素来化解阻力。卢因也提出了力场分析法，他主张将驱动和阻碍变革的两种相互对立的力量用图示方法加以排列，分析比较其强弱，然后采取措施，削弱阻力，增强动力，促进变革的进程。

### （四）人事调整

组织变革最终能否成功，主要还是体现在组织成员的行动上，所以做好组织上的保证是很重要的。在变革中，组织可以根据变革的需要及时调整人事安排，在一些涉及变革的关键性领导岗位，可以大胆起用富有变革精神的成员，同时对于阻碍变革的成员可以进行替换，或者是冲击式提升。

### （五）奖惩机制

组织要做好奖励先进、鞭策后进的工作。在变革中，对于那些为变革做出积极贡献的人给予适当奖励可以起到两方面的作用：一是鼓励了个人的积极性；二是给其他人也带来了示范效应。这样有助于减小变革阻力，形成积极向上、勇于变革的氛围。

## 【本章小结】

现代社会，公共组织所关注社会问题的范围和复杂性都已得到极大的拓展，远远超出公共组织所能预见的程度。公共组织想更好地维护公共利益，更好地立足于社会，就必须不断地进行创新和变革。公共组织变革的最终目的是为了实现公共组织更有效地运转，提升公共资源的使用率。公共组织变革是一个复杂、动态的过程，需要有系统的理论指导，本章介绍了勒温三步变革模型、系统变革模型、行动研究模型等三种经典模型。学习型组织是一种新型的组织形态，也是当前公共组织变革的一种重要趋势。如何构建学习型公共组织就成为了一个重中之重，其构建模型包括鲍尔·沃尔纳模型、彼得·圣吉模型和约翰·瑞定模型。

## 【关键术语】

组织变革　公共组织变革　公共组织变革模型　学习型公共组织　学习型公共组织构建模型　公共组织变革动力　公共组织变革阻力

## 【思考与练习】

1. 阐述公共组织变革的内涵。
2. 阐述公共组织变革的方法。
3. 阐述学习型公共组织的内涵与特征。
4. 阐述构建学习型公共组织对我国政府组织变革的启示。
5. 阐述公共组织变革的关键性问题及解决方法。
6. 结合我国实际，阐述公共组织如何有效地进行变革。

## 【推荐读物】

【1】[美]温德尔·L. 弗伦奇，小塞西尔·H. 贝尔，罗伯特·A. 扎瓦茨基. 组织发展与转型：有效的变革管理[M]. 阎海峰等译. 6版. 北京：机械工业出版社，2006.

【2】[美]彼得·圣吉. 第五项修炼：学习型组织的艺术与实务[M]. 郭进隆译. 上海：上海三联书店，1998.

【3】[澳洲]帕尔默，邓福德，埃金. 组织变革管理[M]. 金永红，奚玉芹译. 2版. 北京：中国人民大学出版社，2009.

【4】曾维和. 当代西方国家公共服务组织结构变革：基于服务需求复杂性的一项探讨[M]. 北京：中国社会科学出版社，2010.

# 教师服务

感谢您选用清华大学出版社的教材！为了更好地服务教学，我们为授课教师提供本书的教学辅助资源，以及本学科重点教材信息。请您扫码获取。

## 教辅获取

本书教辅资源，授课教师扫码获取

## 样书赠送

**人力资源类**重点教材，教师扫码获取样书

清华大学出版社

E-mail: tupfuwu@163.com
电话：010-83470332 / 83470142
地址：北京市海淀区双清路学研大厦 B 座 509

网址：http://www.tup.com.cn/
传真：8610-83470107
邮编：100084